# অজানিত নেতাজি সুভাষ চন্দ্র বোস

NOTION PRESS

India. Singapore. Malaysia.

অজানিত
নেতাজি
সুভাষ চন্দ্র বোস


ডঃ গোরাচাঁদ ঘোষ
বিজয়কানন, ব্রিসবেন, কুইন্সল্যান্ড
অস্ট্রেলিয়া
এবং
বিজয়কানন, ভীমাড়া, বাঁকুড়া, পশ্চিমবঙ্গ
ভারত


"এই বইটি দ্বিতীয় বিশ্বযুদ্ধে নেতাজির
আশ্চর্যজনক 50টি দুর্লভ ফটো সহ তার 125তম
জন্মবার্ষিকী এবং 77তম মৃত্যুবার্ষিকীর প্রতিনিধিত্ব
করে"

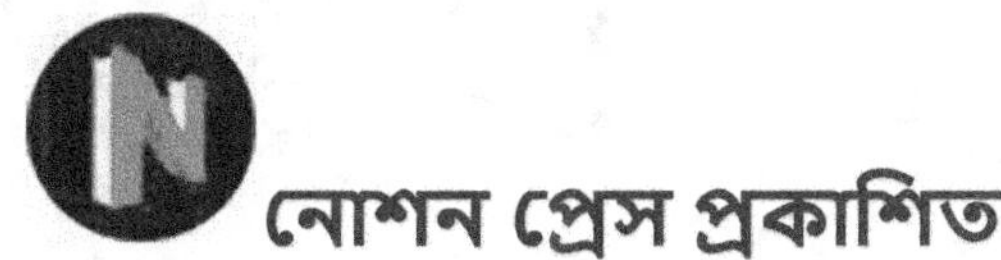

নোশন প্রেস প্রকাশিত

নেতাজি সুভাষ চন্দ্র বোস 21 অক্টোবর 1943 থেকে 18 আগষ্ট 1945 মৃত্যু পর্যন্ত আজাদ হিন্দ (স্বাধীন ভারত) অস্থায়ী সরকারের প্রথম প্রধানমন্ত্রী এবং যুদ্ধমন্ত্রী ছিলেন। তার সরকার দ্বিতীয় বিশ্বযুদ্ধের সময়কালে নয়টিরও বেশির দেশ দ্বারা স্বীকৃত হয়েছিল।

নেতাজি একজন সত্যিকারের ভুলে যাওয়া স্বাধীনতা সংগ্রামী, মহান বিপ্লবী, সারা বিশ্বের দেশপ্রেমিকদের মধ্যে সর্বশ্রেষ্ঠ দেশপ্রেমিক এবং একজন সাহসী যুদ্ধমন্ত্রী ছিলেন। তাঁর আত্মত্যাগ এবং ইন্ডিয়ান ন্যাশনাল আর্মি (আই এন এ) অর্থাৎ ভারতীয় জাতীয় সেনাবাহিনী ভারতকে স্বাধীনতা দিয়েছিল। কিন্তু পূর্ববর্তী ভারত সরকার মুক্তিযোদ্ধা হিসেবে নেতাজিকে যথাযথ স্বীকৃতি দেয়নি। স্বাধীনতার দিন থেকে মোদী সরকার (2014) পর্যন্ত, সমস্ত ভারতীয় সরকার ব্রিটিশ রাজের 'গোপনীয়তা আইন' ব্যবহার করেছে। নেতাজীর ব্যক্তিগত সচিব (পি এস), মাসাইয়োশি কাকিতসুবো (জাপানিজ, দ্বিতীয় বিশ্বযুদ্ধের সময়) তার নিবন্ধে লিখেছিলেন এবং ঘোষণা করেছিলেন, "আমি আশা করি যে মহান ভারতীয় দেশপ্রেমিকদের মধ্যে নেতাজিকে ইতিহাসে তার যথার্থ স্থান দেওয়া হবে।"

বইটিতে দ্বিতীয় বিশ্বযুদ্ধের সময় নেতাজীর ছবি, তার পি এস, আই এন এ, জাপানের কিছু জাপানিজ ব্যক্তিত্ব এবং দক্ষিণ পূর্ব এশিয়া (এস ই এ) সহ নেতাজীর ওয়েবসাইটের কিছু ঠিকানা রয়েছে। এ ছাড়াও, বইটিতে 18 আগষ্ট, 1945 সালে নেতাজীর মৃত্যুর সত্য ঘটনা প্রকাশ করার জন্য সাম্প্রতিক গবেষণা পত্র রয়েছে। এই গবেষণা পত্রগুলি 2018 সালে ফেসবুকে পাবলিক পোস্টিং হিসাবে প্রকাশিত হয়েছিল। *নেতাজির ব্যক্তিগত সচিব দাবি করেছিলেন যে "নেতাজির দুটি শত্রু ছিল: 1) গান্ধী এবং নেহরুর নেতৃত্বাধীন ভারতের কংগ্রেস পার্টি এবং 2) কলকাতার বোস-ব্রাদার্স।"* নেতাজী এবং ইন্ডিয়ান ন্যাশনাল আর্মি অর্থাৎ আই এন এ আমাদের স্বাধীনতা দিয়েছে, গান্ধীর অহিংসার দ্বারা নয়। এ ছাড়াও, গান্ধীর নেতৃত্বাধীন কংগ্রেস পার্টি, জিন্নার নেতৃত্বাধীন মুসলিম লীগ, সাভারকারের নেতৃত্বাধীন হিন্দু মহাসভা, এবং কমিউনিস্ট পার্টি ও এই সব দলের সদস্যদের কেউই স্বাধীনতা সংগ্রামী ছিলেন না। এই সব নেতারা নেতাজি এবং কয়েক হাজার ভারতীয় সৈন্যের (আই এন এ) আত্মত্যাগের দ্বারা উপকৃত হন এবং ভারতকে ভাগ করেন। নেতাজি বেঁচে থাকলে ভারত ভাগ হতো না এবং ভারত বিশ্বের একটি উন্নত দেশ হতো।

এ ছাড়াও আমি ক্লাব, স্কুল, কলেজ, ইউনিভার্সিটি লাইব্রেরি এবং নেতাজি প্রেমীদের জন্য ইংরেজি ছাড়াও সবচেয়ে গুরুত্বপূর্ণ ভারতীয় ভাষা হিন্দি ও বাংলাতে এই বইটি প্রকাশ করেছি। এই বইটিতে নেতাজি, কিছু আই এন এ সদস্য এবং জাপানিদের খুব সুন্দর ছবি দেখা যাবে, যারা আমাদের স্বাধীনতার জন্য সাহায্য করেছে।

জয় হিন্দ, জয়তু নেতাজি, বন্দে মাতরম!!!

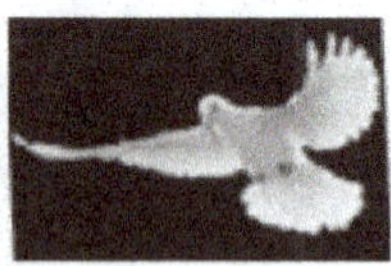

এই বইয়ের প্রথম পৃষ্ঠার কভার ডিজাইনটি লেখক নেতাজির একটি ছবি ব্যবহার করে তৈরি করেছেন যা 1943 সালে নেতাজির ব্যক্তিগত সচিবের ক্যামেরাতে তোলা হয়েছিল এবং তাঁর কাছে রাখা ছিল। এই বইটির নাম প্রস্তাব করার জন্য আমি আমার বোন জয়শ্রী ঘোষকে ধন্যবাদ জানাতে চাই। একই ভাবে, বইটির শেষ কভার পৃষ্ঠাটি লেখক দ্বারা ডিজাইন করা হয়েছে, যেখানে 18 সেপ্টেম্বর, 1945 সাল থেকে টোকিওর রেনকোজি মন্দিরে নেতাজির চিতাভস্ম রয়েছে।

ভারতে 2005 সালের আর টি আই আইন অনুসারে নেতাজি এবং আই এন এর অজানা তথ্যগুলির সুবিধার্থে বিশ্ব থেকে প্রাপ্ত-তথ্য এবং প্রধানত জাপান থেকে এই বইটিতে প্রথম বারের মতো দ্বিতীয় বিশ্বযুদ্ধের সময়কালে আমাদের মাদার ইন্ডিয়ার আসল মুক্তিযোদ্ধার ঘটনা প্রকাশিত হয়। ভারতীয় স্বাধীনতা আন্দোলনের ইতিহাসকে পুনর্বিবেচনা করা উচিত এবং এখনই স্বচ্ছ তথ্য ও সত্যের ভিত্তিতে নতুন করে লেখা উচিত, "ব্রিটিশ রাজের গোপনীয়তা আইন" এর ষড়যন্ত্র ও একচেটিয়া ভিত্তিতে নয়। আমাদের ভারত মাতাকে লুট করার জন্য 'ব্রিটিশ' এই আইন তৈরি করেছিল এবং 'ভারতের কংগ্রেস পার্টি' এই আইন 1947 সালে তথাকথিত স্বাধীনতার পর থেকে অনুসরণ করেছে।

কোনো ব্যক্তি এই বইটির (NP-1 থেকে NP-49) ও মাসাকি মিয়ামোতো থেকে প্রাপ্ত ছবি ব্যক্তিগত ব্যবহারের জন্য, যেমন ব্যক্তিগত এবং পাবলিক উভয় ক্ষেত্রেই বক্তৃতা দেওয়ার জন্য; এবং যে কোন সোশাল মিডিয়াতে (Facebook, Twitter, Google, YouTube ইত্যাদি) প্রকাশ করা, লেখকের লিখিত অনুমতি ব্যতীত এই ছবিগুলি ক্রপিং, এডিটিং ইত্যাদির মাধ্যমে ব্যবহার করা আইনত দণ্ডনীয় অপরাধ।

কিন্ডল অ্যামাজন প্রকাশিত (eBook 18/19 Sept 2017 ASIN-B075R69M6N

Paperback Book 23 Nov 2019 ISBN-9 781697 954753)

ঘোষ গোরাচাঁদ, 1952-

অজানিত: নেতাজি সুভাষ চন্দ্র বোস

প্রথম সংস্করণ, 22 জুন 2022

ISBN 9798887493695

সুভাষ চন্দ্র বোস

১. জাপান এবং দক্ষিণ-পূর্ব এশিয়ার দ্বিতীয় বিশ্বযুদ্ধের ইতিহাস (1943-1945)
২. ভারতে দ্বিতীয় বিশ্বযুদ্ধের সময়কালের রাজৈনতিক পরিস্থিতি
৩. ভারতে কোন বৈজ্ঞানিক প্রমাণ ছাড়া নেতাজির মানহানি

# Contents//বিষয়বস্তু

# দ্বিতীয় বিশ্বযুদ্ধে নেতাজি সুভাষ চন্দ্র বোসের ছবি

কলকাতা বিশ্ববিদ্যালয়ের স্নাতক এবং ব্রিটিশ দ্বারা ভারতীয় সিভিল সার্ভিস, আই সি এস (ICS), ১৯২০ পরীক্ষায় চতুর্থ র‍্যাঙ্ক ধারক

জন্ম তারিখ: ২৩ জানুয়ারী ১৮৯৭    মৃত্যু তারিখ: ১৮ আগস্ট ১৯৪৫
এই ছবিটি বিশ্বে প্রথমবার ১৯ সেপ্টেম্বর ২০১৭-এ অ্যামাজন দ্বারা
ই-বুকে প্রকাশিত

**ডঃ হিরোইয়োশি ইয়াজিমা** (矢 嶌 裕 義) ৯ আগস্ট ১৯৪১ খৃস্টাব্দে টোকিওতে জন্মগ্রহণ করেন এবং তিনি রেনকোজি মন্দিরের খুব কাছেই তাঁর মাতৃগৃহে বসবাস করেন। তাঁর পিতা মাসাইয়োশি কাকিতসুবো 柿 坿 正 義 (৮ আগস্ট ১৯১০ - ২ জানুয়ারী ১৯৯৭) একজন জাপানী সরকারি কূটনীতিবিদ ছিলেন, উপ-উপদেষ্টা হিসাবে বিদেশ মন্ত্রক, কনসুলেট জেনারেল, রাষ্ট্রদূত, অনেক দেশের হাই-কমিশনার এবং তিনি জাপানি উপমন্ত্রী হিসাবে নিউইয়র্কের জাতিসংঘ থেকে অবসর গ্রহণ করেন। ১৯৩৬-১৯৩৭ সালে তিনি যখন কলকাতায় জাপান কনসুলেট জেনারেল-এর উপ-উপদেষ্টা হিসাবে নিযুক্ত ছিলেন, তখন তাঁর প্রধান কাজ ছিল ইন্দো-জাপানিজ বাণিজ্য চুক্তির পুননবীকরণের জন্য আলোচনায় অংশ নেওয়া যা সুতির সূক্ষ্ম পণ্য রফতানির সাথে; জাপান থেকে পণ্যগুলি ভারত থেকে কাঁচা তুলা আমদানি করে। ভারতীয় পক্ষের প্রতিনিধি ছিলেন বাণিজ্য সচিব টি এ স্টুয়ার্ট যিনি হিউ ডাও দ্বারা প্রতিস্থাপিত হয়েছিল। তিনি ভারতে প্রচুর পরিমাণে উৎপাদিত ধূসর পিস পণ্য জাপানের প্রয়োজনের চেয়ে বৃহত্তর কোটা দেওয়ার চেষ্টা করেছিল। অন্যদিকে, সচিব যুক্তরাজ্যের ল্যাঙ্কাশায়ার পণ্যের সাথে প্রতিযোগিতামূলক সুতির পণ্যগুলির ব্লিচড বা প্রিন্টেড টুকরো হিসাবে পরিশীলিত আইটেম আমদানির জন্য কোটা হ্রাস করেছিলেন। তাঁর মনে হয়েছিল যেন তিনি ভারতের সাথে না গিয়ে ব্রিটেনের সাথে আলোচনা করেছেন। এটি আনবায় ছিল কারণ ভারত তখন ব্রিটিশ রাজের অধীনে ছিল এবং আলোচনায় ব্রিটিশরা তার প্রতিনিধিত্ব করেছিল। সেই সময় তিনি নেতাজি এবং জওহরলাল নেহেরুর মতো বিশিষ্ট যুবক দ্বারা তাদের দেশের স্বাধীনতা আন্দোলনের অনুভূতিগুলি ভেবেছিলেন এবং বুঝতে পেরেছিলেন।

দীর্ঘসময় আলোচনা চলাকালীন, গ্রীষ্মের শিমলা এবং শীতকালে নয়াদিল্লিতে, তিনি অন্য কিছু বিশিষ্ট নেতার সাথে পরিচিত হন, যেমন ভুলাভাই দেশাই, মোহাম্মদ আলী জিন্নাহ, লিয়াকত আলী খান, মোহাম্মদ জাফরুল্লাহ খান, শরৎচন্দ্র বসু এবং রাজকুমারী অমৃত কৌর। তিনি তার ব্যবসায়িক বিষয়গুলি ছাড়াও ভারতীয় রাজনীতিতে আগ্রহী হতে শুরু করেছিলেন। কংগ্রেস পার্টি এবং মুসলিম লীগ তখন তীব্রভাবে একে অপরের সমালোচনা করেছিল। তবে, সিমলাতে গ্রীষ্মকালীন পাহাড়ে কৃষি সচিব এবং তার পাশের বাড়ির প্রতিবেশী এন সি মেহতা প্রদত্ত মধ্যাহ্নভোজনে, তিনি অবাক হয়েছিলেন; কংগ্রেস নেতা ভুলাভাই দেশাই এবং মুসলিম লীগের সভাপতি মোহাম্মদ আলী জিন্নাহ একে অপরের সাথে

বন্ধুত্বপূর্ণ কথা বলছেন। বোষের সফল আইনজীবী হওয়ার জন্য তারা লন্ডনের ইনস অফ কোর্টে প্রশিক্ষণপ্রাপ্ত প্রবীণ বন্ধু হওয়ার কারণে এটা সম্ভব হতে পারে। এর আরও একটি কারণ হ'ল জাতীয় কংগ্রেস দল এবং ব্রিটিশ রাজের অধীনে মুসলিম লীগের মধ্যে রাজনৈতিক প্রতিদ্বন্দ্বিতা স্বাধীন গণতন্ত্রের রাজনৈতিক দলগুলির মধ্যে মারাত্মক ছিল না। 'পাকিস্তান' ধারণাটি তখনও প্রকাশিত হয়নি। নয়াদিল্লিতে তিনি হোটেল ইম্পেরিয়ালে থাকতেন যেখানে ভুলাভাই দেশাইও থাকতেন। একদিন তিনি তাকে দিল্লি বিশ্ববিদ্যালয়ে নিয়ে গেলেন যেখানে তিনি একটি দুর্দান্ত বক্তৃতা দিয়েছিলেন যাতে তিনি জাপানকে ১৯০৪-১৯০৫-এর রুশো-জাপান যুদ্ধে এবং তারপরে অভিনয়ের জন্য প্রশংসিত করেছিলেন। হোটেল বারে তিনি একবার তাকে বলেছিলেন যে ব্রিটেন তার পেছনের একপায়ে দাঁড়িয়ে আছে এবং ভারতের স্বাধীনতা অর্জনের জন্য আরও একটি ধাক্কা জরুরি।

তিনি কখনই কল্পনাও করতে পারেননি যে খুব শীঘ্রই সেই দিনটি আসবে যখন তিনি প্রশান্ত মহাসাগরীয় যুদ্ধের পরে দিল্লির লালদুর্গে ভারতীয় জাতীয় সেনাবাহিনীকে (আই এন এ) রক্ষা করবেন। ভারত তবে অবশ্যই জাপানিদের কাছে হাজির হয়েছিল রাজনৈতিক স্বায়ত্তশাসনের পথে ধীরে ধীরে। ভারত সরকার আইন ১৯৩৫ কার্যকর হয় ১৯৩৭ সালের এপ্রিল মাসে এবং এই আইনের অধীনে অনুষ্ঠিত নির্বাচনগুলিতে কংগ্রেস পার্টি প্রদেশগুলিতে বিজয়ী হয়। প্রদেশ সরকারগুলিতে মন্ত্রীর পদ গ্রহণ করা উচিত কি না তা নিয়ে কংগ্রেস দল দিল্লিতে একটি গণসভা করেছে। তিনি জওহরলাল নেহেরু, আবদুল গাফফার খান, এবং সরোজিনী নাইডুর মতো কংগ্রেস নেতাদের দর্শন দেখে মুগ্ধ হয়েছিলেন যারা একটি ব্রাস ব্যান্ডের নেতৃত্বে সভাস্থলে প্রবেশ করছিলেন এবং একটি বিশাল 'শামিয়ানা' এর ব্যাপারে বিতর্ক হয়েছিল। মহাত্মা গান্ধী দিল্লিতে এসেছিলেন কিন্তু বৈঠকে অংশ নেন নি-গুঞ্জন ছিল যে শামিয়ানা ইংলিশ মেকের কাপড় দিয়ে তৈরি হয়েছিল।

১৯৩৭ সালের মে মাসে তাঁকে কলকাতা থেকে টোকিও ফিরিয়ে আনা হয় এবং ১৯৪৫ সাল পর্যন্ত জাপানের পররাষ্ট্র মন্ত্রণালয়ে তিনি কাজ করেন। ইউরোপীয় ও এশিয়ান বিষয়ক ব্যুরোর পররাষ্ট্র মন্ত্রকের দায়িত্ব পালন করার জন্য তাকে দায়িত্ব দেওয়া হয়েছিল। তাঁর কাজের অংশটি ছিল ভারতকে রাজনৈতিক দিক থেকে আচ্ছাদন দেওয়ার জন্য এবং তিনি কংগ্রেস পার্টি, ফরোয়ার্ড ব্লক ইত্যাদি সহ ভারতের রাজনৈতিক গতিবিধি অনুসরণ করতে পারেন। জাপানে, রাসবিহারী বোস এবং এ এম সহায় ভারতীয় স্বাধীনতার জন্য একাকী কণ্ঠস্বর তুলছিল যা ব্রিটিশ দূতাবাস থেকে পররাষ্ট্র মন্ত্রকের কাছে বিক্ষোভের চিঠি দেয়। নইলে জাপানে ভারত সম্পর্কে সকলেই শান্ত ছিল। ১৯৪১ সালের ডিসেম্বরে জাপান প্রশান্ত মহাসাগরীয় যুদ্ধে প্রবেশ করলেই গ্রেট ব্রিটেন জাপান এবং ভারতীয়

জাতীয়তাবাদীদের সাধারণ শত্রুতে পরিণত হয়; এবং ভারতীয় স্বাধীনতা আন্দোলন জাপান এবং দক্ষিণ-পূর্ব এশিয়ায় প্রেরণা অর্জন করেছিল। এই অঞ্চলগুলিতে বসবাসরত ভারতীয় জাতীয়তাবাদীরা ইন্ডিয়ান ইন্ডিপেন্ডেন্স লিগের (আই আই এল) সংগঠিত করেছিল এবং প্রশান্ত মহাসাগরীয় যুদ্ধে বন্দী অনেক ব্রিটিশ সেনা নিজেদেরকে ভারতীয় জাতীয় সেনা (আই এন এ)-তে যোগ দিয়েছিলো। আই আই এল এবং আই এন এ দু'জনেরই শুরুতে নেতৃত্বে ছিলেন আরেক বাংলার বিপ্লবী রাসবিহারি বোস। অন্যদিকে, নেতাজি আফগানিস্তান ও সোভিয়েত রাশিয়ার মধ্য দিয়ে বিপদসীমার ওপারের যাত্রা শেষে জার্মানিতে পৌঁছেছিলেন, বার্লিনে ফ্রি ইন্ডিয়া সেন্টার প্রতিষ্ঠা করেছিলেন এবং ব্রিটিশ যুদ্ধের প্রচেষ্টাকে দুর্বল করার জন্য আজাদ হিন্দ রেডিও থেকে ভারতে এবং অন্যত্র প্রচার করছিলেন। জার্মান বাহিনীর সহযোগিতায় তিনি উত্তর-পশ্চিম থেকে ভারতে প্রবেশ করবেন এই আশায় তিনি জার্মানিতে ভারতীয় জাতীয় সেনা বাহিনীর একটি নিউক্লিয়াসও সংগঠিত করেছিলেন। কিন্তু এই স্বপ্নটি ম্লান হয়ে যায় যখন জার্মান বাহিনী স্ট্যালিনগ্রাদকে জিততে ব্যর্থ হয়েছিল।

১৯৪১ সালের ডিসেম্বরে এশিয়াতে জাপান যুদ্ধে প্রবেশ করে এবং তার বাহিনী দ্রুত ভারত-বার্মিজ সীমান্তে অগ্রসর হয়। এই জাতীয় বিকাশ এবং তাঁর প্রতি হিটলার ও মুসোলিনির অন্যান্য শীতল মনোভাবের বিবেচনায় নেতাজি তার কৌশল বদলে ছিলেন। তিনি দক্ষিণ-পূর্ব এশিয়াতে যাওয়ার সিদ্ধান্ত নিয়েছিলেন এবং সম্ভব হলে জাপানের সহযোগিতায় উত্তর-পূর্ব থেকে ভারতে প্রবেশ করবেন। নেতাজি জার্মান ও জাপানি সাবমেরিনগুলি চড়ে, রিলে করে এবং ১৯৪৩ সালের মে মাসের প্রথমা দিকে দক্ষিণ পূর্ব এশিয়ায় পৌঁছে ছিল। বিপ্লবী রাসবিহারি বোস থেকে নেতাজির আই আই এল এবং আই এন এ-তে নেতৃত্বের স্থানান্তর সহজেই প্রভাবিত হয়েছিল, কারণ পূর্ববর্তী নেতা পরবর্তীকালে একজন জন্মগত নেতা হিসাবে গণ্য হয়েছিল এবং হস্তান্তর করতে ইচ্ছুক ছিল।

এই বইটিতে তাঁর নিজের ক্যামেরা ব্যবহার করে সংগ্রহ করা ছবিগুলি (একটি অ্যালবামে রাখা) এবং তাঁর নোট ও নিবন্ধগুলি দক্ষিণপূর্ব এশিয়ার নেতাজির ক্রিয়াকলাপগুলিতে ব্যবহৃত হয়েছে। তিনি নেতাজি সম্পর্কে তাঁর লেখা একটি প্রবন্ধে এই সিদ্ধান্তে পৌঁছলেন যে, "*দ্বিতীয় বিশ্বযুদ্ধের* সমাপ্তির দুই বছর পর ভারত যখন স্বাধীনতা অর্জন করেছিল তখন নেতাজির ভবিষ্যদ্বাণী ঠিক প্রমাণিত হয়েছিল। তবে আত্মত্যাগকারী, উষ্ণ হৃদয়, ক্যারিশম্যাটিক নেতা আমাদের সাথে আর নেই। আমি মাঝে মাঝে ভেবেছিলাম, যদি নেতাজি আরও কয়েক বছর আমাদের সাথে থাকতেন তবে ভারতীয় উপমহাদেশের রাজৈনিতিক ঘটনাগুলি কিছুটা আলাদা হতে পারতো। তিনি ছিলেন একজন বিশ্বজনীন নেতা, যার কোনও কুসংস্কারমূলক ধর্মীয় বা সাম্প্রদায়িকতা ছিল না, এবং যারা তাঁর সংস্পর্শে

এসেছিলেন তাদের সকলের দ্বারা তাকে ভালোবাসা এবং শ্রদ্ধা করা হত। তার নেতৃত্বে, আজাদ হিন্দ এবং ভারতীয় জাতীয় সেনাবাহিনীর অস্থায়ী সরকার নিবিড়ভাবে একত্রিত এবং সুরেলা সত্তা ছিল। তিনি তাঁর সঙ্গী কোথাও যাওয়ার জন্য মুসলিম সহচরকে ব্যবহার করেছিলেন। তিনি কোনও ধর্মীয় বিশ্বাসে বিশ্বাস করেন নি। নেতাজি উষ্ণ মনের, উদার মানুষ ছিলেন। রেঙ্গুন থেকে প্রয়াত ৎসুরুতার স্মরণে ফিরে যাওয়ার পরে ব্যাংককে একটি অনুষ্ঠান হয়েছিল, তিনি আমাকে জিজ্ঞাসা করেছিলেন যে ৎসুরুতার শোক সন্তপ্ত পরিবারকে তাঁর সান্ত্বনার লক্ষণ হিসাবে তার কতটা অর্থ দান করা উচিত। আমি বিশ হাজার ইয়েন (সম্ভবত Thai Baht হতে পারে) পরামর্শ দিয়েছিলাম এবং তিনি তৎক্ষণাৎ দ্বিগুণ পরিমাণ প্রস্তাব দিয়েছিলেন। প্রধানমন্ত্রী পদ থেকে পদত্যাগের পরে জেনারেল তোজোর কাছে ফোন করলে, জেনারেলের পুরো পরিবার গভীর কৃতজ্ঞ ছিল। দ্বিতীয় বিশ্বযুদ্ধের পরে, আমি জাপানি রাষ্ট্রদূত হয়ে অস্ট্রেলিয়া, ১৯৬২ থেকে ১৯৬৫ সাল পর্যন্ত পাকিস্তান সহ কিছু ইউরোপীয় দেশে কাজ করেছি যেখানে কর্নেল হাবিবুর রহমান খান এবং জেনারেল কিয়ানির সাথে আমার আবার দেখা হওয়ার সুযোগ হয়েছিল। *আমি আশা করি ইতিহাসের মহান ভারতীয় দেশপ্রেমিকদের মধ্যে নেতাজিকে তাঁর উপযুক্ত স্থান দেওয়া হবে।'*

সমস্ত ভারতীয়, বিশেষত বাঙালীদের জাগ্রত হওয়া উচিত এবং আপনার ভারত মাতার স্বাধীনতার জন্য নেতাজির অবদানের অজানা তথ্য এবং সত্যগুলি জেনে রাখা উচিত। বাবার কাছ থেকে আমি জানতে পেরেছিলাম, ১৯৪৫ সালের ১৮ আগস্ট তাইহোকু বিমানবন্দরে বোমারু বিমান দুর্ঘটনার পরে নেতাজি মারা যান। তদুপরি, আমার বাবা নেতাজি-র মৃত্যুতে কিছু নিবন্ধ লিখেছিলেন এবং ১৯৭৭ সালে ২৩শে জানুয়ারী কলকাতার নেতাজি গবেষণা ব্যুরোতে উপস্থাপন করেছিলেন, যদিও ইন্দিরা গান্ধী "জরুরী সময়কালে" তাকে ভিসা প্রত্যাখ্যান করেছিলেন। আমার বাবা সীমিত সময়ের জন্য আগমনের ট্যুরিস্ট ভিসা ব্যবহার করে কলকাতার নেতাজি রিসার্চ ব্যুরোতে নেতাজির ৮০তম জন্মবার্ষিকীতে অংশগ্রহণ করেছিলেন। তদুপরি, কলকাতার নেতাজি রিসার্চ ব্যুরো এখনও অবধি তথ্য ও তাঁর উপস্থাপনা সরকার এবং সাধারণ মানুষের কাছে গোপন রেখেছিল।

ডঃ হিরোইয়োশি ইয়াজিমা<br>
(প্রাক্তন পরিচালক)<br>
দ্য ইলেক্ট্রোটেকনিক্যাল ল্যাবোরেটরি<br>
এবং ফেস্টা, ৎসুকুবা, জাপান

মিনামি আসাগায়া<br>
টোকিও, জাপান<br>
22 জুন 2022

## TO WHOM IT MAY CONCERN

**WRITTEN PERMISSION TO USE EXCLUSIVELY THE PHOTOS OF NETAJI SUBHAS CHANDRA BOSE BY DR GORACHAND GHOSH, AUSTRALIAN, RESIDENT at 19 ABINGDON STREET, WOOLLOONGABBA, QLD-4102, AUSTRALIA**

My father late Masayoshi Kakitsubo was the personal secretary of Netaji Subhas Chandra Bose who was the real freedom fighter of India in the period of WWII (1943-1945). My father used to snap and arrange to have the photographs of Netaji, some Japanese and INA members with him in his own camera. In 1995, my father gave me his album containing all the original photos and instructed me to arrange to write a book on Netaji when there will be no CONGRESS government at the centre in India. My father died on 2 January 1997 and I have the ownership (shoyuken) of his properties as an inheritance.

Dr Gorachand Ghosh, an STA and NEDO Fellow of the Japanese Government had worked under me at the Electrotechnical Laboratory from April 1993 to May 1999. I gave him the album containing Netaji's photos along with some unpublished articles written by my father in 1999 when he returned to Australia. Always I have/had communications with him. Last year we have decided to write the book on Netaji having the dedication to my father. Moreover, I have also fore-worded the eBook entitled "UNKNOWN FACTS OF NETAJI: JAPAN AND SOUTHEAST ASIA" published by Kindle-Amazon on 19 September 2017 from Australia throughout the world simultaneously.

I have given verbal permission on 1 September 2017 when I sent him latest photo of my father and my photo for publication in the eBook, to use all the photos from the album and articles in the eBook or any book with proper citation. As I have seen and read the eBook Dr Ghosh has followed my instructions on each photo of Netaji. We have agreed to keep handwritten notes (both English and Japanese) of my father on each photo kept in the album along with the proper citation of the events plus "This rare photo is collected by Dr Gorachand Ghosh, Japanese Government Scholar from Dr. H. Yajima of Tokyo, Japan in 1999".

(DR HIROYOSHI YAJIMA)
3-11-19, Minami Asagaya
Suginami-ku, TOKYO 166-0004
JAPAN
Dated: 8 August 2018

মুখবন্ধ

আমি ডঃ ঘোষ, আমার পিতার সততা, শৃঙ্খলা, অখণ্ডতা এবং জীবনের বিভিন্ন ধরণের দুর্নীতির বিরুদ্ধে লড়াইয়ের চেতনা অনুসরণ করে অনুপ্রাণিত হয়েছি। আমার বাবা ১৯৪৮ সাল থেকে ১৯৯৪ সাল পর্যন্ত বাঁকুড়া জেলার বিভিন্ন প্রাথমিক বিদ্যালয়ে প্রধান শিক্ষক ছিলেন। আমার শৈশবকাল থেকেই বাবার প্রয়োজন মেটাতে লাঙ্গল, চাষাবাদ এবং কৃষিকাজের বিভিন্ন ধরণের কাজ করে বাবাকে সাহায্য করেছি। আমাদের গ্রামে বিদ্যুৎ, টয়লেট, গ্রীষ্মকালীন সময়ে পানীয় জল ইত্যাদি কিছুই ছিল না।

বি এস সি (ফিজিক্স অনার্স) পরীক্ষা দেওয়ার পরে, আমি কিছু সাঁওতাল শ্রমজীবীর সাহায্যে (১৯৭৩-১৯৭৪ এর সময়কালে) আমাদের কিছু অনুর্বর জমিকে কৃষি জমিতে রূপান্তর করেছি। এই সময়ে, আমাদের গ্রামের একজন শিক্ষিত কংগ্রেস নেতা, এবং উচ্চ বিদ্যালয়ের অবসরপ্রাপ্ত সহকারী প্রধান শিক্ষক আমাকে ডেকেছিলেন এবং সেই কাজ না করার জন্য আমাকে হুমকি দিয়েছিলেন যেহেতু তাঁর আমাদের পাশের কিছু জমি রয়েছে। তবে আমি তাঁর কথায় কান না দিয়ে কাজ শেষ করেছি। বি এস সি পরীক্ষায় উত্তীর্ণ হওয়ার পরে আমি পদার্থবিজ্ঞানে এম এস সি পড়ার জন্য বর্ধমান বিশ্ববিদ্যালয়ে গিয়েছিলাম। দুর্গাপূজার সময় এক মিথ্যা অভিযোগের ভিত্তিতে গ্রামের বাইরে থাকা কিছু শিক্ষিত গ্রামের লোক আমার পিতাকে হয়রান করেছিল। ভাগ্যক্রমে, আমি বর্ধমান থেকে আগের দিনে বাড়িতে এসেছিলাম। আমি একাই এই ব্যক্তিদের বিরুদ্ধে লড়াই করেছি, আমি মামলাটি জিতেছি এবং আমার বাবা কয়েক মাস পরে গ্রাম থেকে পাশের অন্য গ্রামে প্রধান শিক্ষক হিসাবে স্থানান্তরিত হয়েছিলেন।

প্রথম শ্রেণীর সাথে এম এস সি পাস করে আমি গবেষণায় কুমার পি এন রায় ফেলো হিশাবে পদার্থবিজ্ঞান বিভাগে নিয়োজিত ছিলাম। ১৯৭৯ সালে আমি বর্ধমান বিশ্ববিদ্যালয়ে কম্পিউটার প্রোগ্রামার/লেকচারার পদে আবেদন করি এবং সাক্ষাৎকারের পরে আমার নাম প্রথমে ছিল। তবে বিশ্ববিদ্যালয় কর্তৃপক্ষ রসায়ন বিভাগের প্রধান অধ্যাপক সিদ্ধান্তের নির্দেশ মেনে আমাকে নিয়োগ পত্র দিতে রাজি ছিল না। তাঁর ছেলে সেই সময় বোষ্টের বি এ আর সি-তে কর্মরত ছিলেন এবং দ্বিতীয় অবস্থানে ছিলেন। আমি একা উপাচার্যের ঘরে প্রবেশ করে দুর্নীতির বিরুদ্ধে চিৎকার করেছিলাম। এছাড়াও, আমি একটি নিবন্ধিত চিঠি মুখ্যমন্ত্রীকে প্রেরণ করে জানিয়েছিলাম। অবশেষে, আমি অ্যাপয়েন্টমেন্ট চিঠি পেয়েছি এবং রেজিস্ট্রার আমাকে তার অফিসে ডেকে বলেছিলেন, "তোমার উচিত ছিল আমাকে বিষয়টি সম্পর্কে অবহিত করা, যেহেতু তুমি মূলত আমার বাঁকুড়া জেলার এলাকা থেকে এসেছ।" আমি জবাব দিয়েছিলাম যে আমি আপনাদের সবার কাছ থেকে বিনা পক্ষপাত ও দুর্নীতি ছাড়াই ন্যায়বিচার চাইছি। অবশেষে, আমি আমার ক্যারিয়ারের প্রথম কাজ কম্পিউটার প্রোগ্রামার/লেকচারার হিসাবে ১৯৮০ সালের ২ জানুয়ারী বর্ধমান বিশ্ববিদ্যালয়ে যোগদান করি।

<h1 style="text-align:center">মুখবন্ধ</h1>

১৯৮২ সালে টোকিও বিশ্ববিদ্যালয়ে পোস্ট ডক গবেষণা করার জন্য আমি জাপানি সরকারের মনবুশো বৃত্তি পেয়েছি এবং জাপান গিয়েছিলাম। ১৯৮৩ সালের ১৫ এপ্রিল, আমি টোকিও বিশ্ববিদ্যালয়ে মার্কিন যুক্তরাষ্ট্রের অধ্যাপক চন্দ্র-শেখরের নোবেল বক্তৃতায় অংশ নিয়েছি। একজন প্রবীণ রাষ্ট্রবিজ্ঞানের অধ্যাপক আমার কাছে এসে জিজ্ঞাসা করেছিলেন, "তুমি কোথা থেকে এসেছ? আমি ভারত থেকে জবাব দিলাম। তখন তিনি আমাকে জিজ্ঞাসা করলেন, তুমি চন্দ্র বসুকে জান?" আমি উত্তর দিতে অক্ষম ছিলাম। তারপরে তিনি বললেন সুভাষ চন্দ্র বোস। হ্যাঁ, আমি জানি কিন্তু আমি ইতিহাস অধ্যয়ন করি নি। তারপরে তিনি মন্তব্য করেছিলেন, "নেহরুর পরিবর্তে চন্দ্র বসু দ্বারা ভারত শাসিত থাকলে মার্কিন যুক্তরাষ্ট্রের পরে ভারত বিশ্বের দ্বিতীয় উন্নত দেশ হতে পারত। দ্বিতীয় বিশ্বযুদ্ধের পরে জাপানের কিছুই ছিল না। তবে আমরা জাপানিরা এখন সবকিছু ফিরে পেয়েছি। 'লাইসেন্স রাজ' বাস্তবায়নের মাধ্যমে 'নেহেরুভিশন' দ্বারা ভারতের সমস্ত ধরণের অবকাঠামো, জনশক্তি, সম্পদ উপকরণ কেবল অব্যবস্থাপনা ছিল সত্যিকারের উন্নয়নের জন্য ভারতকে অবরুদ্ধ করেছিল। অধ্যয়ন এবং জাপানি অভিজ্ঞতা অর্জনের পরে, তার বিকাশের জন্য তোমাকে ভারতে ফিরে যেতে হবে।" তাঁর কথা ও মুখটি এখনও মনে আছে।

১৯৮৬ সালের এপ্রিলে টোকিওর ভারতীয় দূতাবাসের বিজ্ঞান পরামর্শদাতা প্রফেসর পি দাস আমাকে ফোন করেছিলেন এবং 'অপটিক্যাল ফাইবার প্রযুক্তি প্রকল্প' নিয়ে ভারতে কাজ করার জন্য সাক্ষাৎকার নিয়েছিলেন, যেহেতু ভারত সরকারের মধ্যে অপটিকাল ফাইবার এবং ক্যাবলগুলি তৈরির পরিকল্পনা ছিল।

তিনি আমার সি ভি নিয়েছিলেন এবং আমাকে বলেছিলেন যে তিনি এটি ভারতে প্রেরণ করবেন। ১৯৮৬ সালের এপ্রিল মাসের শেষ ভারতে ফিরে আসার পরে, আমি ১৯৮৭ সালের মার্চ মাসে কলকাতা বিশ্ববিদ্যালয়ে অপটিকাল ফাইবার-ভিত্তিক ডিভাইসের সিনিয়র সায়েন্টিস্ট হিসাবে যোগদান করি। ১৯৮৭ সালের মে মাসে, আমি হিন্দুস্তান কেবলস লিমিটেডের (ভারত সরকারের উদ্যোগ) অপটিক্যাল ফাইবার প্রকল্পে যোগ দিয়েছি, একজন ম্যানেজার হিসাবে, প্রযুক্তিটি জানেন এমন একমাত্র ব্যক্তি, বর্ধমান বিশ্ববিদ্যালয়ের বোলপুরের ঝেড় প্রাতদান ৯ এলাগন রোড, প্রধান কার্যালয়ে এসে কাজ করেছি। এটি কলকাতাতে নেতাজি ভবনের পাশেই অবস্থিত ছিল। কয়েক মাস পর, টেলিকম পরিষেবা থেকে নিযুক্ত মিঃ শর্মা সি জি এম হিসাবে যোগদান করেন এবং কোম্পানির পয়সাতে পার্ক হোটেলে বসবাস করতেন। যেহেতু আমি ম্যানেজমেন্টে দর কষাকষি করি নি, তাই কোনও আবাসন সুবিধা না পেয়ে আমি কলকাতা বিশ্ববিদ্যালয় থেকে আমার বেতন রক্ষা থেকেও বঞ্চিত ছিলাম। ১৯৮৭ সালের জুনে সংস্থাটি এন কে টি ইলেক্ট্রনিক্স পরিদর্শন করার জন্য আমার এবং সি জি এমের কোপেনহেগেন ভ্রমণের ব্যবস্থা করেছিল, যেহেতু সংস্থাটি ইতিমধ্যে এই সহযোগিতায় স্বাক্ষর করেছে তাদের সাথে অপটিকাল ফাইবার, সরঞ্জামাদি ইত্যাদি সরবরাহের জন্য চুক্তি করেছিল। সেই সংস্থার নাম সম্পর্কে আমার মোটেই জ্ঞান ছিল না। যেমনটি আমি শুনেছি, সি জি এম হলেন সেই ব্যক্তি যিনি এলাহাবাদের নৈনীতে বাস্তবায়িত হবে, সেই প্রকল্পের জন্য ভারতের প্রধানমন্ত্রী রাজীব গান্ধী সরাসরি নিয়োগ করেছিলেন। সাইটটি মোটেই এই উচ্চ প্রযুক্তির জন্য উপযুক্ত প্রকল্প সাইট নয়। নিয়ম অনুসারে, আমি বিদেশের ভ্রমণের জন্য একটি ভি আই পি স্যুটকেস কিনেছি। ট্রিপ থেকে ফিরে আসার পরে আমি সি এম ডি-কে সফর রিপোর্ট করেছিলাম। এ ছাড়াও, আমি কলকাতা বিশ্ববিদ্যালয়ের আমার বেতন সুরক্ষার জন্য একটি উপযুক্ত

xx

অবস্থানের সাথে প্রতিনিধিত্ব করেছি। সি জি এমের চামচা সি এম ডি যেহেতু কিছুই করছিল না, আমি প্রধানমন্ত্রী এবং প্রধানমন্ত্রীর উপদেষ্টা ডঃ স্যাম পিত্রোদা কে জানিয়েছিলাম। পিত্রোদা আমাকে জি এম করার জন্য সি এম ডি-কে জবাব দিয়েছিলেন, তবে চিঠিটি লাল ফিতার বন্ধনে ছিল। ১৯৮৮ সালের আগস্টে, আমাকে এলাহাবাদে প্রকল্পের জায়গায় স্থানান্তরিত করা হয়। আমি নৈনীর অন্যান্য সরকারী ক্ষেত্রগুলি সহ সেখানে সমস্ত ধরণের অপব্যবহার ও দুর্নীতি লক্ষ্য করেছি। আমি নেহেরুর জন্ম স্থান 'মীর-গঞ্জ' নৈনী সেতুর কাছেও দেখেছি। আমি যেমন অনুমান করেছি যে এখানে কোনও কেলেঙ্কারী হয়েছিল, রাজীব গান্ধী ছিলেন এন কে টি থেকে তাঁর সুইস ব্যাঙ্কের অ্যাকাউন্টে অর্থ ছিনতাইকারী। এই সময়ে, আমি তাঁর মাতামহ দাদা নেহেরুর জীপ কেলেঙ্কারী সম্পর্কেও পড়েছিলাম। ১৯৮৯ সালের সেপ্টেম্বরে, আমি এইচ সি এল থেকে পদত্যাগ করি এবং জব্বলপুরের রাণী দুর্গাবতী বিশ্ববিদ্যালয়ে (আর ডি ভি ভি) পদার্থবিজ্ঞানের রিডার হিসাবে যোগদান করি। বিশ্ববিদ্যালয় আমাকে একটি কোয়ার্টার এবং ২৪ ঘন্টার চাকর দিয়েছিল। আমি এইচ সি এল-এর কাছে পদত্যাগ জমা দেওয়ার সময়, সি জি এম আমাকে এক বছরেরও বেশি সময় আগে যে ভি আই পি স্যুটকেস কিনেছিলাম তা ফেরত দেওয়ার জন্য আমাকে ইঙ্গিত করেছিল। আমি এটি ফেরত দিয়েছি এবং আমি এইচ সি এল থেকে কোনও অযাচিত সুবিধা গ্রহণ করিনি। এলাহাবাদে, সি জি এম খুব বড় ঘরে ঠিক একজন রাজার মতোই বাস করছিল, এইচ সি এল দ্বারা ২৪ ঘন্টার নতুন চালক, চাকর এবং সমস্ত ধরণের যোগাযোগের সুবিধাযুক্ত নতুন বিলাসবহুল বাড়ি ছিল। এখন সেই সংস্থাটি আর নেই এবং দেউলিয়া হয়েছিল।

রাণী দুর্গাবতী বিশ্ববিদ্যালয়ে যোগদানের ঠিক পরে, আমি শুনেছিলাম যে আমার বেতন পদার্থবিজ্ঞান বিভাগের এইচ ও ডি-র চেয়েও বেশি ছিল। বিভাগের প্রধান এবং অন্যান্য অধ্যাপকরা আমাকে হিংসা করতেন। আমি পরিবারের সাথে বাঁকুড়ার আমার গ্রামে অক্টোবর মাসে দুর্গাপূজার সময় যাওয়ার জন্য এইচ ও ডি-র কাছ থেকে মৌখিক অনুমতি নিয়েছিলাম। কোনও ক্লাসই ছিল না, যেহেতু বিশ্ববিদ্যালয়ে ছুটি ছিল এবং সেই বিশ্ববিদ্যালয়ের নিয়ম সম্পর্কে আমার জানা ছিল না। ফিরে আসার পরে, আমি লক্ষ্য করেছি যে বিশ্ববিদ্যালয় কর্তৃপক্ষ আমার এক মাসের বেতন কেটে নিয়েছে এবং অন্য কাজের সাথে লেখক হিসাবে নিজের নাম লেখায় এমন একজন অসাধু অধ্যাপক এইচ ও ডি-র একটি নোট দ্বারা আমার পরিষেবাটি ভেঙে দিয়েছে। সেই সময়, আমি জানতে পারি যে দুই বছরের প্রবেশনারি পিরিয়ড ছিল। ১৯৯১ সালের সেপ্টেম্বরে দু'বছর শেষ করার পরেও আমার অবস্থান নিশ্চিত হওয়া যায় নি, যেহেতু পরবর্তী উপাচার্য ছিলেন এইচ ও ডি-র বন্ধু। অবশেষে, আমি বিষয়টি ভোপালে বিশ্ববিদ্যালয়ের চ্যান্সেলরের কাছে উপস্থাপন করেছিলাম এবং ১৯৯২ সালের মার্চ মাসে আমি অবস্থান ব্যাপারে নিশ্চিত হয়েছিলাম। এর পরে, ১৯৯২ সালের এপ্রিলে আমি অস্ট্রেলিয়ায় মাইগ্রেশন নিয়েছিলাম। আমি আমার বিশ্ববিদ্যালয়ের আবাসন এবং পরিষেবাটি আইন অনুসারে এক বছরের জন্য রেখেছিলাম। তারপরে ১৯৯৩ সালের এপ্রিলে

মুখবন্ধ

আমি আমার চাকরি থেকে পদত্যাগ করেছিলাম। ১৯৯৩ সালের মে মাসে আমি জাপানে চলে এসেছিলাম এবং আমার অপটিক্যাল পদার্থবিজ্ঞানের ক্ষেত্রে খুব ভাল গবেষণা করেছিলাম। যেহেতু আমার পরিবার জাপানে থাকার পরের অংশে অস্ট্রেলিয়ায় ছিল, তাই আমি ১৯৯৯ সালে অস্ট্রেলিয়ায় ফিরে এসেছিলাম। আমি আমার ক্ষেত্রে কোনও উপযুক্ত কাজ পেতে অক্ষম ছিলাম এবং আমি অস্ট্রেলিয়াতেও যোগ্যতা, সংস্কৃতি ইত্যাদির বৈষম্য বুঝতে পেরেছিলাম। আমার যোগ্যতা দমন করে, আমি সফ্টওয়্যার বিকাশের জন্য একটি ব্যাংকে কম্পিউটার সিস্টেম বিশ্লেষক হিসাবে নিযুক্ত হয়েছিলাম। আমি এককভাবে চারটি প্রকল্প করেছিলাম এবং সফল বাস্তবায়নের পরে, আমার রিপোর্টিং বস ব্রিটিশ বংশোদ্ভূত উচ্চ বিদ্যালয়ের পাস করা ম্যানেজার আমাকে বিনা কারণে আমার স্থায়ী কাজ থেকে বরখাস্ত করেছিলেন। আমি আদালতে পৌঁছেছি এবং সংস্থাটি আমাকে মাত্র চার মাসের বেতন দিয়েছে তবে চাকরি হয়নি। সেই ঘটনার পরে আমি আরেকটি পদার্থবিজ্ঞানে গবেষণা মূলক বই প্রকাশ করেছি।

তারপরে আমি সুবিধাবঞ্চিত শিক্ষার্থীদের পড়াতে প্রফেসর হিসাবে পি এন জি-র প্রযুক্তি বিশ্ববিদ্যালয়ে 2006 সালে গিয়েছিলাম। যাই হোক, আমি সেখানেও অনেক দুর্নীতি দেখেছিলাম এবং আমি পরিবারের সাথে বসবাস করতে ২০০৮ এর শেষে ব্রিসবেনে ফিরে এসেছিলাম।

তখন থেকে আমি উচ্চ বিদ্যালয়ে পড়াতে ব্যস্ত, কখনও কখনও স্বেচ্ছায়। ডঃ ইয়াজিমার পরামর্শ এবং নির্দেশনা অনুসারে ১৯৯৯ সালের এপ্রিল থেকে আমি ভারত, দক্ষিণ-পূর্ব এশিয়ার এবং জাপান সম্পর্কিত দ্বিতীয় বিশ্বযুদ্ধের ইতিহাস নিয়ে গবেষণা করেছি।

আমাদের ভারত মাতার একমাত্র প্রকৃত সর্বশ্রেষ্ঠ দেশপ্রেমিক এবং এক সাহসী যুদ্ধমন্ত্রী, আমাদের বীর নেতাজির বিস্মৃত ও গোপন স্বাধীনতা আন্দোলনের প্রকাশ ও অন্বেষণ করতে আমি এই বইটি মুলত "নেতাজির অজানা তথ্য: জাপান এবং দক্ষিণ পূর্ব এশিয়া" নিয়ে লিখেছি। মূলত তথাকথিত ভারতীয় নেতাজি গবেষক-সহ-ষড়যন্ত্রকারী লেখক নেতাজির মৃত্যুর বিতর্ককে এখানে প্রত্যক্ষদর্শী প্রমাণ এবং হাবিবুর রহমান খান এর একটি হলফনামা দিয়ে সমাধান করেছি। তাছাড়া, টোকিওর ইয়াসুকুনি মন্দিরে ৎসুনামাশা শিদেইয়ের মৃত্যুর আনুষ্ঠানিক ছবিও প্রথমবারের মতো প্রকাশিত হয়েছে। 1945 সালের 18 আগস্ট একই বোমারু বিমান দুর্ঘটনায় শিদেই এবং নেতাজি মারা যান।

ডঃ গোরচাঁদ ঘোষ
(প্রাক্তন এসটিএ এবং নেডো ফেলো
জাপানি সরকার)
দ্য ইলেক্ট্রোটেকনিক্যাল ল্যাবোরেটরি
এবং ফেস্টা, ৎসুকুবা, জাপান

বিজয়কানন
ব্রিসবেন, অস্ট্রেলিয়া
22 জুন 2022

**ডঃ গোরাচাঁদ ঘোষ** ভারতের পশ্চিমবঙ্গের, বাঁকুড়া জেলার, ভিমাড়া গ্রামে ১৯৫২ সালের ১৯ অক্টোবর জন্মগ্রহণ করেছিলেন। তিনি ১৯৭৬ থেকে ১৯৭৯ সাল পর্যন্ত কুমার পি এন রায় ফেলো হিসাবে বর্ধমান বিশ্ববিদ্যালয়ের পদার্থবিজ্ঞান বিভাগে গবেষণা করার জন্য নিযুক্ত ছিলেন। তিনি কম্পিউটার প্রোগ্রামার/লেকচারার হিসাবে ১৯৮০ সালের ২ জানুয়ারি বর্ধমান বিশ্ববিদ্যালয়ের গবেষণা পরিষেবা কেন্দ্রে যোগদান করেন। তিনি ১৯৮২ সালে বর্ধমান

বিশ্ববিদ্যালয় থেকে পদার্থবিজ্ঞানে (ননলিনিয়ার অপটিক্যাল লেজার ডিভাইসেস) পি এইচ ডি ডিগ্রি অর্জন করেছিলেন। তিনি টোকিও বিশ্ববিদ্যালয়ে অপটো-ইলেকট্রনিক্স বিষয়ে পোস্ট-ডক্টরাল গবেষণা করেছেন ১৯৮২ থেকে ১৯৮৪ সাল পর্যন্ত মনবুশো বৃত্তি (শিক্ষা মন্ত্রণালয়, জাপান সরকার) পেয়ে এবং অপটিকাল ফাইবার প্রযুক্তি সম্পর্কিত ফুরুকাওয়া ইলেক্ট্রিক কোং লিমিটেডে, ১৯৮৪-১৯৮৬ সাল পর্যন্ত বিদেশী প্রযুক্তি বৃত্তির সমিতির (এ ও টি এস) [আন্তর্জাতিক বাণিজ্য ও শিল্প মন্ত্রক (এম আই টি আই), জাপানিজ সরকার] বৃত্তি পেয়েছিলেন।

তিনি ১৯৮৭ থেকে ১৯৯৩ সাল পর্যন্ত কলকাতা বিশ্ববিদ্যালয়, হিন্দুস্তান কেবলস লিমিটেড (ভারত সরকার অধিকৃত), রানী দুর্গাবতি বিশ্ববিদ্যালয় এবং সিডনি বিশ্ববিদ্যালয়ে, যথাক্রমে সিনিয়র সায়েন্টিস্ট, ম্যানেজার, রিডার এবং ভিজিটিং সায়েন্টিস্ট ছিলেন। তিনি জাপানের ৎসুকুবা শহরে অবস্থিত ইলেকট্রোটেকনিক্যাল ল্যাবরেটরি এবং ফেমটোসেকেন্ড টেকনোলজি রিসার্চ অ্যাসোসিয়েশনে (ফেস্টা) ১৯৯৩ থেকে ১৯৯৯ সাল পর্যন্ত জাপান সরকারের একজন এস টি এ এবং নিউ এনার্জি এন্ড ডেভেলপমেন্ট অর্গানিজশন এর (নেডো) ফেলো ছিলেন।

তাঁর প্রধান গবেষণা ক্ষেত্রটি ননলিনিয়ার, ফাইবার এবং সাধারণ অপটিক্সগুলিতে অপটিক্যাল উপকরণগুলির পরীক্ষামূলক এবং তাত্ত্বিক অধ্যয়নের উপর ছিল। খ্যাতিমান জার্নালগুলিতে তার কৃতিত্বের জন্য বিভিন্ন গবেষণা প্রকাশনা ছাড়াও তিনি যখন জাপানে ছিলেন তখন লেখক: ১) ১৯৯৭ সালে মার্কিন যুক্তরাষ্ট্রের একাডেমিক প্রেস দ্বারা প্রকাশিত রেফারেন্স বই "হ্যান্ডবুক অফ থার্মো-অপটিক কোফিশিয়েন্টস অফ অপটিক্যাল মাটেরিয়ালস উইধ্ অ্যাপ্লিকেশনস"; ২) বইয়ের একজন অবদানকারী, "প্রপারটিজ অফ গ্লাসেস আনড রেয়ার-আর্থ ডোপড গ্লাসেস ফর অপটিকাল ফাইবারস," ইনস্পেক/আই. ই ই, লন্ডন, ইংল্যান্ড, ১৯৯৮ দ্বারা প্রকাশিত; এবং ৩) ১৯৯৯ সালে মেরিল্যান্ড, ফোর্ট ওয়াশিংটন, প্রফেসর এডওয়ার্ড ডি পালিকের সঙ্গে সহ-সম্পাদক মার্কিন যুক্তরাষ্ট্রের একাডেমিক প্রেস দ্বারা প্রকাশিত "ইলেকট্রনিক কনস্ট্যান্টস

অফ সলিডস।" ব্রিসবেন থেকে ৪) ২০০৫ সালে সুজাতা ঘোষ দ্বারা প্রকাশিত "হ্যান্ডবুক অফ রিফ্র্যাক্টিভ ইনডেক্স আনড ডিসপার্সেন অফ ওয়াটার ফর সায়েন্টিস্ট আনড ইঞ্জিনিয়ারস"; ৫) সেপ্টেম্বর ২০১৭ সালে একটি ই-বুক "নেতাজির অজানা তথ্য: জাপান এবং দক্ষিণ-পূর্ব এশিয়া" মার্কিন যুক্তরাষ্ট্রের অ্যামাজন দ্বারা প্রকাশিত; ৬) ডিসেম্বর ২০১৭ সালে ভারতের বাঁকুড়া থেকে, মনোবঞ্জন ঘোষ দ্বারা "নেতাজির অজানা তথ্য: জাপান এবং দক্ষিণ-পূর্ব এশিয়া" হার্ডকভার বইটি প্রকাশিত; ৭) নভেম্বর ২০১৯ এ একটি আপডেট হওয়া পেপারব্যাক বই "আননোন ফ্যাক্টস অফ নেতাজি: জাপান আনড সাউথইস্ট এশিয়া" মার্কিন যুক্তরাষ্ট্রের অ্যামাজন সারা বিশ্ব জুড়ে প্রকাশ করেছে; ৪) অ্যামাজন 11 মার্চ 2021 সারা বিশ্বে নেতাজির উপর হিন্দি ই-বুক প্রকাশ করেছে; ও ৯) "হ্যান্ডবুক অফ রিফ্র্যাক্টিভ ইনডেক্স আনড ডিসপার্সেন অফ ওয়াটার ফর সায়েন্টিস্ট আনড ইঞ্জিনিয়ারস: থার্মো-অপটিক এন্ড প্রেসার-অপটিক কোইফিসিয়েন্টস অফ ওয়াটার" 2021 সালের সেপ্টেম্বরে আমাজন দ্বারা পুনঃ-প্রকাশিত।

একটি পেটেন্ট জাপানে এবং অন্যটি অস্ট্রেলিয়ায়; মার্কিন যুক্তরাষ্ট্রে তিনটি কপিরাইটযুক্ত বৈজ্ঞানিক সফ্টওয়্যার তাঁর কাছে রয়েছে। ১৯৮৯ থেকে ১৯৯২ সাল পর্যন্ত ভারত সরকার বৈজ্ঞানিক ও শিল্প গবেষণা অধিদফতর (ডি এস আই আর) কর্তৃক তাকে প্রযুক্তি অধিগ্রহণ (ফাইবার অপটিক্স) বিশেষজ্ঞ হিসাবে মনোনীত করেছিলেন। তিনি ইন্ডিয়ান লেজার অ্যাসোসিয়েশনের প্রতিষ্ঠাতা জীবন সদস্য এবং ইন্ডিয়ান ফিজিকাল সোসাইটির একজন লাইফ সদস্য আছেন। তিনি বহু বছর ধরে অপটিকাল সোসাইটি অফ ইন্ডিয়া এবং আমেরিকান অপটিকাল সোসাইটির ও সদস্য ছিলেন। তাঁর নাম পদার্থবিজ্ঞানী এবং শিক্ষক হিসাবে ১৯৯৬ সালে "মারকুইস হুজ হু (Marquis Who'sWho) ইন দ্য ওয়ার্ল্ড"-এ মনোনীত ও তালিকাভুক্ত হয়।

পদার্থবিজ্ঞানী হিসাবে তিনি আইসেন্ট্রোপিক (Isentropic) নামে একটি নতুন ব্যান্ড গাপ অবিষ্কার ও চিহ্নিত করেছেন এবং তিনি নিম্নলিখীত ডিসপার্সেন সমীকরণগুলির। ১) রিফোক্টিভ ইনডেক্স ২) বায়ারফ্রেঞ্জইনস ৩) থার্মো অপটিক কোফিশিয়েন্টস এবং ৪) প্রেসার-অপটিক কোফিশিয়েন্টস, স্বচ্ছ স্ফটিক থেকে অর্ধপরিবাহী, গ্লাসেস এবং অপটিক্যাল তরল থেকে শুরু করে সমস্ত অপটিক্যাল পদার্থের জন্য ইউনিফাইড মডেল তৈরি করেছেন।

১৯৯০ সালে, তিনি ফাইবার লেজার, এমপ্লিফায়ার এবং কম্পিউটার প্রযুক্তি ব্যবহার করে "অভিসারিকাস" হিসাবে, ভবিষ্যতে যোগাযোগ ব্যবস্থা দাবি করেছিলেন এবং "টেলিমেটিক্স ইন্ডিয়া" তে প্রকাশ করেছিলেন। "অভিসারিকাস (ABHISARICAS)" এর সাতটি ইংরেজি বর্ণমালা অপটিক্যাল এবং যোগাযোগ ব্যবস্থার শব্দগুলির দ্বারা চিহ্নিত করা হয়েছে যা 1994 সালে আই ই ই ই, জে কিউ ই (মার্কিন যুক্তরাষ্ট্র) (IEEE, JQE, USA) জার্নাল দ্বারা প্রকাশিত হয়েছিল। 1997 সালে, মার্কিন যুক্তরাষ্ট্রের একাডেমিক প্রেস দ্বারা প্রকাশিত একটি রেফারেন্স বই-এ, তিনি দাবি করেছিলেন যে হিন্দু পৌরাণিক কাহিনী অনুসারে, ভগবান শ্রীকৃষ্ণ তাঁর 'অভিসারিকাস'-র মাধ্যমে বিশ্বের ঘটনাবলী সম্পর্কে জানতে পেরেছিলেন। এখন 'অভিসারিকাস' ইন্টারনেট, গুগল, ফেসবুক, টুইটার, ইউটিউব, ইনস্টাগ্রাম, হোয়াটসঅ্যাপ, মোবাইল, টিভি, রেডিও ইত্যাদি সমস্ত সিস্টেম নিয়ে গঠিত। ১৯৯৭ সালের আগস্টে তিনি একটি নিবন্ধ লিখেছিলেন, "দুর্নীতি! দুর্নীতি!! দুর্নীতি!!! ভারতের দুর্নীতি,"

ভারতের স্বাধীনতার স্বর্ণজয়ন্তী এবং নেতাজির জন্মশতবর্ষ পূর্তি উপলক্ষে; এটি তিনি তৎকালীন প্রধানমন্ত্রী (2) এবং ভারতের রাষ্ট্রপতির কাছে প্রেরণ করেছিলেন। রাষ্ট্রপতি তাঁর প্রতি যে অনুভূতি প্রকাশ করেছেন ও তার প্রশংসা করেছেন এবং তাকে শুভেচ্ছা জানিয়েছেন।

১৯৯৯ সাল থেকে তিনি জাপানের ডাঃ হিরোইয়োশি ইয়াজিমা দ্বারা ভারতীয় ইতিহাস বিশেষত দ্বিতীয় বিশ্বযুদ্ধের নেতাজী সুভাষ চন্দ্র বোস সম্পর্কিত গবেষণার জন্য অনুপ্রাণিত হয়েছিলেন। এই বইটি কল্পিত ষড়যন্ত্রের ভিত্তিতে কিছু ভুয়া সাংবাদিকের রিপোর্টের উপর ভিত্তি করে বিষয়টিকে অনুমান ও ষড়যন্ত্র করা এবং হেরফের করার *পরিবর্তে* বিদ্যমান পরীক্ষামূলক তথ্য, যুদ্ধের সময়কালে নেতাজির আসল ছবিগুলি এবং সত্য প্রমাণের উপর ভিত্তি ও গবেষণা করে, এমন একজন পদার্থবিদের কাছ থেকে এই গবেষণার ফলাফল প্রকাশ করা হয়েছে।

গবেষণায় দেখা গেছে, 14 আগস্ট 1945 সালে নেতাজির মৃত্যুর পর 1946 সাল থেকে কংগ্রেস রাজনৈতিক নেতা নেহরুর নির্দেশ অনুসারে ভারতের স্বাধীনতার বিকৃত ইতিহাসগুলি কংগ্রেসের কট্টর ইতিহাসবিদদের দ্বারা লিখিত হয়েছে। এটি কংগ্রেসের রাজনৈতিক নেতাদের একটি মিথ্যা দাবি ছিল যে "গান্ধীর অহিংসা" ভারতের স্বাধীনতা দিয়েছে।

নেতাজি স্বাধীনতার পর পরই কংগ্রেস পার্টি (1885 সালে ব্রিটিশদের দ্বারা ভারতীয়দের বোকা, শাসন এবং লুট করার জন্য তৈরি করা হয়েছিল) বাতিল করতে চেয়েছিলেন এবং তার পরিকল্পনা ছিল জাপান সরকারের মতো সরকার দ্বারা সমস্ত ভারতীয়দের জন্য বাধ্যতামূলক বিনামূল্যে শিক্ষা প্রদান করা। এটি 1868 সালে সম্রাট মেইজি দ্বারা জাপানে বাস্তবায়িত হয়েছিল। তিনি দাবি করেছিলেন, *"পশ্চিমের দিকে নয় পূর্বের দিকে তাকান"* যেখানে একটি উদীয়মান সূর্য রয়েছে। নেতাজি বেঁচে থাকলে ভারত ভাগ হতো না।

নেতাজি কখনই গান্ধীকে 'মহাত্মা' বলে দাবি করেননি এবং তিনি তার আই এন এ ব্রিগেড রেজিমেন্টদের নাম "গান্ধী, প্যাটেল এবং নেহেরু" হিসাবে দেননি। অন্যদিকে, রেঙ্গুনের যুদ্ধক্ষেত্রে, জুলাই থেকে সেপ্টেম্বর 1944 সাল পর্যন্ত, নেতাজি ভারতীয়দের কাছে অনুরোধ করেছিলেন গান্ধী এবং নেহরু উভয়কেই হত্যা এবং পুড়িয়ে ফেলতে কারণ তারা মিথ্যা এবং অসম্মানিত নেতা ছিলেন।

শুধুমাত্র প্রকৃত পরোক্ষ যুদ্ধাপরাধী এবং স্বঘোষিত ভারতরত্ন পুরস্কারপ্রাপ্ত নেহেরু 27 ডিসেম্বর 1945 সালে নেতাজিকে স্টালিনের সুরক্ষায় রাশিয়ায় লুকিয়ে থাকা যুদ্ধাপরাধী বলে দাবি করেছিলেন তার বস ক্লেমেট অ্যাটলির কাছে। *ব্রিটিশ সরকার এবং জাতিসংঘ কখনোই নেতাজিকে যুদ্ধাপরাধী বলে দাবি করেনি।*

দ্বিতীয় বিশ্বযুদ্ধের সময় সচিত্র প্রমাণ সহ এই বইটিতে প্রথমবারের মতো সত্য ও তথ্য প্রকাশ করায় নেতাজি এবং আই এন এ ভারতের স্বাধীনতা দিয়েছিলেন। কংগ্রেস পার্টির গান্ধী ও নেহেরু, মুসলিম লীগের জিন্নাহ, হিন্দু মহাসভার সাভারকর, কমিউনিস্ট পার্টির নেতারা এবং উপরের সমস্ত রাজনৈতিক দলের সদস্যদের অবদান খুবই কম ছিল। কিছু নেতা ভারতের স্বাধীনতা চায়নি।

লেখক বিশ্বের 3466 টিরও বেশি উদ্ধৃতির (রেফারেন্সে ব্যবহৃত) গুগল স্কলার।

# Oaths ACT 1867
## Statutory Declaration

**AUSTRALIA  and INDIA TO WIT {**

I, Dr Gorachand Ghosh of 19 Abingdon Street, Woolloongabba, Brisbane, QLD-4102, in the State of Queensland, Australia and an Overseas Citizen of India (OCI) having permanent residential address at: Vill.- Bhimara, PO- Harmasra, PS- Taldangra, Dist.- Bankura, West Bengal, do solemnly and sincerely declare that:

1. As a Japanese Government Scholar, I had participated the Lecture of Prof S. Chandrasekhar (Nobel Laurate in December1983) on 15 April 1983 at the Tokyo University. For the first time I have come to know that the Japanese called Netaji Subhas Chandra Bose as 'Chandra Bose' from a Political Science Professor who had participated in the same lecture.
2. In 1995, I met Masayoshi Kakitsubo, personal secretary of 'Chandra Bose' in Tokyo. He died on 02 January 1997 and on that time I was on a holiday trip to Sydney to meet with my family.
3. Dr Hiroyoshi Yajima son of Masayoshi Kakitsubo was the director of the Electrotechnical Laboratory and I had worked under him as a Japanese Government STA and NEDO Fellow (April 1993 to May 1999).
4. In 1997, I wrote my first book "Handbook of Thermo-Optic Coefficients of Optical Materials with Applications" as a sole author and with the advice of Dr. Yajima it was published by the 'Academic Press of USA'.
5. I have received an album containing photos of Netaji, some Japanese and INA members with Kakitsubo in April 1999 before leaving Japan.
6. After receiving the latest photo of Kakitsubo and updated photo of Dr Yajima on 15 September 2017, I had submitted the eBook entitled **"UNKNOWN FACTS OF NETAJI: JAPAN AND SOUTHEAST ASIA"** and it was published by the Kindle-Amazon on 19 September 2017 from Australia throughout the world simultaneously.
7. On 8 October 2017, I have come to know that a gang of copyright violators led by Anuj DHAR of 'Mission Netaji' at New Delhi have stolen TWO photos of Netaji from the eBook and after cropping they have posted in the public domain (Facebook and Twitter). On 10 October 2017 I have reported it to the PMO, New Delhi for the first time.
8. Subsequesntly, they have stolen many copyrighted photos from the eBook and after cropping they have posted in the public domains such as Facebook, Twitter, internet and their business web-sites without my permission.
9. I have reported some of the cases to the PMO, Governors and Commissioners of Police at different states of India from time to time.

And I make this solemn declaration conscientiously believing the same to be true, and by virtue of the provisions of the Oaths ACT 1867.

Taken and Declared before me, at the Dutton Park Police Station.
This 28 day of August, 2018 }

(Dr Gorachanf Ghosh)

Lynette BARNES
JP (Mag Court) #73935

**JUSTICE OF THE PEACE**

# প্রথম অধ্যায়

## সুভাষ চন্দ্র বোস

**1943 সালের মে মাসের আগে নেতাজির জীবন:**

1941 সাল থেকে 1945 সালের 18 আগস্ট অর্থাৎ তাঁর মৃত্যু অবধি জার্মানি, জাপান এবং দক্ষিণ-পূর্ব এশিয়া থেকে ভারতের স্বাধীনতা যুদ্ধের জন্য নেতাজি সর্বশ্রেষ্ঠ দেশপ্রেমিক এবং ভারতীয় জাতীয় সেনাবাহিনীর মহা বিপ্লবী নেতা ছিলেন।

সুভাষচন্দ্র বোস কটকের (উড়িষ্যা) একটি বিখ্যাত আইনজীবী পরিবারে 1897 সালের 23 জানুয়ারি জন্মগ্রহণ করেছিলেন। 23 জানুয়ারী 2021, নেতাজির 125তম জন্মদিনে ভারতের কেন্দ্রীয় সরকার আমাদের প্রকৃত মুক্তিযোদ্ধা যিনি আমাদের স্বাধীনতা দিয়েছিলেন, তাকে সম্মান জানাতে এই দিনটিকে *"পরাক্রম দিবস"* হিসাবে ঘোষণা করেছে। তাঁর মা ছিলেন প্রভবতী দত্ত বোস এবং পিতা জনকীনাথ বোস যিনি একজন বিখ্যাত ব্যারিস্টার ছিলেন। তিনি 14 সন্তানের একটি পরিবারে নবম সন্তান ছিলেন। তিনি কটকের প্রোটেস্ট্যান্ট ইউরোপীয় বিদ্যালয়ে (বর্তমানে স্টুয়ার্ট উচ্চ বিদ্যালয়) ভর্তি হন। তাকে ম্যাট্রিক পড়ার জন্য রাভেনশ্যা কলেজিয়েট স্কুলে স্থানান্তরিত করা হয়। তিনি কলকাতা বিশ্ববিদ্যালয়ের অধীনে প্রেসিডেন্সি এবং স্কটিস চার্চ কলেজে পড়াশোনা করেছেন। তাঁর বিষয় ছিল দর্শন। তিনি ইংল্যান্ডে গিয়ে 1920 সালে আই সি এস (ICS) পরীক্ষায় অংশ নেওয়ার আগে কেমব্রিজ বিশ্ববিদ্যালয়ে পড়াশোনা করেন। তিনি আই সি এস পরীক্ষায় [1] চতুর্থ স্থান অর্জন করেছিলেন। তবে তিনি ব্রিটিশ রাজের দাস হওয়ার জন্য কোনও পদে যোগ দিতে তীব্র অস্বীকার করেছিলেন। তিনি কলকাতায় ফিরে এসে ভারতীয় জাতীয়তাবাদী আন্দোলনে যোগ দেন। কটকে, জানকীনাথ ভবন সেই জায়গা যেখানে সুভাষ চন্দ্র বোস থাকতেন এবং এখন তাকে একটি যাদুঘরে রূপান্তরিত করা হয়েছে, যেখানে আপনি তার শৈশব থেকে প্রথম দিকে একজন মুক্তিযোদ্ধা হিসাবে তাঁর জীবন অনুসন্ধান করার সুযোগ পাবেন।

1921 সালে, বোস স্বামী বিবেকানন্দের অনুপ্রেরণায় রাজনীতিতে যোগ দিয়েছিলেন এবং তাঁর পরামর্শদাতা চিত্তরঞ্জন দাসের নির্দেশিকা অনুসরণ করেছিলেন। তাঁর উদ্দেশ্য ছিল ভারতবর্ষকে স্বাধীন করা এবং দেশটি কেবল ব্রিটিশদের দ্বারা শাসিত হওয়া উচিত নয় বলেছিলেন। এছাড়াও, তিনি কংগ্রেস নেতা মোহনদাস করমচাঁদ গান্ধীর সাথে দেখা করেছিলেন এবং কংগ্রেস পার্টিতে যোগ দিয়েছিলেন। প্রিন্স অফ ওয়েলসের ভারত সফরের বিরুদ্ধে সফলভাবে বয়কট করার জন্য বোস এবং সি আর দাসকে 1921 সালে ক্রিসমাসের দিনে গ্রেপ্তার করা হয় এবং ছয় মাসের জেল হয়। মুক্তির পরে, বোস বন্যার ত্রাণ, 'কলকাতায় ফরোয়ার্ড' পত্রিকা প্রকাশের জন্য সম্পাদকীয় পরিষেবা এবং স্বরাজ দলের পক্ষে প্রচার চালানো কাজে নিযুক্ত হন। 1924 সালে, বোস কলকাতা কর্পোরেশনের সি ই ও (CEO) ছিলেন এবং সি আর দাস কলকাতার মেয়র ছিলেন। 1924 সালের 24 অক্টোবর তাকে আবার গ্রেপ্তার করা হয় এবং মান্দালয়

## অজানিত নেতাজি সুভাষ চন্দ্র বোস

কারাগারে আড়াই বছরের জন্য রাখা হয়। তিনি 1924 থেকে 1937 সাল পর্যন্ত রাজনীতিতে ছিলেন এবং দু'বার 'ব্রিটিশ রাজ' কর্তৃক গ্রেপ্তার হন।

অন্য দিকে 1915 সালে ব্রিটিশ রাজ ভারতের স্বাধীনতা আন্দোলন বিলম্বের জন্য গান্ধীকে দক্ষিণ আফ্রিকা থেকে ভারতে নিয়ে আসে। ব্রিটিশ রাজ গান্ধীকে ভগত সিংহ, চন্দ্রশেখর আজাদ ও সুভাষ চন্দ্র বোসর মতো বিপ্লবী মুক্তিযোদ্ধাদের বিরুদ্ধে "হিউম্যান ফায়ারওয়াল (Human Firewall)" হিসাবে ব্যবহার করেছিলেন। প্রথম বিশ্বযুদ্ধে কেন গান্ধী ব্রিটিশদের সমর্থন করেছিলেন (24 জুলাই 1914 থেকে 11 নভেম্বর 1918)? গান্ধী প্রথম বিশ্বযুদ্ধের সময় ব্রিটেনকে সমর্থন করেছিলেন এবং 1918 সালের শেষ দিকে ব্রিটিশ সেনাবাহিনীর স্বেচ্ছাসেবীর জন্য ভারতীয়দের সরকারী প্রচারণায় যোগ দিয়েছিলেন। ঘটনাটি হ'ল গান্ধীর মঞ্চে আগমন ভারতের স্বাধীনতা আন্দোলনকে উদ্বুদ্ধ করেছিল। 1900 এর দশকের গোড়ার দিকে, ভারতীয় নেতারা 1920এ র দশকে ব্রিটিশদের উৎখাত করার দিকে তাকিয়ে ছিলেন। প্রথম বিশ্বযুদ্ধের ঠিক পরে, ভারপ্রাপ্ত ব্রিগেডিয়ার-জেনারেল রেজিনাল্ড ডায়ার তার সেনাবাহিনীর আন্তরিকতা যাচাই করতে অমৃতসরে নিরস্ত্র প্রতিবাদী ভারতীয় নাগরিকদের একটি ভিড়ের মধ্যে ব্রিটিশ ভারতীয় সেনাবাহিনীর সৈন্যদের তাদের রাইফেল গুলি চালানোর নির্দেশ দিয়েছিলেন। কমপক্ষে 379 জন নিহত এবং 1,200 জনের বেশি আহত হয়েছিল। 30 মে 1919-এ, রবীন্দ্রনাথ ঠাকুর "পাঞ্জাবের জনগণের প্রতি ব্রিটিশ সেনাবাহিনীর অমানবিক নিষ্ঠুরতার প্রতিবাদে তার নাইটহুড (Knighthood) সম্মান ত্যাগ করেছিলেন।" হাস্যকরভাবে, গান্ধী জেনারেল ডায়ারকে বারবার ক্ষমা করেছিলেন, এমনকি তিনি 'ডায়ারিজম' বিরোধী লোকদের সতর্ক করেছিলেন। 1931 সালের 5 মার্চ লন্ডনে গান্ধী-আরউইন চুক্তি স্বাক্ষরিত হয়। সরকার বেশিরভাগ অবাধ্য স্বেচ্ছাসেবীদের (যাদের বিরুদ্ধে সহিংসতার কোনও অভিযোগ নেই) মুক্তি দিতে সম্মত হয়েছিল। এটি রাজনৈতিক চুক্তি ছিল। 1931 সালের 23 মার্চ ব্রিটিশ রাজ সুখদেব থাপার এবং শিবরাম রাজগুরু সহ ভগত সিংকে ফাঁসি দিয়েছিল। কিন্তু গান্ধী মৃত্যুদণ্ড না দেওয়ার আবেদন করেননি, যদিও তিনি করতে পারতেন। তিনি ব্রিটিশ রাজের অন্যান্য বিপ্লবী নেতাদের দেখানোর জন্য প্রয়োজনীয় একটি নথিতে ফাঁসি দেওয়ার জন্য স্বাক্ষর করেছিলেন।

যাই হোক, এম কে গান্ধীর নেতৃত্বে লবণ সত্যাগ্রহের [2] সময় বোস আবার বন্দী হয়েছিলেন। বোস গান্ধী-আরউইন চুক্তির বিরুদ্ধে প্রতিবাদ করেছিলেন এবং বিশেষত ভগত সিং ও তাঁর সহযোগীদের ফাঁসি দেওয়ার সময় নাগরিক অমান্য আন্দোলন স্থগিতের বিরোধিতা করেছিলেন। বোসকে আটক করে 1936 সাল পর্যন্ত ইউরোপে নির্বাসন দেওয়া হয়েছিল। 1936 সালে তিনি ভারতে ফিরে আসেন এবং পরের বছর পর্যন্ত আবার কারাগারে বন্দী হন। 1938 সালে বোস ভারতীয় জাতীয় কংগ্রেসের সভাপতি নির্বাচিত হন। 1939 সালের সেপ্টেম্বর মাসে দ্বিতীয় বিশ্বযুদ্ধ শুরু হলে, 1940 সালের জুন মাসে বোস সেবাগ্রামে গিয়ে গান্ধীজিকে শেষবারের মত আবেদন জানালেন, এই হল উপযুক্ত সময় যখন সর্বস্ব পণ করে বৃটিশের বিরুদ্ধে লড়াই করা যায়। গান্ধীজি বললেন, এখন উপযুক্ত সময় নয়। অধিকন্তু, গান্ধী ও নেহেরু কিছু ষড়যন্ত্র ও রাজনীতি করেছিলেন এবং বোস 1939 সালে তাঁর দ্বিতীয় মেয়াদে নির্বাচিত কংগ্রেস রাষ্ট্রপতির পদ থেকে পদত্যাগ

করতে বাধ্য হন। গণতান্ত্রিকভাবে নির্বাচিত কংগ্রেস পার্টির সভাপতি বোস কী ভাবে গান্ধী ও নেহরু দ্বারা পদত্যাগ পত্র জমা দিতে বাধ্য হন? তারা মোটেই গণতন্ত্র অনুসরণ করছিলেন না, কেবল দাসত্বই তাদের জন্য মূল লক্ষ্য/মানদণ্ড ছিল। গান্ধী ও নেহরু বনাম বোসের মধ্যকার সমস্ত অভ্যন্তরীণ রাজনীতি এখনও জনগণের কাছে অজানা। বোস 1939 সালের 22 জুন "অল ইন্ডিয়া ফরওয়ার্ড ব্লক" নামে একটি নতুন পার্টি তৈরি করেছিলেন।

<u>দ্বিতীয় বিশ্বযুদ্ধ (1 সেপ্টেম্বর 1939 থেকে 2 সেপ্টেম্বর 1945)</u>

বিদেশী শক্তির সাহায্য নেওয়ার মধ্যে কোন নূতনত্ব সুভাষচন্দ্র দেখেননি। "শত্রুর শত্রু আমার মিত্র" এই নীতি অনুসরণ করে অন্য দেশের সাহায্য নিয়ে দেশমাতৃকার শৃঙ্খলমোচনের চেষ্টা করেছেন। সুভাষচন্দ্র প্রথমে রাশিয়ার সাহায্যপ্রার্থী হয়ে নিরাশ হন এবং বার্লিনে হিটলারের সাথে সাক্ষাৎ করেন, কিন্তু হিটলারও তাঁকে নিরাশ করেন। সুভাষ সর্বদা ভারতের স্বাধীনতার চিন্তায় ডুবে থাকতেন তাই হতোদ্যম না হয়ে ত্রিশক্তির (জার্মানী, ইতালী ও জাপান) কাছে স্বাধীনতার স্বীকৃতির দাবি জানিয়ে ছিলেন।

ভারত যখন ব্রিটিশ রাজ দ্বিতীয় বিশ্বযুদ্ধে অংশ নিতে বাধ্য হয়েছিল, তখন বোস এবং তাঁর দল এর বিরোধিতা করে এবং 1940 সালে একটি বিশাল আন্দোলন কর্মসূচি শুরু করে। অন্যদিকে, গান্ধী ও নেহরু দ্বিতীয় বিশ্বযুদ্ধের জন্য প্রয়োজনীয় ভারতীয় সেনা নিয়োগের অভিযানে (1939-1944) ব্রিটিশ রাজকে সহায়তা করেছিলেন। বোসকে আবার কারাবন্দি করা হয়েছিল; তবে এবার তিনি অনশন শুরু করলেন এবং কর্তৃপক্ষ তাকে মুক্তি দিতে বাধ্য হয়। যদিও তাকে মুক্তি দেওয়া হয়েছিল তবে বোসকে গ্রেপ্তার করে রাখা হয়েছিল এলগিন রোডে তাঁর পৈতৃক বাড়িতে, বর্তমানে কলকাতায় 'নেতাজি ভবন' নামে পরিচিত। ব্রিটিশ রাজ তৎকালীন কংগ্রেস নেতাদের সহায়তায় তাকে বিভিন্ন ধরণের অপব্যবহার করে হত্যা করতে চেয়েছিল। বোস পালানোর আগে 11 বার 'ব্রিটিশ রাজ' তাকে কারাবাসে রেখেছিল।

## সুভাষ চন্দ্রের 'গ্রেট এস্কেপ' বা "মহানিষ্ক্রমন

1941 সালের 15/16 জানুয়ারী বোস তাঁর ভাইপো শিশির কুমার বোসের সাহায্যে কলকাতার বাড়ি থেকে পালিয়ে যান, যিনি তাঁর গাড়িটি কলকাতা থেকে গোমোতে চালিত করেছিলেন (এটির এখন নামকরণ করা হয়েছে '*নেতাজি সুভাষচন্দ্র বোস জংশন*') এবং এটি ঝাড়খণ্ড রাজ্যে অবস্থিত। কালকা মেল (23 জানুয়ারী, 2021, নেতাজির 125তম জন্মদিনে, কেন্দ্রীয় সরকার নেতাজিকে সম্মান জানাতে এই ট্রেনটির নামকরণ করেছে '*নেতাজি এক্সপ্রেস*) আরোহণ করে তিনি পেশোয়ার এবং পরে কাবুলে পৌঁছেছিলেন। বোস একটি ইতালীয় কূটনৈতিক পাসপোর্ট (কাবুলের ইতালিয়ান দূতাবাসের সহায়তায়) অর্জন করেছিলেন এবং রাশিয়া হয়ে জার্মানি যাত্রা শুরু করেছিলেন এবং জার্মানি পৌঁছাতে সক্ষম হন। 1941 সালের এপ্রিলে বোস জার্মানি পৌঁছেছিলেন, যেখানে নেতৃত্ব ভারতের স্বাধীনতার কারণ হিসাবে তাকে অপ্রত্যাশিত দ্বিধাদ্বন্দ্ব প্রকাশ করেছিলেন। 1941 সালের নভেম্বরে, জার্মান তহবিলের সাহায্যে বার্লিনে একটি ফ্রি ইন্ডিয়া সেন্টার এবং শীঘ্রই একটি

ফ্রি ইন্ডিয়া রেডিও প্রতিষ্ঠিত হয়েছিল, যার উপরে বোস 1942 সালের জানুয়ারি থেকে ব্রিটিশ রাজের বিরুদ্ধে রাত্রে স্বাধীনতা আন্দোলন সম্প্রচার করেছিলেন। ভবিষ্যতে জার্মান নেতৃত্বাধীন ভারতে আক্রমণে সহায়তা করার জন্য এরউইন রোমেলের আফ্রিকা কর্পস দ্বারা বন্দী ভারতীয়দের সমন্বয়ে একটি 3000 শক্তিশালী ফ্রি ইন্ডিয়া টাইগার সেনা গঠিত হয়েছিল। ভারতের স্বাধীনতার এবং লড়াই করার জন্য 'আজাদ হিন্দ ফৌজ' তৈরি করা হয়েছিল। *তাঁর নেতৃত্বের দ্বারা অনুপ্রাণিত হয়ে, বার্লিনে তাঁর অনুগামীরা তাঁকে নেতা হিসাবে তার মর্যাদা স্বীকার করে বোসকে 'নেতাজি' হিসাবে সম্মানিত করেছিলেন।*

1942 সালের মে মাসের শেষের দিকে, অ্যাডলফ হিটলার প্রথমবার নেতাজির সাথে দেখা করেছিলেন এবং ভারতের স্বাধীনতার জন্য নেতাজির সহায়তা অস্বীকার করেছিলেন এবং বলেছিলেন, "ভারতকে আরও দুশ পঞ্চাশ বছর ব্রিটিশদের শাসন করা উচিত।" নেতাজি হিটলারের এই মন্তব্যের বিরুদ্ধে তিব্র প্রতিবাদ করেছিলেন।

বিশ্বের অন্যদিকে 1942 সালের বসন্তের মধ্যে জাপানি সামরিক সরকার সিঙ্গাপুর এবং দক্ষিণ-পূর্ব এশীয় দেশ দখল করে। ভারতে জার্মান আক্রমণ অচল হয়ে পড়ে এবং বোস দক্ষিণ পূর্ব এশিয়াতে যাওয়ায় জন্য আগ্রহী হন। হিটলার জাপানে যাওয়ার জন্য বোসকে সাবমেরিনের ব্যবস্থা করার প্রস্তাব দিয়েছিলেন।

## নেতাজির_চিঠি (Letters to Emilie Schenkl 1934-1942)

এমিলি নেতাজির বক্তিগত সচিব-কাম-টাইপিস্ট হিসাবে কাজ করেছিলেন। কিছু ভারতীয় এটিকে বিশ্বাস করেননি যেমন তারা জার্মানিতে এমিলির সাথে নেতাজির প্রেমের [3] বিষয়গুলি কল্পনাও করতে পারেন না। নেতাজীও একজন মানুষ ছিলেন।

তোমার জীবনের জন্য, কোনও স্বার্থপর বস্তু বা লক্ষ্যের জন্য কখনও প্রার্থনা করবে না। সবসময় প্রার্থনা করো যা মানবতার জন্য ভালো-যা সর্বকালের জন্য

ভাল-ঈশ্বরের দৃষ্টিতে যা মঙ্গলজনক। নিষ্কাম উপায়ে প্রার্থনা করো। ভারত আমার প্রথম প্রেম এবং আমার একমাত্র ভালবাসা যা নেতাজি বলেছিলেন এমিলি শেঙ্কেলকে। সুভাষচন্দ্র বোসের ঘনিষ্ঠ বন্ধু এবং রাজনৈতিক সহযোগী এ সি এন নাম্বিয়ারের মতে নেতাজি ছিলেন এক চিন্তার মানুষ, তার একমাত্র চিন্তা ছিল ভারতের স্বাধীনতা, স্বাধীনতা ছাড়া নেতাজির মাথায় যদি কখনো অন্য কোনো চিন্তার উদয় হতো তো সেটা হলো এমিলি। এমিলির প্রতি তাঁর ছিল গভীর ভালবাসা।

1934 সালের জুনে, সুভাষ এবং এমিলির প্রথমবারের দেখা হয় ভিয়েনায়। 1934 সালের 29 নভেম্বর ইন্ডিয়ান স্ট্রাগল নামক বই এ একমাত্র এমিলির নাম উল্লেখ করে বইটি লিখতে সহযোগিতা করার জন্য তাকে ধন্যবাদ জানান। ঠিক এই সময় থেকেই তাদের চিঠিপত্রের আদান প্রদানের সূচনা হয়েছিল, নেতাজি তখন ইউরোপে নির্বাসন কাটাচ্ছেন, বাবার গুরুতর অসুস্থতার খবর পেয়ে তিনি আকাশপথে দেশে ফিরছিলেন। 1934 সালের 30 নভেম্বর রোম থেকে তাঁর প্রথম চিঠিতে নেতাজি লিখেছিলেন আমি সব সময়ই একজন খারাপ পত্রলেখক তবে আমি খারাপ মানুষ বলে নিজেকে মনে করি না। এই খারাপ পত্রলেখকও কিন্তু এমিলিকে সুযোগ পেলেই চিঠি লিখতে ভুল করতেন না - কখনো লিখেছেন কারাগার থেকে, কখনো বা হাসপাতাল থেকে, গৃহবন্দি হোক বা রাজনৈতিক হাঙ্গামার মধ্যেও। 1934 এবং 1942 এর মধ্যে রচিত তাঁর 162টি চিঠি প্রকাশিত হয়েছে। এটা স্পষ্ট যে এমিলিও খুব নিয়ম করেই নেতাজিকে চিঠি পাঠাতেন তবে তার মধ্যে মাত্র 14টি চিঠি 1980 সালে একটি পুরানো সিগার বক্সে পাওয়া গেছে।

**এখানে নেতাজির বাবা মারা যাবার পর এমিলিকে লেখা চিঠি দিলামঃ**
৩৮/২ এলগিন রোড অথবা ১ উডবার্ন পার্ক কলকাতা
০৭ ডিসেম্বর, ১৯৩৪
Dear Schenkl,
আজ চৌঠা ডিসেম্বর, বাড়ি এলাম, পথে কোনো অসুবিধে হয়নি, তবে বাড়ি পৌঁছাতে বড্ডো দেরি হলো। আমার কলকাতা পৌঁছানোর চল্লিশ ঘন্টা আগেই দোসরা ডিসেম্বর আমার বাবা এই মনুষ্য জগৎ ছেড়ে বিদায় নিয়েছেন। আমার মা ভীষণ ভাবে ভেঙে পড়েছেন; আমার ভাই বোনেরা আপ্রাণ চেষ্টা করছি ওনাকে সান্ত্বনা দেবার। পাশ্চাত্যে বসবাসকারী কারোর পক্ষে আমাদের মানসিকতা বোঝা কঠিন। একজন হিন্দু স্ত্রী তাঁর স্বামীর জীবনের সঙ্গে এমন বন্ধনে বাঁধা থাকে যে স্বামীর মৃত্যুর পর স্ত্রীর পক্ষে জীবন অতিবাহিত করা অসহনীয় হয়ে ওঠে। যদিও আমরা আশা করছি যে তিনি এই গভীর শোক কাটিয়ে উঠবেন। সম্প্রতি আমাদের পরিবারের বেশ কয়েকজনের ঘন ঘন আত্মীয় বিয়োগে আমাদের মা বাবার ওপর মনে গভীর ভাবে রেখাপাত করেছে।

আমি জানিনা ভবিষ্যতে তোমাকে চিঠি লিখতে পারবো কি না। যদি না লিখতে পারি, দয়া করে আমায় ভুল বুঝো না। এখন আমি আমার নিজের বাড়িতেই গৃহবন্দী আছি। কলকাতায় নামার সঙ্গে সঙ্গে আমার ওপর এই নিয়মাদেশ জারি হয়েছে। বর্তমানে ব্রিটিশ সরকার আমাকে এক সপ্তাহ মা এর সঙ্গে থাকার অনুমতি দিয়েছে। এই এক সপ্তাহ আমি আমার পরিবারের বাইরে কারোর সাথে

যোগাযোগ করতে বা থাকতে পারবো না, আর বাড়ির বাইরে বেরোতেও পারবো না, এক সপ্তাহ পরে আমার ওপর যে কি নিয়ম চাপবে সেটা আমি জানি না। হয়তো তোমাকে লিখতেও পারবো না। আমার ভবিষ্যৎ এমনিতেও ভীষণ অনিশ্চিত। আমার বাড়ির ঠিকানা হলো ৩৮/২ এলগিন রোড বা ১ উডবার্ন পার্ক, কলকাতা। প্রথম ঠিকানাটা আমার মা এর বাড়ির আর আমি ওখানেই এখন অন্তরীণ।

বায়ুপথের যাত্রা ছিল ভীষণ চমৎকার; আমার মানসিক এই উদ্বেগ না থাকলে আমি অনেক বেশি উপভোগ করতে পারতাম। প্রত্যেক দিনের সূর্যোদয় ছিল অতি অপূর্ব। এই ৫ দিনে ইউরোপ আর এশিয়ার এতগুলো দেশের ওপর দিয়ে পেরিয়ে আসার অভিজ্ঞতাটা বেশ রোমাঞ্চকর।

তোমার মা বাবাকে প্রণাম দিয়ো, তুমি উষ্ণ শুভেচ্ছা নিও,

ইতি

সুভাষ চন্দ্র বোস

১৯৪১ সালের বসন্তে এমিলি তাঁর সাথে বার্লিনে যোগ দিয়েছিলেন। সেই বছরের বাকি মাসগুলো এবং পরের বছর ১৯৪২এর প্রথম আট মাস তারা বার্লিনের বাড়িতে একসাথে থাকতেন। তাদের কন্যা অনিতা ১৯৪২ সালের 29 নভেম্বর ভিয়েনায় জন্মগ্রহণ করেছিলেন। এইসময় তিনি সাধারণত এমিলির সাথে ফোনে কথা বলতেন। তিনি 1942 সালের ডিসেম্বরে তাঁর মেয়েকে দেখতে ভিয়েনায় এসেছিলেন। এমিলি 1943এর জানুয়ারিতে বার্লিনে নেতাজির সঙ্গে ছিলেন। এরপর তিনি এমিলিকে রেডিও বার্তা পাঠাতেন-কিন্তু তখন দ্বিতীয় বিশ্বযুদ্ধ আর ভিয়েনার ওপর আক্রমণ শুরু হয়ে গেছে-তাই ব্রিটিশ সরকারি কর্মচারীরা সব যোগাযোগ বিচ্ছিন্ন করে রেখেছিলো।

বিপজ্জনক সাবমেরিন যাত্রা শুরুর ঠিক আগে, ১৯৪৩ সালের ৮ ফেব্রুয়ারি তার বড় ভাই শরৎ বসুকে নেতাজি সুভাষ চন্দ্র বসু মাদাতে একটি চিঠি লিখেছিলেন যে আমি আবার বিপদের পথে পা বাড়াচ্ছি, তবে এবার বাড়ির দিকে, আমি জানি না আমি এই রাস্তার শেষ দেখতে পাব কি না, আমি এখানে বিয়ে করেছি এবং আমার একটি কন্যা রয়েছে আমার অনুপস্থিতিতে দয়া করে ওদের সেই ভালবাসাটি দেবেন যা আপনি আমাকে সারাজীবন দিয়েছিলেন।

অক্ষয় শক্তিগুলির সাথে দৃঢভাবে চিহ্নিত করা এবং আর ক্ষমা প্রার্থনা না করে, নেতাজি ১৯৪৩ সালের ৮ ফেব্রুয়ারি আবিদ হাসানের সাথে একটি জার্মান সাবমেরিনে আরোহণ করেছিলেন। মাদাগাস্কারে, তাকে জাপানের একটি সাবমেরিনে স্থানান্তরিত করা হয়েছিল যা থেকে ১৯৪৩ সালের ৬ মে মাসে জাপানের অধিকৃত সুমাত্রায় অবতরণ করেন এবং পরে সিঙ্গাপুরে যাত্রা করেন।

জাপানি সাবমেরিন আই-২৯-এর ক্রু মাদাগাস্কারের দক্ষিণ-পূর্বে জার্মান সাবমেরিন ইউ-১৮০, ৩০০ এস এম-এর সাথে মিলিত হওয়ার পরে; নেতাজী সামনের সারিতে বসে আছেন (২৮ এপ্রিল ১৯৪৩) ইম্পেরিয়াল জাপানের বাকি যাত্রার জন্য। দ্বিতীয় বিশ্বযুদ্ধের দুটি ভিন্ন নৌবাহিনীর দুটি সাবমেরিনের মধ্যে এটিই ছিল একমাত্র বেসামরিক স্থানান্তর।

## রাসবিহারী বোস

আরেক বিপ্লবী মুক্তিযোদ্ধা রাসবিহারী বোস [4] (ব্রিটিশ রাজ তাঁর বিরুদ্ধে বেশ কয়েকটি অভিযোগের জন্য) ভারত থেকে পালিয়েছিলেন এবং তিনি জাপানে জুন 1915 থেকে আশ্রয় নিয়েছিলেন।

১৯১৫ সালে [4] রাসবিহারি বোসের সম্মানে তাঁর নিকটবর্তী জাপানি বন্ধুরা, তুয়োশি ইনুকাই, ডানপন্থী জাতীয়তাবাদী এবং প্যান-এশিয়ানিজমের নেতা, ভবিষ্যতের জাপানের প্রধানমন্ত্রী এবং মিতসুরু তয়োমা একটি নৈশভোজ উপহার দিয়েছিলেন।

শেষ পর্যন্ত জাপানে বোস বিভিন্ন প্যান-এশীয় গোষ্ঠীর কাছে আশ্রয় পেয়েছিলেন। ১৯১৫-১৯১৮ সাল থেকে তিনি বহুবার আবাসন ও পরিচয় বদল করেছিলেন, ব্রিটিশরা রাসবিহারী বোসকে হস্তান্তর করার জন্য জাপান সরকারকে চাপ দিচ্ছিল। তিনি টোকিওর শিনজুকুতে নাকামুরাইয়া বেকারির মালিক আইজো সোমা এবং কোক্কো সোমার কন্যাকে বিয়ে করেছিলেন। ১৯১৮ সালে প্যান-এশীয় সমর্থকদের উল্লেখ করেছিলেন এবং ১৯৩৩ সালে জাপানের নাগরিক হয়েছিলেন।

জাপানিদের সাথে বোসের সহযোগিতায় বাঙালির সাথে জাপানি সংস্কৃতির মধ্যে বন্ধুত্বের সূচনা করতে শুরু করে। উভয় সংস্কৃতি পুরানো দিনগুলিতে দিনে প্রায় তিনবার ভাত এবং মাছ খেতেন। আমি জানি, জাপানিরা সামগ্রিকভাবে ভারতীয়দের পছন্দ করে তবে বেশিরভাগ ভাবে বোস-এর চরিত্রের মাধ্যমে বাঙালির প্রতি ভালবাসা বেশী। 105 বছর আগে, শিনজুকুতে নাকামুরাইয়া নামে একটি বেকারি এক বিপ্লবী পদক্ষেপ নিয়েছিল যা জাপানী খাবারগুলিকে চিরতরে

বদলে দেবে-যা ১৯১৫ সালে দ্বিতীয় বিশ্বযুদ্ধের সময় জাপানে পালিয়ে আসা এক ভারতীয় বিপ্লববাদী রাসবিহারী বোসকে আশ্রয় দিয়ে শুরু হয়েছিল। তিনি তার শ্বশুরের সাথে অংশীদার হয়ে, বেকারিটির উপরে একটি ছোট রেস্তোঁরা স্থাপন করেছিলেন [5] যা ভারতীয় স্টাইলের তরকারি এবং ভাত পরিবেশন করতে পারে যা নাকামুরার তরকারি হিসাবে পরিচিত। তৎকালীন জাপানি গণমাধ্যম বোসকে 'নাকামুরার বোস' এবং তাঁর স্বাক্ষরযুক্ত ডিশ 'ইন্দো-কারী' হিসাবে 'প্রেম ও বিপ্লবের স্বাদ হিসাবে বর্ণনা করে।'

*নোবেল বিজয়ী রবীন্দ্রনাথ ঠাকুর এবং রাসবিহারী বোসের জাপানি 'পিতা-মাতা' এবং তাঁর স্ত্রী সহ একটি বিরল ছবি জাপানের টোকিওতে [4] উপরে দেখানো হয়েছে স্ত্রী তোশিকো সোমার সাথে রাসবিহারী বোসের একটি বিরল ছবি [4]*

আজও বাংলার পাতলা মুরগির ঝোল, ভাত সহ আচারযুক্ত সবজি জাপানি রেস্তোঁরাগুলিতে পরিবেশন করা হয়। বেকারিটিকে একটি বড় ব্যবসায় উদ্যোগে নিয়ে যায় এবং নাকামুরান বেকারি জাপানি টক এক্সচেঞ্জ সর্বজনীনভাবে প্রকাশিত প্রথম খাদ্য সংস্থাতে পরিণত হয়।

দক্ষিণ-পূর্ব এশিয়ায়, রাসবিহারী বোস এবং এ এম নাইয়ারের সাথে জাপানি কর্তৃপক্ষকে ভারতীয় জাতীয়তাবাদীদের পাশে দাঁড়াতে এবং শেষপর্যন্ত বিদেশ থেকে ভারতীয় স্বাধীনতা সংগ্রামকে সরকারীভাবে ও সক্রিয়ভাবে সমর্থন করার জন্য সহায়ক ভূমিকা পালন করেছিল। বোসের আহবানে ১৯৪২ সালের ২৮-৩০ মার্চ টোকিওতে একটি সম্মেলন হয়েছিল, যেখানে ইন্ডিয়ান ইন্ডিপেন্ডেন্স লিগ (আই আই এল) প্রতিষ্ঠার সিদ্ধান্ত নেওয়া হয়েছিল। সম্মেলনে তিনি ভারতের স্বাধীনতার জন্য সেনাবাহিনী উত্থাপনের একটি আন্দোলন চালিয়েছিলেন। তিনি ১৯৪২ সালের ২২ জুন ব্যাংককে দ্বিতীয় সম্মেলন আহ্বান করেছিলেন। এই সম্মেলনেই সুভাষ চন্দ্র বোসকে লীগে যোগ দেওয়ার এবং তার সভাপতির পদ গ্রহণের জন্য আমন্ত্রণ করার প্রস্তাব গৃহীত হয়। মালয় এবং বার্মা ফ্রন্টে জাপানিদের দ্বারা বন্দী ভারতীয় যুদ্ধ বন্দীদের ভারতীয় স্বাধীনতা লীগে যোগ দিতে এবং ১৯৪২ সালের ১ সেপ্টেম্বর বোসের ইন্ডিয়ান ন্যাশনাল লিগের সামরিক শাখা

হিসাবে গঠিত ভারতীয় জাতীয় সেনাবাহিনীর (আই এন এ) সৈনিক হওয়ার জন্য উত্সাহিত করা হয়েছিল। তিনি আজাদ হিন্দ আন্দোলনের জন্য পতাকাটি নির্বাচন করেছিলেন, এবং পতাকাটি সুভাষ চন্দ্র বোসের হাতে তুলে দিয়েছিলেন।

যদিও তিনি ক্ষমতা হস্তান্তরিত করেছিলেন, তবু ও তাঁর সাংগঠনিক কাঠামোটি রয়ে গিয়েছিল এবং এটি রাসবিহারী বোসের সাংগঠনিক ভিত্তি কাজেই সুভাষচন্দ্র বোস পরে ভারতীয় জাতীয় সেনার (Indian National Army > INA) অধিকর্তা হয়েছিলেন। দ্বিতীয় বিশ্বযুদ্ধের শেষের দিকে নিহত হওয়ার আগে জাপানি সরকার তাকে অর্ডার অফ রাইজিং সান (২য় গ্রেড) [4] দিয়ে সম্মানিত করেছে। ১৯৪৫ সালের ২১ জানুয়ারি টোকিওতে তাঁর মৃত্যু হয়।

দক্ষিণ-পূর্ব এশিয়াটি ১৯৪২ সালে জাপানি সামরিক দখলের অধীনে ছিল [6], নীচে এটি দেখানো হয়েছে। পূর্ব দিক থেকে অর্থাৎ বার্মা, ইম্ফল এবং আসাম থেকে ব্রিটিশ সেনাবাহিনীর বিরুদ্ধে লড়াই করা নেতাজির পক্ষে খারাপ ধারণা ছিলনা।

প্রায় দক্ষিণ-পূর্ব এশীয় দেশগুলি ১৯৪২ সালে সবুজ রঙ দ্বারা প্রদর্শিত জাপানি সাম্রাজ্যের অধীনে ছিল।

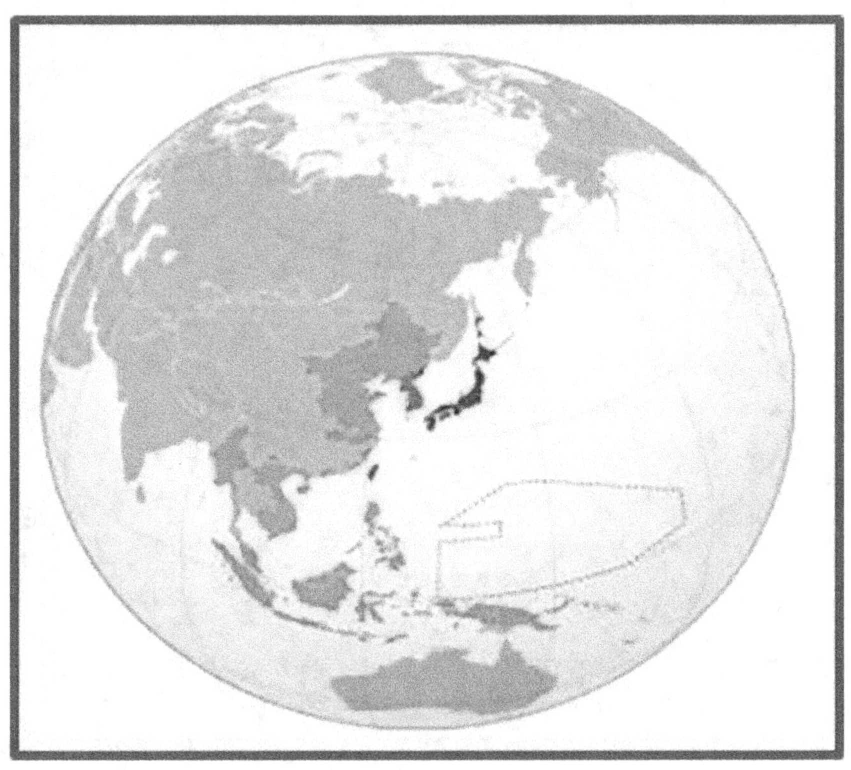

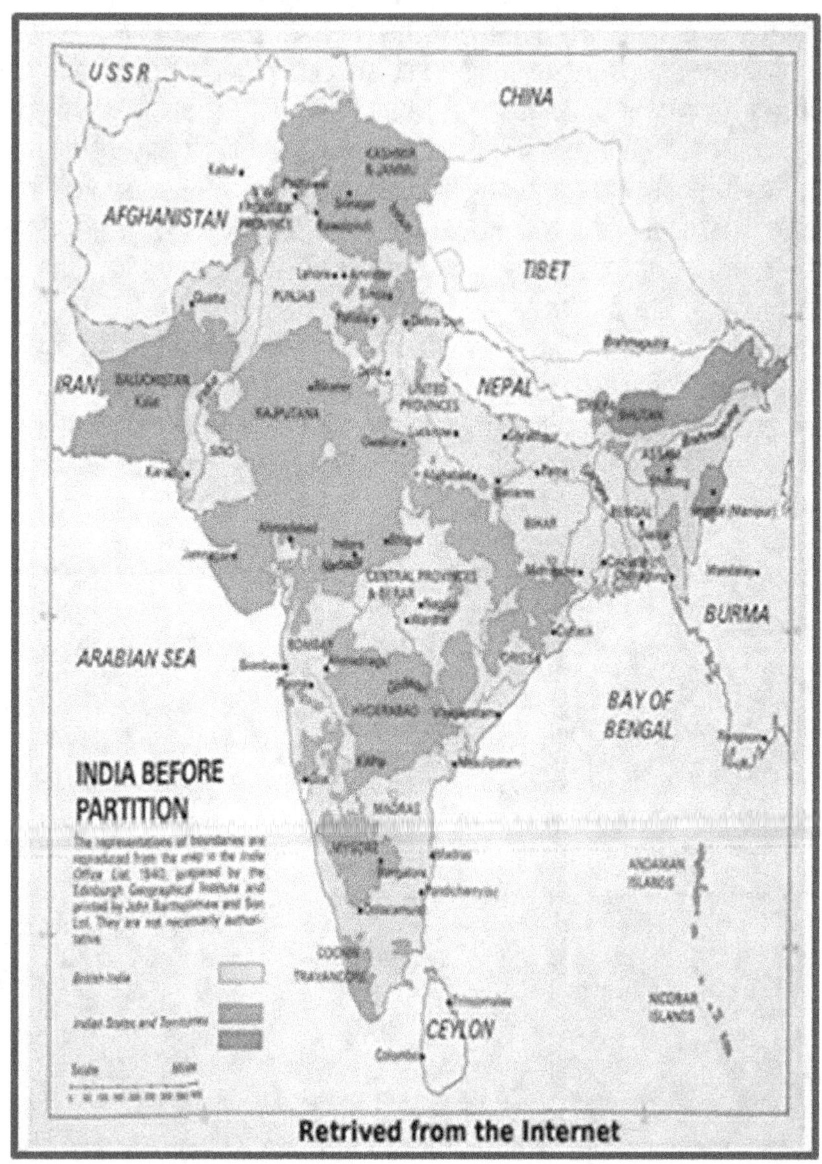


তরুণ প্রজন্মের একটি ধারণা এবং জ্ঞান রাখার জন্য ব্রিটিশ ভারতের মানচিত্র এখানে দেখানো হয়েছে। তাদের মালিক 'ব্রিটিশ' দের 'বিভক্ত ও বিধি, *Divide and Rule*' নীতি অনুসরণ করে ভারতকে শাসন করার এবং স্বার্থের জন্য কী ভাবে দুর্নীতিবাজ রাজনৈতিক নেতারা দেশকে ভাগ করেছিলেন।

# দ্বিতীয় অধ্যায়
## নেতাজির প্রথম টোকিও সফর

**1943 সালের 11 মে টোকিওতে নেতাজির আগমন ও বক্তৃতা**

নেতাজি, এ সি চ্যাটার্জী, হাবিবুর রহমান খান এবং মহম্মদ জামান কিয়ানী ১১ মে ১৯৪৩এ জাপানের প্রধানমন্ত্রী হিদেকী তোজোর সাথে দেখা করতে সিঙ্গাপুর থেকে টোকিও [7] গিয়েছিলেন। (বই [4] "আমি নেতাজিকে দেখেছি" লিখেছেন নারায়ণ সান্যাল; এখানে তিনি নেতাজির জাপানে আগমনের তারিখটি 16.05.1943 বা 13.06.1943তে উল্লেখ করেছেন। উভয় আগমনের তারিখ ভুল ছিল, যুদ্ধের সম্মুখভাগে এই বইটিতে কিছু ভুল তথ্য রয়েছে, এই বইটি একটি উপন্যাসের মতো লিখেছেন এবং কিছু ব্যক্তির কাছ থেকে শোনা (hearsay) ঘটনার উপর ভিত্তি করে)। টোকিওতে নেতাজি পৌঁছানোর পর জাপানের প্রধানমন্ত্রী হিদেকী তোজো (Tojo) তার সরকারী বাসভবনে তাদের উষ্ণ অভ্যর্থনার জন্য একটি ডিনার পার্টির আয়োজন করেছিলেন। কিছু বিরল ছবি [7] নাম্বার NP-1 থেকে NP-15 এই বইতে দেখানো হয়েছে।

এই সমস্ত ছবিগুলি ম্যাসাইয়োশি কাকিতসুবো তার নিজের ক্যামেরায় তোলেন/তোলা হয়েছিল। তিনি নেতাজির জাপান ও দক্ষিণ-পূর্ব এশিয়ায় (এস ই এ) জাপানী সরকারের বিদেশ মন্ত্রকের অধীনে থাকার জন্য যোগাযোগের কর্মকর্তা-সহ-দোভাষী এবং পরে নেতাজির ব্যক্তিগত সচিব হিসাবে দায়িত্ব পালন করেছিলেন। ১৯৯৫ সালে তিনি তাঁর পুত্র ডঃ হিরোইয়োশি ইয়াজিমাকে একটি অ্যালবামে সেই দুর্দান্ত বিরল ছবি দিয়েছিলেন, যেখানে প্রতিটি ছবির অ্যালবামের পৃষ্ঠাগুলির পাশে তার হাতের লেখা এবং স্ক্রিপ্টগুলি মনে রাখার জন্য আমার আমাজন ই-বই এ 19 সেপ্টেম্বর 2017 প্রথম প্রকাশিত করা হয়েছে।

১৯৯৫ সালে লেখক টোকিওর মেগুরোতে ওনার বাসায়, ওনার এবং ওনার ছেলের সাথে কয়েক ঘন্টা বৈঠক করেছিলেন এবং উনি আমাদের মুক্তিযোদ্ধা নেতাজি সুভাষ চন্দ্র বোস সম্পর্কে বলেছিলেন। তিনি যখন আমাদের ভারতের কেন্দ্রে কোনও কংগ্রেস সরকার থাকবে না তখন নেতাজির উপর একটি বই লেখার পরামর্শ দিয়েছিলেন। ১৯৯৯ সালে, ডঃ ইয়াজিমা নেতাজির উপর তাঁর পিতার অপ্রকাশিত কিছু লিখিত নিবন্ধ ও অ্যালবামটি লেখককে দিয়েছিলেন এবং অদূর ভবিষ্যতে একটি বই, যদি সম্ভব হয় তবে তাকে লেখার অনুরোধ করেছিলেন। একজন পদার্থবিজ্ঞানী হিসাবে আমি নিজের কাজের ক্ষেত্রে বেশ ব্যস্ত ছিলাম, যদিও আমি বাঙালি হিসাবে ইতিহাসের সেই অংশে ঘন ঘন অধ্যয়ন করে যাচ্ছিলাম সেই থেকে সেই সংস্কৃতি, ট্র্যাডিশন ও পটভূমির ভুলে যাওয়া মুক্তিযোদ্ধা নায়ককে সত্যের প্রকাশ করতে এবং বিকৃত ভারতীয় স্বাধীনতার ইতিহাস ঠিক করতে।

আমি যেমন ডঃ হিরোইয়োশি ইয়াজিমার কাছ থেকে শুনেছি, উনি ওনার বাবার কাছ থেকে যেমন শুনেছিলেন তেমন আবেগ, উত্তেজনা এবং আন্তরিকতার সাথে নেতাজি একটি দুর্দান্ত লড়াইয়ের বক্তৃতা দিয়েছিলেন। সমস্ত মন্ত্রী, কর্মচারী তাঁর বক্তৃতার জন্য প্রশংসা করেছিলেন এবং ভারত থেকে আসা বৌদ্ধ সংস্কৃতির প্রাচীন ঋণ পরিশোধে ভারতের স্বাধীনতার জন্য তাকে সহায়তা করতে চেয়েছিলেন। নীচে উল্লিখিত অনুষ্ঠানে, মাসাইয়োশি কাকিতসুবোকে জাপানের পররাষ্ট্র মন্ত্রক এবং নেতাজির মধ্যে দোভাষী এবং যোগাযোগ কর্মকর্তা [7] হিসাবে দায়িত্ব দেওয়া হয়েছিল। নেতাজি প্রধানমন্ত্রী জেনারেল তোজোর সাথে বৈঠকের জন্য বলেছিলেন, পরবর্তীকালে নেতাজীকে গ্রহণ করতে তোজোর কিছুটা অনীহা ছিল। তোজোকে আই এন এ-র বিভেদ, চাহিদা এবং অহঙ্কারী মনোভাব সম্পর্কে অবহিত করা হতে পারে এবং তিনি এর কার্যকারিতা এবং নির্ভরযোগ্যতার বিষয়ে নিশ্চিত ছিলেন না। তবে একবার তাঁর সাথে দেখা হলে, তোজো দেখলেন নেতাজির ক্যারিশম্যাটিক চরিত্র এবং আন্তরিকতার দ্বারা তিনি ভীষণভাবে মুগ্ধ হয়েছেন। এটি নেতাজির ভাগ্যবান পরিস্থিতি ছিল যে কেবল তোজোই ছিলেন না, বিদেশমন্ত্রী শিগেমিতসু, সেনাবাহিনী প্রধান অফ স্টাফ মার্শাল সুগিইয়ামা এবং অন্যান্যরা যাদের সাথে নেতাজি দেখা করেছিলেন এবং তারা তাঁর পক্ষে খুব সহযোগিতা করেছিলেন।

নেতাজি টোকিওর প্রধানমন্ত্রী হিদেকী তোজোর রেসিডেন্স-এ কিছু মর্যাদাপূর্ণ ব্যক্তিদের সামনে তাঁর প্রথম বক্তৃতা প্রদান করেন যেটি ফটোতে প্রদর্শিত।



নেতাজির বক্তৃতার ফটো

আমরা দেখতে পাচ্ছি, নেতাজি তাঁর বক্তৃতা দিচ্ছিলেন এবং মাসাইয়োশি কাকিতসুবো সেই দিনগুলিতে দক্ষতার সাথে জাপানি ভাষায় অনুবাদ করেছিলেন। প্রধানমন্ত্রী হিদেকী তোজো বার্লিন থেকে টোকিও আগত আমাদের প্রিয় নেতা ও মুক্তিযোদ্ধা নেতাজিকে সম্মান জানিয়েছেন। ভারতের কমিউনিস্ট নেতারা কোনও প্রমাণ ছাড়াই দাবি করেছিলেন, "নেতাজি তোজোর কুত্তা বা কুকুর," কিন্তু তিনি তা ছিলেন না। মিঃ এ সি চ্যাটার্জী বক্তৃতায় অংশ নিয়েছিলেন।

## টোকিওতে নেতাজির আগমনের 75তম বার্ষিকী

(ইংরেজি পৃষ্ঠাটি ইউ এস এ-র অ্যামাজন দ্বারা যথাক্রমে জুলাই 2018 এবং নভেম্বর 2019-তে 'আপডেট' ই-বুক এবং পেপারব্যাক বইয়ে প্রকাশিত হয়েছে)

(11 মে 2018 ফেসবুকে পোস্টিং, কপিরাইট © ডঃ গোরাচাঁদ ঘোষ 2018)

আমাদের ভারত মাতার স্বাধীনতার সামরিক সহায়তার জন্য জাপানের প্রধানমন্ত্রী হিদেকী তোজোর সরকারী বাসভবনে নেতাজির আগমনের 75তম বার্ষিকী (প্ল্যাটিনাম জয়ন্তী); নেতাজি দ্বিতীয় বিশ্বযুদ্ধের ক্ষেত্রে ব্রিটিশদের সাথে যোগ দেয়নি, যেখানে গান্ধী ও নেহেরু জাপান ও জার্মানির বিরুদ্ধে যুদ্ধের জন্য তাদের মাস্টারকে সমর্থন করেছিলেন এবং ১৯৪০ সালে তরুণ ভারতীয় ছেলেদের সামরিক কর্মী নিয়োগের জন্য ব্রিটিশ সাম্রাজ্যের সহায়তা করেছিলেন। নেতাজি গৃহবন্দী ছিলেন এবং ১৯৪১ সালের ১৬ জানুয়ারি তিনি কলকাতার এলগিন রোডের পিতৃপুরুষের বাড়ি থেকে ভারত ছেড়ে চলে যেতে বাধ্য হন। ব্রিটিশ রাজ এটিকে "সুভাষচন্দ্র বসুর সবচেয়ে বড় পলায়ন 'মহানিষ্ক্রমন'" হিসাবে ঘোষণা করেছিলেন। আফগানিস্তান, রাশিয়া, জার্মানি হয়ে ভারত মহাসাগর ও সিঙ্গাপুর হয়ে যাত্রা শুরু করার পরে, নেতাজি 1943 সালের 11 মে টোকিও পৌঁছেছিলেন। প্রধানমন্ত্রীর অতিথি হিসাবে তাকে এবং তাঁর সহযোগীদের ইম্পেরিয়াল হোটেলে থাকার ব্যবস্থা করা হয়েছিল।

বিশ্বজুড়ে 19 সেপ্টেম্বর 2017 তে কিন্ডল অ্যামাজন দ্বারা আমার ই-বুক প্রকাশনা "নেতাজির অজানা তথ্য: জাপান এবং দক্ষিণ-পূর্ব এশিয়ার" এর আগে গুমনামিস্টরা নেতাজি সম্পর্কে কোথায় ছিলেন জানতেন?

গুমনামিস্টদের কিছু অপরাধী আমার ই-বুক থেকে কিছু কপিরাইটযুক্ত ছবি চুরি, 'ক্রপিং' করার পরে, ফেসবুক, টুইটারের মতো সোশ্যাল মিডিয়ায় পোস্ট করেছে এবং তাদের গল্পটি পরিবর্তনের চেষ্টা করছে।

## অজানিত নেতাজি সুভাষ চন্দ্র বোস

একজন পদার্থবিদ, সফটওয়্যার বিকাশকারী (১৯৭৬ সাল থেকে) এবং আধুনিক দিনের অপটিকাল ফাইবার যোগাযোগ ব্যবস্থাগুলির এক টেকনোক্র্যাট হিসাবে, আমি প্রত্যেককেই দেখেছি যারা নেতাজির সর্বশ্রেষ্ঠ ধার্মিক আত্মাকে অপমান করেছে। আপনারা ভারতীয়দের বোকা বানানোর চেষ্টা করছেন তবে মনে রাখবেন আমি নেতাজির আশীর্বাদে সমস্ত অপরাধীকে কারাগারে ফেলে দেব। সেই আত্মা উপযুক্ত সময়ের জন্য অপেক্ষা করছিলেন কারণ নেতাজির ব্যক্তিগত সচিব (পি এস) মৃত্যুর আগে আমাকে পরামর্শ দিয়েছিলেন।

গুমনামিস্ট সদস্যরা, জাপানে নেতাজির আমার আসল ছবিগুলি তাঁর পি এস এবং অন্যদের সাথে, ভারতীয় বা কোনও আন্তর্জাতিক আদালতে দেখাতে পারবেন? ১৯৪৫ সালের ১৮ আগস্ট বিমান দুর্ঘটনায় নেতাজি মারা যান এবং ১৯৭৭ সালের ২৩ জানুয়ারি নেতাজি রিসার্চ ব্যুরোতে (এন আর বি) একটি সেমিনারে তাঁর কিছু ছবি দিয়ে পি এস ভাষণ দেন। তবে কংগ্রেস পার্টি এবং নেতাজি রিসার্চ ব্যুরোর বোস ভাইরা 'মাদার ইন্ডিয়ার' লুটপাট চালিয়ে যাওয়ার জন্য নীরব ছিলেন এবং ঘটনা ও সত্যকে দমন করেছিলেন; আরও কমিশনের নামে নেতাজি নিখোঁজ হওয়ার বিষয়ে অনেক বই, উপন্যাস ইত্যাদির নামে লিখে এবং শেষ পর্যন্ত তাকে হত্যাকারী/ডাকাত গুমনামি বাবা (গু-বাবা) হিসাবে বদনাম করার জন্য। আমি যেমন গবেষণা করেছি, গু-বাবা ছিলেন অনুজ ধর ও বিজয় নাগের বাবা। এছাড়াও আমি অনুভব করি যে 'নেতাজিকে গুমনামি বাবা বলে' তাঁর আত্মাকে অপমান করার ষড়যন্ত্রের পিছনে একজন শক্তিশালী বাঙালি রাজনৈতিক কংগ্রেস নেতার হাত রয়েছে।

নেতাজী এবং আই এন এ হলেন আমাদের ভারত মাতার প্রকৃত মুক্তিযোদ্ধা, যেমনটি আমি এখন প্রকাশ করেছি। এছাড়াও, আপনি দেখতে পাচ্ছেন যে অহিংসা আমাদের স্বাধীনতা দেয়নি, ব্রিটিশরাজ/ কংগ্রেস পার্টি তাদের পুতুল, দাস গান্ধী ও নেহেরু এবং শেষ পর্যন্ত ভারতীয়দের সন্তুষ্টি দেওয়ার জন্য এটি একটি বিভ্রান্তিকর কপটতা বা ষড়যন্ত্র করেছিল।

আমাদের প্রবাদটি অবশ্যই মনে রাখতে হবে, "সত্য সর্বদা বিরাজ করে এবং এটি স্বয়ংক্রিয়ভাবে প্রকাশ পায়।"

১৯৪৩ সালের ১১ মে টোকিওতে নেতাজির প্রথম স্মরণ এই কপিরাইটযুক্ত ফটোতে দেখানো হয়েছে যা আমাকে নেতাজির ব্যক্তিগত সচিব মাসাইয়োশি কাকিতসুবো এবং তাঁর পুত্র ডঃ হিরোইয়োশি ইয়াজিমা পরামর্শ দিয়েছিলেন। এখন সমস্ত ভারতীয় দেখতে পাচ্ছেন যে নেতাজি তাঁর বক্তৃতা দিচ্ছিলেন এবং তাঁর পাশে দাঁড়িয়ে তাঁর পি এস জাপানী ভাষায় অনুবাদ করছিলেন, কারণ নেতাজি জাপানি ভাষা জানতেন না। প্রধানমন্ত্রী তোজো নেতাজিকে ভারত থেকে আসা তাদের ধর্মের ঋণ শোধ করতে ভারতের স্বাধীনতার জন্য সাহায্য করতে চেয়েছিলেন।

*জয় হিন্দ, বন্দে মাতরম, ভগবাণ আমাদের ভারত মাতাকে এই শতাব্দীতে বিশ্বের অন্যতম সেরা দেশ হিসাবে আশীর্বাদ করছেন।*

## বক্তৃতার পরে বাগানের পার্টি

At the party Netaji and Koiso were planning for war

নেতাজি জাপানের মন্ত্রীদের নিয়ে বাগানের পার্টিতে: উপরের ফটো বাম থেকে, ভার্গাস, কাকিতসুবো, নেতাজি এবং কোইসো

Netaji, Koiso and Kakitsubo were talking in the Garden party in May 1943

টোকিওর বাগানের পার্টিতে নেতাজি অন্য জাপানিদের সাথে আলোচনা করছিলেন

নেতাজি বাগানের পার্টিতে জাপানিদের সাথে আলোচনা করছিলেন

নেতাজি বাগানের পার্টিতে মাতাল জাপানিজ এবং কয়েকজন বিদেশীর দিকে তাকাচ্ছিলেন

নেতাজি ভার্গাস ও কইসোর সাথে সাকে পান করছিলেন এবং টোকিওর গার্ডেন পার্টিতে কনপাই করেছিলেন

*নেতাজি টোকিওর বাগানের পার্টিতে শিগেমিতসু এবং অন্যদের সাথে সাকে পান করছিলেন*

## ১৯৪৩ সালের ১৮ মে কানাগাওয়াতে জন সমাগম

প্রধানমন্ত্রী তোজোর সাথে নেতাজির প্রথম সপ্তাহ থাকার এবং সাক্ষাতের পরে কানাগাওয়াতে ভারতের স্বাধীনতার জন্য একটি জন সমাগম হয়েছিল ১৯৪৩ সালের ১৮ মে এবং প্রধানমন্ত্রী হিদেকী তোজো উদ্বোধন করেছিলেন।

Please watch it through the link.

https://www.youtube.com/watch?v=Xh930KBBT78&t=124s

Published by MARUMEGANENOOYAJI No. 159 on 25 October 2015

(জাপানের মাসাকি মিয়ামোতোর সৌজন্যে)

## প্রধানমন্ত্রী হিদেকী তোজো ১৯৪৩ সালের ১৬ জুন টোকিওর ইম্পেরিয়াল ডায়েট ভবনে ৮২তম ডায়েট সেশনে জ্বালাময়ী ভাষণ-

প্রধানমন্ত্রী হিদেকী তোজো ১৯৪৩ সালের ১৬ জুন টোকিওর ইম্পেরিয়াল ডায়েট ভবনে ৮২তম ডায়েট সেশনে জ্বালাময়ী ভাষণ দিয়েছিলেন। নেতাজি ব্রিটিশদের দাস না হওয়ার সাহসের জন্য, তোজো নেতাজির প্রশংসা করেছিলেন এবং ভারতের স্বাধীনতার জন্য তাঁর জীবন উৎসর্গ করেছিলেন। সমস্ত জাপানিরা ভারতের স্বাধীনতার জন্য বিপুলভাবে তোজোকে সমর্থন করেছিল। তোজো ঘোষণা করেছিলেন যে জাপানিরা ব্রিটিশদের বিরুদ্ধে ভারতের স্বাধীনতা/যুদ্ধে সহায়তা করার জন্য ভারত থেকে আসা বৌদ্ধধর্ম/সংস্কৃতির প্রাচীন ঋণ পরিশোধে ভারতের স্বাধীনতার জন্য নেতাজিকে সহায়তা করতে চেয়েছিলেন।

টোকিওতে ইম্পেরিয়াল ডায়েটের 'বিরাশি' নাম্বার সভায়, ১৯৪৩ সালের ১৬ জুন, চন্দ্র বোস একটি বক্তৃতা দিয়েছিলেন। ডায়েট সেশনে বক্তৃতার পরে, নেতাজি ডায়েট বিল্ডিংয়ের লবিতে সাংবাদিকদের সাথে কথা বলছিলেন

## হিদেকী তোজোর জ্বালাময়ী ভাষণ এবং চন্দ্র বসুর বক্তৃতার ৭৫তম বার্ষিকী

১৯৪৩ সালের ১৬ জুন ভারতের স্বাধীনতার জন্য টোকিওতে ইম্পেরিয়াল ডায়েটের ৮২তম সভাতে জাপানের প্রধান মন্ত্রী হিদেকী তোজোর জ্বালাময়ী ভাষণ এবং চন্দ্র বসুর বক্তৃতার ৭৫তম বার্ষিকী। আমাদের ভারত মাতার স্বাধীনতার প্রধান স্থপতি ছিলেন নেতাজি এবং তোজো।

(নেতাজি এবং তোজোর উপরের ছবিগুলি: জাপানের এন এইচ কে-র সৌজন্যে)

ভারত ও জাপানের অতীতে গিঁট বাঁধা দ্বি-সাংস্কৃতিক সম্পর্ক ছিল যা প্রায় বিশ শতকের পুরানো। সাম্প্রতিক সময়ে ভারতে ব্রিটিশদের আধিপত্যের কারণে এই সাংস্কৃতিক সম্পর্কগুলি বাধাগ্রস্ত হয়েছে। তবে এটা নিশ্চিত যে ভারত যখন স্বাধীন হবে এই সাংস্কৃতিক সম্পর্ক পুনরুদ্ধার হবে। MARUMEGANENOOYAJI দ্বারা নির্মিত ইউটিউব থেকে দয়া করে জাপানের টোকিওর ডায়েট হলে তাঁর ক্যারিশম্যাটিক মুখ/ভয়েসটি দেখুন/শুনুন।

ব্রিটিশদের দাস না হওয়ার সাহসের জন্য তোজো নেতাজির প্রশংসা করেছিলেন এবং ভারতের স্বাধীনতার জন্য তাঁর জীবন উৎসর্গ করেছিলেন। যেহেতু জাপানিরা ভারতের স্বাধীনতার পক্ষে তোজোর প্রশংসা/সমর্থন করেছিল, তাই তোজো ঘোষণা করেছিলেন যে জাপানীরা ব্রিটিশদের নেতাজির স্বাধীনতা যুদ্ধ/যুদ্ধে সহায়তা করার জন্য ভারত থেকে আসা তাদের ধর্মের ঋণ পরিশোধ করতে প্রস্তুত।

লেখক উপরের ছবিগুলি এবং লিখিত ইংরেজি বিবৃতিটি ১৬ জুন ২০১৮ এ ফেসবুকে ৭৫তম বার্ষিকীর কারণে একটি পাবলিক পোস্টিং করেছিলেন।

উপরের ছবিগুলিতে, NP-1 জাপানে নেতাজিকে আন্তরিকভাবে স্বাগত জানিয়ে, শ্রদ্ধা নিবেদনের জন্য ১৯৪৩ সালের ১১ মে প্রধানমন্ত্রী হিদেকী তোজোর বাসভবনে ডিনার পার্টির প্রতিনিধিত্ব করছে। মন্ত্রী কোইসো, প্রধানমন্ত্রী তোজো সহ একাধিক মন্ত্রীর উপস্থিতিতে নেতাজি সেই উপলক্ষে সূচনা বক্তব্য রাখেন। সেখানে আই এন এ-র মিঃ চ্যাটার্জি উপস্থিত ছিলেন। মিঃ কাকিতসুবো নেতাজির পেছনে দাঁড়িয়ে ব্যাখ্যা দিচ্ছিলেন। বক্তৃতার ঠিক পরে, NP-2 ফটোতে দেখানো হয়েছে যে কোইসো এবং নেতাজি তাঁর দোভাষীর উপস্থিতিতে নেতাজির এক অপূর্ব বিরল ছবি নিয়ে যুদ্ধের পরিকল্পনা করেছিলেন। একইভাবে, কোইসোর সুন্দর মুখের অন্য একটি ছবি NP-3 এ দেখানো হয়েছে। NP-4 ফটো থেকে NP-6 ফটোগুলি প্রমাণিত লেকচারের পরে সকলেই গার্ডেন পার্টিতে উপভোগ করছিলেন। ফিলিপাইনের রাষ্ট্রদূত মিঃ ভার্গাস এবং কোইসোর সাথে NP 7 ফটোতে দেখানো হয়েছে, নেতাজির গতিময় মুড এবং হাসিখুশি মুখ। NP-৪ ফটোতে প্রমাণ হিসাবে নেতাজি কোইসো এবং অন্যদের সাথে সাকে পান করছিলেন। একইভাবে, বাগানের পার্টিতে নেতাজি মন্ত্রী শিগেমিতসুর সাথে সাকে পান করছিলেন, যেমনটি NP-9 ফটোতে দেখানো হয়েছে।

## জাপানী অধিকৃত সিঙ্গাপুর

১৯৪২ সালের ১৭ ফেব্রুয়ারি, সিঙ্গাপুরের পতনের দু'দিন পরে, প্রায় ৪৫,০০০ ভারতীয় যুদ্ধ-বন্দি (পি ও ডাব্লু) ফেরার পার্কে জড়ো হয়েছিল। সেখানে ব্রিটিশরা তাদের জাপানিদের হাতে তুলে দেয়। অবাক করে দিয়ে জাপানিরা তাদের স্বাগত জানায় এবং ভারতের স্বাধীনতার

পক্ষে তাদের সমর্থন দেওয়ার প্রতিশ্রুতি দেয়। এর পরে, ব্রিটিশ সেনাবাহিনীর 1/14তম পাঞ্জাব রেজিমেন্টের অধিনায়ক মোহন সিংহ ভারতকে মুক্ত করার জন্য সেনাবাহিনী গঠনের আহ্বান জানান। প্রায় ২০,০০০ সৈন্য তাৎক্ষণিক যোগ দিতে এলেন যা আই এন এ-তে পরিণত হয়েছিল (ছবি; [৫] ব্রিটিশ আত্মসমর্পণ, ১৯৪২)।

এর আগে জাপানি সামরিক প্রশাসন পূর্ব এশিয়ার বিভিন্ন ভারতীয় জাতীয়তাবাদী গোষ্ঠীকে ব্রিটিশ বিরোধী জোট গঠনে উৎসাহ দিয়েছিল। এই ভারতীয় জাতীয়তাবাদী দলগুলি তখন সিঙ্গাপুরের সদর দফতর সহ ইন্ডিয়ান ইন্ডিপেন্ডেন্স লিগ (আই আই এল) প্রতিষ্ঠা করে। একইসঙ্গে, আই আই এল পূর্ব এশিয়ার ভারতীয় সম্প্রদায়ের কল্যাণ দেখাশোনা করেছিল।

১৯৪২ সালের মার্চ মাসের গোড়ার দিকে জাপানিরা প্রস্তাব করেছিল যে আই এন এ, আই আই এল-এর সামরিকবাহিনী হয়ে উঠুক, এবং রাসবিহারি বোস নামে একজন ভারতীয় বিপ্লবী যিনি এর আগে ভারত থেকে জাপানে পালিয়ে এসেছিলেন, এই আন্দোলনে নেতৃত্ব দিয়েছিলেন। ১৯৪২ সালের জুনে এটি ব্যাংককে আনুষ্ঠানিকভাবে ঘোষণা করা হয়েছিল।

১৯৪২ সালের শেষের দিকে, ভারতীয়রা ক্রমবর্ধমানভাবে অনুভব করেছিল যে জাপানিরা তাদের ব্যবহার করছে এবং তারা রাসবিহারি বোসকে আস্থাভাজন করেছিল, যিনি ইন্ডিয়ান ইন্ডিপেন্ডেন্স লিগের (আই আই এল) নেতা ছিলেন। ডিসেম্বরে, মোহন সিংহ এবং অন্যান্য আই এন এ নেতারা জাপানিদের সাথে তীব্র মতবিরোধের পরে আই এন এ-কে ভেঙে দেওয়ার নির্দেশ দেন। পরবর্তীতে জাপানিরা মোহন সিংহকে গ্রেপ্তার করে এবং পালাউ উবিনে নির্বাসিত করে। তবে ১৯৪৩ সালে নেতাজি তাঁকে আই এন এ-তে পুনঃনিয়োগ করেছিলেন।

## সিঙ্গাপুরে নেতাজি

নেতাজি এবং রাসবিহারী বোস ১৯৪৩ সালের ১৪ জুন সিঙ্গাপুরে তাঁর সদর দফতরে জাপানি সেনাবাহিনীর সর্বাধিনায়ক কমান্ডার-ইন-চিফ, জেনারেল কাউন্ট, ফিল্ডমার্শাল, জুইচি তেরাউচিকে সৌজন্য টেলিফোন কল করেছিলেন।

১৯৪৩ সালের ২ জুলাই দুজনেই সিঙ্গাপুরে পৌঁছেছিলেন। তেরাউচি দুই ভারতীয় নেতাকে আন্তরিকভাবে স্বাগত জানিয়েছিল। অভিজাত জেনারেল জাপানি ওয়ার কলেজ থেকে স্নাতক হয়ে, জার্মানিতে নেতাজির সাথে সহজে যোগাযোগ করার পরে, জার্মানিও অধ্যয়ন করেছিলেন। তেরাউচি নেতাজিকে পছন্দ করতেন এবং তারা খুব ভাল বন্ধু ছিল। তিনি উচ্চাধীশক্তি মানুষ হিসাবে ব্যাপক পরিচিতি পেয়েছিলেন।

পরের দিন, নেতাজি ইন্ডিয়ান ন্যাশনাল আর্মির (আই এন এ) কমান্ড গ্রহণ করেছিলেন এবং শহরচত্বরে গ্রীষ্মমণ্ডলীয় জ্বলন্ত সূর্যের আলোতে সারিবদ্ধ 13,000 কর্মকর্তা ও পুরুষদের পর্যালোচনা করেছিলেন। নেতাজি তাঁর দর্শনকে একটি আলোড়নমূলক ও ঐতিহাসিক জ্বালাময়ী ভাষণে প্রকাশ করেছিলেন। সেনা ক্যাডেটরা দু'দুল সাদা ফুলের মালা গলায় ঝুলিয়ে নেতাজিকে সিঙ্গাপুরে স্বাগত জানিয়েছিলেন, যেমন পরবর্তী পৃষ্ঠাতে দুর্লভ দুটি ছবি NP-10 এবং NP-11 [7]

দেখানো হয়েছে যা লেখক ডঃ হিরোয়োশি ইয়াজিমা থেকে সংগ্রহ করেছিলেন। অ্যালবামে রাখা ফটোগুলির পাশে যে কেউ হাতের লিখিত নোট দেখতে পাবে। NP-10 এবং NP-11 দুটিই নেতাজির বিরল ছবি এবং এখনও ভারতীয় ক্যাডেটদের মধ্যে তাঁর জনপ্রিয়তার কথা মনে করে চলেছে। বিশ্বের প্রথম বারের মতো এই বইয়ে প্রকাশিত এই দুর্লভ ছবির প্রমাণ হিসাবে তাকে মহিলা ফুলের পুষ্পস্তবক অর্পণের জন্য মহিলা ক্যাডেটরা একত্রিত হয়েছিল।

সিঙ্গাপুর বিমানবন্দরে [10], নেতাজি বার্মার প্রধান ড: বা মাও এর সাথে দেখা করেছিলেন এবং তোজোর আগমনের জন্য তাকে স্বাগত জানাতে অপেক্ষা করেছিলেন। ড: বা মাও মন্তব্য করেছিলেন, "এটি একটি ঐতিহাসিক সাক্ষাৎকার।"

*সাদা ফুলের মালা দিয়ে আই এন এর পুরুষ ক্যাডেটরা সিঙ্গাপুরে নেতাজীকে স্বাগত*

*আই এন এ-র মহিলা ক্যাডেটরা সাদা ফুলের মালা দিয়ে সিঙ্গাপুরে নেতাজিকে স্বাগত*

দু'দিন পরে, নেতাজি ক্যাথে বিল্ডিংয়ের একটি অনুষ্ঠানে আই আই এল এবং আই এন এ-র নেতৃত্ব গ্রহণ করেছিলেন। তাঁর জালাময়ী বক্তৃতা এবং ক্যারিশমা দিয়ে বোস দ্রুত হতাশাগ্রস্ত আই আই এল এবং আই এন এ-কে পুনরুদ্ধার করেছিলেন। আই এন এ, যা পূর্বে প্রধানত POWs সমন্বিত ছিল, স্থানীয় বেসামরিক নাগরিকদের যোগদানের সাথে সংখ্যা দ্বিগুণ হয়ে যায়। ব্যারিস্টার থেকে শুরু করে বৃক্ষরোপণ কর্মী-সামরিক অভিজ্ঞতা মোটেই ছিলনা, এমন অনেক ভারতীয় যারা যোগ দিয়েছিলেন কেবলমাত্র একটি ভাল কারণেই আমাদের মাদার ইন্ডিয়ার স্বাধীনতা অর্জনের জন্য।

১৯৪৩ সালের জুলাইয়ে নেতাজি আই এন এ-তে সামরিক পরিদর্শন করেছিলেন। সিঙ্গাপুর সরকার [11] সংরক্ষণাগার থেকে নিচের ছবিগুলি নেওয়া হয়েছে।

*আই এন এ-এর সামরিক পরিদর্শন, ১৯৪৩*

পেডাং পার্কে আই এন এ-র সামরিক কুচকাওয়াজ

১৯৪৩ সালের ৬ জুলাই জাপানের প্রধানমন্ত্রী হিদেকী তোজো আই এন এ পরিদর্শনের জন্য সিঙ্গাপুর [7] যাচ্ছিলেন।

একটি প্রশিক্ষিত সেনা নিশ্চিত করার জন্য, নেতাজি আই এন এ অফিসারদের অন্য অফিসার্স ট্রেনিংস্কুল এবং বেসামরিক/স্বেচ্ছাসেবীদের জন্য আজাদ স্কুল প্রতিষ্ঠা করেছিলেন। প্রায় ৪৫ জন যুবককে তোজোর সাথে সাক্ষাৎ এর পরে উন্নত প্রশিক্ষণের জন্য ইম্পেরিয়াল জাপানি সেনা একাডেমিতে প্রেরণ করা হয়েছিল। দক্ষিণ-পূর্ব এশিয়ায় এর সমস্ত শাখার প্রচেষ্টাকে একত্রিত করার জন্য আই আই এল পুনর্গঠিত হয়েছিল।

(এই ছবিটি জাপানের মাসাকি মিয়ামোতো থেকে প্রাপ্ত হয়েছিল)
পরিদর্শন শেষে, তোজো এবং নেতাজি যুদ্ধের পরিকল্পনা [7] করছিলেন।

## নেতাজির ১৯৪৩ সালের ৯ জুলাই একাকী ঐতিহাসিক জ্বালাময়ী ভাষণ

১৯৪৩ সালের ৯ জুলাই সিঙ্গাপুরের পেডাং পার্কে আই এন এ-র দর্শকদের কাছে নেতাজি একাকী ঐতিহাসিক জ্বালাময়ী ভাষণ [৭] দিয়েছিলেন।

মুক্তিযুদ্ধের সেনাবাহিনী! আজ আমার জীবনের গর্বিত দিন। আজ ভারতের স্বাধীনতা সেনাবাহিনী প্রতিষ্ঠিত হয়েছে এখন গোটা বিশ্বকে ঘোষণার এক অনন্য ও সম্মান দেওয়ার সুযোগটি পেয়ে আমি আনন্দিত হয়েছি। এই সেনাবাহিনী এখন সিঙ্গাপুরের যুদ্ধক্ষেত্রে সামরিক বাহিনী তৈরি হয়েছিল, যা একসময় ব্রিটিশ সাম্রাজ্যের অন্যতম প্রধান বাহক ছিল। এটি কেবল সেনাবাহিনীই নয় যে ভারতকে ব্রিটিশ অধীন থেকে মুক্তি দেবে; *এই সেনাবাহিনীই এরপরে, মুক্ত ভারতের ভবিষ্যতের জাতীয় সেনাবাহিনী তৈরি করবে।* প্রত্যেক ভারতীয়কে অবশ্যই গর্ববোধ করতে হবে যে এই সেনাবাহিনী, তার নিজস্ব সেনাবাহিনী পুরোপুরিভাবে ভারতীয় নেতৃত্বে সংগঠিত হয়েছে এবং যখন ঐতিহাসিক মুহূর্তটি উপস্থিত হবে, ভারতীয় নেতৃত্বে যুদ্ধে নামবে।

এমন লোক আছে যারা এক সময় ভেবেছিল যে সাম্রাজ্যের উপরে সূর্য অস্ত যায়নি, সে ছিল চিরস্থায়ী সাম্রাজ্য। এরকম কোনও চিন্তা আমাকে কখনও ঝামেলা করে না। ইতিহাস আমাকে শিখিয়েছিল যে প্রতিটি সাম্রাজ্যের অনিবার্য অবক্ষয় এবং পতন ঘটে। তদুপরি, আমি নিজের চোখে, শহর ও দুর্গগুলি দেখেছি যা এক সময় বুলওয়ার্ক ছিল, তবে যা পূর্ববর্তী সাম্রাজ্যের কবর স্থান হয়ে উঠেছে। কিন্তু আজ ব্রিটিশ সাম্রাজ্যের কবর স্থানে দাঁড়িয়ে, এমনকি একটি শিশুও নিশ্চিত যে সর্বশক্তিমান ব্রিটিশ সাম্রাজ্য অতীতের একটি বিষয়।

১৯৩৯ সালে যখন ফ্রান্স জার্মানির বিরুদ্ধে যুদ্ধ ঘোষণা করে এবং এই প্রচার শুরু হয়, তখন জার্মান সৈন্যদের মুখ থেকে একটি চিৎকার শুরু হয়-'প্যারিস, টু প্যারিসে!' ১৯৪১ সালের ডিসেম্বরে নিপ্পনের সাহসী সৈন্যরা যখন তাদের পদযাত্রায় রওনা হয়েছিল, তখন তাদের মুখ থেকে কেবল একটি কথা বেরোল-'সিঙ্গাপুর, টু সিঙ্গাপুরে!'। কমরেড! আমার সৈন্যরা! আপনার যুদ্ধের ডাকটি হ'ল-'দিল্লি টু দিল্লি!' আমাদের মধ্যে কতজন স্বতন্ত্রভাবে এই মুক্তিযুদ্ধে বেঁচে থাকবে, জানি না? তবে আমি এটুকু জানি যে আমরা শেষ পর্যন্ত জয়ী হব এবং আমাদের কাজ শেষ হবে না যতক্ষণ না আমাদের বেঁচে থাকা বীরাঙ্গনরা ব্রিটিশ সাম্রাজ্যের আর একটি কবর স্থানে বিজয়-কুচকাওয়াজ না করে-'লালকিল্লা বা প্রাচীন দিল্লির লাল দুর্গে'। আমার সর্বজনীন কর্ম জীবনে আমি সর্বদা অনুভব করেছি যে ভারত যদিও অন্যভাবে স্বাধীনতার জন্য পাকা, তবুও তার একটি জিনিসের অভাব রয়েছে, যথা, মুক্তিবাহিনী। আমেরিকার জর্জ ওয়াশিংটন তার সেনাবাহিনী থাকার কারণে লড়াই করে স্বাধীনতা অর্জন করতে পেরেছিল। গারিবল্দী ইতালিকে মুক্ত করতে পারে, কারণ তার পিছনে তার সশস্ত্র স্বেচ্ছাসেবীরা ছিল। ভারতীয় জাতীয় সেনা (আই এন এ) কে এগিয়ে এসে সংগঠিত করা প্রথম হওয়া আপনার অধিকার এবং সম্মান। এটি করে আপনি আমাদের স্বাধীনতার পথে শেষ বাধা দূর করছেন। আপনি যেমন একটি মহৎ উদ্দেশ্যে অগ্রণী, ভ্যানগার্ড, খুশি এবং গর্বিত হন। আমাকে মনে করিয়ে দিতে দাও যে আপনার সম্পাদনা করার জন্য দ্বিগুণ কার্য রয়েছে। অস্ত্রের জোর

দিয়ে এবং আপনার রক্তের দামে আপনাকে স্বাধীনতা অর্জন করতে হবে। তারপরে, ভারত যখন মুক্ত হবে, *তখন আপনাকে ফ্রি ইন্ডিয়ার স্থায়ী সেনাবাহিনীকে সংগঠিত করতে হবে, যার কাজ হবে আমাদের স্বাধীনতা সর্বকালের জন্য রক্ষা করা।* আমাদের অবশ্যই এমন এক অদম্য ভিত্তিতে আমাদের জাতীয় প্রতিরক্ষা গড়ে তুলতে হবে যা আমাদের ইতিহাসে আর কখনও আমাদের স্বাধীনতা হারাবে না।

সৈনিক হিসাবে আপনাকে সর্বদা বিশ্বস্ততা, কর্তব্য এবং ত্যাগের তিনটি আদর্শকে লালন করতে হবে এবং বেঁচে থাকতে হবে। যে সৈনিকরা সর্বদা তাদের জাতির প্রতি বিশ্বস্ত থাকে, যারা সমস্ত পরিস্থিতিতে তাদের দায়িত্ব পালন করে এবং যারা সর্বদা জীবন উৎসর্গ করতে প্রস্তুত, তারা অজেয়। আপনিও যদি অদম্য হতে চান তবে এই তিনটি আদর্শকে আপনার অন্তরের অন্তঃস্থলটিতে খোদাই করুন।

একজন সত্য সৈনিকের সামরিক এবং আধ্যাত্মিক উভয় প্রশিক্ষণের প্রয়োজন। আপনাকে অবশ্যই, আপনারা সবাইকে প্রশিক্ষণ দিন, যাতে প্রতিটি সৈনিক নিজের উপর অপরিসীম আস্থা রাখবে, শত্রুর চেয়ে অপরিসীম উন্নত হওয়ার বিষয়ে সচেতন থাকবে, মৃত্যুকে নির্ভীক করবে, যে কোন সঙ্কটজনক পরিস্থিতিতে এবং নিজের পদক্ষেপ নেওয়ার জন্য পর্যাপ্ত উদ্যোগ করবে। বর্তমান যুদ্ধ চলাকালীন, আপনি নিজের চোখে দেখেছেন যে আশ্চর্য, বৈজ্ঞানিক প্রশিক্ষণ, সাহস, নির্ভীকতা এবং গতিশীলতার সাথে কী অর্জন করতে পারে। এই উদাহরণ থেকে আপনি যা কিছু পারেন তা শিখুন এবং মাদার ইন্ডিয়ায় একেবারে প্রথম শ্রেণির আধুনিক সেনাবাহিনী গড়ে তুলুন।

## ১৯৪৩ সালের ৫ আগস্ট নেতাজির অন্য ভাষণ

আবার, ১৯৪৩ সালের ৫ আগস্ট, সুভাষ চন্দ্র বসু পেডাং পার্কে আই এন এ সৈন্যদের উদ্দেশ্যে সম্বোধন করেছিলেন। তিনি তাদের জিজ্ঞাসাবাদ করেছিলেন যে তারা "জয় হিন্দ" এবং "চলো দিল্লি" তাদের অংশ হিসাবে স্লোগানগুলি নিজের অংশ বলে মনে করে কি না। সৈন্যদের প্রতিক্রিয়া ছিল অপ্রতিরোধ্য এবং বিদ্যুতায়িত। আপনারা যারা অফিসার, তাদের কাছে আমার দায়িত্বটি ভারী বলে বলা উচিত। যদিও এই বিশ্বের প্রতিটি সেনাবাহিনীর একজন অফিসারের দায়িত্ব সত্যিই দুর্দান্ত, তবে এটি আপনার ক্ষেত্রে অনেক বেশি। আমাদের রাজনৈতিক দাসত্বের কারণে আমাদের উদ্বুদ্ধ করার মতো মুকডেন, পোর্ট আর্থার বা সেদানের মতো কেউ নেই।

*ব্রিটিশরা আমাদের শিখিয়েছিল এমন কিছু বিষয় আমাদের ভুলে যেতে হবে এবং তারা যা শেখায়নি তা আমাদের শিখতে হবে।*

তবুও, আমি আত্মবিশ্বাসী যে আপনি এই অনুষ্ঠানে উপস্থিত হবেন এবং আপনার দেশবাসী আপনার সাহসী কাঁধে যে কাজটি দিয়েছে তা পূরণ করবেন। সর্বদা মনে রাখবেন যে অফিসাররা সেনাবাহিনী তৈরি বা আন মেক করতে পারে। এও মনে রাখবেন যে, ব্রিটিশরা এতগুলি ফ্রন্টে পরাজিত হয়েছিল, মূলত মূল্যহীন অফিসারদের কারণে। এবং এও মনে রাখবেন যে আপনার অবস্থানের বাইরে ফ্রি ইন্ডিয়া আর্মির ভবিষ্যতের জেনারেল স্টাফ বহন করবে। আপনাদের সবার কাছে আমার এই কথাটি বলা উচিত –

এই মোট সংগ্রহের মধ্যে, আমি কমপক্ষে 300,000 সৈন্য এবং 3 কোটি রুপি অর্থাৎ ত্রিশ মিলিয়ন ডলার আশা করি। আমিও একজন সাহসী ভারতীয় মহিলাকে 'মৃত্যু-ডিফাইং রেজিমেন্ট' গঠনের জন্য চাই, যিনি ১৮৫৭ সালে ভারতের প্রথম স্বাধীনতা যুদ্ধে 'ঝাঁসির রানী তরোয়াল চালিয়ে ছিলেন।' বন্ধুরা, আমরা দীর্ঘকাল ধরে ইউরোপের দ্বিতীয় ফ্রন্টের এত কিছু শুনছি। তবে ঘরে বসে আমাদের দেশবাসী এখন কঠোর চাপে রয়েছে এবং তারা দ্বিতীয় ফ্রন্টের দাবি করছে। পূর্ব এশিয়ায় আমাকে মোট সংহতি দিন এবং আমি আপনাকে দ্বিতীয় ফ্রন্ট প্রতিশ্রুতি দিচ্ছি-ভারতীয় সংগ্রামের জন্য একটি আসল দ্বিতীয় ফ্রন্ট।

Netaji was delivering lecture in front of the INA soldiers in 1943

স্থানীয় ভারতীয় জনগোষ্ঠী উৎসাহ এবং তাৎক্ষণিক প্রতিক্রিয়া জানায়। প্রায় প্রতিটি ভারতীয় বাসিন্দা নেতাজিকে অর্থ এবং মূল্যবান জিনিসপত্র দান করেছিলেন এবং আই এন এ-র মহিলা সহায়ক কর্পগুলি দ্রুত তৈরি করা হয়েছিল।

Netaji and Lakshmi were inspecting the Women's Parade in Singapore

*১৯৪৩ জুলাই-আগস্টে সিঙ্গাপুরে নেতাজির আই এন এ সামরিক পরিদর্শন*

*(উপরের দুটি ছবির জন্য সৌজন্যে জাপানের মাসাকি মিয়ামোতো)*

## অস্থায়ী আজাদ হিন্দ সরকার

১৯৪৩ সালের ২১ অক্টোবর, বোস নিজেকে রাজ্য প্রধান, প্রধানমন্ত্রী এবং যুদ্ধমন্ত্রী হিসাবে আজাদ হিন্দ (স্বাধীন ভারত) এর অস্থায়ী সরকার গঠনের ঘোষণা করেন। সরকার গঠনের জন্য নেতাজি শ্রোতাদের [7] ভাষণ দিচ্ছিলেন।

অস্থায়ী সরকার বোসকে কেবল জাপানিদের সাথে সমান তালে আলোচনা করতে সক্ষম করে তুলেছিল, এবং পূর্ব এশিয়ার ভারতীয়দের আই এন এ-তে যোগদিতে ও সমর্থন করার জন্য সহায়তা করেছিল।

নেতাজি সিঙ্গাপুরের ক্যাথি ভবনে আজাদ হিন্দ অস্থায়ী সরকার গঠনের ঘোষণা করেছিলেন। এই ঘোষণার পরপরই অস্থায়ী সরকার জাপান, বার্মা, ক্রোয়েশিয়া, জার্মানি, ফিলিপাইন, নানকিং চীন, মাঞ্চুকুও, ইতালি, সিয়াম (থাইল্যান্ড) সহ বিভিন্ন দেশের স্বীকৃতি পেয়েছিল।

২৪ অক্টোবর ড: বা মাও-র অস্থায়ী সরকার থেকে নেতাজি নেতৃত্বাধীন অস্থায়ী সরকারকে তাৎক্ষণিক স্বীকৃতি দেওয়া হয়েছিল। নেতাজি সংগ্রাম চালানোর সময় সর্বাত্মক সহায়তার জন্য বার্মা সরকার ও জনগণের প্রতি তাঁর আন্তরিক কৃতজ্ঞতা স্বীকার করেছিলেন।

*১৯৪২ সালে জাপানিদের দ্বারা সিঙ্গাপুরে রাখা ওয়ারহেড মিসাইলগুলি*
**https://www.youtube.com/watch?v=c8BjOx5B6sE**
Published by MARUMEGANENOOYAJI on Oct 29, 2015
(সৌজন্যে জাপানের মাসাকি মিয়ামোতো)

## মন্ত্রিসভার ছবি

**Cabinet Ministers of the Azad Hind Government**

*1943 সালের অক্টোবরে সিঙ্গাপুরে আজাদহিন্দ অস্থায়ী সরকারের মন্ত্রিসভার ছবি।*

প্রথম সারি (আর টু এল): লেঃ কর্নেল এ সি চ্যাটার্জী, লেঃ কর্নেল জে কে ভোঁসলে, ডাঃ লক্ষ্মী স্বামীনাথন, সুভাষ চন্দ্র বোস, এ এম সহায় এবং এস এ আয়ার দ্বিতীয় সারি (আর টু এল): লেঃ কর্নেল গুলজারা সিং, লেঃ কর্নেল শাহ নওয়াজ খান, লেঃ কর্নেল আজিজ আহমেদ, লেঃ কর্নেল এম জেড কিয়ানী, লেঃ কর্নেল এন এস ভগত, লেঃ কর্নেল এহসান কাদির, লেঃ কর্নেল লোগানাথন।

## মন্ত্রিসভার সদস্যরা

লেঃ কর্নেল এ সি চ্যাটার্জী, অর্থমন্ত্রী; ডাঃ (ক্যাপ্টেন) লক্ষ্মী স্বামীনাথন, মহিলা সংগঠনের মন্ত্রী; শ্রী এ এম সাহায়, মন্ত্রিপরিষদের সেক্রেটারি; শ্রী এস এ আয়ার, প্রচার ও প্রচারমন্ত্রী; লেঃ কর্নেল জে কে ভোঁসলে, লেঃ কর্নেল লোগানাথন, লেঃ কর্নেল এহসান কাদির, লেফটেন্যান্ট কর্নেল এন এস ভগত, লেঃ কর্নেল এম জেড কিয়ানী, লেঃ কর্নেল শাহ নওয়াজ খান, লেফটেন্যান্ট কর্নেল গুলজারা সিং, কর্নেল হাবিবুর রাহমান খান, আই.এন.এ প্রতিনিধি; রাসবিহারি বোস, সর্বোচ্চ উপদেষ্টা; করিম গিয়ানী, বার্মার উপদেষ্টা; দেবনাথ দাস, সরদার ইশার সিংহ, থাইল্যান্ডের উপদেষ্টা; ডি এম খান, হংকংয়ের উপদেষ্টা; এ ইল্লাপ্পা, এ এন সরকার, সিঙ্গাপুরের উপদেষ্টা।

নেতাজি গেরিলা রেজিমেন্ট হিসাবে পুরুষদের জন্য আই এন এ কর্মীদের নামকরণ করেছিলেন বিভাগ এক, দুই এবং তিন ও মহিলাদের জন্য ঝাঁসি রানী রেজিমেন্ট।

আজাদ হিন্দ অস্থায়ী সরকার গঠনের সাথে সাথে সশস্ত্র সংগ্রামের জন্য ভারতীয় সম্প্রদায়কে একত্রিত করার পদক্ষেপ নেওয়া হয়। মালায়া, থাইল্যান্ড এবং বার্মার অনেক ভারতীয় নাগরিক উৎসাহ নিয়ে সাড়া দিয়েছিলেন। অন্যরা আই এন এ ফান্ডে উদারভাবে অর্থ এবং সোনা দান করেছিলেন। সোনাটি বেশিরভাগ মহিলাদের কাছ থেকে আসে যারা সহজেই তাদের গহনাগুলি দেয়, এবং ধনী ভারতীয় পরিবারগুলি বোসের সমাবেশ এবং সভাগুলিতে অংশ নেওয়ার পরে প্রচুর পরিমাণে অর্থ দান করেছিল। অবদানের অন্যান্য ফর্মগুলির মধ্যে পোশাক, খাদ্যদ্রব্য এবং আই এন এ ব্যবহার করতে পারে এমন অন্যান্য সরবরাহ অন্তর্ভুক্ত ছিল। এই সরকার গঠনের পরে, ১৯৪৩ সালের ৫-৬ নভেম্বর টোকিওতে তাঁকে বৃহত্তর পূর্ব এশিয়া সম্মেলনে (Greater East Asia Conference) অংশ নিতে আমন্ত্রণ জানানো হয়েছিল। তৃতীয় অধ্যায়ে আলোচিত তিনি সিঙ্গাপুর থেকে ১৯৪৩ সালের ৩১ অক্টোবর সেখানে গিয়েছিলেন।

১৯৪৩ সালের আগস্টে ডঃ বা মাও আদিপাদি, রাষ্ট্রপ্রধান হন, পাশাপাশি স্বাধীন বার্মার নতুন রাষ্ট্রের প্রধানমন্ত্রী হন। মহান ভারতীয় যুদ্ধের নায়ক সুভাষ চন্দ্র বোস তাঁর সেরা এবং ফলপ্রসূ দিনগুলি বার্মায় কাটিয়েছিলেন। ক্যারিশম্যাটিক স্বাধীনতার নায়ক ডঃ বা মাও প্রধানমন্ত্রী ও হিদেকী তোজোর সম্পর্কে মন্তব্য করেছিলেন কারণ তিনি তাকে এবং নেতাজিকে অত্যন্ত প্রভাবিত করেছিলেন এবং বাস্তবে তাঁর সাথে দেখা হওয়া দক্ষিণ-পূর্ব এশিয়ার নেতা ছিলেন। তাঁর আসল এশীয় সংবেদনশীলতা তাকে অন্যান্য এশীয়দের সত্যিকারের সমস্যা বুঝতে পেরেছিল যে তিনি প্রায়শই সামরিকবাদীদের বিরুদ্ধাচারণ করেছিলেন, যাদের অনুভূতি তাদের নিজস্ব ভূমি এবং জনগণের মধ্যেই সীমাবদ্ধ ছিল। নেতাজি এখানে দেখানো তার আজাদ হিন্দ সরকারের অন্য পতাকাগুলি ডিজাইন করেছিলেন, এছাড়াও, নেতৃত্বের ক্যালিবারের জন্য তাঁর ঘোষণাকে তরুণ ভারতীয়দের দেখানো হয়েছে।

## প্রধানমন্ত্রী হিদেকী তোজোর ৮৩তম ডায়েট সেশনে বক্তৃতা

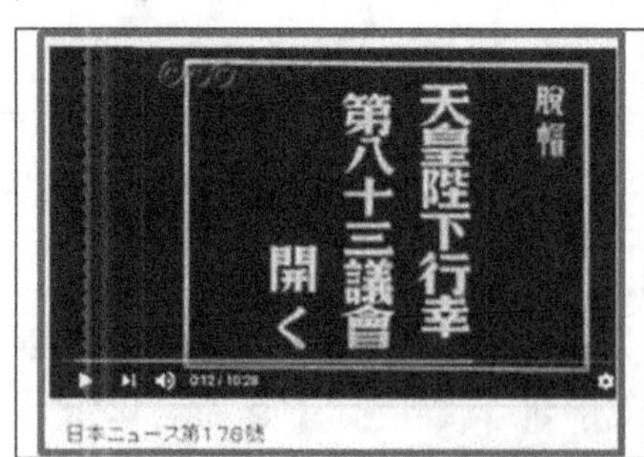


সিঙ্গাপুর থেকে সমস্ত ইতিবাচক তথ্য পাওয়ার পরে, প্রধানমন্ত্রী হিদেকী তোজো ইম্পেরিয়াল ডায়েট বিল্ডিংয়ে ১৯৪৩ সালের ২৬ অক্টোবর ৮৩তম ডায়েট সেশনে আরেকটি বক্তৃতা দিয়েছিলেন যেমন ওয়েব ঠিকানায় নীচে দেখানো হয়েছে।

https://www.youtube.com/watch?v=NYG1ArH40aU
MARUMEGANENOOYAJI, Published on Oct 29, 2015
*(সৌজন্যে জাপানের মাসাকি মিয়ামোতো)*

ডঃ গোরাচাঁদ ঘোষ

ইম্পেরিয়াল ডায়েট বিল্ডিং, টোকিও

সিঙ্গাপুর সফর ও আই এন এ-তে পরিদর্শন শেষে প্রধানমন্ত্রী হিদেকী তোজো ডায়েট বিল্ডিংয়ে তাঁর বক্তৃতা দিচ্ছিলেন। জাপানীরা নেতাজিকে তার স্বাধীনতা আন্দোলনে সহায়তা করার জন্য খুব মনোযোগ দিয়ে শুনছিলেন

সিঙ্গাপুরে আই এন এ-তে নেতাজির বক্তৃতা

ক্যাপ্টেন ডাঃ লক্ষ্মী স্বামীনাথনের ঝাঁসি রানি রেজিমেটের প্রুফ

পাশে বর্ণিত জনপ্রিয় বিশ্ব ধর্মাবলম্বীদের দ্বারা শান্তি ও সম্প্রীতি বজায় রাখতে গান্ধী ও নেহেরু উভয়কেই বিশ্বযুদ্ধের সময়কালের ভিত্তিতে পরোক্ষ 'যুদ্ধাপরাধী' হিসাবে বিবেচনা করা উচিত। তারা দ্বিতীয় বিশ্বযুদ্ধ এবং 'ব্রিটিশ রাজ' সমর্থন করেছিল। এছাড়াও, তারা নেতাজি কর্তৃক নির্মিত ভারতীয় জাতীয় সেনাবাহিনীর (INA) বিরুদ্ধে লড়াই করে আসা ১ মিলিয়ন থেকে ব্রিটিশদের ২.৫ মিলিয়ন 'ব্রিটিশ ইন্ডিয়ান আর্মি' বাড়াতে সহায়তা করেছিল। যুদ্ধে ৮৭ হাজারেরও বেশি নিহত হয়েছিল, কিন্তু ব্রিটিশ ও নেহেরু নেতৃত্বাধীন ভারত সরকার যুদ্ধে শহীদদের 'শহীদ' হিসাবে কোনও স্বীকৃতি দেয়নি। আমাদের স্বাধীনতার আসল ইতিহাস নেই। প্রকৃত পরোক্ষ যুদ্ধাপরাধী নেহেরু পরিচালিত কংগ্রেস সমর্থক ইতিহাসবিদদের দ্বারা কেবল বিকৃত ইতিহাস রচনা করেছিলেন।

# --নেতাজির জন্য ভারত স্বাধীন--

ডঃ গোরাচাঁদ ঘোষ

PROCLAMATION
(ঘোষণাপত্র)

(নেতাজির সিঙ্গাপুরে ঘোষণা)
(লেখিকা শ্রীমতী জয়শ্রী ঘোষ কর্তৃক ইংরেজি থেকে বাংলায় অনুবাদ)

আজাদ হিন্দ বাহিনীর সাময়িক সরকার ঘোষণা করে যে যতদিন না ভারতের পূর্ণ স্বাধীনতা অর্জিত হয় ততদিন পর্যন্ত তাঁরা দৃঢ়সংকল্প চিত্তে যুদ্ধ চালিয়ে যাবে। আমরা সেইসব ভারতীয়দের আহ্বান জানাই যারা তাঁদের সকল অস্থি মজ্জা সমর্পণ করে স্বাধীনতা সংগ্রামী সৈনিকদের সরাসরি সাহায্য করবে।

স্ত্রী পুরুষ শিশু নির্বিশেষে সকল দেশপ্রেমিক ভারতীয়দের ভারতের শেষ স্বাধীনতা যুদ্ধের জন্য আন্তরিক ভাবে সহযোগিতা করার জন্য আবেদন জানাই।

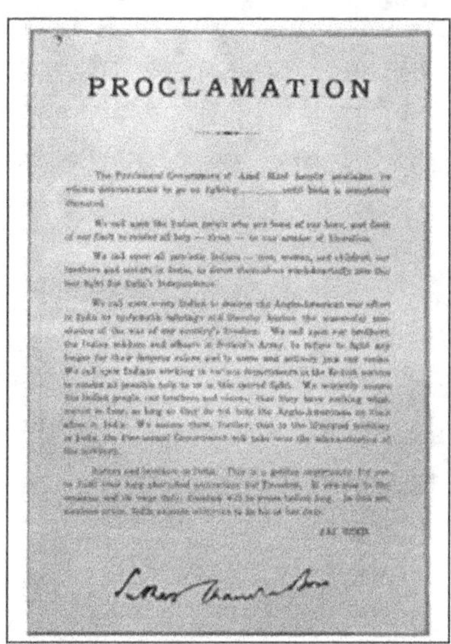

আমরা প্রত্যেক ভারতীয়কে আহ্বান জানাই যে পর্যায়ক্রমে অন্তর্ঘাত মুলক কাজ করে ব্রিটিশ আমেরিকান যুদ্ধ প্রচেষ্টা বানচাল করে নিজেদের স্বাধীনতাকে ত্বরান্বিত করা এবং এভাবেই আমাদের দেশ স্বাধীনতালাভে সফল হবে। যে সমস্ত ভারতীয় সৈনিক ব্রিটিশ সেনাদলে আছেন তাঁরা অত্যাচারী শাসকের লড়াইয়ে সহযোগিতা না করে আমাদের সেনাদলে যোগদান করুন। বৃটিশের বিভিন্ন দপ্তরে যাঁরা কাজ করেন তাঁদের প্রত্যেককে আমাদের স্বাধীনতা যুদ্ধে সাহায্য করার আহ্বান জানাই। আমি আমার দেশের ভাই বোনদের আন্তরিকভাবে আশ্বাস দিচ্ছি

তাঁরা ভারতের মাটিতে থেকে যেন ব্রিটিশ আমেরিকা অর্থাৎ বিদেশী শক্তিকে ভয় না করে। আমরা জানি ভারত স্বাধীন হবে এবং সামরিক সরকার স্বাধীন দেশ শাসন করবে।

ভারতীয় ভাই বোনগণ এই হল সুবর্ণ সুযোগ, যে সুযোগের যথার্থ সদ্ব্যবহারে ভারতকে তার স্বাধীনতা অর্জন করতে হবে। চরম সংকটের মুহুর্তে প্রত্যেক ভারতীয় তাঁদের নিজস্ব কর্তব্যের প্রতি যেন অটুট থাকেন তবেই তাড়াতাড়ি স্বাধীনতা আসবে।

জয় হিন্দ

ইউটিউব লিঙ্কস

**https://www.youtube.com/watch?v=OIsJLarFPOI**

নেতাজি সুভাষ চন্দ্র বোস | দ্বিতীয় বিশ্বযুদ্ধ | পর্ব এক |: Aug 25, 2020

নেতাজি এবং ভারতীয় জাতীয় সেনা, অর্থাৎ আই এন এ (INA) আমাদের স্বাধীনতা দিয়েছে, গান্ধীর অহিংসার দ্বারা নয়। এছাড়াও, গান্ধীর নেতৃত্বাধীন কংগ্রেস দল, জিন্নাহ-নেতৃত্বাধীন মুসলিম লীগ, সাভারকার-নেতৃত্বাধীন হিন্দু মহাসভা এবং কমিউনিস্ট পার্টির নেতারা এবং তাদের সদস্যরা মোটেই মুক্তিযোদ্ধা ছিলেন না। এই নেতারা নেতাজি এবং কয়েক হাজার ভারতীয় সেনাবাহিনীর (আই এন এ) আত্মত্যাগের ফল লাভ করেছিলেন এবং বৃহত্তর ভারতকে ভাগ করেছিলেন। সত্য সর্বদা বিরাজ করে এবং এটি স্বয়ংক্রিয়ভাবে নিজেকে প্রকাশ করে।

এই পর্বে আমি আপনাদের সুভাষ চন্দ্র বোসের সংক্ষিপ্ত তরুণ ইতিহাসটি দেখাব। তারপরে তার "মহানিষ্ক্রমন": জার্মানি পালিয়ে সিঙ্গাপুরে নেতাজি হয়ে জাপানে ফিরে আবার সিঙ্গাপুরে ফিরে আসেন। তিনি সিঙ্গাপুরে ভারতীয় জাতীয় সেনাবাহিনীর নেতৃত্বের দায়িত্ব গ্রহণ করেছিলেন। তিনি 1943 সালের 21 অক্টোবর সিঙ্গাপুর ক্যাথি ভবনে অস্থায়ী আজাদ হিন্দ সরকার গঠন করেছিলেন এবং তিনি সেই দিন থেকে আখণ্ড ভারতের প্রধান মন্ত্রী এবং যুদ্ধমন্ত্রী ছিলেন।

English Version YouTube>> Netaji Subhas Chandra Bose WWII Episode 1: May 19, 2020.>> **https://www.youtube.com/watch?v=AIQPZww-Gn8**

Brief early life of Subhas Chandra Bose, becoming Netaji. Hero of WWII in Japan and Singapore. The FIRST Prime Minister and Minister of War for the Greater India since 21 October 1943.

# তৃতীয় অধ্যায়
## নেতাজির দ্বিতীয় টোকিও সফর

### ছয়টি দেশের প্রধানমন্ত্রী ও রাষ্ট্রপতিদের হানেদা বিমানবন্দরে স্বাগত

১৯৪৩ সালের ৩১ অক্টোবর থেকে ৩ নভেম্বর অবধি প্রধানমন্ত্রী হিদেকী তোজো এবং তার দল সম্প্রতি স্বতন্ত্র ছয়টি দেশের প্রধানমন্ত্রী ও রাষ্ট্রপতিদের আন্তরিকভাবে স্বাগত জানাতে হানেদা বিমানবন্দরে (Haneda Airport) এসেছিলেন।

৩১ অক্টোবরে সুভাষচন্দ্র বসু তার দল, চ্যাটার্জী, খান ও কিয়ানিকে নিয়ে সিঙ্গাপুর থেকে হানেদা বিমানবন্দরে এসেছিলেন। বোসকে সাদা ফুলের মালা দিয়ে স্বাগত জ্যানানো হয়েছিল। এছাড়াও তোজো তাদের সাথে হ্যান্ডশেক করেছিলেন।

১ নভেম্বর ওয়াং চিং-ওয়েই, চীনের রাষ্ট্রপতি এসেছিল। তোজো তার সাথে হ্যান্ডশেক করেছিল, সেদিনই চাং চুং-হুই, মাঞ্চুকুওর প্রধানমন্ত্রী এসেছিল, এবং হ্যান্ডশেক করে তোজো তাকে আন্তরিকভাবে স্বাগত জানিয়েছিল। ২ নভেম্বর জোস পি লরেল, ফিলিপাইন প্রজাতন্ত্রের রাষ্ট্রপতি এসে পৌঁছেছিল, তোজো এবং তার দল স্বাগত জানিয়েছিল। ৩ নভেম্বর ওয়ান ওয়ার্থিকন, থাইল্যান্ডের রাজপুত্র, বৃহত্তর পূর্ব এশিয়া সম্মেলনে অংশ নিতে এসেছিল, তোজো তাকে স্বাগত জানিয়েছিল। একই দিন বিকেলে ডঃ বা মাও, বার্মার প্রধানমন্ত্রী

হানেদা বিমানবন্দরে এসেছিল এবং তোজো ও তাঁর দল তাকে হ্যান্ডশেক করে হৃদয়গ্রাহী করেছিল। ৪ নভেম্বর, টোকিও শহরের প্রাণকেন্দ্রে পাঁচটি দেশের পাঁচজন প্রধানমন্ত্রীর একটি রোডশো ছিল। টোকিওতে বসবাসরত এই পাঁচটি দেশের বাসিন্দারা রোডশোতে রাস্তার পাশে দাঁড়িয়ে হাত নাড়িয়ে তাদের আন্তরিকভাবে স্বাগত জানিয়েছিল। এই পাঁচ মন্ত্রীকে টোকিওর রাইস হোটেলে (Rice Hotel) রাখা হয়েছিল।

## বৃহত্তর পূর্ব এশিয়া সম্মেলন (Greater East Asia Conference)

১৯৪৩ সালের ৩১ অক্টোবর, 'জাপানের বৃহত্তর পূর্ব এশিয়া সম্মেলনে'-র পর্যবেক্ষক হিসাবে ১৯৪৩ সালের ৫ ও ৬ নভেম্বর অনুষ্ঠিত বৃহত্তর পূর্ব এশিয়া সম্মেলনে [7, 10] অংশ নেওয়ার জন্য বোস টোকিও ফিরেছিলেন। বোস প্রতিনিধি হিসাবে কাজ করতে পারেনি, কারণ জাপান ঘোষিত 'বৃহত্তর পূর্ব এশিয়া'র এখতিয়ারের বাইরে ভারত ছিল। মূলত তিনি একজন পর্যবেক্ষক ছিলেন। তবে সম্মেলনে তিনি 'পশ্চিমা উপনিবেশবাদ ও সাম্রাজ্যবাদ'-এর বিরোধিতা করে সবচেয়ে চিত্তাকর্ষক/মনোগ্রাহী বক্তৃতা দিয়েছিলেন। সম্মেলনের শেষে, আজাদ হিন্দ সরকারকে আন্দামান ও নিকোবর দ্বীপপুঞ্জের উপর সীমিতভাবে সরকারী এখতিয়ারভুক্ত করা হয়েছিল, যা যুদ্ধের প্রথম দিকে ইম্পেরিয়াল জাপানী নৌবাহিনী দখল করেছিল।

Greater East Asia Conference Part (1) ইউটিউব লিঙ্ক:

**https://www.youtube.com/watch?v=gOi5bYkasW0&t=36s**

Published by Tategoto Comrades 24 October 2021

*হানেদা বিমানবন্দরে নেতাজিকে স্বাগত জানানো হয়েছিল*

Glorious Imperial Japan, Greater East Asia Conference Vol.3 November 5, 1943
https://www.youtube.com/watch?v=SDqF7hlFDgk&t=10s  StarFox 12, 26 May 2014.

ইম্পেরিয়াল হোটেলের লবিতে নেতাজি ও মামোরু শিগেমিতসু আলোচনায় ব্যস্ত

এই সম্মেলনে জাপানের পররাষ্ট্রমন্ত্রী শিগেমিতসু আয়োজক ছিলেন এবং নেতাজি সহ আই এন এর সমস্ত অংশগ্রহণকারীকে টোকিওর ইম্পেরিয়াল হোটেলে থাকার ব্যবস্থা করা হয়েছিল। ইম্পেরিয়াল হোটেলেও সম্মেলন অনুষ্ঠিত হয়েছিল। সন্ধ্যায় ইম্পেরিয়াল হোটেলের লবিতে পররাষ্ট্র মন্ত্রী মামোরু শিগেমিতসু একটি ভোজ দিয়েছিলেন। সম্মেলনে তোলা কিছু বিরল ছবি NP-16 থেকে পরবর্তী পৃষ্ঠায় NP-27 অবধি হিসাবে চিহ্নিত দেখানো হয়েছে।

https://www.youtube.com/watch?v=mWLTvU405ZE&t=19s
MARUMEGANENOOYAJI
(সৌজন্যে জাপানের মাসাকি মিয়ামোতো)

টেবিলের শেষে বসে ডঃ বা মাওয়ের পিছনে বাম অগ্রভাগে বার্মিজ প্রতিনিধি দল। নেতাজি এস সি বোসের পিছনে ডান অগ্রভাগে ভারতীয় প্রতিনিধি দলটি টেবিলের শেষে বসে আছে

# বৃহত্তর পূর্ব এশিয়া সম্মেলনে সাতজন এশিয়ার বিখ্যাত পুরুষ

*১৯৪৩ সালের ৫-৭ নভেম্বর টোকিওতে বৃহত্তর পূর্ব এশিয়া সম্মেলনে সাতজন এশিয়ার বিখ্যাত পুরুষ*

বাম থেকে ডান: ডঃ বা মাও, বার্মার প্রধানমন্ত্রী, চাং চুং-হুই, মাঞ্চুকুওর প্রধানমন্ত্রী, ওয়াং চিং-ওয়েই, চীনের রাষ্ট্রপতি, হিদেকি তোজো, জাপানের প্রধানমন্ত্রী ও প্রতিরক্ষামন্ত্রী, ওয়ান ওয়ার্থি কন, থাইল্যান্ডের রাজপুত্র, জোস পি লরেল, ফিলিপাইনসের রাষ্ট্রপতি, সুভাষ চন্দ্র বোস, ফ্রি ইন্ডিয়ার আজাদ হিন্দ সরকারের প্রধান ও প্রধানমন্ত্রী।

টোকিও যাওয়ার পথে ডঃ বা মাও প্রথমবারের মতো সিঙ্গাপুরে গিয়েছিলেন এবং সেখানেই প্রথম নেতাজির সাথে দেখা করেছিলেন। তিনি তাঁর নেতৃত্বে বিস্তীর্ণ বিশাল আন্দোলনের সূচনা দেখেছিলেন যা দক্ষিণ-পূর্ব এশিয়ার পুরো ভারতীয় জনগণকে সক্রিয়ভাবে তাদের পক্ষে যুদ্ধে নিয়ে এসেছিল। ইতিহাসে প্রথমবারের মতো, ১৯৪৩ এর শেষদিকে একাধিক স্বাধীন এশীয় প্রতিবেশী একসাথে গ্রেটার ইস্ট এশিয়ান নেশনস হিসাবে মিলিত হয়েছিল, যা টোকিওতে ৫ এবং ৬ নভেম্বর ১৯৪৩ সালে, ইম্পেরিয়াল হোটেলে অনুষ্ঠিত হয়েছিল।

ছয়টি জাতি জাপান, চীন, থাইল্যান্ড, মাঞ্চুকুও, ফিলিপাইন এবং বার্মা একসাথে কাজ করার ধারণা গ্রহণ করেছে। এছাড়াও, মুক্ত ভারতের আজাদ হিন্দ সরকারের প্রধান সুভাষ চন্দ্র বসুও পর্যবেক্ষক হিসাবে উপস্থিত ছিলেন। এটি সত্যিই একটি ইতিহাস [7, 10] ছিল।

প্রধানমন্ত্রী তোজোর, ইম্পেরিয়াল হোটেলের বাসভবনে এই সভা অনুষ্ঠিত হয়। এটি এখন এশিয়া ছিল, এবং আমরা এশিয়ার প্রতিনিধিত্বকারী এশীয়রা ছিলাম। এটি একটি চমৎকার, প্রায় স্মরণীয় অনুভূতি ছিল এবং এটি খুব বাস্তব ও মজাদার

অজানিত নেতাজি সুভাষ চন্দ্র বোস

ছিল। প্রিমিয়ার তোজো দৃশ্যের উপর আধিপত্য বজায় রেখেছিল, এমনটি ভিন্ন হিসাবে দেখা হয়েছিল, পর্যবেক্ষণকারী এবং বন্ধুত্বপূর্ণভাবে তাদের একসাথে যাওয়ার জন্য। প্রধান অংশগ্রহণকারীরা ছিলেন মাঞ্চুকুওর প্রধানমন্ত্রী চ্যাং চুং-হুই; থাইল্যান্ডের প্রিন্স ওয়ান ওয়ার্থায়াকন; ফিলিপাইনের রাষ্ট্রপতি জোস পি লরেল; এবং স্বাধীন ভারতের আজাদ হিন্দ থেকে নেতাজি। ডঃ বা মাও বার্মার প্রধানমন্ত্রী হিসাবে প্রতিনিধিত্ব করেছিলেন। এটি ছিল পুরোপুরি নিউ এশিয়ার আধিপত্যবাদী চেতনা। নেতাজি এটিকে "একটি পারিবারিক দল" বলে আখ্যায়িত করেছিলেন।

১৯৪৩ সালের ৫ নভেম্বর সকাল ১০টায় বৃহত্তর পূর্ব এশিয়ার দেশগুলির সম্মেলন টোকিওয়ের ইম্পেরিয়াল ডায়েট ভবনে তোজো দ্বারা আনুষ্ঠানিকভাবে উদ্বোধন করা হয়েছিল। বৃহত্তর পূর্ব এশিয়ার এক বিলিয়ন লোকের প্রতিনিধিত্বকারী সাতটি দেশের ছেচল্লিশ জন প্রতিনিধি, সহযোগী এবং পর্যবেক্ষকরা উপস্থিত ছিলেন। উদ্বোধনী অনুষ্ঠানে প্রিমিয়ার তোজো ছিলেন কনফারেন্সের চেয়ারম্যান। তাঁর পিছনে বেশ কয়েকজন জাপানি সরকারের সদস্য নৌ মন্ত্রী অ্যাডমিরাল শিমাদা এবং পররাষ্ট্র মন্ত্রী শিগেমিতসু তাদের মধ্যে বসেছিলেন। বসার ব্যবস্থাটি খুব সাধারণ এবং সবচেয়ে চিত্তাকর্ষক ছিল। জাপানি সদস্যরা কেন্দ্রীয় হলে বসেছিলেন। চীন, মাঞ্চুকুও এবং বার্মা তোজোর ডানদিকে বসেছিল এবং থাইলনাড, ফিলপাইন এবং ভারত বামে বসেছিল। এই মহান সমাবেশটি এশিয়ায় আলোড়িত নতুন আত্মার প্রথম চাক্ষুষ প্রকাশ।

তোজো প্রথমে বক্তব্য রেখেছিলেন, এটি একটি দুর্দান্ত বক্তব্য, সংক্ষিপ্ত পরিষ্কার সিদ্ধান্ত গ্রহণকারী তিনি যে মূল নীতিগুলির ভিত্তিতে পূর্ব এশিয়া অঞ্চলে নতুন আদেশ প্রতিষ্ঠিত হবে তা বলেছিলেন। নতুন আদেশ হ'ল ন্যায়বিচারের চেতনার উপর ধার্যান করা যা বৃহত্তর পূর্ব এশিয়াতে অন্তর্নিহিত ছিল। তোজো বলেছিলেন "এটি এখন নতুন এশিয়া এবং আমরা এশিয়া প্রতিনিধিত্বকারী এশিয়ানরা।"

এরপরে চীনের রাষ্ট্রপতি ওয়াং চেং ওয়েই বক্তৃতা করলেন এবং সূক্ষ্ম লিরিক্যাল কণ্ঠে কথা বলেছেন। তিনি হতাশা, পরিবর্তন, বিশ্বাসঘাতকতা এবং শেষ পর্যন্ত এশীয় চেতনা এবং ভ্রাতৃত্ববোধের মধ্যে ভবিষ্যতের প্রত্যাশার একটি কিরণে ট্র্যাজেডিকে বলেছেন। আমরা বিজয় চাই, বৃহত্তর পূর্ব এশিয়া নির্মাণে আমরা সমৃদ্ধি চাই। তাঁর বক্তৃতাটি ছিল এরকম -- -- "বৃহত্তর পূর্ব এশিয়ার যুদ্ধে আমরা বিজয় চাই, পূর্ব এশিয়া নির্মাণে আমরা সমৃদ্ধি চাই। পূর্ব এশিয়ার সমস্ত জাতির উচিত তাদের নিজের দেশকে ভালবাসে, প্রতিবেশীদের ভালবাসে এবং পূর্ব এশিয়াকে ভালবাসে। আমাদের চিনের মূলমন্ত্র চীন পুনরুত্থান এবং পূর্ব এশিয়ার প্রতিরক্ষা। পূর্ব এশিয়ার সমস্ত দেশগুলির নিজস্ব আলাদা চরিত্র রয়েছে। সুতরাং একদিকে তাদের স্বাধীনতা ও স্বায়ত্তশাসন রক্ষা করা এবং অন্যদিকে অন্যের প্রতি শ্রদ্ধাশীল হওয়া জরুরি।"

থাইল্যান্ডের প্রিন্স ওয়ান একটি উষ্ণ এবং ভারসাম্যপূর্ণ বক্তৃতা দিয়েছেন। তিনি বলেছিলেন, পূর্ব এশিয়াতে সমৃদ্ধির নীতি অব্যাহত থাকবে। মাঞ্চুকোর প্রধানমন্ত্রী চ্যাং ঠিক তেমন এশিয়া সচেতন ছিলেন এবং নিজের জাতি ও

জনগণের প্রতি অন্য কারও মতো সচেতন ছিলেন। ফিলিপনেসের রাষ্ট্রপতি লরেল একটি উচ্ছ্বাসপূর্ণ বক্তৃতা দিয়ে কথা বলেছেন, সরাসরি তাঁর হৃদয় থেকে এসেছিল, এশীয় ক্রোধ এবং শতাব্দীর পর শতাব্দী ধরে এই জনগণকে জাগিয়ে তুলেছিলেন এমন সমস্ত ব্যক্তির বিরুদ্ধাচারণে মেতে ওঠেন। তিনি আগের সন্ধ্যায় সংবর্ধনা অনুষ্ঠানে কীভাবে কেঁদেছিলেন তা উল্লেখ করেছিলেন, "আমি যখন আপনার অভ্যর্থনা কক্ষে প্রবেশ করি তখন আমার চোখ থেকে অশ্রু প্রবাহিত হয়েছিল, এবং আমি দৃঢ় অনুপ্রেরণা বোধ করেছি এবং বলেছিলাম, 'এক বিলিয়ন প্রাচ্য, বৃহত্তর পূর্ব এশিয়ার এক বিলিয়ন মানুষ' --- তারা কিভাবে আধিপত্য হতে পারে, --- তাদের একটি দুর্দান্ত অংশ বিশেষত ইংল্যান্ড এবং আমেরিকা দ্বারা?" "বৃহত্তর পূর্ব এশিয়ার মানুষের স্বার্থের জন্য বার্মা, মাঞ্চুকো, থাইল্যান্ড, চীন এমনকি সাধারণ স্বার্থে জাভা, বোর্নিও এবং সুমাত্রার জনগণের সহযোগিতাও আলাদা হতে পারে না। আমি আপনার আশা বাড়াতে এবং জাপানের সাথে ঐক্যবদ্ধ এমন একটি কমপ্যাক্ট ও সলিড সংস্থার সাথে সংযুক্ত হয়েছি যে কোনও শক্তি আর হতে পারে না যা কোনও সন্ত্রাসকে এক বিলিয়ন ওরিয়েন্টাল দ্বারা থামাতে পারে যাতে তারা বিনা বাধায় নিজের ভাগ্য নির্ধারণ করতে পারে,, আর কেউ আমাদের মঙ্গলের জন্য অপারেশনে হস্তক্ষেপ করে।"

ডঃ বা মাও এর ভাষণটিতে হৃদয় ভেঙে গেল। "আমার এশিয়াটিক রক্ত সর্বদা এশিয়াটিককে অন্যদের কাছে ডেকেছে। আমার স্বপ্নে, ঘুমোতে এবং হাঁটতে হাঁটতে, আমি এশিয়া তার বাচ্চাদের কাছে ডাকার শব্দ শুনেছি", আজ-- এখানে আবার এশিয়ার কণ্ঠ ডাকছে, তবে এবার স্বপ্ন নয়! আমি তাদের মধ্যে এশিয়ার একই আওয়াজ শুনতে পেয়েছি তার বাচ্চাদের একত্রিত করে। এটি আমাদের এশিয়াটিক রক্তের ডাক। এই সময়টি আমাদের মনকে ভাবার সময় নয়, এই সময়টি আমাদের রক্ত নিয়ে চিন্তা করার, এবং এই রক্ত দিয়েই এই চিন্তাভাবনা যা আমাকে বার্মা থেকে জাপানে নিয়ে এসেছিল।

১৯৪৩ সালের ৫ নভেম্বর নেতাজি টোকিওয়ের ইম্পেরিয়াল হোটেলের জি ই এ সি-তে দুপুরের খাওয়ার সময় সংক্ষিপ্তসারে তাঁর জালাময়ী ভাষণ দিয়েছিলেন।

ডঃ বা মাও বলেছিলেন, "আমি পুরোপুরি নিশ্চিত যে নেতাজির গল্পটি আমাদের সকলের কাছে জানা যে তিনি ভারতের পুনরুথান, বিপ্লবী চেতনার প্রতীক, ভারত যদিও অবিচ্ছিন্ন এখনও অবিভক্ত। আমাদের অবশ্যই জেনে আনন্দিত হতে হবে যে নেতাজি এখন একই সংগ্রামের পথে আমাদের প্রস্তুত করছেন এবং এখন বিচ্ছিন্ন নয়, তাঁর পিছনে এক হাজার মিলিয়ন পূর্ব এশিয়াটিক রয়েছে। তিনি জোর দিয়েছিলেন যে মুক্ত ভারত ছাড়া মুক্ত এশিয়া থাকবে না।

সম্মেলনের জন্য ইম্পেরিয়াল হোটেল ও নেতায় বিদেশ মন্ত্রীর মামোরু শিগেমিতসু দ্বারা প্রতিনিধিদের একটি ভোজ দেওয়া হয়েছিল।

সম্মেলন শেষে মদ্যপানের সময় নেতাজি যুদ্ধে সহযোগিতা করার জন্য ফিলিপনেসের রাষ্ট্রদূত ভার্গাসের সাথে এবং ডঃ বা মাও ও মামোরু শিগেমিতসুর সাথে কথা বলছিলেন।

বিশ্ব সত্যিই খুব দ্রুত গতিতে চলছে। এশীয়দের পক্ষে এভাবে একত্রিত হওয়া আগে অসম্ভব হত। এখানে একটি নতুন পৃথিবী তৈরি হচ্ছে তা মহামান্য চেয়ারম্যানের বক্তব্যে আমি দেখতে পাচ্ছি যে আসলে একটি নতুন বিশ্ব কাঠামো সংঘবদ্ধ, এশিয়াটিকের জন্য একটি এশিয়াটিক বিশ্ব। তিনি এক ঘন্টা তার বক্তব্য অব্যাহত রেখেছিলেন-"

এটি সমাপ্ত হয়েছিল যে জি ই এ সহ-সমৃদ্ধি গোলকটি বজায় রাখা ছিল: সহাবস্থান, সহযোগিতা এবং সম-সমৃদ্ধি। অবশেষে সেখানে নেতাজি বক্তৃতা দিলেন। সমাবেশের পরে প্রদত্ত এক প্রেস সাক্ষ্যাৎকারের সময় নেতাজি বলেছিলেন যে, "সম্মেলনের মূল বক্তব্য আদিপোদি ডঃ বা মাও দ্বারা ক্যারিশম্যাটিক পদ্ধতিতে প্রকাশ করেছিলেন, 'নেতাজির মতে' মূল বক্তব্য ছিল পূর্ব এশিয়া এক।"

৬ নভেম্বর সকালের অধিবেশন চলাকালীন সমাবেশের চলমান আইনটি সংঘটিত হয়েছিল যেখানে সমস্ত সদস্য দাঁড়িয়ে এবং সর্বসম্মতিক্রমে একটি যৌথ ঘোষণাপত্র গ্রহণ করেছিল যার মধ্যে  তাৎক্ষণিক সিদ্ধান্তের জন্য রয়েছিল।

১. বৃহত্তর পূর্ব এশিয়ার দেশগুলি পারস্পরিক সহযোগিতার মাধ্যমে তাদের অঞ্চলের স্থিতিশীলতা নিশ্চিত করবে এবং ন্যায়বিচারের ভিত্তিতে সাধারণ সমৃদ্ধি ও সচ্ছলতার একটি আদেশ তৈরি করবে।

২. বৃহত্তর পূর্ব এশিয়ার দেশগুলি একে অপরের সার্বভৌমত্ব ও স্বাধীনতার প্রতি সম্মান জানিয়ে এবং পারস্পরিক সহায়তা ও স্নেহ চর্চা করে তাদের অঞ্চলে দেশগুলির ভ্রাতৃত্বকে নিশ্চিত করবে।

৩. বৃহত্তর পূর্ব এশিয়ার দেশগুলি একে অপরের ঐতিহ্যকে সম্মান করে এবং প্রতিটি জাতির সৃজনশীল অনুজদের বিকাশ করে বৃহত্তর পূর্ব এশিয়ার সংস্কৃতি ও সভ্যতাকে বাড়িয়ে তুলবে।

৪. বৃহত্তর পূর্ব এশিয়ার দেশগুলি পারস্পরিক প্রতিদানের ভিত্তিতে ঘনিষ্ঠ সহযোগিতার মাধ্যমে তাদের অর্থনৈতিক অগ্রগতি ত্বরান্বিত করার চেষ্টা করবে এবং এর মাধ্যমে তাদের অঞ্চলের সাধারণ সমৃদ্ধি বাড়িয়ে তুলবে।

৫. বৃহত্তর পূর্ব এশিয়ার দেশগুলি বিশ্বের সমস্ত দেশের সাথে বন্ধুত্বপূর্ণ সম্পর্ক গড়ে তুলবে, এবং বর্ণ বৈষম্য দূরীকরণ, সাংস্কৃতিক মিলন প্রচার এবং সারা বিশ্বে সম্পদ খোলার জন্য কাজ করবে এবং এর ফলে মানবজাতির অগ্রগতিতে অবদান রাখবে।

আবার ডঃ বা মাও পরের দিন অর্থাৎ ১৯৪৩ সালের ৭ নভেম্বর হিবিয়া পার্কে মূলত ভারতীয়দের স্বাধীনতা সংগ্রামের উপলক্ষে একটি দুর্দান্ত বক্তব্য রেখেছিলেন এবং সেই অংশটি নেতাজী এতে অভিনয় করেছিলেন এবং এশিয়ান হিসাবে আমাদের নিজস্ব সংগ্রামের সমর্থনে একজন বৃহত্তর এশীয় মানুষ। তোজো একটি ভাল যুদ্ধের চেতনা চেয়েছিল এবং বা মাও তার অংশটি পূরণ করার প্রতিশ্রুতি শুনে খুশি হয়েছিল। বা মাও ভাষণ দিয়েছিলেন, "বংশ পরম্পরায় বর্মি এবং ভারতীয়দের একই সংগ্রাম চালিয়ে যেতে হয়েছিল। আপনারা বেশিরভাগই আমার

কথার আসল অর্থ বুঝতে পারবেন না। এটি বিশ্বের সবচেয়ে শক্তিশালী, সবচেয়ে নিষ্ঠুর, সবচেয়ে শিকারী শক্তির বিরুদ্ধে লড়াই। এটি পুরুষ এবং বন্দুকের মধ্যে লড়াই। বলা বাহুল্য, প্রতিবার বন্দুক জিতেছে। লোকেরা উঠল, কিন্তু বন্দুক প্রতিবার তাদের পিষ্ট করল ---।

আমি পুরোপুরি নিশ্চিত যে নেতাজির গল্পটি আমাদের সকলের কাছেই জানা ছিল যে তিনি ভারতের পুনরুত্থিত, বিপ্লবী চেতনার প্রতীক --- ভারত বিভক্ত হলেও এখনও অটুট রয়ে গেছে। এবং আমাদের সকলকে এটা জেনে আনন্দিত হতে হবে যে নেতাজি এখন একই সংগ্রামের পথে আমাদের প্রস্তুত করছে, এবং এখন বিচ্ছিন্ন নয় বরং তাঁর পিছনে এক হাজার মিলিয়ন পূর্ব এশিয়াটিক রয়েছে। তিনি জোর দিয়েছিলেন যে মুক্ত ভারত ছাড়া ফ্রি এশিয়া থাকবে না।"

নেতাজি তার সবচেয়ে অনুরণিত এবং গুলি চালানোর একটি বক্তৃতায় জবাব দিয়েছিলেন। এক পর্যায়ে তিনি ভেঙে পড়েন এবং তাঁর কথা শুনে সমস্ত লোকের মধ্যে এক ঝাপসা আবরণ পড়ে যায় যা শেষ অবধি অটুট থাকে। ১৯৪৩ সালের ৭ নভেম্বর হিবিয়া পার্কে নেতাজি বলেছিলেন, "বিজয়ীদের মধ্যে লুটপাট ভাগ করার জন্য এটি কোনও সম্মেলন নয়। এটি কোনও দুর্বল শক্তিকে শিকার করার ষড়যন্ত্রের শিকার হওয়ার সম্মেলন নয়, এটি দুর্বল প্রতিবেশীকে প্রতারণা করার চেষ্টা করার জন্য একটি সম্মেলনও নয়। এটি মুক্তিপ্রাপ্ত দেশগুলির একটি সমাবেশ, এমন একটি সমাবেশ যা ন্যায়বিচার, প্রাকৃতিক সার্বভৌমত্ব, আন্তর্জাতিক সম্পর্কের ক্ষেত্রে পারস্পরিক সহায়তা এবং আশ্বাসের পবিত্র নীতিগুলির ভিত্তিতে বিশ্বের অংশে একটি নতুন শৃঙ্খলা তৈরির লক্ষ্যে। আমি মনে করি না যে এই দুর্ঘটনাটি, এই সমাবেশটি রাইজিং সানের দেশে অনুষ্ঠিত হয়েছিল। এই প্রথম আলো নয় যে পৃথিবী আলোক ও দিক নির্দেশনার জন্য প্রাচ্যের দিকে প্রত্যাবর্তন করেছিল। এই বিশ্বে একটি নতুন অর্ডার তৈরির চেষ্টা আগেও করা হয়েছিল এবং অন্য কোথাও তৈরি করা হয়েছে, তবে তারা ব্যর্থ হয়েছে ---। তাই জিনিসগুলির ফিটনেসে যে বিশ্ব শো দ্বারা প্রাচ্যের দিকে আলোর জন্য ফিরে আসে ----।

ভারতের পক্ষে ব্রিটিশ সাম্রাজ্যবাদের বিরুদ্ধে আপসহীন সংগ্রামের পথ ব্যতীত আর কোন পথ নেই। অন্য জাতির পক্ষেও যদি ইংরেজদের সাথে আপোস করার কথা ভাবা সম্ভব হত, তবে ভারতীয় জনগণের পক্ষে এটি অন্তত প্রশ্নের বাইরে ছিল না; ব্রিটেনের সাথে সমঝোতার অর্থ দাসত্বের সাথে সমঝোতা করা, এবং আমরা আরও দাসত্বের সাথে আপস না করার জন্য দৃঢ় প্রতিজ্ঞ ---।

তবে আমাদের স্বাধীনতার শক্তি আমাদেরকেই নিতে হবে --- ভারতীয় জনগণ এখনও লড়াই করে তাদের স্বাধীনতা অর্জন করতে পারেনি। সুতরাং, আমি পুনরুক্তি করি যে আমাদের যে কার্যটির অপেক্ষা করছে তার বিশালত্ব সম্পর্কে আমাদের কোনও বিভ্রান্তি নেই। আসলে আমি বলতে পারি যে আমার চেয়ারে বসে সব সময় আমি যেমন একটি নতুন পূর্ব এশিয়া এবং একটি নতুন এশিয়াকে স্বপ্ন দেখছিলাম, তার আগে আমার মনের চোখ সেখানে লড়াইয়ের দৃশ্যগুলি ভাসিয়ে দিয়েছে যে কোনও ফ্রন্টলাইন এবং ভারতের সমভূমিতে --- আমি জানি না যে

আমাদের নিজস্ব প্রাকৃতিক সেনাবাহিনীর কতজন আসন্ন যুদ্ধে বেঁচে থাকবে, তবে এটি আমাদের কোনও ফলস্বরূপ নয়। আমরা স্বতন্ত্রভাবে বেঁচে থাকি বা মরে যাই, যুদ্ধে বেঁচে থাকি এবং ভারতকে মুক্ত দেখতে বাঁচি বা তার পরিণতি যা হয় তা হ'ল ভারত স্বাধীন হবে --- এই সত্য।

ন্যায়বিচার, পারস্পরিক সহায়তা এবং সহায়তার উৎসাহী নীতিগুলির উপর ভিত্তি করে একটি নতুন শৃঙ্খলা তৈরির উদ্দেশ্যে, আপনি এমন একটি কাজ হাতে নিচ্ছেন যা মানব মন কল্পনা করতে পারে এমন সর্বশ্রেষ্ঠ। আমি ইশ্বরের কাছে প্রার্থনা করছি যে আপনার প্রচেষ্টা সাফল্যের মুকুট পেতে পারে।"

নেতাজি কথা বলার পরে প্রধানমন্ত্রী তোজো স্বাধীন ভারত সরকারের আজাদ হিন্দ ফৌজের হাতে আন্দামান ও নিকোবর দ্বীপপুঞ্জকে হস্তান্তর করার সঠিক জাপানের সিদ্ধান্তে উঠেছিলেন। এরপরে গৃহীত করতালি অপ্রতিরোধ্য ছিল। ৩:১৭পিম এ প্রধানমন্ত্রী তোজো সম্মেলনের স্থগিত ঘোষণার জন্য আবার উঠেছিলেন এবং গ্রেটার পূর্ব এশিয়া নেশনস অ্যাসেম্বলির সমাপ্তি ঘটে।

ডঃ বা মাও নেতাজি সম্পর্কে মন্তব্য করেছিলেন [10] "আপনি একবার তাকে চিনলে ভুলতে পারবেন না; তাঁর মাহাত্ম্য প্রকাশিত হয়েছিল। অন্যান্য বিপ্লবীদের মতো তাঁর মহত্ত্বের মূল কথাটি ছিল, তিনি একক কাজ ও স্বপ্নের জন্য বেঁচে ছিলেন এবং সেজন্য নিজের উপর নিজের মোহর বসিয়েছিলেন। এক মুহূর্তে তিনি সেই বিশাল, বিস্তৃত স্বপ্নের কমপক্ষে একটি অংশ অর্জন করতে এসেছিলেন। তিনি ব্যর্থ হলেন কারণ বিশ্ব বাহিনী তার পক্ষে ব্যর্থ হয়েছিল। তবে মৌলিকভাবে নেতাজি ব্যর্থ হননি। যুদ্ধের সময় তিনি যে স্বাধীনতা অর্জন করেছিলেন, তা ছিল স্বাধীনতার আসল সূচনা যা কয়েক বছর পরে ভারতে এসেছিল। কেবলমাত্র স্বাভাবিক ঘটনা ঘটেছিল: একজন লোক শস্য বপন করেছিল এবং অন্যেরা তাঁর পরে ফল কেটেছে।"

সম্প্রতি, লেখক লক্ষ করেছেন যে মিঃ সাইচিরো মিসুমি/মাসুমী, দ্বিতীয় বিশ্বযুদ্ধের অভিজ্ঞ হিসাবে দাবি করেছেন এবং নেতাজী ও আই এন এ-কে সহায়তা করেছিলেন। ২০১৫ সালে তিনি ভারতের প্রধানমন্ত্রী মোদীর কাছ থেকে 'পদ্মভূষণ' পুরস্কার পেয়েছিলেন। আমি জানতে পেরেছি যে তিনি একজন মধ্যবর্তী মানুষ ছিলেন এবং সেই সময় আই এন এ বা আই আই এল বা আই জে এর সাথে তাঁর কোনও যোগসূত্র ছিল না। তিনি আরও দাবি করেছিলেন যে নেতাজি মিথ্যা নাম ব্যবহার করে তৃতীয় তলায় তার নিজের ঘরের কাছে ইম্পেরিয়াল হোটেলে থাকতেন। তিনি সত্য কথা বলেননি। মিলিটারি জাপানি সরকার নেতাজিকে আমন্ত্রণ জানিয়েছিল এবং খান, কিয়ানী এবং চ্যাটারজির সাথে হোটেলে থাকত সরকারী অতিথি হিসাবে, আপনি দেখতে পাচ্ছেন যে অনেকগুলি ফটো মাসাইয়োশি কাকিতসুবো রেখেছিলেন।

এছাড়াও, মাসুমি টোকিও এবং সিঙ্গাপুরে রাসবিহারী বোসের ভারতের স্বাধীনতা আন্দোলনের কার্যক্রমকে অস্বীকার করেছিলেন। তিনি সারা জীবন ভারতীয় দূতাবাস, টোকিওর মাধ্যমে দ্বিতীয় বিশ্বযুদ্ধের পরে রামা মূর্তি (আজাদ হিন্দ ব্যাংকের লুটার) এবং তাঁর পরিবারের সুবিধা গ্রহণ করেছিলেন। ১৯৪৭ সাল থেকে মাসুমী মূলত ভারতে জে আই এ/আই জে এ এর মাধ্যমে নেহেরুর নেতৃত্বাধীন ভারত সরকার দ্বারা শাসিত আমদানি/রফতানি ব্যবসার মধ্যবর্তী মানুষ ছিলেন।

তিনি জাপানের কয়েকটি সংস্থার সাথে ব্যবসায়িক সম্পর্কের ক্ষেত্রে 'লাইসেন্স রাজ' হিসাবে নেহেরু, ইন্দিরা, রাজীবকে সহায়তা করেছিলেন। ভারতের সাথে জে আই এ সম্পর্কের বিষয়ে তাকে পুরস্কার দেওয়া যেতে পারে তবে নেতাজি এবং আই এন এ-র সাথে কোনও সম্পর্ক নেই। যেহেতু সমস্ত দ্বিতীয় বিশ্বযুদ্ধের প্রবীণরা মারা গেছেন, কেউই ঘটনা এবং সত্য সম্পর্কে বলতে পারবেন না।

টোকিওতে তার উল্লিখিত দুটি প্রথম সফরকালে [7], নেতাজি আই এন এ-র সাথে জাপানের সহযোগিতা কামনা করেছিলেন, জাপানকে আই এন এ-এর দ্বারা জাপানিদের নেতৃত্বের ভূমিকা পালন করে ইম্ফাল অপারেশন শুরু করার আহ্বান জানিয়েছিলেন এবং ব্যাখ্যা করেছিলেন যে জাপানী বাহিনী এবং যদি আই এন এ ভারতীয় ভূখণ্ডের একটি অংশে প্রবেশ করে, সমগ্র ভারত ব্রিটিশদের ছুঁড়ে ফেলতে উত্থিত হত। নেতাজি দ্রুত পদক্ষেপের মানুষ, প্রধানমন্ত্রী তোজোকে রাজি করানোর ক্ষেত্রে উপস্থিত হয়েছিলেন বলে মনে হয়েছিল।

টোকিওর দ্বিতীয় সফরে নেতাজিকে পূর্ব-এশিয়া কো-সমৃদ্ধি গোলকের পর্যবেক্ষক হিসাবে আমন্ত্রণ জানানো হয়েছিল যা ইন্দো-বার্মিজ সীমান্তে শেষ হয়েছিল। এই সম্মেলনে নেতাজি সবচেয়ে চিত্তাকর্ষক বক্তৃতা করেছিলেন। দোভাষীর আসনে মাসাইয়োশি কাকিতসুবো এতটাই চঞ্চল হয়েছিলেন যে তিনি গালে চোখের জল ফেলতে পারেন নি। সম্মেলনটি গ্রেট ইস্ট এশিয়ার যৌথ ঘোষণাপত্র গ্রহণ করে এবং বার্মিজ সরকারের প্রধান বা মাও "স্বাধীনতার সংগ্রামের প্রতি ভারতের সম্পূর্ণ সহানুভূতি ও সমর্থন বাড়ানোর" একটি পদক্ষেপ নিয়েছিলেন যা সর্বসম্মতভাবে গৃহীত হয়েছিল। নেতাজি তার সহকর্মীদের এই রেজুলেশনের জন্য ধন্যবাদ জানিয়েছিলেন।

প্রধানমন্ত্রী হিদেকি তোজোর সম্মেলনের উদ্বোধনটি উচ্চ-স্তরের প্রতিনিধি এবং অংশগ্রহণকারীদের সাথে দেখানো ছবিতে ধরা পড়ে। একইভাবে, ছয় এশিয়াটিক দেশের ছয় প্রধানের উপস্থিতি পরবর্তী ছবিতে প্রধানমন্ত্রী তোজোর সাথে স্মরণ করা হয়েছিল। দুর্লভ ছবি NP-17-তে প্রমাণ হিসাবে নেতাজি একটি সূচনা বক্তৃতা করেছিলেন। তিনি বক্তৃতাটির পরে বিদেশী মন্ত্রী শিগেমিতসুর দেওয়া ভোজে অংশ নিয়েছিলেন, যেমনটি প্রতিবেদনে দেখানো হয়েছে ফটো NP-18 সহ অন্যান্য সমস্ত অংশগ্রহণকারী এবং জাপানের সরকারের মন্ত্রীদের সাথে। NP-19-এর সুন্দর ছবিতে নেতাজি যুদ্ধের কৌশলটির জন্য ফিলিপাইনের রাষ্ট্রদূত ভার্গাসের সাথে আলোচনা করছিলেন। ডঃ বা মাও নেতাজির মধ্যে সহযোগিতার প্রতিশ্রুতি একটি ঐতিহাসিক গুরুত্ব ছিল এবং বিরল সুন্দর ছবি NP-20-তে প্রমাণিত হয়। সম্মেলনের পরে সম্মেলনটির ফলাফলের জন্য নেতাজির জাপানি সাংবাদিক সাক্ষাৎকার নিয়েছিলেন। এই সংবাদ সম্মেলনটি তাঁর দুর্দান্ত বিরল ছবি NP-21 দ্বারা স্মরণ করা হয়েছে।

## নেতাজির মিলিটারি একাডেমি ও ভিন্ন স্থান পরিদর্শন

নেতাজি জাপানিজ ইম্পেরিয়াল মিলিটারি একাডেমি পরিদর্শন করেছিলেন এবং NP-22-তে দেখানো হয়েছে, প্রতিরক্ষা খাতে একে অপরের সাথে সহযোগিতা করার জন্য এটি জাপানি ও ভারতীয় ইতিহাসের একটি গুরুত্বপূর্ণ ঘটনা ছিল। ১৯৪৩ সালের ১৬ নভেম্বর নেতাজি তৎকালীন গভর্নর মিঃ কেইজো শিবুসাওয়ার

সাথে সাক্ষাৎ করেছিলেন, যিনি ছিলেন একজন পরোপকারী এবং একটি দুর্দান্ত ছবি এখানে দেখানো হয়েছে। এই ছবিটি জাপানের সরকারী ওয়েবসাইট [6] থেকে পুনরুদ্ধার করা হয়েছে।

তারপরে নেতাজি কোয়া দো গাকুইনে (জাপানি প্রিপেটারি মিলিটারি স্কুল) যান সাথে তার তিন সামরিক কর্মী, এ সি চ্যাটারজি, এম জেড কিয়ানী এবং হাবিবুর রহমানের NP-23 ফটোতে স্মরণ করা হয়েছে, আই এন এ প্রশিক্ষণার্থী ক্যাডেটদের সাথে দেখা করতে। দুর্লভ এবং গুরুত্বপূর্ণ ফটো NP-24-তে প্রমাণিত হিসাবে কলেজটিতে নেতাজি ক্যাডেটদের কাছ থেকে অভিজ্ঞ ছিলেন। NP-25-এ, নেতাজি সামরিক প্রশিক্ষণের অনুশীলন অনুষ্ঠানটি পর্যবেক্ষণ করছিলেন। এই বইটি প্রকাশের পরে হতে পারে অনেক জীবিত ভারতীয় ক্যাডেটরা (যদি থাকে) জাপানে তাদের অতীত দিনগুলি মনে করতে পারে।

Dr Ba Maw was head of the Burmese Government firmly supported Netaji for India's independence at the Greater East Asia Conference on 6 Nov '43

বার্মিজ সরকারের প্রধান ডঃ বা মাও ১৯৪৩ সালের ৬ নভেম্বর জি ই এ সি-তে ভারতের স্বাধীনতার জন্য নেতাজিকে আনুষ্ঠানিকভাবে সমর্থন করেছিলেন এবং যুদ্ধের বিষয়ে আলোচনা করছিলেন।

Netaji was engaged in a press interview after the Greater East Asia Conference Lecture Mr Kakitsubo was translating in Japanese language

সম্মেলন শেষে ইম্পেরিয়াল হোটেলের লবিতে সাংবাদিকদের জি ই এ সি-তে বক্তৃতার সংক্ষিপ্ত বক্তব্য রাখছিলেন নেতাজি এবং তাঁর যোগাযোগ-সহ-দোভাষী কাকিতসুবো।

Glorious Imperial Japan, Greater East Asia Conference Vol.2    November 5, 1943
**https://www.youtube.com/watch?v=vxwQLbSK-Qg&t=295s**
Published by StarFox 12 on 25 May 2014

Glorious Imperial Japan, Greater East Asia Conference Vol.3 November 5, 1943
**https://www.youtube.com/watch?v=SDqF7hlFDgk&t=3s**
Published by StarFox 12 on 26 May 2014

## নেতাজি ও গভর্নর ব্যাংক অফ জাপানের সাক্ষাৎকার

১৯৪৩ সালের ১৬ নভেম্বর কেইজো শিবুসাওয়া (গভর্নর ব্যাংক অফ জাপান, টোকিও) নেতাজিকে তাঁর কার্যালয়ে আন্তরিকভাবে স্বাগত জানিয়েছিলেন। নেতাজির নিজের স্বাক্ষর সহ সুন্দর ছবিটি এই ফটোতে দেখানো হয়েছে।

১৯৪৩ সালের ৪ ডিসেম্বর নেতাজি জাপানিজ ইম্পেরিয়াল মিলিটারি একাডেমি পরিদর্শন করেছিলেন এবং সামরিক একাডেমিকদের সাথে এই দুর্দান্ত ছবি তোলা হয়েছিল যেখানে নেতাজি সামনের সারির মাঝখানে একটি লাঠি নিয়ে বসেছিলেন।

১৯৪৩ সালের ৬ ডিসেম্বর নেতাজি আই এন এ ক্যাডেটদের প্রশিক্ষণের সুযোগ সম্পর্কে খান, চ্যাটার্জী এবং কিয়ানির সাথে কোয়া ডোগাকুইন পরিদর্শন করেছিলেন।

# নেতাজির আই এন এ ক্যাডেটদের পর্যবেক্ষণ

১৯৪৩ সালের ৬ ডিসেম্বর জাপানী সামরিক কলেজে নেতাজি তাঁর আই এন এ ক্যাডেটদের দেওয়া প্রশিক্ষণ কৌশল পর্যবেক্ষণ করছিলেন।

১৯৪৩ সালের ৬ ডিসেম্বর নেতাজি আই এন এ ক্যাডেটদের সামরিক প্রশিক্ষণ কর্মক্ষমতা দেখছিলেন।

## সুমো রেসলিং পরিদর্শন

১৯৪৩ সালের ৯ ডিসেম্বর নেতাজি এবং তার ৩ আই এন এ দলের সদস্যরা প্রধানমন্ত্রী তোজো এবং কোইসোর সাথে রিইয়োগোকু কোকুগিকানে সুমো রেসলিং দেখছিলেন। মাসাইয়োশি কাকিতসুবো এই দুর্দান্ত ছবি তোলেন এবং নিজের অ্যালবামে রেখেছিলেন, উপরের NP-26 ফটোতে প্রদর্শিত।

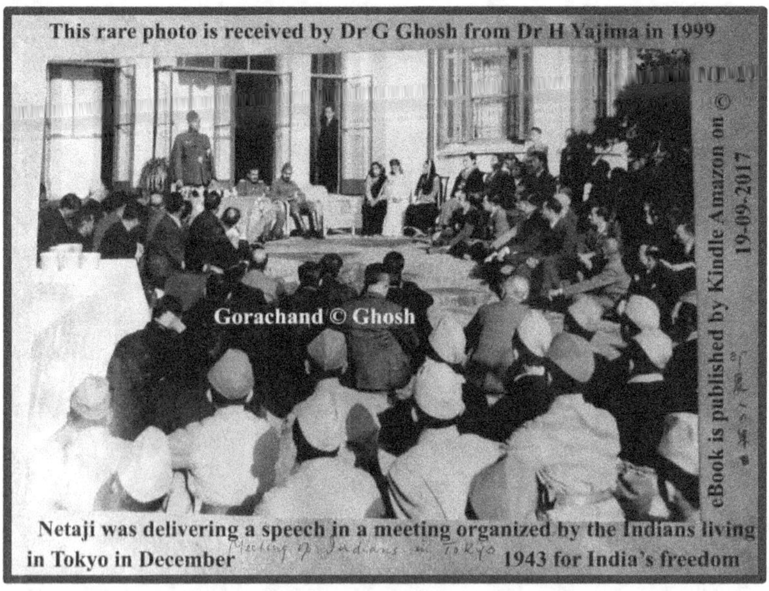



১৯৪৩ সালের বড়দিনের ছুটির প্রাক্কালে নেতাজি টোকিওতে বসবাসরত ভারতীয়দের ভারতের স্বাধীনতা আন্দোলনের পক্ষে একটি ভাষণ দিয়েছিলেন, উপরের NP-27 ফটোতে প্রদর্শিত।

## পশ্চিমা সাম্রাজ্যের দ্বারা উপনিবেশিক শক্তির প্রভাব

https://www.youtube.com/watch?v=tHCG3uTjBFE&feature=youtube
(সৌজন্যে জাপানের মাসাকি মিয়ামোতো)

১৯৪২ সালের দ্বিতীয় বিশ্বযুদ্ধে আন্দামান ও নিকোবর দ্বীপপুঞ্জ দখলের জন্য
জাপানি সামরিক বাহিনী ব্রিটিশ ভারতীয় সেনাবাহিনী আক্রমণ করেছিল
(সৌজন্যে জাপানের মাসাকি মিয়ামোতো)

১৯৪২ সালের দ্বিতীয় বিশ্বযুদ্ধে ইম্পেরিয়াল জাপানি নৌবাহিনীর আক্রমণ থেকে
ডুবেছিল ব্রিটিশ নেভির ক্যারিয়ার হার্মিস

## পাশ্চাত্য সাম্রাজ্য অন্যকে মানুষ হিসাবে ভাবেনি

(সৌজন্যে জাপানের মাসাকি মিয়ামোতো)

১৯৪২ সালের ২৩ মার্চ জাপানি সামরিক বাহিনী "পোর্ট ব্লেয়ার" দখল করে

## আন্দামান ও নিকোবার দ্বীপপুঞ্জ হস্তান্তর করার শীর্ষ গোপন দলিল

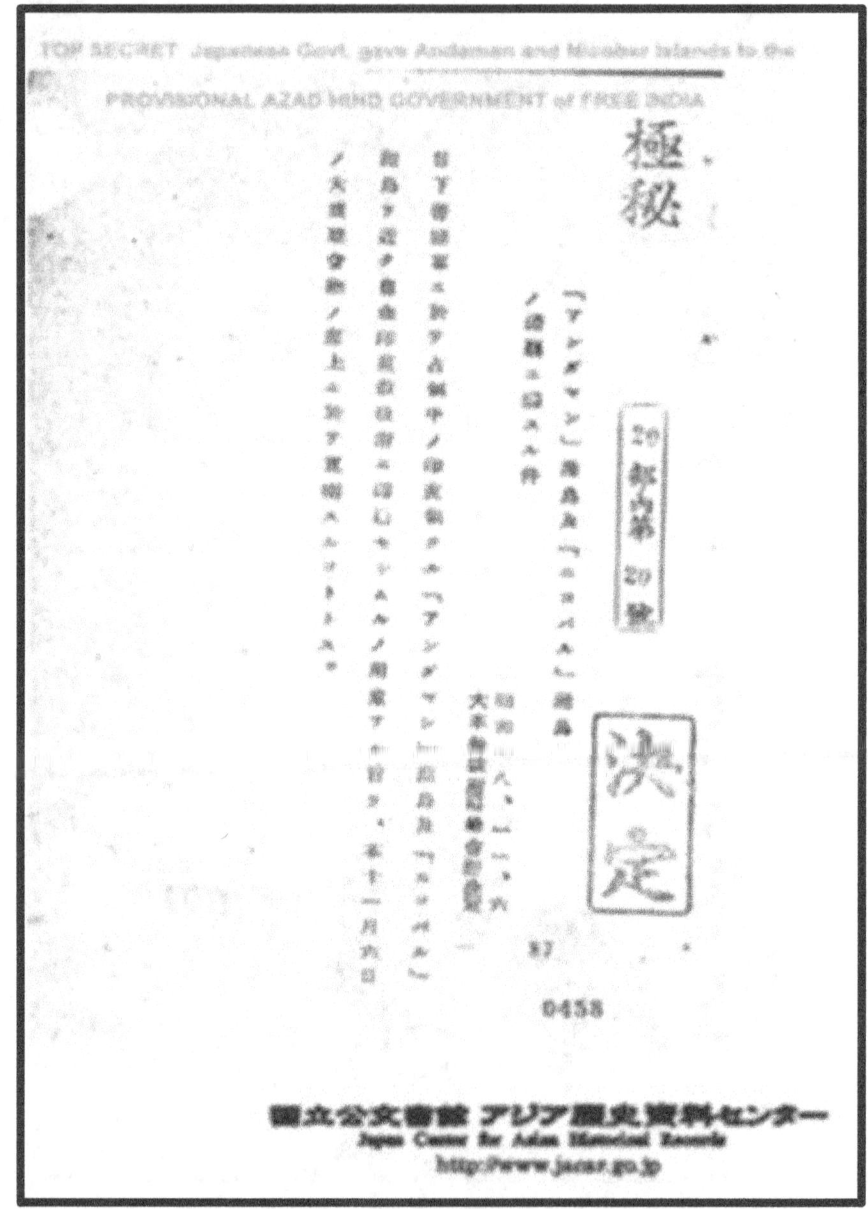


আন্দামান ও নিকোবার দ্বীপপুঞ্জকে ১৯৪৩ সালের ডিসেম্বরে অস্থায়ী আজাদ হিন্দ সরকারকে হস্তান্তর করার শীর্ষ গোপন দলিল।

ডঃ গোরাচাঁদ ঘোষ

# ১৯৪৩ সালের ২৯ ডিসেম্বর পোর্ট ব্লেয়ারে নেতাজির আগমন

১৯৪৩ সালের ২৯শে ডিসেম্বর নেতাজি এ এম সহায়, রাওয়াত এবং ডি এস রাজুর সাথে আন্দামানে পৌঁছেছিলেন। নেতাজিকে পোর্ট ব্লেয়ারে জাপানি অ্যাডমিরাল দ্বারা গ্রহণ করা হয়েছিল। এছাড়াও, সেখানে বসবাসরত উৎসাহী ভারতীয় এবং বার্মিজরা নেতাজির উষ্ণ অভ্যর্থনার ব্যবস্থা করেছিলেন। নেতাজি ঐতিহাসিক সেলুলার কারাগার ঘুরেছিলেন [12], যেখানে দেওয়াল গুলি তাকে বলেছিল নীরবে, সেখানে রাজনৈতিক নির্যাতন করা, রাজনৈতিক বন্দীদের দুর্ভোগ। তিনি সেই সাহস ও স্থায়ী মনোভাবও দেখেছিলেন যা কর্তৃপক্ষকে ঘৃণার কারণ ছিল। নেতাজি ভারতীয় নায়কদের মহৎ আত্মত্যাগের প্রতি শ্রদ্ধা নিবেদন করেছিলেন।

১৯৪৩ সালের ৩০ ডিসেম্বর মুক্তিপ্রাপ্ত ভারতীয় মাটিতে নেতাজি দ্বারা জাতীয় পতাকা উত্তোলন করা হয়েছিল, এটি ভারতে ব্রিটিশ শাসনের ইতিহাসে প্রথম ধরণের একটি আইন। শত্রুদের কাছ থেকে হারিয়ে যাওয়া অঞ্চল পুনরুদ্ধারের সমস্ত অনুষ্ঠান আনন্দ ও উচ্ছ্বাসের সাথে অনুষ্ঠিত হয়েছিল। উপস্থিত সবাই মিলে জাতীয় সংগীত গেয়েছিল, যা এই অনুষ্ঠানের মাধ্যাকর্ষণকে যুক্ত করেছিল। দিনের চলাকালীন সময়ে রস দ্বীপে ব্রিটিশ চিফ কমিশনারের বাসভবনের উপরে জাতীয় পতাকা উত্তোলন করা হয়েছিল। নেতাজি এই আশা প্রকাশ করেছিলেন যে কোনও দিন একই পতাকাটি নয়াদিল্লির ভাইসরয়ের বাড়িতে উঠবে।

১৯৪৪ সালের প্রথম প্রান্তিকে এক প্রেস সাক্ষাৎকারে নেতাজি বলেছিলেন যে আন্দামান ও নিকোবর দ্বীপপুঞ্জ অধিগ্রহণের মাধ্যমে অস্থায়ী সরকার বাস্তবে আইনের পাশাপাশি একটি জাতীয় সত্তায় পরিণত হয়েছিল [12]। আন্দামানের মুক্তি প্রতীকী তাৎপর্য ছিল, কারণ ব্রিটিশরা সব সময় তাদেরকে রাজনৈতিক

বন্দীদের জন্য জেল হিসাবে ব্যবহার করেছিল। আংশিকভাবে ভারতীয় অঞ্চল স্বাধীন হবে, তবে এটি সর্বদা জমিটির প্রথম চক্রান্ত ছিল যা তাৎপর্যপূর্ণ ছিল। এই শহীদদের স্মরণে আন্দামানের নাম 'শহীদ-দ্বীপ' এবং নিকোবারকে 'স্বরাজ-দ্বীপ' নামকরণ করা হয়েছিল।

## ১৯৪৩ সালের ডিসেম্বরে নেতাজির আন্দামান কারাগারে আগমন

১৯৪৪ সালের ১৭ ফেব্রুয়ারি আন্দামান ও নিকোবর দ্বীপপুঞ্জের প্রশাসন আনুষ্ঠানিকভাবে আজাদ হিন্দ সরকারের হাতে হস্তান্তরিত হয়। প্রশাসক ছিলেন জেনারেল এ ডি লোগানাথন, রাজ্যপাল হিসাবে।

১৯৪৩ সালের ডিসেম্বরে নেতাজি সেলুলার কারাগারের দিকে তাকিয়েছিলেন।

## ১৯৪৩ সালের ৩০ ডিসেম্বর পতাকা উত্তোলন

নেতাজি বৃহত্তর ভারতের প্রথম প্রধানমন্ত্রী ছিলেন
(সৌজন্যে জাপানের মাসাকি মিয়ামোতো)

পতাকা উত্তোলনের সাইটে একটি ফলক

নেতাজি সুভাষ চন্দ্র বোস এই প্রাসাদে প্রথমবারের মতো আন্দামানে ভারতীয় পতাকা উত্থাপন করেছিলেন।
(সৌজন্যে জাপানের মাসাকি মিয়ামোতো)

১৯৪৪ সালের ৬ জানুয়ারি নেতাজির রেঙ্গুনে আগমন, ইউটিউব লিঙ্ক:
https://www.youtube.com/watch?v=C1v5XFplfRs&feature=youtu.be&t=7m18s
Published by MARUMEGANENOOYAJI on 01 November 2015

১৯৪৪ সালের ৬ জানুয়ারি নেতাজি এবং তাঁর সেনাবাহিনী বার্মার রেঙ্গুনে পৌঁছান এবং ১৯৪৫ সালের আগস্টে জাপানিদের চূড়ান্ত পরাজয় অবধি থাকেন। তারা পরম আতিথেয়তা এবং বার্মার কাছ থেকে সহযোগিতা লাভ করে। একই সাথে দু'দেশর মধ্যে বন্ধন আরও সূক্ষ্ম হয়ে ওঠে এবং ব্রিটিশদের দ্বারা একসময় যে জাতিগত উত্তেজনা ছিল তা ব্যবহারিকভাবে অদৃশ্য হয়ে যায়। বার্মায় নেতাজি একটি চলমান ব্যক্তি হয়ে উঠলেন, "আপনি এখন কী করতে যাচ্ছেন?" ডঃ বা মাও তার আগমনের সাথে তাঁকে জিজ্ঞাসাবাদ করলেন? নেতাজি তাকে দেখে চিৎকার করে জবাব দিলেন, "কেন, অবশ্যই লড়াই।"

নেতাজি সুভাষ চন্দ্র বোস ১৯৪৪ সালের ৭ জানুয়ারি আই এন এ সদর দফতরটি বার্মার রেঙ্গুনে স্থানান্তর করেছিলেন। তিনি আনুষ্ঠানিকভাবে বার্মার প্রধানমন্ত্রী ডঃ বা মাওয়ের সাথে সফর করেছিলেন। বোস পশ্চিমা সাম্রাজ্য ধ্বংস করার প্রতিশ্রুতি দিয়েছিলেন প্রধানমন্ত্রী বা মাওয়ের সাথে, যারা বার্মায় নিখরচায় ভারত সরকারের অগ্রগতিকে আশীর্বাদ করবে।

## আজাদ হিন্দ ব্যাংক

১৯৪৪ সালের ৫ এপ্রিল বার্মার রেঙ্গুনে (আজাদ হিন্দ অন্তর্বর্তীকালীন সাময়িক ভারত সরকার এর প্রধান সদর দফতর) বার্মায় ব্যাংকটি প্রতিষ্ঠিত হয়েছিল। চেয়ারপারসন ছিলেন দেবনাথ দাস। আজাদ হিন্দ ফৌজ পরিচালনার জন্য ব্যাংকের পরিষেবাগুলি কাজে লাগিয়ে ব্রিটিশ রাজ থেকে ভারতকে মুক্ত করার জন্য বিশ্বজুড়ে ভারতীয় সম্প্রদায়ের দ্বারা প্রদত্ত তহবিল পরিচালনা করার জন্য নেতাজি ব্যাংকটি প্রতিষ্ঠা করেছিলেন। পুরো জাপান অধিগ্রহণকৃত দেশগুলিতে ব্যাংকটি তার শাখা রক্ষণাবেক্ষণ করেছে। মুদ্রাগুলি নোট আকারে জারি করা হত এবং এই নোটগুলি সাধারণত একদিকে মুদ্রিত হত। আজাদ হিন্দ সরকার সংগ্রহ করা অর্থ ব্যাংকে রেখেছিল। প্রাথমিকভাবে ব্যাংকের অনুমোদিত মূলধন ছিল পাঁচ মিলিয়ন টাকা এবং পরিশোধিত মূলধন আড়াই মিলিয়ন টাকা। নোটগুলির কয়েকটি ফটোগ্রাফ [13] এখানে দেখানো হয়েছে।

২৯ জানুয়ারী ১৯৪৫, জাপান-অধিকৃত বার্মার রাজধানী রেঙ্গুনের ভারতীয় বাসিন্দারা এক সপ্তাহব্যাপী একটি অনুষ্ঠানের আয়োজন করেছিল। এটি আজাদ হিন্দ অস্থায়ী সরকারের প্রধান নেতাজির ৪৮তম জন্মদিন ছিল। দাড়ি পাল্লায় নেতাজির বিপরীতে সোনা তোলা ছিল, "কিছুটা হলেও তাঁর বিরূপ, হিউ টয় [14] তাঁর জীবনী 'দ্য স্প্রিং টাইগার', ইন্ডিয়ান ন্যাশনাল আর্মি এবং নেতাজি সুভাষ চন্দ্র বোস-র নোটে উল্লেখ করেছেন।"

ওই সপ্তাহে ৮০ কেজিরও বেশি স্বর্ণ সহ ২ কোটি টাকার বেশি অনুদান সংগ্রহ করা হয়েছিল। নেতাজি বিংশ শতাব্দীতে কোনও ভারতীয় নেতার দ্বারা বৃহত্তম যুদ্ধের বুকে উত্থাপন করেছিলেন। তবে ১৯৪৫ সালের মধ্যে জাপানের সেনাবাহিনী এবং আই এন এ বার্মায় পুনরুত্থিত মিত্র জোটের মুখোমুখি হয়ে পড়ায় এর কোন ফল হয়নি। নেতাজী অস্থায়ী সরকারের কোষাগারকে সঙ্গে করে ১৯৪৫ সালের ২৪ এপ্রিল ব্যাংককে ফিরে যান।

## আরাকান, কোহিমা এবং ইম্ফাল-এ ফোরফ্রন্টে যুদ্ধ

১৯৪৪ সালের ৪ ফেব্রুয়ারি, আই এন এ বার্মার পশ্চিমে আরাকানে প্রথম গুলি চালায়। নেতাজির জন্য সেদিন ছিল এক গর্বের দিন। পরিকল্পনা অনুসারে জাপানিরা ৭ মার্চ রাতে তাদের আক্রমণ শুরু করে। রেনিয়া মুতাগুচি তার দিনের আদেশ দিয়ে তাঁর লোকদের আলোড়িত করেছিলেন। ১৮ মার্চ আই এন এর জন্য এক গর্বিত দিন ছিল, সেদিন তারা ভারতে প্রবেশ হয়েছিল। এর পরে, একটি ক্রিয়া ক্রমাগতভাবে অন্য ক্রম অনুসরণ করে। আই এন এ ৮ সেক্টর নিয়ে ৮০০ মাইলের পাল্লে লড়াই করেছিল, যেমন নেতাজি দক্ষিণ আরাকান থেকে লুকং এবং চিন পাহাড়ের মধ্য দিয়ে কোহিমা এবং উত্তরে ইম্ফলের সমভূমি দিয়ে একটি রেডিও সম্প্রচারিত বক্তৃতায় উল্লেখ করেছিলেন।

২২ মার্চ, ১৯৪৪-এ আরাকান অপারেশনের মেজর মিসাইলারি নেতাজি সুভাষ চন্দ্র বসু ভারতীয় জাতীয় সেনাবাহিনীর সর্বোচ্চ সম্মান, থান্ডার-ই-জিন পদক লাভ করেন। তারপরে, বোসের মাথা লড়াইয়ের প্রতিটি যোদ্ধার সাথে হাত মিলিয়ে, তিনি তাদের শ্রম তাদের হৃদয়ের নীচ থেকে অনুভব করেছিলেন।

মার্চ অবধি এক বৃহত্তর আক্রমণ শুরু হয়েছিল এবং ভারতীয় সীমান্ত আবারও অতিক্রম করা হয়েছিল এবং জাপানী ও ভারতীয় বাহিনী মণিপুর এবং আসামে পদযাত্রা করেছিল [15] মার্চ এবং এপ্রিল মাসে, গুরুত্বপূর্ণ শহর কোহিমা এবং ইম্ফলের জন্য লড়াই শীর্ষে পৌঁছেছিল। আই এন এ সেখানে তার বৃহত্তম যুদ্ধ করেছে এবং এটি তার সর্বশ্রেষ্ঠ বিজয় অর্জন করেছে এবং শেষ পর্যন্ত তার বৃহত্তম পরাজয়ের মুখোমুখি হয়েছিল কারণ এটি সম্পূর্ণরূপে অগণিত, ছাড়িয়ে গেছে এবং একটিও বিমান ছাড়াই ছিল।

ডঃ গোরাচাঁদ ঘোষ

# ইম্ফলের ঐতিহাসিক যুদ্ধ, ইউটিউব লিঙ্ক

https://www.youtube.com/watch?v=PdHE7Jrbtg&feature=youtu.be&t=2m

Published by MARUMEGANENOOYAJI on 2 November 2015

(সৌজন্যে জাপানের মাসাকি মিয়ামোতো)

ভারতের গভীরে প্রবেশ করে, কোহিমা এবং পার্শ্ববর্তী পাহাড়গুলি দখল করে নিয়েছিল এবং জাপানিরা যখন এটি থামিয়েছিল তখন ইম্ফলে আক্রমণ এবং প্রবেশের জন্য প্রস্তুত ছিল। ব্রিটিশরা এয়ারে বিশাল বোমা ফেলেছিল, যখন জাপানিরা এবং ভারতীয়রা সমস্ত কিছুর গুলি চালায় এবং পুরো জায়গাটি অন্ধভাবে হারিয়ে ফেলেছিল এবং তারপরে বৃষ্টি নামল।

তবে, তার আত্মবিশ্বাস সংক্ষেপে কাঁপানো হয়েছিল যখন ৬ এপ্রিল; জাপানিরা ইম্ফলের উত্তর থেকে মাত্র চার মাইল দূরে নুনশিগামে একটি পাহাড় দখল নিয়েছিল। স্ক্রিমুনরা ইম্ফলকে ঘিরে যে গোয়েন্দা ব্যবস্থা তৈরি করেছিল তাতে নিজেকে অহংকার করেছিল, কিন্তু পুরো জাপানী পদাতিক রেজিমেন্টের সম্পূর্ণ অপ্রত্যাশিত আগমন সনাক্ত করতে ব্যর্থ হয়েছিল। তীব্র লড়াই পাহাড়টিকে পুনরায় দখল করার চেষ্টা করেছিল। এটি কেবল ১৩ এপ্রিল সম্পন্ন হয়েছিল তবে উভয় পক্ষই ভীষণভাবে হতাহত হয়েছিল এবং ব্রিটিশরা এই ক্রিয়াকলাপের সময়ে উল্লেখযোগ্য সংখ্যক অফিসারকে হারিয়েছিল। ইম্ফলের দক্ষিণ-পূর্বাঞ্চলে জাপানিরা 'গোর্খা' এবং 20তম বিভাগের ভারতীয় সেনাদের বিরুদ্ধে যুদ্ধে তীব্র লড়াইয়ের অভিজ্ঞতা অর্জন করেছিল। ১৪ এপ্রিল আই এন এ মণিপুরের রাজধানী ইম্ফল থেকে ৪৫ কিলোমিটার দূরে মাইরাং শহরটি দখল করে।

ত্রিদিমের রাস্তা ধরে ইম্ফলের দক্ষিণেও হিংস্র লড়াই হয়েছিল। অবরোধটি প্রত্যাহার করার পরেও লড়াইয়ের তীব্রতা ছিল যা এটি অব্যাহত ছিল। ইম্ফল অবরোধের সময় প্রদত্ত পাঁচটি ভিক্টোরিয়া ক্রসের মধ্যে চারটি এখানে জিতেছিল।

জাপানিরা কোহিমাতে পরাজিত হওয়ার পরে ইম্ফলের রক্ষকরা ব্যাপকভাবে সহায়তা করেছিলেন কারণ এর অর্থ হ'ল সেখানে অবস্থিত মিত্র সৈন্যরা দক্ষিণে যেতে পারে এবং

জাপানের পিছনে কার্যকরভাবে আক্রমণ করতে পারে। মুতাগুচি তার তিনজন সিনিয়র অফিসারকে বরখাস্ত করে সাড়া দিয়েছিলেন, যা ইম্ফলের আশেপাশে অবস্থিত জাপানি সেনাবাহিনীর মনোবলকে খুব কমই সহায়তা করেছিল কারণ অবরোধের আগে জাপানি সেনাবাহিনীর এ ধরনের পদক্ষেপের কোনও নজির ছিল না। ২২ জুন ব্রিটিশ সৈন্যরা কোহিমায় আনুষ্ঠানিকভাবে ৫ম ইন্ডিয়ান বিভাগের লোকদের কাছে ইম্ফল-কোহিমা রাস্তা ধরে মাইলস্টোন ১০৭ নামক একটি জায়গায় পৌঁছেছিল-ইম্ফলের প্রায় কুড়ি মাইল উত্তরে। এটি অবরোধের সমাপ্তির ইঙ্গিত দেয়। ১৮ জুলাই ১৯৪৪-এ জাপানি হাই কমান্ড একমত হয়েছিলেন যে বার্মা/ভারতীয় সীমান্তের অভ্যন্তরে বার্মার উপর চিন্ডউইন নদীতে একটি প্রত্যাহার প্রয়োজন ছিল। জাপানিদের মধ্যে ৫৩,০০০ হতাহত হয়েছিল এবং ব্রিটিশরা মারা ও আহত হয়েছিল ১৭,০০০ লোক।

ইম্ফলে পরাজয়ের আসল কাহিনীটি অনেক দিক দিয়ে, যার উপর অনেকটা দ্বিমত রয়েছে। ভারতীয় সেনাবাহিনী যেমন বলেছে, জাপানি ও ভারতীয়দের মধ্যে এটি উদ্দেশ্য সংঘর্ষের ফলাফল ছিল। উভয়ই শহরে প্রবেশ করা এবং এর বিজয়ের প্রশংসিত হতে চেয়েছিলেন। ১৯৪৪ সালের ১৮ এপ্রিল ইম্ফল আই এন এ-এর জন্য পুরোপুরি উন্মুক্ত ছিল - একটি ভারতীয় কর্মকর্তা এটি বর্ণনা করার সাথে সাথে কেবল --- একটি পাথরের নিক্ষেপ দূরত্ব যেমন কোনও ভারতীয় কর্মকর্তা বর্ণনা করেছিলেন। এই অঞ্চলের ভারতীয় সামরিক গভর্নর নিয়োগ করা হয়েছে, নতুন মুদ্রা তাৎক্ষণিক সঞ্চালন এবং ব্যবহারের জন্য প্রস্তুত রাখা হয়েছে এবং সামরিক পেশার জন্য সমস্ত ব্যবস্থা করা হয়েছে। তারপরে জাপানিরা হস্তক্ষেপ করল। এটি ভারতের মাটিতে প্রথম আসল বিজয়ের দিকে যাচ্ছে এবং তারা নিজেরাই এটি চেয়েছিল; আরও বেশি, তারা ইম্ফলকে ৪৩ জন্মদিনের উপহার হিসাবে তাদের সম্রাটের কাছে উপস্থাপন করতে চেয়েছিল, যা ২৯ এপ্রিল পড়েছিল। তারা ইম্ফলের জয়কে কাজে লাগাতে চেয়েছিল।

১৯৪৪ সালের ৪ ফেব্রুয়ারি নেতাজি সামরিক অভিযানের নেতৃত্ব দিয়েছিলেন

## দ্বিতীয় বিশ্বযুদ্ধের ইম্ফল অপারেশন পতাকা উত্তোলন

ইম্ফলের মৈরাঙে পতাকা উত্তোলন, কিন্তু শেষে হেরে গেছে।

## অজানিত নেতাজি সুভাষ চন্দ্র বোস

সেই সময়ে যে-বিপরীত ঘটনাগুলি ঘটেছিলো তার প্রতিক্রিয়া মোকাবিলার জন্য, কর্নেল হীরাওকা নেতাজিকে সম্রাটের জন্মদিনে একটি রেডিও সম্প্রচার প্রস্তুত করতে বলেন। কিন্তু নেতাজির নিজস্ব পরিকল্পনা, উচ্চাকাঙ্ক্ষা ছিল এবং তাদের জন্য সবচেয়ে শক্তিশালী কারণ ছিল। তিনি ঠিকই যুক্তি দিয়েছিলেন যে ভারতের জাপানি আগ্রাসন ভারতীয়দের মধ্যে বিভক্ত অনুভূতি তৈরি করবে এবং তাদের বিশাল জনগোষ্ঠী ব্রিটিশদের পক্ষেও দুলিয়ে দেবে, অন্যদিকে ভারতীয় মাটিতে মুক্তির একটি আই এন এ-র উপস্থিতি যা সত্যই দখল করতে সফল হয়েছিল, ভারতের একটি গুরুত্বপূর্ণ অংশ সমগ্র ভারত জুড়ে সবচেয়ে উগ্র প্রভাব ফেলবে। বিশ্ব প্রথমবার আই এন এ এবং এর যুদ্ধের কথা শুনবে, এবং ভারতে হাজার হাজার লোক এতে আগমন করবে। এই দুই সেনাবাহিনী যখন এই প্রশ্ন নিয়ে তর্ক করছিল তখন প্রথম গতি হেরে গিয়েছিল এবং ব্রিটিশরা তাদের শক্তিবৃদ্ধি ঘটনাস্থলে নিয়ে যায়, জাপানি আক্রমণাত্মক বিমান এবং ট্যাঙ্কের অভাবে হ্রাস পেয়েছিল, এবং ইম্ফাল হারিয়ে যায় এবং একটি দীর্ঘ বিপর্যয়হীন পশ্চাদপসরণ শুরু হয়।

তবে নেতাজি সাহস করে পরাজয় বরন করে নিয়েছিলেন। তিনি জনগণের কাছে সত্য প্রচার করে বলেছিলেন যে যুদ্ধে কেবল বিজয় হিসাবে শেষ যুদ্ধ শুরু হয়। "ভারত দীর্ঘ দূরত্বে একটি দেশ, তিনি তখন মনে করিয়ে দিয়েছিলেন এবং ভারতীয় জনগণ দীর্ঘ পথযাত্রায় অভ্যস্ত।"

নেতাজি, যেহেতু জনপ্রিয় নেতা হিসাবে পরিচিত ছিলেন, তাঁর ভারতীয় জাতীয় সেনাবাহিনীর বীরত্বপূর্ণ শক্তির সাথে ব্রিটিশ সেনাবাহিনীর লড়াই করেছিলেন।

আই এন এ-র প্রধান কার্যালয়টি রেঙ্গুনে অবস্থিত। এমনকি নেতাজি যখন অস্থায়ী ভারত সরকার ঘোষণা করেছিলেন, তখন তিনি রেঙ্গুনকে প্রধান কোয়ার্টার হিসাবে বেছে নিয়েছিলেন। তদুপরি, নেতাজি সাধারণ বার্মিজ এবং জাতির জনক অং সানের সাথে একটি বিশেষ সম্পর্ক বজায় রেখেছিলেন। জেনারেল অং সান বিভিন্ন অনুষ্ঠানে নেতাজির অনুভূতি যথাযথভাবে উপস্থাপন করেছিলেন।

পরের পৃষ্ঠায় নং ২০ ফটোতে যেমন দেখানো হয়েছে, ১৯৪৪ সালের ০১ অক্টোবর নেতাজি তাঁর তিন সামরিক লোক নিয়ে টোকিও গিয়েছিলেন।

দক্ষিণ-পূর্ব এশিয়ায় (এস ই এ) আই এন এ আন্দোলনের সময় একবার কেউ নেতাজিকে বলেছিলেন, "স্যার, আমাদের অবশ্যই আই এন এর ইতিহাস লিখতে হবে।" ততক্ষণে নেতাজি জবাব দিলেন "আসুন আমরা এটি তৈরি করি, একদিন, বিশ্বের যে কোনও প্রান্তের অন্য কেউ এটি লিখবেন, জয় হিন্দ।"

পদার্থবিজ্ঞানী হিসাবে নেতাজিকে নিয়ে এই গুরুত্বপূর্ণ বইটি লেখার আমার কোনও ধারণা ছিল না। কেবল নেতাজির ব্যক্তিগত সচিব মাসাইয়োশি কাকিতসুবো এবং তাঁর পুত্র ডঃ হিরোইয়োশি ইয়াজিমার (জাপানীজ) সহায়তার মাধ্যমে বিশ্বযুদ্ধের এই গুরুত্বপূর্ণ ঐতিহাসিক বইটি লেখা হয়েছে। মাসাইয়োশি কাকিতসুবো-র সুন্দর ফটোগ্রাফ এবং অপ্রকাশিত নিবন্ধ থেকে প্রমাণিত হিসাবে সত্য এবং সত্যের ভিত্তিতে এই বইটি লেখা। দ্বিতীয় বিশ্বযুদ্ধের ক্ষেত্রে নেতাজির উপর বেশিরভাগ ভারতীয় বইগুলি, বিশেষত বাঙালিরা ষড়যন্ত্র তত্ত্বের ভিত্তিতে এবং কোনও প্রয়োগগত প্রমাণ ছাড়াই শ্রবণ (hearsay) শক্তির ভিত্তিতে রচিত।

ডঃ গোরাচাঁদ ঘোষ

## 1944 সালের সেপ্টেম্বরে চন্দ্র বসুর প্রোফাইল

Profile of Chandra Bose in September 1944

ডঃ গোরাচাঁদ ঘোষ দ্বারা 2021 সালের 6 জানুয়ারী, ফেসবুক এবং টুইটার এ পাবলিক পোস্টিং

https://www.nationalarchives.gov.uk/education/resources/the-road-to-partition/profile-chandra-bose/

*Profile of Chandra Bose with caricature by Miguel Covarrubias, Collier's Magazine 30th September 1944 (FO 371/41783) (UK Government Archive).*

(ডঃ গোরাচাঁদ ঘোষ দ্বারা বাংলা ভাষায় অনুবাদ)

মিগুয়েল কোভারিয়ুবিয়াস, কলিয়ার ম্যাগাজিন ৩০ সেপ্টেম্বর ১৯৪৪ (এফও ৩৭১/৪১৭৮৩) দ্বারা ক্যারিকেচার সহ চন্দ্র বোসের প্রোফাইল (ইউ কে সরকারের সংরক্ষণাগার)

দোষী >> সুভাষ চন্দ্র বোস >> এল আই আই আই

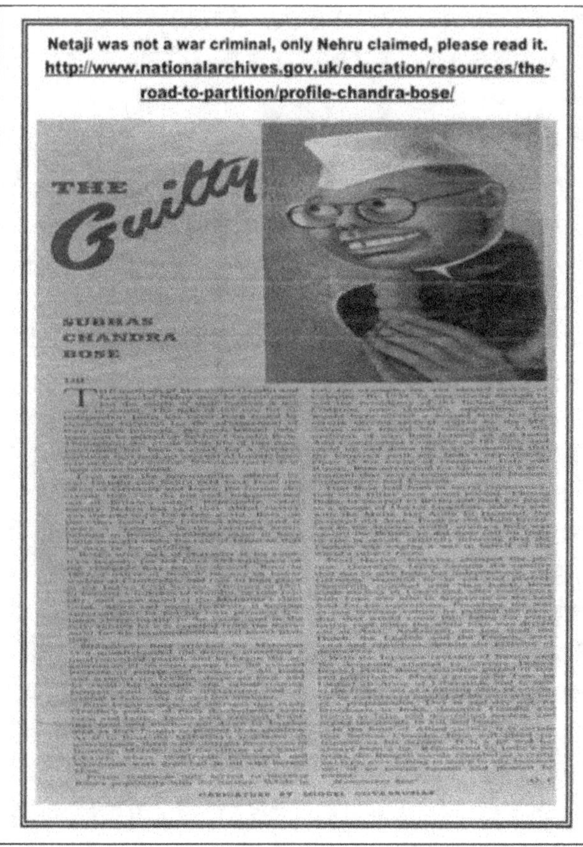


মহাত্মা গান্ধী ও জওহরলাল নেহেরুর যুদ্ধনীতি ও উদ্দেশ্য সম্পর্কে প্রশ্নের অবকাশ আছে। তাঁদের নিজস্ব স্বার্থ চরিতার্থের লক্ষ্যে ভারতের স্বাধীনতাকে লজ্জাজনকভাবে বেচাকেনার মাপকাঠিতে নিরূপণ করেছেন, অন্যদিকে সুভাষচন্দ্র এধরনের আপোষনীতি মেনে নিতে পারেননি। তিনি নিঃশর্তভাব তাঁর জীবন যৌবন জাতীয়তাবাদের জন্য সমর্পণ করেছেন। দেশের প্রতি তাঁর সততা,

নিষ্ঠা, ভালবাসা হিসাব নিকাশের উর্ধে। ভিত্তিহীনভাবে কাজ করার পক্ষপাতী তিনি ছিলেন না।

জার্মান ও জাপান ভারতকে যুদ্ধকালীন সুবিধা দিতে চাইলে, গান্ধীজি ও নেহেরু -তা প্রত্যাখ্যান করে ঘোষণা করেন...বৃটিশের ক্ষতি করে আমরা স্বাধীনতা চাই না। নেহেরু পুনঃ পুনঃ বলতে থাকেন বিশ্বযুদ্ধে ব্রিটিশদের সহযোগিতা করে স্বাধীন দেশ গড়ার স্বপ্ন দেখি। আরও বলেন নেতাজী বিশ্বাসঘাতক কারণ জার্মান অর্থ ও জাপান সৈন্য নিয়ে বার্মার যুদ্ধে ভারতকে জাপানের হাতে তুলে দিতে চায়।

এটা অস্বীকার করা যায় না যে জোরপূর্বক এবং কুট কৌশলে নেতাজীকে দলত্যাগ করতে বাধ্য করা হয়েছিল যা দেশের সংকটকালীন অবস্থায় বিড়ম্বনা স্বরুপ। তিনি একজন বাঙালী হয়ে 1897 সালে জন্মগ্রহন করেন। কেমব্রিজের সাম্মানিক ছাত্র ছিলেন। ভারতীয় সিভিল সার্ভিসের উচ্চপদে অধিষ্ঠিত হন। 1921 সালে চাকরী ছেড়ে গান্ধীজির অনুগামী হন এবং খুব শীঘ্রই মহাত্মার ডান হাত হয়ে পড়েন। ক্রমে ক্রমে শেষ পর্যন্ত এই ধারণা স্বচ্ছ হয় যে গান্ধী নিজের ধ্যান ধারণাকে আইনের উর্ধে প্রয়োগ করেন যেটা সুভাষ মেনে নিতে পারেননি এবং এই কারণে তিরিশের প্রথমদিকে গোপন চক্রান্তের শিকার হয়ে তিনি আন্দোলন থেকে বহিষ্কৃত হন।

বোস গান্ধীজিকে সরাসরি আক্রমণ করে বলেন ব্রিটিশের সবকিছুকে নির্বিবাদে মেনে নেওয়াটা আপনার নির্বুদ্ধিতা, প্রাচীন পন্থী, মেনিমুখো অর্থাৎ সরাসরি কথা বলতে নাপারার পরিচায়ক। এরপর দেশমুক্তির জন্য জঙ্গি দল গঠন করেন কিন্তু গণহত্যা এড়িয়ে চলতে চেয়েছেন। সমগ্র ভারতে আছে নীতিহীন, দুঃসাহসী মানুষ যাঁরা তাদের সমগ্র শক্তি জনতাকে খেপিয়ে তোলার জন্য উৎসর্গ করে। বাংলায় বিশ্ববিদ্যালয়ের বেপরোয়া ছাত্রগণও আকৃষ্ট হয়ে গোটা আন্দোলন করে। এরপর শুরু হল নারকীয় অধ্যায় যার ফলে জনগণ গান্ধীনীতিকে অমান্য করে সবকিছু ঠেঙিয়ে বানচাল করে দেয়। রেলগাড়ি ভাংচুর, অট্টালিকায় আগুন ধরিয়ে দেয় এমনকি মায়েরা তাদের সন্তানদের রক্ষার জন্য টাঙ্গী নিয়ে যুদ্ধ করে। মহাত্মা গান্ধীর অহিংসা আন্দোলন অমান্য করে বোম্বাই, মালাবার এবং চৌরিচৌরা গ্রামে গণহত্যা চালায় এবং একুশ জন পুলিশ ও পরিদর্শককে তেল ঢেলে পুড়িয়ে মারে। জেলে বন্দী থাকা অবস্থায় বোসের জনপ্রিয়তা বৃদ্ধি পায় যার ফলস্বরুপ 1938 সালের নির্বাচনে তিনি কলকাতার মেয়র নির্বাচিত হন।

ভারতের জাতীয় কংগ্রেসে দ্বিতীয়বার প্রেসিডেন্ট নির্বাচনে সুভাষ চন্দ্র সহজেই জয়ী হতে পারতেন এবং গান্ধীর বিপরীতে দ্বিতীয় দল হিসাবে দেশের সেবা করতে পারতেন কিন্তু কিছু ধুরন্ধর ব্যক্তি গান্ধীকে প্রভাবিত করে বোসকে পদত্যাগ করতে বাধ্য করে। যুদ্ধের প্রাক্কালে বোস নিজে সমগ্র ভারত ব্যাপী আপোষ বিরোধী কংগ্রেস দল গঠন করেন। দ্রুত বেগে উঠানামা দেশের সম্রাট পেরিল ভারতকে সুযোগ করে দেবে এটা হাস্যকর অর্থাৎ হাসির নাটকের মহড়া। বোস জার্মানী,

ইটালি ও রাশিয়ার খোলাখুলি প্রশংসা করে বলেন যে ভারতের পক্ষে নাৎসী, কমুনিজম এবং ফ্যাসিস্ট সমন্বয়ে সরকার গঠন প্রয়োজন।

বোস গোপনে হিটলারের সাথে যোগাযোগ করেন কিন্তু ভারত সম্পর্কে তাঁর মনোভাব বুঝতে পেরে তিনি অবিলম্বে বার্লিন ত্যাগ করেন এবং ডক্টর গোয়েবলের সাথে যোগদান করেন। পাশাপাশি মুফতি, হাজ আমিন এল হাসুন আরবের পুরাতন শপথ ভেঙে দেয়। এমনকি মুফতি ঘোষণা করেন বৃটিশের বিরুদ্ধে সারা পৃথিবী জুড়ে মুসলিমরা পবিত্র যুদ্ধে অবতীর্ণ হবে। এই সুযোগে বোস ভারতীয়গণকে দক্ষতার সাথে ব্রিটিশদের শৃঙ্খল থেকে মুক্ত হবার জন্য বিদ্রোহে ডাক দেন। তাছাড়া যুদ্ধের উত্থান পতনের মধ্যে পৃথিবীর বিষয়বস্তু দ্রুতবেগে অর্ধেক হয়ে যাবে।

পার্ল হারবার অবশ্য ছবি বদলেছে। রাতারাতি, জাপান এমন একটি দেশ হয়ে ওঠে যেটি ভারতকে তার স্বাধীনতা দেবে, জার্মানি সাহায্য এবং সুরক্ষার জন্য দাঁড়িয়ে ছিল। নাৎসি তহবিলের সাথে প্রচুর পরিমাণে সরবরাহ করা হয়েছিল, বোস টোকিওতে যাত্রা শুরু করেছিলেন এবং তোজোর সাথে সম্মেলনের পরে তাকে তার পরিচালনার জন্য সেরা ক্ষেত্র হিসাবে সিঙ্গাপুরে প্রেরণ করা হয়েছিল। রঙের মধ্যে যুদ্ধ হিসাবে এক হিসাবে প্রচার করার জন্য, তিনি সেই স্বর্গকে এঁকেছিলেন যা সাদা মানুষকে এশিয়া থেকে বিতাড়িত করার সময় প্রতিটি নেটিভ রেসের হয়ে উঠবে। *আমেরিকানরা, ডাচ, ইংরেজী এবং ফরাসিদের চেয়ে কম ছিল না, গণতন্ত্রের ভান করেও নিষ্ঠুর ও ধর্ষণকারী ছিল।*

জাপানের বার্মায় আক্রমণ এবং ভারতের ইমফাল ভূমি দখল করার মরিয়া প্রচেষ্টার সাথে বোসের ক্রিয়াকলাপের আকার এবং গুরুত্ব অর্জন করে। তোজোর একজন জেনারেল তৈরি হয়ে তিনি একটি আর্মি অফ লিবারেশন গঠন করেছিলেন এবং এখন তিনি লড়াইয়ে নেমে নিজের চামড়া সম্পর্কে সর্বদা সচেতন ছিলেন, তবে প্রচারক হিসাবে ছিলেন। **তিনি দিনের পর দিন ভারতে প্রচার করেন, গান্ধী ও নেহেরুকে মিথ্যা ও অপমানিত নেতা বলে অভিহিত করেছিলেন এবং মানুষকে হত্যা ও জ্বালিয়ে দেওয়ার আহ্বান জানিয়েছিলেন।**

মিত্রশক্তির বিজয়ের মুহূর্তে, এটা নিশ্চিত যে সুভাষ চন্দ্র বসু তার প্রতিরক্ষা হিসাবে দেশপ্রেমের পক্ষে প্রার্থনা করবেন। এটি একটি মিথ্যা এবং সর্বদা একটি মিথ্যা হয়েছে। ভারতবর্ষের দেশপ্রেমিকদের দ্বারা প্রত্যাখ্যাত, বাঙালি স্ট্যান্ড অপরাধী ধরণের হিসাবে প্রকাশিত হয়েছে, সর্বদা উন্মাদ অহংকার এবং ক্ষমতার প্রতি আবেগের কারণে যে কোনও ভিত্তি অবলম্বন করতে রাজী।

তাকে স্মরণ কর---

জি সি

নেতাজি এবং তাঁর তিন ক্যাপ্টেন ১৯৪৪ সালের ৩১ অক্টোবর সিঙ্গাপুর বিমানবন্দরে টোকিও যাচ্ছিলেন।

# নেতাজির জন্য ভারত স্বাধীন

**ইউটিউব লিঙ্ক:**

**https://www.youtube.com/watch?v=ZD01FeUYbGU**

নেতাজি সুভাষ চন্দ্র বোস | দ্বিতীয় বিশ্বযুদ্ধ | পর্ব দুই | Sep 1, 2020

নেতাজি এবং ভারতীয় জাতীয় সেনা, অর্থাৎ আই এন এ আমাদের স্বাধীনতা দিয়েছে, গান্ধীর অহিংসার দ্বারা নয়। এছাড়াও, গান্ধীর নেতৃত্বাধীন কংগ্রেস দল, জিন্নাহ-নেতৃত্বাধীন মুসলিম লীগ, সাভারকার-নেতৃত্বাধীন হিন্দু মহাসভা এবং কমিউনিস্ট পার্টির নেতারা এবং তাদের সদস্যরা মোটেই মুক্তিযোদ্ধা ছিলেন না। এই নেতারা নেতাজি এবং কয়েক হাজার ভারতীয় সেনাবাহিনীর (আই এন এ) আত্মত্যাগের ফল লাভ করে, বৃহত্তর ভারত ভাগ করেছিলেন। নেতাজী বেঁচে থাকলে ভারত ভাগ হত না এবং মার্কিন যুক্তরাষ্ট্রের পরেই ভারত বিশ্বের দ্বিতীয় উন্নত দেশ হতে পারত।

1943 সালের 21 অক্টোবর থেকে মুক্ত ভারতের অস্থায়ী আজাদ হিন্দ সরকারের প্রধানমন্ত্রী নেতাজি সুভাষ চন্দ্র বোস এবং দ্বিতীয় বিশ্বযুদ্ধের সময় জাপানের প্রধানমন্ত্রী ও প্রতিরক্ষা মন্ত্রী হিদেকী তোজো বৃহত্তর ভারতের স্বাধীনতার মূল স্থপতি ছিলেন। এছাড়াও, তারা যুদ্ধের পরে উপনিবেশিক শাসকদের কাছ থেকে দক্ষিণ পূর্ব এশীয় দেশগুলির স্বাধীনতার প্রধান স্থপতি ছিলেন। ১৯৪০ সাল থেকে নেতাজি এবং আই এন এ-র বিরুদ্ধে দ্বিতীয় বিশ্বযুদ্ধে ব্রিটিশ রাজকে সমর্থন করে গান্ধী ও নেহেরু সত্যিকারের পরোক্ষ যুদ্ধাপরাধী ছিলেন। ব্রিটিশ রাজকে সন্তুষ্ট করতে ভারত ছাড়ো আন্দোলন গান্ধীর শো-পিস ছিল। গান্ধী ও তাঁর ঘনিষ্ঠরা 1942 সালের 10 আগস্ট থেকে 6 মে 1944 সাল পর্যন্ত পুনের আগা খান প্রাসাদে বন্দী ছিলেন। এছাড়াও, নেহেরু এবং কংগ্রেস ওয়ার্কিং কমিটির বারো সদস্যকে 1942 সালের 9 আগস্ট থেকে 28 মার্চ 1945 পর্যন্ত আহমেদনগর দুর্গে বন্দী করা হয়েছিল। যদিও তথাকথিত কারাগারে রাখা হয়েছিল, নেহরু আহমেদনগর দুর্গ থেকে ভদ্রমহিলা মাউন্টব্যাটেনের সাথে প্রায়শই যোগাযোগ করতে দিল্লি গিয়েছিলেন। যেহেতু ভদ্রমহিলা মাউন্টব্যাটেন একা ছিলেন। ব্রিটিশ রাজ তাদেরকে সমস্ত সুযোগ-সুবিধা দিয়ে ভারতের রাজাদের মতো রাখতেন। নেহেরু ব্রিটিশ রাজের কাছ থেকে সমস্ত ধরণের সামগ্রী পেয়ে সেখানে

তাঁর বিখ্যাত বই 'ডিসকভারি অফ ইন্ডিয়া' লিখেছিলেন? ১৯৩৮ সালে কংগ্রেস সভাপতির পদে মানহানির জন্য এবং ইম্ফলের যুদ্ধে পরাজয়ের জন্য তিনি নেতাজি সম্পর্কে এই বইয়ে দুটি থেকে তিনটি বাক্য (পৃষ্ঠা 422 এবং 469) লিখেছিলেন। নেহেরুর নেতৃত্বে কংগ্রেস সরকার দাবি করেছিল যে গান্ধীর অহিংসার দ্বারা ভারত স্বাধীনতা পেয়েছে। এটি ছিল কংগ্রেস কট্টর ইতিহাসবিদদের দ্বারা লিখিত একটি বিকৃত ইতিহাস যা প্রকৃত পরোক্ষ যুদ্ধাপরাধী নেহেরু দ্বারা পরিচালিত হয়েছিল। এছাড়াও, নেহেরু লন্ডনে তরুণ বিশ্ববিদ্যালয় জীবন থেকেই ব্রিটিশ রাজের এক অনানুষ্ঠানিক জামাই ছিলেন।

নেতাজির ব্যক্তিগত সচিব মাসাইয়োশি কাকিতসুবোর পরামর্শ অনুসারে, আপনাদের দ্বিতীয় বিশ্বযুদ্ধের সময়কালে নেতাজির সত্যতা এবং তথ্য জানাচ্ছি। নেতাজিকে জাপান বৃহত্তর পূর্ব এশিয়া সহ-সমৃদ্ধির ক্ষেত্রের জন্য 1943 সালের 5-6 নভেম্বর বৃহত্তর পূর্ব এশিয়া সম্মেলনে অংশ নেওয়ার জন্য তোজোর আমন্ত্রণ জানানো হয়েছিল। নেতাজি তাঁর তিন অধিনায়ক খান, চ্যাটার্জী এবং কিয়ানির সাথে 1943 সালের 31 অক্টোবর টোকিও গিয়েছিলেন। এই পর্বে আমি টোকিওতে বৃহত্তর পূর্ব এশিয়া সম্মেলনের ছয়জন বিখ্যাত ব্যক্তির আগমন উপস্থাপন করব এবং ইম্পেরিয়াল ডায়েট বিল্ডিংয়ের বক্তৃতা হলে ১৯৪৩ সালের 5-6 নভেম্বর তাদের বক্তৃতা উপস্থাপন করব। এছাড়াও আমি 1943 সালের 7 নভেম্বর হিবিয়া পার্কে তাদের পাবলিক বক্তৃতা উপস্থাপন করব এন এইচ কে (NHK)-এর বিরল ভিডিওর মাধ্যমে। তদ্ব্যতীত, আমি কপিরাইট লঙ্ঘনকারী-অপরাধী অনুজ ধর দ্বারা তৈরি করা গুম্‌নামী বাবা হিসাবে নেতাজির অপমান এবং দ্বিতীয় বিশ্বযুদ্ধের ইতিহাস বিকৃতি সম্পর্কে একটি স্লাইড দেখাব।

ইউটিউব লিঙ্ক।

https://www.youtube.com/watch?v=aPPf485p94I&t=658s

নেতাজি সুভাষ চন্দ্র বোস | দ্বিতীয় বিশ্বযুদ্ধ | পর্ব তিন | Sep 6, 2020

সত্য সর্বদা বিরাজ করে এবং এটি এখন সত্যিকারের ভারতীয় স্বাধীনতার ইতিহাস সম্পর্কে স্বয়ংক্রিয়ভাবে প্রকাশ পেতে চলেছে। নেতাজির জন্য ভারত স্বাধীন।

নেতাজির ব্যক্তিগত সচিব মাসাইয়োশি কাকিতসুবোর (জাপানি) পরামর্শ অনুসারে, আপনাদের দ্বিতীয় বিশ্বযুদ্ধের সময়কালে নেতাজির সত্যতা এবং তথ্য জানাচ্ছি। বৃহত্তর পূর্ব এশিয়া সম্মেলনের পরে নেতাজি এবং তাঁর দল (খান, চ্যাটার্জী এবং কিয়ানী) টোকিওর ইম্পেরিয়াল হোটেলে থেকে অন্যান্য দায়িত্ব পালন করেছিলেন। গভর্নর, ব্যাংক অফ জাপানের সাথে দেখা। নিজের চোখে টোকিওতে আই এন এ প্রশিক্ষণ সুবিধাগুলি পরিদর্শন করা। জাপানি সামরিক প্রশিক্ষণ কলেজ পরিদর্শন করা। বিখ্যাত কোকুগিকান হলে জাপানের উচ্চ পদস্থ সামরিক কর্মীদের সাথে সুমো রেসলিং দেখতে যাওয়া। ভারতের স্বাধীনতার জন্য টোকিওতে বসবাসরত ভারতীয়দের দ্বারা আয়োজিত একটি সভায় বক্তব্য দেওয়া।

1943 সালের 29 ডিসেম্বর নেতাজি টোকিও থেকে সিঙ্গাপুর হয়ে আন্দামানে ফিরে আসেন এবং এ এম সহায়, রাওয়াত এবং ডি এস রাজুর সাথে ছিলেন। জাপানের অ্যাডমিরাল তাকে পোর্ট ব্লেয়ারে আন্তরিকভাবে স্বাগত জানিয়েছেন। এছাড়াও সেখানে বসবাসরত উৎসাহী ভারতীয় এবং বার্মিজ নেতাজির উষ্ণ অভ্যর্থনার ব্যবস্থা করেছিলেন। ১৯৪৩ সালের ৩০ ডিসেম্বর মুক্তিপ্রাপ্ত ভারতীয় মাটিতে নেতাজি কর্তৃক জাতীয় পতাকা উত্তোলন করা হয়েছিল। ১৯৪৪ সালের ৭ জানুয়ারি নেতাজি এবং তাঁর সেনাবাহিনী বার্মার রেঙ্গুনে পৌঁছেছিলেন। নেতাজীকে ফুলের মালা দেওয়া হয়েছিল। তিনি আই এন এ গেরিলা রেজিমেন্টগুলি পরিদর্শন করেছিলেন, যার বিভাগ এক, দুই এবং তিন ছিল।

রেঙ্গুনের যুদ্ধক্ষেত্র থেকে তিনি দিনের পর দিন ভারতে প্রচার করেছেন, গান্ধী ও নেহেরুকে মিথ্যা ও অপমানিত নেতা বলে অভিহিত করেছেন, এবং মানুষকে হত্যা ও জ্বালিয়ে দেওয়ার আহ্বান জানিয়েছেন। 1944 সালে নেতাজি কখনই তাঁর যুদ্ধক্ষেত্রের রেঙ্গুন থেকে "গান্ধীকে জাতির পিতা বলেননি।" আই এন এ এবং ব্রিটিশ ভারতীয় সেনাবাহিনীর মধ্যে যুদ্ধের ভিডিও ক্লিপিং।

30 ডিসেম্বর 2018-তে প্রধানমন্ত্রী মোদি দ্বারা নিকোবার দ্বীপে 75তম পতাকা উত্তোলন বার্ষিকী। তদ্ব্যতীত, আমি কপিরাইট লঙ্ঘনকারী-অপরাধী অনুজ ধর দ্বারা তৈরি করা গুম্নামী বাবা হিসাবে নেতাজির অপমান এবং দ্বিতীয় বিশ্বযুদ্ধের ইতিহাস বিকৃতি সম্পর্কে কয়েককটি স্লাইড দেখাব।

Somebody can watch the YouTube(s) in English. The YouTube(s) links in English are shown below:

Netaji Subhas Chandra Bose WWII Episode 2: May 28, 2020 ইউটিউব লিঙ্ক:

**https://www.youtube.com/watch?v=J4P9ATWWy-4**

Netaji at the Greater East Asia Conference in Tokyo on 5-7 Nov 1943. Tojo handed over the Andaman and Nicober islands to rule by the Azad Hind Govt. of Netaji. It was a great success at the Asiatic conference.

Netaji Subhas Chandra Bose WWII Episode 3: June 1, 2020

ইউটিউব লিঙ্ক: **https://www.youtube.com/watch?v=srXmo__SRDw**

After returning from Japan to Andaman, Netaji hoisted the national flag in the Indian soil on 30 December 1943. Then he moved to Rangoon and war started from 2nd February 1944. The INA hoisted the national flag at the top of the Moirang hill on 14 April 1944 but lost the war and the INA returned to Rangoon. In Sept 1944 Netaji claimed both Gandhi and Nehru as the False and discredited leaders and did radio broadcast day in and day out from the warfare field at Rangoon urging the people of India to kill and burn them.

# চতুর্থ অধ্যায়

## নেতাজির তৃতীয় এবং চূড়ান্ত টোকিও সফর

### 1944 সালের 31 অক্টোবর নেতাজি, খান, চ্যাটার্জী এবং কিয়ানির টোকিওতে আগমন

১৯৪৪ সালের ৩১ অক্টোবর নেতাজি, এ সি চ্যাটার্জি, আই এন এ-র লেঃ কর্নেল কিয়ানি, প্রথম বিভাগ এবং ভাইস চিফ অফ স্টাফ মেজর হাবিবুর রহমান খানকে নিয়ে টোকিও ফিরে আসেন। মিঃ ইসোদা, মামেরু শিগেমিতসু এবং আই আই এল সহ ইম্পেরিয়াল স্টাফের প্রতিনিধিরা তাদের সাথে সাক্ষাতের জন্য অধীরআগ্রহে অপেক্ষা করছিলেন। নেতাজির শেষ দুটি সফরের পর থেকে টোকিও বদলে গিয়েছিল। এবং যখন নেতাজির পরিকল্পনা শহরটির কাছে আসছিল, প্রায় 100 আমেরিকান B-29 বোমারু বিমান টোকিওর আকাশের দিকে ভয়াবহ আক্রমণ শুরু করেছিল। ভারতীয়দের [7] গাইমুশো গেস্ট হাউসে নিয়ে যাওয়া হয়েছিল যেখানে তারা দশদিন অবস্থান করেছিলেন। তারা জাপানী সরকারী অতিথি হিসাবে গাইমুশো গেস্ট হাউসে ছিলেন।

ইম্ফাল অভিযানের ব্যর্থতা এবং প্রশান্ত মহাসাগরে সাইপান দ্বীপের ক্ষয়ক্ষতির পরে তোজো সরকার পড়েগিয়েছিল। তোজো টোকিওর নিকটে তার দেশের বাড়িতে শান্ত ও অবসর জীবনযাপন করছিলেন। টোকিওতে নেতাজি প্রথমদিনে সদ্য নিয়োগপ্রাপ্ত প্রধানমন্ত্রী কুনিয়াকি কোইসোর সাথে সাক্ষাত করেছিলেন। তিনি বিদেশমন্ত্রী, সেনাবাহিনী এবং নৌবাহিনী মন্ত্রীদের এবং অর্থমন্ত্রীকে পুরানো অধিগ্রহণটি নবায়ন করতে ডেকেছিলেন।

প্রধানমন্ত্রী নেতাজির জন্য একটি রাষ্ট্রীয় নৈশভোজ দিয়েছিলেন এবং জাপানের জনগণকে ভারতের স্বাধীনতার ক্ষেত্রে সহায়তা করার প্রতিশ্রুতি দিয়েছিলেন। তিনি তোজোর পূর্ববর্তী প্রতিশ্রুতিও পুননবীকরণ করেছিলেন যা ভারতে কোনও আঞ্চলিক অর্থনৈতিক ও আর্থিকলাভ চায়নি। প্রধানমন্ত্রী কোইসো তার মন্ত্রীদের উপস্থিতিতে একটি বক্তৃতা দিয়েছেন যা দেখানো হয়েছে। জাপান ভারতের একটি প্রাচীন সাংস্কৃতিক ঋণ পরিশোধে ভারতের স্বাধীনতার জন্য শোধ করছিল বলেও কোইসো জানিয়েছেন। এছাড়াও কোইসো নেতাজিকে তাদের "রাইজিং সান-এর প্রথম আদেশ" পুরস্কার দিয়ে সম্মানিত করার প্রস্তাব করেছিলেন, কিন্তু নেতাজি একথা অস্বীকার করে বলেছিলেন যে ভারত যখন স্বাধীন হবে তখন তিনি আনন্দের সাথে এইপুরস্কারটি গ্রহণ করবেন। আর একটি নৈশভোজ নেতাজির পুরানো বন্ধু পররাষ্ট্রমন্ত্রী মামেরু শিগেমিতসু দিয়েছিলেন।

এই সময়ে টোকিও সফরকালে নেতাজির মস্তিষ্কের শিশু ইম্ফাল অপারেশন ব্যর্থ হয়েছিল তবে তিনি নিরুৎসাহিত হননি। তিনি টোকিওর 'হিবিয়া পাবলিক হল'-এ দুই ঘন্টারও বেশি সময় ধরে উপচে পড়া জাপানি এবং ভারতীয় উভয়ের বিশাল শ্রোতাকে সম্বোধন করেছিলেন। তিনি ভারতের স্বাধীনতা সংগ্রামের প্রতি সহানুভূতি ও উদার সহযোগিতার জন্য জাপান সরকার ও জনগণকে ধন্যবাদ জানান এবং ভারতের স্বাধীনতা অর্জন না-হওয়া পর্যন্ত তার সংগ্রাম অব্যাহত রাখার দৃঢ় প্রত্যয় ব্যক্ত করেছিলেন।

তিনি জাপানের আরও সমর্থন চেয়েছিলেন। বক্তৃতাটি শেষ হয়ে গেলে, শ্রোতারা তাকে দীর্ঘ বজ্রকরতালি এবং প্রশংসা জানায়। নেতাজি 'টোকিও ইম্পেরিয়াল ইউনিভাসিটিতে' আরও একটি ছোট কিন্তু আরও পরিশীলিত শ্রোতাদের কাছে এবং আবারও দুর্দান্ত সাফল্যের সাথে একটি বক্তৃতা দিয়েছিলেন। এই ভাষণগুলির ব্যাখ্যার সময় মিঃ কাকিতসুবো বলেছিলেন, "আমি নেতাজির বক্তৃতা তৈরির শিল্পের দক্ষতার প্রশংসা করেছি। 'লর্ড বুদ্ধের দেশ' স্বাধীনতার জন্য লড়াই করে ভারতের পক্ষে আমি জাপানের শুভেচ্ছা ও সহানুভূতির এক দুর্দান্ত জলাধার অনুভব করেছি। নেতাজি আমাকে বলেছিলেন যে শ্রোতা যত বেশি হবে, ঘরে বসে বক্তৃতা দেওয়ার ক্ষেত্রে তার অনুভূতি তত বেশি।"

## গাইমুশো গেস্ট হাউসে অবস্থান

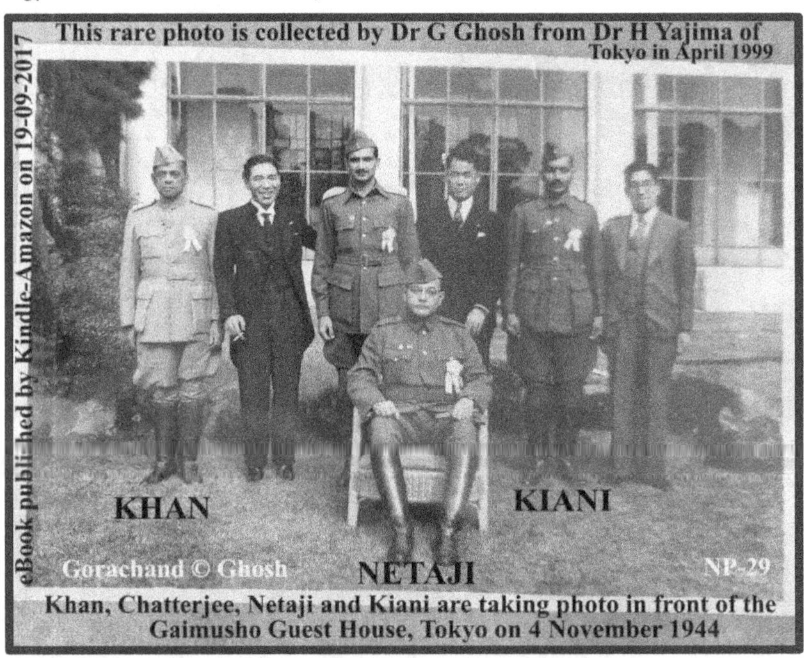


*মাসাইয়োশি কাকিতসুবো তাঁর বাঁহাতের তর্জনীটি নেতাজির কাঁধে রেখেছিলেন*

প্রধানমন্ত্রী জেনারেল কোইসো ১৯৪৪ সালের নভেম্বরে নেতাজিকে (প্রধানমন্ত্রী ও যুদ্ধমন্ত্রী, প্রভিশনাল আজাদ হিন্দ সরকার) তাঁর সরকারী বাসভবনে স্বাগত জানাচ্ছিলেন, ছবিতে প্রচলিত উপায় হিসাবে জাপানি সাকে পানীয়ের সাথে কনপাইয়ের পরে নেতাজিকে স্বাগত জানালেন। নেতাজি জাপানী সাকে পান করতে পছন্দ করতেন। জসমিন দেশে জদাচারং, বিদেশে নিমং নাস্তি। নেতাজি ভাল পানাহারকারী ছিলেন এবং তিনি জাপানি পানীয় সাকে উপভোগ করেছিলেন।

Netaji was in the Gaimusho Guest House on 4 Nov 1944

This rare photo is *At Government Guest House* collected by Dr. G. Ghosh from Dr. *1944* Hiroyoshi Yajima in April 1999.

নেতাজি গাইমুশো গেস্ট হাউসে ছিলেন এবং তাঁর পিছনে মাসাইয়োশি দাঁড়িয়ে ছিলেন

Gorachand © Ghosh
Netaji with his INA Team members (Khan, Chatterjee and Kiani) at the Gaimusho Guest House with some Japanese on 4 Nov 1944

এটি ছিল জাপানের কয়েকজন বিশিষ্ট ব্যক্তির সাথে উষ্ণ স্বাগত ছবি। এই অপূর্ব স্মরণীয় ছবিটি বিদেশী অতিথি বাড়ির লনে তোলা হয়েছিল যেখানে

অতিথি ইন্ডিয়ানরা চেয়ারে বসেছিলেন এবং জাপানের অন্যান্য সমস্ত মন্ত্রীরা এবং গেস্ট হাউজের আধিকারিকরা একটি উল্লেখযোগ্য জাপানি হোস্ট সিস্টেম হিসাবে তাদের পিছনে দাঁড়িয়েছিলেন। কাঁধে আঙুল রেখে নেতাজির ঠিক পেছনে দাঁড়িয়েছিলেন তাঁর ব্যক্তিগত সচিব মাসাইয়োশি কাকিতসুবো

Gorachand © Ghosh
This rare photo is collected by Dr G Ghosh from Dr H Yajima of Tokyo in April 1999
eBook is published by Kindle-Amazon on 19-09-2017

১৯৪৪ সালের ৪ নভেম্বর, নেতাজি এবং তার তিনজনের সদস্য খান, চ্যাটারজি এবং কিয়ানী গাইমুশো গেস্ট হাউজের লনে এই দুদান্ত ছবি তোলা হয়েছিল

# কোইসোর বক্তৃতা

১৯৪৪ সালের ৩১ অক্টোবর টোকিওতে নেতাজির আগমন উপলক্ষে প্রধানমন্ত্রী জেনারেল কোইসো তাঁর সরকারী বাসভবনে বক্তৃতা দিয়েছিলেন

প্রধানমন্ত্রী জেনারেল কোইসো তাঁর সরকারী বাসভবনে নেতাজিকে ডেকেছিলেন যেখানে এশিয়াটিক দেশগুলির দুইপ্রধান (ভারত ও জাপান) মিঃ কাকিতসুবোর উপস্থিতিতে হাত মিলিয়েছিলেন যা দুটি এশিয়ার জাতির ভবিষ্যত প্রজন্মের জন্য এক দুর্দান্ত এবং স্মরণীয় সাক্ষী

Prime Minister General Koiso was welcoming Netaji, the Prime Minister and Minister of war of the Provisional Azad Hind Government of India in his official residence in November 1944

নেতাজিকে স্বাগত

This rare photo is collected by Dr G Ghosh from Dr H Yajima of Tokyo in April 1999

নেতাজি, শিগেমিতসু এবং অন্যান্য মন্ত্রীর সাথে ১৯৪৪ সালের ৬ নভেম্বর জি ই এ সি যৌথ ঘোষণা কমিটির বর্ষপূর্তিতে অংশ নিয়েছিলেন

## নেতাজির জ্বালাময়ী বক্তৃতা

নেতাজি ১৯৪৪ সালের ৬ নভেম্বর শিগেমিতসুর সাথে বৃহত্তর পূর্ব এশিয়া সম্মেলনের যৌথ ঘোষণা কমিটির প্রথমবার্ষিকীতে অংশ নিয়েছিলেন। ছবিতে যেমন দেখানো হয়েছে তেমনই তিনি কমিটির উপস্থিতিতে একটি জ্বালাময়ী ভাষণ দিয়েছিলেন

১৯৪৪ সালের ৫ নভেম্বর হিবিয়া পাবলিক হলে আনুষ্ঠানিকভাবে বক্তৃতার উদ্বোধন করেছিলেন পররাষ্ট্রমন্ত্রী মামোরু শিগেমিতসু

## নেতাজির হিবিয়া পাবলিক হলে জ্বালাময়ী ভাষণ

নেতাজি হিবিয়া পাবলিক হলে একটি জ্বালাময়ী বক্তব্যে দিচ্ছিলেন এবং তাঁর পি এস মাসাইয়োশি কাকিৎসুবো (জাপানি) জাপানি ভাষায় অনুবাদ করেছিলেন

১৯৪৪ সালের নভেম্বর মাসে নেতাজি জাপানি ও ভারতীয়দের সামনে বক্তব্য রাখছিলেন এবং তাঁর পি এস মাসাইয়োশি পাশে দাঁড়িয়ে অনুবাদ করেছিলেন

নেতাজি ৬ নভেম্বর 1944 সালে ভারতের স্বাধীনতার জন্য টোকিওর হিবিয়া পাবলিক হলের ভিতরে কয়েক হাজার জাপানি এবং ভারতীয়দের সামনে বক্তব্য রেখেছিলেন

## নেতাজির টোকিও ইম্পেরিয়াল বিশ্ববিদ্যালয়ে বক্তৃতা

টোকিও ইম্পেরিয়াল বিশ্ববিদ্যালয়ে বক্তৃতা দেওয়ার পরে (উপরের ছবি) নেতাজি প্রধানমন্ত্রী কোইসো, কাকিতসুবো এবং ভার্গাসের সাথে সাকে পান করছিলেন (নীচের ছবি)

## উদ্যান সম্মেলন

বক্তৃতার পরে নেতাজি বাগানের লনে প্রধানমন্ত্রী কোইসো, ভার্গাস, কাকিতসুবো এবং অন্যদের সাথে সাকে পান করেছিলেন

## বৈদেশিক প্রেস কনফারেন্সে নেতাজি

১৯৪৪ সালের শেষের দিকে টোকিওর হিবিয়া পাবলিক হলে বক্তৃতা শেষে নেতাজি বৈদেশিক প্রেস কনফারেন্সে ব্যস্ত ছিলেন

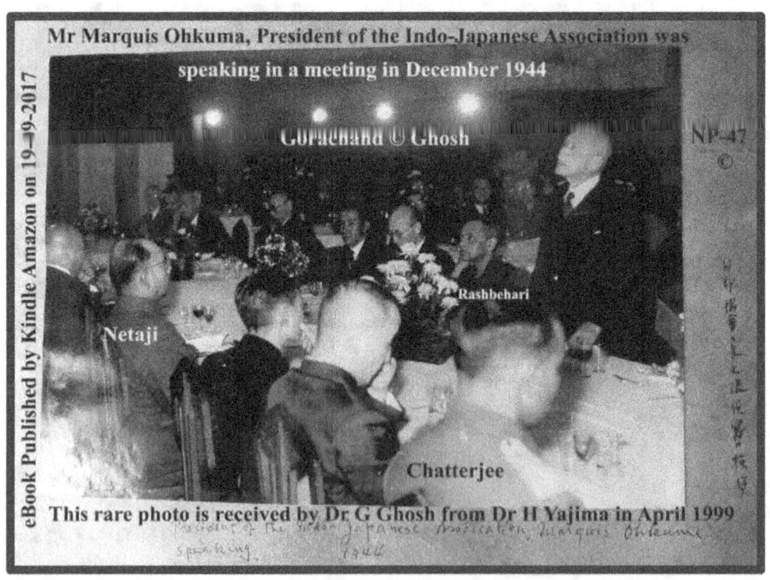


ইন্দো-জাপানিজ অ্যাসোসিয়েশনের সভাপতি মিঃ মারকুইস ওহকুমা ১৯৪৪ সালে টোকিওতে জাপানি ও ভারতীয়দের নিয়ে একটি সভায় বক্তব্য রেখেছিলেন

ডঃ গোরাচাঁদ ঘোষ

# টোকিওর ইম্পেরিয়াল প্রাসাদের অভিমুখে নেতাজি

*নেতাজি এবং মাসাইয়োশি কাকিতসুবো ১৯৪৫ সালের নতুন বছরের প্রাক্কালে সম্রাট হিরোহিতোকে স্বাগত জানাতে টোকিওর ইম্পেরিয়াল প্রাসাদে যাওয়ার জন্য গাড়ির ভিতরে ছিলেন*

ততক্ষণে ইম্ফাল অপারেশন ব্যর্থতা এবং প্রশান্ত মহাসাগরে সাইপান দ্বীপের ক্ষয়ক্ষতির পরে তোজো সরকার পড়ে গিয়েছিল। জেনারেল তোজো নিরব ও অবসর জীবন যাপন করছিলেন। আই.এন.এ-কে সহায়তার জন্য তোজো যা করেছিলেন নেতাজি তার জন্য তোজোর প্রতি তার ধন্যবাদ জানাতে চেয়েছিলেন। সুতরাং, তিনি টোকিওর তামাকাওয়াতে তার দেশের বাড়িতে তোজোর সাথে সাক্ষাত করেছিলেন। ভারী বৃষ্টির কারণে দেশের বাড়ির পাশের রাস্তাটি এতসংকীর্ণ এবং ভেজা ছিল যে তাদের গাড়ি থেকে নেমে ধানক্ষেত দিয়ে সংকীর্ণ রাস্তায় হাঁটতে হয়েছিল। তারা যখন বাড়ি-র কাছে পৌঁছেছিল, তখন তোজোর ছোট কন্যারা ঝরঝরেভাবে আবদ্ধ হয়ে গভীরভাবে মাথা নত করে স্বাগত জানায়। তোজো এবং নেতাজি পুনরায় মিলন ঘটায় এবং শেষ দেখা হওয়ার পরে যা ঘটেছিল সে সম্পর্কে কথা বলতে পেরে খুশি হয়েছিল। মিসেস তোজোর বাড়ির উঠানে বেড়ে ওঠা মিষ্টি আলু দিয়ে তাদের আপ্যায়ন করা হয়েছিল। তোজো নেতাজিকে তাঁর স্মরণে ও দেখার জন্য সম্মানের তরোয়াল উপহার দিয়েছিলেন। নেতাজি ১৯৪৫ সালের জানুয়ারির মাঝামাঝি সময়ে রেঙ্গুনে ফিরে আসেন।

টোকিওর শেষ এবং চূড়ান্ত সফরে কাকিতসুবো জানলেন নেতাজির তিনটি উদ্দেশ্য রয়েছে: (১) জাপান সরকারকে আই এন এ-কে আরও সহায়তার জন্য অনুরোধ করা যা প্রয়োজনে এককভাবে, গেরিলা যুদ্ধ করার জন্য ভারতীয় অঞ্চলে প্রবেশ করতে পারে; (২) সোভিয়েত রাষ্ট্রদূতের সাথে যোগাযোগ করা এবং সোভিয়েত ইউনিয়নে প্রবেশের সম্ভাবনা

অজানিত নেতাজি সুভাষ চন্দ্র বোস

সম্পর্কে তাকে বোঝানো, জাপান যদি যুদ্ধে ব্যর্থ হয়; এবং (৩) জাপানী সরকার 'হিকারি কিকান' না দিয়ে জাপানের সরকারের সাথে সরাসরি যোগাযোগের জন্য মুক্ত ভারতের অস্থায়ী সরকারকে কূটনীতিক দূত প্রেরণের জন্য অনুরোধ জানানো। প্রথম অনুরোধ হিসাবে, জাপানের পক্ষে প্রচলিত কঠিন পরিস্থিতিতে এটি পূরণ করা কঠিন হত। তাঁর দ্বিতীয় ইচ্ছা অনুযায়ী তিনি সোভিয়েত রাষ্ট্রদূতের সাথে দেখা করতে ব্যর্থ হন যিনি কাকিতসুবোর কাছে নেতাজির চিঠিটি না খুলে/পড়ে ফেরত দিয়েছিলেন। তার তৃতীয় লক্ষ্য হিসাবে, জাপানী সরকার তাকে কূটনেতিক দূত প্রেরণে সম্মত হওয়ায় নেতাজি উপলব্ধি করতে সফল হয়েছিল।

নেতাজি এবং তাঁর তিন সামরিক লোককে টোকিওর গাইমুশো গেস্টহাউসে নিয়ে যাওয়া হয়েছিল এবং কিছু ফটো তোলা হয়েছিল যেমন দেখানো হয়েছিল: চ্যাটার্জি, খান, কাকিতসুবো এবং অন্যান্য দুইমন্ত্রী ছবি NP-29-তে গেস্ট হাউজের সামনে, নেতাজির পিছনে দাঁড়িয়েছিলেন; নেতাজির একটি পূর্ণ আকারের দুর্লভ সুন্দর ছবি তার ঘরের সামনে যেখানে NP-30 ফটোতে প্রমাণ হিসাবে মিঃ কাকিতসুবো তাঁর পিছনে দাঁড়িয়েছিলেন। একইভাবে, আরেকটি দুর্দান্ত স্মরণীয় ছবি, যেখানে অতিথি ইন্ডিয়ানরা চেয়ারে বসেছিলেন এবং জাপানের অন্যান্য সমস্ত মন্ত্রীরা এবং গেস্টহাউজের আধিকারিকরা NP-31-র ফটোতে একটি উল্লেখযোগ্য জাপানি হোস্ট সিস্টেম হিসাবে তাদের পিছনে দাঁড়িয়েছিলেন। ভারতের প্রকৃত মুক্তিযোদ্ধাদের কর্মকাণ্ড স্মরণ রাখতে অন্য একটি ছবি তোলা হয়েছিল যেখানে নেতাজি চেয়ারে বসেছিলেন; ছবিটি NP-32-তে দেখানো হয়েছে যেখানে নেতাজির পিছনে খান, চ্যাটার্জি এবং কিয়ানি দাঁড়িয়েছিলেন।

বিরল ছবি NP-33-তে স্মরণীয় হয়ে টোকিওতে নেতাজির আগমন প্রতি শ্রদ্ধা জানিয়ে ১৯৪৪ সালের ৩১শে অক্টোবর প্রধানমন্ত্রী কুনিয়াকি কোইসো একটি ডিনার পার্টির আয়োজন করেছিলেন। প্রধানমন্ত্রী কোইসো তার মন্ত্রীদের উপস্থিতিতে একটি বক্তৃতা দিয়েছেন যা দেখানো হয়েছে। 1944 সালের নভেম্বরের প্রথম সপ্তাহে প্রধানমন্ত্রী জেনারেল কোইসো নেতাজিকে তাঁর সরকারী রাসভবনে দেখেছিলেন যেখানে এশিয়াটিক দেশগুলির দুইপ্রধান (ভারত ও জাপান) লিয়াজোন অফিসার মিঃ কাকিতসুবুর উপস্থিতিতে হাত মিলিয়েছিলেন যা এক দুর্দান্ত এবং শেষপর্যন্ত একটি স্মৃতি।

নেতাজি গ্রেটার ইস্ট এশিয়া কনফারেন্সের প্রথম বার্ষিকীতে 1944 সালের 5 নভেম্বর টোকিও এসেছিলেন এবং NP-36-র ফটোতে দেখানো হয়েছে, যেখানে মন্ত্রী শিগেমিতসু এবং আরও কয়েকজন মন্ত্রীর সাথে দেখা করেছিলেন। 1944 সালের 6 নভেম্বর নেতাজি জাপানি মন্ত্রীদের সামনে বক্তব্য রেখেছিলেন, NP-37 ফটোতে প্রমাণিত।

পররাষ্ট্রমন্ত্রী মামোরু শিগেমিতসু 1944 সালের 5 নভেম্বর হিবিয়া পাবলিক হলে নেতাজি দ্বারা প্রদত্ত বক্তৃতা আনুষ্ঠানিকভাবে খুলেছিলেন যেখানে শিগেমিতসু বক্তৃতা দিচ্ছিলেন, যখন নেতাজী ডানদিকের শেষে বসেছিলেন। NP-38-র ছবিতে অন্য সমস্তমন্ত্রী এবং জাপানি ও ভারতীয়রা হলটিতে বসেছিলেন। একই উপলক্ষে, শিগেমিতসুর পরে বিশ্বখ্যাত হিবিয়া পাবলিক হলে ভারতের স্বাধীনতা পেতে সহায়তা চেয়ে নেতাজি আরও একটি জ্বালাময়ী ভাষণ দিয়েছিলেন। ডায়াসে থাকাকালীন মিঃ কাকিতসুবো একইসাথে নেতাজির বক্তৃতার ব্যাখ্যা দিচ্ছিলেন।

অনুরূপ অন্য ছবি NP-40-তে দেখানো হয়েছে। নেতাজি ভিতরে বক্তৃতা দিচ্ছিলেন, একই হিবিয়া পাবলিক হলে প্রায় দুই হাজার জাপানি এবং ভারতীয়দের সামনে, এই অনন্য স্মরণীয় ছবিটি NP-41-তে দেখানো হয়েছে। তিনি জাপানের সরকার ও জনগণকে ভারতের স্বাধীনতা সংগ্রামের প্রতি সমবেদনা ও উদার সহযোগিতার জন্য ধন্যবাদ জ্ঞাপন করেন এবং ভারতের স্বাধীনতা অর্জন না হওয়া পর্যন্ত তার সংগ্রাম অব্যাহত রাখার দৃঢ় সংকল্প ব্যক্ত করেছিলেন। তিনি জাপানের আরও সমর্থন চেয়েছিলেন এবং ইশ্বর ও ভগবান বুদ্ধের কাছে ভারতের স্বাধীনতা অর্জনের জন্য প্রার্থনা করার অনুরোধ করেছিলেন। বক্তৃতাটি শেষ হয়ে গেলে, শ্রোতারা তাকে করতালি এবং প্রশংসা জানায়।

লেখক এই দুর্দান্ত ছবিটি ভারতের স্বাধীনতা দিবসের 70তম বার্ষিকী অর্থাৎ 15ই আগস্ট 2017-এ ফেসবুকে পোস্ট করেছিলেন, অনেক লোক এটি পছন্দ করেছে এবং মন্তব্য করেছে। তদুপরি, লেখকের মন্তব্য 69 হাজারের মধ্যে শীর্ষস্থানীয় মন্তব্য ছিল। এই মন্তব্যের ছবি পরের অধ্যায়ে দেখানো হয়েছে।

অন্য দিন, নেতাজি টোকিও ইম্পেরিয়াল বিশ্ববিদ্যালয়ের কিছু পরিশীলিত বুদ্ধিজীবী, পণ্ডিত এবং বিশ্ববিদ্যালয়ের অধ্যাপকদের সামনে বক্তৃতা দেওয়ার জন্য আমন্ত্রিত হয়েছিলেন, যেমনটি NP-42 ফটোতে দেখানো হয়েছে। বক্তৃতার পরে ফিলিপিন্সের রাষ্ট্রদূত ভার্গাস, প্রধানমন্ত্রী কোইসো, নেতাজি এবং মিঃ কাকিতসুবো NP-43 ছবিতে সাকে পান করছিলেন, অনুরূপ দুটি ছবি যেখানে নেতাজি খুব উদ্যমী ছিলেন এবং অংশগ্রহণকারীদের সাথে গসিপ করছেন ছবি NP-44 এবং NP-45-তে দেখানো হয়েছে। 21 নভেম্বর বিদেশমন্ত্রী শিগেমিতসু একটি নৈশভোজ দিয়েছিলেন, ডঃ বা মাও সেখানে বক্তব্য রেখেছিলেন। সম্মেলনের পরে নেতাজি বিদেশি প্রেসের সাক্ষাৎকার নিয়েছিলেন যেমনটি একটি স্মরণীয় ছবি NP-46-তে উল্লেখ করা হয়েছে। নেতাজি, চ্যাটার্জি, খান ও কিয়ানি ইন্দোজাপানিজ অ্যাসোসিয়েশন আয়োজিত একটি সভায় অংশ নিয়েছিলেন, যেখানে সভাপতি মারকুইস ওহকুমা NP-47-তে প্রদর্শিত ব্রিটিশরাজ থেকে ভারতীয়দের মুক্তির বিষয়ে ভারতীয়দের সহায়তা করার জন্য একটি ভাষণ দিয়েছিলেন।

১৯৪৫ সালে নতুন বছরের ১ জানুয়ারি দিবসের প্রাক্কালে, নেতাজি সম্রাট হিরোহিতোর সাথে দেখা করতে যাচ্ছিলেন, তিনি ইম্পেরিয়াল প্রাসাদে গাড়িতে করে ভারতের স্বাধীনতা লাভের আশীর্বাদ নিয়েছিলেন, যেমনটি ছবি NP-48তে দেখানো হয়েছে। এই ছবিটি বিশ্বের প্রথমবারের মতো আমাজন ই-বইতে প্রকাশিত হয়েছে। তবে, কিছু কপিরাইট লঙ্ঘনকারী, নয়াদিল্লিতে "মিশন নেতাজি" এবং কলকাতায় "নেতাজি রিসার্চ ব্যুরো"-র অপরাধীরা ই-বুক থেকে এই ছবিগুলি চুরি করেছে; এবং ক্রপিংয়ের পরে তাদের ব্যবসায়িক ওয়েবসাইট এবং বইয়ের বিজ্ঞাপনে পোস্ট করেছে। কপিরাইট আইন অনুসারে, আমি একই পদক্ষেপে বিশ্বজুড়ে একই কপিরাইট আইন বজায় রাখতে ভারত সরকার এবং ভারতীয় পুলিশকে জানিয়েছি। উভয় সংস্থা যথাক্রমে 2001 এবং 1957 সাল থেকে নেতাজির আত্মাকে বদনাম করার জন্য তাদের ব্যবসায়ে নিযুক্ত ছিল/আছে।

## আজাদ হিন্দ অস্থায়ী সরকারকে জাপানীজ লেজেশন

উপরোক্ত চুক্তি অনুসারে, মিঃ তেরুও হাচিইয়াকে ১৯৪৪ সালের ডিসেম্বরের শেষে [7] নেতাজি সরকারের মন্ত্রী হিসাবে, প্রথমসচিব হিসাবে মিঃ কাকিতসুবো সহ পাঁচ সচিবকে নিযুক্ত করা হয়েছিল। তবে, চলাচল পরিবহন পরিস্থিতির কারণে, তাদের পক্ষে রেঙ্গুনে অগ্রসর হওয়া প্রায় অসম্ভব বলে মনে হয়েছিল। ১৯৪৫ সালের ফেব্রুয়ারির শুরুতেই এস এস আওয়া মারু দ্বারা তারা কিউশুর হাকাতা বন্দর ছেড়ে যেতে পারত যা মিত্রশক্তি দ্বারা দক্ষিণ-পূর্ব এশিয়ার যুদ্ধাপরাধীদের বন্দুক ও ওষুধ বহন করার জন্য নিরাপদ পরিবহন সরবরাহ করা হয়েছিল। এই জাহাজটি বিশাল নীল ক্রুশগুলির সাথে চিহ্নিত ছিল যা মিত্র শক্তিগুলির সাথে ভুলভাবে কোনও আক্রমণ এড়ানোর জন্য সাজানো হিসাবে রাতে আলোকিত করা হয়েছিল। তবে নিরাপদ আচরণের ব্যবস্থা থাকা সত্ত্বেও অ্যালাইড সাবমেরিনের এই জাহাজটি ডুবে গিয়েছিল এবং অলৌকিকভাবে উদ্ধারকরা এক ব্যতীত প্রায় দুই হাজারের মধ্যে সবাই মারা গিয়েছিল। মিঃ কাকিতসুবো বলেছিলেন, "আমরা সাইগনে জাহাজ থেকে নামলাম এবং সেখান থেকে একটি বোমারু বিমানে করে ব্যাংককে উড়েগেলাম। বিমানের অভাবের কারণে ব্যাংকক থেকে রেঙ্গুনের বিমান চলাচল অত্যন্ত কঠিন ছিল। মন্ত্রী হাচিইয়া মার্চের মাঝামাঝি সময়ে রেঙ্গুনে গিয়েছিলেন। কিন্তু তিনি তাঁর কাছে প্রসংশাপত্র বহন না করায় নেতাজি তাঁকে গ্রহণ করতে অস্বীকার করেছিলেন"। মিঃ কাকিতসুবোকে 1945 সালের 3 এপ্রিল রেঙ্গুনে জাওয়ার অনুমতি দেওয়া হয়েছিল। নেতাজি ও বিদেশমন্ত্রী জেনারেল এ সি চ্যাটার্জি তাকে আন্তরিকভাবে স্বাগত জানিয়েছিলেন। বোমা ফাটিয়ে রেঙ্গুন খারাপভাবে ক্ষতিগ্রস্থ হয়েছে এবং শহরটি চলমান জল এবং বিদ্যুতের সরবরাহ থেকে বঞ্চিত ছিল। বার্মার ফ্রন্টে যুদ্ধ পরিস্থিতি দ্রুত অবনতি হচ্ছিল, তাদের খুব শিগগিরই রেঙ্গুন থেকে সরিয়ে নিতে হয়েছিল।

২০ এপ্রিল ভোরে গোলাগুলির শব্দে তারা জেগে ওঠে। দেখা গেল যে সামরিক পুলিশ অফিসাররা, যারা পাশের বাড়িতে বাস করছিলেন তারা হঠাৎ করে বাড়িঘরে মূল্যবান জিনিসপত্র পিছনে ফেলে রেখেছিলেন এবং বার্মীরা একে অপরকে গুলি করার সময় পেছনে ফেলে রাখা মূল্যবান জিনিসপত্র লুটপাট করছে। জেনারেল হিতারো কিমুরার সদর দফতরে টেলিফোনে তাদের জানানো হয়েছিল যে জেনারেল এবং অন্যান্য র‍্যাঙ্কিং অফিসাররা মৌলমিনে ফিরে এসেছেন এবং লেজেশন স্টাফকেও যে কোনও উপায়ে মৌলমিনে ফিরতে হবে।

## ট্র্যাজেডি অফ রেঙ্গুন ফাইট

এমন কি জেনারেল অং সান [16] নেতাজি সম্পর্কে দৃঢ় প্রত্যয় ও বিশ্বাস করেছিলেন এবং সুভাষ চন্দ্র বোসকে বার্মা ও বার্মিজ জনগণের আন্তরিক বন্ধু হিসাবে বিবেচনা করেছিলেন। দ্বিতীয় বিশ্বযুদ্ধের সময় নেতাজি এবং অং সান ঘনিষ্ঠ ছিল এবং ঘন ঘন যোগাযোগের মধ্যে এসেছিলেন। ১৯৪৬ সালের ২৪ জুলাই রেঙ্গুন সিটিহলে এক বক্তৃতার সময় জেনারেল অং সান বলেছিলেন, "আমি নেতাজিকে জানতাম, তার আগেও ১৯৪০ সালে কলকাতায় প্রথমবারের মতো তাঁর ত্যাগ ও সংগ্রামের জীবন বিবরণ শেষ অবধি পড়েছিলাম।

সবমিলিয়ে তাঁর নিজের বই 'দ্য ইন্ডিয়ান স্ট্রাগল 1920-42', সেই দিনগুলিতে ভারত ও বার্মায় নিষিদ্ধ ছিল।"

অং সান আরও যোগ করেছেন, "আমি তাকে বার্মা ও বার্মিজ জনগণের আন্তরিক বন্ধু হিসাবেও জানতাম। তাঁর এবং আমার মধ্যে পুরো পারস্পরিক বিশ্বাস ছিল এবং যদিও সময়টা আমাদের দুজনের বিরুদ্ধেই ছিল, আমরা যৌথ পদক্ষেপের পর্যায়ে আসতে পারিনি। আমাদের নিজ নিজ দেশগুলির স্বাধীনতার সাধারণ লক্ষ্যের জন্য ঐদিনগুলিতে আমাদের একটা ধারণা ছিল, যে কোনও ইভেন্টে এবং যাই ঘটুক না কেন, আই এন এ এবং বিএ এন এ কিউ (বার্মিজ ন্যাশনাল আর্মি) কখনও একে অপরের সাথে লড়াই না করে।"

## ১৯৪৫ সালের ৪ ফেব্রুয়ারি নেতাজির বার্মায় আই এন এ-তে ঐতিহাসিক ভাষণ "আমাকে রক্ত দাও, আমি তোমাদের স্বাধীনতা দেব!"

"বন্ধুরা, 12 মাস আগে পূর্ব এশিয়ায় ভারতীয়দের সামনে মোট জমায়েত বা সর্বোচ্চ ত্যাগের একটি নতুন কর্মসূচি রাখা হয়েছিল। আজ আমি আপনাদিগকে গত বছরের সময়ে আমাদের অর্জনগুলির একটি হিসাব দেব এবং আমি আসন্ন বছরের জন্য আমাদের দাবিগুলি আপনাদের সামনে রাখব। তবে, আমি এটি করার আগে, আমি আপনাদিগকে আবারও উপলব্ধি করতে চাই যে স্বাধীনতা অর্জনের জন্য আপনাদের এক সুবর্ণ সুযোগ। ব্রিটিশরা বিশ্বব্যাপী লড়াইয়ে লিপ্ত এবং লড়াই চলাকালীন এতগুলি ফ্রন্ট পরাজয়ের পরে তারা পরাজয়ের মুখোমুখি হয়েছিল। শত্রু এইভাবে যথেষ্ট দুর্বল হয়ে পড়েছে, আমাদের স্বাধীনতার লড়াই পাঁচ বছরের আগের চেয়ে অনেক সহজ হয়ে গেছে। আমাদের মাতৃভূমিকে ব্রিটিশ শাসন থেকে মুক্ত করার জন্য এই জাতীয় দুর্লভ এবং ঈশ্বর-প্রদত্ত সুযোগ এক শতাব্দীতে একবার এসেছিল।

আমি আমাদের সংগ্রামের ফলাফল সম্পর্কে খুব আশাবাদী, কারণ আমি কেবল পূর্ব এশিয়ার ত্রিশ মিলিয়ন ভারতীয়দের প্রচেষ্টার উপর নির্ভর করি না। ভারতের অভ্যন্তরে একটি বিশাল আন্দোলন চলছে এবং আমাদের লক্ষ লক্ষ দেশবাসী স্বাধীনতা অর্জনের লক্ষ্যে সর্বোচ্চ দুর্ভোগ ও ত্যাগের জন্য প্রস্তুত। দুর্ভাগ্যক্রমে, ১৮৫৭ সালের মহান লড়াইয়ের পর থেকে আমাদের দেশবাসী নিরস্ত্র হয়ে পড়েছে, অন্যদিকে শত্রুরা অস্ত্রতে সজ্জিত রয়েছে। অস্ত্র ছাড়া এবং আধুনিক সেনাবাহিনী ব্যতীত নিরস্ত্র মানুষদের পক্ষে এই আধুনিক যুগে স্বাধীনতা অর্জন অসম্ভব। প্রভিডেন্সের অনুগ্রহের মাধ্যমে এবং উদার নিপ্পনের সহায়তার মাধ্যমে পূর্ব এশিয়ার ভারতীয়রা স্বাধীনতা অর্জনের প্রয়াসে একজন ব্যক্তির সাথে ঐক্যবদ্ধ হওয়ার এবং ব্রিটিশরা ভারতের অভ্যন্তরে ইঞ্জিনিয়ারিং করার চেষ্টা করেছিল এমন সমস্ত ধর্মীয় এবং অন্যান্য পার্থক্যের পক্ষে সম্ভব হয়েছে। ফলস্বরূপ, আমাদের এখন পরিস্থিতিতে লড়াইয়ের একটি সফল সংমিশ্রণ রয়েছে যা আমাদের সংগ্রামের সাফল্যের পক্ষে রয়েছে এবং যা চেয়েছিল তা হ'ল ভারতীয়রা যেন স্বাধীনতার মূল্য পরিশোধে এগিয়ে আসে। 'টোটাল মোবিলাইজেশন' এর কর্মসূচি অনুসারে, আমি আপনার কাছে পুরুষ, অর্থ এবং উপকরণ দাবি করেছিলাম। পুরুষদের বিষয়ে, আমি আপনাকে জানাতে পেরে খুশি যে আমি ইতিমধ্যে যথেষ্ট নিয়োগ পেয়েছি।

পূর্ব এশিয়া-চীন, জাপান, ইন্দো-চীন, ফিলিপাইন, জাভা, বোর্নিও, সেলিব্রেস, সুমাত্রা, মালায়া, থাইল্যান্ড এবং বার্মার প্রতিটি কোণ থেকে আমাদের কাছে

রিক্রুটস এসেছে। আপনাকে অবশ্যই আরও বেশি শক্তি ও শক্তির সাথে পুরুষ, অর্থ এবং উপকরণগুলির একত্রিতকরণ অব্যাহত রাখতে হবে, বিশেষত, সরবরাহ এবং পরিবহণের সমস্যাটি সন্তোষজনকভাবে সমাধান করতে হবে।

মুক্ত অঞ্চলগুলিতে প্রশাসন ও পুনর্গঠনের জন্য আমাদের সকল বিভাগের আরও পুরুষ এবং মহিলা প্রয়োজন। আমাদের অবশ্যই এমন পরিস্থিতির জন্য প্রস্তুত থাকতে হবে যেখানে কোনও শত্রু একটি নির্দিষ্ট অঞ্চল থেকে সরে আসার আগে নির্লজ্জভাবে জ্বলিত পৃথিবী নীতি প্রয়োগ করবে এবং বার্মায় যেমন চেষ্টা করা হয়েছিল তেমন বেসামরিক জনগণকে সরিয়ে নিতে বাধ্য করবে।

পুরুষদের মধ্যে শক্তিবৃদ্ধি প্রেরণ এবং যুদ্ধের ফ্রন্টগুলিতে সরবরাহের সমস্যাটি সবচেয়ে গুরুত্বপূর্ণ। যদি আমরা এটি না করি, আমরা ফ্রন্টগুলিতে আমাদের সাফল্য বজায় রাখার আশা করতে পারি না। কিংবা আমরা ভারতের আরও গভীরে প্রবেশের আশা করতে পারি না।

আপনারা যারা হোম ফ্রন্টে কাজ চালিয়ে যাবেন তাদের কখনই ভুলে যাওয়া উচিত নয় যে পূর্ব এশিয়া এবং বিশেষত বার্মা-ফ্রন্ট মুক্তিযুদ্ধের জন্য আমাদের ঘাঁটি। যদি এই ঘাঁটিটি শক্তিশালী না হয় তবে আমাদের যুদ্ধ সেনারা কখনই বিজয়ী হতে পারে না। মনে রাখবেন এটি একটি 'সম্পূর্ণ যুদ্ধ' এবং কেবল দুটি বাহিনীর মধ্যে যুদ্ধ নয়। সে কারণেই আমি পুরো এক বছর ধরে প্রাচ্যে 'সম্পূর্ণ সংহতি' নিয়ে এত চাপ দিয়ে চলেছি।

আর একটা কারণ আছে যে আমি চাই তোমরা বাড়ির সামনে (Home Front) ঠিকমতো দেখো। আসন্ন মাসগুলিতে আমি এবং মন্ত্রিসভার যুদ্ধ কমিটির সহকর্মীরা আমাদের সম্পূর্ণ মনোযোগ যুদ্ধফ্রন্টের প্রতি এবং ভারতের অভ্যন্তরে বিপ্লবকে কাজে লাগানোর জন্য নিবেদিত হতে চাই। ফল স্বরূপ, আমরা পুরোপুরি আশ্বস্ত হতে চাই যে ভিত্তির কাজটি আমাদের অনুপস্থিতিতেও সাবলীল এবং নিরবচ্ছিন্নভাবে চলবে।

বন্ধুরা, এক বছর আগে, আমি যখন আপনার কাছ থেকে কিছু দাবি করেছি তখন আমি আপনাকে বলেছিলাম যে আপনি যদি আমাকে 'সম্পূর্ণ সংহতি' দেন তবে আমি আপনাকে একটি 'দ্বিতীয় ফ্রন্ট' দেব। আমি এই প্রতিশ্রুতি পূরণ করেছি। আমাদের প্রচারের প্রথম পর্ব শেষ। আমাদের বিজয়ী সেনাবাহিনী, নিপ্পোনসীয় সেনাদের সাথে পাশাপাশি লড়াই করে শত্রুদের পিছনে ফেলেছে এবং আমাদের প্রিয় মাতৃভূমির পবিত্র মাটিতে সাহসিকতার সাথে লড়াই করছেনা। এখন যে কাজটি সামনে রয়েছে তার জন্য আপনাদের কটিদেশ শক্ত করুন। আমি পুরুষ, অর্থ এবং উপকরণ চেয়েছিলাম। আমি তাদের উদার পরিমাপে পেয়েছি। এখন আমার আরও দাবি। পুরুষ, অর্থ এবং উপকরণগুলির উদ্দেশ্য শক্তি রয়েছে যা আমাদের সাহসী কাজ এবং বীরত্বপূর্ণ সংগ্রামে অনুপ্রাণিত করবে।

আপনার পক্ষে বেঁচে থাকার এবং ভারতকে মুক্ত দেখতে পাওয়ার পক্ষে মারাত্মক ভুল হবে কারণ বিজয় এখন ধরা ছোঁয়ার মধ্যে। স্বাধীনতা উপভোগ করার জন্য বেঁচে থাকার বাসনা এখানে থাকা উচিত নয়। দীর্ঘ লড়াই এখনও

আমাদের সামনে রয়েছে। আমাদের আজকের একটাই আকাঙ্ক্ষা থাকা উচিত: মরতে ইচ্ছুক যাতে ভারত বাঁচতে পারে-একজন শহীদর মৃত্যুর মুখোমুখি হওয়ার আকাঙ্ক্ষা যাতে শহীদদের রক্ত দিয়ে মুক্তির পথ প্রশস্ত হয়।

বন্ধুরা! মুক্তিযুদ্ধের আমার সহকর্মীরা! সর্বোপরি, আজ আমি আপনাদের কাছে একটি জিনিস দাবি করছি। আমি আপনার রক্ত চাই। শত্রুরা যে রক্ত ছড়িয়ে দিয়েছিল তারেই প্রতিশোধ নিতে পারে এমন এক রক্ত এটি একমাত্র রক্ত যা স্বাধীনতার মূল্য দিতে পারে। *আমাকে রক্ত দাও, আমি তোমাদের স্বাধীনতা দেব!*

## রেঙ্গুন থেকে সীতাং

মিঃ কাকিতসুবো দ্রুত নেতাজির কাছে গেলেন, যাকে তিনি দেখতে পেয়েছিলেন, পরিস্থিতি সম্পর্কে ইতিমধ্যে তাকে অবহিত করা হয়েছিল। তিনি যত তাড়াতাড়ি সম্ভব মৌলমিনে যাওয়ার জন্য নেতাজিকে প্ররোচিত করার জন্য যথাসাধ্য চেষ্টা করেছিলেন। তবে তিনি স্পষ্টভাবে এই কথা বলতে অস্বীকার করলেন যে শত্রু সেনারা রেঙ্গুনের নিকটবর্তী হওয়ায় ইতিমধ্যে অনেক দেরি হয়ে গিয়েছিল, যাতে তিনি 'ঝাঁসির রানীদের' পেছনে ফেলে যেতে পারেন, যিনি নির্ভর করে সামরিক চাকরিতে স্বেচ্ছাসেবক হয়েছিলেন, সে সিদ্ধান্ত নিয়েছে যে সে পালিয়ে যাওয়ার পথে বরং রেঙ্গুনে মৃত্যুর সাথে লড়াই করবে। তিনি তাকে বলেছিলেন যে শত্রুদের গতিবিধির বিষয়ে জাপানের সেনাবাহিনীর চেয়ে আই এন এ-র আরও সঠিক তথ্য রয়েছে এবং রানীদের সরিয়ে নেওয়ার জন্য তাকে রেলওয়ে গাড়ি সরবরাহ করার জন্য তিনি জাপান সেনাবাহিনীর কাছে অনুরোধ করেছিলেন। হিকারি কিকানের প্রধান জেনারেল সাবুরো ইশাডোও নেতাজিকে সরে দাঁড়ানোর পক্ষে যথাসাধ্য চেষ্টা করেছিলেন। নেতাজিকে পেছনে ফেলে রেখে যাওয়া বা শত্রু বাহিনীর হাতে হত্যা বা বন্দী হয়ে রেঙ্গুনে থাকতে পছন্দ না হওয়ায় মিঃ কাকিতসুবোকে একটি কঠিন পরিস্থিতিতে থাকতে হয়েছিল। তিনি নেতাজির কাছে অনুরোধ করেছিলেন যে ভারতকে মুক্ত করার জন্য তাঁর দীর্ঘকালীন লক্ষ্য অর্জন না হওয়া পর্যন্ত তিনি সর্বদাই বেঁচে থাকুন। এদিকে, রেঙ্গুনে শত্রুদের অগ্রযাত্রার তথ্য প্রবাহিত হয়েছিল। ২৩ এপ্রিল নেতাজি অবশেষে সরে যেতে রাজি হন।

সেই রাতে, জাপানিরা এবং ভারতীয়রা রেঙ্গুনের একটি পার্কে জড়ো হয়েছিল এবং উজ্জ্বল চাঁদনি কিছুটা ম্লান হয়ে গিয়েছিল। এর আগে কলকাতায় জাপানের কনসুলেট জেনারেলের দায়িত্ব পালন করা মন্ত্রী হাচিইয়া, মিঃ কাকিতসুবো এবং দোভাষী কাজুহিকো ওহতা রেঙ্গুনের লেগেশনে যোগ দিয়েছিলেন, গাড়িতে রেঙ্গুন ছেড়েছিলেন। তবে গাড়িটি একটি অতিরিক্ত চাপে ছিল এবং রাস্তাটি এতটা রুক্ষ ছিল বলে তারা রেঙ্গুনের কয়েক মাইল দূরে অবস্থান করলে গাড়িটি ভেঙে যায়। পশ্চাদপসরণকারী জাপানের সেনাবাহিনীর একটি সামরিক লরি তাদের তোলে ছিল।

তারা পেগু পৌঁছানোর আগের দিন বিরতি নিয়েছিল। তারা এমন একটি গ্রামে গিয়েছিল যা তারা সম্পূর্ণ নির্জন অবস্থায় পেয়েছিল তবে সেখানে বিমান-অভিযানের আশ্রয়কেন্দ্র ছিল, যেখানে তারা দিনের বেলা বোমা চালানোর সময়

অবস্থান করেছিল। রাতে তারা ওয়াওয়ার দিকে রওয়ানা হয় যেখানে তারা দেখতে পেল যে ফ্রিজে সেখানে কিছুই ছিল না। তারা খুঁটির সাথে তক্তা বেঁধে দিয়ে তৈরি একটি ঝলমলে সেতুর উপর দিয়ে হেঁটে নদী পার হয়েছিল। মিঃ কাকিতসুবো দেখেছিলেন রানী বাহিনীর সদস্যরা নদীর তীরে বসে তাদের রাইফেলগুলি তাদের মাথার উপরে রেখে ক্রসিংয়ের পরে তাদের ইউনিফর্ম শুকিয়ে নিচ্ছে। পরের দিন তারা নদীর তীর থেকে দূরে আশ্রয় চেয়েছিল কারণ এই জায়গা শত্রু বিমানের সহজ লক্ষ্য ছিল। রাতে তাকে লিংকন গাড়িতে যেতে নেতাজি আমন্ত্রিত করেছিলেন। আই এন এ বাহিনী যখন চলতে শুরু করেছিল তখন জেনারেল কিয়ানি নিখোঁজ হয়ে যায়। এরপরে যখন তিনি আবার উপস্থিত হয়েছিলেন, তিনি দেখেছিলেন যে শীর্ষস্থানীয় কর্মকর্তা এমনকি নেতাজির তীব্র তিরস্কারের হাত থেকেও রেহাই পান না; এর আগেই রাস্তাটি ভেজা চটচটে ধানের জমিতে অদৃশ্য হয়ে গেল। মিঃ, কাকিতসুবো গাড়ি থেকে নেমে কিছুটা শক্ত স্থলটি অনুসন্ধান করলেন যা লিংকন গাড়ির ভারী ওজন বহন করতে পারে। নেতাজি গাড়ির ভিতরে ছিলেন, তিনি এবং জেনারেল ইসোদা নামে এক নিরপেক্ষ ও দয়ালু ব্যক্তি নেতাজির গাড়িটিও ধাক্কা দিয়েছিল। কিন্তু গাড়িটি শেষ পর্যন্ত গভীর কাদায় আটকে যায় এবং স্থির হয়। ভোরের দিকে তারা বিমানের আক্রমণ থেকে কোনও সুরক্ষা না পেয়ে অনেক যানবাহনকে ভেজা খোলা মাঠে ফেলে দেওয়া দেখতে পান। তাদের গাড়ি ছাড়তে হবে এবং সীতাংয়ের দিকে যাত্রা করতে হয়েছিল। ভাগ্যক্রমে শত্রু বিমানগুলি সেদিন তারা সীতাং নদীতে না পৌঁছানো পর্যন্ত তাদের কাছে উপস্থিত হয়নি। সেই রাতে মিঃ কাকিতসুবো নেতাজির সাথে একসঙ্গে নেমে যাওয়ায় একভেলা দিয়ে নদী পার হলেন, এবং দু'জন শক্তিশালী শিখের মাথায় সাদা লিনেনে মোড়া ভারী কাঠের বাক্স (আজাদ হিন্দ ব্যাংকের স্বর্ণ) ছিল। তিনি গাড়ীতে নিজের সিটের পিছনে আগে সেগুলি লক্ষ্য করেছিলেন। সীতাং হ'ল একটি বড় নদী যা বৃষ্টির জলে ভরা এবং দ্রুত প্রবাহিত। পরে নেতাজি তাকে গর্বের সাথে বলেছিলেন যে জাপানী সৈন্যরা তাদের সমস্ত পরিত্যক্ত যানবাহন উদ্ধার করে সীতাং নদীর তীরে নিয়ে গেছে। তবে তাদের এই মুহূর্তে পিছনে থাকতে হয়েছিল।

## সীতাং ট্র্যাজেডি

নদী পারা পারের পরে, তারা ট্র্যাক করে এবং ভোরবেলা বিশ্রামের জন্য সিতাং পাহাড়ে আই এন এ আল্টিগ্রাফ ব্যাটারিতে পৌঁছেছিল। মিঃ কাকিতসুবো মন্তব্য করেছিলেন, "আমি সকালে দুধের সাথে সুস্বাদু গরম চা আই এন এ সৈন্যদের সাথে একসাথে ভুলে যাইনি।" সেদিন দু'ঘন্টা বিমান হামলার পরে তিনি পাহাড়ের উপর দিয়ে সিতাং নদীর দিকে হাঁটতে হাঁটতে একটি প্রকৃতির আশ্রয় নিয়ে এসেছিলেন যেখানে তিনি দেখেন তাদের লেগসের এক তরুণ কর্মকর্তা মাসামি ৎসুরুতা, যিনি তাদের সাথে কয়েকদিন আগে রেঙ্গুন ছেড়ে চলে গিয়েছিলেন। মৌলমেনে তাদের জীবিকা নির্বাহের জন্য হিকারি কিকান সৈন্যরা ছিল। তিনি তাকে বলেছিলেন যে নদী পার হওয়ার পরে তাকে পরিবহণের অভাবে হাঁটতে বলা হয়েছিল। তিনি ডায়রিয়ায় ভুগছিলেন। যখন তিনি শুনলেন যে নেতাজি এবং লেগেশন কর্মীরা নদীটি অতিক্রম করেছেন, তখন তিনি তাদের একটি গাড়িতে লিফট চেয়েছিলেন। তিনি নেতাজির প্রশংসা করেছিলেন যিনি সেদিনের বিমান হামলার সময়

নিরবচ্ছিন্ন ছিলেন। মিঃ কাকিতসুবো ৎসুরুতার সাথে অপ্রত্যাশিত পুনর্মিলন করতে পেরে খুশি হয়েছিল। তবে তিনি তাকে বুঝিয়ে দিয়েছিলেন যে তাদের কোনও গাড়িই নদী পার হয়নি এবং নেতাজি যথারীতি তাঁর দাবি মানা না হলে অগ্রসর হতে রাজি হবেন না। তিনি তাকে সীতাংয়ের আগে একটি গাড়ি ধরার পরামর্শ দিয়ে শত্রু কামানের গোলাগুলির মধ্যে এসেছিলেন-তারা ইতিমধ্যে আর্টিলারি এগিয়ে যাওয়ার শব্দ শুনতে পেল। তিনি ৎসুরুতার সাথে বিচ্ছেদ লাভ করার পরে এবং যখন তিনি পাহাড়ের ঝুপড়িতে ঘুমাচ্ছিলেন, তখন তিনি জেগে উঠেছিলেন এবং জাপানী সৈনিকের দ্বারা ৎসুরুতার মর্মান্তিক ঘটনার কথা জানানো হয়েছিল। তারা অনুভব করেছিল যে নিশ্চয়ই বার্মিজ গেরিলারা ৎসুরুতাকে আক্রমণ করেছিল। মন্ত্রী হাচিইয়া এবং দোভাষী ওহতা সেখানে ছুটে গিয়েছিলেন যেখানে ৎসুরুতা গুরুতর আহত অবস্থায় পড়েছিল বলে জানা গেছে। মিঃ কাকিতসুবো একটি গুলী ভরা পিস্তল নিয়ে দৌড়ে গিয়েছিলেন নেতাজির সাহায্য নিতে।

যে পাহাড়টিতে কিছু গুল্ম ছিল সেগুলি বোমা ফাটার ফলে বিশাল বিশাল ক্রেটারগুলির সাথে ফুটো হয়েছিল। পাহাড়ের অর্ধেক পথ যাওয়ার পর তিনি দেখতে পেলেন নেতাজী একটি বাড়ির বাইরে অনাহত চেহারায় দাঁড়িয়ে আছেন। তাকে ইতিমধ্যে ঘটনা সম্পর্কে অবহিত করা হয়েছিল এবং তাকে জানিয়েছিল যে ৎসুরুতা খুব শীঘ্রই সেখানে উপস্থিত হবে। ৎসুরুতাকে একটি ট্যাঙ্কারে করে নিয়ে আসতে দেখে তিনি প্রায় ধাক্কাখেয়ে পড়ে গিয়েছিলেন। ৎসুরুতা মাথায় এবং অন্যান্য অনেক জায়গায় গুরুতর আহত হয়েছিলেন। তার ছোট আঙ্গুলগুলি ছিলনা। পররাষ্ট্রমন্ত্রী জেনারেল চ্যাটার্জি যিনি চিকিৎসকও ছিলেন, ৎসুরুতার চিকিৎসায় যোগ দিয়েছিলেন, একজন ভারতীয় নার্স, যিনি দক্ষতার সাথে ৎসুরুতার মাথা কামিয়েছিলেন এবং পুরোপুরি ব্যান্ডেজ প্রয়োগ করেছিলেন। গুরুতর আহত হওয়া সত্ত্বেও ৎসুরুতা কখনও ব্যথার অভিযোগ করেননি এবং নার্সের সাথেও মজা করেছিলেন। তিনি দুধ চেয়েছিলেন যা তিনি শীঘ্রই বমি করেছিলেন। রক্ত সঞ্চালন এবং হাসপাতালের অন্যান্য সুযোগ-সুবিধার অভাবে তাকে বাঁচানো কঠিন মনে হয়েছিল, কীভাবে এই ঘটনা ঘটেছে তার তদন্তে তিনি ব্যাখ্যা করেছিলেন যে মিঃ কাকিতসুবোকে বিদায় জানানোর পরে তিনি পথ হারিয়েছিলেন এবং পাহাড়ের নিচে যাওয়ার পথ জিজ্ঞাসা করার জন্য একজন অর্ধনগ্ন সৈন্যের কাছে গিয়েছিলেন। কিন্তু সৈনিকটি ইংরাজী বুঝতে না পেরে ও হিংস্র ছিল, ৎসুরুতা তাঁর কাছ থেকে মুখ ফিরিয়ে নিলে তাকে আক্রমণ করা হয়। অবশেষে, তিনি মিঃ কাকিতসুবোকে তাঁর স্ত্রীকে জানাতে বলেছিলেন, যাকে তিনি দেড় বছর দেখেননি এবং তিনি তাকে সর্বদা ভালোবাসেন। পচে যাচ্ছিল বলে তাঁর হাত কেটে ফেলতে হয়েছিল এবং তীব্র ব্যথায় তিনি অভিযোগ করেছিলেন। কয়েক ঘন্টা পরে তিনি মারা গিয়েছিলেন। আই এন এ তাদের বুঝিয়ে দিয়েছে যে একজন ভারতীয় সেন্ড্রি ৎসুরুতার ত্বক সাদা হওয়ার কারণে ইংরেজ গুপ্তচর হিসাবে ভেবেছিল। ৎসুরুতা জাপান থেকে নতুন ছিল।

## সীতাং থেকে ব্যাংকক

সেই রাতে আই এন এ এবং হিকারি কিকানের মধ্যে একটি স্পষ্টতই গুরুতর আলোচনা হয়েছিল। নেতাজি খুব হতাশ, রাগান্বিত হয়ে কথাবার্তা থেকে বেরিয়ে এসে ঘোষণা করলেন; "আমরা নিজের পথে চলব।" যথারীতি নেতাজি মিছিল করার আগে আই এন এ গঠনের বিষয়ে বিস্তারিত নির্দেশনা দিয়েছিলেন। তিনি আই এন এ-কে ভানগার্ড, প্রধান এবং রিয়ার-গার্ডে বিভক্ত করেন এবং জেনারেল ইসোদা এবং মন্ত্রী হাচিইয়াকে সঙ্গে না নিয়ে একটি পরিষ্কার চাঁদনি আকাশে রওনা হন। মিঃ কাকিতসুবো কার্যত একমাত্র জাপানী ছিলেন যিনি এইরাতে তাঁর সাথে ছিলেন। তারা জানতে পারল না যে তারা মৌলমাইন বা ভারত-বার্মিজ সীমান্তের দিকে যাত্রা করছে।

তাঁর সাথে বডির মাথার দিকে হেঁটে যাওয়ার পাশাপাশি সময় তিনি তাকে বলেছিলেন যে, বার্মিজ ইন্ডিপেন্ডেন্স আর্মি (বি আই এ)-এর আগে যারা বিদ্রোহ করেছিল, তাদের আক্রমণ করা উচিত। মিঃ কাকিতসুবো ঘোষণা করেছিলেন, "আমার মতে তাদের লড়াই করা উচিত নয়, নেতাজির সাথে শুয়ে থাকি কারণ আত্মঘাতী দলটি তৎক্ষণাত ব্যবস্থা নেবে।" নেতাজি আরও অনেক বিষয়ে কথা বলতে থাকলেন, কিন্তু তিনি এতটাই নিদ্রাহীন এবং ক্লান্তহয়ে পড়েছিলেন যে তিনি অর্ধেক ঘুমিয়ে পড়েছিলেন।

পর দিন ভোরের দিকে তারা খাবার ও বিশ্রামের জন্য জঙ্গলে বেরিয়ে পড়ে। তারা অনুসন্ধান করেছিল, একটি সামান্য কালো রঙের জলের একটি ছোট পুল যা বালির মধ্য দিয়ে ফিল্টার হওয়ার পরেও লালচে বাদামী দেখায়। তাদের প্রত্যেককে এক প্লেট করে গ্রুয়েল ভাত দেওয়া হয়েছিল যা খালি পেটের পক্ষে যথেষ্ট কম ছিল। বিশাল মোটা ও চর্বিযুক্ত জেনারেল ভোঁসলে অভিযোগ করেছিলেন যে তিনি খালি পেটে পদযাত্রা করতে পারছেন না। সেই রাতে বা তার পরের রাতে জেনারেল ইসোদা, মন্ত্রী হাচিইয়া, ওহতা ও কিছু জাপানী সৈন্য মোটর গাড়িতে করে উপস্থিত হয়েছিল এবং কাকিতসুবোকে লিফট অফার করেছিল। তিনি ওহতা এবং কয়েকজন জাপানী সৈন্যবাহী গাড়িতে উঠে পড়েন তবে পন্টুন ব্রিজ দিয়ে বিলিন নদী পেরিয়ে যাওয়ার পরে গাড়িটি ভেঙে যায়। সিতাংয়ের পরে তারা খুব কমই বিমান আক্রমণ পেয়েছিল। সুতরাং, তারা অবসর সময়ে তাদের ট্র্যাক যাত্রা আবার শুরু করেছিলেন, কখনও কখনও গাধার গাড়িতে। রাতেরবেলা অনুভূত হয়েছিল যে ওহতা যিনি হিন্দুস্থানে ভাল ছিলেন, কোনও ভারতীয় পরিবার থাকার জন্য অনুরোধ করেছিলেন কারণ তারা বিদ্রোহী বার্মিজকে ভয় পেয়েছিল। কিছু দিন পরে তারা মৌলমিনে পৌঁছেছিল যা সামরিক বাহিনী এবং বেসামরিক লোকেরা, অসুস্থ ও আহতদের দেখতে ভিড় করেছিল। বিমান আক্রমণ করার সময়, তারা বৃষ্টির জলে আশ্রয় কেন্দ্রগুলি খুঁজে পায়। যেহেতু আবাসন পরিস্থিতি সঙ্কটজনক ছিল এবং তাদের করার মতো কোনো কিছুই ছিল না, তাই তারা ব্যাংককে যাওয়ার সিদ্ধান্ত

নিয়েছিল। দিনের বেলা জঙ্গলে বিশ্রাম নিয়ে তারা কেবল রাতে ভ্রমণ করতে পারত, এই ট্রেন যাত্রাটি ছিল এক ক্লান্তিকর। ট্রেন কিছু রাতের জন্য মোটেও যাত্রা শুরু করেনি। যখন তারা ব্যাংককের কাছে একটি অদ্ভুতভাবে বড় শহরে পৌঁছেছিল, তাদের দূতাবাসের কর্মীরা তাদের সাথে দেখা করতে এসেছিল, তাদের ব্যবহারের জন্য যেসব পোশাক ব্যবহার করা হয়েছে সব পরিষ্কার করে ধুয়ে দিয়েছে। তারা প্রায় এক মাস আগে রেঙ্গুন ছেড়ে, দাড়ি শেভ করে, বন্ধুদের পোশাক পরে, প্রথমবারের জন্য গরম জলে স্নান করেছিল। তারা ব্যাংককে প্রবেশের পরে যেন লরির কাফেলার বিজয়ী সৈনিক ছিল। নেতাজি ব্যাংককে থাকতেন এবং তাঁর দলের সদস্য খান, চ্যাটার্জী এবং কিয়ানির সাথে ঘন ঘন সিঙ্গাপুর ঘুরে দেখতেন।

## দ্বিতীয় বিশ্বযুদ্ধে সিঙ্গাপুরে আই এন এ-র স্মৃতিসৌধ

ইম্ফাল অপারেশনের পরাজয়ের পরে, 1945 সালের ৪ জুলাই নেতাজি আই এন এ-র "অজানা যোদ্ধা" স্মরণে সিঙ্গাপুরের এস্প্লানাদে আই এন এ যুদ্ধ স্মৃতি সৌধের ভিত্তি প্রস্তর স্থাপন করেন। যুদ্ধের স্মৃতি চিহ্নের উপরে লেখা আই এন এ এর মূল মন্ত্র শব্দগুলি: ঐক্য (ইথান), বিশ্বাস (এতমাদ) এবং ত্যাগ (কুরবানী) ছিল।

আই এন এ-র শহীদদের প্রতি শ্রদ্ধা জানাতে গিয়ে তিনি বলেছিলেন, "ভারতীয়দের ভবিষ্যত প্রজন্ম যারা দাস হিসাবে [11] নয় বরং মুক্ত পুরুষ হিসাবে জন্ম নেবে, আপনার বিশাল ত্যাগের কারণে তারা আপনার নামকে আশীর্বাদ করবে এবং গর্বের সাথে ঘোষণা করবে মনিপুর, আসাম ও বার্মার যুদ্ধে আপনি যে তাদের প্রতিরোধ করেছেন, লড়াই করেছেন এবং এর বিপরীতে ভুগছেন। তবে অস্থায়ী ব্যর্থতার মধ্য দিয়ে আপনি চূড়ান্ত সাফল্য এবং গৌরব অর্জনের পথ প্রশস্ত করেছেন।"

**লাইভ ইন ব্যাংকক**

ব্যাংককে পৌঁছানোর কয়েকদিন আগে জার্মানি মিত্রশক্তির কাছে আত্মসমর্পণ করেছিল এবং জাপানের শক্তিশালী হোল্ডগুলি সর্বত্র ভেঙে পড়েছিল। মিঃ কাকিতসুবো ধানক্ষেতের মাঝখানে দাঁড়িয়ে ব্যাংককের উপকণ্ঠে তাঁর বাড়িতে নেতাজির সাথে সাক্ষাত করেছিলেন। মন্ত্রিপরিষদ মন্ত্রীরা হ্যানয় থেকে সিঙ্গাপুরে দক্ষিণ-পূর্ব এশিয়ায় ছত্রভঙ্গ হওয়ায় অস্থায়ী সরকার একটি কার্যকর সত্তা হিসাবে প্রায় কাজ বন্ধ করে দিয়েছিল। এজাতীয় পরিস্থিতিতে নেতাজী নিশ্চয়ই গুরুত্ব সহকারে চিন্তা করেছিলেন যে তাঁর কী করা উচিত? তাঁর পক্ষে খুব একটা পছন্দ ছিলনা। জাপানের পতন ঘটলে মিত্রবাহিনী তাকে ধরে ফেলতে পারে, তবে তাকে অবশ্যই এই পরিস্থিতিটি এড়াতে হবে।

তাঁর কাছে একমাত্র বিকল্প যা হাজির হয়েছিল, তাকে ভারতের স্বাধীনতার সংগ্রাম অব্যাহত রাখতে সোভিয়েত ইউনিয়নে যেতে হবে। হাস্যকরভাবে, ইউরোপীয় ফ্রন্টে সোভিয়েত ইউনিয়ন ব্রিটেনের পক্ষে লড়াই করছিল, নেতাজির প্রধানত শত্রু, কিন্তু সে জাপানের সাথে নিরপেক্ষতা বজায় রেখেছিল। নেতাজি ১৯৪৪ সালের নভেম্বরে জাপানে নিযুক্ত সোভিয়েত ইউনিয়নের রাষ্ট্রদূতের কাছে যাওয়ার চেষ্টা করেছিলেন তবে বিষয়টি কোনও প্রতিক্রিয়া ছাড়াই ডাস্টবিনে ফেলেছিলেন।

**হিরোশিমা এবং নাগাসাকিতে মার্কিন যুক্তরাষ্ট্রের দ্বারা পারমাণবিক বোমা হামলা**

৬ আগস্ট ১৯৪৫ ইউ এস এ হিরোশিমাতে পরমাণু বোমা ফেলেছিল এবং তিন দিন পর ৯ আগস্ট নাগাসাকিতে আরও একটি বোমা [17] ফেলেছিল। এই সুবিধাবাদী পরিস্থিতিতে সোভিয়েত ইউনিয়ন জাপানের বিরুদ্ধে যুদ্ধে যোগ দেয় এবং ৯ আগস্ট দ্রুত মাঞ্চুরিয়া দখল করে নেয়।

1945 সালের 15 আগস্ট, সম্রাট হিরোহিতো তাঁর লোকদের বলেছিলেন যে জাপান আর যুদ্ধ চালাতে পারে না এবং একইঞ্চিও ভারতীয় মাটি মুক্ত হয় না। সেনাবাহিনী প্রশ্নে পরাজিত, ছড়িয়ে ছিটিয়ে, আত্মসমর্পণ করেছে এবং খাঁচা ফেলেছে। এছাড়াও, এর নেতা পালিয়ে গেছে এবং তিন দিনের মধ্যে মারা যেতে পারে। ব্রিটেনের গ্রিপ পূর্বের মতো এই উপমহাদেশে অসামান্যভাবে নিয়ন্ত্রণ করা হয়েছিল।

১৯৪৩ সালে জার্মানি থেকে দক্ষিণ-পূর্ব এশিয়ায় আসার আগে যেমন রাশিয়া ভ্রমণ করেছিল তেমন সহজীকরণে নেতাজি জাপানের অনুগ্রহ চেয়েছিলেন, জাপানি কর্তৃপক্ষের মতামত বিভক্ত হয়েছিল। যদিও ১৫ আগস্ট মিত্রবাহিনীর বিরুদ্ধে জাপান আত্মসমর্পণ করেছিল, তবে শেষ পর্যন্ত জাপান সরকার তাকে মাঞ্চুরিয়ায় নিয়ে যেতে রাজি হয়।

১৬ আগস্ট সকাল ৯টায় নেতাজি আদেশ করেছিলেন, "সিওনান, অর্থাৎ সিঙ্গাপুর থেকে আমার অনুপস্থিতির সময় মেজর জেনারেল এম জেড কিয়ানী আজাদ হিন্দ অস্থায়ী সরকারের প্রতিনিধিত্ব করবেন। ১৬-৮-১৯৪৫ খ্রিস্টাব্দের সকাল সাড়ে দশটায় নেতাজি কয়েকজন সরকারী আধিকারিকের সাথে হাবিবুর রহমান খানকে নিয়ে জাপানের সামরিক বোমারু বিমানের মাধ্যমে সিঙ্গাপুর থেকে ব্যাংককের উদ্দেশ্যে রওনা হন। তারা 15:30টায় ব্যাংকক পৌঁছেছিলেন।

## ব্যাংকক থেকে সায়গন হয়ে তাইহোকুতে নেতাজির বিমান

১৭ আগস্ট সকাল সাড়ে সাতটায় দুটি বোমারু বিমান ব্যাংকক থেকে সাইগনের উদ্দেশ্যে রওনা হয়েছিল। ভারতীয় পক্ষের দলটিতে ছিল: নেতাজি, শ্রী আয়ার, কর্নেল এইচ আর খান, কর্নেল গুলজারা সিং, শ্রী দেবনাথ দাস, লেঃ কর্নেল প্রীতম সিং এবং মেজর আবিদ হাসান একটি বোমারু বিমানে। অন্য একটি বোমারু বিমানে, দলটির সমন্বয়ে গঠিত: হিকারি কিকানের প্রধান লেঃ জেনার ইসোদা এবং অস্থায়ী আজাদ হিন্দ সরকারের জাপানের মন্ত্রী এইচ ই হাচিয়া। সকাল সাড়ে দশটায় সাইগনে পৌঁছেছিল।

১৭ আগস্ট সাইগনে নেতাজি মিতসুবিশি সামরিক বোমারু বিমানের (KI-21, "টাইপ-97, ভারী বোম্বার") বিমানে উঠেছিলেন [14], আই এন এ-র কর্নেল হাবিবুর

রহমান খানের সাথে, যেখানে লেঃ জেনারেল ৎসুনামাসা শিদেই মাঞ্চুরিয়ায় যাচ্ছিলেন সোভিয়েত বাহিনীর কাছে জাপানি বাহিনীর আত্মসমর্পণ করার জন্য এবং তাইওয়ানের বিমানবন্দরে মারাত্মক

বোমারু বিমান দুর্ঘটনা ঘটেছিলো, 14:35টায় তাইহোকু বিমানবন্দরে। সেই দুর্ঘটনায় জেনারেল শিদেই এবং আরও দু'জন সেনা তাৎক্ষণিকভাবে মারা যান। ফ্লাইট পরিকল্পনার বিস্তারিত ভ্রমণ পথটি পরবর্তী অধ্যায়ে প্রদর্শিত হয়েছে যেখানে নেতাজীর মৃত্যু প্রমাণিত হয়েছে। নেতাজি সারা শরীর জুড়ে মারাত্মকভাবে জ্বলে উঠেছিল এবং সামরিক নানমন হাসপাতালে ভর্তি হয়েছিলেন যেখানে তিনি তার ডান-হাতের লোক কর্নেল হাবিবুর রহমান খানের সাথে ১৮ আগস্ট আর্মি হাসপাতালে মৃত্যুর আগে কথা বলেছেন। অনুরূপ বোমারু বিমানের একটি ছবি দেখানো হয়েছে।

কর্নেল হাবিবুর রাহমান খান দুর্ঘটনার বিষয়ে হলফনামায় [19] তার প্রত্যক্ষদর্শীর সত্যতা জানিয়েছেন যেহেতু তিনিও বিমানের পিছনে বসে একই বিমানটিতে ছিলেন। নেতাজি গুরুতর দগ্ধ হয়েছিলেন এবং কয়েক ঘন্টা পরে ১৯৪৫ সালের ১৮ আগস্ট কর্নেল হাবিবুর রহমানকে নিম্নলিখিত কথাটি বলে মৃত্যুবরণ করেন: *"আমি মনে করি না আমি দুর্ঘটনা থেকে বেঁচে যাব। আপনি ফিরে গেলে আমার দেশবাসীকে বলুন যে আমি আমার দেশের স্বাধীনতার জন্য শেষ পর্যন্ত লড়াই করেছি। আর পৃথিবীর কোনও শক্তিই আর আমাদের দেশকে আর বন্ধন করে রাখতে পারে না। তাদের উচিত লড়াই চালিয়ে যাওয়া। ভারত অনেক আগেই স্বাধীন হবে।"*

## 22 আগস্ট 1945-এ শিদেই এবং চন্দ্র বোসের মৃত্যু সংবাদ

এই মর্মান্তিক বোমারু বিমান দুর্ঘটনার পরে, জাপানের সমস্ত শীর্ষস্থানীয় সংবাদপত্র (ইংরাজী এবং জাপানি) ১৯৪৫ সালের ২২ আগস্ট এই সংবাদ প্রকাশ করেছিল যে, "চন্দ্র বোস এবং অ্যাডমিরাল জেনারেল ৎসুনুমাসা শিদেই তাইহোকু বিমানবন্দরে বোমারু বিমান দুর্ঘটনায় মারা গেছেন।" একটি খবরের কাগজ কাটটিং এখানে প্রদর্শিত হয়।

ৎসুনুমাসা শিদেই-এর লাশের কফিনটি [20] তাইহোকু থেকে টোকিওতে আনা হয়েছিল এবং তাকে টোকিওতে শেষকৃত্য করা হয়েছিল।

ইয়াসুকুনি মন্দির

জাপানি সামরিক কর্মীদের তাদের চাকরিতে মৃত্যুর পরে চিতাভস্ম উপরের দেখানো ইয়াসুকুনি মন্দিরে [21] রাখা হয়েছে।

প্রার্থনা অনুষ্ঠানটি মাজারে/মন্দিরে ৎসুনুমাসা শিদেই-এর জন্য NP-49 ছবিতে [7] দেখানো হয়েছে।

## টোকিওর রেনকোজি মন্দিরে চন্দ্র বোসের চিতাভস্ম

অন্যদিকে, নেতাজির মৃতদেহের কফিনটি আকারে দীর্ঘ ছিল এবং বোমারু বিমানের মধ্যে ৎসুনুমাসা শিদেই-এর লাশের কফিনটির সাথে টোকিওতে নিয়ে আসা সম্ভব ছিল না। তাই, নেতাজির মৃতদেহটি ২২-৮-১৯৪৫ তাইহোকু মিলিটারি এয়ারপোর্টের বাহিরে দাহ করা হয়েছিল এবং ১৯৪৫ সালের ২৩ আগস্ট চিতাভস্ম সংগ্রহ করা হয়েছিল। শেষ পর্যন্ত চিতাভস্মটি টোকিওতে নিয়ে এসেছিল রেনকোজি মন্দিরে রাখার জন্য ১৮ সেপ্টেম্বর।

প্রতিদিন, রেনকোজি মন্দিরের পুরোহিত ১৯৪৫ সাল থেকে নেতাজির আত্মার প্রার্থনা করে আসছেন। নেতাজির আত্মার প্রতি শ্রদ্ধা নিবেদনের জন্য ভারতের প্রাক্তন প্রধানমন্ত্রী অটল বিহারী বাজপেয়ী, ইন্দিরা গান্ধী, জওহরলাল নেহরু ও রাষ্ট্রপতি রাজেন্দ্র প্রসাদ সহ অনেক গণ্যমান্য ব্যক্তি এই মন্দিরে গিয়েছিলেন।

নারায়ণ সান্যাল ১৯৭০ সালে এই মন্দিরটি পরিদর্শন করেছিলেন এবং তাঁর বিখ্যাত বই [22] "নেতাজি রহস্য সন্ধানে" লিখেছিলেন। তিনি প্রার্থনার বইতে "জয়োতু নেতাজি" লিখেছিলেন। তিনি সেখানে পরিদর্শন করেছেন ভারতীয় রাজনৈতিক নেতাদের লেখা নোটগুলিও খুঁজে পেয়েছিলেন: 1) জওহরলাল নেহরু ইংরেজিতে লিখেছেন তবে সান্যাল অনুবাদ করেছেন, "বুদ্ধের বানী মনুষ্যসমাজে শান্তির বারি সিনচন করুক। স্বাক্ষর, জওহরলাল নেহরু, 13.10.57", 2) হাস্যকরভাবে, রাজেন্দ্র প্রসাদ হিন্দিতে দেবনাগরী লিপি দিয়ে লিখেছিলেন এবং এটি পুনরুদ্ধার করা সম্ভব ছিল না। এমনকি সান্যাল ও সেই টানা হাতের লেখা লিখিত বার্তাটি পড়তে পারেন নি নেতাজির আত্মার কাছে। 3) ইন্দিরা গান্ধী ইংরেজিতে লিখেছিলেন তবে সান্যাল অনুবাদ করেছেন, "বুদ্ধের অলোকবর্তিকা যেন আমাদের পথ দেখায় --- সত্যর পথে, শান্তির পথে, ও সেবার পথে পরিচালিত করে। স্বাক্ষর, ইন্দিরা গান্ধী, 26.06.69।"

নারায়ণ সান্যাল খোসলা কমিশনের আগে তাঁর বই লিখেছিলেন এবং তিনি তাঁর বইয়ে উল্লিখিত প্রত্যক্ষদর্শীর প্রমাণ থাকার কারণে নেতাজির মৃত্যুর বিষয়টি বুঝতে পেরেছিলেন। কিন্তু তিনি 1956 সালে নেতাজির মৃত্যু বিশ্বাস করেন নি, সুরেশচন্দ্রের দলিল সম্পর্কে সন্দেহ প্রকাশ করেছিলেন।

ডঃ গোরাচাঁদ ঘোষ

## রেনকোজি মন্দিরে তিন প্রধানমন্ত্রী এবং এক রাষ্ট্রপতির বার্তা

বর্তমানে নীচে দেখানো হয়েছে যে তিন প্রধানমন্ত্রী এবং ভারতের একজন রাষ্ট্রপতি দ্বারা নেতাজীর কাছে সেই বার্তা সম্বলিত দুটি ফলক রয়েছে। এখানে তাদের বার্তা এবং স্বাক্ষরগুলি জাপানি ভাষায় খোদাই করা হয়েছে। ডঃ ইয়াজিমা ইংরেজী অনুবাদ করেছেন। লেখক বাংলায় অনুবাদ করেছেন।

*"২০০১ সালের ৯ ডিসেম্বর অটল বিহারি বাজপেয়ী রেনকোজি মন্দিরে নেতাজি সম্পর্কে স্বাক্ষর ও বার্তা সম্বলিত একটি কালো মার্বেল ফলক। বাজপেয়ী লিখেছেন,*

*'রেনকোজি দুবার এসে আমি আনন্দিত, যেখানে ভারতীয় সত্যরঙ্গ সংগ্রামের মহান নেতা নেতাজি সুভাষ চন্দ্র বোসের স্মৃতিচিহ্ন সুরক্ষিত রয়েছে'"*

*"আর একটি কালো মার্বেল ফলকে বিশিষ্ট ব্যক্তির স্বাক্ষর রয়েছে: এই মন্দিরে উপস্থিত হওয়া এবং চন্দ্র বোসকে শ্রদ্ধা জানাতে আমার আনন্দ হয়; 14 অক্টোবর, 1958, রাষ্ট্রপতি রাজেন্দ্র প্রসাদ। বুদ্ধ মানুষের শান্তি ফিরিয়ে আনার লক্ষ্য প্রদান করে; 13 অক্টোবর, 1957, প্রধানমন্ত্রী জওহরলাল নেহেরু। বুদ্ধের আলো মানুষের মধ্যে সত্যিকারের হৃদয় এবং শান্তি নিয়ে আসবে; 26 জুন, 1969, প্রধানমন্ত্রী ইন্দিরা গান্ধী"*

আমাদের দুর্ভাগ্য যে মুখার্জি কমিশনের মুখার্জি নেতাজির মৃত্যুর সত্যতা প্রকাশ করতে এই মন্দির বা ইয়াসুকুনি মাজারে যাননি। দ্বিতীয় বিশ্বযুদ্ধের সময়কালে তাইহোকুর মৌলিক বিষয়টি ভুলে যাওয়ার পরে মুখার্জি কমিশনের মুখার্জী মুখর্জী ছিলেন। তাইহোকু 1945 সালের 25 অক্টোবর পর্যন্ত জাপানী সামরিক সরকারের অধীনে ছিল এবং সমস্ত গুরুত্বপূর্ণ নথি তারা নিয়ে গিয়েছিল এবং টোকিওর সামরিক সংরক্ষণাগারে রেখেছিল। তিনি কীভাবে দাবি করলেন যে সেখানে বিমান দুর্ঘটনাই হয়নি? প্রতিবছর ১৮ আগস্ট নেতাজির মৃত্যুবার্ষিকীতে টোকিওর ভারতীয় হাইকমিশনার কর্মকর্তারা মন্দির কর্তৃপক্ষ কর্তৃক আয়োজিত অনুষ্ঠানে যান।

## ব্যাংকক থেকে টোকিও কাকিতসুবো'র প্রত্যাবর্তন

কাকিতসুবো ১৯৪৫ সালের ১৫ আগস্ট 'সম্রাটের রেডিও সম্প্রচার' শুনেছিলেন ভিয়েতনামের দালাতে; মার্শাল তেরাউচি সদর দফতরে মিত্রবাহিনীর কাছে জাপানের আত্মসমর্পণের ঘোষণা করেছিলেন। সে সময় তিনি সেখানে কেন ছিলেন তা তিনি মনে করতে পারছিলেন না। এরপরই, তিনি ব্যাংককে ফিরে গেলেন তবে মিত্রবাহিনীর কাছে তাদের বাহিনীর আত্মসমর্পণ কার্যক্রমে সহায়তা করার জন্য সাইগনে ফিরে গিয়েছিলেন। অবিলম্বে, মিত্রবাহিনী দ্বারা 1945 সালের 17 আগস্ট তাকে সেখানে গ্রেপ্তার করা হয়। তাঁর ক্যামেরা, রেডিও এবং অন্যান্য সমস্ত নথি তাঁর কাছ থেকে ছিনিয়ে নেওয়া হয়েছিল এবং তার চোখের সামনে নষ্ট করা হয়েছিল।

কিন্তু তাকে সাইগনের বেসামরিক শিবিরে রাখা হয়েছিল এবং পরে মার্শাল তেরাউচির সাথে একত্রে যুদ্ধ আঘাত কাশিমায় সিঙ্গাপুরে স্থানান্তরিত হন এবং তাকে জুরংয়ের বেসামরিক শিবিরে রাখা হয়। অবশেষে ১৯৪৬ সালের আগস্টে তাকে জাপানে ফিরিয়ে দেওয়া হয়। স্বদেশ প্রত্যাবর্তনের কিছু আগেই মন্ত্রী হাচিইয়া দিল্লি থেকে ফেরার পথে শিবিরে যোগ দিয়েছিলেন যেখানে তিনি লাল দুর্গের (Red Fort) মামলায় আই এন এ-র সাক্ষী হিসাবে উপস্থিত হয়েছিলেন।

তিনি তাঁর কাছ থেকে শুনেছিলেন যে নেহেরু এবং লর্ড মাউন্টব্যাটেন তাকে যুদ্ধাপরাধী হিসাবে গড়ে তোলার জন্য আই এন এ বিচারের মামলায় কাকিতসুবোকে অনুসন্ধান করেছিলেন, কিন্তু সাইগনে তাকে আটক করার কারণে তাকে সনাক্ত করতে পারেনি। ঈশ্বর মহান এবং ব্রিটিশদের একজন দাস এবং পুতুল জনাব নেহেরুর দ্বারা যুদ্ধাপরাধী হিসাবে বিবেচিত না হয়ে তাঁর জীবন বাঁচিয়েছিলেন। তবে লেখক নিশ্চিত যে কলকাতা বিশ্ববিদ্যালয় আইন স্নাতক, বিচারক রাধাবিনোদ পাল তাঁর বিরুদ্ধে নেহেরুর যে ধরণের যুদ্ধাপরাধী দাবী করেছিলেন তার বিরুদ্ধে তিনি বেঁচে থাকতে পারতেন।

ডঃ গোরাচাঁদ ঘোষ

## নেতাজি সম্পর্কে মাসাইয়োশি কাকিতসুবো রচিত নোটস

দ্বিতীয় বিশ্বযুদ্ধের সমাপ্তির দুই বছর পর ভারত যখন স্বাধীনতা অর্জন করেছিল তখন নেতাজির ভবিষ্যদ্বাণী ঠিক প্রমাণিত হয়েছিল। তবে আত্মত্যাগকারী, উষ্ণ-আন্তরিক, ক্যারিশম্যাটিক নেতা আমাদের সাথে আর নেই। আমি ভেবেছিলাম যে নেতাজি আরও কয়েক বছর বেঁচে থাকলে ভারতীয় উপমহাদেশের রাজনৈতিক উন্নতি কিছুটা অন্যরকম হতে পারত।

নেতাজি ছিলেন একজন সর্বজনীন নেতা এবং তাঁর কোনও কুসংস্কার, ধর্মীয় বা সাম্প্রদায়িক অনুভূতি ছিলনা, এবং যারা তাঁর সংস্পর্শে এসেছিলেন তাদের সবাই তাকে ভালোবাসতেন এবং শ্রদ্ধা করতেন। তাঁর নেতৃত্বে, আজাদ হিন্দ অস্থায়ী সরকার ভারতীয় জাতীয় সেনাবাহিনীকে নিবিড়ভাবে একীভূত করেছিল, সুরেলা সত্তা। 1945 সালের 18 আগস্ট নেতাজির মৃত্যু দুর্ঘটনাজনক ছিল।

১৯৪১ সালে কলকাতা থেকে কাবুলের ট্রেন যাত্রা, ১৯৪৩ সালে জার্মানি থেকে পূর্ব এশিয়া পর্যন্ত এবং ১৯৪৫ সালে সাইগন থেকে মাঞ্চুরিয়ায় যাত্রীবাহী সাবমেরিন ভ্রমণে তিনি যে একমাত্র সঙ্গী বেছে নিয়েছিলেন, তিনি ছিলেন তাঁর ধর্মীয় বিশ্বাস নয়। এমনকি 1943 থেকে 1944 সালে তিনবার জাপান সফরে এসেছিলেন, তিনি খান ও কিয়ানির দুই মুসলিম সঙ্গী ছিলেন। ব্রিটিশ সরকার এবং জাতিসংঘ (ইউ এন) কখনই/দাবি করেনি নেতাজি যুদ্ধাপরাধী ছিল। কেবল নেহেরু, পুতুল এবং ব্রিটিশদের ক্রীতদাস তাঁর বস ক্লেমেন্ট অ্যাটলিকে দাবি করেছিলেন যে নেতাজি যুদ্ধাপরাধী ছিলেন এবং রাশিয়ায় স্ট্যালিন তাকে সুরক্ষিত করেছিলেন। নেহরু এবং গান্ধী ১৯৪৫ সালের ১৮ আগস্ট ভারতীয়দের বোকা বানাতে, ষড়যন্ত্র তত্ত্বের উপর এবং দ্বিতীয় বিশ্বযুদ্ধে নেতাজির নিখোঁজ হওয়ার রহস্য নিয়ে ভারতকে শাসন করার জন্য নেতাজির মৃত্যু বিশ্বাস করেননি। তিনি তাঁর কংগ্রেসের কট্টর সদস্যদের (যেমন, তাঁর বোন বিজয় লক্ষ্মী পণ্ডিত এবং ডঃ সর্বপল্লী রাধাকৃষ্ণান যারা ১৯৪৭-১৯৫২ সালে রাশিয়ায় নিযুক্ত ভারতের রাষ্ট্রদূত ছিলেন এবং তারা সেখানে জীবিত নেতাজিকে কেবল নেহেরুর সমর্থনের জন্য দেখেছিলেন) এই দাবিতে দৃঢ় সমর্থন দিয়েছিলেন যে নেতাজি ছিলেন রাশিয়াতে।

## ইউটিউব লিঙ্কস

নেতাজি সুভাষ চন্দ্র বোস | দ্বিতীয় বিশ্বযুদ্ধ | পর্ব চার | Sep 15, 2020
https://www.youtube.com/watch?v=F7k9fD59UyM

সত্য সর্বদা বিরাজ করে এবং এটি এখন সত্যিকারের ভারতীয় স্বাধীনতার ইতিহাস সম্পর্কে স্বয়ংক্রিয়ভাবে প্রকাশ পেতে চলেছে। নেতাজি এবং ভারতীয় জাতীয় সেনা, অর্থাৎ আই এন এ আমাদের স্বাধীনতা দিয়েছে, গান্ধীর অহিংসার দ্বারা নয়। এছাড়াও, গান্ধীর নেতৃত্বাধীন কংগ্রেস দল, জিন্নাহ-নেতৃত্বাধীন মুসলিম লীগ, সাভারকার-নেতৃত্বাধীন হিন্দু মহাসভা এবং কমিউনিস্ট পার্টির নেতারা এবং তাদের সদস্যরা মোটেই মুক্তিযোদ্ধা ছিলেন না। এই নেতারা নেতাজি এবং সাতাশী হাজার ভারতীয় জাতীয় সেনাবাহিনীর (আই এন এ) আত্মত্যাগের ফল লাভ করে ও বৃহত্তর ভারত ভাগ করেছিলেন।

নেতাজী বেঁচে থাকলে ভারত ভাগ হত না এবং মার্কিন যুক্তরাষ্ট্রের পরেই ভারত বিশ্বের দ্বিতীয় উন্নত দেশ হতে পারত। 1943 সালের 21 অক্টোবর থেকে মুক্ত ভারতের অস্থায়ী আজাদ হিন্দ সরকারের প্রধানমন্ত্রী নেতাজি সুভাষ চন্দ্র বোস এবং দ্বিতীয় বিশ্বযুদ্ধের সময় জাপানের প্রধানমন্ত্রী এবং প্রতিরক্ষা মন্ত্রী হিদেকী তোজো বৃহত্তর ভারতের স্বাধীনতার মূল স্থপতি ছিলেন। এছাড়াও, তারা যুদ্ধের পরে উপনিবেশিক শাসকদের কাছ থেকে দক্ষিণ পূর্ব এশীয় দেশগুলির স্বাধীনতার প্রধান স্থপতি ছিলেন।

এই পর্বে গ্রেটার ইস্ট এশিয়া কনফারেন্সের প্রথম বার্ষিকীতে অংশ নেওয়ার জন্য নেতাজি এবং তার তিন অধিনায়ক খান, চ্যাটার্জী এবং কিয়ানি টোকিও সফরের বর্ণনা দিয়েছেন (1944 সালের 5-6 নভেম্বর)। এছাড়াও, ১৯৪৫ সালের জানুয়ারির মাঝামাঝি সময়ে ফিরে আসার আগে পর্যন্ত নেতাজির কার্যক্রম জাপানে প্রদর্শিত হয়

**https://www.youtube.com/watch?v=Sa6_VMLESSQ**



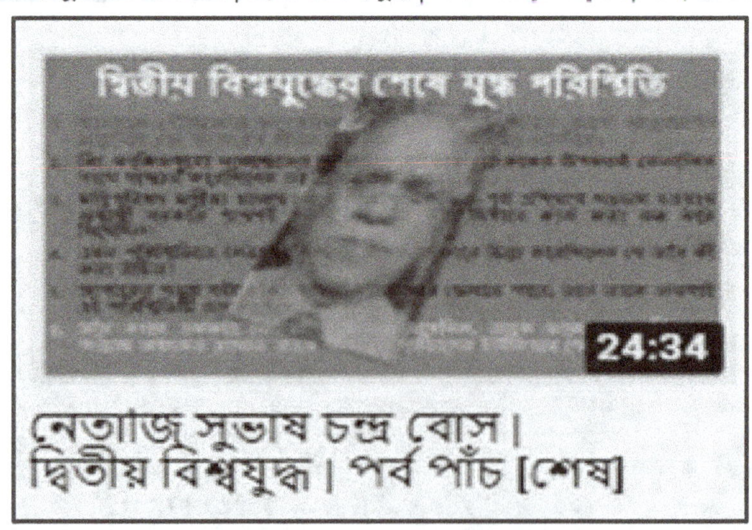

এটি দ্বিতীয় বিশ্বযুদ্ধের নেতাজির শেষ পর্ব। দ্বিতীয় বিশ্বযুদ্ধের ঠিক পরে, নেতাজি ১৯৪৫ সালের ১৮ আগস্ট তাইহোকুর নানমন সামরিক হাসপাতালে বিমান দুর্ঘটনায় মারা যান। নেতাজির 75তম মৃত্যুবার্ষিকীর আগে অর্থাৎ ২০২০ সালের ২০ আগস্ট আমি নেতাজির ব্যক্তিগত সচিব প্রয়াত মাসাইয়োশি কাকিতসুবো-র পক্ষ থেকে ভারত সরকারের কাছে অনুরোধ করছি যে তার মাতৃভূমিতে নেতাজির চিতাভস্ম ফিরিয়ে আনতে এবং চিতাভস্মটি সম্প্রতি বেনারসে নির্মিত নেতাজি মন্দিরে রাখা উচিত। জয় হিন্দ!

**YouTube(s) Links in English based on this chapter:**
**https://www.youtube.com/watch?v=Mt0j_jTqb2o**
**https://www.youtube.com/watch?v=AzWh8OVV2DA**

Netaji Subhas Chandra Bose WWII Episode 4; Jun 9, 2020

*This episode has described the visit of Netaji and his three captains, Khan, Chatterjee and Kiani to Tokyo to participate the 1st Anniversary of the Greater East Asia Conference (5-6 November 1944). Also, activities of Netaji are shown in Japan until his return in the middle of January 1945.*

Netaji Subhas Chandra Bose WWII Episode 5, Jun 18, 2020

*This is the last episode of Netaji in the WWII. Just after the WWII, Netaji died in a plane crash on 18 Aug 1945 at the NanMon military hospital in Taihoku. Before the 75th death anniversary of Netaji i.e., on 18 Aug 2020, I have requested to the Indian Government on behalf of late Masayoshi Kakitsubo, personal secretary of Netaji to bring back the ashes of Netaji to his motherland and to keep it in the Netaji temple recently built at Varanasi. JAI HIND.*

*27 মার্চ 1999 ড: হিরোইয়োশি ইয়াজিমা এই ফটো তুলেছিলেন*

## নেতাজির জন্য ভারত স্বাধীন

# পঞ্চম অধ্যায়

## নেতাজী সুভাষ চন্দ্র বোসের মৃত্যুর নিবন্ধ

দ্বিতীয় বিশ্বযুদ্ধের সময়কালে বর্তমানের মতো কোনও যোগাযোগ ব্যবস্থা ছিল না। এমনকি, অ্যাংলো-আমেরিকান সাংবাদিকরা কিছু ভ্রান্ত প্রতিবেদন করেছে এবং তাদের সংবাদপত্রে প্রকাশ করেছে। এখানে, আমি নেতাজির মৃত্যু সম্পর্কিত নিবন্ধগুলির ক্রমিক প্রতিবেদনগুলি উপস্থাপন করছি।

### দ্বিতীয় বিশ্বযুদ্ধের পরে ডঃ বা মাও এর বার্তা

১৯৪৫ সালের ২২ আগস্ট ডঃ বা মাও তাইওয়ান বিমানবন্দর হয়ে জাপানে পালাচ্ছিলেন এবং তিনি কিছু দিন আগে এখানে বিমান দুর্ঘটনায় নেতাজির মৃত্যুর খবর পেয়েছিলেন। তাঁর মন এতটাই ক্লান্ত এবং ঝাপসা হয়ে পড়েছিল যে তিনি যা শুনেছেন তার পুরো অর্থ গ্রহণ করেননি। পরে তিনি আঘাতের পুরো শক্তি অনুভব করেছিলেন। ডঃ বা মাও তাঁর বইতে [10] তাইহোকু বিমানবন্দরে নেতাজির মৃত্যু স্পষ্টভাবে লিখেছিলেন।

এছাড়াও, যুদ্ধশেষে ডঃ বা মাও তাঁর বইতে [10] লিখেছেন, "যে কোনও ইস্যু মানুষের আত্মার দ্বারা সিদ্ধান্ত নেওয়া হবে কামিকাজের (Kamikaze) চেতনা দ্বারা ---। কেবল দুটি প্রশ্ন জিজ্ঞাসা করুন। 1) কেন সামগ্রিকভাবে এশিয়া তার অতীতের ঐতিহ্য হারাতে বসল? প্রাচ্য থেকে সভ্যতার সূচনা হয়েছিল। বিশ্বের অগ্রগতি প্রাচ্যে শুরু হয়েছিল। 2) অতীতে আমরা যা অর্জন করেছি তা কেন হারিয়ে ফেললাম? উত্তর খুব সহজভাবে দেওয়া যেতে পারে। পূর্বএশিয়া অতীতকে হারিয়েছিল কারণ সে এথেকে ভবিষ্যতে যেতে পারেনি। সে এতে আটকে গিয়েছিলো। বস্তুবাদী যুগে সে নিজেকে বস্তুবাদী পরিবেশের সাথে সামঞ্জস্য করতে পারেনি। সে আধ্যাত্মিক এবং বস্তুগত সময়ে উভয়ই আধ্যাত্মিক হওয়ার চেষ্টা করেছিল যার ফলশ্রুতিতে যে যখন পৃথিবী চলছিল তখন সে নড়াচড়া করতে পারে না এবং সে পিছনে পড়ে যায়। নতুন পৃথিবী না বস্তুবাদী বা আদর্শবাদীর পক্ষে নয়; এটা বাস্তববাদীর জন্য।

পূর্ব এশিয়ায় যা ঘটেছিল তা যুদ্ধ নয় --- এটি ছিল জনগণের বিপ্লব। আমাদের পক্ষে সত্যিকারের বিপ্লববাদী হওয়া, পূর্ব এশিয়াটিক বিপ্লবকে অনুসরণ করা যেমন অতীতের মহান বিপ্লবগুলি অনুসরণ করা হয়েছিল এবং গ্রাসিত হয়েছিল। এটি প্রত্যেকের বিপ্লব, এবং প্রতিটি বাড়িতে ও প্রতিটি শহরেই বিপ্লবীফ্রন্ট থাকে। এটিই বিপ্লব জয়ের উপায়। এর মধ্যে থাকা প্রতিশ্রুতিগুলির মধ্যে একটি ছিল: আমরা নিপ্পন এবং অন্যান্য পূর্ব এশিয়াটিক জাতিগুলির সাথে নিকটতম ঐক্যে অ্যাংলো আমেরিকান শত্রুদের বিরুদ্ধে জাতির উদাসীনতা রক্ষার প্রথম জাতীয় কার্যে নিঃশর্তভাবে নিজেকে উৎসর্গ করব।"

## কর্নেল হাবিবুর রহমান খানের ভারতীয় জাতীয় সেনাবাহিনী, ফর্মোসায় তাইহোকুতে বিমান দুর্ঘটনার বিবৃতি:

(ইংরেজি পৃষ্ঠাটি ইউ এস এ-র অ্যামাজন দ্বারা যথাক্রমে সেপ্টেম্বর 2017 এবং নভেম্বর 2019-তে' ই-বুক এবং পেপারব্যাক বইয়ে প্রকাশিত হয়েছে)

ডিক্লাসিফাইড ফাইল থেকে প্রাপ্ত একটি গুরুত্বপূর্ণ রিপোর্ট (সত্য কপি)

16-8-1945 তারিখে 10:30টার সময় নেতাজি সুভাষ চন্দ্র বোস কয়েকজন সরকারী ও সেনাবাহিনী অফিসার সহ আমি একটি দলে জাপানী বোমারু বিমানের মাধ্যমে সিঙ্গাপুর থেকে ব্যাংককের উদ্দেশ্যে রওয়ানা হলাম। আমরা 15-30টায় ব্যাংককে পৌঁছেছি।

17-8-1945 তারিখে 07:30টায় দুটি বোমারু বিমান সাইগনের উদ্দেশ্যে রওনা হয়েছিল।

ভারতীয় পক্ষের দলটিতে রয়েছে: নেতাজি সুভাষ চন্দ্র বোস, শ্রী আয়ার, কর্নেল হাবিবুর রেহমান খান, কর্নেল গুলজারা সিং, শ্রী দেবনাথ দাস, লেঃ কর্নেল প্রীতম সিং এবং মেজর এ হাসান।

হিকারি কিকানের প্রধান লেঃ জেনারেল ইসোদা এবং এইচ ই হাচিয়া, আজাদ হিন্দ অস্থায়ী সরকারের জাপানের মন্ত্রী অন্য বিমানে করে ভ্রমণ করেছিলেন। সাইগনে প্রায় 10:45টায় পৌঁছেছিল এবং দক্ষিণাঞ্চল কমান্ডের সাথে আলোচনা শুরু হয়েছিল।

প্রায় 15:45টায় লেঃ জেনারেল ইসোদা, এইচ ই হাচিয়া এবং এইচ কিউ দক্ষিণাঞ্চলের স্টাফ অফিসার কর্নেল তাদা নেতাজীকে জানিয়েছিলেন যে একই দিনে 17:00টায় সাইগন থেকে ছেড়ে আসা একটি বোমারু বিমানে দুটি আসন পাওয়া যায়। এই আসনটি উপভোগ করার সিদ্ধান্ত নেওয়া হয়েছিল এবং আমি নেতাজির সাথে ছিলাম।

বিমানটি সাইগন অ্যারোড্রোম থেকে 17:15টায় উড়েছিল। কোয়াংতুং আর্মির চিফ অফ স্টাফ লেফটেন্যান্ট জেনারেল শিদেই সহ সিনিয়র জাপানি অফিসাররাও একই বিমানের যাত্রী ছিলেন। আমরা ফ্রেঞ্চ ইন্দো-চিনের টুরানে রাত কাটিয়েছি যেখানে আমরা 19:45টায় পৌঁছেছিলাম।

18-8-1945 এ 07:00টায়, আমরা টুরান থেকে শুরু করে 14:00টায় ফর্মোসায় তাইহোকু পৌঁছেছি। এখানে আমরা প্রায় 35 মিনিটের জন্য থামলাম। 14:35 মিনিটে বিমানটি যাত্রা শুরু করে। এটি এখনও খুব বেশি উচ্চতা অর্জন করতে পারেনি এবং এয়ারফিল্ডের উপকণ্ঠের মধ্যে ছিল, যখন সামনে থেকে কোনও বিস্ফোরণের মতো জোর শব্দ শোনা গেল। প্রকৃতপক্ষে, বায়ু বিমানের একটি প্রোপেলার ভেঙে গিয়েছিল। তৎক্ষণাৎ বিমানটি মাটিতে বিধ্বস্ত হয় এবং এতে সামনে ও পিছনে উভয়ই আগুন ধরে যায়। দুর্ঘটনার সময় বিমানটিতে

নেতাজির অবস্থান নিম্নরূপ ছিল: পাইলট-এর ঠিক পিছনে একজন জাপানী অফিসার বসেন এবং তাঁর বাম পাশে নেতাজি ছিলেন। তার ঠিক ডান দিকে ছিল পেট্রোল ট্যাঙ্ক। আমি নেতাজির পিছনে ছিলাম। সামনের বাম দিক হতে নেতাজি বিমান থেকে নামলেন। আমি তাঁর পিছনে পিছনে গেলাম, তা করতে গিয়ে আমাদের আগুনের মধ্য দিয়ে যেতে হয়েছিল। আমি বেরোনোর সাথে সাথেই দেখতে পেলাম যে মাথা থেকে পা পর্যন্ত নেতাজির পোশাক আগুনে জ্বলছিল। আমি ওনার কাপড় সরাতে সাহায্য করতে ছুটে গেলাম। তার জামা অপসারণের সময়, ক্রাশের সময় তার মাথায় গুরুতর জখম হওয়া ছাড়াও তার শরীর মারাত্মক পুড়ে গিয়েছিলো। আমার মতে, দুর্ঘটনার সময় পাশের ট্যাঙ্ক থেকে পেট্রল তার পোশাকের উপর পড়েছিল। 15 মিনিটের মধ্যে আমাদের দ্রুত নিকটস্থ নিপ্পন আর্মি হাসপাতালে নিয়ে যাওয়া হয়েছিল। তখন প্রায় 15:00টা ছিল। আমি মুখ এবং দেহে জ্বলন ছাড়াও মাথা এবং দেহে গুরুতর জখম পেয়েছি।

নেতাজিকে তাৎক্ষণিক চিকিৎসা দেওয়া হয়েছিল তবে তার অবস্থা ছিল অত্যন্ত গুরুতর। নিপ্পনের চিকিৎসার ক্ষেত্রে চিকিৎসা কর্তৃপক্ষ তাদের যথাসাধ্য চেষ্টা করেছিল কিন্তু দুর্ভাগ্যক্রমে একই দিন 21:00টায় (টি টি) তার মেয়াদ শেষ হয়ে যায়। মৃত্যুর আগে তিনি ছিলেন ইন্দ্রিয়তে এবং বেশ শান্ত ছিলেন। তিনি যখনই আমার সাথে কথা বলতেন, সেটি ভারতের স্বাধীনতার বিষয়ে ছিল। মৃত্যুর পূর্বে তিনি আমাকে বলেছিলেন যে তাঁর সমাপ্তি খুব নিকটেই এবং আমাকে তার দেশবাসীর কাছে নিম্নলিখিত দিক থেকে তাঁর কাছে একটি বার্তা জানাতে বলেছিলেন: *"আমি ভারতের স্বাধীনতার জন্য শেষ পর্যন্ত লড়াই করে এসেছি এবং এখন একই প্রচেষ্টাতে আমার জীবন দিচ্ছি। দেশবাসী! স্বাধীনতা যুদ্ধ চালিয়ে যান! অনেক আগে ভারত স্বাধীন হবে। লং লিভ আজাদ হিন্দ।"*

লেফটেন্যান্ট জেনারেল শিদেই এবং অন্য দুজন জাপানি অফিসার দুর্ঘটনার পরে তাৎক্ষণিক মারা গিয়েছিলেন এবং অন্যরা সবাই গুরুতর আহত হয়েছিলেন। আমি সেনা কর্তৃপক্ষকে অনুরোধ করলাম, সিঙ্গাপুর বা টোকিওতে লাশটি পৌঁছে দেওয়ার ব্যবস্থা করার জন্য, অগ্রাধিকারভাবে সিঙ্গাপুরে। তারা সমস্ত সাহায্যের প্রতিশ্রুতি দিয়েছিল। আমাকে জানানো হয়েছিল যে লাশটির জন্য একটি বাক্স ও অ্যারোপ্লেনের ব্যবস্থা করা হচ্ছে এবং তারা দুর্ঘটনার বিষয়ে সাইগন ও টোকিওকে জানিয়েছিল। 21-8-1945-এ একজন সিনিয়র জাপানি স্টাফ অফিসার আমাকে হাসপাতালে জানিয়েছিলেন যে বাক্সটির দৈর্ঘ্য বিমানটিতে রাখার অনুমতি দেয় না। তিনি পরামর্শ দিয়েছিলেন যে মৃতদেহটি তাইহোকুতে দাহ করা হোক। অন্য কোনও বিকল্প না দেখে আমি এই পরামর্শে রাজি হয়ে গেলাম এবং সেনা কর্তৃপক্ষের ব্যবস্থাপনায় 22-8-1945 সালে তাইহোকুতে মরদেহ দাহ করা হয়েছিল। চিতাভস্ম 23-8-1945 সালে সংগ্রহ করা হয়েছিল।

আমি আর্মি কর্তৃপক্ষকে অনুরোধ করেছি যাতে চিতাভস্মগুলি টোকিওতে সরানোর ব্যবস্থা করতে হবে যেখানে তাদের নিরাপদ স্থানে রাখা যেতে পারে এবং সেথান থেকে পরবর্তী সময়ে এগুলি ভারতে সরানো হবে।

উপরে দুর্ভাগ্যজনক ট্র্যাজেডির সত্য বিবরণ দেওয়া আছে এবং আমি কর্তৃপক্ষকে অনুরোধ করেছি যাতে চিতাভস্ম সঠিকভাবে রাখা হয় ও একদিন ভারত তার অসামান্য বীর নেতার মৃত্যুর বিষয়ে সত্য জানতে পারে।

তাইহোকু, তাইওয়ান, 24 আগস্ট, 1945

## লন্ডন এবং কলকাতায় মিঃ সুভাষ চন্দ্র বসুর মৃত্যু সংবাদ

শিরোনাম: মিঃ সুভাষ চন্দ্র বসু বিমান দুর্ঘটনায় আহত হওয়ার পরে মারা গিয়েছিলেন জে এ পি নিউজ এজেন্সি যেটি ১৯৪৫ সালের ২২ আগস্ট লন্ডনে এবং ২৬ আগস্ট ১৯৪৫ সালে কলকাতায় হিন্দুস্তান স্ট্যান্ডার্ড পত্রিকায় প্রকাশিত হয়েছিল।

*সংবাদপত্রের নিউজ-কাটিং এখানে দেখানো হয়েছে।*

লন্ডন ২২ আগস্ট-মিঃ সুভাষ চন্দ্র বসুর মৃত্যুর কথা আজ জাপানি সংবাদ সংস্থা প্রকাশ করেছে। সংস্থা যোগ করেছে যে মিঃ বোস একটি বিমান দুর্ঘটনায় আহত হয়ে জাপানের একটি হাসপাতালে মারা গিয়েছিলেন। সংস্থাটি আরও যোগ করেছে: "আজাদ হিন্দের অস্থায়ী সরকারের প্রধান মিঃ বোস জাপানের সরকারের সাথে আগস্টে বাগদান করেছিলেন। ১৯৪৫ সালের ১৮ আগস্ট সন্ধ্যা ৮টায় তাঁর মৃত্যু হয় ------ সংবাদ অব্যাহত রয়েছে।"

নেহেরু ব্রিটেনকে সতর্ক করেছেন: ভারতীয় জাতীয় সেনাবাহিনী নিয়ে উদ্বেগ প্রকাশ করে, "তাদের মূল্যবান জীবন যদি মরে যায় তবে ট্র্যাজেডি হবে" এবং একই পত্রিকায় প্রথম পষ্ঠায় প্রকাশিত হয়েছিল।

## ফিগেস রিপোর্টে গুরুত্বপূর্ণ অনুচ্ছেদ (কর্নেল জন ফিগেস, ভারতীয় রাজনৈতিক গোয়েন্দা সংস্থা, 25 জুলাই 1946)

নিম্নলিখিত অনুচ্ছেদে নামকরণ করা ব্যক্তিদের একের পর এক জিজ্ঞাসাবাদের ফল স্বরূপ নিশ্চিত হওয়া যায় যে এস সি বোস 18ই আগস্ট, 1945 স্থানীয় সময় 17:00টা থেকে 20:00টার মধ্যে একটি তাইহোকু সামরিক হাসপাতালে (নানমন ওয়ার্ড) মারা গিয়েছিলেন। মৃত্যুর কারণ হ'ল হার্ট ফেলিউর যা একাধিক বার্ন এবং শক দ্বারা সৃষ্ট হয়েছিল। নীচে নাম করা সমস্ত ব্যক্তিদের বিভিন্ন সময়ে জিজ্ঞাসাবাদ করা হয়েছিল তবে ইভেন্টের বেশ কয়েকটি বিবরণ উভয় ক্ষেত্রেই বিষয়গুলির জ্ঞানকে সাধারণ অভিজ্ঞতার ভিত্তিতে বিবেচনা করা যেতে পারে এমন সমস্ত বিষয়গুলিতে পদার্থ এবং বিশদ উভয় ক্ষেত্রেই একমত হয়েছে। পূর্ব-ব্যবস্থাযুক্ত মনগড়া বিষয়টিকে অবশ্যই বাদ দিতে হবে কারণ জিজ্ঞাসাবাদের আগে সংশ্লিষ্ট বেশির ভাগ ব্যক্তির একে অপরের সাথে যোগাযোগের সুযোগ ছিল না।

ফিগেস রিপোর্টের [23] বাকী চার পৃষ্ঠায় বিমান দুর্ঘটনায় বেঁচে যাওয়া দু'জন লেফটেন্যান্ট কর্নেল ননোগাকি, সাকাই এবং ডক্টর ইয়শিমির সাথে সাক্ষাত্কার রয়েছে, যারা বোসকে হাসপাতালে চিকিৎসা দিয়েছিলেন এবং মৃত্যুর পরবর্তী ব্যবস্থাতে জড়িত ছিলেন। 1979 সালে, লিওনার্ড গর্ডন নিজেই "লেঃ কর্নেল ননোগাকি, সাকাই, এব (বিমান দুর্ঘটনা থেকে বেঁচে যাওয়া) মেজর কনো" এই চিকিৎসাগুলির মাধ্যমে ঘরে বসে থাকা জাপানি সুশৃঙ্খল ডাঃ ইয়শিমি এবং জাপানী অফিসার লেঃ হায়াশিদার সাক্ষাৎকার নিয়েছিলেন, যিনি তাইপেই থেকে বোসের চিতাভস্ম জাপানে নিয়ে গিয়েছিলেন।

ফিগেস রিপোর্ট এবং লিওনার্ড গর্ডনের [24, 25] তদন্তগুলি চারটি সত্যের বাস্তব ঘটনা নিশ্চিত করে: 1) 1945 সালের 18 আগস্ট তাইহোকু বিমানবন্দরের নিকটে দুর্ঘটনা ঘটে এবং বিমানটিতে সুভাষ চন্দ্র বসু যাত্রী ছিলেন; 2) একই দিন কাছের সামরিক হাসপাতালে বোসের মৃত্যু; 3) তাইহোকুতে বোসের লাশ দাহন; এবং 4) টোকিওতে বোসের চিতাভস্ম স্থানান্তর।

*22 আগস্ট, 1946-এ দক্ষিণ-পূর্ব এশিয়ার সুপ্রিম মিত্র কমান্ডারের* সদর দফতরে নিযুক্ত সামরিক কাউন্টার ইন্টেলিজেন্স অফিসার লেঃ কর্নেল জন ফিগেস তাঁর উপরের বস লর্ড লুই মাউন্টব্যাটেনকে একটি প্রতিবেদন জমা দেন। ফিগেস এই সিদ্ধান্তে পৌঁছেছিলেন যে ফরমোসার (বর্তমানে তাইওয়ান) বিমান দুর্ঘটনায় নেতাজি সত্যিই মারা গিয়েছিলেন।

## ট্রাস্ট ডিড অফ ওয়েলফেয়ার ফর ফ্রেউ এমিলি শেঙ্কেল - মিসেস বোস

(ইংরেজি পৃষ্ঠাটি ইউ এস এ-র অ্যামাজন দ্বারা যথাক্রমে জুলাই 2018 এবং নভেম্বর 2019-তে 'আপডেটেড' ই-বুক এবং পেপারব্যাক বইয়ে প্রকাশিত হয়েছে)

কপিরাইট © ডঃ গোরাচাঁদ ঘোষ 2018

(21 সেপ্টেম্বর 2018 এ ফেসবুকে পাবলিক পোস্টিং)

ডিক্লাসিফাইড ফাইল থেকে প্রাপ্ত

1954 সালের 23 মে, ভারতের প্রধানমন্ত্রী জওহরলাল নেহেরু এবং পশ্চিম বঙ্গের মুখ্যমন্ত্রী ডাঃ বিধান চন্দ্র রায় ফ্রেউ এমিলি শেঙ্কেলের কল্যাণে-মিসেস বোসের জন্য ২ লক্ষ টাকার একটি 'ট্রাস্ট ডিড' তৈরি করেছিলেন। এই অর্থ আই এন এ তহবিল থেকে প্রাপ্ত হয়েছিল যা নিখিল ভারত কংগ্রেস কমিটির কাছে পড়ে রয়েছে। সত্য এখন প্রকাশ পেয়েছে যে এই কল্যাণ **প্রয়াত শ্রী সুভাষ চন্দ্র বসুর** কন্যা অনিতা বোসের রক্ষণাবেক্ষণ, শিক্ষা এবং অগ্রগতির জন্য তৈরি করা হয়েছিল। 1953 সালের পররাষ্ট্র মন্ত্রকের আওতাধীন নেতাজি সুভাষচন্দ্র বসু পত্রিকায় ভারতের জাতীয় সংরক্ষণাগারটির ডি ক্লাসিফাইড (শ্রেণিবদ্ধ) ফাইল (এ চ্যাটার্জি, 6/01/2016) থেকে নিম্নলিখিত উপকরণগুলি পুনরুদ্ধার করা হয়েছে, 1953 সালে ফাইল রয়েছে নং F.2-পোল (আউস)/53।

1953 সালের 4 মে, শ্রী এল জে সিং "জনগণের সভায়" প্রধানমন্ত্রী জওহরলাল নেহরকে জিজ্ঞাসা করেছিলেন: ক) ভারত সরকার কি সচেতন যে শ্রী সুভাষ চন্দ্র বসু তার পিছনে

ফ্রেউ শেঙ্কেল নামে এক স্ত্রী এবং অনিতা বোস নামে এক কন্যাকে ভিয়েনায় রেখে গেছেন?; খ) যদি তা হয় তবে পরিবারের রক্ষণাবেক্ষণের জন্য রাষ্ট্রীয় সহায়তা বাড়ানোর জন্য সরকার কী পদক্ষেপ গ্রহণ করবে; গ) সরকার শ্রী সুভাষ চন্দ্র বসুর স্ত্রী ও কন্যাকে ভারতে ফিরিয়ে আনার জন্য কোনও প্রস্তাব দিয়েছে কি না; এবং ঘ) যদি তাই হয় তবে এই জাতীয় প্রস্তাবের ফলাফল কী?

জওহরলাল নেহেরু উত্তর দিয়েছেন - ক) হ্যাঁ। ভদ্রমহিলার নাম ফ্রেউ শেঙ্কেল। (খ), (গ) এবং (ঘ) সরকারকে অবহিত করা হয়েছে যে ভদ্রমহিলাকে ভারতে আসার জন্য আমন্ত্রণ জানানো হয়েছিল, কিন্তু তিনি ভিয়েনায় থাকতে পছন্দ করেছিলেন। তাকে আর্থিক সহায়তা দেওয়ার প্রস্তাব দেওয়া হয়েছিল। মাঝে মধ্যে ব্যক্তিগত উৎস থেকে কিছু সহায়তা দেওয়া হয়েছিল, কিন্তু মহিলা নিয়মিত এই জাতীয় কোনও আর্থিক সহায়তা নিতে রাজি হন নি।

শ্রীযুক্ত এল জে সিংয়ের একটি প্রশ্ন ছিল-আমি কি জানতে পারি যে ভারত সরকার কলকাতায় নেতাজি সুভাষ চন্দ্র বসুর পরিবারের অন্যান্য সদস্যদের সাথে রাষ্ট্রীয় সহায়তা বাড়ানোর বিষয়ে যোগাযোগ করেছিল কি না? তাঁর স্ত্রী ও কন্যাকে ভারতে ফিরিয়ে আনতে এবং যদি তা হয় তবে তাদের প্রতিক্রিয়া কী?

জওহরলাল নেহেরু জবাব দিলেন: ভারত সরকারের প্রতিক্রিয়া নাকি পরিবারের প্রতিক্রিয়া? কার প্রতিক্রিয়া? শ্রী এল জে সিং উত্তর দিয়েছিলেন - পরিবারের সদস্যদের প্রতিক্রিয়া।

শ্রী জওহরলাল নেহেরু জবাব দিয়েছিলেন - এই প্রশ্নের উত্তর দিতে কিছুটা অসুবিধা ছিল কারণ সেগুলি সম্পর্কে নির্দিষ্ট কিছু সুখবর রয়েছে। যতক্ষণ পর্যন্ত ভারত সরকার উদ্বিগ্ন, আমরা এই সম্পর্কে গত তিন বা চার বছর ধরে জানি এবং আমরা আমাদের ক্ষমতায় যাবতীয় সাহায্য, আমন্ত্রণ জানাতে এবং সমস্ত কিছু করার জন্য উদ্বিগ্ন হয়েছি, তবে এমন কিছু করতে যা সম্ভবত নাও হতে পারে অন্যদিকে স্বাগত জানাই। আমরা প্রথম মুহূর্তে বোস পরিবারের প্রাপ্ত বয়স্কদের দৃষ্টি আকর্ষণ করি; যতদূর আমি জানি তারা এ বিষয়টি আলাদাভাবে এবং সরাসরি মোকাবেলা করেছে।

তারপর থেকে, উপরোক্ত প্রশ্নোত্তরগুলি 1953 সালের 9 জুন জনগণের সভায় রাখা হয়েছিল, যেমনটি ভারত সরকার, নয়াদিল্লির পররাষ্ট্র মন্ত্রকের চিঠির প্রথমে উল্লেখ করা হয়েছে।

1953 সালের 7 জুলাই, ওয়াই ডি গুন্ডাভিয়া "টপ সিক্রেট" চিহ্নিত একটি চিঠি ডঃ কে ভি রামস্বামী, অ্যাটাচি এবং উপ-উপদেষ্টা, ভারতের লেইজেশন অব ভিয়েনাকে পাঠিয়েছিলেন; ফ্রেউ শেঙ্কেল সম্পর্কে আপনার যা কিছু জানা আছে তার সমস্ত-এবং রেকর্ডে থাকা সমস্ত কিছুই, আর্থিক ইত্যাদি এবং আপনি স্থানীয়ভাবে জানা থাকতে পারে এমন আরও কিছু সম্পর্কে একটি সম্পূর্ণ এবং বিস্তারিত নোট প্রস্তুত করার বিষয়ে। আমি চাই আপনি 17 তারিখে ভিয়েনায় আসার সময় আমার জন্য এটি প্রস্তুত রাখুন। যদি সময় খুব কম হয় তবে আপনি যখন আমাদের সাথে দেখা করতে পারেন তখন আপনি আমাকে বলতে পারেন, তবে সেক্ষেত্রে আমি 14 আগস্ট স্যালসবার্গে এটি আশা করব।

17 ডিসেম্বর 1953-এ ডাঃ বি সি রায় ম্যাডাম সুভাষ চন্দ্র বোসকে একটি চিঠি লিখেছিলেন, সি/ও দ্য ইন্ডিয়ান লেজেশন, ভিয়েনা-"প্রিয় ম্যাডাম, আপনার মেয়ে সম্পর্কে গত বছর আমার যে কথোপকথন হয়েছিল তা মনে পড়ে যাবে। আপনি এও মনে রাখবেন যে, সর্ব ভারতীয় কংগ্রেসের কার্যনির্বাহী কমিটি আপনার মেয়ের জন্য 'ট্রাস্টের অর্থের পরিমাণ' রাখতে চেয়েছিল। আপনার কন্যার জন্য এখন যে পরিমাণ অর্থ বরাদ্দ করা হচ্ছে তার যথেষ্ট অংশ নেতাজি সুভাষ চন্দ্র বসুর ক্যারিয়ারের চিত্রিত একটি চলচ্চিত্র প্রযোজনার মাধ্যমে মুক্ত করা হয়েছিল। উপলব্ধ পরিমাণ 2 লক্ষ টাকা, প্রায় 15,000 ইংলিশ পাউন্ডের সমতুল্য। প্রস্তাবটি হ'ল এই অর্থটি আপনার মেয়ের জন্য একটি ট্রাস্টের আকারে রাখা উচিত যিনি তার পরিমাণ অনুসারে অর্থ ব্যয় করার মতো অবস্থানে থাকাকালীন আইনত ব্যাঙ্ক অ্যাকাউন্ট ব্যবহার অর্জন না হওয়া পর্যন্ত এই অঙ্কের সুদ আদায় করবেন। সুদের পরিমাণ হবে মাসে 35 ইংলিশ পাউন্ড।

কংগ্রেসের ওয়ার্কিং কমিটি পণ্ডিত নেহেরুকে এবং আমার কাছে এই ট্রাস্টের ব্যবস্থা করার দায়িত্ব অর্পণ করেছে। তাই আমি চাই আপনি নীচের বিষয়গুলি সম্পর্কে আমাদের জানান: 1) আপনি কার সাথে বিশ্বাস স্থাপন করা উচিত বলে মনে করছেন, কারা ট্রাস্টি হবেন; 2) আমাদের পছন্দ করা উচিত যে আপনি ট্রাস্টি বা আপনার মনোনীত অন্য কোনও ব্যক্তির নাম ব্যবহার করুন।

অন্যদিকে আপনি যদি ট্রাস্টি হতে না চান, তবে আমরা সেই অর্থ সরকারের আধিকারিক ট্রাস্টির হাতে রেখে দেব যিনি আপনার মেয়ের কাছে এই অঙ্কের বকেয়া নিয়মিত সুদের পরিমাণ ততক্ষণ জমা দেবে যতক্ষণ না সে নিজের উপর নির্ভর করতে পারে। আমি দুঃখিত যে এটি কম বেশি একটি ব্যবসায়িক চিঠি কিন্তু আমরা সন্তানের জন্য কিছু ব্যবস্থা করার জন্য সত্যই আগ্রহী এবং আমি আনন্দিত যে ওয়ার্কিং কমিটি একটি ট্রাস্ট তৈরির সিদ্ধান্ত নিয়েছে। দয়া করে আমাকে এটি সম্পর্কে আপনি কী মনে করেন তা জানান। আপনার বিশ্বস্ত, বি সি রায়"

নেতাজী বোসের কন্যার জন্য তহবিল 1953 সালের 18 ডিসেম্বর হিন্দু পত্রিকায় প্রকাশিত হয়েছিল এবং 1953 সালের 20 ডিসেম্বর হিন্দু সাপ্তাহিক পর্যালোচনায়-এ.আই.সি.সির কাছে থাকা 2 লক্ষ টাকা নেতাজি সুভাষ চন্দ্র বোসের 11 বছর বয়সী মেয়ের জন্য রাখা হয়। এই টাকা আই.এন.এ তহবিল থেকে নেওয়া। এই পরিমাণ সিকিওরিটির ক্ষেত্রে আরও বিনিয়োগ করার সিদ্ধান্ত নেওয়া হয়েছিল; কংগ্রেস সভাপতি জওহরলাল নেহেরু এবং পশ্চিমবঙ্গের মুখ্যমন্ত্রী ডাঃ বি সি রায় এই লক্ষ্যে ইউ.পি.আই.য়ের জন্য একটি আস্থা তৈরি করার অনুমতি পেয়েছিলেন।

1954 সালের 17 জানুয়ারি এমিলি শেঙ্কল ডাঃ বি সি রায়কে জবাব দিয়েছিলেন, "আপনার মহামান্য, আমি 1953 সালের 17 ডিসেম্বরের আপনার চিঠির জন্য আপনাকে ধন্যবাদ জানাতে পারি, যেটি ওয়ার্কিং কমিটি আমার মেয়ের জন্য সিদ্ধান্ত নিয়েছে। আমি বিষয়টি খুব যত্ন সহকারে চিন্তা করেছি এবং সিদ্ধান্ত নিয়েছি আমি ট্রাস্টি হতে রাজি হব। আপনার মহামহিম কর্তৃক উল্লিখিত বিকল্পগুলির বিষয়ে, যেখানে আপনি দয়া করে আপনার সুবিধার্থে আমাকে ট্রাস্ট

ডিডের বিভিন্ন খসড়া প্রেরণ করেন? আমি বিবরণ সম্পর্কে পুরোপুরি সচেতন নই এবং অবস্থানটি স্পষ্টভাবে বুঝতে চাই।

আমি কৃতজ্ঞ হব যদি আপনি দয়া করে আমাকে জানান যে "অফিসিয়াল ট্রাস্টি" কে, তার ক্ষমতাগুলি কী এবং কী পরিস্থিতিতে কত পরিমাণ টাকা আমার মেয়ের কাছে পূর্ণরূপে স্থানান্তরিত হবে, যখন সে প্রাপ্ত বয়সে পরিণত হবে। আমি এই সুযোগটি আপনাদের মহামহিমকে নতুন বছরের জন্য আমার শুভেচ্ছা জানাই, তোমার আন্তরিকভাবে, এমিলি শেঙ্কেল"

1954 সালের 17 জানুয়ারী, ভি ভি রামস্বামী, লেগেশন অফ ইন্ডিয়া, ভিয়েনা, সংবাদপত্রের উপরোক্ত বার্তাগুলি পৌঁছে দিয়েছিলেন, এবং বার্নে ভারতের রাষ্ট্রদূত, ওয়াই ডি গুন্ডাভিয়ার কাছে একটি চিঠিতে ডাঃ রায় এবং মিসেস বোসের মধ্যে যোগাযোগ করেছিলেন। উপরোক্ত বিষয়টি সম্পর্কে 1954 সালের 19 জানুয়ারিতে রাষ্ট্রদূত প্রধানমন্ত্রীর বিশেষ সহায়ক, পি.এম.হাউস, নয়াদিল্লি, শ্রী ও পি মাথাইকে একটি চিঠি পাঠিয়েছিলেন।

ফ্রেউ এমিলি শেঙ্কেল এবং তার মেয়ে অনিতা, ভারতীয় দূতাবাস বার্ন থেকে প্রাপ্ত বিষয়ে মন্ত্রণালয়ে একটি নোট জমা পড়েছিল।

এই বৈঠকের পরে, জওহরলাল নেহেরু ব্যক্তিগতভাবে সুইজারল্যান্ডের বার্ন, ভারতের দূতাবাস, শ্রী ওয়াই ডি গুন্ডাভিয়াকে 1954 সালের 26 জানুয়ারী তারিখে একটি চিঠি লিখেছিলেন। চিঠিতে বলা হয়েছে, "আমার প্রিয় গুন্ডেভিয়া, আমি 19 জানুয়ারীর আপনার চিঠিটি সুভাষ বোসের মেয়ের পক্ষে প্রস্তাবিত ট্রাস্টের বিষয়ে মাথাইকে সম্বোধন করে দেখেছি।

সুভাষ বোসের মেয়ের জন্য বরাদ্দকৃত 2 লক্ষ টাকা আমরা রেখে দিচ্ছি। বর্তমানের জন্য, আমরা ডাঃ বি সি রায় এবং আমার যৌথ নামে এই অঙ্কের একটি পৃথক অ্যাকাউন্ট খুলছি। আমরা কিছুটা স্বল্প মেয়াদী সিকিওরিটিতে অর্থ বিনিয়োগ করব যাতে কিছুটা সুদ পাওয়া যায়। সম্ভবত আমরা সুদের হিসাবে এক মাসে প্রায় 500/- টাকা পাব।

ট্রাস্ট দালিলের কোনও খসড়া এখনও পযন্ত প্রস্তুত করা হয়নি। প্রকৃতপক্ষে আমরা বিষয়টি নিয়ে কোনও চিন্তা ভাবনা করিনি, কারণ আমরা আরও পদক্ষেপ নেওয়ার আগে ফ্রেউ শেঙ্কেলের কাছ থেকে জবাব চেয়েছিলাম। এখন যেহেতু তিনি উত্তর দিয়েছেন এবং বিশ্বস্তদের একজন হতে সম্মত হয়েছেন, আমরা আইনজীবীদের সাথে পরামর্শ করে এই বিষয়টি নিয়ে এগিয়ে যাব এবং তারা যেমন প্রস্তুত করতে পারে তেমনি খসড়া পাঠিয়ে দেব। এটি নিয়ে কোনও তাড়া হুড়ো নেই। ইতিমধ্যে অর্থটি আলাদা রাখা হবে এবং পর্যায়ক্রমে সুদের আকর্ষণ করা হবে। আমরা এই আগ্রহটি নিয়মিত ফ্রেউ শেঙ্কেলের কাছে প্রেরণের ব্যবস্থা করতে পারি। বিশ্বাসের দলিলটি সম্ভবত বাল্য প্রাপ্ত বয়স্ক না হওয়া পর্যন্ত থাকবে যখন অর্থ বা সিকিওরিটিগুলি তার সম্পূর্ণরূপে কার্যকর হবে।

অফিসিয়াল ট্রাস্টির প্রশ্নটি এখন পর্যন্ত উঠে আসে না, যতদূর আমি দেখতে পাচ্ছি। যাই হোক, আমি এই বিষয়টি সন্ধান করব এবং তার পরে আপনাকে লিখব।

তবে আমি এটি মেনে নিচ্ছি যে আগ্রহটি ফ্রেউ শেঙ্কেলের কাছে নিয়মিত পাঠানো যেতে পারে। এটি পাঠানোর সর্বোত্তম উপায় কী হবে? এটি কি ভিয়েনায় আমাদের উপ-উপদেষ্টা, রামস্বামী বা সরাসরি ফ্রেউ শেঙ্কেলের কাছে প্রেরণ করা উচিত?

দয়া করে রামস্বামীকে তার কাছে এই সমস্ত তথ্য জানাতে এবং তার উত্তরগুলি পেতে বলুন। শ্রদ্ধেয়, ট্রাস্টি, সম্ভবত ফ্রেউ শেঙ্কেল ছাড়াও অন্য একজন ট্রাস্টি থাকা উচিত।

ইতি- জওহরলাল নেহেরুর স্বাক্ষর

1954 সালের 2 ফেব্রুয়ারি, ওয়াই ডি গুন্ডাভিয়া, প্রধানমন্ত্রী জওহরলাল নেহেরু, নয়াদিল্লির ঠিকানায় একটি উত্তর লিখেছিলেন। চিঠিটি হ'ল "আমার প্রিয়, ফ্রেও শেঙ্কেল এবং ট্রাস্টির বিষয়ে আমি কী 26 জানুয়ারীর আপনার চিঠিটি ধন্যবাদ রসিদ দিয়ে স্বীকার করতে পারি? আমি আগামীকাল এক পাক্ষিকের জন্য - অস্ট্রিয়া যাচ্ছি - এবং আমি নিজেই মহিলাটির সাথে কথা বলব এবং এই বিষয়ে আপনাকে আবার লিখব।

ইতি- (ওয়াই ডি গুন্ডাভিয়া)

1954 সালের 20 ফেব্রুয়ারি, ওয়াই ডি গুন্ডাভিয়া শ্রী জওহরলাল নেহেরুকে অবিরত চিঠি লিখেছিলেন "আমার প্রিয়, এটি আমার ফেব্রুয়ারির 2 নম্বরের ধারাবাহিকতায় (নং এফ 2 পোল (আউস)/52)। আমি ভিয়েনায় থাকাকালীন আমার সাথে ফ্রেউ শেঙ্কেল চায়ের টেবিলে ছিল এবং আমি তাকে জানালাম 26 জানুয়ারীর আপনার শেষ চিঠিতে আপনি যা বলেছিলেন। আমি তাকে বলেছি যে সরকারী ট্রাস্টির প্রশ্ন এখন উত্থাপিত হয়নি এবং আপনি তা করবেন; খসড়া দলিলটি প্রেরণ করুন এবং তিনি যদি কিছু করতে চান তবে সে আমাদের তার মন্তব্য দিতে পারে।

আমি তাকে জিজ্ঞাসা করলাম, তিনি কি সরাসরি তার কাছে প্রেরিত অর্থ চান এবং যেমনটি আমি প্রত্যাশা করেছি, তিনি উদ্বিগ্ন যে এই অর্থটি আমাদের লেজেশনের মাধ্যমে তাকে দেওয়া উচিত। এইভাবে তিনি আয়ের উপর স্থানীয় কর আরোপের বিষয়টি এড়াতে আশা করছেন, যা অন্যথায় যথেষ্ট পরিমাণে হতে পারে। আমি ইঙ্গিত দিয়েছি যে এটি কোনও ভাবেই তাকে সহায়তা করা আমাদের ব্যবসা হবে না বা নিয়মিত অর্থ প্রদান শুরু হলে বিষয়টি অস্ট্রিয়ান সরকারের কাছ থেকে গোপনীয় রাখা হবে এমন আশা করা উচিত নয়। এর এই দিকটি অবশ্যই তার ব্যবসা।

আপনারা যেমন অবগত আছেন, তিনি গত কিছুকাল ধরে নিয়মিত রেমিট্যান্সের জন্য বোস পরিবার থেকে 200 বা 300 টাকা পেয়েছিলেন। তিনি প্রত্যাশা করেন, বিভিন্ন কারণে, এটি এখন বন্ধ হতে চলেছে। আমি তাকে জিজ্ঞাসা করলাম, রামস্বামী এখনও তার পক্ষে যে ভারসাম্য রেখেছেন, তার বাইরে যদি তিনি আমাদের কাছ থেকে কোনও তাৎক্ষণিক আর্থিক সহায়তা চান, এবং আরও বলেছিলেন যে তিনি রামস্বামীকে বর্তমানে তার কাছে অর্থ দেওয়ার জন্য অনুরোধ করেছিলেন এবং তিনি তার কাছ থেকে কিছুটা অর্থের জন্য জিজ্ঞাসা করবেন সময়ে সময়ে, যখনই সেটার প্রয়োজন হয়।

ইতি-, (ওয়াই ডি গুন্ডেভিয়া)

1954 সালের 20 ফেব্রুয়ারির একই দিনে ওয়াই ডি গুন্ডাভিয়া লেগেশন অফ ভিয়েনার ডক্টর কে ভি রামস্বামীকে একটি চিঠি লিখেছিলেন - "আমার প্রিয় রামস্বামী, আমি ফ্রেউ শেঙ্কেল সম্পর্কিত দূতাবাসের কনসাটিতে পুরানো "রেকর্ড" ফাইলটি দেখেছি। প্রয়াত মন্ত্রী দেশাইয়ের মৃত্যু অবধি এখানে যথেষ্ট চিঠিপত্র রয়েছে তবে মে 1951 র পরে

খুব কম।" আর্থিক দিকে, বিশেষত, কিছু চিঠিপত্র দেখানো হয়েছে যে 1950 সালে আপনাকে ইংলিশ পাউন্ড 127.18 এবং তারপরে 1952 সালের অক্টোবরে পাঠানো হয়েছিল, সম্ভবত আরও 100 পাউন্ড। আমি দূতাবাসের কনসার্টিতে এই ফাইলটি সম্পূর্ণ চাই। আমি এটি নিয়ে আবারও চিন্তা করেছি এবং আমি আপনাকে যা বলেছিলাম তার বিপরীতে, আমি মনে করি আপনার জন্য সবচেয়ে ভাল উপায় হ'ল ব্যাগের মাধ্যমে আপনার পুরো ফাইলটি এখানে পাঠানো। আমার কিছু গুরুত্বপূর্ণ চিঠি অনুলিপি করা হবে এবং তারপরে ফাইলটি আপনাকে ফিরানো হবে। আপনার কোনও আশঙ্কা নেই যে কাগজগুলি হারিয়ে যাবে বা ভুল জায়গায় বসানো হবে। ফাইলটি আমার নামে সম্বোধন করা যেতে পারে।

ইতি-, (ওয়াই ডি গুন্ডেভিয়া)।"

ডঃ রামস্বামী 1954 সালের 23শে ফেব্রুয়ারি রাষ্ট্রদূত ওয়াই ডি গুন্ডাভিয়া, আই সি এস, ভারতের রাষ্ট্রদূত, ভারতের দূতাবাস, বার্নকে একটি চিঠি দিয়ে সমস্ত নথি প্রেরণ করেছিলেন। 1954 সালের 19ই মে, ওয়াই ডি গুন্ডাভিয়া আই সি এস, সরকারের যুগ্মসচিব শ্রী সি এস ঝাকে একটি চিঠি লিখেছিলেন, ভারত, বিদেশ মন্ত্রক, নয়াদিল্লি এবং এর অনুলিপি ডঃ কে ভি রামস্বামী, উপ-উপদেষ্টা এবং অ্যাটাচি, লেগেশন অফ ইন্ডিয়া, ভিয়েনা তথ্যের জন্য প্রেরণ করেছিলেন। উক্ত চিঠিটি হ'ল "আমার প্রিয় ঝা, সাম্প্রতিক এক বিজ্ঞপ্তিতে বলা হয়েছে, আপনি ইউরোপ এবং আফ্রিকার যুগ্ম-সচিবের পদ নিয়েছেন। এই কিছুটা নাজুক গল্পটির উত্তর কার কাছে দেওয়ার কথা তা আমি জানি না। যদি এটি প্রোটোকল হয়, আপনি দয়া করে চোপড়ার কাছে চিঠিটি প্রেরণ করবেন!

এই মিশন এবং প্রধানমন্ত্রীর মধ্যে সম্ভবত প্রধানমন্ত্রীর সচিবালয়ে থাকা ফ্রেও এগিনি শেঙ্কেলের সাথে যথেষ্ট যোগাযোগ ছিল, যিনি এখন প্রয়াত শ্রী সুভাষ চন্দ্র বোসের স্ত্রী হিসাবে স্বীকৃত। 1943 সালের 4ই ফেব্রুয়ারি বাংলা ভাষায় একটি চিঠির ভিত্তিতে বিয়ের সত্যতা স্বীকার করা হয়, তাঁর ভাইকে শ্রী সুভাষ চন্দ্র বসু লিখেছিলেন।

ফ্রেউ শেঙ্কেল এখন ভিয়েনায় আমাদের লেজেশনকে তার মেয়ে অনিতা শেঙ্কেল-বোসকে ভারতীয় নাগরিক হিসাবে নিবন্ধ করার জন্য অনুরোধ করেছেন। সম্ভবত এই অনুরোধ করা হয়েছে কারণ ভারত থেকে শিশুদের জন্য নির্দিষ্ট তহবিল সরবরাহ করা হবে বলে আশা করা হচ্ছে। প্রধানমন্ত্রী এ বিষয়ে অবগত আছেন এবং সম্ভবত বিষয়টি ব্যক্তিগতভাবে তাঁরাই পরিচালনা করছেন।

এই উন্নয়নগুলি বিবেচনায়, শিশুটিকে ভারতীয় নাগরিক হিসাবে নিবন্ধন করার কোনও কারণ থাকতে হবে না। আমি অবশ্য আমার পক্ষ থেকে ব্যবস্থা নেওয়ার আগে মন্ত্রকের আনুষ্ঠানিক অনুমোদনের মতো হবে,

ডঃ গোরাচাঁদ ঘোষ

যেহেতু এটি একটি গুরুত্বপূর্ণ স্বতন্ত্র মামলা, যাতে সরকার নিশ্চিত হতে পারে যে, সংহত হবে।

আপনার বিশ্বস্ত,<br>
(ওয়াই ডি গুন্ডাভিয়া এর স্বাক্ষর)

## ট্রাস্ট দলিল তৈরি

আমরা, (১) এলাহাবাদের মৃত মতিলাল নেহেরুর পুত্র জওহরলাল নেহেরু এখন নয়া দিল্লিতে বাস করছেন; (২) কলিকাতা শহরে 36 নং নম্বর ওয়েলিংটন স্ট্রিটের মৃত প্রকাশ চন্দ্র রায়ের পুত্র ডাঃ বিধান চন্দ্র রায় নীচে ঘোষণা করেছেন:

"যেখানে" নেতাজি সুভাষ চন্দ্র বসুর কন্যা অনিতা বোসের সুবিধার্থে অল ইন্ডিয়া কংগ্রেস কমিটির কাছে থাকা আই.এন.এ তহবিল থেকে প্রাপ্ত ভারতীয় জাতীয় কংগ্রেসের কার্যনির্বাহী কমিটি কেবলমাত্র ২,০০,০০০/- (দুই লক্ষ টাকা) অর্থ বরাদ্দ করেছে;

"এবং যেখানে" ভারতীয় জাতীয় কংগ্রেসের কার্যনির্বাহী কমিটি দ্বারা উক্ত পরিমাণটি পৃথক ব্যবস্থা ও ব্যবহারের জন্য আমাদের কাছে রাখা হয়েছে।

আমরা এই ট্রাস্ট-এর দ্বারা ঘোষণাটি করে থাকি যে বিনিয়োগের জন্য আইন দ্বারা অনুমোদিত যে কোনও উপায়ে এটি বিনিয়োগ করার জন্য আমরা ট্রাস্টের উপর ২,০০,০০০/- (দুই লক্ষ টাকা) রাখব, (এখানে ট্রাস্টের উপর "ট্রাস্ট ফান্ড") ঘোষিত হওয়ার পরে, যথা:-

(১) আমরা ট্রাস্ট তহবিলের আয়ের অর্থ উক্ত নেতাজি সুভাষ চন্দ্র বোসের স্ত্রী ফ্রেউ শেঙ্কেলকে প্রদান করব এবং তার মৃত্যুর পর এই জাতীয় ব্যক্তির কাছে রাখব, যেহেতু আমরা যথাযথভাবে ভাবতে পারি, উক্ত অনিতা বোসের রক্ষণাবেক্ষণ, শিক্ষা এবং অগ্রগতির জন্য যতক্ষণ না অনিতা বোস 21 বছর বয়স প্রাপ্ত না হয় এবং

(২) অনিতা বোস 21 বছর বয়স হওয়ার পরে, আমরা তাকে তহবিল হস্তান্তর করব, তবে শর্ত থাকে যে যদি তিনি উক্ত প্রাপ্ত বয়স হওয়ার আগে মারা যান; আমরা ট্রাস্ট তহবিল ফ্রেউ শেঙ্কেলকে স্থানান্তর করব যদি তিনি জীবিত থাকেন এবং যদি তিনি জীবিত না হন তবে আমরা ট্রাস্ট তহবিলটি ভারতীয় জাতীয় কংগ্রেসে স্থানান্তর করব।

আমরা আরও ঘোষণা করে দিয়েছি যে, আমাদের মধ্যে কেউ মারা গেলে বা ট্রাস্টের কার্যক্রম করতে অক্ষম হয়ে উঠতে পারে বা নিজের জাতীয় ট্রাস্টের থেকে অবসর নেওয়ার ইচ্ছা পোষণ করে ভারতীয় জাতীয় কংগ্রেসের কার্যনির্বাহী কমিটির সম্মতিতে নতুন ট্রাস্টি নিয়োগ করে এবং ট্রাস্টি মিথ্যা বলার পরিবর্তে বা অক্ষম হয়ে অবসর গ্রহণ বা অবসর গ্রহণের পরিবর্তে এবং তহবিলের দ্বারা নতুন ট্রাস্টিদের সাথে সম্মিলিতভাবে নিয়োগের কোনও দলিল সম্পাদনযোগ্য বলে স্বীকৃত না হয়ে ন্যস্ত করা হবে।

সাক্ষী হিসাবে আমরা এই ঘোষণাপত্র স্বাক্ষর করেছি এই মে মাসের তেইশ দিন এক হাজার নয়শ চুয়ান্ন। কৈলাস নাথ কাটজু এবং আর এ কিডওয়াইয়ের উপস্থিতিতে জওহরলাল নেহেরু স্বাক্ষরিত।

121

অজ্ঞানিত নেতাজি সুভাষ চন্দ্র বোস

কৈলাস নাথ কাটজু এবং আর এ কিডওয়াইয়ের উপস্থিতিতে ডাঃ বিধান চন্দ্র রায় স্বাক্ষরিত।

<u>প্রধানমন্ত্রীর সচিবালয়</u>

1954 সালের 24 মে এম ও মাথাই লিখেছিলেন:

১. আমি গতকাল প্রধানমন্ত্রী ও ডাঃ বি সি রায় স্বাক্ষরিত ও **প্রয়াত শ্রী সুভাষ চন্দ্র বোসের** পক্ষে স্বাক্ষরিত ও কার্যকর করা একটি ট্রাস্টের দলিলের অনুলিপিটি বিদেশ মন্ত্রকে রেকর্ড করার জন্য রেখেছি। ভিয়েনায় শিশুর আসল দলিলটি নিরাপদ হেফাজতের জন্য অল ইন্ডিয়া কংগ্রেস কমিটির কার্যালয়ে জমা দেওয়া হয়েছে।

২. আমি নথির একটি অনুলিপি ভিয়েনায় **প্রয়াত শ্রী সুভাষ চন্দ্র বোসের স্ত্রী** ফ্রেও শেঙ্কেলের কাছে পৌঁছে দেওয়ার জন্য বার্নে আমাদের রাষ্ট্রদূত শ্রী ওয়াই ডি গুন্ডাভিয়ার কাছে তথ্য পাঠাচ্ছি।

৩. ট্রাস্ট ডিডের আওতাধীন ২ লক্ষ রুপিটি প্রাক্তন ভারতীয় জাতীয় সেনাবাহিনীর তহবিল থেকে প্রাপ্ত, যা **প্রয়াত শ্রী সুভাষ চন্দ্র বসু** আয়োজিত করেছিলেন।

*(এম ও মাথাই) এর স্বাক্ষর*

একই দিনে, 24 মে এম ও মাথাই, শ্রী ওয়াই ডি গুন্ডাভিয়াকে ডিপ্লোম্যাটিক ব্যাগে একটি চিঠি পাঠিয়েছিল। চিঠিটি হ'ল-"আমার প্রিয় গুন্ডেভিয়া, আমি বিদেশ বিষয়ক সেক্রেটারি-জেনারেলকে প্রেরণ করা একটি নোটের অনুলিপি এবং তার ঘেরের অনুলিপিটি সংযুক্ত করি। তার তথ্যের জন্য দয়া করে ভিয়েনায় **প্রয়াত শ্রী সুভাষ চন্দ্র বোসের স্ত্রী** ফ্রেও শেঙ্কেলকে ট্রাস্ট ডিডের অনুলিপি পৌঁছে দেওয়ার পদক্ষেপ গ্রহণ করুন।

*আপনার বিশ্বস্ত,. (এম ও মাথাইয়ের স্বাক্ষর)*

১৯৫৪ সালের ৩১ মে, ওয়াই ডি গুন্ডাভিয়া লেগেশন অফ ভিয়েনার উপ-উপদেষ্টা এবং অ্যাটাচি ডঃ কে ভি রামস্বামীকে একটি চিঠি লিখেছিলেন, "আমার প্রিয়, রামস্বামী, আপনি কি দয়া করে আমার চিঠি নং এফ. ২ এর সাথে চিঠিপত্রের কথা উল্লেখ করবেন - পোল (আউস)/53, জানুয়ারী 19, 1954? প্রধানমন্ত্রী ও ডাঃ বি সি রায় "ট্রাস্ট ডিড" চূড়ান্ত করেছেন এবং আমাকে অনুরোধ করা হয়েছে এর একটি অনুলিপি ফ্রেউ শেঙ্কেলকে পৌঁছে দেওয়ার জন্য। আমি এগুলির সাথে দলিলের দুটি অনুলিপি সংযুক্ত করছি, যার মধ্যে একটি ভদ্রমহিলার কাছে হস্তান্তর করা যেতে পারে এবং অন্যটি আপনার লেজেশন ফাইলে রাখা হবে।

আপনার বিশ্বস্ত,
(ওয়াই ডি গুন্ডাভিয়া এর স্বাক্ষর)

ডঃ গোরাচাঁদ ঘোষ

**প্রেস ইনফরমেশন ব্যুরো, এ বি পত্রিকা (এলাহাবাদ) 25 এপ্রিল 1956: বিমান দুর্ঘটনায় নেতাজি কীভাবে মারা গিয়েছিলেন; সাইগন এয়ারপোর্ট থেকে প্রাণঘাতী ফ্লাইটের এখন পর্যন্ত না-বলা গল্প (2016 এর ডিক্লাসিফাইড ফাইল থেকে লেখক দ্বারা পুনরুদ্ধার)**

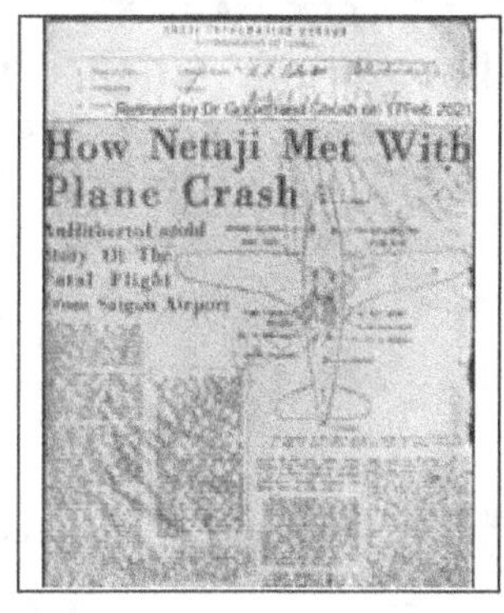

প্রথমবারের মতো, নেতাজি সুভাষ চন্দ্র বোসের সাইগন থেকে শেষ যাত্রা, তাইপেই এরোড্রোমে বিমান দুর্ঘটনা, হাসপাতালে তাঁর শেষ মুহূর্তের গ্রাফিক বিবরণ পাওয়া যায়। নেতাজি নিখোঁজ হওয়ার পর থেকে এখন পর্যন্ত এই দুর্ঘটনার বিস্তারিত বিবরণ এদেশে আসেনি।

নেতাজির অন্তর্ধানের রহস্য সমাধানের জন্য কিছু সময়ের জন্য কাজ করা মিঃ হিরণ সিংহ এবং মিঃ দেবেন দাস, বেশ কিছু জাপানি ও ভারতীয় নাগরিকের সাথে ব্যক্তিগত সাক্ষাৎকার এবং চিঠিপত্রের মাধ্যমে যোগাযোগ করেছিলেন যারা রহস্যের উপর আলোকপাত করতে পারে। নেতাজি তদন্ত কমিশনের পরিপ্রেক্ষিতে এখন কলকাতায় অধিবেশন চলছে, মিঃ সিংহ এবং মিঃ দাস সংবাদমাধ্যমে তথ্য জারি করেছেন যে তারা রহস্য উদঘাটনের চেষ্টা করছেন।

**সংঘর্ষ:**

জ্বালানি পেট্রোল দেওয়ার পরে নেতাজির সাথে সমস্ত ট্যাক্সগুলিকে রানওয়ের স্টার্টিং পয়েন্টে আনা হয়েছিল, যা শেষ অর্ধেক থেকে কমে দুটা ছিল। এটি সম্পূর্ণ শক্তিতে ইঞ্জিনের সাথে ঘন্টায় 200 কিলোমিটার বেগে শুরু হয়েছিল, বাম দিকের সজ্জিত প্রপেলারটি উড়ে যায় এবং বিমানটি বাম দিকে ভারসাম্যহীন হয়ে ঘুরতে থাকে, নীচে স্পর্শ করে এবং পাথরের স্তূপের সাথে বিধ্বস্ত হয়, যা ছিল সেখানে রাখা রানওয়ে ঢালাই, এটি মাটি থেকে প্রায় 3 ফুট উচ্চতায় অবস্থিত।

সামনের বন্দুকধারী এবং ওয়্যারলেস অপারেটর উপরের কেবিনে অবিলম্বে মারা যায়, কিন্তু সৌভাগ্যবশত নেভিগেটর সামান্য আঘাতের সাথে জরুরী দরজার নিচে পড়ে যায়। পাইলট মারা যান, লেফটেন্যান্ট জেনারেল ৎসুনামাসা শিদেইও মারা যান। বিমানে ওঠার পরও প্রাণে বেঁচে যান ফ্লাইট ইঞ্জিনিয়ার। কি হয়েছে দেখতে বেরিয়ে আসুন। তিনি দেখেন হাবিবুর রহমান নেতাজিকে প্লেন থেকে মাটিতে টেনে নিয়ে কাপড় ছিঁড়ে ফেলেছেন। নেতাজির পেছনে বসা রহমান মারাত্মকভাবে দগ্ধ হন। নেতাজির উপরের শরীরের দুই-তৃতীয়াংশ পুড়ে গেছে।

## শেষ মুহূর্তে:

তাৎক্ষণিক উদ্ধার অভিযানের জন্য জরুরি স্থল বাহিনী পাঠানো হয়েছে। লেফটেন্যান্ট কর্নেল ইশিগাকি, একজন স্টাফ সদস্য হিসাবে একটি অবনতিশীল কাজ পরিচালনা করছেন, তাকে টোকিওতে একটি বেতার বার্তা পাঠানোর জন্য সদর দফতরে ছুটে যেতে হয়েছিল, যাতে দলের অন্যরা উদ্ধার অভিযানের পরে দুর্ঘটনাটি জানতে পারে। তিনি যখন সদর দফতর থেকে দুর্ঘটনা স্থলে ফিরে আসেন, তখন তিনি দেখতে পান যে নেতাজিকে ইতিমধ্যেই সামরিক হাসপাতালে (নানমন ওয়ার্ড) নিয়ে যাওয়া হয়েছে। স্টাফসহ সার্জন আহতদের উদ্ধারের প্রস্তুতি নেন। শল্য চিকিৎসক যখন নেতাজির নাম জানতে পারলেন, তখন তিনি তার জীবন বাঁচানোর সর্বোচ্চ চেষ্টা করেন। কিন্তু প্রচণ্ড আগুনের শিখায় শরীরের উপরের অংশের দুই-তৃতীয়াংশ পুড়ে যায় এবং মুখে জল এসে যায়। বিছানায় উলঙ্গ হয়ে শুয়ে পড়েন। কিছু না বলে শ্বাস নিতে থাকেন।

রাত 9:30টার দিকে (তাইহোকু সময়), নেতাজি "মিজু-মিজু" (জল) চান এবং 14 আগস্ট 1945-এ শেষ নিঃশ্বাস ত্যাগ করেন।

## কর্নেল ইশিগাকির বিবরণ:

নিম্নলিখিত ঘটনাগুলি লেফটেন্যান্ট কর্নেল ইশিগাকির বিবরনে রয়েছে।

যেহেতু তিনি জেনারেল স্টাফ কাউন্সিলকে লেফটেন্যান্ট জেনারেল শিদেইয়ের মৃত্যুর কারণে দক্ষিণ বিমানবাহিনী এবং স্থলবাহিনীর পরিস্থিতি সম্পর্কে অবহিত করার তত্ত্বাবধায়ক ছিলেন। লেফটেন্যান্ট কর্নেল ইশিগাকিকে অবিলম্বে টোকিওতে যেতে হয়েছিল এবং নেতাজির মৃতদেহ দাহ করা যায়নি। মেজর ইডাহো তাকাহাশিকে সম্পূর্ণ দায়িত্ব দেওয়া হয়েছিল, যিনি তার সাথে বিমান এবং স্থলবাহিনীতে ছিলেন।

বিমানবন্দরের বাইরে কোথাও মৃতদেহ দাহ করা হয়েছে। লেফটেন্যান্ট কর্নেল ইশিগাকি আগে থেকেই জায়গা ছেড়ে চলে যাওয়ায় সঠিক অবস্থান জানতেন না। নেতাজির অস্থিভস্ম মেজর ইডাহো তাকাহাশি এবং কর্নেল হাবিবুর রহমান খান জাপানে নিয়ে যান। কিউশুর ফুকুওকা অ্যারোড্রোমে, অস্থিভস্ম পঞ্চম বায়ুসেনার কাছে হস্তান্তর করা হয়েছিল এবং সেখান থেকে অস্থিভস্ম ট্রেনে করে টোকিওতে নিয়ে যাওয়া হয়েছিল, যেখানে নেতাজির ব্যক্তিগত অস্থিভস্ম সহ দুটি সোনাতে বাঁধানো দাঁত একটি কাঠের বাক্সে ছিল।

লেফটেন্যান্ট কর্নেল তাকাকুরা এবং টোকিওতে জেনারেল স্টাফ কাউন্সিলের অফিসের একজন কর্মী অস্থিভস্ম নিয়েছিলেন। তিনি অত্যন্ত গোপনীয়তার সাথে তাদের গ্রহণ করেন এবং কর্মীদের অফিসে ন্যস্ত করেন। দুর্ঘটনার প্রায় এক সপ্তাহ পর, জেনারেল স্টাফ অফিসে তখন তোলপাড় হয়। এমনকি মিত্রবাহিনী দ্বারা দখল শুরু হওয়ার পরেও, কোনও সংস্থাই এই বিষয়ে জড়িত হতে চায়নি এবং কয়েক বছর পরে যখন প্রেসে নেতাজির মৃত্যু এবং ভারতে জনমত সম্পর্কে লেখা শুরু হয়েছিল তখন পর্যন্ত সঠিক তথ্য সংগ্রহ করা যায়নি। কেউ কেউ এখনও বিশ্বাস করে যে নেতাজি কোথাও বেঁচে ছিলেন।

## লেফটেন্যান্ট কর্নেল তাকামুরা:

লেফটেন্যান্ট কর্নেল তাকামুরার বিবরণ নিচে দেওয়া হল। তিনি স্টাফ অফিসের গার্ডের কাছ থেকে অস্থিভস্ম পেয়েছিলেন এবং তারপরে আই এন এ-র মিঃ মূর্তি এবং অন্যান্য যারা টোকিওতে পরিচালক ছিলেন তাদের সাথে পরামর্শের পর, সেই অস্থিভস্ম কিয়োশি মোচিজুকির নেতৃত্বে জাপানি বৌদ্ধ মন্দির রেনকোজিতে পাঠালেন। সে সময় বিভিন্ন মন্দির পরিদর্শন করা হয়েছিল এবং জটিল বিষয়ে জড়িত থাকার জন্য আশ্রয়ের অনুরোধ করা হয়েছিল। টোকিওতে ভারত সরকারের কূটনৈতিক প্রতিনিধির অনুরোধে পুরোহিত মোচিজুকি প্রস্তাবটি গ্রহণ করেন। মন্দিরটি হিরানৌচি, নানাকো-কু, টোকিওতে অবস্থিত এবং এটি নিচিরেন সম্প্রদায়ের অন্তর্গত।

## পুরোহিত মোচিজুকির বিবরণ নিম্নরূপ:

পুরোহিতের কোন দ্বিধা ছিলনা। তিনি অস্থিভস্ম পেয়েছিলেন, যদিও তিনি একটি বিতর্কিত মামলায় জড়িয়ে পড়ার ঝুঁকিতে ছিলেন। একটি ছোট গোষ্ঠীর দ্বারা অনুমোদিত প্রথম মাসিক স্মারক সেবার পরে ভারতের কূটনৈতিক প্রতিনিধি এবং আই এন এ-র কিছু সদস্য অনুষ্ঠানে যোগদান করবে বলে জানা গেছে। ধীরে ধীরে জাপানের মানুষের কাছে তা জানা হয়ে গেল এবং এখন জাপানের ওই মন্দিরে নেতাজির বার্ষিক সম্মেলনের আয়োজন করা হয়।

ভারতের জনগণ যদি চায়, মোচিজুকি ভারতে অস্থিভস্ম পাঠাতে বাধা দেবে না এবং তিনি নেতাজি চন্দ্র বসুর উদযাপনের জন্য একটি ভারতে অনন্য মন্দির তৈরি করতে চান।

## নেতাজির মৃত্যুর খবর নাকামুরা ভারতের রাষ্ট্রপতি প্রসাদকে দিয়েছিলেন (2016 এর ডিক্লাসিফাইড ফাইল থেকে লেখক দ্বারা পুনরুদ্ধার)

দুটি দুর্লভ ছবি এবং প্রসাদের উদ্দেশে লেখা চিঠি লেখক ভারতের জাতীয় আর্কাইভসের অঘোষিত ফাইল থেকে পুনরুদ্ধার করেছেন। দুটি ছবিই 1943 সালে ব্যাংককে তোলা হয়েছিল। আমি এখন মিঃ প্রসাদের কাছে নাকামুরার চিঠি অনুবাদ করছি।

441 সাকাই

মুসাশিনো শি, টোকিও

1958 সালের 4 অক্টোবর

রাষ্ট্রপতি প্রসাদ,

আমি আপনাকে নেতাজির দুটি ছবি দেওয়ার সুযোগ পেয়েছি, যেখানে প্রায় 15 বছর আগে **প্রয়াত** চন্দ্র বসুর হস্তলিপি রয়েছে। যুদ্ধের সময় আমি যখন ব্যাংককে কমান্ডার ইন চিফ ছিলাম, তখন আমার ব্যক্তিগত বন্ধু হিসেবে তার সাথে যুক্ত হওয়ার অনেক সুযোগ ছিল।

আপনার প্রিয়

এ নাকামুরা

**১৯৬৫ সালের ২৩ জানুয়ারি নেতাজির জন্মদিন বার্ষিকী উদযাপন উপলক্ষে কলকাতার "নেতাজি রিসার্চ ব্যুরোতে" ডঃ বা মাওয়ের বক্তব্য**

আপনি যখন একজন মহান এবং প্রিয় জাতীয় ব্যক্তিত্বের স্মৃতি উদযাপন করছেন তখন এমন সময় আমাকে আপনার সাথে থাকতে অনুরোধ করে আমার যে সম্মানের জন্য আপনি করেছেন তার জন্য আমি কতটা কৃতজ্ঞ তা আমি আপনাকে বলতে চাই। আসলে নেতাজি বোস [26] এর চেয়েও বেশি ছিলেন। ঐতিহাসিক দৃষ্টিভঙ্গি এখনকার সময়ে এটি সম্ভব করেছে, নেতাজি হলেন কোনও পরিমাপে একজন এশীয় ব্যক্তিত্ব, যার ছায়া শেষযুদ্ধের সময় বিশ্বের এই অংশ জুড়ে ছড়িয়ে পড়েছিল এবং তখন থেকেই সেখানে রয়েছে। যুদ্ধের বেশির ভাগ সময় তাঁর সাথে ছিলেন এমন একজন হিসাবে আমি আপনাকে নিশ্চয়তা দিচ্ছি যে আমি যা বলেছি তা সত্য। আমি নিজেও তা ঘটতে দেখেছি। আমি সেই বছরগুলিতে নেতাজির কাজ এবং কৃতিত্বের সমাপ্তি প্রায় শুরু থেকেই প্রত্যক্ষ করেছি, কীভাবে তিনি সমস্ত দক্ষিণ-পূর্ব এশিয়া জুড়ে ছড়িয়ে ছিটিয়ে থাকা কাঁচা সম্ভব উপকরণগুলি একটি স্বাধীন ভারত এবং সরকার ও সেনাবাহিনীকে ছড়িয়ে দিয়েছিলেন এবং বিশ্বযুদ্ধে তাদেরকে ইতি বাচক শক্তি হিসাবে গড়ে তুলেছিলেন। একক মন এবং একটি স্বপ্নকে বাস্তবে রূপান্তরিত করবে। এটি মধ্য প্রাচ্যের মধ্য দিয়ে অর্ধেক বিশ্ব জুড়ে ভারতীয় স্বপ্নকে অনুসরণ করেছিল, এবং এর পরে রাশিয়া এবং জার্মানি, তারপরে এশিয়ার সুদূর প্রান্তে, আবার ফিরে দক্ষিণ-পূর্ব এশিয়া এবং অবশেষে বার্মায় এবং ভারত জুড়ে কয়েক বিস্ময়কর সপ্তাহ ধরে ভারতের সীমানা। খুব শীঘ্রই এই ব্যক্তি এবং তার স্বপ্নটি তার ত্রিশ মিলিয়ন দেশবাসীর হৃদয়কে জ্বলিয়ে তুলেছিল যারা দক্ষিণ-পূর্ব এশিয়া জুড়ে প্রতিটি অফিস, বাজার এবং কর্মশালা থেকে তাঁর ডাকে সাড়া দিয়েছিল এবং যার কাছে যা যা চেয়েছিল সবই তাকে দিয়েছিল। বোসের আগমনের এক বছরের মধ্যে আজাদ হিন্দ একটি নয় এমন নয়টি দেশ দ্বারা স্বীকৃত একটি পূর্ণাঙ্গ দেশ; এটি একটি বিশাল অঞ্চল অর্জন করেছিল, এর সেনাবাহিনী বার্মা ইন্ডিয়া সীমান্তের আটটি সেক্টরে লড়াই করছিল এবং শীঘ্রই ভারতের মাটিতে পা রাখল, গর্বের সাথে মুক্তির পতাকা লাগিয়েছিল, এবং এক দুর্দান্ত সিদ্ধান্ত গ্রহণের কয়েক ইঞ্চির মধ্যে এসেছিল সেখানে বিজয়।

যখন একক স্বপ্ন থেকে উদ্ভূত সমস্ত বাস্তবতা অর্ধ বিশ্বের সাথে একসাথে ক্র্যাশ হয়েযায় তখন স্বপ্নদ্রষ্টাও তার স্বপ্নের ক্র্যাশটি দেখতে অস্বীকার করেছিলেন, তবে অন্য উপায় এবং জায়গায় তা অনুসরণ করার চেষ্টা করেছিলেন। তবে, যেমনটি আমরা অত্যন্ত মর্মাহতভাবে জানি, এই একাকী এবং মর্মান্তিক স্বপ্নদ্রষ্টা হঠাৎ নীরবতায় নিখোঁজ হয়ে গেল যা আজ অবধি অবারিত তবে ভারতের স্বপ্নটা এগিয়ে গেল। অন্যান্য রাস্তাগুলি অনুসরণ করতে এটি অন্য হাতে চলে গেছে। আমি ভাবতে চাই যে আমরা আজ এখানে একজন মহান এশিয়ান স্বপ্নদ্রষ্টার স্মরণে শ্রদ্ধা জানাতে এসেছি যিনি হঠাৎ আমাদের ছেড়ে চলে গিয়েছিলেন এবং আমাদের সবার জন্য উপহার হিসাবে "সোনার চেয়েও সমৃদ্ধ" রেখে অসম্পূর্ণ স্বপ্নকে রেখে গেছেন। আজ সেই স্বপ্ন একটি অবাধ ও সার্বভৌম ভারতের চূড়ান্ত বাস্তবতায় রূপান্তরিত হয়েছে এবং পাকিস্তানেরও আমি যুক্ত হতে পারি।

বোস একবার আমাকে বলেছিলেন, "আমার প্রায়শই রহস্যময় মুহূর্ত থাকে", যখন আমি সমস্ত কিছু ছেড়ে দিয়ে প্রার্থনা ও ধ্যানের জন্য আমার জীবনযাপন করতে চাই। "তবে ভারত স্বাধীন হওয়ার আগ পর্যন্ত আমাকে অপেক্ষা করতেই হবে।" মুক্ত ভারতের স্বপ্ন তাঁকে সর্বদা হতাশ করে।

এশিয়ার বেশিরভাগ যুদ্ধের সময় আমরা কমরেড-ইন-অস্ত্র ছিলাম। আসলে, আমি বিশ্বাস করি যে কারণেই আপনি আজ আমাকে আপনার সাথে কথা বলতে বলেছিলেন এবং সে কারণেই আমি এটি করছি। আমাদের জনগণের জন্য মুক্তির একই লক্ষ্য অর্জনে নেতাজি এবং আমি একই বন্ধুদের সাথে শত্রুদের বিরুদ্ধে লড়াই করেছি। ফলস্বরূপ, আমাদের প্রায় সমস্ত সমস্যা, অসুবিধা, বিপদ, প্রকৃতপক্ষে সেই সময়ের মধ্যে যা কিছু সত্যই গুরুত্বপূর্ণ ছিল সেগুলি কমবেশি একই ছিল। কোন যুদ্ধকালীন বন্ধন আরও সম্পূর্ণ হতে পারে না।  এই পরিস্থিতিতে আমাদের দুজনেরই সেই পুরানো কথাটি মনে রাখা ভাল ছিল যে আমরা যদি একসাথে ঝুলতে না পারি তবে আমরা আলাদা হয়ে ঝুলতে পারি। তাই আমরা তা-ই করেছি; সবকিছু শেষ না হওয়া পর্যন্ত আমরা একসাথে থাকি। এভাবেই আমাদের পথগুলি মিলিত হয়ে এক হয়ে গেল।

তবে নেতাজি সম্পর্কে আপনার সাথে কথা বলার সবচেয়ে ভাল উপায় হ'ল আমাদের সহকর্মীর ফলাফল হিসাবে আমি তাকে কী জানি, তাঁর কাহিনীটি যেমন ঘটেছিল ঠিক তেমনটিই বলতে এবং তাঁর প্রয়োজনীয় মাহাত্ম্যটি নিজেই প্রকাশের সুযোগ করে দেওয়ার জন্য এটিই ছিল তাঁকে সত্যিকারের শ্রদ্ধাঞ্জলি।

প্রথমদিকে, আমি আপনাকে বলতেই পারি যে ১৯৪৩ সালের জুলাইয়ে সিঙ্গাপুরে প্রথমবারের সাথে তাঁর সাক্ষাতের আগেও আমি বার্মার অন্যান্য রাজনীতিবিদদের মতো বোসের কথা শুনেছিলাম, এটি একটি অস্পষ্ট এবং বরং রোমান্টিক ধরণের ছিল, তবে সত্যিকার অর্থেই আমরা অনেক ওকে ভারতের অন্যতম উৎসাহী, জঙ্গিবাদী এবং প্রগতিশীল নেতা হিসাবে কল্পনা করতে সক্ষম ছিলাম। আমরা পরে শুনেছি যে তিনি অনির্দিষ্টকালের জন্য মান্ডালয় কারাগারে বন্দী ছিলেন, এই ঘটনা তাঁকে আমাদের এবং আমাদের সংগ্রামের আরও কাছে নিয়ে আসে।

# অজ্ঞানিত নেতাজি সুভাষ চন্দ্র বোস

আপনারা অনেকেই সম্ভবত জানেন, বার্মিজরা একজন প্ররোচিত লোক; ধর্মীয়ভাবে, আমরা বৌদ্ধ ধর্মাবলম্বীদের অধিকার হিসাবে শক্তি ও সহিংসতার পাপকে বিশ্বাস করি, তবে রাজনীতিতে আমরা সবসময় সত্যই বিশ্বাস করি না, কারণ আমরা উদাহরণস্বরূপ বিপ্লবী সহিংসতা ছাড়া সফলভাবে পরিচালিত একটি গণ বিপ্লবী সংগ্রামের কথা ভাবতে পারি না, এবং এটি যতটা হিংস্র প্রকৃত এবং বিপ্লবী এটি জনগণের কাছে মনে হবে এবং তাই তাদের জয় করার সম্ভাবনা তত বেশি। এমন একটি যুগে যখন তারা ভারতের পুরুষ ও ঘটনাগুলি পর্যবেক্ষণ করছিলেন, তাদের কাছে যুবক, উজ্জ্বল, বিপ্লবী সুভাষচন্দ্র বসুর মতো ব্যক্তির এবং বিশেষত তরুণদের কাছে আবেদন করা উচিত ছিল অনিবার্য ছিল। তাই বোস বার্মায় অনেকের কাছেই নতুন ভারতীয় বিপ্লবী তরঙ্গের প্রতীক হয়ে উঠেছিলেন এবং যখন তিনি একটি নতুন রাস্তা নিয়েছিলেন এবং তার ফরোয়ার্ড ব্লকটি গঠন করেন তখন এটি আমাদের ক্রমবর্ধমান জাতীয় আন্দোলনের আরও অস্থির অংশের কাছে পৌঁছে দেয়। যুদ্ধ প্রমাণিত হওয়ার পরে এটি হয়েছিল এবং আমরা এর জন্য প্রস্তুত হওয়ার সাথে সাথে সশস্ত্র সংগ্রাম শুরু করার জন্য আমাদের ফ্রিডম ব্লক গঠন করি। এইভাবে ভারতীয় এবং বার্মিজ যুদ্ধকালীন লড়াইয়ের মধ্যে প্রথম লিঙ্ক হয়েছিল।

বোস প্রথমে জার্মানি থেকে বিদেশী সহায়তা চেয়েছিলেন এবং জার্মানদের দ্বারা বন্দী ভারতীয় যুদ্ধবন্দীদের সাথে একটি ভারতীয় মুক্তি সেনা সংগঠিত করার চেষ্টা করার সময় আমি জাপানে ফিরেছি এবং ১৯৪০ সালে গোপন সামরিক প্রশিক্ষণের জন্য সেখানে কয়েকজন যুবককে সেখানে পাঠাতে সহায়তা করি এবং শেষ পর্যন্ত সে বছর বার্মা ইন্ডিপেন্ডেন্স আর্মি পুরোপুরি সুসংহত সামরিক বাহিনী ছিল এবং জাপানী সেনাবাহিনী নিয়ে বার্মায় যাত্রা করেছিল। সুতরাং, তারকারা বা অন্য কিছু আমাদের শেষ বৈঠক এবং যুদ্ধের সময় সহযোদ্ধার জন্য পথ প্রস্তুত করে।

নেতাজির আসল কাহিনী অব্যাহত রাখতে, এশিয়ার যুদ্ধে আমাদের সাথে যোগ দেওয়া ভারতীয় বাহিনীর নেতা হিসাবে সিঙ্গাপুরে তাঁর নাটকীয় উপস্থিতির আগেও এই অঞ্চলে তাঁর নাম ব্যাপকভাবে ছড়িয়ে পড়েছিল, যেহেতু লোকেরা যখন ভারতকে ভেবেছিল তারা তাকে অন্য কারও চেয়ে বেশি ভাবেন, এবং তাদের চিন্তাভাবনাগুলি শেষ করার পরে, তিনি তাদের সামনে যুদ্ধে প্রবেশের জন্য প্রস্তুত হওয়ার আগে তাঁর সামনে দাঁড়িয়েছিলেন তাঁর খ্যাতি প্রায় কিংবদন্তি হয়ে ওঠে। আমরা একা নই, এশিয়ার অন্যরা সাম্রাজ্যবাদী শত্রুদের বিরুদ্ধে আমাদের সাথে লড়াই করার জন্য এগিয়ে এসেছিল তা প্রমাণ করে এটি আমাদের সকলকে একটি নতুন আশা দিয়েছে, আমাদের পক্ষে এটি লক্ষণ ছিল যে এশীয় পুনরুত্থান এবং বিপ্লব সত্য ও প্রসারিত ছিল। সুভাষচন্দ্র বসু এবং ত্রিশ মিলিয়ন ভারতীয় তিনি আমাদের জন্য যুদ্ধে নিয়ে এসেছিলেন এবং সমগ্র পূর্ব এশিয়া জুড়ে তাদের প্রভাব ছিল দুর্দান্ত।

আমি যখন গল্পটি ধাপে ধাপে তুলে ধরছি তখন আমি নেতাজী বোসের সাথে আমার প্রথম সাক্ষাতের বর্ণনা করব। এটি 1943 সালের জুলাইয়ে সিঙ্গাপুর বা শোনানে এর নামানুসারে ঘটেছে, বোসকে টোকিও থেকে সেই শহরে নিয়ে আসা হয়েছিল, যেখানে প্রিমিয়ার তোজো এসেছিলেন। বার্মার স্বাধীনতার আসন্ন ঘোষণার মাধ্যমে উত্থাপিত নির্দিষ্ট প্রশ্নগুলির সমাধান করতে আমিও সিঙ্গাপুরে গিয়েছিলাম।

তোজো সম্পর্কে অবশ্যই এখানে কিছু বলতে হবে। যুদ্ধের প্রথম বছরগুলিতে তিনি পুরোপুরি জাপানে আধিপত্য বিস্তার করেছিলেন। তিনি সাহসী, গতিশীল, এবং তিনি যা কিছু করেছিলেন তা স্পষ্টচক্ষু ছিলেন এবং অর্ধ-পদক্ষেপে কখনও বিশ্বাস করেন নি। তার মধ্যে এই ড্রাইভিং ইচ্ছাই ছিল যার ফলে প্রথম বছরগুলিতে তার বিজয় হয়েছিল, এবং পরে যখন জাপান যুদ্ধে হেরে যেতে শুরু করে তখন তার পতন ঘটে। তিনি খুব দূরদর্শীও ছিলেন। জাপান যখন দক্ষিণ-পূর্ব এশীয় দেশগুলিতে স্বাধীনতা দেওয়ার সিদ্ধান্ত নিয়েছিল তখন এটি ইতিবাচকভাবে রাজনৈতিক দৃষ্টিভঙ্গির পরিমান ছিল; জাপান জয়লাভ করেছিল এবং দখল করেছিল; তিনি দেখেছিলেন যে জাপান সে সব দেশগুলির আন্তরিক সমর্থন ব্যতীত কখনই যুদ্ধে জয়লাভ করতে পারে না। আমি বিশ্বাস করি যে এটি সত্যই কারণ ছিল তোজোর সিদ্ধান্ত যা একটি সংকটময় মুহূর্তে এসেছিল। যুদ্ধ পরিচালিত সামরিক বাহিনীর মধ্যে তিনি একাই বিজয়ী দেশগুলিকে রক্ষার জন্য নিজস্ব কিছু দেওয়ার প্রয়োজনের বিষয়টি অনুধাবন করেছিলেন, এশিয়ান মুক্তি এবং গন্তব্য সম্পর্কে অস্পষ্ট বাতুল আলোচনার চেয়ে বেশি কিছু এবং এগুলি যখন তারা নিজেরাই উদ্বিগ্ন থাকত তখন তাদের কিছুই অর্থ হতে পারে না। এবং কোনও গন্তব্য ছাড়াই, তিনি আরও দেখেছিলেন যে বিজয়ের পরেও কেবল সত্যিকারের স্বাধীন রাষ্ট্রগুলির সমন্বয়ে গ্রেটার পূর্ব এশিয়ার এমন দূরদর্শী ধারণাটি সহ্য করতে পারে। তখন ক্ষমতায় থাকা অনেক জাপানি, বিশেষত সশস্ত্র বাহিনীতে, এতটুকু ও এতদূর দেখার মতো পর্যাপ্ত দৃষ্টি ছিল না এবং ফলস্বরূপ আমাদের দেশে যারা এসেছিল তাদের সাথে আচরণ করতে আমরা যে অবিশ্বাস্য সমস্যায় পড়েছিলাম। এই স্থানীয় সামরিক বাহিনী সদ্য স্বাধীন হওয়া রাষ্ট্রকে সত্যই স্বাধীন বলে বিবেচনা করতে যথাসম্ভব প্রত্যাখ্যান করেছিল এবং তাই তাদের এমন এক সময়ে শত্রুতে পরিণত করেছিল যখন তাদের সমালোচনামূলকভাবে বন্ধু হিসাবে প্রয়োজন হয়েছিল। অবশেষে তোজো তার পদটি হারাতে শুরু করে, পুরানো সামরিকবাদীরা দখল করে নেয়, নতুন দেশগুলি ক্রমশ বিচ্ছিন্ন হয়ে পড়েছিল এবং তাই যুদ্ধবিরোধী প্রতিরোধের জন্য উপায় প্রস্তুত করা হয়েছিল।

তোজো বোস ও আমাকে প্রচণ্ডভাবে প্রভাবিত করেছিলেন এবং বাস্তবে তিনি অন্যান্য দক্ষিণ-পূর্ব এশীয় নেতাদের প্রতিও একই রকম করেছিলেন। আমরা দেখতে পেয়েছি যে তিনি সত্যই আমাদের সমস্যাগুলি বুঝতে পেরেছিলেন এবং প্রায়শই এটি সামরিক বাহিনীর পক্ষ থেকে অস্বীকার করে অভিনয় করে দেখিয়েছিলেন। ঘটনাক্রমে, তিনি নিজেই একজন সামরিক লোক ছিলেন, কারণ জাপানের বেশিরভাগ সামরিক সাফল্যের সেই সময়ে ছিল। তবে প্রয়োজনের ভিত্তিতে তোজো খুব অনাকাঙ্ক্ষিত হতে পারে, কারণ তাঁর বিরুদ্ধে সামরিক বাহিনীর শেষ বিদ্রোহ প্রমাণিত হয়েছিল। ১৯৪৪ সালের নভেম্বরে বোস এবং আমি যখন টোকিওতে আমাদের শেষ অফিসিয়াল পরিদর্শন করেছিলাম, তখন আমরা

তাকে ডাকলাম, যদিও তিনি তখন আকাশের নিচে বাস করছিলেন। এটি কৃতজ্ঞতা এবং স্মরণ করার একটি কাজ যা আমরা অনুভব করেছি যে আমরা তাকে ঋণী করেছি। তোজো খুব গভীরভাবে এটির প্রশংসা করেছিল এবং সমস্ত জাপান এটি নোট করেছিল।

নেতাজির কাছে ফিরে গিয়ে আমি তাকে প্রথমবারের মতো সিঙ্গাপুর বিমানবন্দরে দেখলাম যেখানে আমরা তোজোর আগমনের অপেক্ষায় ছিলাম। তিনি একটি সূক্ষ্ম, আকর্ষণীয় চিত্র, লম্বা, খাড়া, সুদর্শন এবং সকলের সাথে স্বাচ্ছন্দ্যে তৈরি করেছেন। তোজো এসে পৌঁছে আমাদের দু'জনকে উষ্ণ অভ্যর্থনা জানিয়ে চলে যাওয়ার পরেই জাপানী অফিসাররা আমাদের একসাথে নিয়ে এসেছিল। "এটি একটি ঐতিহাসিক সভা," তাদের মধ্যে একজন নাটকীয়ভাবে মন্তব্য করেছিলেন। তিনি সম্ভবত সঠিক ছিলেন, কিন্তু আমি মোটেও সেভাবে অনুভব করি নি। বিমূর্ততা আমার মাথায় প্রবেশ করেনি। আমি কেবল বোসকে খুব শারীরিক উপস্থিতি হিসাবে দেখেছি যার সামঞ্জস্যপূর্ণ এবং সাধারণ বহন ও ব্যক্তিত্ব এমনকি সামরিক আড়ম্বরপূর্ণ এবং শক্তির বিশাল, চকচকে দৃশ্যেও দাঁড়িয়েছিল। তারপরে আমার চিন্তাভাবনা অবাক হতে লাগল, যাতে অতীত ও বর্তমান অবিচ্ছেদ্যভাবে মিশে যায় এবং আমি বোসকে দীর্ঘ ও আবেগপূর্ণ ভারতীয় বিপ্লবের প্রতীক হিসাবে দেখতে শুরু করি যা শেষ পর্যন্ত বিস্তৃত এশীয় বিপ্লবে প্রবেশের পথ খুঁজে পেয়েছিল যা সমস্ত এশিয়া পরিবর্তন হবে। আমি সেই রকম মেজাজে ছিলাম। এর চেয়েও বড় কথা, আমি ভারতে একটি বিপ্লবের মধ্যে দেখতে পেয়েছি বলে মনে হয়েছিল, কারণ আমাদের সাথে বোসের উপস্থিতি একটি চিহ্ন ছিল যে দীর্ঘস্থায়ী দেশটি তার প্যাসিভ দর্শন থেকে শেষ অবধি শক্তির সাথে মিলিত হওয়ার আরও বাস্তববাদী একের দিকে মুখ ফিরিয়ে নিচ্ছে। এমন এক সময়ে যখন বিশ্বের অর্ধশক্তি অন্য অর্ধেকের সাথে লড়াই করছিল। আমার পক্ষে যারা সর্বদা বিশ্বাস রেখেছিলেন যে ভারত ও বার্মায় মুক্তি সংগ্রাম একক এবং অবিচ্ছেদ্য ছিল, এটি একটি ক্ষণিক মুহূর্ত ছিল যা আমার সমস্ত আশা এবং স্বপ্নকে পুনরুত্থিত করেছিল।

এই প্রথম বৈঠকটি একটি সংমিত এবং আনুষ্ঠানিক ছিল এবং আমরা দুজনেই আমাদের ঘনিষ্ঠভাবে অবলোকনকারী অদ্ভুত সামরিক লোকদের পুরো ভিড়ের আগে এটি আরও কিছু করার চেয়ে ভাল জানতাম। এটি একবারে ব্যবস্থা করা হয়েছিল যে বোস শীঘ্রই আমার সাথে যোগাযোগ করুন। তোজোর আমাদের প্রতি অবিরাম আগ্রহ এত তাড়াতাড়ি সম্ভব মুহূর্তে এমন অন্তরঙ্গ সভার পথ প্রস্তুত করে।

পরের কয়েক দিন নেতাজিকে তাঁর আন্দোলন ও শক্তি একসাথে আনতে খুব ব্যস্ত রাখা হয়েছিল, তার আগে তাঁর দেশবাসীর একটি জনসভা অনুষ্ঠিত হয়েছিল যার আগে তাকে দেওয়া হয়েছিল এবং পূর্ব এশিয়ার ইন্ডিয়ান ইন্ডিপেন্ডেন্স লিগের নেতৃত্বকে গ্রহণ করেছিলেন এবং প্রিমিয়ার তোজোর সাথে ভারতীয় জাতীয় সেনা পর্যালোচনা করেছিলেন। যা তিনি প্রায় রাতারাতি তৈরি করেছিলেন, আবার একটি বিশাল ভারতীয় জনসভা অনুষ্ঠিত এবং সম্বোধন করেছিলেন যা তিনি "চলো দিল্লী" এর ঐতিহাসিক স্লোগান দিয়ে সংবেদনশীলভাবে ধারণ করেছিলেন ও তারপরে যুদ্ধ শুরু করেছিলেন, মোট একত্রিত করার জন্য তাঁর আদেশ সহ এটি দুর্দান্তভাবে করা হয়েছিল

তোজোর চলে যাওয়ার খুব শীঘ্রই নেতাজি এবং আমি নির্দ্বিধায় কথা বলতে পেরেছিলাম। আমরা অনেক বড় বড় বিষয় নিয়ে কথা বললাম, তবে বেশিরভাগ যুদ্ধ এবং কীভাবে আমরা আমাদের নিজের লোকদের পক্ষে এর থেকে যতটা সম্ভব পেরেছি তা পেতে হয়েছিল। আমরা একে অপরকে বলেছি বেশিরভাগ জিনিস আমি ভুলে গিয়েছি।

তবে একটি জিনিস যা সর্বদা আমার স্মৃতিতে থাকবে তা হ'ল নেতাজির প্রভাব আমার উপর। বেশ সত্যিই, এটি ছিল অপরিসীম। নেতাজি সম্প্রতি জার্মান ও রাশিয়ান নেতাদের সাথে সাক্ষাত করেছিলেন এবং পশ্চিমে যুদ্ধের মোট চরিত্রও প্রত্যক্ষ করেছিলেন এবং এটি পুরো বিশ্ব সংঘাতকে যেভাবে দেখেছে তাতে তাকে পুরোপুরি মোটামুটি বাস্তববাদী করে তুলেছে। আমিও আমার নিজের সংগ্রামের পাশাপাশি জাপানিদের কাছ থেকেও এই বাস্তবতাবাদটি শিখেছি। ফলাফলটি ছিল আমাদের মধ্যে সত্যিকারের মনের মিলন। তবে যেখানে আমি আমার স্বভাব অনুসারে সংবেদনশীল হতে চেয়েছিলাম এবং প্রায়শই আমার দৃষ্টিভঙ্গিতে কিছুটা বিষয়ভিত্তিক হয়ে পড়েছিলাম, সেখানে নেতাজি তার বিষয় ও উদ্দেশ্যমূলক মনোভাবের মধ্যে একটি শীতল, ক্লিনিকাল অবজেক্টিভ বা বরং একটি সূক্ষ্ম ভারসাম্য দেখিয়েছিলেন। এমন নয় যে তাঁর আবেগময় মুহূর্তগুলি তাঁর ছিল না; লিখিতভাবে তাঁর অনেক বক্তৃতায় বা বক্তব্যে সেগুলি প্রচুর ছিল; কিন্তু তিনি যখন কর্মস্থলে ছিলেন তখন তাদের সকলকে লক করে রেখেছিলেন। তারপরে তিনি সেই বাক্যটিতে ছিলেন যা একবার লেনিনকে বর্ণনা করার জন্য ব্যবহৃত হত, "একটি কুড়াল যা মনে করে" আমি এটি দেখেছি, এটি তাঁর শক্তির মূল **উৎস** ছিল। শান্ত এবং কোনও স্বার্থপরতা বা আত্ম-প্রতারণা ছাড়াই তিনি প্রতিটি পরিস্থিতিতেই মুখোমুখি হয়েছিলেন, এটি ভাল হোক বা খারাপ হোক বা দু জনের স্বাভাবিক মিশ্রণই হোক: সে সমস্তকে একটি সম্পূর্ণ ছবিতে নিয়ে এসেছিল এবং তারপরে সে তার সিদ্ধান্তে পৌঁছেছিল। কর্ম পরিকল্পনা দ্রুত অনুসরণ করা, এর পিছনে ব্যক্তিগত এবং জাতীয় উভয়ই একটি বিশ্বাস ও নিয়তির একটি বিস্তৃত ধারণা ছিল, এটি প্রায় রহস্যবাদী বা মারাত্মক ছিল যেহেতু কেউ কেউ এটিকে ডাকত।

বোস সত্যিই তাঁর বিষয়টিতে নেমে গেলে তিনি আপনাকে এমন অনুভূতি দিয়েছিলেন যে আপনি কোনও লোকের কথা শুনছেন না, বরং কোনও শক্তি বা তার মতো বড় এবং নৈর্ব্যক্তিক কিছু হঠাৎ করে দীর্ঘ বিরক্ত, আদিম শক্তিকে ভেঙে দিচ্ছেন। আমি অনুরূপ সমস্ত শক্তিগুলির কথা ভেবেছিলাম যা বিভিন্ন জাতির ইতিহাসে সময়ে সময়ে উপস্থিত হয়েছিল এবং তাদের দুর্দান্ত করেছে। নেতাজি এ জাতীয় শক্তি, গতিশীলতা, উৎসর্গ এবং গন্তব্যবোধের প্রয়োজনীয় গুণাবলী প্রদর্শন করেছিলেন। এই ভাবনাটি আমার প্রথম সভায় এমনকি আমার মনে ছড়িয়ে পড়ে এবং যখনই আমি সেই বছরগুলি স্মরণ করি তখনই তা ফিরে আসে।

যুদ্ধে অংশ নেওয়ার আগে আমরা যুদ্ধের উত্থাপিত সময়ে আমরা যে সমস্ত মৌলিক প্রশ্নগুলি ভাবতে পারি তাতে একমত হয়েছি, যুদ্ধটি প্রতিটি অর্থেই ছিল আমাদের, ব্রিটিশ উপনিবেশবাদই আমাদের শত্রু ছিল যার সাথে আমরা কখনই পদে আসতে পারিনি যে, যুদ্ধ কারও শত্রুর শত্রু ছিল তার বন্ধু এবং মিত্র, যে রাস্তায় আমরা যাচ্ছিলাম সেখানে আর ফিরে যেতে হবে না।  এটি ছিল আমাদের সহযোদ্ধার শুরু, এবং এটির বিষয়ে আর কোনও কথা বলার দরকার ছাড়াই আমরা তখন শেষের দিকে যে কথা বলেছিলাম তা মেনে চললাম। আপনারা উভয়েই জানেন যে এটি করার জন্য আমাদের উভয়ের পক্ষে অত্যন্ত ব্যয় হয়েছিল, কিন্তু আমরা এটি করার প্রতিশ্রুতি দিয়েছিলাম এবং আমরা প্রতিশ্রুতি বিশ্বস্তভাবে রেখেছিলাম। আমরা আরও কিছু করতে পারিনি।

এর পরে আমরা 1943 সালের আগস্টে সাক্ষাৎ করি, যখন বার্মা তার স্বাধীনতা ঘোষণা করে।  আমি ব্যক্তিগতভাবে নেতাজিকে রেঙ্গুনের উদযাপনগুলিতে আসতে আমন্ত্রণ জানিয়েছিলাম, এবং তিনি এসে তাদের প্রত্যক্ষ করেছিলেন। তিনি আমাদের ব্রিটেন এবং আমেরিকার বিরুদ্ধে যুদ্ধের ঘোষণাও শুনেছিলেন। আমি তার স্বপ্নে আবারও তার চোখে দেখেছিলাম যা আমি আগে দেখেছিলাম তবে এটি এখন কিছুটা দুঃখজনক ও ক্ষুধার্ত ছিল এবং তার হাসিও তাই ছিল। শান্তভাবে, আমরা এর কারণটি অনুমান করেছিলাম। যুদ্ধের মধ্য দিয়ে বার্মাকে তার স্বাধীনতা অর্জনের প্রথম উপনিবেশ হিসাবে দেখে তিনি অবশ্যই ভারত ও তার সেনাবাহিনীর সামনে দীর্ঘ ও মরিয়া যাত্রার কথা ভেবেছিলেন, ভারতও মুক্ত হওয়ার আগে।

সিঙ্গাপুরে ফিরে এসে নেতাজি দ্রুত অভিনয় করেছিলেন। 1943 সালের অক্টোবরে, তিনি আজাদ হিন্দ স্বাধীন ও সার্বভৌম রাষ্ট্রের সরকার প্রতিষ্ঠার ঘোষণা দিয়েছিলেন; একই দিন নতুন রাষ্ট্র ব্রিটেন ও আমেরিকার বিরুদ্ধে যুদ্ধ ঘোষণা করেছিল এবং পরের মাসে নেতাজি টোকিওয় অনুষ্ঠিত গ্রেটার পূর্ব এশিয়া সম্মেলনে আমাদের সাথে যোগ দিয়েছিলেন যেখানে তিনি চীন, মাঞ্চুকুও, থাইল্যান্ড, ফিলিপাইন এবং বার্মার রাষ্ট্রপ্রধানদের সাথে সাক্ষাত করেছিলেন। সবার উষ্ণ সম্বর্ধনা জানিয়েছেন তিনি। এবার তিনি ছিলেন এক সাহসী জঙ্গি ব্যক্তিত্ব ইউনিফর্ম এবং তাঁর দুর্দান্ত ও করুণ দেশের আভাটি সর্বত্র তাঁর সাথে নিয়ে গিয়েছিলেন, এবং স্বাধীন ও মহান হওয়ার দীর্ঘ সংগ্রাম তাঁর সাথে ছিল। তিনি কেবল আমাদের কাছে পর্যবেক্ষক হিসাবে বসেছিলেন, কারণ ফ্রি ইন্ডিয়া এখনও অঞ্চল ছাড়াই একটি দেশ ছিল, তবে তজো শীঘ্রই আন্দামান ও নিকোবর দ্বীপপুঞ্জকে নতুন দেশ-এ তুলে দিয়ে এটিকে সংশোধন করেছিলেন। তোজো আরও একটি কাজ করেছে। বিশাল আন্তর্জাতিক সমাবেশের উপস্থিতিতে অনুষ্ঠিত সম্মেলনের চূড়ান্ত অধিবেশনে তিনি আমাকে প্রধান বক্তব্য দিতে বলেন, যা নেতাজী এবং ভারতীয় কারণ সম্পর্কে ছিল। তিনি বলেছিলেন যে তিনি শুনতে চান পুরো বিশ্ববাসীর পক্ষে সত্যই একটি ভাল লড়াইয়ের বক্তব্য ছিল এবং আমি যথাসাধ্য চেষ্টা করেছিলাম।  আমি সত্যিই এটি করতে কঠোর চেষ্টা করেছি। আমার কেন্দ্রীয় থিমটি ছিল এশিয়া বা এর যে কোনও অংশই ভারত মুক্ত না হলে সত্যই মুক্ত হতে পারে না। এটি আমার প্রত্যাশার চেয়ে অনেক বেশি নিচে নেমে গেছে, কারণ এটি ইতিমধ্যে সম্মেলন দ্বারা আলোড়িত জাতিগত গোষ্ঠীগুলিকে আঘাত করেছিল যা এশীয় দেশগুলিকে সম্পূর্ণ এশীয় অবস্থানে স্থান নেওয়ার জন্য প্রথম সমাগম ছিল।

নেতাজী আমার বক্তৃতাকে জবাব দিয়েছিল, আমি শুনেছি এমন কিছু সর্বাধিক চলমান কথা। যেতে যেতে তার কণ্ঠস্বর ভেঙে গেল এবং চোখ দু'টো হয়ে গেল ধোঁয়াটে। যারা তাঁর কথা শুনেছেন তাদের জন্য এটি ছিল সত্যই এক মাতাল, বানানমূলক মুহূর্ত।

1943 সালের শেষের দিকে, নেতাজি আমাকে তাঁর সদর দফতর বার্মায় স্থানান্তর করার অনুমতি চেয়ে অনুরোধ করেছিলেন। তাঁর সামরিক অভিযান সফলভাবে চালুর জন্য তাঁকে যতটা সম্ভব রেঙ্গুন ঘাঁটি থেকে ভারতে পরিচালনা করতে হবে বলে আমাকে বলার দরকার ছিল না। আমি তাকে প্রকাশ্যে স্বাগত জানাই; এবং তাই জানুয়ারী, 1944 সালে নেতাজি এবং তাঁর সরকার ও সেনাবাহিনী বার্মায় এসে পৌঁছেছিল ও ১৯৪৪ সালে জাপানিদের চূড়ান্ত পরাজয় অবধি ছিল। তারা চূড়ান্ত বার্মিজ অতিথেয়তা এবং সহযোগিতা পেয়েছিল। একই সাথে দু'জনের মধ্যে বন্ধন আরও ঘনিষ্ঠ হয় এবং ব্রিটিশদের অধীনে যে জাতিগত উত্তেজনা ছিল এক সময় তা অদৃশ্য হয়ে যায়। নেতাজি ও আমার প্রায়শই দেখা হত, আমাদের সাধারণ সমস্যাগুলি নিয়ে আলোচনা করেছি এবং একে অপরকে সাহায্য করার জন্য যথাসাধ্য চেষ্টা করেছি।

আমি বলেছি যে বোসের একটি দুর্দান্ত শক্তি ছিল। বার্মায় তিনি ইতিবাচক ঘূর্ণিবায়ুতে পরিণত হন। তার আগমনের কয়েক মাসের মধ্যেই তিনি আরাকানে তার সেনাবাহিনীকে কর্মে প্রেরণ করেন এবং তারপরে আরও উত্তর এবং অবশেষে উত্তর-পশ্চিমে ভারতীয় সীমান্তে পাঠান। ভারতীয় স্বাধীনতা সেনা সেই উত্তর-পশ্চিমাঞ্চলে সর্বাধিক লড়াই করেছে। আমি আপনাকে আগেই বলেছি, এটি ঠিক ভারতে ঢুকে পড়েছিল, কোহিমা এবং আশেপাশের পাহাড়গুলি দখল করেছিল এবং ১৯৪৪ সালের ১৮ এপ্রিল জাপানিরা যখন তাকে থামিয়ে দেয় তখন আক্রমণ করে ইম্ফালে প্রবেশের জন্য প্রস্তুত ছিল। জাপানিরা তাদের ক্রিয়া কলাপের জন্য সামরিক বা রাজনৈতিক যে কারণেই থাকত না কেন, এটি পুরো যুদ্ধের সময় নেতাজি এবং তাঁর সেনাবাহিনীর সবচেয়ে মারাত্মক ঘা হিসাবে প্রমাণিত হয়েছিল। তার পর থেকে এক বিপর্যয় সেই সাহসী এবং পিড়িত সামান্য শক্তির জন্য অন্যরকম অনুসরণ করেছিল। ব্রিটিশরা বিমানের মাধ্যমে বিশাল শক্তিবৃদ্ধি করেছিলো যখন জাপানিজ এবং ভারতীয়দের কিছুই ছিল না এবং তাদের সমস্ত বিমান হারিয়েছিল যাতে তারা অন্ধভাবে লড়াই করছে; এবং তারপরে বৃষ্টি বর্ষণ করছিল। ছোট্ট সেনাবাহিনী ব্যাধি এবং বিভ্রান্তিতে পিছপা হতে বাধ্য হয়েছিল।

নেতাজি সাহস করে পরাজয় বরণ নিলেন। আমি অবশ্যই বলতে পারি না যে সে নিজের মধ্যে কেমন অনুভূত হয়েছিল তবে বাহ্যিকভাবে সে ঠিক আগের মতোই মানুষ ছিল। তিনি একবারে জনগণকে পুরো সত্যটি জানিয়ে দিয়েছিলেন এবং বলেছিলেন যে একটি যুদ্ধে কেবল শেষ যুদ্ধ এবং বিজয় গণনা করা হয় না, এবং তাঁর সৈন্যদের পুনর্গঠন করে তাঁর কথায় কথায় কাজ শুরু করতে যাতে তারা আরও একদিন যুদ্ধের জন্য প্রস্তুত হয়।

## অজানিত নেতাজি সুভাষ চন্দ্র বোস

ইম্ফলের পরাজয় এবং হতাশার আসল গল্পটি এখানে আমি বলতে পারি না, তবে কোনও একদিন পুরোপুরি বলা হয়ে গেলে দেখা যাবে যে নেতাজি বোস সেই দীর্ঘ, আশাহীন অসম লড়াইয়ের সময় সত্যই তাঁর সেরা সময়টি কাটিয়েছিলেন এবং যন্ত্রণাদায়ক ছিল পশ্চাদপসরণ এবং এরপরে পুরানোদের খালি হাত থেকে একটি নতুন সেনাবাহিনী তৈরি হয়েছিল।

তাই আমরা চূড়ান্ত ট্র্যাজেডিতে আসি যা ১৯৪৫ সালের এপ্রিল মাসে শুরু হয়েছিল। সব কিছুই আমাদের চার দিকে ঘুরছিল এবং ব্রিটিশ বাহিনী বার্মায় ভেঙে পড়েছিল। আমি শত শত মাইল দূরে রেঙ্গুন থেকে মৌলমাইন জাপানি বাহিনীর সাথে পশ্চাদপসরণ করার আগে নেতাজির সাথে আমার শেষ সাক্ষাৎকারটি স্মরণে রেখেছি। আমরা এর আগে ব্রিটিশরা বার্মা দখল করে নিলেও যুদ্ধ একসাথে চালিয়ে যাওয়ার পরিকল্পনা করেছিলাম, কিন্তু যখন বার্মিজ সেনাবাহিনী জাপানিদের বিরুদ্ধে প্রতিরোধ শুরু করেছিল তখন তা পরিত্যাগ করতে হয়েছিল। আমাদের দু জনের জন্য খুব অন্ধকার সময় ছিল। নেতাজি বার্মার অপারেশন বেস থেকে বঞ্চিত ছিল; আসলে তিনি এতটা বঞ্চিত ছিলেন যে তাকে অন্য যে কোনও জায়গায় প্রথম থেকে প্রায় শুরু করার কথা ভাবতে হয়েছিল। যদি আমি সঠিকভাবে মনে করি, আমরা সেই শেষ বৈঠকে খুব কমই কথা বলেছিলাম, কারণ আমরা ইতিমধ্যে একে অপরের চিন্তাগুলি জানতাম এবং নিশ্চিত ছিলাম যে তারা পরাজয়ের দ্বারা পরিবর্তিত হবে না।

যাইহোক, কিছু বলার জন্য আমি নেতাজীকে জিজ্ঞাসা করলাম তার পরবর্তী পরিকল্পনাটি কী? "কেন," তিনি শান্তভাবে একটি সিগারেট জ্বালিয়ে জবাব দিয়েছিলেন, "আবার শুরু করব এবং প্রস্তুত হওয়ার পরে লড়াই চালিয়ে যাব। আমরা আর কি করতে পারি? লড়াই অবশ্যই এগিয়ে যেতে হবে।" এই শব্দগুলি আমার নিজের ভাবনাকে এত বেশি প্রতিধ্বনিত করেছিল যে আমি শুনে প্রায় কাঁদলাম। আমার ক্ষেত্রে অবশ্যই ব্রিটিশদের হাতে বার্মা এবং বার্মিজ সেনাবাহিনী ছিল এবং আমার হাতে কিছু প্রস্তুত নেই। আমি কিছু করতে সক্ষম হব না, অন্তত কিছু সময়ের জন্য। আমি সেটা নেতাজিকে বুঝিয়ে দিয়েছিলাম এবং সে পুরোপুরি বুঝতে পেরেছিল। পরে আমি শুনেছি যে তিনি তাঁর লোকদের বলেছিলেন, "এখন জার্মানি এবং ইতালি যুদ্ধ থেকে বেরিয়ে এসেছিল, জাপানিদের যতক্ষণ না তারা যুদ্ধে রয়েছে ততক্ষণ আমাদের এটি চালিয়ে যেতে হবে; এবং যদি সেগুলিও ছিটকে যায় তবে আমাদের অবশ্যই লড়াই করতে হবে।" তাঁর জীবনের সবচেয়ে বড় সংকটের সময় উক্ত কথাগুলি মানুষের প্রয়োজনীয় চেতনা এবং চরিত্রের সংস্থাপাত করে।

তাই শেষ পর্যন্ত আমরা প্রত্যেককে তার নিজের লোকদের সাথে মৌলমিনের প্রতি দীর্ঘপথ পিছু হটানোর চেষ্টা করেছি, রাতে পায়ে এবং ভাঙ্গা লরি দিয়ে ব্রিজহীন নদী, অন্তর্বর্তী জঙ্গলের মধ্য দিয়ে, শত্রু বিমানগুলি বোমা মেরে মেশিনগান করে এবং পুরো পথটিকে নির্মমভাবে নষ্ট করে। এটা ঠিক নরকীয় ছিল। মৌলমাইন পৌঁছে আমি পিছনে রয়ে গেলাম, জাপানিরা যতক্ষণ না সেখানে লড়াই চালিয়ে যাবে ততক্ষণ বার্মা ছেড়ে চলে যাবেন না বলে আমি দৃঢ় সংকল্পবদ্ধ ছিলাম। নেতাজি অবশ্য ব্যাংককের উদ্দেশ্যে রওনা হলেন সেখান থেকে তিনি আবার কাজ শুরু করতে সিঙ্গাপুরে চলে এসেছেন।

তারপরে আমি শুনেছিলাম, 22 আগস্ট 1945-এ যখন আমার বিমানটি তাইওয়ানে টোকিও যাওয়ার পথে থামল। জাপানী অফিসার যিনি আমার সাথে সেখানে গিয়েছিলেন তিনি আমার জন্য এক করুণ সংবাদটি বলে দিয়েছিলেন। আমি যে সংকটটি দিন এবং রাত ধরে অবিচ্ছিন্নভাবে কাটিয়ে যাচ্ছিলাম তার দ্বারা নিবিড়ভাবে আমার মন এই অফিসার যা বলেছিল তা পুরোপুরি গ্রহণ করে নি। আশ্চর্য রকমভাবে আমি এটি শুনেছিলাম কারণ আমি যখন বিমান চালাচ্ছিলাম বা স্পর্শ করছিলাম তখন আমার কাছে করা একটি রুটিন প্রতিবেদনের কাজটি করতাম। রাতের বিশ্রামের পরে, পরের দিন সকালেই আমি এয়ারফিল্ডে পৌঁছলাম তখন আমি একই কর্মকর্তাকে ট্র্যাজেডির বিশদ জানতে চেয়েছিলাম। সে আমাকে বলেছিলো। তিনি শেষ করার ঠিক পরে, আমার বিমানের পাইলট আমাকে বোঝাতে এসেছিলেন যে সেদিন টোকিওতে আমাদের যাত্রা কতটা বিপদজনক হয়েছিল। তিনি জানতে চেয়েছিলেন, নেতাজির ভাগ্য শুনে, আমি এখনও যেতে চাইছি!!!! *"অবশ্যই," আমি তাকে ধমক দিয়ে বলেছিলাম, "একবারে যেতে দেওয়া এবং পুরো পথটি যদি শেষ হয়ে যায় তবে শেষ করতে হবে।" অবিশ্বাস্যভাবে, আমরা টোকিও পৌঁছেছি। পরের দিন শহরের সমস্ত পত্রিকার প্রথম পৃষ্ঠায় নেতাজির মৃত্যুর সংবাদ ছড়িয়ে পড়েছিল।*

## নেতাজির মৃত্যুর সাথে সম্পর্কিত ডিক্লাসিফাইড ফাইল

ইংরেজি পৃষ্ঠাটি ইউ এস এ-র অ্যামাজন দ্বারা যথাক্রমে সেপ্টেম্বর 2017, জুলাই 2018 এবং নভেম্বর 2019-তে ই-বুক, ' আপডেটেড' ই-বুক এবং পেপারব্যাক বইয়ে প্রকাশিত হয়েছে)

ভারত সরকার এবং পশ্চিমবঙ্গ সরকার কর্তৃক ঘোষিত 2016 সালে নেতাজি সুভাষ চন্দ্র বসু সম্পর্কিত ফাইলগুলি।

জাপানে অবস্থান ও বসবাসের আমার দ্বিতীয় সময়কালে (এপ্রিল 1993 থেকে মে 1999) আমি মাসাইয়োশি কাকিতসুবো এবং তাঁর পুত্র ড: হিরোইয়োশি ইয়াজিমার কাছ থেকে শুনেছিলাম যে নেতাজি সুভাষচন্দ্র বসু মিতসুবিশি কে আই 97 বোম্বার বিমান দুর্ঘটনার পরে 18 আগস্ট 1945 সালে মারা গিয়েছিলেন। মাসাইয়োশি 1944 সাল থেকে 1945 সাল পর্যন্ত দ্বিতীয় বিশ্বযুদ্ধে নেতাজির ব্যক্তিগত সচিব ছিলেন। আমি টোকিওর রেনকোজি মন্দিরে আমাদের প্রিয় নেতা 'নেতাজি'র প্রতি অনেক বার সালাম ও শ্রদ্ধা জানাতে পেরেছিলাম, যেখানে 1945 সালের 18 সেপ্টেম্বর থেকে তাঁর চিতাভস্ম রাখা হয়েছে।

ঘটনাটি এখন 1956 এবং 1974 সালে ভারত সরকার কর্তৃক আয়োজিত দুটি কমিশন রিপোর্ট দ্বারা যাচাই করা হয়েছে যেগুলি 2016 সালে অস্বীকৃত ফাইলগুলি থেকেও আবার প্রমাণিত হয়েছে।

শাহ নওয়াজ খান (আই এন এ-এর প্রাক্তন সদস্য) কমিটি (1956) এবং জাস্টিস জি ডি খোসলা কমিশন (1974) 1945 সালে নেতাজি সুভাষ চন্দ্র বোসের নিখোঁজ হওয়া রহস্য সম্পর্কিত ঘটনা ও পরিস্থিতি সম্পর্কে অনুসন্ধানের জন্য যথাক্রমে নেহেরু ও ইন্দিরা কর্তৃক ভারত সরকার নিযুক্ত করেছিলেন। ঘোষিত প্রতিবেদনে 1993 সাল থেকে নিম্নলিখিত বিষয়গুলি আমার জ্ঞানের সাথে মেলে।

## *দুটি কমিটিতে সাক্ষ্যগন*

কেইকিচি আরাই-বিমান বাহিনীর একজন ক্যাপ্টেন ছিলেন, তিনি 2793 নং ফুতসুকাসা ইউনিটের অন্তর্ভুক্ত ছিলেন এবং নেতাজির সাথে একই বিমানে ছিলেন (p.134 এবং 148)।

তেরুও হাচিইয়া-বিমান দুর্ঘটনার একজন সদস্য ছিলেন এবং 1945 সালের 16 আগস্ট নেতাজির সাথে সাইগনে যান (p.129, 135, 148 এবং 166)।

সাবুরো ইসোদা-7.1.1944 সাল থেকে চীনের হিকারি-কিকানের একজন লেফটেন্যান্ট জেনারেল এবং প্রধান ছিলেন। তিনি 1945 সালের ১৭ আগস্ট সন্ধ্যায় (p.148 এবং p.165) নেতাজির সাইগন যাত্রা দেখেছিলেন।

ডাঃ টি ৎসুরুতা-তাইহোকুর নানমন মিলিটারি হাসপাতালে মেডিকেল অফিসার হিসাবে নিযুক্ত ছিলেন। তিনি নেতাজির মৃত্যুর সময় 1945 সালের 18 আগস্ট উপস্থিত ছিলেন (p.134, 154 এবং 165)।

কিয়োশি মোচিজুকি - তিনি 18 সেপ্টেম্বর 1945 (p.129, 157 এবং 166) নেতাজির চিতাভস্ম পেয়েছিলেন।

তারো কোনো - জাপানি সেনাবাহিনীর একজন মেজর এবং নিয়মিত কর্মকর্তা ছিলেন। দুর্ঘটনার সময় তিনি নেতাজির সাথে একই বিমানে ছিলেন (p.150 এবং 161)।

ঈদানো তাকাহাশি - একজন মেজর এবং নিয়মিত সেনা কর্মকর্তা ছিলেন। দুর্ঘটনার সময় তিনি নেতাজির সাথে একই বিমানে ছিলেন (p.150 এবং 161)।

তাতসুও হায়াশিদা-তাইহোকুর সদর দফতরে, ফর্মোসা আর্মিতে ২য় লেফটেন্যান্ট ছিলেন। ১৯৫৪ সালের ৫ সেপ্টেম্বর তিনি নেতাজির দুটি বাক্স টোকিও নিয়ে গিয়েছিলেন (p.127, 150 এবং 161)।

শিরো ননোগাকি-লেঃ কর্নেল ছিলেন এবং 1945 সালের 17 আগস্ট সাইগন বিমানবন্দরে নেতাজির সাথে প্রথম সাক্ষাত করেন। দুর্ঘটনার সময় তিনি তাইহোকু পর্যন্ত একই বিমানটিতে নেতাজির সাথে ছিলেন (p.154); লেঃ কর্নেল এবং 7তম এয়ার ডিভিশনের স্টাফ অফিসার এবং বিধ্বস্ত টাইপ 97 ভারী বোমারু বিমানের ফ্লাইট ক্যাপ্টেন ছিলেন (p.134)।

সুগুইয়া মিয়াতা-একজন কর্নেল ছিলেন, তিনি ফর্মোসায় (বর্তমানে তাইহোকু) সেনাবাহিনীর সদর দফতরের সাথে সংযুক্ত এয়ার স্টাফ অফিসার হিসাবে নিযুক্ত ছিলেন। 1945 সালের 19-20 আগস্ট তিনি হাসপাতালে যান।

ডঃ গোরাচাঁদ ঘোষ

## মোহন সিংহ (1909-1989) দ্বারা 18 আগস্ট 1945 সালে নেতাজির মৃত্যুর সত্যতা

(ইংরেজি পৃষ্ঠাটি ইউ এস এ-র অ্যামাজন দ্বারা যথাক্রমে জুলাই 2018 এবং নভেম্বর 2019-তে 'আপডেটেড' ই-বুক এবং পেপারব্যাক বইয়ে প্রকাশিত হয়েছে)



(23 সেপ্টেম্বর 2018 এ ফেসবুকে সর্বজনীন পোস্টিং)

মোহন সিংহ ছিলেন একজন ব্রিটিশ ভারতীয় সামরিক কর্মকর্তা, আই এন এ-র প্রতিষ্ঠাতা এবং দ্বিতীয় বিশ্বযুদ্ধের সময় আই এন এ-তে যোগদান করেছিলেন। লাল কেল্লার বিচারে নেহেরু যুদ্ধাপরাধীর বিরুদ্ধে তাকে বাঁচিয়েছিলেন। তিনি এম পি ছিলেন এবং "আজাদ হিন্দ ফৌজ" এর সদস্যদের ভারতের স্বাধীনতার মুক্তিযোদ্ধা হিসাবে স্বীকৃতি দেওয়ার চেষ্টা করেছিলেন। কিন্তু গান্ধী ও নেহেরু সেই দিকে তাঁর আন্দোলন বন্ধ করেছিলেন। তিনি 1973 সালে নেতাজির মৃত্যুর উপর বিমান দুর্ঘটনার সত্যতা ঘোষণা করেছিলেন।

সত্যকে দমন করা একটি ফৌজদারি অপরাধ। কেন কংগ্রেসের শক্তিশালী সমর্থক ও সাংবাদিক অনুজ ধর এবং বোস-ব্রাদার্স প্রতিনিধিত্বকারী, চন্দ্র কে বোসের মোহন সিংহ দ্বারা 18 আগস্ট 1945 সালে নেতাজির মৃত্যুর সত্যতা মত প্রধান অপরাধীরা বৈজ্ঞানিক প্রমাণের একক প্রমাণ ছাড়াই নেতাজির সর্বশ্রেষ্ঠ ধার্মিক আত্মাকে হত্যাকারী গুম্‌নামি বাবা হিসাবে অপমান করতে ব্যস্ত? কেবল মিথ্যাচার, চৌর্যবৃত্তি ও কপিরাইট লঙ্ঘনের ভিত্তিতে মুখ্য অপরাধী অনুজ ধরের দ্বারা নেতাজির বিরুদ্ধে চারটি ষড়যন্ত্রমূলক বই লিখিত, প্রকাশিত, বিক্রি করে; জনগণের অর্থ লুঠ করার জন্য এবং পুরো ভারত জুড়ে নেতাজির বিরুদ্ধে কিছু মানহানিকর বক্তৃতা প্রেরণ করতে ব্যস্ত।

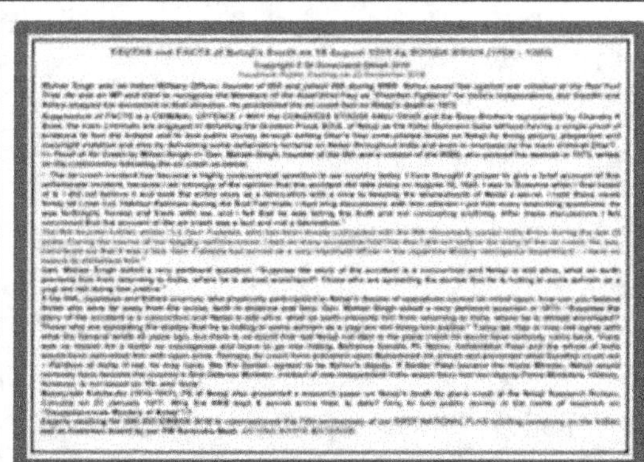

মোহন সিংহের বিমান দুর্ঘটনার প্রমাণ। আই এন এ-র প্রতিষ্ঠাতা এবং জেনারেল মোহন সিং, 1973 সালে তাঁর স্মৃতি রচনায় লিখেছিলেন, তিনি দ্বিতীয় বিশ্বযুদ্ধের একজন প্রবীণ, বিমানের দুর্ঘটনার বিষয়ে বিতর্কটি নীচে লিখেছেন:-

"এয়ার ক্রাশের ঘটনাটি আজ আমাদের দেশে একটি অত্যন্ত বিতর্কিত প্রশ্নে পরিণত হয়েছে। আমি এই দুর্ভাগ্যজনক ঘটনার একটি সংক্ষিপ্ত বিবরণ দেওয়া যথা যথ বলে মনে করেছি, কারণ আমি 18ই আগস্ট 1945 এ দুর্ঘটনাটি সম্পর্কে দৃঢ় মতামত পোষণ করি।

আমি যখন প্রথম শুনলাম তখন আমি সুমাত্রায় ছিলাম। আমি এটি বিশ্বাস করি না এবং নেতাজির অবস্থান গোপন রাখার লক্ষ্যে পুরো কাহিনীটিকে মনগড়া হিসাবে নিয়েছিলাম। লাল কেল্লার বিচার চলাকালীন কর্নেল হাবিবুর রাহমানের সাথে দেখা না হওয়া পর্যন্ত আমি দৃঢ় ভাবে এই মতামতগুলি ধরে রেখেছি। তাঁর সাথে আমার দীর্ঘ আলোচনা হয়েছিল যার মধ্যে আমি তাকে অনুসন্ধানের অনেক প্রশ্ন রেখেছি। তিনি আমার সাথে সরাসরি, সৎ এবং স্পষ্ট ছিলেন এবং আমি অনুভব করেছি যে তিনি আমাকে সত্য বলছেন এবং কিছুই গোপন করছেন না। এই আলোচনার পরে, আমি নিশ্চিত হয়েছি যে বিমান দুর্ঘটনার ঘটনাটি একটি মনগড়া নয়।"

আই এন এ-র প্রতিষ্ঠাতা আরও লিখেছেন, "লেফটেন্যান্ট জেনারেল ফুজিওয়ারা, যিনি আই এন এ আন্দোলনের সাথে গভীরভাবে যোগাযোগ করেছিলেন, গত 25 বছরে তিনবার ভারত সফর করেছিলেন। আমাদের দীর্ঘ স্মৃতি চিহ্নগুলি চলাকালীন, আমি অনেক সময় তাকে বলেছিলাম যে বিমান দুর্ঘটনার গল্পটি আমি বিশ্বাস করি না। তিনিও আমাকে নিশ্চিত করেছিলেন যে এটি সত্য ঘটনা। জেনারেল ফুজিওয়ারা জাপানি সামরিক গোয়েন্দা বিভাগে খুব গুরুত্বপূর্ণ অফিসার হিসাবে দায়িত্ব পালন করেছিলেন - আমার তাকে অস্বীকার করার কোনও কারণ নেই।"

জেনারেল মোহন সিং তাকে খুব প্রাসঙ্গিক প্রশ্ন জিজ্ঞাসা করেছিলেন: "ধরুন দুর্ঘটনার গল্পটি এক ঝাঁক ঘটনা এবং নেতাজী এখনও বেঁচে আছেন এবং পৃথিবীতে কী তাকে ভারতে ফিরে আসতে বাধা দেয়, যেখানে তাঁর প্রায় পূজা হয়? যোগী হিসাবে যে কোনও গল্প তিনি আশ্রমে লুকিয়ে আছেন যে গল্পগুলি ছড়িয়ে দিচ্ছেন তারা তার বিচার করছেন না।"

আই এন এ, জাপানি এবং ব্রিটিশ সূত্রে, যারা নেতাজির শারীরিকভাবে অপারেশন বিষয়টাতে অংশ নিয়েছিল, যদি তাদের উপর নির্ভর করা না যায়, তবে আমরা কীভাবে দূরত্ব এবং সময় উভয় দিক থেকে দূরে ছিল যারা তাদের বিশ্বাস করতে পারি। "আজ ৪৫ বছর আগে জেনারেল যা লিখেছিলেন তার সাথে আমরা আজ একমত হতে পারি বা করতে পারি না, তবে সন্দেহ নেই যে নেতাজি বিমানের দুর্ঘটনায় মারা না গেলে তিনি অবশ্যই ফিরে আসতেন। কোনও নেতার এতটা সাহসী ও আত্মগোপনে যাওয়ার কোনও কারণ ছিল না। মহাত্মা গান্ধী, পণ্ডিত নেহেরু, বল্লভ ভাই প্যাটেল এবং গোটা ভারত তাকে উন্মুক্ত অস্ত্র দিয়ে স্বাগত জানাত। সম্ভবত, তিনি মহম্মদ আলী জিন্নাহর উপর বিজয় অর্জন করতে পারতেন এবং গান্ধীজী যা করতে পারতেন না, তা রোধ করতে পারতেন-ভারত বিভাগের, যদি না হয় তবে তিনি সর্দারের মতো নেহেরুর সহকারী হতে রাজি হতে পারেন। সরদার প্যাটেল স্বরাষ্ট্রমন্ত্রী হয়ে গেলে নেতাজি অবশ্যই দেশের প্রথম প্রতিরক্ষা মন্ত্রী হতেন। একজনের পরিবর্তে ভারতের দু'জন উপ-প্রধানমন্ত্রী থাকবেন। ইতিহাস অবশ্য 'ইফস' এবং 'বাটস' এর উপর ভিত্তি করে তৈরি নয়।" (আমাদের প্রধানমন্ত্রী নরেন্দ্র মোদী দ্বারা আন্দামান দ্বীপে ভারতীয় মাটিতে ভারতের প্রথম জাতীয় পতাকা উত্তোলন অনুষ্ঠানের 75 তম বার্ষিকী স্মরণে আগ্রহী 30 ডিসেম্বর 2018 এর অপেক্ষায়। জয় হিন্দ, বন্দে মাতরম)

## নেতাজি সুভাষ চন্দ্র বোস, ৮১তম জন্ম বার্ষিকী, অফিসিয়াল স্যুভেনির

ইংরেজি পৃষ্ঠাটি ইউ এস এ-র অ্যামাজন দ্বারা যথাক্রমে জুলাই 2018 এবং নভেম্বর 2019-তে 'আপডেটেড' ই-বুক এবং পেপারব্যাক বইয়ে প্রকাশিত হয়েছে। এছাড়াও, এই পৃষ্ঠাটি 29 এপ্রিল 2020 এ ফেসবুকে পাবলিক পোস্টিং হিসাবে এবং 5 মে 2020-এ টুইটারে পোস্ট করা হয়।
(1999 সালে ডঃ ঘোষ টোকিওর মাসাইয়োশির পুত্র ডঃ ইয়াজিমা থেকে সংগৃহীত)

নেতাজি বক্তৃতা 1977; নেতাজি যেমন আমি তাকে চিনি; মাসাইয়োশি কাকিতসুবো জাপান, ভারতে 1936-37

ভারতে অবস্থানকালে, ১৯৩৬ থেকে ১৯৩৭ সাল পর্যন্ত কলকাতার কনসুলেট জেনারেল অফিসে আমার ভাইস-কনসাল হিসাবে নেতাজির সাথে সাক্ষাত করার কোন সুযোগ ছিল না। আমার ভারতে আসার পরপরই তিনি ইউরোপ থেকে ভারতে ফিরে আসেন তবে বোম্বাই পৌঁছালে তিনি গ্রেপ্তার হন এবং দীর্ঘ মেয়াদে কারাগারে বন্দী হন। অবশ্যই, আমি ইতিমধ্যে জানতাম যে তিনি 1920 সালে ভারতীয় সিভিল সার্ভিসের জন্য কঠিন পরীক্ষায় উত্তীর্ণ হয়েছিলেন। সিভিল সার্ভিস তাকে বিলাসবহুল এবং মর্যাদাপূর্ণ জীবন দেওয়ার প্রতিশ্রুতি দিয়েছিল, কিন্তু তিনি একজন মুক্তিযোদ্ধার কাঁটা পথ অবলম্বন করেছিলেন। সেই দিনগুলিতে আমার প্রধান কাজটি ছিল ভারত-জাপান বাণিজ্য চুক্তির নবায়নের জন্য আলোচনায় অংশ নেওয়া যা জাপান থেকে তুলা টুকরো পণ্যগুলির রফতানিটি ভারত থেকে কাঁচা তুলার আমদানির সাথে যুক্ত করেছিল।

বাণিজ্য সেক্রেটারি টি এ স্টুয়ার্টের প্রতিনিধিত্বকারী ভারতীয় পক্ষটি পরে হিউ ডাউ দ্বারা সাফল্য অর্জন করেছিল, জাপান ধূসর পিসের পণ্যগুলির চেয়ে বড় কোটা দেওয়ার চেষ্টা করেছিল, যা ভারতে প্রচুর পরিমাণে উৎপাদিত হচ্ছিল এবং ল্যাঙ্কাশায়ার পণ্যের সাথে প্রতিযোগিতায় থাকা ব্লিচ বা প্রিন্ট করা টুকরো পণ্যগুলির মতো পরিশীলিত আইটেমগুলির জন্য কোটা হ্রাস করতে। (তার বক্তৃতায় এবং নিবন্ধে তিনি নেতাজির মৃত্যু 18 আগস্ট 1945 দাবি করেছিলেন, কিন্তু নেতাজি রিসার্চ ব্যুরো নেতাজির অন্তর্ধান রহস্য নিয়ে ভারতীয়দের বোকা বানানো এবং লুটপাট করার জন্য মৃত্যু গোপন রেখেছিল)

## জাতির নেতাজির প্রতি শ্রদ্ধা নিবেদন, দ্য স্টেটসম্যান 24.1.1977

স্টাফ রিপোর্টার দ্বারা

(ইংরেজি পৃষ্ঠাটি ইউ এস এ-র অ্যামাজন দ্বারা যথাক্রমে জুলাই 2018 এবং নভেম্বর 2019-তে "আপডেটেড' ই-বুক এবং পেপারব্যাক বইয়ে প্রকাশিত হয়েছে)

রবিবার কলকাতা ও শহরতলিতে নেতাজি সুভাষ চন্দ্র বসুর ৮০তম জন্মবার্ষিকী পালন করা হয়েছে। সমস্ত এলাকায় ফাংশন আয়োজন করা হয়েছিল এবং সকালে নেতাজির প্রতিকৃতি নিয়ে অনেক মিছিল বের করা হয়েছিল। শ্যামবাজারে নেতাজির প্রতিমার পাদদেশে, পাঁচ রাস্তার পারা পারে এবং রাজভবনের সামনের ময়দানে পুষ্পস্তবক অর্পণ করা হয়েছিল।

নেতাজী ভবনে নেতাজি গবেষণা ব্যুরো আয়োজিত নেতাজি ওরিশন 1977-এ তাঁর বক্তৃতার প্রসঙ্গে জাপানি কূটনৈতিক সেবার প্রাক্তন সদস্য মিঃ এম কাকিতসুবো বলেছিলেন যে নেতাজি বেঁচে থাকলে উপমহাদেশের রাজনৈতিক পরিস্থিতি অন্যরকম হত। তিনি নেতাজিকে সাম্প্রদায়িক ও ধর্মীয় কুসংস্কারমুক্ত একজন সত্য নেতা হিসাবে বর্ণনা করেছিলেন।

মিঃ কাকিতসুবু ১৯৪৩ সালে জাপানের পররাষ্ট্র মন্ত্রণালয়ের নেতাজির দোভাষী এবং যোগাযোগ কর্মকর্তা এবং ১৯৪৪ সালে রেঙ্গুনে নেতাজির অস্থায়ী মুক্ত ভারত সরকারের জাপানী মিশনের প্রথম সচিব ছিলেন। তিনি বলেছিলেন যে ইউরোপে ভারতীয় জাতীয় সেনাবাহিনী গড়ে তোলা নেতাজি শুরুতেই পরিকল্পনা করেছিলেন, উত্তর-পশ্চিম সীমান্ত দিয়ে ভারতে প্রবেশের জন্য। কিন্তু স্ট্যালিনগ্রেদে জার্মানি ব্যর্থতার কারণে তাঁকে পরিকল্পনা পরিবর্তন করতে হয়েছিল। মিঃ কাকিতসুবু ৪০ বছর আগে কলকাতায় তাঁর দেশের উপ-উপদেষ্টা ছিলেন এবং যোগ করেছিলেন যে যুদ্ধকালীন জাপানের প্রধানমন্ত্রী জেনারেল তোজো প্রথম সাক্ষাতের পরে নেতাজিকে দেখে গভীর প্রভাবিত হয়েছিলেন। জাপানে ভারতের প্রতি অনেক সদিচ্ছা ও সহানুভূতি ছিল।

তিনি বলেছিলেন যে 1944 সালে নেতাজি টোকিওতে সোভিয়েত রাষ্ট্রদূত মিঃ জ্যাকব মালিকের সাথে যোগাযোগের চেষ্টা করেছিলেন, কিন্তু তিনি সফল হননি।

মিঃ কাকিতসুবো 23 এপ্রিল, 1945-এ রেঙ্গুন থেকে বিদায় নেওয়ার সময় নেতাজির সাথে ছিলেন। তিনি বলেছিলেন যে নেতাজি রেঙ্গুন ছেড়ে চলে যেতে রাজি হতে পারেন কারণ তিনি জোর দিয়েছিলেন যে আই এন এ-র মহিলা ব্রিগেড ঝাঁসী রানী বাহিনীর সদস্যদের সরিয়ে নেওয়া উচিত। তিনি বলেছেন, জাপানের আত্মসমর্পণের পরে নেতাজি সোভিয়েত ইউনিয়নে প্রথম প্রত্যাখাত হয়েছিলেন।

পশ্চিমবঙ্গের মুখ্যমন্ত্রী মিঃ সিদ্ধার্থ রায়, যিনি নেতাজি গবেষণা ব্যুরোর কাজের প্রশংসা করেছেন, বলেছেন যে স্বাধীনতার ক্ষেত্রে নেতাজির অবদান বিশ্লেষণ করা এবং আই এন এ গঠন কতটা তাড়াতাড়ি করেছে তা সন্ধান করা ইতিহাসবিদদের কর্তব্য।

গভর্নর, এ এল ডায়াস, সভাপতিত্ব করেন, তিনি বলেছিলেন, নেতাজি কেবল মুক্তিযোদ্ধা ছিলেন না এবং আই এন এ-এর প্রধানও ছিলেন; সর্বাধিক সংখ্যক লোকের মঙ্গল নেওয়ার জন্য কীভাবে দেশ পরিচালনা করা উচিত সে সম্পর্কে তার একটি স্পষ্ট দৃষ্টিভঙ্গি ছিল।

তিনি বলেছিলেন যে নেতাজি কর্তৃক কল্পনা করা সামাজিক শৃঙ্খলা এখনও প্রতিষ্ঠিত হয়নি তা অবশ্যই স্বীকৃত হতে হবে। তিনি উল্লেখ করেছিলেন যে নেতাজি বার্ষিকী পালন পর্যবেক্ষণকে উৎসাহিত করা উচিত নয়। নেতার আদর্শকে বাস্তবে অনুবাদ করার জন্য প্রভাব তৈরি করা উচিত।

রাজভবনের অদূরে নেতাজির প্রতিমার পাদদেশে কেন্দ্রীয় নেতাজি জন্মদিন উদযাপন কমিটি আয়োজিত এক সভায় প্রাক্তন মুখ্যমন্ত্রী মিঃ অজয় মুখোপাধ্যায় বলেছিলেন যে নেতাজি মার্কসবাদী ছিলেন না, সমাজতান্ত্রিক ছিলেন। সভাপতিত্ব করেন পশ্চিমবঙ্গ প্রদেশ কংগ্রেসের সভাপতি মিঃ অরুণ মৈত্র।

পৌর বিষয়ক প্রতিমন্ত্রী মিঃ সুব্রত মুখোপাধ্যায় ঘোষণা করেছিলেন যে কেন্দ্রীয় পৌর ভবনে নেতাজি এবং দেশবন্ধু চিত্তরঞ্জন দাসের মার্বেল প্রতিমাগুলি বসানো হবে। কর্পোরেশন স্কুলের শিক্ষার্থীরা সকালে একটি চিত্রাঙ্কন প্রতিযোগিতায় অংশ নিয়েছিল। নেতাজির জীবন সম্পর্কিত ছবিগুলির একটি প্রদর্শনী পৌর ভবনে খোলা হয়েছিল।

আমাদের শ্রীরামপুর সংবাদদাতা যোগ করেছেন: তারকেশ্বরে এক সভায় বক্তব্য রাখেন, প্রাক্তন মুখ্যমন্ত্রী মিঃ পি সি সেন মানুষকে নেতাজির আদর্শ অনুসরণ করার আহ্বান জানান। হুগলি চিনসুরাহ টাউন কংগ্রেস কমিটির উদ্যোগে চিনসুরায় একটি সভা অনুষ্ঠিত হয়েছিল যেখানে নেতাজীর মার্বেল প্রতিমায় মালা পরিয়ে দেওয়া হয়েছিল। ফরোয়ার্ড ব্লকও ফাংশন করে।

দুর্গাপুরে আমাদের স্টাফ করেসপন্ডেন্ট বলেছেন: দুর্গাপুর, বর্ধমান এবং আসানসোলে যুবক এবং শিশুরা মিছিল বের করেছিল। আমাদের দিল্লি অফিস যোগ করেছে: রবিবার এক সভায় রাজ্যসভায় কংগ্রেসের উপ-নেতা মিঃ রণধীর সিং নেতাজীকে মহান বিপ্লবী হিসাবে বর্ণনা করে বলেছিলেন,

অজানিত নেতাজি সুভাষ চন্দ্র বোস

"স্বাধীনতা সংগ্রামে তার ভূমিকার জন্য জাতি তাঁর প্রতি ঋণী।"

আজাদ হিন্দ ফৌজ সমিতি নেতাজি পার্কে একটি জনসভার আয়োজন করে ও শীর্ষস্থানীয় নেতৃবৃন্দ বক্তব্য রাখেন।

দিল্লি প্রদেশ কংগ্রেস কমিটির প্রাক্তন সার্ভিসম্যানের সেল রাজঘাট থেকে নেতাজি পার্কে একটি শোভাযাত্রা বের করে। আই এন এ অফিসার এবং অনেক কংগ্রেস নেতা মিছিলটির নেতৃত্ব দেন এবং পরে জনসভা করেন যা কংগ্রেস কমিটির সভাপতি মিঃ অমরনাথ চাওলার সভাপতিত্বে ছিল।

সর্বভারতীয় স্বাধীনতা যোদ্ধাদের সংগঠনের একটি অনুষ্ঠানে নেতাজির একটি জীবন আকারের প্রতিকৃতি উন্মোচন করা হয়েছিল।

সমাচার আরও যোগ করেছেন: ফরোয়ার্ড ব্লক কর্মীদের হাতে নেওয়া মিছিল, দলীয় পতাকা উত্তোলন এবং গান্ধী ময়দানে নেতাজির মূর্তিতে পুষ্প মালা হ'ল পাটনায় তাঁর জন্মবার্ষিকীর মূল বিষয়।

সভায় ২৩ জানুয়ারিকে সরকারি ছুটি হিসাবে ঘোষণা করার জন্য কেন্দ্রের প্রতি আহ্বান জানানো হয়েছে।

ময়দানে ইউনিফর্মে নেতাজির জীবন-আকারের ব্রোঞ্জের মূর্তি স্থাপনের প্রতিশ্রুতি পূরণ করার জন্য বিহার সরকারকেও আবেদন করা হয়েছিল।

কটকে মিছিল গুলি স্কুল শিশুরা বের করেছিল। নেতাজি সুভাষ সেবা সদনের যে ঘরে নেতা জন্মগ্রহণ করেছিলেন সেখানে লোকের স্রোত এসেছিল।

আগরতলায়, জাতীয় পতাকা বাড়ি, বাণিজ্যিক প্রতিষ্ঠান, শিক্ষা প্রতিষ্ঠান এবং কংগ্রেস ভবনে উত্তোলন করা হয়েছিল। ত্রিপুরার মুখ্যমন্ত্রী মিঃ সুখময় সেন গুপ্ত নেতাজি সুভাষ বিদ্যানিকেতনে পতাকা উত্তোলন করেছিলেন।

জম্মুতে নেতাজির একটি জীবন আকারের সার্বেল মূর্তি জম্মু ও কাশ্মীর বিধানসভার স্পিকার, মিঃ এ কে গনি উন্মোচন করেছিলেন। তিনি জনগণকে নেতাজির নীতি অনুসরণ করতে এবং দেশের স্বাধীনতা রক্ষায় সহায়তা করার আহ্বান জানান।

পোর্ট ব্লেয়ারে নেতাজির একটি ব্রোঞ্জের মূর্তি কেন্দ্রীয় কৃষিমন্ত্রী, মিঃ শাহ নওয়াজ খান উন্মোচন করেছিলেন। আই.এন.এ-তে অনেক দ্বীপপুঞ্জ এবং মুক্তিযোদ্ধাদের একটি দল এবং নেতাজির ঘনিষ্ঠ সহযোগীরা উপস্থিত ছিলেন। আই.এন.এ-তে থাকা মিঃ শাহ নওয়াজ খান এবং সভাপতিত্ব করেন স্বরাষ্ট্র প্রতিমন্ত্রী মিঃ এফ এইচ মহসিন, স্বাধীনতা সংগ্রামের সাথে আন্দামানিজদের ঘনিষ্ঠতার কথা স্মরণ করেছিলেন।

*(১৯৯৯ সালে ডঃ গোরচাঁদ ঘোষ টোকিওর মাসাইয়োশি সানের পুত্র ডঃ ইয়াজিমা থেকে সংগৃহীত)*

## নেতাজির জন্য ভারত স্বাধীন

ডঃ গোরাচাঁদ ঘোষ

# নিউ দিল্লিতে ২৩ জানুয়ারী ১৯৭৮ এ কুমাগাই দ্বারা লিখিত নিউজ রিপোর্ট

(এই জাপানি পৃষ্ঠাটি ইউ এস এ-র অ্যামাজন দ্বারা যথাক্রমে জুলাই 2018 এবং নভেম্বর 2019-তে 'আপডেটেড' ই-বুক এবং পেপারব্যাক বইয়ে প্রকাশিত হয়েছে)

(ডঃ ইয়াজিমা এটি ইংরেজিতে এবং লেখক বাংলা ভাষায় অনুবাদ করেছেন)

চন্দ্র বসু দীর্ঘ সময় ধরে ছায়ায় ছিলেন কারণ তিনি ভারতের স্বাধীনতার জন্য দ্বিতীয় বিশ্বযুদ্ধের সময় জাপানি সেনাবাহিনীর সাথে সহযোগিতা করেছিলেন। সম্প্রতি তাকে স্বাধীনতার যোদ্ধা হিসাবে মূল্যায়ন করা হয়েছিল এবং ৮১তম কংগ্রেসের সময় তাঁর প্রতিকৃতি/ছবি ভারতীয় সংসদের কেন্দ্রীয় হলটিতে ঝুলানো হয়েছিল, যা তার সম্মান ফিরে পেয়েছিল।

চন্দ্র বোস একবার ভারত থেকে জাপানে প্রত্যাবর্তন করেছিলেন, ইম্ফাল অপারেশনে তিনি সিঙ্গাপুরে বসবাসকারী ভারতীয়দের সংগঠিত করেছিলেন, ইন্ডিয়ান ন্যাশনাল আর্মি, জাপানি সেনাবাহিনীর সাথে সহযোগিতা করেছিলেন, তিনি মিত্রবাহিনী, প্রধানত ব্রিটিশদের বিরুদ্ধে দ্বিতীয় বিশ্বযুদ্ধে লড়াই করেছিলেন এবং স্বাধীনতার লক্ষ্যে ছিলেন তবে যুদ্ধে পরাজিত হয়েছিলেন। জাপান যাওয়ার পথে বিমান দুর্ঘটনার কারণে তিনি ফর্মোসায় মারা গিয়েছিলেন।

*(আরও একটি গল্প আছে যে দুর্ঘটনার বিষয়ে জাপানি সামরিক বাহিনীর এটি পরিকল্পনা ছিল)*

ব্রিটিশদের নিয়ন্ত্রণে, জাপানী সেনাবাহিনীর সাথে ষড়যন্ত্রের সন্দেহের কারণে ভারতের জাতীয় সেনার সৈন্যদের নয়াদিল্লির আদালতে বিচার করা হয়েছিল। বোস এবং সৈন্যরা কঠোর খারাপ আচরণ পেয়েছিল। স্বাধীনতার পরে, জাতীয় কংগ্রেস পার্টির ৩০ বছরের নিয়ন্ত্রণ প্রাক্তন গান্ধীশক্তি বোস ও সৈন্যদেরকে ধর্মবিরোধ হিসাবে গণ্য করেছিল। প্রাক্তন গান্ধীশক্তি সেই সময়ের ক্যাপসুলকে কবর দিয়েছিল যেখানে এতে স্বাধীনতার ইতিহাস উপস্থিত হয়েছিল। *তবে এটিকে বোসের এবং তার স্বতন্ত্র দলের সৈন্যদের নাম স্মৃতিতে রাখা ও স্বীকৃতি দেওয়া উচিত নয় বলেছিল।*

গত বছরের মার্চ মাসে, ইন্ডিয়ান কংগ্রেস পাওয়ার জনতা পার্টিতে সরে যায়, এবং বোস তার জীবন দিয়ে ভারতের স্বাধীনতার জন্য যে অর্জন করেছিলেন তা বহু লোকের দ্বারা পুনর্মূল্যায়িত হয়েছিল। সম্প্রতি বোসের জীবনী প্রকাশিত হয়েছিল। বইটি থাই-বার্মা রেলপথের ভারতীয় শ্রমিকদের জাপানি সেনাবাহিনীর সাথে আলোচনার উন্নতির জন্য তার প্রয়াসকে স্পষ্ট করে তুলেছিল, যা নেতাজির (তাঁর প্রযোজনার একটি শব্দ) পুনর্বিবেচনায় স্থানান্তরিত হয়েছিল।

মহাত্মা গান্ধীর সমতুল্য তাঁর প্রতিকৃতি উচ্চ এবং নিম্ন সংসদীয় সভাপতিত্বকারী প্রধানমন্ত্রী মোরারজি দেশাই এবং মন্ত্রিসভার অন্যান্য সদস্যদের উপস্থিতিতে উন্মুক্ত হয়েছিল, রাষ্ট্রপতি নীলম সঞ্জীব রেড্ডি তার প্রতিকৃতি প্রকাশ করেছিলেন, অনুষ্ঠানটি টিভি দ্বারা সম্প্রচারিত হয়েছিল। বিকেলে প্রধানমন্ত্রী মোরারজি দেশাই অনুষ্ঠানে যোগ দেন এবং নেতাজীর কৃতিত্বের প্রশংসা করার জন্য বক্তব্য রাখেন। নয়াদিল্লির রেড ফোর্টে এই ভাষণ অনুষ্ঠিত হয়েছিল, যেখানে ভারতীয় যুদ্ধাপরাধীদের বিচার করা হয়েছিল।

*(১৯৯৯ সালে ডঃ গোরাচাঁদ ঘোষ টোকিওর মাসাইয়োশি সানের পুত্র ডঃ ইয়াজিমা থেকে সংগৃহীত)*

**Death Certificate of Chandra Bose issued by Doctor Yoshimi Taneyoshi [56]**

死亡診断書

氏名　　チャンドラボース
死因　　全身火傷　第三度
死亡年月日　　1945. 8. 18.
原因　1945. 8. 18. 午前・台北松山
　　　飛行場に於て　チャンドラボース氏
　　　が搭乗していた飛行機墜落事故
　　　により飛行機燃焼し　全身に第三度
　　　の大火傷を負うた。
経過　直に台北陸軍病院南門分院に
　　　入院し全身の大傷に対する処置。
　　　輸血、ザルファ剤内服・鎮痛剤も与え
　　　病院の全機能を集中して治療に当った
　　　が同夜11時すぎ永眠された。
上記の通り証明こます。
1988. 8 13
宮崎県北諸県郡高城町大字高城町518
医師　吉見　嵐義 ㊞

## Medical Certificate

| | |
|---|---|
| **Patient's Name:** | Chandra Bose |
| **Cause of Death:** | Burn on full body. |
| **Accident Situation:** | 18.8.1945 AM at Son Shan Airport, Taipei, in the aircraft Mr. Bose took a seat that had erupted, and he got burnt seriously. |

**Details:** When the accident happened, he was immediately carried into Nam Men hospital, Taipei, and be taken emergency treatment, transfusion, sulfur internal medicine, anodyne, lenitive, but a few minutes later 11PM he had expired.

I herewith testimony above on 13.8.1988
Dr. Yoshimi Taneyoshi (Sealed)

**Takagi-cho 338, Ooaza, Takagi-machi, Kitamorokat District, Miyazaki Prefecture**

# An Appeal to Former Officers and the People Concerned with INA Regards the Ashes and Remains of Late Netaji Subhas Chandra Bose [56]

TOKYO JAPAN

M. HAYASHI
3000 NOGOMITO TAMA-KU,
KAWASAKI-SHI, JAPAN.
Dated April       1983.

(BIREN ROY)

RE :    AN APPEAL TO FORMER OFFICERS AND THE PEOPLE CONCERNED
        WITH INA REGARDS THE ASHES AND REMAINS OF LATE NETAJI
        SUBHAS CHRANDRA BOSE.

*Let us not deny Martyrdom to the greatest man of India* — G. S. Dhillon

Gentlemen,

It has passed 38 years since Late Netaji Subhas Chandra Bose died in an air crush at Taiwan Air Port in 18th, day of August 1945. We who knew Netaji have been observing his birthday January 23rd and his death anniversary August 18th, every year and it is that we feel very sad and sorry to say that the ashes and remains of this Great Netaji Subhas Chandra Bose who was a supreme commander of INA and a leader of Provisional Government of Free India is still in Rekoji Temple at Tokyo has not been returned to his Motherland up to now.

We have contacted our Foreign Dept many a times and the answers were that the Indian Government has not yet recognized his death and that they cannot do anything but wait, and even the Indian Ambessy in Japan gave the same answers.

However, that you must understand that longer we keep waiting, the people who knows and respect Netaji gets lesser and lesser and at the end their will be nobody to pay respect his remains which we feel very sorry.

Therefore, we appeal to our and his commarades the former officers and people concerned with INA to get the Netaji's Ashes and Remains back to India and may his ashes rest in peace in River Ganga.

Yours sincerely,

*I wholeheartedly endorse this appeal*

(TADASHI KATAKURA)
Tadashi Katakura
President.

Masao Hayashi
Secretary.

24.5.83

L.N.A の将兵に遺骨返還のアピールをした英文。
これに応じたシャー・ヌワーズ将軍、サイガル大佐、デロン大佐
也有志のサイン

238

145

# জাতীয়, ভারতীয় বিদ্রোহী স্মরণে, বোস এর চিতাভস্ম স্বদেশ থেকে দূরে

(ইংরেজি পৃষ্ঠাটি ইউ এস এ-র অ্যামাজন দ্বারা যথাক্রমে জুলাই 2018 এবং নভেম্বর 2019-তে 'আপডেটেড' ই-বুক এবং পেপারব্যাক বইয়ে প্রকাশিত হয়েছে)

*(ডঃ গোরাচাঁদ ঘোষের সংগ্রহ: জাপান টাইমস; শুক্রবার, 3 সেপ্টেম্বর, 1993 পৃষ্ঠা 3)*

মিইউকি আরাই, স্টাফ রাইটার

ভারতীয় বিপ্লবী সুভাষচন্দ্র বসুর চিতাভস্ম প্রায় ৪৮ বছর ধরে টোকিও মন্দিরে রয়ে গেছে, দীর্ঘদিন ধরে জাপানি যুদ্ধের প্রবীণদের যারা তার প্রত্যাবাসন প্রত্যাশী তাগিদ দিয়েছিল। চেষ্টা চালিয়ে যাওয়া বোসের আত্মীয়দের দ্বারা দায়ের করা মামলা, তাহারা বিশ্বাস করে না যে তিনি মারা গেছেন। জাপানের প্রায় ৩০ জন প্রবীণ সেনানী ১৯৫৮ সাল থেকে সুগিনামি ওয়ার্ডের রেনকোজি মন্দির থেকে বোসের চিতাভস্ম নিতে ভারতীয় কর্মকর্তাদের প্রতি আহ্বান জানিয়ে আসছেন। তাঁর স্মৃতিতে প্রতিষ্ঠিত একটি সমিতি সুভাষ চন্দ্র বসু একাডেমির অভিজ্ঞ প্রবীণরা, ব্যর্থ ভারত প্রচারে কৌশল ষড়যন্ত্রের সাথে জড়িত ছিলেন।

১৯৪৫ সালের ১৮ আগস্ট বোসের মৃত্যুর ৪৮তম বার্ষিকী উপলক্ষে তারা এবং তাদের আত্মীয়রা সম্প্রতি একটি স্মৃতিসৌধ স্থাপন করেছিলেন।

বোস, যিনি ব্রিটিশদের কাছ থেকে স্বাধীনতার পক্ষে ছিলেন, জাপানের পৃষ্ঠপোষকতায় বার্মা অভিযানের সময় মিত্রদের বিরুদ্ধে ভারতীয় স্বেচ্ছাসেবীদের একটি বাহিনীকে নেতৃত্ব দিয়েছিলেন।

## বিমান দুর্ঘটনা

তাইওয়ানে বিমান দুর্ঘটনার পরে টোকিও (?) হাসপাতালে তিনি মারা যান। বিমানটি নামার সময় তিনি জাপানের আত্মসমর্পণের পরে সোভিয়েত ইউনিয়নের পথে যাচ্ছিলেন।

বোস এর চিতাভস্ম এখনও দেশে ফিরে নেওয়ার খুব কম সম্ভাবনা নিয়ে জাপানে রয়েছে তা বহুলভাবে জানা যায় না।  রেনকোজি মন্দিরে স্মৃতিসৌধের পরে, একাডেমির সেক্রেটারি মাসাও হায়াশি (৮০) বলেছিলেন, "বোসের স্মরণে একাডেমির সদস্যরা যেহেতু বড় হওয়ার কথা, তাই বোসের আত্মার স্বদেশ প্রত্যাবর্তনের আশা চিরতরে নষ্ট হয়ে যাবে।"

"যুদ্ধের সময় আমাদের সাথে লড়াই করা নেতাজি প্রায় ৫০ বছর বাড়ি যেতে পারছেন না বলে আমি অত্যন্ত দুঃখিত।" হায়াশি বলেছিলেন, সম্মানিত নেতার হিন্দি নেতাজি হলেন বোসের ডাক নাম।

ভারতে বোস-এর নিকটাত্মীয়রা বিশ্বাস করেন না যে তিনি মারা গিয়েছিলেন, যদিও তাইপেই এবং টোকিও সফরকারী ভারতীয় আধিকারিকরা বিমান দুর্ঘটনার প্রমাণ পরিদর্শন করেছেন এবং নির্ধারণ করেছিলেন যে এই চিতাভস্ম বোস-এর।

## স্বাধীনতা সংগ্রাম

অসহযোগ আন্দোলন শুরু করে এবং জাতীয় কংগ্রেসকে একটি অহিংস সংগঠন হিসাবে গড়ে তোলা মহাত্মা গান্ধীর বিপরীতে, বোস জাপানের সহায়তায় ব্রিটিশদের বিরুদ্ধে স্বাধীনতা সংগ্রামকে জোরদার করার পরিকল্পনা করেছিলেন।

বোস, যিনি ১৮৯৭ সালে জন্মগ্রহণ করেছিলেন, তাঁর জাতীয় মিলিশিয়াদের লোকদের মধ্যে একটি দৃষ্টি প্রতিষ্ঠা করতে সহায়তা করেছিলেন বলে জানা গেছে। তাঁর দর্শন কখনও কখনও গান্ধীর সাথে মতবিরোধে ছিল।

জাপানের বন্দীদশায় ব্রিটিশ ভারতীয় সেনাবাহিনীর ভারতীয় সৈন্যদের বোসের সাথে যোগ দিতে মুক্ত করা হয়েছিল। সিঙ্গাপুর এবং দক্ষিণ-পূর্ব এশিয়ার অন্যান্য অঞ্চল থেকে স্বদেশে স্বেচ্ছাসেবীরাও এসেছিলেন।

1943 সালে, বোস একটি অস্থায়ী স্বাধীন ভারত সরকার এবং ভারতীয় জাতীয় সেনা প্রতিষ্ঠার ঘোষণা করেছিলেন। অক্ষ শক্তিগুলি এই সরকারকে স্বীকৃতি দেয়।

পরের বছর, জাপানিদের সহায়তায়, তিনি রেঙ্গুন এবং ভারতে একটি অবৈধ ভারতীয় অগ্রগামী নেতৃত্ব দিয়েছিলেন।

টোকিওতে ভারতীয় দূতাবাসের মন্ত্রী জি বি সিং বলেছেন, "আমরা বোসকে জাপান ও ভারতের মধ্যে বন্ধুত্বের প্রতীক হিসাবে দেখছি।" সিং স্মারক পরিষেবাতেও যোগ দিয়েছিলেন।

যদিও কিছু ভারতীয় নেতা, রেনকোজি মন্দির পরিদর্শন করেছেন এবং একাডেমির সদস্যরা বারবার জাপানের সরকারের মাধ্যমে বোসের চিতাভস্ম ভারতে প্রেরণের জন্য অনুরোধ করেছেন, তবে তার আত্মীয়দের মামলা তাদের প্রচেষ্টা আটকে দিয়েছে। প্রত্যাবাসন সম্পর্কে অল্প আশা নিয়ে, একাডেমির সদস্যরা তাঁর মৃত্যুর বছর পূর্বে বার্ষিকী উপলক্ষে একটি স্মৃতিসৌধ গ্রহণের পরে সিদ্ধান্ত নিয়েছে, হায়াসির মতে।

বোস প্রমাণ করেছিলেন যে ব্রিটিশ সেনাবাহিনীতে ভারতীয়রাও তাঁর দেশপ্রেমিক ক্রিয়ায় অনুপ্রাণিত হতে পারে, হায়াশি বলেছিলেন, তাঁর প্রবলতা লক্ষ করে তাঁর স্বাধীনতার পথ সুগম হয়েছিল।

## আর টি আই আইন অনুসারে, ১৯৪৫ সালের ১৮ আগস্ট বিমান দুর্ঘটনায় নেতাজি মৃত

ইংরেজি পৃষ্ঠাটি ইউ এস এর অ্যামাজন দ্বারা যথাক্রমে জুলাই 2018 এবং নভেম্বর 2019-তে 'আপডেটেড' ই-বুক এবং পেপারব্যাক বইয়ে প্রকাশিত হয়েছে)

লেখক মনে করে মুখার্জি কমিশনের কোনও অর্থ নেই; অকেজো এবং ভিত্তিহীন রিপোর্ট আছে। মুখার্জি রেনকোজি মন্দিরে মোটেও যান নি। কমপক্ষে, তিনি দাবি করেছিলেন যে নেতাজি ভারত সরকারকে দাখিল করা তার প্রতিবেদনে গুম্মনামী বাবা ছিলেন না। তিনি কীভাবে বলতে পারেন যে কোনও বিমান দুর্ঘটনা ঘটেনি? দ্বিতীয় বিশ্বযুদ্ধের সময়কালে এবং পারমাণবিক বোমা ফেলার পরে এস ই এ এবং জাপানের সমস্ত লোক আতঙ্কিত হয়ে দুঃখের সাথে দিন কাটাচ্ছিল। মিত্রবাহিনী

দ্বারা হিরোশিমা এবং নাগাসাকি পারমাণবিক বোমা হামলার পরে আই এন এ কর্মীরা পুরো এস ই এ জুড়ে ছড়িয়ে ছিটিয়ে ছিল। তাইহোকু জাপানের সামরিক সরকারের অধীনে ছিল এবং যুদ্ধের পরে সবকিছু ধ্বংস হয়ে যায়। তদুপরি, আমি আমাদের মুক্তিযোদ্ধা নেতাজি সম্পর্কে নেতাজির পি এস মাসাইয়োশি কাকিতসুবো এবং তাঁর পুত্র-র নির্দেশনা অনুসরণ করছি।

নেতাজী অস্থায়ী আজাদ হিন্দ সরকারের প্রধানমন্ত্রী ও যুদ্ধমন্ত্রী ছিলেন। তিনি একজন যোদ্ধা ছিলেন, ভারতের স্বাধীনতার জন্য আই এন এ-কে নিয়ন্ত্রিত ও পরিচালনা করেছিলেন। তিনি কোনও কাপুরুষ নন যেহেতু কিছু ভারতীয় ধারণা করছেন কেবলমাত্র কাল্পনিক ষড়যন্ত্রের ভিত্তিতে একক প্রমাণ না রেখেই তাঁর আত্মাকে তত্ত্ব এবং কিছু জাল বিকৃত সাংবাদিকের রিপোর্ট ভারতে কিছু সাধু (শৌলমারি এবং সম্প্রতি গুম্নামী বাবা) হিসাবে বদনাম করছেন।

সম্প্রতি, আর টি আই আইন অনুসারে, 31 মে 2017 এ ভারতীয় সরকার ঘোষণা করেছে যে ১৯৪৫ সালের ১৮ আগস্ট বিমান দুর্ঘটনায় নেতাজি মারা গিয়েছিলেন।

মজার বিষয় হল, আমার ভারতীয় সরকারী কর্মকর্তাদের (ভারতের রাষ্ট্রপতি এবং প্রধানমন্ত্রী) কাছে 12 জুলাই 2019 ইমেল করার পরে, "নেতাজির অধ্যায়টি বন্ধ করার অনুরোধ; এবং দয়া করে এখন তাঁর পবিত্র আত্মার জন্য মানহানি বন্ধ করুন।" সুভাষ চন্দ্র বোসের মৃত্যুকে স্বীকার করে ভারত সরকারের পি আই বি 18 আগস্ট, 2019 এ একটি ঘোষণা করেছিল। পি আই বি টুইট করেছে: "পি আই বি মহান মুক্তিযোদ্ধা নেতাজি সুভাষ চন্দ্র বসুকে তাঁর মৃত্যুবার্ষিকীতে স্মরণ করেছেন।"

তবে পরের দিন কিছু রাজনৈতিক প্রতিহিংসার পরে পি আই বি তাদের প্রতিবেদন প্রত্যাহার করে নেয়। নেতাজির নামে বানচা করার মাধ্যমে কিছু কর্মীদের সুবিধার্থে নেতাজীর নাম বদল করা ভারতের রাজনীতি, যেমন ষড়যন্ত্রকারী এবং অপরাধী অনুজ ধরের দ্বারা নির্মিত নয়াদিল্লির একটি এন জি ও অপরাধী সংস্থা "মিশন নেতাজি" 2001 সাল থেকে নেতাজীকে বদনাম করতে ব্যস্ত আছেন।

সম্প্রতি, নেতাজির উপর ষড়যন্ত্রকারী লিখিত বইগুলির উপর ভিত্তি করে, চলচ্চিত্র নির্মাতা শ্রীজিৎ মুখোপাধ্যায় সবচেয়ে বড় দেশপ্রেমিক যোদ্ধাকে ফেজাবাদের গুম্নামী বাবা হিসাবে মানহানি করার জন্য নেতাজির উপর একটি চলচ্চিত্র তৈরি করেছিলেন। নেতাজি রাশিয়ায় ছিলেন এবং ফেজাবাদে বসবাসের জন্য ভারতে এসেছিলেন বলে কোনও তত্ত্ব তারা প্রমাণ করতে পারেনি। বোস-ব্রাদার্স এবং কলকাতার জয়শ্রী প্রকাশনার বিজয় নাগের একটি দল নেতাজির ব্যবহৃত উপকরণ গোপনে ফেজাবাদে নিয়ে গিয়েছিল!!! ভারতীয় পুলিশের উচিত ষড়যন্ত্রের সত্যতা প্রকাশের জন্য অবিলম্বে বিনা জামিনে বিজয় নাগকে কারাগারে রাখা।

ডঃ গোরাচাঁদ ঘোষ

**ডঃ গোরাচাঁদ ঘোষ দ্বারা 2021 সালের 23 জানুয়ারী (নেতাজির 125 তম জন্মদিন)**
**ফেসবুক এবং টুইটারে "পাবলিক পোস্টিং"**
ইংরেজি পৃষ্ঠাটি ইউ এস এ-র অ্যামাজন দ্বারা যথাক্রমে জুলাই 2018 এবং নভেম্বর
2019-তে 'আপডেটেড' ই-বুক এবং পেপারব্যাক বইয়ে প্রকাশিত হয়েছে)
*ভারতের ইতিহাসে এই প্রথম, ভারতের প্রধানমন্ত্রী নরেন্দ্র মোদী আমাদের*
*স্বাধীনতার জন্য নেতাজির অবদানকে স্বীকৃতি দিয়েছেন.*
ফেসবুক 23 জানুয়ারী 2017 সবচেয়ে প্রাসঙ্গিক (3400 মন্তব্যের মধ্যে)

ঘোষ        গোরাচাঁদ:
নেতাজি সুভাষ চন্দ্র
বসু ১৯৪৫ সালের ১৮
আগস্ট        বিমান
দুর্ঘটনায়       মারা
গিয়েছিলেন। নেহেরু
জানতেন        কিন্তু
ব্রিটিশ        তৈরি
'গোপনীয়তা   আইন'
মেনে        আমাদের
ভারতমাতাকে   বোকা
বানিয়েছিল। ঈশ্বরের
আশীর্বাদে তাঁর বংশ
ধ্বংস হতে চলেছে --
-

নেতাজির এক গবেষক-সহ-সাংবাদিক এবং লেখক অনুজ ধর দ্বিতীয় বিশ্বযুদ্ধের
সময়কালে অ্যাংলো-আমেরিকানদের ভিত্তিহীন প্রতিবেদন ব্যবহার করে ১০০%
এরও বেশি ষড়যন্ত্র, মিথ্যা, বানোয়াট এবং বিকৃত কাহিনী নিয়ে নেতাজি-র উপরে
ইতিহাসের বই লিখেছেন।

তিনি নেতাজির উপর চারটি বই লিখেছিলেন, নেতাজি আমাদের বৃহত্তর ভারত
মাতার পক্ষে এক মহান আত্মা এবং সর্বশ্রেষ্ঠ মুক্তিযোদ্ধা। যুক্তরাজ্য সরকার দাবি
করেছে যে গ্রেটার ইন্ডিয়া নেতাজি এবং আই এন এ দ্বারা স্বাধীনতা পেয়েছিল।
আমাদের মাদার ইন্ডিয়ার স্বাধীনতার জন্য নেহেরু এবং গান্ধীর কোনও অবদান
ছিল না। অন্যদিকে তারা ধর্মের ভিত্তিতে বৃহত্তর ভারতকে বিভক্ত করেছিল এবং
নেহেরু কাশ্মির সমস্যা তৈরি করেছিল।

এই চারটি বই হ'ল: 1) মৃত থেকে ফিরে: সুভাষ বোস রহস্যের ভিতরে-মানস
পাবলিকেশনস, ৩০ এপ্রিল, ২০০৫; 2) ষাট এ ভারত: পুনঃ আবিষ্কার-মানস
পাবলিকেশনস, ২০০৯; 3) ভারতের বৃহত্তম কভার আপ-ভিটাস্টা পাবলিশিং

প্রাইভেট লিমিটেড, ২৯ অক্টোবর ২০১২ এবং ৪) নেতাজীর কী হয়েছিল?-ভিটাস্টা পাবলিশিং প্রাইভেট লিমিটেড, ৮ মার্চ ২০১৫।

অনুগ্রহ করে নেতাজি সুভাষ চন্দ্র বোস হিসাবে গুমনামি-বাবার বুলশিট জাল তত্ত্ব অনুজ ধরেরের দাবি বন্ধ করুন। ৭২ বছর পরে নেতাজির চিতাভস্ম পরীক্ষা করার কি বৈজ্ঞানিক কোন যুক্তি আছে? তিনি কি তার নিজের পকেট/মিশন নেতাজি, তাঁর তৈরি এন জি ও থেকে সমস্ত পরীক্ষার জন্য খরচ দিতে পারেন? তাহলে এটি করা যেতে পারে। কোনও পাবলিক অর্থই আমাদের গ্রেটস্ট ফ্রিডম ফাইটার নেতাজির আত্মাকে অপরাধী গুমনামি হিসাবে অভিহিত করা উচিত নয়। আমি তার বিরুদ্ধে হাইকোর্টে মামলা করতে পারি: ১) নেতাজির আত্মাকে অপমান করা, ২) নেতাজির কন্যা হিসাবে অনিতা-দিকে অস্বীকার করা (আমার কাছে প্রমাণ আছে) ৩) পাবলিক ডোমেইনে আমাকে "FOUL MOUTH" বলে অভিহিত করা ৪) গোপনীয়তার আইন লঙ্ঘন এবং 5) অনুমতি ছাড়াই পাবলিক ডোমেনে আন্তর্জাতিক কপিরাইট আইনগুলির লঙ্ঘন।

তাঁর চরিত্রটি প্রায় নেহেরুর মতোই, কারণ তিনি তাঁর জীবনীতে দাবি করেছেন যে তিনি জেনেটিকভাবে তাঁর সাথে যুক্ত ছিলেন। তিনি বাঙালি নন এবং তিনিও কংগ্রেস পার্টির সমর্থক ছিলেন। এখন আর এস এস-র লোক হিসাবে তিনি বিজেপি সরকারকে বিভ্রান্ত করছেন এবং তাঁর নয়াদিল্লির পি এম ও-তে সরাসরি প্রবেশাধিকার ছিল/আছে। গতকাল, আমি ওয়েবে দেখেছি তাঁর একটি বই বিজেপি সরকারের বিদেশমন্ত্রী সুসমা স্বরাজ নয়াদিল্লিতে উদ্বোধন করেছেন।

আমাদের নেতাজি সম্পর্কিত ইতিহাসটি পুনর্বিবেচিত এবং পুনর্লিখন করা উচিত। আমি ঘটনা ও সত্যের উপর ভিত্তি করে একটি ই বুক লিখেছি 14 সেপ্টেম্বর 2017 তে কিন্ডল-আমাজান দ্বারা প্রকাশিত, যে নেতাজি নানমন সামরিক হাসপাতালে ১৮ আগস্ট ১৯৪৫ সালে বোম্বার বিমান দুর্ঘটনায় মারা গিয়েছিলেন এবং বিশ্বজুড়ে যে কোনও জায়গা থেকে এবং যে কোনও সময় ওয়েবের মাধ্যমে পড়তে পারেন। আমি এই ই-বুকটি আমাদের প্রধানমন্ত্রী নরেন্দ্র মোদীকে তার জন্মদিনের উপহারে সেপ্টেম্বর ২০১৭এ উপস্থাপন করেছি। ১৯৯০ সালে আমি "অভিসারিকাস" দাবি করেছিলাম যেটি শ্রীকৃষ্ণ-র সময়ে পাওয়া যেত এবং শ্রীকৃষ্ণ এর মধ্য দিয়ে তাঁর বিশ্ব দেখেছিলেন। ঈশ্বর আমাদের ভারত মাতাকে আশীর্বাদ করুন।

**লিঙ্কটি হল  https://www.amazon.com/dp/B075R69M6N**

*(উপরের লিঙ্কটি আমার 'আপডেটেড' ই-বুক এবং পেপারব্যাক বইতে "অজানা তথ্য: জাপান এবং দক্ষিণ-পূর্ব এশিয়া" শিরোনাম অনুসারে যথাক্রমে জুলাই 2018 এবং ২৩ নভেম্বর ২০১৯-তে মার্কিন যুক্তরাষ্ট্রের অ্যামাজন দ্বারা প্রকাশিত হয়েছে)*

**ডঃ গোরাচাঁদ ঘোষ দ্বারা 2021 সালের 23 জানুয়ারী (নেতাজির 125তম জন্মদিন) ফেসবুক এবং টুইটারে পাবলিক পোস্টিং in English**

*[ইংরেজি পৃষ্ঠাটি ইউ এস এ-র অ্যামাজন দ্বারা যথাক্রমে সেপ্টেম্বর ২০১৭ এবং নভেম্বর 2019-তে ই-বুক এবং পেপারব্যাক বইয়ে প্রকাশিত হয়েছে]*

*নরেন্দ্র মোদী স্বাধীনতা দিবসে (১৫ আগস্ট ২০১৭) লাল দুর্গের থেকে তার সহকর্মী ভারতীয়দের উদ্দেশ্যে সম্মানিত ভাষণ দিয়েছিলেন:*

<u>ঘোষ গোরাচাঁদ: ফেসবুক-এ শীর্ষ মন্তব্য (৬৯,০০০ মন্তব্যের মধ্যে)</u>

জয় হিন্দ, দীর্ঘজীবী মোদী-জি, বন্দে মাতরম। নেতাজি সুভাষ চন্দ্র বোস তাঁর আশীর্বাদ আপনাকে স্বর্গ থেকে দিচ্ছেন। আমি খুশী যে আপনি রেনকোজি মন্দিরে গিয়েছিলেন? সেখানে আমি ১৯৯৩ সাল থেকে আমার জাপানী বসের সাথে অনেকবার গিয়েছিলাম এবং আমি নেতাজির আত্মার প্রতি শ্রদ্ধা জানিয়েছিলাম। আমার জাপানি বসের বাবা নেতাজির যোগাযোগ কর্মকর্তা-কাম-দোভাষী (১৯৪৩-৪৪) এবং ব্যক্তিগত সচিব (১৯৪৪-৪৫) ছিলেন। জয় হিন্দ।

ছবিটি আমার ই-বুক এবং পেপারব্যাক বইতে "অজানা তথ্য: জাপান এবং দক্ষিণ-পূর্ব এশিয়া" শিরোনাম অনুসারে যথাক্রমে ১৮ /১৯ সেপ্টেম্বর ২০১৭ এবং ২৩ নভেম্বর ২০১৯-তে মার্কিন যুক্তরাষ্ট্রের অ্যামাজন দ্বারা প্রকাশিত হয়েছে।

2014 সালে, লেখক দাবি করেছেন যে মোদী-র অর্থ Man of Developing India (MODI).

আমি ফৈজাবাদে নেতাজিকে তাদের বাবা গুম্নামী হিসাবে বদনাম করতে ব্যস্ত ভারতীয় কপিরাইট লঙ্ঘনকারী ও অপরাধীদের একটি দলের বিরুদ্ধে পুলিশ কমিশনার, কলকাতা, নয়াদিল্লি এবং পুনেকে জানিয়েছি। মূল অপরাধী, অনুজ ধর ই-বুকের ছবিগুলি চুরি করেছে এবং 'ক্রপিং' ও সম্পাদনা করার পরে 7/8 অক্টোবর 2017 থেকে এটি সামাজিক মিডিয়া, ফেসবুক, টুইটার এবং গুগলে তাদের নিজের হিসাবে প্রকাশ করেছে।

*আমি কপিরাইট লঙ্ঘনের জন্য 2014 সাল থেকে এই সমস্ত অপরাধীর বিরুদ্ধে ই-এফ আই আর জারি করার জন্য সকল ধরণের সহায়ক নথি সহ পুলিশ কমিশনারদের কাছে অনুরোধ করেছি এবং আমি নিয়মিত ইমেলের মাধ্যমে অনুস্মারক বিরতিতে এই মামলাগুলি অনুসরণ করছি।*

::: ওম সত্যমেব জয়তে :::  সত্য সর্বদা প্রকাশিত হয় এবং জয়ী হয়  :::

[নেতাজির আত্মাকে রক্ষার জন্য আমি কয়েকটি গুরুত্বপূর্ণ চিঠি (In English) লিখেছি, একটি চিঠির Bengali translation এখানে দেখানো হয়েছে]

ডঃ গোরচাঁদ ঘোষ

09 জুলাই 2018

19 আবিংডন স্ট্রিট

উওলুনগাবা, কিউ. এল. ডি-4102, অস্ট্রেলিয়া

ইমেল: *****

প্রতি

শ্রী নরেন্দ্র মোদী

ভারতের প্রধানমন্ত্রী

পিএমও, নয়াদিল্লি, ভারত

ইমেল: *****

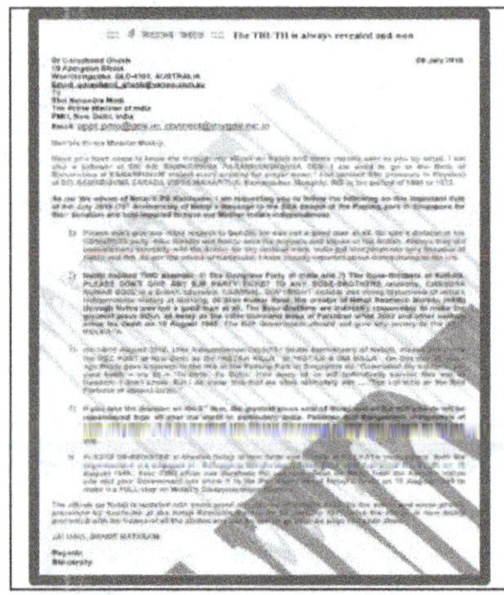

মাননীয় প্রধানমন্ত্রী মোদী-জি, আশা করি আপনি আমাকে নেতাজির আমার ই-বুক এবং ইমেলের মাধ্যমে আপনার কাছে পাঠানো কয়েকটি প্রতিবেদনের মাধ্যমে জানতে পেরেছেন। আমি শ্রী শ্রী রামকৃষ্ণ পারমহংস দেবের অনুসারী। ১৯৬৯ সাল থেকে ১৯৭৩ সাল পর্যন্ত আমি যখন শ্রী রামকৃষ্ণ সারদা বিদ্যা মহাপিঠ, কামারপুকুর, হুগলিতে বি এস সি (পদার্থবিজ্ঞানে অনার্স) পড়ি তখন প্রায় প্রতি সন্ধ্যায় কামারপুকুরের রামকৃষ্ণের মঠে যেতাম।

নেতাজির পি এস কাকিতসুবোর পরামর্শ অনুসারে, আমি আপনাকে অনুরোধ করছি এই গুরুত্বপূর্ণ তারিখে 9 জুলাই 2018 (সিঙ্গাপুরের পাদং পার্কে দক্ষিণাঞ্চলীয় এশীয় লোকদের দান করার জন্য নেতাজির বার্তার 75তম বার্ষিকীর অনুদান, এবং প্রয়োজনীয় সাহায্যের জন্য আপনাকে আমাদের ভারত মাতার স্বাধীনতার জন্য অনুরোধ করছি)।

দয়া করে গান্ধীকে আর সম্মান দেবেন না। তিনি মোটেই ভাল মানুষ ছিলেন না। তিনি তাঁর কংগ্রেস পার্টির একনায়ক ছিলেন। এছাড়াও গান্ধী ও নেহেরু ছিলেন ব্রিটিশদের পুতুল এবং ক্রীতদাস। তারা সর্বদা যে কোনও কাজের জন্য ব্রিটিশদের সাথে গোপনে পরামর্শ করত। ভারত কেবল নেতাজি এবং আই এন এ-র কারণে

স্বাধীনতা পেয়েছিল। কাকিতসুবু'র পরামর্শ অনুসারে আমি ইতিমধ্যে গান্ধীজী/নেতাজি সম্পর্কে জাতিসংঘকে জানিয়েছি।

নেতাজির দু'টি শত্রু ছিল/আছে: ১) ভারতের কংগ্রেস পার্টি এবং ২) কলকাতায় বোস-ব্রাদার্স। দয়া করে কোনও বোস-ব্রাদারের সম্পর্কের কাউকে কোনও বিজেপি পার্টির টিকিট দেবেন না। চন্দ্র কুমার বোস একজন ব্রিটিশ শিক্ষিত, ক্রিমিনাল, কপিরাইট লঙ্ঘনকারী এবং মাইরাঙে ভারতের স্বাধীনতার ইতিহাসকে বিকৃত করেছে। নেহেরুর মাধ্যমে নেতাজি রিসার্চ ব্যুরো (এন আর বি) এর স্রষ্টা ডাঃ শিশির কুমার বোস মোটেই ভাল মানুষ ছিলেন না। বোস-ব্রাদার্স 2002 সালের পর থেকে ফেজাবাদের হত্যাকারী গুম্নামি বাবাকে নেতাজির সর্বশ্রেষ্ঠ ধার্মিক আত্মা হিসাবে পরিণত করার জন্য পরোক্ষভাবে দায়বদ্ধ (১৯৪৫ সালের ১৮ আগস্ট তাঁর মৃত্যুর পর থেকে)। বিজেপি সরকারের এন আর বি, কলকাতাকে কোনও অর্থ দেওয়া উচিত নয়।

15/18 আগস্ট 2018, (স্বাধীনতা দিবস)/(নেতাজির 73তম মৃত্যুবার্ষিকী), দয়া করে নয়াদিল্লির লাল দুর্গটিকে "নেতাজি কিল্লা" বা "নেতাজি এবং আই এন এ কিল্লা" হিসাবে ঘোষণা করুন। আজ থেকে ৭৫ বছর আগে নেতাজি সিঙ্গাপুরের পাদাং পার্কে আই এন এ-দের একটি ভাষণ দিয়েছিলেন "কমরেডস! আমার সৈন্যরা! আপনার যুদ্ধ-চিৎকারটি হতে দিন-'দিল্লি টু দিল্লি।' আমাদের মধ্যে কতজন স্বতন্ত্রভাবে এই মুক্তিযুদ্ধ থেকে বেঁচে থাকবে, জানি না। তবে আমি এটা জানি যে আমরা শেষ পর্যন্ত জিতব---'লাল কিল্লা বা প্রাচীন দিল্লির লাল কেল্লা।"'

আপনি যদি তৃতীয় আইটেম টির বিষয়ে সিদ্ধান্ত নেন তবে নেতাজি এবং সমস্ত আই এন এ-র আত্মার সর্বশ্রেষ্ঠ ধার্মিক আত্মা জাতি এবং ধর্ম নির্বিশেষে বিশ্বজুড়ে বিশেষত ভারত, পাকিস্তান এবং বাংলাদেশে স্মরণ করা হবে। আমাদের মাদার ভারতের প্রকৃত মুক্তিযোদ্ধাদের প্রতি আপনার সাহস প্রদর্শন করা আপনার সরকারের পক্ষে গুরুত্বপূর্ণ পদক্ষেপ। এছাড়াও, এটি ডব্লিউ বি রাজ্যে বিজেপিতে প্রবেশের এক ধাপ হবে।

দয়া করে অবিলম্বে ডি-রেজিস্ট্রেশন করুন: ক) নয়াদিল্লিতে মিশন নেতাজি এবং খ) কোলকাতার এন আর বি। উভয় সংস্থা 1945 সালের 18 আগস্ট তাঁর মৃত্যুর পর থেকে নেতাজির সর্বশ্রেষ্ঠ পবিত্র আত্মাকে বদনাম করতে ব্যস্ত। আপনার প্রধানমন্ত্রীর আধিকারিক নেতাজির আপডেটেড ই-বুকটি অ্যামাজন ইন্ডিয়ান সাইট থেকে কিনতে পারবেন এবং আপনার সরকার নেতাজির নিখোঁজ রহস্যের পুরোপুরি থামিয়ে দেওয়ার জন্য 18 আগস্ট 1945-এ নেতাজির মৃত্যুর বিষয়ে সংসদে এটি প্রদর্শন করতে পারেন।

নেতাজির ই-বুকটি নিবন্ধ দ্বারা তাঁর মৃত্যুর প্রমাণের কিছু প্রমাণ সহ এবং কাকিতসুবো-র কিছু ছবি আপডেট করা হয়েছে যা ১৯৭৭ সালের ২৩ জানুয়ারী নেতাজি গবেষণা ব্যুরোতে উপস্থাপন করা হয়েছিল। এছাড়াও ই-বুকটি এখন সমস্ত ফটোগুলির ফ্রেমের সাথে সুন্দরভাবে উপস্থাপিত হয়েছে এবং পৃষ্ঠায় স্লাইড শোয়ের মতো দেখানো যেতে পারে।

জয় হিন্দ, বন্দে মাতরম।

শ্রদ্ধা, আন্তরিকভাবে

স্বাক্ষর, গোরচাঁদ ঘোষ

## ক্যারলিন বি মালোনিকে চিঠি

[ ফেসবুক পাবলিক পোস্টে, কয়েকজন ব্রিটিশ, অস্ট্রেলিয়ান, আমেরিকান এবং আমি মরণোত্তর মহাত্মা গান্ধীকে পুরষ্কারের আইন প্রবর্তনের জন্য মার্কিন সংসদ সদস্য ক্যারলিন বি মালোনির বিরুদ্ধে প্রতিবাদ করেছিলাম In English, Bengali translation is shown here ]

ক্যারলিন বি মালোনি

25 আগস্ট, 2018

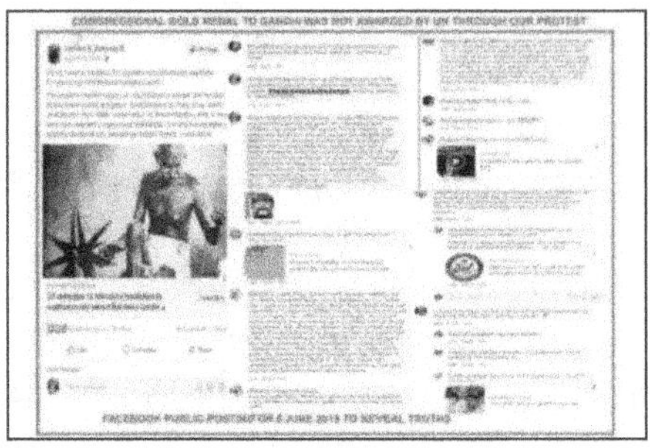

মহাত্মা গান্ধীকে মরণোত্তর কংগ্রেসীয় স্বর্ণপদক প্রদানের জন্য এই আইনটি প্রবর্তন করা আমাদের সম্মানের বিষয়। আধুনিক ইতিহাসের খুব কম লোকই গান্ধীর উদাহরণ, অহিংসা প্রতিবাদ এবং শান্তির প্রতি নিষ্ঠার সাথে মেলে। গান্ধী, মার্টিন লুথার কিং জুনিয়র থেকে নেলসন ম্যান্ডেলা পর্যন্ত আমাদের বিশ্বের অনেক নেতাকে অনুপ্রাণিত

করেছিলেন, উভয়েকেই কংগ্রেসনের স্বর্ণপদক দেওয়া হয়েছে। সময় এসেছে যে শান্তিপূর্ণ প্রতিরোধের পিতা আমাদের দেশের সর্বোচ্চ বেসামরিক সম্মান পেয়েছিলেন।

<u>12টি মন্তব্যের মধ্যে সর্বাধিক প্রাসঙ্গিক মন্তব্য:</u> ঘোষ গোরাচাঁদ> দয়া করে আমাকে আপনার ইমেল আই ডি দিন এবং আমি আপনাকে চিঠিটি পাঠিয়ে দেব যা আমি জাতিসংঘের মহাসচিবকে পাঠাতে যাচ্ছি। আমার ইমেল আইডি *****

শুভেচ্ছা,

ডঃ গোরাচাঁদ ঘোষ।

ঘোষ গোরাচাঁদ: মাননীয় মালোনী, তাকে কোনও পুরস্কার দেওয়ার আপনার প্রস্তাবের আমি তীব্র প্রতিবাদ জানাই। সত্য ও ঘটনা প্রমাণিত হওয়ায় তিনি এখন আগে 'নোম' যুদ্ধাপরাধী। আমি এই লোকটির সম্পর্কে কিছু তথ্য পোস্ট করতে যাচ্ছি যার খারাপ কাজের জন্য তাকে নোবেল পুরস্কার দেওয়া হয়নি (গণহত্যায় ২ মিলিয়ন মানুষ নিহত হয়েছিল এবং ভারত বিভাগের সময় ১০ মিলিয়ন মানুষ বাস্তুচ্যুত হয়েছিল)। যুক্তরাজ্য সরকারের সংরক্ষণাগার থেকে সত্য ও ঘটনা প্রমাণ পেয়েছে যে তিনি ভারতকে বিভক্ত করার মূল অপরাধী ছিলেন।  দয়া করে নেতাজির সাম্প্রতিক ই-বুকটি পড়ুন যেখানে গান্ধী ও নেহেরুকে আসল পরোক্ষ যুদ্ধাপরাধী হিসাবে দাবি করা হয়েছিল। এই ই-বুকটি বিশ্বজুড়ে অ্যামাজন দ্বারা প্রকাশিত।

ই-বুকের লিংক:

**https://www.amazon.com.au/FACTS-NETAJI-JAPAN-SOUTHEAST-ASIA-ebook/dp/B075R69M6N**

আমাদের প্রতিবাদের পরে তিনি অগ্রসর হননি এবং আমি জাতিসংঘের মহাসচিবকে জানিয়েছি। কংগ্রেসনীয় স্বর্ণপদকটি আমাদের প্রতিবাদের মাধ্যমে ইউ এন দ্বারা গান্ধীকে সম্মানিত করেনি (ফেটো ফেসবুক পাবলিক পোস্টের মাধ্যমে 6 জুন 2019)।

ডঃ গোরাচাঁদ ঘোষ

## জাতিসংঘের মহাসচিবকে চিঠি

[ নেতাজির আত্মাকে রক্ষার জন্য আমি কয়েকটি গুরুত্বপূর্ণ চিঠি  In English জাতিসংঘের কাছে লিখেছি এখানে Bengali translation দেখানো হয়েছে ]

ডঃ গোরচাঁদ ঘোষ

19 আবিংডন স্ট্রিট

উওলুনগাবা, কিউএলডি-4102, অস্ট্রেলিয়া

ইমেল: *****

তারিখ: 13 সেপ্টেম্বর 2018

মিঃ আন্তোনিও গুতেরেস

জাতিসংঘের মহাসচিব

নিউ ইয়র্ক, মার্কিন যুক্তরাষ্ট্র

ইমেল: *****

*মার্কিন কংগ্রেস মহিলা ক্যারলিন বি মালোনির দ্বারা মহাত্মা গান্ধীর প্রস্তাবিত মার্কিন যুক্তরাষ্ট্রে সর্বোচ্চতম নাগরিক পুরস্কার দেওয়া বন্ধ করুন*

মাননীয় গুতেরেস,

১৯৯৫ সালে নেতাজির ব্যক্তিগত সচিব মাসাইয়োশি কাকিতসুবার সাথে প্রাথমিক কথোপকথনের পরে আমি প্রকৃত ভারতীয় মুক্তিযোদ্ধাদের ইতিহাস সম্পর্কে অবগত ছিলাম না। আমাদের স্কুল ইতিহাসের বইগুলিতে নেতাজি সুভাষ চন্দ্র বসু এবং ভারতীয় জাতীয় সেনা (আই এন এ) সম্পর্কে তেমন কিছুই নেই। প্রধানত মুক্তিযোদ্ধার নাম আছে গান্ধী, নেহেরু, ইন্দিরা এবং আরও কয়েকজন। ১৯৯৯ সালে দ্বিতীয় বিশ্বযুদ্ধের সময়কালে নেতাজির নিবন্ধ এবং বিরল ছবি পাওয়ার পরে আমি গত বিশ বছর ধরে ভারতীয় স্বাধীনতার ইতিহাস নিয়ে গবেষণা করেছি।

আমার গবেষণার পরে, এই সিদ্ধান্তে উপনীত হয়েছি যে গান্ধী এবং স্বঘোষিত ভারতরত্ন পুরস্কার প্রাপ্ত নেহরু উভয়ই ছিলেন ব্রিটিশদের পুতুল এবং ক্রীতদাস। দ্বিতীয় বিশ্বযুদ্ধের সময়কালে নেহেরু লেডি এডওয়িনা মাউন্টব্যাটেনের সাথে তাঁর প্রেমের জীবন উপভোগ করেছিলেন, যেহেতু লর্ড মাউন্টব্যাটেন দক্ষিণ-পূর্ব এশিয়ায় আজাদ হিন্দ ফৌজ (আই এন এ) এবং জাপানি সেনাবাহিনীর বিরুদ্ধে লড়াই করেছিলেন। তারা লড়াই না করে কীভাবে মুক্তিযোদ্ধা হয়েছিল আমরা কল্পনাও করতে পারি না।

গান্ধী ১৯৪২ সালে ব্রিটিশদের বিরুদ্ধে অহিংসা আন্দোলনের ঘোষণা দিয়েছিলেন, তবে কয়েক সপ্তাহের মধ্যেই এটি চূর্ণবিচূর্ণ হয়ে যায় এবং কয়েক মাসের মধ্যেই এর প্রভাব সরিয়ে দেওয়া হয়। সত্যতা ও ঘটনাগুলি নিম্নলিখিত বইগুলিতে প্রকাশিত হওয়ায় নেতাজি সুভাষ চন্দ্র বসু এবং ভারতীয় জাতীয় সেনা (আই এন এ) দ্বারা ভারত স্বাধীনতা পেয়েছিল:

অজানিত নেতাজি সুভাষ চন্দ্র বোস

1) বোস: একটি ভারতীয় সামুরাই: নেতাজি এবং আই এন এ: একটি সামরিক মূল্যায়ন: জি ডি বকশি দ্বারা, কে ডব্লি উ পাবলিশার্স প্রাইভেট লিমিটেড হার্ডকভার, 2 মে 2016। ষড়যন্ত্র তত্ত্ব ব্যবহার করে অনেকগুলি বই রয়েছে তবে সত্য এবং ঘটনাকে দমন করা হয়েছিল।

2) এছাড়াও, আমি দ্বিতীয় বিশ্বযুদ্ধের সময়কালে নেতাজি সম্পর্কে একটি ই-বুক এবং একটি হার্ডকভার বই লিখেছি, দ্বিতীয় বিশ্বযুদ্ধের সময়কালে নেতাজির ব্যক্তিগত সচিব ছিলেন মাসাইয়োশি কাকিতসুবোর পরামর্শে। অবসর নেওয়ার আগে তিনি নিউইয়র্কে জাতিসংঘে জাপানের উপমন্ত্রী হিসাবে কাজ করেছিলেন।

গান্ধীর নেতৃত্বাধীন অহিংসা আন্দোলন ভারতের স্বাধীনতা দেয়নি কারণ যুক্তরাজ্য সরকারের সংরক্ষণাগার থেকে এখন সত্য ঘটনা প্রকাশ পেয়েছে। আমি শুনেছি যে কিছু আমেরিকান গান্ধীকে তাঁর আসন্ন 150 তম জন্মবার্ষিকীতে 2 রা অক্টোবর 2018 এ জাতিসংঘে কিছু পুরস্কার দেবেন, আমি এই পুরস্কারের তীব্র বিরোধিতা করছি।

গোটা বিশ্বে অহিংসার কোনও প্রভাব নেই/হয়নি। ১৯৪২ সালে ব্রিটিশদের বিরুদ্ধে ভারতবর্ষে গান্ধীর অহিংসা যুদ্ধের পরে, কেন চীন-ভারত যুদ্ধ, ভারত-পাকিস্তান যুদ্ধ, পূর্ব ও পশ্চিম পাকিস্তান যুদ্ধ, ভিয়েতনাম যুদ্ধ, কোরিয়ান যুদ্ধ, ইরাক যুদ্ধ, সিরিয়া যুদ্ধ, বসনিয়া যুদ্ধ ইত্যাদি ঘটেছিল?

সুতরাং, আমি আপনাকে অনুরোধ করছি যে গান্ধীকে তিনি আর পুরস্কার দেবেন না, যিনি ১৯৪৭ সালে ভারত বিভাগের ঠিক আগে ও পরে গণহত্যার মৃত্যুর জন্য ২.০ মিলিয়নেরও বেশি লোকের হত্যার জন্য দায়ী ছিলেন। দেশ ভাগের পরে ১০ মিলিয়নেরও বেশি মানুষ বাস্তুচ্যুত হয়েছিল, ভারতের তিনি এই গণহত্যার জন্য দায়ী ছিলেন এবং এ কারণেই নোবেল কমিটি তাঁকে মরণোত্তর শান্তিতে নোবেল পুরস্কার দেয়নি।

শ্রদ্ধা, বিনীত,<br>
(ডঃ গোরাচাঁদ ঘোষ)

সংযুক্ত: একটি ছবি ই-বুক এবং হার্ডকভার বইয়ে প্রকাশিত

<u>পরের বছর জাতিসংঘের সচিবকে রিমাইন্ডার পত্র</u>

রবি, 22 সেপ্টেম্বর 2019 সন্ধ্যা 6:46-এ

মাননীয় গুতেরেস,

আমার শেষ বছরের অনুরোধের ধারাবাহিকতায়, দয়া করে গান্ধীকে তাঁর দেড়শতম জন্মদিনে কোনও পুরস্কার দেবেন না। তিনি আমাদের ভারত মাতাকে বিভক্ত করার জন্য এবং 20 মিলিয়নেরও বেশি লোকের ক্ষতির দায়িত্বে ছিলেন। আমাদের মুক্তিযোদ্ধা এখন গুম্নামী বাবা হিসাবে নেতাজিকে অপমান করার জন্য তিনি আংশিকভাবে দায়বদ্ধ ব্যক্তি ছিলেন।

শ্রদ্ধা, বিনীত,<br>
(ডঃ গোরাচাঁদ ঘোষ)

# ষষ্ঠ অধ্যায়

## 1945 সালে নেতাজির মৃত্যুর পরে তার মানহানি

### লর্ড লুই মাউন্টব্যাটেনর নির্দেশে আই এন এ স্মারকটি ধ্বংস

১৯৪৫ সালে ব্রিটিশরা সিঙ্গাপুরে ফিরে এলে দক্ষিণ-পূর্ব এশিয়া কমান্ডের প্রধান লর্ড লুইস মাউন্টব্যাটেন আই এন এ মেমোরিয়াল [27] ধ্বংস করার নির্দেশ দেন।

ব্রিটিশদের দ্বারা সিঙ্গাপুর পুনরায় দখল করার কয়েক মাস আগে ১৯৪৫ সালের আগস্টের প্রথম সপ্তাহে জাপানিরা এক মাসের মধ্যে এই স্মৃতিসৌধটি তৈরি করেছিলেন। এই স্মৃতিসৌধটি নির্মাণের প্রস্তাব করেছিলেন বোস। ১৯৪৫ সালের ১৫ আগস্ট সিঙ্গাপুর থেকে জাপানিদের পশ্চাদপসরণ এবং পরবর্তীকালে অগ্রণী ব্রিটিশদের কাছে ভারতীয় জাতীয় সেনাবাহিনীর অবশিষ্ট বিভাগগুলির আত্মসমর্পণের পরে, ব্রিটিশ কমান্ডার লর্ড লুইস মাউন্টব্যাটেন স্মৃতিচিহ্নটি ধ্বংস করার নির্দেশ দেন। মাউন্টব্যাটেনের উদ্দেশ্য ছিল ব্রিটিশ সাম্রাজ্যের কর্তৃত্বের বিরুদ্ধে বিদ্রোহের সমস্ত চিহ্ন মুছে ফেলা। আই এন এ-র অস্তিত্বের সমস্ত রেকর্ড পুরোপুরি মুছে ফেলার চেষ্টা করে তিনি বিপ্লবী সমাজতান্ত্রিক স্বাধীনতার ধারণার বীজ রোধ করার চেষ্টা করেছিলেন। ১৯৪৫ সালের সেপ্টেম্বরে ব্রিটিশ ভারতীয় বাহিনী যুদ্ধের স্মৃতিচিহ্নটি ধ্বংস করে দেয়। দুটি ছবিই আমার বইয়ে অ্যামাজনের দ্বারা প্রকাশিত হয়।

যাই হোক, 1995 সালে আই এন এ মেমোরিয়ালটি যে স্থানে দাঁড়িয়েছিল তা জাতীয় ঐতিহ্য বোর্ড দ্বারা চিহ্নিত করা হয়েছিল। ঐ স্থানটিকে একটি ঐতিহাসিক স্থান হিসাবে চিহ্নিত করেছে এবং পরবর্তীতে সিঙ্গাপুরে ভারতীয় সম্প্রদায়ের আর্থিক অনুদানে, সেই জায়গাটিতে পূর্বের স্মৃতিস্তম্ভ নষ্ট করে একটি নতুন স্মৃতিস্তম্ভ নির্মিত হয়েছিল।

প্রধানমন্ত্রী, নরেন্দ্র মোদী ২৪ নভেম্বর ২০১৫, সিঙ্গাপুরের ভারতীয় জাতীয় সেনা স্মৃতিচিহ্নে আই এন এ শহীদদের প্রতি শ্রদ্ধা জানিয়েছেন। কংগ্রেস সভাপতি রাহুল গান্ধী 4 মার্চ 2018 এ সেখানে গিয়েছিলেন এবং আই এন এ স্মৃতিসৌধে নেতাজি এস সি বোসকে শ্রদ্ধা জানালেন।

## বোস-ব্রাদার্স গান্ধীর কথা মেনে নেতাজির শ্রাদ্ধ করেননি

বোস-ব্রাদার্স সংবাদপত্রের সবচেয়ে দুঃখজনক মৃত্যুর সংবাদ পড়ে তাদের প্রিয় সুভাষ চন্দ্র বসুর শ্রাদ্ধ অনুষ্ঠানের ব্যবস্থা করেছিলেন। তবে, গান্ধী সাংবাদিকদের উপস্থিতিতে বলেছিলেন, "আমি বিশ্বাস করিনা যে সুভাষ কোনও বিমান দুর্ঘটনায় মারা গিয়েছে" যেন তিনি দুর্ঘটনাস্থলে ছিলেন। গান্ধী তৎক্ষণাৎ শরৎচন্দ্র বোসের কাছে একটি টেলিগ্রাম পাঠিয়েছিলেন যাতে এই দাবি করে পরিবারকে কোনও শ্রাদ্ধ অনুষ্ঠান করতে নিষেধ করা হয় যে নেতাজি মারা যায়নি। ভারতীয়রা গান্ধীকে ভগবান হিসাবে বিশ্বাস করতো, এত বোকা ছিল। গান্ধী, ব্রিটিশদের দাস এবং এজেন্ট ছিলেন। ব্রিটিশরা তাকে দক্ষিণ আফ্রিকা থেকে ১৯১৫ সালে ভারতের স্বাধীনতা আন্দোলন বিলম্ব করার জন্য ভারতে নিয়ে এসেছিল। ব্রিটিশ রাজ গান্ধীকে তাদের শত্রু, বিপ্লবী নেতাদের এবং তাদের সমর্থকদের বিরুদ্ধে "হিউম্যান ফায়ারওয়াল" হিসাবে ব্যবহার করেছিলেন। তিনি এবং তাঁর কংগ্রেস পার্টি দ্বিতীয় বিশ্বযুদ্ধে আমাদের স্বাধীনতার জন্য নেতাজি এবং আই এন এ-র সাথে যোগ দেননি।

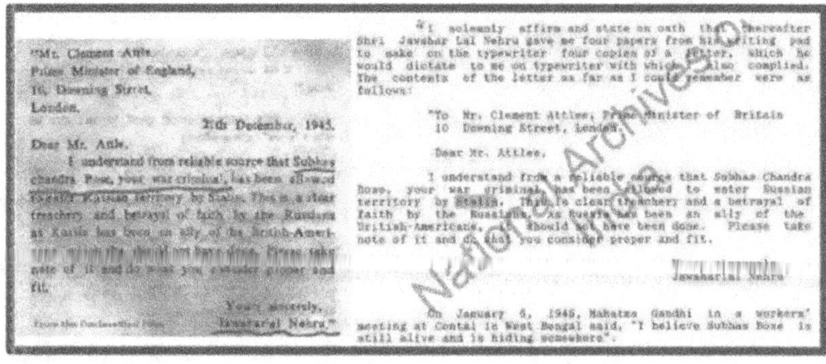

কেন গান্ধী নেতাজির মৃত্যুর এই গুরুত্বপূর্ণ খবরে ষড়যন্ত্র করে ভারতীয়দের বোকা বানিয়েছিলেন সেটি এখনও ভারতীয়দের কাছে অজানা? নেতাজি সম্পর্কিত ডকুমেন্টের ডি ক্লাসিফাইড ফাইল থেকে এই টেলিগ্রামটি পাওয়া যাবে।

যাই হোক, তাঁর গুরু 'গান্ধী' এর পরামর্শে জওহরলাল নেহরু ক্লেমেট অ্যাটলিকে ২৭ ডিসেম্বর ১৯৪৫ সালে এই দাবি করে একটি চিঠি লিখেছিলেন, "আমি একটি নির্ভরযোগ্য উৎস থেকে বুঝতে পেরেছি আপনার নির্ভরযোগ্য স্ট্যালিন অপরাধী সুভাষ চন্দ্র বোসকে রাশিয়ার ভূখণ্ডে প্রবেশের অনুমতি দিয়েছে। এটি রাশিয়ানদের দ্বারা পরিষ্কারভাবে বিশ্বাসঘাতকতা এবং রাশিয়ান যেহেতু ব্রিটিশ-আমেরিকানের মিত্র ছিল, এটি করা উচিত হয়নি। দয়া করে এটি খেয়াল করুন এবং আপনি যথাযথ উপযুক্ত বিবেচনা করুন।" একই বিষয়ে, 1946 সালের 4 জানুয়ারী, মহাত্মা গান্ধী পশ্চিমবঙ্গের কনটাই-এ এক শ্রমিক সভায় বলেছিলেন, "আমি বিশ্বাস করি সুভাষ বসু এখনও বেঁচে আছে এবং কোথাও লুকিয়ে আছে।"

যুদ্ধাপরাধী হিসাবে নেতাজির দাবী পূরণের জন্য নেহেরু পুরো ইউরোপ, ইউ এস এস আর, দক্ষিণ পূর্ব এশিয়া (এস ই এ) এবং ভারত জুড়ে কমপক্ষে দশটি ডামি নেতাজি তৈরি করেছিলেন। ১৯৪৭ সালের ১৫ আগস্ট গান্ধীর অহিংসার দাবি অনুসারে স্বাধীনতার পরে নেহেরু তাঁর বোন বিজয় লক্ষ্মী পণ্ডিত এবং ডঃ সর্বপল্লী রাধাকৃষ্ণনকে রাশিয়ায় প্রথম এবং দ্বিতীয় ভারতীয় রাষ্ট্রদূত (১৯৪৭-১৯৫২) পদে নিয়োগ করেছিলেন। মজার বিষয় হল, নেহেরুর পুতুল ও ক্রীতদাস এবং ভারতের নিরপেক্ষ যোদ্ধা উভয়ই নেতাজিকে রাশিয়ান কারাগারে দেখেছিলেন এবং সেখানে ডঃ পুরবী রায় [28], ডঃ জি ডি বক্সী [29] এবং ডঃ এস স্বামী [30] এর মতো অনেক গবেষকের উদ্ধৃতি হিসাবে নেতাজি রাশিয়ান কারাগারে মারা গিয়েছিলেন।

## নেহেরুর রাশিয়ায় তাঁর ভারতীয় রাষ্ট্রদূতের মাধ্যমে অপরাধমূলক ক্রিয়াকলাপ (1947-52)

তাইহোকুর সামরিক হাসপাতালে নেতাজির মৃত্যুর পর কীভাবে রাধাকৃষ্ণন রাশিয়ায় নেতাজির সাথে দেখা করেছিলেন? একইভাবে, নেহরুর বোন বিজয় লক্ষ্মী পণ্ডিত নেতাজিকে মস্কোতে দেখেছিলেন যখন তিনি সেখানে ভারতীয় রাষ্ট্রদূত ছিলেন।

রাধাকৃষ্ণন এবং পণ্ডিত উভয়েই ছিলেন নেহরুর পুতুল ও দাস এবং নেহরুর দ্বারা নিয়ন্ত্রিত ভারতীয় সংবাদ মাধ্যমে জাল, মিথ্যা প্রতিবেদন প্রকাশ করার পর ভারতীয়দের বোকা বানানোর নির্দেশ দিয়েছিলেন।

আমাদের এখন রাধাকৃষ্ণনের চরিত্র জানা উচিত এবং তিনি প্রকৃত শিক্ষিত ব্যক্তি ছিলেন না। এই দুর্বৃত্তের জন্মদিনকে শ্রদ্ধা জানাতে আমাদের উচিত ভারতে ভারতীয় ছুটির দিনটিকে "শিক্ষক দিবস" হিসাবে তুলে নেওয়া। কেন আমরা স্যার জগদীশ চন্দ্র বসুর জন্মদিনকে "শিক্ষক দিবস" হিসাবে সম্মান করিনা? শুধুমাত্র জগদীশ চন্দ্র বসুর কারণেই আমরা যোগাযোগ ব্যবস্থার আধুনিক যুগে যোগাযোগ করছি।

## অজানিত নেতাজি সুভাষ চন্দ্র বোস

1929 সালের জানুয়ারিতে, যদুনাথ সিনহা, মিরাট কলেজের দর্শনের একজন ছোট, তরুণ গবেষক, দুর্দান্ত একাডেমিক ট্র্যাক রেকর্ড সহ, ডক্টর রাধাকৃষ্ণনকে তার প্রথম দুটি খণ্ড থেকে ব্যাপক চুরির অভিযোগ এনে সাহিত্য জগতে একটি চাঞ্চল্য সৃষ্টি করেছিলেন। থিসিস শিরোনাম 'ভারতীয় মনোবিজ্ঞান অব পারসেপশন, ভলিউম 1 এবং ভলিউম 3 উভয় থিসিসই 1922 সালের মর্যাদাপূর্ণ প্রেমচাঁদ রায়চাঁদ বৃত্তি (পি আর এস) এর জন্য কলকাতা বিশ্ববিদ্যালয়ে (সি ইউ) জমা দিয়েছিলেন। 1923 সালে যদুনাথ সিনহার ভলিউম উপস্থাপন করার পর, তার থিসিসের দুটি অংশ চুরি করা হয়েছে।

1929 সালের আগস্টের প্রথমার্ধে, অধ্যাপক যদুনাথ সিনহা ড: সর্বপল্লী রাধাকৃষ্ণনকে তার মূল সাহিত্যকর্মের কপিরাইট লঙ্ঘনের জন্য কলকাতা হাইকোর্টে মামলা করেন, যার ক্ষতির দাবির পরিমাণ ছিল 20,000/- রুপি। 1929 সালের সেপ্টেম্বরের প্রথম সপ্তাহে, রাধাকৃষ্ণন অধ্যাপক যদুনাথ সিনহা এবং মিঃ রামানন্দ চট্টোপাধ্যায়ের বিরুদ্ধে 1,00,000/- রুপি দাবি করে অভিযোগ দায়ের করেন। সম্ভবত রাধাকৃষ্ণন ভেবেছিলেন আক্রমণই সেরা প্রতিরক্ষা!

ডঃ সিনহা হিন্দুধর্ম এবং ভারতীয় দর্শন, মনোবিজ্ঞান ইত্যাদির সবচেয়ে আদি দার্শনিক হওয়ায় দর্শনের ছাত্ররা এখনও শ্রদ্ধা করে। ডঃ যদুনাথ সিনহা তার জীবনের শেষভাগে ধর্মে ফিরে যান।

আদালতের বাইরে বিষয়টি নিষ্পত্তির জন্য অধ্যাপক যদুনাথ সিনহার ওপর অনেক চাপ ছিল। সমস্ত সামাজিক বাঙালি সিনিয়র অধ্যাপক, যারা অধ্যাপক যদুনাথ সিনহার প্রতি সহানুভূতিশীল এবং চুরির বিষয়ে নিশ্চিত ছিলেন, তারা আদালতে তার পক্ষে সাক্ষ্য দিতে অস্বীকার করেছিলেন। অধ্যাপক যদুনাথ সিনহারও অর্থের অভাব ছিল। ড: এস রাধাকৃষ্ণনের অনেক কিছু ছিল এবং তার বন্ধুদের, বিশেষ করে স্যার আশুতোষ মুখার্জির পুত্র ড: শ্যামাপ্রসাদ মুখোপাধ্যায়ের সাহায্য চাইতে, পরিচালনা করতে যথেষ্ট চতুর ছিলেন।

কলকাতা বিশ্ববিদ্যালয়ের তৎকালীন ভাইস-চ্যান্সেলর স্যার আশুতোষ মুখোপাধ্যায়, প্রফেসর রাধাকৃষ্ণনকে ব্যাঙ্গালোর থেকে কলকাতা বিশ্ববিদ্যালয়ে রাজা পঞ্চম জর্জ অধ্যাপকের মর্যাদাপূর্ণ পদের জন্য প্রতি মাসে 1000/- টাকা বেতনে নিয়ে এসেছিলেন। তাই, তাঁর ছেলে ড: শ্যামাপ্রসাদ মুখার্জি, যিনি ড: রাধাকৃষ্ণনের ঘনিষ্ঠ বন্ধু এবং তৎকালীন কলকাতা বিশ্ববিদ্যালয়ের উপাচার্যও ছিলেন, বিষয়টি স্থগিত রাখতে চেয়েছিলেন।

অবশেষে অধ্যাপক যদুনাথ সিনহা এই সমস্ত চাপের কাছে নতি স্বীকার করেন এবং আদালতের বাইরে মীমাংসা করতে রাজি হন। এবং দুটি মামলা একটি ডিক্রির মাধ্যমে ভারপ্রাপ্ত প্রধান বিচারপতির সামনে নিষ্পত্তি করা হয়েছিল, সম্ভবত 1933 সালের মে মাসের প্রথম সপ্তাহে। নিষ্পত্তির শর্তাবলী প্রকাশ করা হয়নি।

উপরোক্ত লেখাটি শ্রী উৎপল আইচ, অবসরপ্রাপ্ত ফার্স্ট সেক্রেটারি, ভারতীয় দূতাবাস, আদ্দিস আবাবা (বিদেশ মন্ত্রনালয়) এর বিভিন্ন ওয়েবসাইট, বই ইত্যাদিতে প্রকাশিত নিবন্ধের উপর ভিত্তি করে। তিনি এখন একজন স্বাধীন গবেষক এবং তার ভূমিকা ছিল একজন সংকলকের। লেখাটি ফেসবুক এবং

টুইটারে 9 সেপ্টেম্বর 2019 এ প্রকাশিত হয়েছিল এবং 2019 সালে অ্যামাজন পেপারব্যাক বইয়ে প্রকাশিত হয়। নীচে দেখানো বাংলা অনুবাদ হয়েছে: নেহেরু তাঁর বোন বিজয় লক্ষ্মী পণ্ডিতের (১৯৪৭-৪৯) মাধ্যমে রাশিয়ায় ডামি নেতাজি তৈরি করেছিলেন, যুদ্ধাপরাধী হিসাবে এবং রাশিয়ায় আত্মগোপনে নেতাজির দাবী বজায় রাখতে ডঃ এস রাধাকৃষ্ণান (1949-52) সমর্থন করেছিলেন। নেতাজির উপর ভারতের বর্তমান পরিস্থিতি এবং ওনার অবমাননার জন্য এখন নেহেরুই মূল অপরাধী এবং একজন সাম্প্রতিক পরোক্ষ যুদ্ধাপরাধী ছিলেন।

CRIMINAL ACTIVITIES OF NEHRU THROUGH HIS INDIAN AMBASSADORS AT RUSSIA (1947-1952)

Dr Gorachand Ghosh © 2019

Nehru created dummy Netaji at Russia through his sister Vijay Lakshmi Pandit (1947-49) and supported by Dr S Radhakrishnan (1949-52) to maintain his claim of Netaji as war criminal and hiding in Russia. Nehru was the main culprit and a real war criminal now to defame Netaji and the present situation of India on Netaji.

How the criminals Pandit and Radhakrishnan met Netaji in jail at Russia where Netaji died on 18 August 1945? Gumnami baba was also another dummy Netaji created by Nehru, maintained by Indira and the Congress Party (Pranab babu) until 1985. RSS-ex-Chief has/had a defective brain and had no thinking power at all.

Recently, Anuj Dhar is claiming Netaji did not die at Russia, he came to India and lived at Faizabad as Gumnami baba, died in 1985. Dr G D bakshi, Dr Purabi Roy and Dr S Swamy are claiming that Netaji died at Russia. All of them did conspiracy and wrote some defamatory books on Netaji to fool and loot Indians without having a single proof of evidence.

There is/was not a single proof of evidence on Netaji under the Russian Govt. since WWII to date. May be the Indian Embassy at Russia has/had some documents to fool the Indians and to appease Nehru.

JAI HIND, JAI SUBHAS, JAI BHARAT MATA
(Facebook and Twitter public posting to know FACTS on 9 Sept 2019)

অপরাধী পণ্ডিত ও রাধাকৃষ্ণান কীভাবে নেতাজির সাথে রাশিয়ায় কারাগারে গিয়েছিলেন যেখানে ১৯৪৫ সালের ১৮ আগস্ট নেতাজী মারা গিয়েছিলেন? নেহরু দ্বারা তৈরি করা আরও একটি ডামি নেতাজি ছিলেন গুম্নামি বাবা, তিনি ১৯৮৫ অবধি ইন্দিরা এবং কংগ্রেস পার্টি (প্রণব বাবু) দ্বারা রক্ষণাবেক্ষণ-এ ছিলেন। আর এস এস-প্রধানের একটি ত্রুটিযুক্ত মস্তিষ্ক ছিল/তার বিন্দুমাত্র চিন্তা ভাবনা ছিল না।

সম্প্রতি, অনুজ ধর [31] দাবি করছেন যে নেতাজি রাশিয়ায় মারা যায় নি, তিনি ভারতে এসে ফৈজাবাদে গুম্নামী বাবা হিসাবে বসবাস করেছিলেন, ১৯৮৫ সালে মারা গিয়েছিলেন। ডঃ জি ডি বক্সী, ডঃ পূরবী রায় এবং ডঃ এস স্বামী দাবি করছেন যে রাশিয়াতে নেতাজি মারা গিয়েছিলেন। এঁরা সকলেই ষড়যন্ত্র করেছিলেন এবং প্রমাণের একক প্রমাণ ছাড়াই ভারতীয়দের বোকা ও লুঠন করার জন্য নেতাজির উপর কয়েকটি মানহানিমূলক বই লিখেছেন।

দ্বিতীয় বিশ্বযুদ্ধের পর থেকে আজ পর্যন্ত রাশিয়ান সরকারের অধীনে [32] নেতাজির কোনও প্রমাণ নেই/ছিল না। রাশিয়ার ভারতীয় দূতাবাসে হতে পারে ভারতীয়দের বোকা বানাতে এবং নেহেরুকে সন্তুষ্ট করার জন্য কিছু নথি থাকতে পারে। জয় হিন্দ, জয় সুভাষ, জয় ভারত মাতা।

## কিছু ভারতীয়ের দ্বারা নেতাজিকে গুম্নামী বাবা বলে মানহানি

তবে, মিঃ এ ধর [31], স্বঘোষিত নেতাজি গবেষক, নেহেরুর জেনেটিক এবং কংগ্রেস সমর্থক সাংবাদিক নেতাজির বিরুদ্ধে তাঁর চার/পাঁচটি মানহানিকর বইয়ে আরও দাবি করেছেন যে রাশিয়াতে নেতাজি মারা যান নি, তিনি ফৈজাবাদে ফিরে এসেছিলেন এবং 1985 অবধি সেখানে গুমনামি বাবা হিসাবে থাকতেন। প্রকৃতপক্ষে, গুম্নামি বাবা ছিলেন নেহেরু দ্বারা তৈরি করা একটি ডামি নেতাজি, ইন্দিরা খান গন্ধি এবং কংগ্রেস দলের নেতা প্রণব মুখার্জি ভরণ পোষণ করতেন।

সম্প্রতি, আবার ষড়যন্ত্র তত্ত্ব এবং কাল্পনিক শ্রবণ ভিত্তিতে, ঘোষ এবং ধর [33] কোনও বৈজ্ঞানিক প্রমাণ না রেখেই নেতাজির উপর আর একটি বই 'কোনান্ড্রাম' (CONUNDRUM) লিখেছেন, কেবল নেতাজির উপর তাদের মানহানিকর বই বিক্রি করে ভারতীয়দের বোকা বানানো ও লুঠন করার জন্য। নেতাজি ছিলেন সর্বশ্রেষ্ঠ দেশপ্রেমিক এবং আমাদের মুক্তিযোদ্ধা। ধর হ'ল একটি কপিরাইট লঙ্ঘনকারী- সহ -অপরাধী, এবং তিনি বইগুলি মিথ্যাচার, চৌর্যবৃত্তি এবং দ্বিতীয় বিশ্বযুদ্ধের ইতিহাস বিকৃতি করে লিখেছেন।

স্বঘোষিত ভারতরত্ন পুরস্কার প্রাপ্ত নেহেরু আমাদের মুক্তিযোদ্ধা নেতাজিকে তাঁর, "ডিসকভারি অফ ইন্ডিয়" [34] 'দ্য সিগনেট প্রেসের' দ্বারা "1946 সালের ডিসেম্বরে প্রকাশিত" বইতে বদনাম করেছিলেন; "কংগ্রেস ১৯৩৮ সালে চীনকে প্রচুর ডাক্তার এবং প্রয়োজনীয় সরঞ্জাম ও উপাদান সমন্বিত একটি মেডিকেল ইউনিট প্রেরণ করে। বেশ কয়েক বছর ধরে এই ইউনিট সেখানে ভাল কাজ করেছে। যখন এটি সংগঠিত হয়েছিল, সুভাষ বোস কংগ্রেসের সভাপতি ছিলেন। কংগ্রেস যে জাপান বিরোধী, জার্মান বিরোধী বা ইতালি বিরোধী ছিল তা গ্রহণের কোনও পদক্ষেপ তিনি অনুমোদন করেননি। তবুও কংগ্রেস এবং দেশে এইরকম অনুভূতি ছিল যে তিনি এই বা চীনের সাথে কংগ্রেসের সহানুভূতির অন্য অনেক প্রকাশ এবং ফ্যাসিবাদী ও নাৎসি আগ্রাসনের শিকারদের বিরোধিতা করেননি। আমরা অনেকগুলি রেজুলেশন পাস করেছি এবং অনেকগুলি বিক্ষোভের আয়োজন করেছি যেগুলির তার সভাপতির সময়কালে তিনি অনুমোদন করেননি, তবে তিনি তাদের প্রতি বিনা প্রতিবাদে জমা দিয়েছিলেন কারণ তিনি তাদের পিছনে অনুভূতির শক্তি উপলব্ধি করেছিলেন। বিদেশী ও অভ্যন্তরীণ উভয় বিষয়ে এবং উভয় ক্ষেত্রেই তাঁর এবং কংগ্রেসের কার্যনির্বাহী ব্যক্তির মধ্যে দৃষ্টিভঙ্গির একটি বড় পার্থক্য ছিল এবং এর ফলে ১৯৩৯ সালের গোড়ার দিকে বিরতি ঘটে। এরপর তিনি কংগ্রেস নীতিতে প্রকাশ্যে এবং ১৯৩৯ সালের আগস্টের প্রথম দিকে আক্রমণ করেছিলেন। কংগ্রেস কার্যনির্বাহী তার সাবেক রাষ্ট্রপাতদের মধ্যে তার বিরুদ্ধে শৃঙ্খলাবদ্ধ পদক্ষেপ নেওয়ার পারবতে অস্বাভাবিক পদক্ষেপ নিয়েছিলেন।"

## যুদ্ধে কংগ্রেসের দৃষ্টিভঙ্গি

এইভাবে কংগ্রেস যুদ্ধের ক্ষেত্রে দ্বৈত নীতি রচনা করে এবং বার বার পুনরাবৃত্তি করে। অভ্যন্তরীণ নীতি এবং অন্য দেশের বিরুদ্ধে তাদের আগ্রাসনের কারণে উভয়দিকেই ফ্যাসিবাদ, নাৎসি এবং জাপানী সামরিকবাদের বিরোধিতা ছিল; সেই আগ্রাসনের শিকারদের সাথে তীব্র সহানুভূতি ছিল; এবং এই আগ্রাসন বন্ধে যে কোনও যুদ্ধে বা অন্য কোন প্রয়াসে যোগ দিতে ইচ্ছুক ছিল। অন্যদিকে, ভারতের স্বাধীনতার উপর জোর দেওয়া হয়েছিল, শুধুমাত্র কারণ এটিই ছিল না আমাদের মূল উদ্দেশ্য যার জন্য আমরা ধারাবাহিকভাবে কঠোর পরিশ্রম করেছি, বিশেষত একটি সম্ভাব্য যুদ্ধের ক্ষেত্রেও। কারণ আমরা পুনরুক্তি দিয়েছিলাম যে একটি মুক্ত ভারতই এ জাতীয় যুদ্ধে যথাযথ অংশ নিতে পারে; শুধুমাত্র স্বাধীনতার মাধ্যমেই আমরা ব্রিটেনের সাথে আমাদের অতীতের সম্পর্কের তিক্ত ঐতিহ্যকে কাটিয়ে

উঠতে পারি এবং উৎসাহ জাগাতে পারি ও আমাদের দুর্দান্ত সংস্থাগুলি সংহত করতে পারি। এই স্বাধীনতা ব্যতীত যুদ্ধটি যে কোনও পুরানো যুদ্ধের মতো, প্রতিদ্বন্দ্বী সাম্রাজ্যবাদের মধ্যে একটি প্রতিযোগিতা এবং ব্রিটিশ সাম্রাজ্যের প্রতিরক্ষা ও টিকিয়ে রাখার প্রয়াস ছিল। আমরা যে এতটা সাম্রাজ্যবাদের বিরুদ্ধে এত দিন ধরে সংগ্রাম করে আসছিলাম, তার পক্ষ রক্ষা করা আমাদের পক্ষে অবাস্তব এবং অসম্ভব বলে মনে হয়েছিল। এমনকি যদি আমাদের মধ্যে কয়েকজন, বৃহত্তর বিবেচনার বিবেচনায়, একটি কম মন্দ বলে বিবেচিত হয়, তবে এটি আমাদের লোকেদের বহন করার ক্ষমতা থেকে সম্পূর্ণ বাইরে ছিল। একমাত্র স্বাধীনতা গণশক্তি প্রকাশ করতে পারে এবং তিক্ততাটিকে উৎসাহে উৎসবে রূপান্তর করতে পারে। অন্য কোন উপায় ছিল না।

কংগ্রেস বিশেষভাবে দাবি জানিয়েছিল যে তার জনগণ বা তাদের প্রতিনিধিদের সম্মতি ছাড়া ভারতের কোনও যুদ্ধে প্রতিশ্রুতিবদ্ধ হওয়া উচিত নয় এবং এই জাতীয় সম্মতি ছাড়া কোনও ভারতীয় সেনাকে বিদেশে পরিষেবার জন্য প্রেরণ করা উচিত নয়। বিভিন্ন দল ও দল নিয়ে গঠিত কেন্দ্রীয় আইনসভাও এই পরবর্তী দাবিটি সামনে রেখেছিল। দীর্ঘদিন ধরেই ভারতীয় জনগণের অভিযোগ ছিল যে আমাদের সামরিক বাহিনীকে সাম্রাজ্যবাদী উদ্দেশ্যে বিদেশে প্রেরণ করা হয়েছিল এবং প্রায়শই অন্যান্য লোকদের জয় করা বা দমন করার জন্য যাদের সাথে আমাদের কোন ঝগড়া ছিল না এবং যাদের স্বাধীনতা ফিরে পাওয়ার প্রচেষ্টা নিয়ে আমরা সহানুভূতি প্রকাশ করি। বার্মা, চীন, ইরান, মধ্য প্রাচ্য এবং আফ্রিকার কিছু অংশে ভারতীয় সেনারা এই উদ্দেশ্যে ভাড়াটে হিসাবে ব্যবহৃত হয়েছিল। তারা এই সমস্ত দেশে ব্রিটিশ সাম্রাজ্যবাদের প্রতীক হয়ে ওঠে এবং তাদের জনগণের বিরুদ্ধে ভারত বিরোধিতা করে। আমি একজন মিশরীয়ের তিক্ত মন্তব্যটি স্মরণ করি: 'আপনি কেবল নিজের স্বাধীনতাই হারাননি তবে আপনি অন্যদের ব্রিটিশের দাসত্ব করতে সহায়তা করেছিলেন।"

এছাড়াও নেহেরু নিম্নলিখিত দাবি করেছেন। তবে মারাত্মক যুদ্ধ সংকট এবং আগ্রাসনের সম্ভাবনা দেখে আমরা কী করতে পারি? তবুও নিক্রিয়তা এমনকি এই উদ্দেশ্যে কোনও পরিষেবা ছিল না, কারণ এটি অনুভূতিগুলির বিকাশের দিকে পরিচালিত করেছিল যা আমরা উদ্বেগ এবং আশঙ্কার সাথে দেখেছিলাম। জনসাধারণের মতামত অনেক প্রবণতা ছিল, যেমন একটি বিশাল দেশে প্রাকৃতিক ছিল এবং যেমন একটি সঙ্কটের সময়ে। প্রকৃতপক্ষে জাপানিপন্থী অনুভূতিগুলি কার্যত নিঃসংশ্লিষ্ট ছিল, কারণ কেউই মাস্টার পরিবর্তন করতে চায়নি, এবং চীনপন্থী অনুভূতিগুলি কঠিন এবং বিস্তৃত ছিল। তবে একটি ছোট্ট দল ছিল যা পরোক্ষভাবে জাপানিপন্থী এই অর্থে যে তারা কল্পনা করেছিল যে এটি ভারতীয় স্বাধীনতার জন্য জাপানি আগ্রাসনের সুযোগ নিতে পারে। সুভাষ চন্দ্র বসু যে সম্প্রচারিত করেছিল, যারা এক বছর আগে গোপনে ভারত থেকে পালিয়ে গিয়েছিল, তার দ্বারা তারা প্রভাবিত হয়েছিল। বেশিরভাগ লোকেরা অবশ্যই নিক্রিয়, বিনীতভাবে বিকাশের অপেক্ষায় ছিল। দুর্ভাগ্যক্রমে পরিস্থিতি যদি এমনভাবে তৈরি হয় যে ভারতের একটি অংশ আক্রমণকারীর নিয়ন্ত্রণে ছিল, তবে নিঃসন্দেহে অনেক সহযোগী থাকবেন, বিশেষত উচ্চ আয়ের গোষ্ঠীগুলির মধ্যে, যাদের শাসনের আবেগ ছিল, নিজস্ব সম্পত্তি বাঁচানোর জন্য।

## অজানিত নেতাজি সুভাষ চন্দ্র বোস

নেহেরু আমাদের স্বাধীনতার ইতিহাসকে বিকৃত করার জন্য কিছু আই এন এ অফিসারকে (শাহ নওয়াজ খান) ব্যবহার করেছিলেন। 1946 সালের অক্টোবরে, শাহ নওয়াজ খান "আই এন এ-র আমার স্মৃতি" শিরোনামে একটি বই লিখেছিলেন [35], বইটি দিল্লী থেকে 'রাজকমল প্রকাশন' দ্বারা প্রকাশিত,  ও জওহরলাল নেহেরু দ্বারা পূর্বভাসিত।   এটি আমাদের স্বাধীনতার ইতিহাস এবং দ্বিতীয় বিশ্বযুদ্ধের (জাপান এবং দক্ষিণ-পূর্ব এশিয়া) সম্পূর্ণ বিকৃতি। তদুপরি, খান এই বইতে গান্ধী এবং নেহেরুর প্রশংসা করেছেন, কারণ নেহেরু নভেম্বর-ডিসেম্বর 1945 সালে লাল কেল্লার আই এন এ বিচারে ব্রিটিশদের দ্বারা জনসাধারণের সামনে ফাঁসি থেকে তার জীবন রক্ষা করেছিলেন। নেহেরু তার বন্ধু বুলাভাই দেশাইকে অনুরোধ করেছিলেন, যিনি বিচারে খানের পক্ষে সমর্থন করেছিলেন। খান তার সারাজীবন নেহেরু এবং কংগ্রেস পার্টির দাস ছিলেন এবং মিরাটে (1952 থেকে 1977) বেশ কয়েকটি গুরুত্বপূর্ণ পদে এম পি হিসেবে দায়িত্ব পালন করেন।   খান 1) গান্ধী গেরিলা রেজিমেন্ট, 2) নেহেরু গেরিলা রেজিমেন্ট, 3) আজাদ গেরিলা রেজিমেন্ট এবং 4) সুভাষ রেজিমেন্ট (নেতাজির আগমন এবং আই এন এ গ্রহণের পরে) লিখে  আই এন এর ইতিহাসকে বিকৃত করেছেন। মজার বিষয় হল, প্রকাশের আগে, পাণ্ডুলিপিটি শরৎচন্দ্র বসুর কাছে পাঠানো হয়েছিল, বোস পরিবারের সহানুভূতি পাওয়ার জন্য।

দ্বিতীয় বিশ্বযুদ্ধের পর, লাল কেল্লার বিচার আই এন এ-র শীর্ষ নেতাদের, যেমন শাহ নওয়াজ খান, হাবিবুর রহমান খান, এম জেড কিয়ানি, জি এস ধিল্লন, মোহন সিং এবং অন্যান্যদের জন্য হয়েছিল। অনেক আই এন এ পুরুষকে লাল কেল্লায় আনার আগেই হত্যা করা হয়েছিল। বেশিরভাগই পশ্চিমবঙ্গের নীলগঞ্জে হাজার হাজার মানুষ মারা গেছে। কিন্তু নেহেরু তা মেনে নেন নি।

ড: ঘোষ আই এন এ রেজিমেন্টের মিথ্যা বিবৃতিকে সমর্থন করেন নি [36] যেমনটি এস এন খান দাবি করেছেন নেহরুর পুতুল এবং দাস হিসেবে; ইউ.কে গভর্নমেন্ট আর্কাইভ থেকে প্রাপ্ত সংবাদ এবং কাকিতসুবের নোট ও নথির সাথে। নেতাজি তার দেশবাসীকে গান্ধী এবং নেহেরু উভয়কেই  হত্যা ও পুড়িয়ে  ফেলার অনুরোধ    করেছিলেন

1944 সালে তার রেঙ্গুন যুদ্ধক্ষেত্র থেকে কারণ দুজনেই মিথ্যা এবং অকেজো নেতা ছিলেন। আমরা কি ভাবতে পারি কিভাবে তারা তাদের ব্রিগেডের নাম প্রকৃত যুদ্ধাপরাধীদের নাম দিয়ে রেখেছে? নেতাজি পুরুষদের জন্য তার ব্রিগেডের নাম পরিবর্তন করে গেরিলা রেজিমেন্ট ডিভিশন 1, 2 ও 3 রাখেন এবং মহিলাদের জন্য ব্রিগেডের নাম দেন ঝাঁসি রানি রেজিমেন্ট। নেহরুর মৃত্যুর পাঁচ বছর পর, আমাদের স্বাধীনতার প্রকৃত ইতিহাস এবং আই এন এ 1969 সালে একজন বিখ্যাত ইতিহাসবিদ ড: কে কে ঘোষ লিখেছিলেন। এই বইটি "দ্য ইন্ডিয়ান ন্যাশনাল আর্মি: দ্য সেকেন্ড ফ্রন্ট অফ দ্য ইন্ডিয়ান ফ্রন্ট অফ ইনডিপেনডেন্স মুভমেন্ট" মিরাট থেকে মীনাক্ষী প্রকাশন [37] দ্বারা প্রকাশিত হয়েছিল। মজার ব্যাপার হল, এই বইয়ের পরে লেখক ড: কে কে ঘোষের হদিস খুঁজে পাননি। আর টি আই অনুসারে, আমি ভারত সরকারকে অনুরোধ করতে যাচ্ছি যে এই সাহসী লোকটি এখনও বেঁচে আছে কিনা তা জানাতে। এই বইটি পড়ে কেউ অনুভব করতে পারে যে নেতাজি এবং আই এন এ আমাদের স্বাধীনতা দিয়েছিল।

এছাড়াও, নেতাজির মৃত্যুর পর, নেহেরু পশ্চিমবঙ্গে বসবাসকারী শুলমাউরি সাধুর রূপে আরেকটি ডামি নেতাজি তৈরি করেছিলেন। শুধুমাত্র ভারতীয় জনসাধারণকে বোকা বানানোর জন্য, নেহেরু আমাদের প্রকৃত স্বাধীনতা সংগ্রামী নেতাজিকে বদনাম করার জন্য সমস্ত ধরণের খারাপ কার্যকলাপ করেছিলেন। নেহেরু ভারতীয়দের বোকা বানিয়েছিলেন যে ভারত গান্ধীর অহিংসার মাধ্যমে স্বাধীনতা লাভ করেছে। আমাদের স্বাধীনতার প্রকৃত ইতিহাস নীচে প্রদর্শিত হয়েছে।

## কেন 1946 সালে ব্রিটিশরা ভারত ত্যাগ করার সিদ্ধান্ত নিয়েছিল? (নেভাল বিদ্রোহ, 19 ফেব্রুয়ারি 1946)

উত্তরগুলি ইংল্যান্ডের তৎকালীন প্রধানমন্ত্রী লর্ড অ্যাটলি বলেছেন: "এটি ছিল আই এন এ, নেভাল রেভোল্টের যুদ্ধকালীন কর্মকাণ্ডের কারণ এবং ভারতীয় সশস্ত্র বাহিনীর মধ্যে ব্যাপক ছড়িয়ে পড়া অশান্তি এবং 1942 সালে মহাত্মা গান্ধীর ভারত ছাড়ার আন্দোলনের কারণেই নয়।"

--- "[১৯ ফেব্রুয়ারি এই বিদ্রোহের প্রতিবাদ করছে --- একই সন্ধ্যায় লর্ডসের বাড়িতে তিনি জানিয়েছিলেন যে তার নেতাদের সাথে ভারতের স্বাধীনতার শর্ত প্রেরণের জন্য তৎক্ষণাত মন্ত্রি পরিষদ ভারতে প্রেরণ করা হয়েছিল]" ---

## অজানিত নেতাজি সুভাষ চন্দ্র বোস

**১৯৭৬ সালের ৩০ মার্চ কলকাতা হাইকোর্টের প্রাক্তন প্রধান বিচারপতি মিঃ পি ভি চক্রবর্তী লিখিত একটি চিঠির উদ্ধৃতিতে লিখেছেন:**

"১৯৫৬ সালে যখন আমি বাংলার গভর্নর হিসাবে কাজ করছিলাম, লর্ড ক্লিমেন্ট অ্যাটলি, যিনি যুদ্ধোত্তর বছরগুলিতে ব্রিটিশ প্রধানমন্ত্রী ছিলেন এবং ভারতের স্বাধীনতার দায়িত্বে ছিলেন, তিনি ভারত সফর করেছিলেন এবং দু'দিন কলকাতার রাজভবনে অবস্থান করেছিলেন।" আমি অ্যাটলিকে বললাম: "গান্ধীর ভারত ছাড়ো আন্দোলন ১৯৪৭ সালের অনেক আগে থেকেই কার্যত মারা গিয়েছিল এবং ততকালীন সময়ে ভারতীয় পরিস্থিতিতে তেমন কিছুই ছিল না, যে কারণে ব্রিটিশদের তাড়াহুড়ো করে ভারত ত্যাগ করা জরুরি হয়ে পড়েছিল। তারা কেন করলেন?" উত্তরে অ্যাটলি বিভিন্ন কারণ উদ্ধৃত করেছিলেন, যার মধ্যে সবচেয়ে গুরুত্বপূর্ণ ছিল নেতাজি সুভাষ চন্দ্র বসুর আই এন এ কার্যক্রম, যা ভারতে ব্রিটিশ সাম্রাজ্যের ভিত্তি দুর্বল করেছিল এবং আর আই এন বিদ্রোহ যা ব্রিটিশদের বুঝতে হয়েছিল যে ভারতীয় সশস্ত্র বাহিনী ব্রিটিশদের সমর্থন জানাতে আর বিশ্বাস করা হবে না। ১৯৪২ সালের মহাত্মা গান্ধীর আন্দোলন দ্বারা ব্রিটিশদের ভারত ছাড়ার সিদ্ধান্তের পরিমাণ সম্পর্কে জানতে চাইলে মিঃ অ্যাটলির ঠোঁট অবজ্ঞার হাসিতে প্রশস্ত হয়ে গেল এবং তিনি ধীরে ধীরে উচ্চারণ করলেন, "মিনিমাল।"

*(রবিবার, 12 ফেব্রুয়ারী 2006 এর ট্রিবিউন থেকে সংগৃহীত, "স্পেকট্রাম", পৃষ্ঠা 11)*

## নেতাজির জীবিত থাকার গুজব: 1945-46 এবং 1967 এর রেডিও ব্রডকাস্ট

*ডি ক্লাসিফাইড ফাইল থেকে পুনরুদ্ধার করা*

*গুজব ছড়িয়ে পড়ে কীভাবে তার আরেকটি উদাহরণ*

<u>এস এম গোস্বামী, শীর্ষ স্তরের আমলা</u>

গোস্বামী ১৯৭০-৭৪-এর সময় বিচারপতি খোসলা কমিশনের সামনে বলেছিলেন, এটি বি বি সি-তে কর্মরত এক বন্ধু কর্তৃক প্রদত্ত একটি গল্প, যে নেতাজি আগস্ট-৪৫-এর পরে তিনটি সম্প্রচার করেছিলেন। তাঁর দেওয়া তারিখ গুলি হ'ল: 19 ডিসেম্বর 1945, 18 জানুয়ারী 1946 এবং 19 ফেব্রুয়ারি 1946।

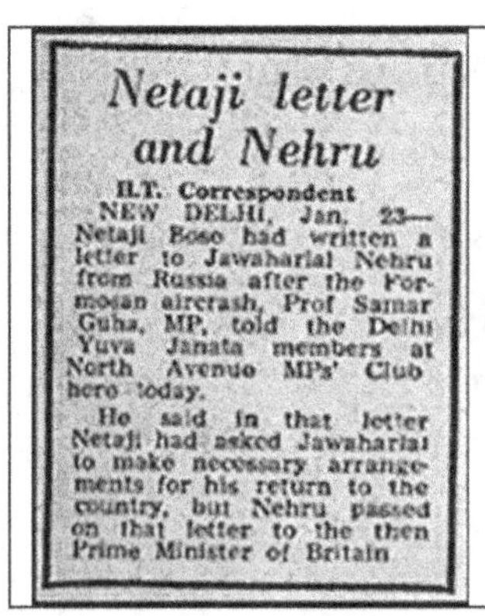


গোস্বামী তাঁর বন্ধুর দ্বারা প্রদত্ত কথিত বক্তৃতার স্ক্রিপ্টগুলি জমা দিয়েছেন, যার সম্পর্কে তিনি জানেন না। এটি লক্ষ করা যায় যে অনুমিত সম্প্রচারটি তাঁর দ্বারা শোনা যায় নি বা তাঁর বন্ধু যিনি তাকে টাইপ করা স্ক্রিপ্টটি দিয়েছিলেন।

<u>চিত্ত বসু, ফরোয়ার্ড ব্লকের এম পি:</u>

20 বছর পরে, 11.2.1992-এ, বসু প্রধানমন্ত্রী নরসিমহা রাওকে একটি সহায়ক স্মারক জমা দেন, এবং অন্যান্য ইস্যুগুলির মধ্যে তিনি দাবি করেছিলেন যে বেঙ্গল গভর্নর হাউসের একজন কর্মকর্তা পি সি কর, দাবি করেছেন যে তারা নেতাজির 3টি সম্প্রচার এখানে তুলেছেন।

26 ডিসেম্বর 1945 (গোস্বামীর দাবি অনুসারে 19 ডিসেম্বর নয়); 1946 সালের 1 জানুয়ারী (গোস্বামীর দাবি অনুসারে 18 জানুয়ারী নয়) (অচলিত) ফেব্রুয়ারি 1946।

বসুও গোস্বামীর মতোই সম্প্রচার নিজে শুনতে পান নি বা প্রচারের কথা শুনে তিনি কারও (তবু জীবিত) কথা উল্লেখ করেননি। তিনিও অনুমিত সম্প্রচারের টাইপ করা স্ক্রিপ্টগুলি জমা দিয়েছিলেন।

* গোস্বামী এবং বসুর দাবির সাথে তুলনা করুন: তাদের সম্প্রচারের তারিখগুলি মেলে না।

সর্বোপরি, নেতাজি দ্বারা প্রচারিত কোনও সমকালীন পত্রিকায় (ডিসেম্বর 45 থেকে ফেব্রুয়ারী 46) কোনও রেকর্ড নেই।

সমর গুহ, ১৯৬৯ সালে সংসদে উত্থাপিত হয়েছিল যে ১৯৬৭ সালে একটি হিন্দি পর্যায়ক্রমিক রিপোর্টে বলা হয় যে নেতাজি তাশখন্দ চুক্তিতে ২০.১.৬৭ তারিখে রেডিও মস্কো থেকে একটি সম্প্রচার করেছিলেন।

জি ও আই তদন্তে জানতে পেরেছিল যে সেই সময় যে শিক্ষার্থীদের আরও পড়াশোনার জন্য ইউ এস এস আরে প্রেরণ করা হয়েছিল তাদের মধ্যে 3 জন শিক্ষার্থীর সাধারণ নাম ছিল 'সুভাষ চন্দ্র' তাদের একজন বার্ষিকীর দিন তাশখন্দ চুক্তিতে কয়েক মিনিটের জন্য একটি রেডিও সম্প্রচার করেছিলেন। এবং এই তুচ্ছ বিষয়টি 1967 সালে রেডিও মস্কোয় নেতাজির সম্প্রচারিত হয়েছিল।

এস এম গোস্বামী, চিত্ত বসু, সমার গুহ-এর মতো লোকদের কাছ থেকে ছড়িয়ে দেওয়া গুজবের কয়েকটি উদাহরণ! লেখক যেমন অনুভব করছেন যে, নেতাজি রাশিয়ায় লুকিয়ে থাকা যুদ্ধাপরাধী ছিলেন, এই দাবিটি পূর্ণ করতে নেতাজিকে অপমান করার এই নেহেরুর ডামি নেতাজির চক্রান্ত ছিল। বেইমান ব্যক্তিদের দ্বারা ব্যবহার করা হচ্ছে এখনও।

## ১৯৪৫ সালের ১৮ আগস্ট তাঁর মৃত্যুর পর থেকে কংগ্রেসের নেতৃত্বাধীন নেতাজির রহস্য অব্যাহত

ইংরেজি পৃষ্ঠাটি ইউ এস এ-র অ্যামাজন দ্বারা যথাক্রমে জুলাই 2018 এবং নভেম্বর 2019-তে 'আপডেটেড' ই-বুক এবং পেপারব্যাক বইয়ে প্রকাশিত হয়েছে)
(17মে 2018 এ লেখক দ্বারা ফেসবুকে সর্বজনীন পোস্টিং)
কপিরাইট © ডঃ গোরাচাঁদ ঘোষ 2018

সর্বশ্রেষ্ঠ মুক্তিযোদ্ধা নেতাজি, স্বামী বিবেকানন্দের অনুসারী, ১৯৪৫ সালের ১৮ আগস্ট তাইহোকু (বর্তমান তাইওয়ান) এর নানমন জাপানিজ সামরিক হাসপাতালে বোমারু বিমান দুর্ঘটনার পরে মারা যান। আগুনের কারণে তার মাথা থেকে পা পর্যন্ত ভীষণভাবে পুড়ে গিয়েছিলো। তবে গান্ধী ও নেহেরু নেতাজির মৃত্যুকে বিশ্বাস করেননি। প্রধান ষড়যন্ত্রকারী ছিলেন নেহেরু। তিনি এবং লর্ড মাউন্টব্যাটেন সব কিছু জানতেন কিন্তু 'ব্রিটিশ রাজ' প্রতিস্থাপন করে 'লাইসেন্স রাজ' বাস্তবায়নের জন্য তথ্য ও সত্যকে দমন করেছিলেন। তারা ব্রিটিশ

কোম্পানির (পূর্ব ভারত ও কোং বাদে) সাহায্যে আমাদের ভারতকে লুট করত এবং ধর্মের ভিত্তিতে তাকে বিভক্ত করেছিল। নেহেরু আমাদের ব্রিটিশ রাজের 'গোপনীয়তা আইন' ব্যবহার করেছিলেন, আমাদের ভারতকে তৃতীয় বিশ্বের দেশ হিসাবে গড়ে তুলতে। নেহেরু, নেতাজি এবং তাঁর ব্যক্তিগত সচিব মাসাইয়োশি কাকিতসুবুকে (জাপানি) যুদ্ধাপরাধী হিসাবে দাবি করেছিলেন। যেহেতু নেহেরু এবং বোস-ভাইরা বিশ্বাস করেননি যে বিমানের দুর্ঘটনায় নেতাজি মারা গিয়েছিলেন, তাই অনেক ষড়যন্ত্রকারী বানোয়াট, মিথ্যা ও মালা বইয়ের বই, ইউটিউবস, আজ অবধি ইন্ডিয়ানদের বোকা বানানোর জন্য সিনেমা তৈরি করা হয়েছিল। এমনকি ২০০১ সাল থেকে, সাংবাদিক-সহ-লেখক (ভারতীয়) অনুজ ধর এবং জয়শ্রী প্রকাশের (কলকাতা) সম্পাদক বিজয় কুমার নাগ, নেতাজির সর্বশ্রেষ্ঠ ধার্মিক আত্মাকে হত্যাকারী/ডাকাত গুমনামি বাবা হিসাবে বদনাম করতে নিযুক্ত ছিলেন, সম্ভবত এক শক্তিশালী বেঙ্গল কংগ্রেস রাজনৈতিক নেতার সাহায্যে।

একজন পদার্থবিজ্ঞানের ছাত্র হিসাবে আমি মোটেও ভারতীয় ইতিহাস অধ্যয়ন করিনি। আমি ১৯৮৩ সালের ১৫ ই এপ্রিল টোকিও বিশ্ববিদ্যালয়ের শিল্প বিজ্ঞান ইনস্টিটিউট-এ অধ্যাপক চন্দ্রশেখরের নোবেল বক্তৃতায় অংশ নিয়েছিলাম, যখন আমি জাপানী সরকারের গবেষক ছিলাম, 'অপটোলেট্রনিক্স' নিয়ে গবেষণা করার জন্য এবং টোকিও বিশ্ববিদ্যালয়ের একজন রাষ্ট্রবিজ্ঞানের অধ্যাপকের সাথে দেখা হয়েছিলো। তিনি আমার উৎস দেশ সম্পর্কে জিজ্ঞাসা করেছিলেন। পশ্চিমবঙ্গ কলকাতা থেকে আমার উৎস সম্পর্কে জানার পরে তিনি আমাকে 'চন্দ্র বোস' সম্পর্কে জিজ্ঞাসা করেছিলেন। আমি তাকে জবাব দিয়েছি, "আমি জানি না"। তারপরে তিনি বললেন 'নেতাজি সুভাষ চন্দ্র বোস'। হাঁ আমি জানি, তিনি ছিলেন আমাদের মুক্তিযোদ্ধা। তিনি আমাকে পরামর্শ দিয়েছিলেন, ভারতে ফিরে যেতে এবং জাপানের কাছ থেকে প্রশিক্ষণ পাওয়ার পরে ভারতের উন্নতি করতে। আমি তার পরামর্শ অনুসরণ করেছি এবং অস্ট্রেলিয়ায় পাড়ি জমানোর আগে ১৯৮৬ থেকে ১৯৯২ সাল পর্যন্ত পাবলিক সেক্টর শিল্প, একাডেমিক এবং সরকারী দপ্তরে সকল ধরণের দুর্নীতি নিয়ে আমি তান্তিজ্ঞান সঞ্চয় করেছি। ১৯৯৫ সালে, আমি জাপানের সরকার ইলেক্ট্রোটেকনিক্যাল ল্যাবরেটরিতে গবেষণা করার জন্য নিযুক্ত থাকাকালীন টোকিওতে নেতাজির ব্যক্তিগত সচিব মাসাইয়োশি কাকিতসুবোর সাথে আমার দেখা হয়েছিল। তাঁর ছেলে ডঃ হিরোইয়োশি ইয়াজিমা আমার বস ছিলেন, মিঃ কাকিতসুবো আমাকে বলেছিলেন যে নেতাজীর দু'জন শত্রু আছে/ছিল। প্রথমটি কংগ্রেস পার্টি এবং দ্বিতীয়টি বোস-ভাইয়েরা। তিনি 1997 সালে মারা যান। তাঁর মৃত্যুর পরে ডঃ ইয়াজিমা ফটো অ্যালবাম (নেতাজি, কাকিতসুবো এবং আই.এন.এ সদস্যদের ছবি) এবং তাঁর বাবার লেখা নেতাজি সম্পর্কে সমস্ত নিবন্ধ, ১৯৯৯ সালের এপ্রিল মাসে আমি যখন অস্ট্রেলিয়া ফিরে এসেছিলাম তখন আমাকে দিয়েছেন। যখন "ভারতে কেন্দ্রে কোনও কংগ্রেস সরকার থাকবে না" তখন তারা আমাকে নেতাজির উপর একটি বই লেখার পরামর্শও দিয়েছিলেন। আমি তাদের পরামর্শ অনুসরণ করেছি এবং আমি প্রায় 14 বছর অপেক্ষা করেছি ই-বুক এবং হার্ডকভার বইটি "নেতাজির অজানা তথ্য: জাপান এবং দক্ষিণ-পূর্ব এশিয়া" শীর্ষক প্রকাশের জন্য। ই-বুক কিন্ডল-অ্যামাজন দ্বারা অস্ট্রেলিয়া থেকে 19 সেপ্টেম্বর 2017 এ বিশ্ব জুড়ে প্রকাশিত হয়েছিল এবং হার্ডকভার বইটি আমার মাশতুতো ভাই মনোরঞ্জন ঘোষের মাধ্যমে ভারতে 24 ডিসেম্বর 2017-র একটি স্ব প্রকাশনা।

আমার ই-বুক প্রকাশের পরে আমি অনুজ ধর, চন্দ্র কুমার বোস, বিজয় নাগ প্রমুখ কয়েকজন শিক্ষিত অপরাধীকে জানতে পেরেছি। তারা আমার কপিরাইটযুক্ত ছবিগুলি ই-বুক থেকে চুরি করেছিল। চুরি, ক্রপিং এবং সম্পাদনার পরে তারা ফেসবুকে নিজের হিসাবে পোস্ট করেছে। আমি যেমন গবেষণা করেছি, তারা ভারতীয়দের বোকা বানানোর জন্য দ্বিতীয় বিশ্বযুদ্ধের পরে অ্যাংলো-আমেরিকান সংবাদগুলির 100% ষড়যন্ত্র, নকল, বানোয়াট এবং কল্পিত গল্পের উপর ভিত্তি করে "নেতাজিকে গুমনামি বাবা হিসাবে" নামকরণ করার জন্য শিক্ষিত অপরাধী ছিল/আছে। এই অপরাধীরা কি নাগ ও ধর দ্বারা বোস পরিবারের বাসা থেকে স্থানান্তর/রাখা কিছু নিবন্ধ এবং জিনিসপত্র বিনা ফেজাবাদের বাবাকে গুম্মনামী হিসাবে নেতাজির অন্য কোনও প্রমাণ দেখাতে পারে? তাদের বাবার গুম্মনামীর জন্ম/মৃত্যুর তারিখ কী? গুম্মনামী বাবার কোনও প্রশংসাপত্র এবং ছবি আছে কী? বাবা এক খুনি/ডাকাত ছিলেন নাম কে ডি উপাধ্যায়।

নয়াদিল্লির "মিশন নেতাজি" এর সহ-প্রতিষ্ঠাতা অনুজ ধর ইউ পি এ শাসনামলে কংগ্রেসের এক কট্টর সমর্থক ছিলেন। তিনি কোনও বাঙালি নন, নেহেরুর সাথে জেনেটিকভাবে যুক্ত, যেমনটি তিনি তাঁর জীবনীতে আগে দাবি করেছিলেন। তিনি হলেন একজন ব্রিটিশ ভারতীয় সেনা সদস্যের নাতি, যিনি দ্বিতীয় বিশ্বযুদ্ধে নেতাজি এবং আই এন এ-র বিরুদ্ধে লড়াই করেছিলেন। নিজের তৈরি এন জি ও-কে বাঁচাতে তিনি এখন আর এস এস/বিজেপির সমর্থক। ভারত সরকারের উচিত সমস্ত এন জি ও-কে নিষিদ্ধ করা। বেশিরভাগ ভারতের সমস্ত দুর্নীতিগ্রস্থ সংগঠন। বেসরকারী সংস্থাগুলিকে কোনও অর্থই সরকারের দেওয়া উচিত নয়। তদুপরি, তিনি সর্বশ্রেষ্ঠ ধার্মিক আত্মা এবং প্রকৃত মুক্তিযোদ্ধা নায়ক "নেতাজি" কে হত্যাকারী/ডাকাত গুম্মনামি বাবা হিসাবে বদনাম করে চারটি বই লিখেছিলেন। ষড়যন্ত্র তত্ত্ব এবং কারসাজি ব্যবহার করে সাংবাদিক অনুজ ধর ২০০১ সাল থেকে আজ পর্যন্ত তার বই এবং মাল্টিমিডিয়া (ফেসবুক এবং টুইটার) এর মাধ্যমে নেতাজীকে বদনাম করে চলেছেন।

এই চারটি বই হ'ল 1) "মৃত থেকে ফিরে: সুভাষ বোস রহস্যের ভিতরে," মানস পাবলিকেশনস, 30 এপ্রিল, 2005; 2) "ষাট পুনর্নির্মাণের ভারত", মানস পাবলিকেশনস, ২০০৯; 3) "ভারতের বৃহত্তম কভার-আপ," ভিটাস্টা পাবলিশিং প্রাইভেট লিমিটেড, 29 অক্টোবর 2012; এবং 4) নেতাজির কী হয়েছিল, "ভিটাস্টা পাবলিশিং প্রাইভেট লিমিটেড, ৮ই মার্চ ২০১৫। ফটোশপ ব্যবহার করে তাকে গুম্মনামী বাবা রূপান্তর করতে তিনি নেতাজির ছবি ক্রপ করেছেন এবং উভয় গালে সাদা দাড়ি রেখেছেন/আঁকিয়েছেন। এছাড়াও, তিনি অনেক ইউটিউবস এবং একটি সিনেমা তৈরি করে "নেতাজিকে গুম্মনামি বাবা হিসাবে" বদনাম করে চলেছেন। কংগ্রেসের একজন সমর্থক হিসাবে তিনি কোনও ভয় ছাড়াই নেতাজিকে অপমান করছেন এবং এখন তিনি নিজের নৌকাকে আর এস এস/

বিজেপি জাহাজের দিকে নিয়ে গিয়েছেন যাতে নেতাজির অপমান করা অব্যাহত রাখা যায়।

এছাড়াও, জয়শ্রী প্রকাশনার বিজয় কুমার নাগ প্রচ্ছদ পৃষ্ঠার ছবি এবং কিছু অন্যান্য ছবি এবং নিবন্ধ (যেহেতু আমার কাছে ম্যাগাজিন নেই) পত্রিকা/বইয়ের আমার ই-বুকের কপিরাইট লঙ্ঘন করেছেন, "জয়শ্রী নেতাজির ভয়েস: সেপ্টেম্বর-অক্টোবর 2017, আজাদ হিন্দ সরকারের প্ল্যাটিনাম জয়ন্তী।" দয়া করে সংযুক্ত আমার অজানা/অনুমতি ছাড়াই তাদের দ্বারা চুরি করা এবং সর্বজনীন ডোমেনে (ফেসবুক এবং টুইটার) পোস্ট করা দুটি স্ব-ব্যাখ্যামূলক কপিরাইটযুক্ত ফটো পড়তে হবে।

অনুজ ধর এবং বিজয় নাগ হলেন প্রধান অপরাধী, যেহেতু তারা সাংবাদিক এবং বই/ম্যাগাজিনের প্রকাশক হিসাবে যথাক্রমে ২০০২ সাল থেকে মিথ্যাবাদ, চৌর্যবৃত্তি, 'ক্রপিং' এবং অন্যের কপিরাইট সম্পদের সম্পাদনায় অভিজ্ঞ। তারা ভেবেছিল, "আমি খেয়াল করব না এবং নেতাজি এবং আই এন এ-র সাথে তাদের ভবিষ্যতের বই/ম্যাগাজিনের প্রকাশনাগুলির জন্য তারা এই ছবিগুলি তাদের নিজের ছবি হিসাবে দাবি করবে" এবং ভারতীয়দের বোকা বানানোর জন্য এই ছবিগুলি ফৈজাবাদের গুম্নামি বাবার বাক্সে রাখবে। চন্দ্র কে বোস কলকাতার বোস পরিবারের বাড়ির সমস্ত চিঠি/নিবন্ধগুলি নাগ এবং ধরকে দিয়ে ফৈজাবাদে গুম্নামি বাবার বাসায় সরবরাহ করেছিলেন বলে আমি মনে করি। বিজয় কুমার নাগ কলকাতা পুলিশের কাছে ইতিমধ্যে স্বীকার করেছেন যে তিনি কলকাতা থেকে নেতাজির ব্যবহৃত নিবন্ধগুলি ফৈজাবাদে পাঠিয়েছিলেন।

নেতাজী এবং তাঁর তৈরি ভারতীয় জাতীয় সেনাবাহিনী (আই এন এ) আমাদের বৃহত্তর ভারতের স্বাধীনতার অগ্রগামযোদ্ধা হিল যেমনটি এখন প্রকাশিত হয়েছে।

জয় হিন্দ, বান্দে মাতরম। ঈশ্বর আমাদের ভারত মাতাকে আশীর্বাদ করেন এবং নেতাজির সর্বশ্রেষ্ঠ ধার্মিক আত্মার ভাবমূর্তি সংরক্ষণ করেন ---- নিষ্ঠুর গুনামিস্টদের দ্বারা তাকে হত্যাকারী/ডাকাত গুম্নামি বাবা হিসাবে গণ্য না করে।

::: ঁ সত্যমেব জয়তে ::: সত্য সর্বদা বিরাজ করে এবং এটি স্বয়ংক্রিয়ভাবে প্রকাশ পায়:::

(ইংরেজি পৃষ্ঠাটি ইউ এস এ-র অ্যামাজন দ্বারা যথাক্রমে জুলাই 2018 এবং নভেম্বর 2019-তে 'আপডেটেড' ই-বুক এবং পেপারব্যাক বইয়ে প্রকাশিত হয়েছে)
লেখক ডঃ গোরচাঁদ ঘোষের ফেসবুকে পাবলিক পোস্টিং 10 জুন 2018
টোকিও এবং কেমব্রিজ বিশ্ববিদ্যালয় থেকে স্নাতক, মাসাইয়োশি কাকিতসুবো (এম.কে, 旿 垉 正義), ১৯৪৩ সালের ১১ মে থেকে ১৮ আগস্ট ১৯৪৫ সাল (তাইহোকুর নানমন মিলিটারি হাসপাতালে নেতাজির মৃত্যু) পর্যন্ত দোভাষী/ব্যক্তিগত সচিব (জাপানী সরকার, প্রধানমন্ত্রী তোজো এবং কইসোর নেতৃত্বে) হিসাবে নিযুক্ত ছিলেন। পদার্থবিজ্ঞানী লেখক ডঃ গোরাচাঁদ ঘোষ ১৯৯৫

সালে টোকিওতে এম.কে-র সাথে সাক্ষাৎ করেছিলেন। এম কে তাকে বলেছিলেন, "নেতাজির দু'টি শত্রু ছিল/আছে। প্রথম শত্রু হ'ল ভারতের কংগ্রেস পার্টি এবং দ্বিতীয় শত্রু বোস-ব্রাদার্স।" দ্বিতীয় বিশ্বযুদ্ধের পরে এম কে অস্ট্রেলিয়া, সুইজারল্যান্ড, পাকিস্তান এবং ইউরোপীয় কয়েকটি দেশে জাপানের রাষ্ট্রদূত ছিলেন এবং তিনি নিউ ইয়র্কের জাতিসংঘ থেকে জাপানের উপমন্ত্রী হিসাবে অবসর গ্রহণ করেছিলেন। তিনি ১৯৯৭ সালে মারা যান।

তাঁর মৃত্যুর পরে, ১৯৯৯ সালে লেখক নেতাজি, জাপানি এবং আই এন এ সদস্যদের ফটো সহ একটি অ্যালবাম এবং তাঁর বাবার লিখিত নিবন্ধের সাথে নেতাজি এবং দ্বিতীয় বিশ্বযুদ্ধ সম্পর্কে ডঃ হিরোইয়োশি ইয়াজিমার (এইচ.ওয়াই, 矢 嶌 裕 義) থেকে পেয়েছিলেন।

এইচ.ওয়াই তার অবসর গ্রহণের আগে ফেমোটো সেকেন্ড টেকনোলজি রিসার্চ অ্যাসোসিয়েশন (ফেস্টা) ছাড়াও ইলেক্ট্রোটেকটিক্যাল ল্যাবরেটরিতে (ই.টি.এল) পরিচালক ছিলেন। দু'সংস্থাই জাপানি সরকারের অধীনে। ভারতে কেন্দ্রে যখন কোনও কংগ্রেস সরকার থাকবে না তখন তারা তাকে নেতাজির উপর একটি বই লেখার পরামর্শ দিয়েছিলেন। তাদের পরামর্শ অনুসারে লেখক "নেতাজির অজানা বিষয়গুলি: জাপান এবং দক্ষিণ-পূর্ব এশিয়া" শীর্ষক একটি ই-বুক লিখেছিলেন এবং এটি 'কিন্ডল-অ্যামাজন' দ্বারা ২০১৭ সালের ১৯ সেপ্টেম্বর মহালয়া দিবসে নেতাজির সমস্ত শত্রুদের দমন করার জন্য প্রকাশিত হয়েছিল। ডক্টর ঘোষ, একজন পদার্থবিজ্ঞানী হিসাবে, ভারতের অন্যান্য ষড়যন্ত্রকারীদের মতো কোনও ষড়যন্ত্র তত্ত্ব না রেখেই, সকল প্রকার প্রমাণ ও সত্যের ভিত্তিতে তিনি ই-বুক লিখেছেন। বইটি এম কে-কে উৎসর্গীকৃত এবং এইচ ওয়াই দ্বারা পূর্বাভাসিত হয়েছে। একই হার্ডকভার বইটি ভারতের বাঁকুড়া থেকে ডিসেম্বর ২০১৭ সালে প্রকাশিত হয়েছিল।

৪ অক্টোবর 2017-এ, লেখক তার জীবনে প্রথমবারের মতো 'নেতাজির আত্মার সম্পর্কে হত্যাকারী/ডাকাত গুমনামি-বাবা হিসাবে জানতে পেরেছিলেন, যখন মূল ষড়যন্ত্রকারী ধর এবং তাঁর 'মিশন নেতাজি' গ্যাং ই-বুক থেকে নেতাজির ছবি চুরি করেছিল (এছাড়াও তারা তার কম্পিউটার হ্যাক করেছিল, এবং ধর মন্তব্য করেছিলেন যে ড: ঘোষের ফেসবুকে 'মুখ খারাপ' রয়েছে এবং 'ক্রপিং'/সম্পাদনা করার পরে ধর এবং তার দল এই কপিরাইটযুক্ত ছবিগুলি লেখক এবং প্রকাশকের কোনও জ্ঞান ছাড়াই পাবলিক ডোমেইনে (ফেসবুক/টুইটার) পোস্ট করেছে।

17 মে 2018-তে, লেখক নেতাজি-র উপর একটি গবেষণামূলক প্রবন্ধ লিখেছেন "কংগ্রেস দ্বারা নেতৃত্বের অবিরত নিখোঁজ রহস্য 14 ই আগস্ট 1945-এ তাঁর মৃত্যুর পর থেকে" এবং ফেসবুকে বিশ্বজুড়ে জনসচেতনতা হিসাবে পোস্ট করেছেন, যেহেতু দ্বিতীয় বিশ্বযুদ্ধের সময়কালে নেতাজি একজন সেরা নেতা ছিলেন।

যেহেতু নেহরু এবং বোস-ব্রাদাররা নেতাজি-র মৃত্যুতে বিশ্বাস করতেন না; প্রচুর ষড়যন্ত্রকারী, ইতিহাসবিদরা, ভারতীয় লেখকরা মৃত্যুবরণের সমস্ত ধরণের অজানা ও কাল্পনিক ইতিহাস ব্যবহার করে এবং ভারতীয়দের বোকা বানানোর জন্য, কোনও বিমান দুর্ঘটনা না করে নেতাজির উপর অনেক মিথ্যা, কাল্পনিক এবং মনগড়া বই লিখেছেন। এম কে ১৯৭৭ সালে কলকাতায় নেতাজি গবেষণা ব্যুরোতে (একটি এনজিও, অর্থোপার্জনকারী সংস্থা) নেতাজির উপর একটি প্রবন্ধ উপস্থাপন করেছিলেন। এম কে দাবি করেছিলেন যে বোস-ব্রাদার্স নেতাজির দ্বিতীয় শত্রু ছিল কারণ "ঘটনা দমন একটি ফৌজদারি অপরাধ।"

সাধারণ জনগণ থেকে সম্রাট হিরোহিতো পর্যন্ত সমস্ত জাপানী নেতাজির প্রশংসা ও সম্মান করেছিলেন। কেবল নেতাজি ও আই এন এ-র কারণেই আমাদের বৃহত্তর ভারত স্বাধীনতা পেয়েছে। বিশ্বজুড়ে সমস্ত ইন্ডিয়ানদের সত্য এবং বিষয়গুলি জানা উচিত। গান্ধী এবং নেহরু অপ্রত্যক্ষ যুদ্ধাপরাধী ছিলেন, যুক্তরাজ্য সরকারের সংরক্ষণাগারগুলির গোপন ফাইল থেকে এটি প্রকাশিত হয়েছে।

## ভারতের দিল্লিতে 'মিশন নেতাজি'র গুম্নামিস্টরা

(ইংরেজি পৃষ্ঠাটি ইউ এস এ-র অ্যামাজন দ্বারা যথাক্রমে জুলাই 2014 এবং নভেম্বর 2019-তে 'আপডেটেড' ই-বুক এবং পেপারব্যাক বইয়ে প্রকাশিত হয়েছে) লেখক ডঃ গোরচাঁদ ঘোষের ফেসবুকে পাবলিক পোস্টিং 19 জুন 2018 ডঃ গোরচাঁদ ঘোষ; ই-বুক লেখক অন নেতাজি

মিঃ অনুজ ধর, নেহেরুর জেনেটিক, ঈট পি এ সরকারের কংগ্রেস কট্টর হিসাবে "মিশন নেতাজি" নামে একটি এন জি ও-র স্রষ্টা। শাসনব্যবস্থা ২০০২ সাল থেকে, তিনি আমাদের সর্বশ্রেষ্ঠ মুক্তিযোদ্ধা নেতাজির আত্মাকে তাঁর মহান/পিতামহ, ফৈজাবাদে একটি হত্যাকারী গুম্নামী বাবা (জি বি) হিসাবে কুখ্যাত করার জন্য নিযুক্ত ছিলেন। লেখক ১৯৮৮ থেকে ১৯৯২ সাল পর্যন্ত এলাহাবাদ ও জবলপুরে ছিলেন। কিন্তু নেতাজি সম্পর্কে তিনি 'জি বি'র কথা

কখনও শুনেন নি। গুগল তার ই-বুকের কপিরাইট লঙ্ঘনের জন্য এই অপরাধীকে খুঁজে পেয়েছে।

বাম কলামে: আপনি নেতাজি সহ কপিরাইট লঙ্ঘনকারী-কাম-অপরাধী অনুজ ধরের অনেকগুলি ফটো দেখতে পারেন। ধর ই-বুক ছবি NP-23 ক্রপ করেছেন এবং ফেসবুকে পোস্ট করেছেন। তবে এখানে একই ছবিটি শ্যাম বেনিগালের এবং তিনি কোনও রেফারেন্স ছাড়াই এটি ব্যবহার করেছেন।

মাঝের কলামে: শীর্ষস্থানীয় ফটো হ'ল জারজ এ ধর দ্বারা ক্রপযুক্ত ই-বুক ফটো NP-48। আমাকে বোকা বানাতে একই ছবি এন আর বি ওয়েবসাইটে পোস্ট করেছেন চন্দ্র কে বোস (ভিপি-বিজেপি)। মাঝেরটি হ'ল জারজ অনুজ ধরের 'ক্রপড' ই-বুক NP-21 ফটো। নীচের একটি হ'ল মিশন নেতাজির সদস্যের ক্রপযুক্ত ই-বুক NP-28 ফটো।

ডান কলাম: শীর্ষের ফটোতে, জারজ ধর গুম্নামী বাবাকে নেতাজি বানাতে ছবির গালে সাদা দাড়ি রেখেছিলেন। মাঝের ছবিতে নয়াদিল্লিতে মিশন নেতাজির গুম্নামিস্টরা। শেষ ছবিটি ক্রপযুক্ত ই-বুক ছবি NP-29, কলকাতায় জয়শ্রী প্রকাশনের জারজ বিজয় কে নাগের।

*"(ভারত সরকার এবং ভারতীয় পুলিশের আইন অনুযায়ী ব্যবস্থা নেওয়া উচিত)"*

## ইন্টারনেটের মাধ্যমে বিশ্বজুড়ে গুম্নামিস্টদের দ্বারা নেতাজির সাম্প্রতিক মানহানি এবং ভারতীয় স্বাধীনতার ইতিহাস বিকৃতি

(ইংরেজি পৃষ্ঠাটি ইউ এস এ-র অ্যামাজন দ্বারা যথাক্রমে জুলাই 2018 এবং নভেম্বর 2019-তে 'আপডেটেড' ই-বুক এবং পেপারব্যাক বইয়ে প্রকাশিত হয়েছে)
লেখক ডঃ গোরচাঁদ ঘোষের ফেসবুকে পাবলিক পোস্টিং 17 জুন 2018)
কপিরাইট © ডঃ গোরাচাঁদ ঘোষ 2018

"নেতাজির অজানা তথ্য: জাপান এবং দক্ষিণ-পূর্ব এশিয়ার" শীর্ষক ই-বুক এবং হার্ডকভার বইয়ের লেখক অস্ট্রেলিয়া থেকে বিশ্বজুড়ে কিন্ডেল-অ্যামাজন এবং ভারতের বাঁকুড়া থেকে মনোরঞ্জন ঘোষ, যথাক্রমে 19/09/2017 এবং 28/12/2017 প্রকাশ করেছেন। নেতাজির "আশীর্বাদ" নিয়ে, তাঁর জাপানের পি এস মিঃ কাকিতসুবো এবং কাকিতসুবোর পুত্র ডঃ ইয়াজিমার মাধ্যমে সবকিছুই ঘটেছে। আমি আইন অনুসারে কপিরাইট পৃষ্ঠাটি ই-বুকের সামনে রেখেছি এবং বিশ্বের প্রত্যেকে পৃষ্ঠাটি এই ই-বুক কেনার আগে ইন্টারনেট থেকে পড়তে পারেন। এ ছাড়াও কপিরাইট প্রতীক যুক্ত NP-1 থেকে NP-49 নম্বরগুলি ফটোশপ ব্যবহার করে ফটো ক্যাপশন সহ স্ক্যান করা আসল ছবিগুলিতে স্থাপন করা হয়। দেখতে সুন্দর লাগবে বলে, আমি এটি ফটোগুলির ভিতরে রাখি নি। আমি যদি এই সমস্ত ফটোর ভিতরে দিতাম তবে জারজ গুম্নিস্টরা লাল হাতে ধরা পড়ত না। যেমনটি আমি আপনাকে বলেছি, এটি "অভিসারিকাস" এর যুগ যা ১৯৮৯ সালে ভারতে লেখক নামকরণ করেছিলেন। গতকাল, একজন অপরাধী গুম্নামিস্ট আমাকে একটি এস এম এস পাঠিয়েছিলেন যে তিনি জাপানের ইন্টারনেট থেকে নেতাজির ছবি পেয়েছিলেন। আমি তাকে অনুরোধ করলাম আমাকে ওয়েব ঠিকানা দেওয়ার জন্য। এখনও অবধি আমি তার কাছ থেকে কোন উত্তর পাইনি।

তদুপরি, এই গুম্নামিস্টরা কেবল নেতাজিকেই অপমান করছে না, ভারতীয় স্বাধীনতার ইতিহাসকেও বিকৃত করছে। আপনি যেমন একটি জারজ দেখতে পাচ্ছেন, গুম্নামিস্ট সৌরভ সৌম্য দাস লিখেছেন, "১৯৫৩ সালে জাপানের পররাষ্ট্রমন্ত্রী মামোরু শিগেমিতসু নেতাজি সুভাষচন্দ্র বসুকে তার সংস্থা 'উল্টাদিন'"-তে 'এশিয়ার নায়ক' হিসাবে প্রশংসা করেছিলেন। 1953 সালে নেতাজী বেঁচে ছিলেন? একইভাবে একজন অপরাধী "ফিডজিৎ, জীবনের ঝাঁকুনি, নেতাজির উপরে একটি বিশ্ব দৃষ্টিভঙ্গি: সেপ্টেম্বর ২০১০" একই অপরাধমূলক ক্রিয়াকলাপ করেছে এবং এস ইউ সি আই-র সদস্য। এমনকি ২য় অপরাধী, গুম্নামিস্ট সি কে বোস ই-বুক থেকে NP-31 ফটো চুরি করে ভারতের স্বাধীনতার ইতিহাসকে বিকৃত করেছেন (নিউজ 18.com) এবং ইন্টারনেটে পোস্ট করেছেন "মাইরাং: যেখানে আই এন এ স্বাধীন ভারতের প্রথম প্রাদেশিক সরকার গঠন করেছে।" কিছু ক্রিমিনাল এই ফটোগুলি সম্পর্কে তাদের পিছনের তারিখ এবং বছর প্রতিস্থাপন করে আমাকে বোকা বানানোর চেষ্টা করছে। আমার ই-বুক প্রকাশের আগে আমি প্রায় নিয়মিত ইন্টারনেট চেক করেছি নেতাজির ছবি খুঁজতে। সত্য ইতিহাস লিখতে আমি কয়েকটি ফটো ব্যবহার করেছি যা কাকিতসুবোর অ্যালবামে পাওয়া যায় নি। কিছু অপরাধী জাপানী নাম 'ক্রপড'/সংগৃহীত ফটোকপি ফটোতে রেখে ইন্টারনেটে পোস্ট করেছেন।

কপিরাইট আইন অনুসারে, কপিরাইট আইনগুলির কার্যকর নিয়ন্ত্রণের জন্য এবং এই শতাব্দীতে আমাদের মাদার ইন্ডিয়াকে উন্নত দেশ হিসাবে গড়ে তোলার জন্য অপরাধীদের এবং গুম্নামিদের উচিত মূল ছবিগুলি তদন্ত পুলিশ অফিসারের কাছে দেখাতে হবে। প্রধান পরোক্ষ যুদ্ধাপরাধী নেহেরু ভারতের সকল প্রকার সমস্যার জন্য দায়ী। তিনি নেতাজিকে অপমান করেছিলেন এবং এখন নেহেরুর জিনগত প্রধান অপরাধী অনুজ ধর নেতাজির সর্বশ্রেষ্ঠ ধার্মিক আত্মাকে হত্যাকারী গুম্নামি বাবা বলে অপমান করছেন। কিছু শিক্ষিত অধ্যাপক (কুমার) এবং বিশিষ্ট ভারতীয় (বক্সী) কপিরাইট আইন লঙ্ঘন করে একাডেমিক এবং অন্যান্য সমাবেশগুলিতে তাদের বক্তৃতায় কিছু 'ক্রপড' কপিরাইটযুক্ত ছবি ব্যবহার করছেন। প্রথম মুহূর্তে, তাদের গুম্নামিস্টদের কাছ থেকে প্রাপ্ত ফটোগুলির উৎস জিজ্ঞাসা করা উচিত ছিল। নেতাজির এই ছবিগুলি মৃত্যুর 72 বছর পরে কীভাবে পাওয়া যায়? মজার বিষয়, তারা সেই ছবিগুলি দর্শকদের দেখিয়ে দিচ্ছেন তবে দাবি করেছেন যে নেতাজি বিমান দুর্ঘটনায় মারা যায় নি এবং কোনও বিমান দুর্ঘটনাও ঘটে নি। তারা অপরাধী, জারজ গুম্নামিস্টদের সমর্থন করছেন।

সমস্ত কপিরাইটযুক্ত ফটোগুলিতে কানজি এবং ইংরেজি উভয় ভাষায় কাকিতসুবোর ক্যাপশন এবং হস্তাক্ষর উল্লিখিত রয়েছে। তাঁর সর্বশ্রেষ্ঠ ব্যক্তিত্বকে স্মরণ করতে আমি এটি ব্যবহার করেছি। ইতিমধ্যে সমস্ত পাবলিক ফেসবুকে আমার দ্বারা পোস্ট করা সুন্দর ছবিগুলির কিছু পোস্টিং দেখেছেন। শিক্ষিত, অপরাধী, গুম্নামিস্টদের ক্রিয়াকলাপের তুলনা করার জন্য আমি এখানে আরও একটি পোস্ট করছি। অনেক দেশে জাপানি রাষ্ট্রদূত হিসাবে তাঁর অনেক দেশের বিস্তৃত জ্ঞান ছিল।

কপিরাইট আইন পুরোপুরি বিশ্বব্যাপী অনুসরণ করা উচিত। জয় হিন্দ, বন্দে মাতরম।

বাম কলাম: অপরাধী, গুম্নামিস্টদের দ্বারা 'ক্রপড' ফটো NP-8, NP-5 এবং NP-31।

মধ্য কলাম: আমার আসল ইবুক ফটো NP-34 এবং অপরাধী গুম্নামিস্টদের দ্বারা একটি 'ক্রপড' ফটো NP-31।

ডান কলাম: 'ক্রপড' ফটোগুলি NP-20 এবং NP-34 অপরাধী, গুম্নামিস্টদের দ্বারা।

নেতাজি সম্পর্কে কপিরাইট লঙ্ঘন এবং ভারতীয় ইতিহাস বিকৃতির জন্য "ভারত *সরকার এবং ভারতীয় পুলিশের আইন অনুযায়ী ব্যবস্থা নেওয়া উচিত।*"

## মিশন নেতাজি (এন জি ও ভারতের একটি অপরাধী সংস্থা): লিখেছেন ডঃ গোরচাঁদ ঘোষ

(ইংরেজি পৃষ্ঠাটি ইউ এস এ-র অ্যামাজন দ্বারা যথাক্রমে জুলাই 2018 এবং নভেম্বর 2019-তে 'আপডেটেড' ই-বুক এবং পেপারব্যাক বইয়ে প্রকাশিত হয়েছে) লেখক ডঃ গোরচাঁদ ঘোষের ফেসবুকে পাবলিক পোস্টিং 21 জুন 2018)

প্রধান অপ্রত্যক্ষ যুদ্ধাপরাধী ছিলেন নেহেরু, যিনি নেতাজি এবং তাঁর জাপানের ব্যক্তিগত সচিব মাসায়োশি কাকিতসবুকে যুদ্ধাপরাধী হিসাবে বদনাম করেছিলেন। আমাদের ভারত মাতার স্বাধীনতার জন্য তারা প্রকৃত পুরুষ ছিলেন। এখন মিঃ অনুজ ধর, নেহেরুর একই বংশানুক্রমিক হিসাবে তিনি তাঁর উইকিপিডিয়া জীবনীতে দাবি করেছিলেন (এখন তিনি সেই অংশটি সরিয়ে দিয়েছেন, তবে আমার স্ক্রিন শট রয়েছে), নেতাজির সর্বশ্রেষ্ঠ ধার্মিক আত্মাকে হত্যাকারী গুম্নামী বাবা (GB) হিসাবে বদনাম করে চলেছেন ২০০২ সাল থেকে, কোনও বৈজ্ঞানিক প্রমাণ ছাড়াই।

**MISSION NETAJI: (An NGO but a CRIMINAL ORGANIZATION in INDIA) – by Dr Gorachand Ghosh**
The main indirect war criminal was Nehru to defame Netaji and his Japanese personal secretary Masayoshi Kakitsubo as war criminals. They were the real men for our Mother India's independence. Now Mr Anuj DHAR, the same genetic of Nehru as he claimed in his Wikipedia biography (now he has removed that portion, but I do have the screen shot), has been defaming the greatest pious SOUL of Netaji as the killer Gumnami Baba (GB) without having any scientific evidence since 2002. Moreover, he has been fooling the whole world with his conspiracy theory without any problem since he was a CONGRESS STOOGE. Even he has been giving lecture on Netaji as a pro of Netaji RESEARCHER at many academic institutions not only in India but also in the overseas. Nobody has any guts to protest this criminal to date. Please see the activities of this bastard criminal. He has stolen the copyrighted photos from my eBook and posted in the facebook and public places.



তদুপরি, তিনি কংগ্রেসের 'কট্টর সমর্থক' ছিলেন বলে তাঁর ষড়যন্ত্র তত্ত্ব দিয়ে গোটা বিশ্বকে বোকা বানাতে ব্যস্ত। এমনকি, তিনি কেবল ভারতে (বহু আই.আই.টি সহ) নয় বিদেশেও বহু একাডেমিক প্রতিষ্ঠানে নেতাজি গবেষকের 'প্রো' হিসাবে নেতাজির উপর বক্তৃতা দিয়ে চলেছেন। আজ অবধি এই অপরাধীর প্রতিবাদ করার মতো কারও সাহস নেই। দয়া করে এই অপরাধীর ক্রিয়াকলাপ দেখুন। তিনি আমার ই-বুক থেকে কপিরাইটযুক্ত ছবিগুলি চুরি করেছেন এবং ফেসবুক ও পাবলিক প্লেসে পোস্ট করেছেন।

বাম কলাম: শীর্ষ ছবি; মিশন নেতাজি- ধর ফটোশপটিকে নেতাজির ভিজ্যুয়াল পোট্রিং ইমেজটি (GB) হিসাবে ব্যবহার করেছেন। নীচের ছবিতে, 'মিশন নেতাজি' অপরাধীদের একটি দল তাদের বাবা গুম্নামী নামে একজন খুনি হিসাবে নেতাজিকে অপমান করতে জড়িত।

মাঝের কলামে: শীর্ষ ফটোতে; ধর ফটোশপ ব্যবহার করে মূল NP-21 ই বুক ছবিটি বিকৃত করেছেন এবং তার গ্যাংয়ের সদস্য এটি 9 অক্টোবর 2017 এ ফেসবুক পাবলিক গ্রুপ "দিল্লির নেতাজি সুভাষ চন্দ্র বসু স্মৃতিসৌধ" এ পোস্ট করেছেন। নীচের ছবিতে জারজ ধর নিজেকে নেতাজির মতো ভাবেন।

ডান কলামে: শীর্ষ ফটোটি এমন একটি ইউ আর এল উপস্থাপন করে যা "নেতাজি-সুভাষ-চন্দ্র-বোস এইচ টি এম এল" দিয়ে চুরি হওয়া, 'ক্রপড 'ফটো NP-34 সম্বলিত থাকবে। নীচের ছবিতে, ডাকাত চন্দ্র কুমার বোস (ভিপি-বিজেপি) ই-বুক ছবি NP-26 চুরি করেছে এবং 'ক্রপিং' পরে ৭ অক্টোবর ২০১৭ এ ফেসবুক ও টুইটারে পোস্ট করেছে।

ডঃ গোরাচাঁদ ঘোষ

**কিছু কপিরাইট লঙ্ঘনকারী 19 সেপ্টেম্বর 2017 এ অ্যামাজন দ্বারা প্রকাশিত ই-বুক থেকে চুরি করার পরে তাদের 'ক্রপড' ছবিগুলি ফেসবুক পাবলিক গ্রুপে পোস্টিং**

**লেখক ডঃ গোরচাঁদ ঘোষের ফেসবুকে পাবলিক পোস্টিং 17 আগস্ট 2018)**

বাম কলাম: শীর্ষস্থানীয় ছবিটি একটি চুরি হওয়া, 'ক্রপড' ই-বুক NP-23 এর ফেসবুক এম.এন.ডি.পি পাবলিক গ্রুপের অপরাধী আকাশ ভট্টাচার্যের ছবি। আমি আমার মন্তব্য পোস্ট করেছি। মাঝের শীর্ষে ছবিটি একটি চুরি করা, 'ক্রপড' ই-বুক NP-4 ফটো, অপরাধী অনল হাজরার। আমি আমার মন্তব্য পোস্ট করেছি। উপরে থেকে তৃতীয় ছবিটি একটি চুরি হওয়া,

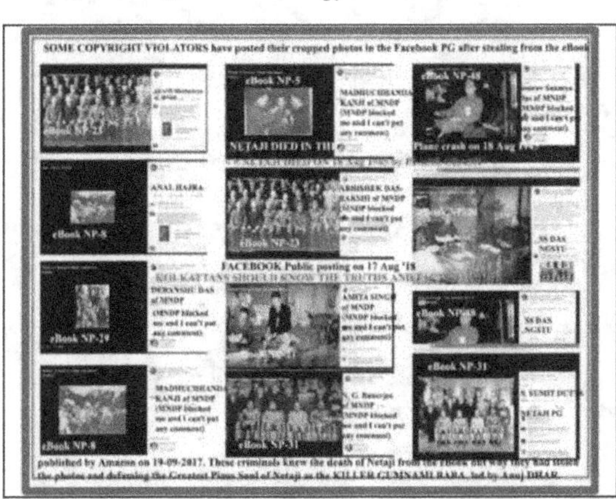

'ক্রপড' ই-বুক NP-29 ফেসবুক এম এন ডি পি পাবলিক গ্রুপের অপরাধী দেবাংশু দাসের ছবি। এম এন ডি পি প্রশাসক আমাকে অবরুদ্ধ করার কারণে আমার দ্বারা কোনও মন্তব্য করা সম্ভব হয়নি। এই ছবিটি একটি চুরি হওয়া, 'ক্রপড' ই-বুক NP-4 ফটো, ফেসবুক এম এন ডি পি পাবলিক গ্রুপের অপরাধী মধু ছন্দা কাঞ্জির দ্বারা নির্মিত। এম এন ডি পি প্রশাসক আমাকে অবরুদ্ধ করার কারণে আমার দ্বারা কোনও মন্তব্য করা সম্ভব হয়নি।

মধ্যম কলাম: শীর্ষস্থানীয় ছবিটি একটি চুরি হওয়া, 'ক্রপড' ই-বুক NP-5 ফটো, ফেসবুক এম এন ডি পি পাবলিক গ্রুপের অপরাধী মধু ছন্দা কাঞ্জির দ্বারা নির্মিত। এম এন ডি পি প্রশাসক আমাকে অবরুদ্ধ করার কারণে আমার দ্বারা কোনও মন্তব্য করা সম্ভব হয়নি। শীর্ষস্থানীয় ফটো থেকে দ্বিতীয়টি হ'ল একটি চুরি, 'ক্রপড' ই-বুক NP-23 ফটো ফেসবুক এম এন ডি পি পাবলিক গ্রুপের অপরাধী অভিষেক দাস বক্সী দ্বারা। এম এন ডি পি প্রশাসক আমাকে অবরুদ্ধ করার কারণে আমার দ্বারা কোনও মন্তব্য করা সম্ভব হয়নি। শীর্ষস্থানীয় ছবি থেকে তৃতীয়টি হ'ল একটি চুরি, 'ক্রপড' ই-বুক NP-21 ফটো ফেসবুক এম এন ডি পি পাবলিক গ্রুপের অপরাধী অমিতা সিংয়ের। এম এন ডি পি প্রশাসক আমাকে অবরুদ্ধ করার কারণে আমার দ্বারা কোনও মন্তব্য করা সম্ভব হয়নি। নীচের ছবিটি একটি চুরি হওয়া, 'ক্রপড' ই-বুক NP-31 ফটো, ফেসবুক এম এন ডি পি পাবলিক গ্রুপের অপরাধী এন জি বন্দ্যোপাধ্যায়ের। এম এন ডি পি প্রশাসক আমাকে অবরুদ্ধ করার কারণে আমার দ্বারা কোনও মন্তব্য করা সম্ভব হয়নি।

ডান কলাম: শীর্ষস্থানীয় ছবিটি একটি চুরি হওয়া, 'ক্রপড' ই-বুক NP-48 ফটো, ফেসবুক এম এন ডি পি পাবলিক গ্রুপের অপরাধী সৌরভ সৌম্য দাসের। এম এন ডি পি প্রশাসক আমাকে অবরুদ্ধ করার কারণে আমার দ্বারা কোনও মন্তব্য করা সম্ভব হয়নি। উপরের ছবি থেকে প্রথমটি হ'ল চুরি করা, 'ক্রপড' ই-বুক NP-20 ছবি ফেসবুক এন জি এস টি ইউ-র পাবলিক গ্রুপের অপরাধী এস এস দাসের। উপরের ছবি থেকে দ্বিতীয়টি হ'ল চুরি করা, 'ক্রপড' ই-বুক NP-48 ফটো ফেসবুক এন জি এস টি ইউ-র পাবলিক গ্রুপের অপরাধী এস এস দাসের। নীচের ছবিটি একটি চুরি হওয়া, 'ক্রপড' ই-বুক NP-31 ফটো, যা ফেসবুক নেতাজি পাবলিক গ্রুপের অপরাধী এস সুমিত দত্তের। বিমান দর্ঘটনায় নেতাজির মৃত্যুর সত্য ঘটনা ক্যালকাশীয়ানদের জানা উচিত। এই অপরাধীরা ই-বুক থেকে জানত তবে কেন তারা অনুজ ধরের নেতৃত্বে ঘাতক গুম্মনামি বাবা হিসাবে নেতাজিকে বদনাম করার উদ্দেশ্যে এই ছবিগুলি চুরি করেছিল?

*"(ভারত সরকার এবং ভারতীয় পুলিশের আইন অনুযায়ী ব্যবস্থা নেওয়া উচিত)"*

## জাপানে নেতাজির আসল ছবি সহ পাবলিক ডোমেইনে পাওয়া নেতাজির দুটি ছবি নিয়ে সমালোচনা ও বিশ্লেষণ

(ইংরেজি পৃষ্ঠাটি ইউ এস এ-র অ্যামাজন দ্বারা যথাক্রমে জুলাই 2018 এবং নভেম্বর 2019-তে 'আপডেটেড' ই-বুক এবং পেপারব্যাক বইয়ে প্রকাশিত হয়েছে) লেখক ডঃ গোরচাঁদ ঘোষের ফেসবুকে পাবলিক পোস্টিং 21 অক্টোবর 2018)



এই নিম্নালিখীত গবেষণা নিবন্ধটি ইমেল দ্বারা রাষ্ট্রপতি এবং প্রধানমন্ত্রীকে 19 অক্টোবর 2018 (বিজোয়া-দশমীর দিন), লাল কেল্লায় নেতাজির অস্থায়ী আজাদ হিন্দ সরকারের (21 অক্টোবর 2018) 75 তম বার্ষিকীর জন্য প্রেরণ করা হয়েছে। এছাড়াও, এটি 21 অক্টোবর 2018-এ প্রকাশের জন্য 7 অক্টোবর 2018 এ হিন্দুস্তান টাইমস, টাইমস অফ ইন্ডিয়া এবং টেলিগ্রাফের সম্পাদকদের কাছে জমা দেওয়া হয়েছে। যেহেতু সংবাদপত্রগুলি থেকে কোনও উত্তর আসেনি, এটি 21 অক্টোবর 2018 এ ফেসবুকে প্রকাশ্যে পোস্ট করা হয়েছে।

"মিশন নেতাজি" ব্যানারে কাজ করা ব্যক্তিরা সহ প্রধানত/ব্যক্তিগণের একটি অংশ আমাদের সর্বশ্রেষ্ঠ নেতা নেতাজীর নাম অপব্যবহার ও অপমান করার চেষ্টা করে চলেছে। এ জন্য তারা জেনে শুনে এবং উদ্দেশ্য নিয়ে এড়িয়ে গেছে যে আমাদের সর্বশ্রেষ্ঠ মুক্তিযোদ্ধা নেতাজি বিমান দুর্ঘটনায় মারা গিয়েছেন-এবং একটি গল্প তৈরি করেছেন যে একজন গুম্মনামী বাবা নেতাজি ছাড়া আর কেউ নন, এবং তারা তাদের বই, বক্তৃতা ইত্যাদির বিক্রয় ও বিশেষ সুবিধার জন্য এটি করছেন। এই উদ্দেশ্যে নেতাজির আসল ছবি এবং তথাকথিত গুম্মনামি বাবাকে যাদের তারা নেতাজি বলে দাবি করেছেন তাদের ছবি তুলনার জন্য পাশাপাশি রাখা হয়েছে।

ডঃ গোরাচাঁদ ঘোষ

1941 সালের 16 জানুয়ারি কলকাতায় তাঁর পৈতৃক বাড়ি থেকে নেতাজির "মহানিষ্ক্রমন" এর পরে, ভারতের কোথাও থেকে দ্বিতীয় বিশ্বযুদ্ধ-এর ঠিক আগে এবং পরে নেতাজির কোনও ছবি পাওয়া যায়নি। ষড়যন্ত্রকারীরা কিছু জাল সাংবাদিকের রিপোর্ট ব্যবহার করে বিশ্বজুড়ে তাদের ষড়যন্ত্র তত্ত্বের প্রয়োজন মেটাতে নেতাজির কিছু ছবি তৈরিতে ব্যস্ত ছিল।

(2001 সালে 'এম এন'-এর    (নেতাজি তাঁর পি এস ও    লাল 'চক্ষুর' কল্পিত
কম্পিউটার মোর্ফড    কোইসোর সাথে 1943    নেতাজী 1966 সালে)
জাল নেতাজি)    সালের 12 মে টোকিওতে)

বাম পাশের ছবিটি ক্রোল-ইন থেকে পাওয়া এবং এটি গুম্নামিস্টরা ব্যবহার করেন। এটি আসল ছবি নয়, তবে এটি 2001 সালে ফটোশপ ব্যবহার করে তৈরি করা হয়েছিল। নেতাজির মাঝের আসল ছবিটি ডক্টর গোরাচাঁদ ঘোষের কাছ থেকে পাওয়া যায় যিনি এটি 1999 সালে জাপানের টোকিওর নেতাজির পি এস-র পুত্র ডঃ হিরোইয়োশি ইয়াজিমার কাছ থেকে পেয়েছিলেন। লাল রঙের চক্ষুরযুক্ত নেতাজির ডান পাশের ছবি ইন্টারনেটে পাওয়া যায়। পুতিনবাদীরা দাবি করেছিলেন, নেতাজি 1966 সালে রাশিয়ান কোণ তত্ত্ব তাশখন্দে প্রাক্তন প্রধানমন্ত্রী, "এল বি শাস্ত্রী" -এর সাথে সাক্ষাত করেছিলেন।

বাম পাশের ছবিটি আমাদের মুক্তিযোদ্ধা নেতাজি সুভাষ চন্দ্র বোসের আগের উপলভ্য ছবির সাহায্যে ফটোশপ সহ কম্পিউটার প্রযুক্তি ব্যবহার করে তৈরি করা হয়েছে। সাদা প্রবহমান দাড়িওয়ালা প্রবীণ ব্যক্তিটি মূলধারার বিভিন্ন গণমাধ্যমে প্রকাশিত হয় এবং দাবি করা হয় যে এটি ১৯৮৫ সালের সেপ্টেম্বর মাসে ফৈজাবাদে মারা যাওয়া সাধু গুম্নামি বাবা, যেহেতু অপরাধী সংস্থা মিশন নেতাজি (এম এন) এর গুম্নামিস্টদের হাতে গুম্নামি বাবার আসল ছবি পাওয়া যায়নি। 'ক্রোল ইন্ডিয়া' "যেমন মুক্ত প্রেসকে সমর্থন করে", দাবি করেছে যে এই ছবিটি ২০০১ সালে সিদ্ধার্থ ঘোষ 'হিন্দুস্তান টাইমস'-এর ওয়েবসাইটে কাজ করছিলেন ও তৈরি করেছিলেন। ঘোষ ক্রোল ইনকে বলেন, "এটি এম এন সংস্থা কর্তৃক চালু করা গুম্নামি বাবার প্যাকেজের অংশ হিসাবে প্রস্তুত করা হয়েছিল।" এম এন তৈরি করেছেন কংগ্রেস সমর্থক অনুজ ধর, নেহেরুর জেনেটিক যা উইকিপিডিয়ায় দাবি করেছেন। তিনি জয়শ্রী প্রকাশনার বিজয় কুমার নাগ এবং কলকাতার

## অজানিত নেতাজি সুভাষ চন্দ্র বোস

নেতাজির নাতি চন্দ্র কুমার বোসের সাথে যুক্ত। এছাড়াও কিছু কংগ্রেস রাজনৈতিক নেতা নেতাজিকে ফৈজাবাদে সাধু গুম্নামি বাবা হিসাবে গড়ে তোলার জন্য 1977 সাল থেকে নেতাজির আত্মাকে অপমান করার নেপথ্যে রয়েছেন।

ডান পাশের ছবিটি ইন্টারনেট থেকে পাওয়া যায় এবং রাশিয়ান এঙ্গেল পুতিনবাদীরা দাবি করেছেন যে তিনি নেতাজি ছিলেন। নেতাজি দ্বিতীয় বিশ্বযুদ্ধের সময় বেঁচে ছিলেন এবং মানচুরিয়ার মধ্য দিয়ে রাশিয়ায় গিয়েছিলেন এবং 1966 সালে ভারতের তৎকালীন প্রধানমন্ত্রী লাল বাহাদুর শাস্ত্রীর সাথে দেখা করেছিলেন। পুতিনবাদীরা দাবি করছেন যে শল্য চিকিৎসার মাধ্যমে তার খুলি পরিবর্তন করার পরে লাল বৃত্তাকার ব্যক্তি নেতাজি ছিলেন। কলকাতার বোস-ব্রাদার্সের একটি দল সহ এই রাশিয়ান এঙ্গেল গ্রুপ দ্বারা নেতাজির আত্মাকে অপমান করার জন্য বহু বুলশিট গল্প নির্মিত হয়েছিল। অন্য কয়েকটি ভারতীয় একটি ভিত্তিহীন দাবি করেছেন যে স্ট্যালিন নেতাজিকে মস্কোয় হত্যা করেছিলেন, তার কোনও প্রমাণ নেই।

নেতাজির মাঝামাঝি ছবিটি হ'ল প্রকৃত ছবি যা 1943 সালের 11 মে টোকিওতে নেতাজির ব্যক্তিগত সচিব মাসাইয়োশি কাকিতসুবোর ক্যামেরায় তোলা হয়েছিল। 1995 সালে, ডঃ ঘোষ তার ছেলের সাথে টোকিওর বাড়িতে তাঁর সাথে দেখা করেছিলেন। তিনি তাকে ১৯৪৫ সালের ১৮ আগস্ট তাইহোকু বিমানবন্দরে বিমান দুর্ঘটনায় নেতাজির মৃত্যুর কথা বলেছিলেন। তিনি বলেছিলেন যে নেতাজির দুটি শত্রু ছিল/আছে: ১) ভারতের কংগ্রেস পার্টি এবং ২) কলকাতায় বোস-ভাইয়েরা। ডঃ ঘোষ সেই সময় দ্বিতীয়টি বুঝতে অক্ষম হন।

গত বছর নেতাজির উপর বইটি লেখার সময় নেতাজির দ্বিতীয় শত্রু যাচাই করা হয়েছিল। মাসাইয়োশি কাকিতসুবো কলকাতার নেতাজী রিসার্চ ব্যুরো (এন আর বি) -এ নেতাজির ৮১তম জন্মবার্ষিকীতে, ১৯৭৭ সালের ২৩ জানুয়ারী নেতাজির মৃত্যুর প্রমাণ সহ একটি নিবন্ধ পেশ করেছিলেন। মজার বিষয় হচ্ছে, অনেক গুরুত্বপূর্ণ ব্যক্তি (প্রধানত কংগ্রেস দলের সদস্যদের, আমার কাছে তালিকা রয়েছে) বৈঠকে উপস্থিত ছিলেন, তবে এন আর বি গত চল্লিশ বছর ধরে মৃত্যুর গোপনীয়তা ভারতের জনগণের কাছে রেখেছিল। কেন তারা সত্য ঘটনা দমন করেছিল? শুধু "নেতাজির রহস্য গায়েবি" নিয়ে গবেষণার নামে জনসাধারণের অর্থ লুটের জন্য! এমনকি, এন আর বি ওয়েবসাইট কাগজের কোনও উল্লেখই করে নি। সম্প্রতি, এই সংস্থাটি নেতাজির আমার প্রকাশিত ছবিগুলি ই-বুক থেকে চুরি করেছে, এবং তাদের ওয়েবসাইটে ক্রপ করার পরে, "নেতাজি রিসার্চ ব্যুরো, কলকাতা" স্ট্যাম্পিংয়ের পরে পুরানো ছবি প্রতিস্থাপন এবং কপিরাইট আইন লঙ্ঘন করেছে। এমন কি, 5 অক্টোবর 2018-তে, জার্মানিতে অবস্থানরত নেতাজির নাতি মিঃ সূর্য কুমার বোস ফেসবুকের মাধ্যমে আমাকে এস এম এস করেছিলেন এবং বলেছিলেন, নেতাজির এই ছবিগুলিতে আপনার কপিরাইট না থাকা উচিত। যে কেউ এই ফটো ব্যবহার করতে পারেন। শুধু আমি বলেছি, "কেন এই ছবিগুলি সর্বশেষ 72 বছরের জন্য পাবলিক ডোমেনে পাওয়া যায় না?" আইন অনুসারে এগুলি আমার কপিরাইটযুক্ত ফটো। এছাড়াও, এই ছবিগুলি কলকাতায় বোস-ভাইদের পৈত্রিক সম্পত্তি নয়। কোনও শিক্ষিত ব্যক্তি বা একজন সাধারণ মানুষ নেতাজির এই তিনটি ছবি দেখতে পাবেন এবং তাৎক্ষণিকভাবে এই সিদ্ধান্তে পৌঁছে যেতে পারেন যে গুম্নামবাদী এবং রাশিয়ান অ্যাঙ্গেল পুতিনবাদী, উভয়ই "নেতাজির সর্বশ্রেষ্ঠ পুণ্যাত্মা" নামকরণের প্রতারণা করেছেন।

ভারত সরকার ও ভারতীয় পুলিশের উচিত তাদের "নেতাজির সর্বশ্রেষ্ঠ ধার্মিক আত্মা" মানহানি এবং আমাদের "সর্বশ্রেষ্ঠ মুক্তিযোদ্ধা নেতাজির" নামে অর্থ লুট করার জন্য তাদের বিরুদ্ধে অভিযোগ আনা। ভারতে অনুজ ধর রচিত নেতাজির বিরুদ্ধে সমস্ত মানহানির বই পুলিশকে বাজেয়াপ্ত করা উচিত। এছাড়াও, "নেতাজি হিসাবে গুম্নাম" অবলম্বনে প্রস্তাবিত সিনেমাটি অবিলম্বে নিষিদ্ধ করা উচিত।

নেতাজির নীতি অনুসরণ করার পরিবর্তে এম এন ২০০১ সাল থেকে আজ অবধি কোনও প্রমাণের প্রমাণ না পেয়ে ফৈজাবাদে তাঁকে গুম্নামী বাবা হিসাবে গড়ে তোলার জন্য অনেক মানহানিকর বই লিখে অনেক ইউ টিউব তৈরি করে তাকে বদনাম করতে নিযুক্ত হয়েছেন। 'মহানিক্রমনের' আগে নেতাজি তাঁর কলকাতার বাড়িতে ব্যবহৃত কিছু নিবন্ধ কেবল বোস-ব্রাদার্সের সহায়তায় কিছু কলকত্তন (বিজয় কুমার নাগ) গুম্নামি বাবার বাসায় পোস্ট/পাঠানো হয়েছিল। আমাদের ভারত মাতার স্বাধীনতার জন্য গান্ধী ও নেহেরুর ন্যূনতম অবদান ছিল।    নেতাজি এবং আই এন এ আমাদের স্বাধীনতা দিয়েছে, যেমন সত্য এবং ঘটনা এখন প্রকাশ করেছে। দ্বিতীয় বিশ্বযুদ্ধে নেতাজির মৃত্যুর স্বচ্ছ তথ্যের ভিত্তিতে ভারতের স্বাধীনতার ইতিহাসটি পুনর্বিবেচনা ও পুনর্লিখন করা উচিত, যেমন তাঁর পি এস, কিছু জাপানি এবং আই এন এ সদস্যদের সাথে নেতাজির ৫০ টি বিরল ছবি ই-বুক এবং হার্ডকভার বইয়ে প্রকাশিত হয়েছিল, "নেতাজির অজানা তথ্য: জাপান এবং দক্ষিণ-পূর্ব এশিয়া," অ্যামাজন দ্বারা অস্ট্রেলিয়া থেকে 19 সেপ্টেম্বর 2017 এ বিশ্বজুড়ে এবং ভারত থেকে মনোরঞ্জন ঘোষ ডিসেম্বরে প্রকাশ করেছিলেন। জয় হিন্দ, বন্দে মাতরম।

নেতাজির স্বপ্ন পূরণ হয় অস্থায়ী আজাদ হিন্দ সরকারের ৭৫ তম বার্ষিকীতে, সিঙ্গাপুরের ক্যাথি ভবনে তাঁর দ্বারা রচনা করা হয়েছিল ২১ অক্টোবর, ১৯৪৩ সালে, নয়া দিল্লির লাল দুর্গে শ্রী রামকৃষ্ণ পরম হংস দেবের অনুসারী শ্রী নরেন্দ্র মোদী দ্বারা। জয় মা দুর্গা; বিশ্বজুড়ে নেতাজির ষড়যন্ত্রকারী-সহ-অপরাধীদের সন্ধানের জন্য আপনি গত বছর অস্ট্রেলিয়া থেকে মহালয়ার দিনে যাত্রা শুরু করেছিলেন। আজ, এই শুভ দিনে আপনি আমাকে ভারতের প্রধান অপরাধীদের তালিকা দিয়েছিলেন।   গোটা বিশ্ব এখন নেতাজির এই অপমানকারীদের দেখছে। নিম্নলিখীত ছয় ফটোগ্রাফিক নিবন্ধ প্রাপ্ত তথ্য প্রমাণের জন্য ব্যবহৃত হয়।

## অনুজ ধর, ভারতীয় লেখক-সহ-অপরাধী ও কপিরাইট লঙ্ঘনকারী নেতাজিকে তাঁর বাবা গুম্নামীর নামে অভিহিত করার জন্য ব্যস্ত

লেখক ডঃ গোরাচাঁদ ঘোষের 21 আগস্ট 2018 এ ফেসবুক পাবলিক পোস্টিং এবং 21 অক্টোবর 2018 এ পুনরায় পোস্ট করা হয়েছে
(আজাদ হিন্দ সরকারের 75 তম বার্ষিকী উপলক্ষে)

অনুজ ধর নির্মিত ২০০১ সালে নয়াদিল্লিতে মিশন নেতাজির কপিরাইট লঙ্ঘনকারীরা হলেন অনুজ ধর, চন্দ্র কুমার বোস, পার্থিব ধর, এস এস দাস এবং বিশাল শর্মা।

বাম কলাম: শীর্ষ ছবিটি তাঁর "ভারতের বৃহত্তম কভার-আপ সুভাষ চন্দ্র বোস" বইয়ের একটি বিজ্ঞাপন। এই লোকটি নিজেকে নেতাজির মতো ভাবতে সাহস পাবে কি করে? মিথ্যাবাদ ও চৌর্যবৃত্তি করে তিনি এই বইগুলি লিখেছিলেন। নীচের ছবিটি একটি চুরি হওয়া এবং 'ক্রপড' NP-2 ই-বুকের ফটো। কম্পিউটারের স্ক্রিন থেকে এই ছবিটি স্ন্যাপ করতে তিনি তার মোবাইল ফোনটি ব্যবহার করেছেন এবং তার ব্যবসায়িক সাইটে পোস্ট করেছেন।

ডান কলাম: উপরের ছবিটি একটি চোরাই এবং 'ক্রপড' NP-26 ই-বুক ফটো। কম্পিউটারের স্ক্রিন থেকে এই ছবিটি স্ন্যাপ করতে তিনি তার মোবাইল ফোনটি ব্যবহার করেছেন এবং তার ব্যবসায়িক সাইটে পোস্ট করেছেন। নীচের ফটোটি একটি চুরি হওয়া এবং 'ক্রপযুক্ত' NP-23 ই-বুকের ফটো। কম্পিউটারের স্ক্রিন থেকে এই ছবিটি স্ন্যাপ করতে তিনি তার মোবাইল ফোনটি ব্যবহার করেছেন এবং তার ব্যবসায়িক সাইটে পোস্ট করেছেন।

কপিরাইট লঙ্ঘনকারীরা হলেন অনুজ ধর, চন্দ্র কুমার বোস, পার্থিব ধর, এস এস দাস, বিশাল শর্মা এবং বন্দনা গারওয়াল; 'মিশন নেতাজি', নয়াদিল্লির একটি এনজিও, 2001 সালে মূল অপরাধী অনুজ ধর তৈরি করেছিলেন। 'মিশন নেতাজি' কোনও 'বৈজ্ঞানিক প্রমাণের একক প্রমাণ' না রেখেই নেতাজিকে গুম্নামী বাবা রূপান্তরিত করে, তাঁর ধারণা ও নীতি অনুসরণ না করে নেতাজীর নামে ভারতীয়দের বোকা বানাতে ব্যস্ত।

*(এই অনুজ ধরের বিরুদ্ধে ভারত সরকার এবং ভারতীয় পুলিশদের অবিলম্বে ব্যবস্থা নেওয়া উচিত)*

**অনুজ ধর নির্মিত ২০০১ সালে নয়াদিল্লিতে মিশন নেতাজির কপিরাইট লঙ্ঘনকারীরা হলেন অনুজ ধর, চন্দ্র কুমার বোস, পার্থিব ধর, এস এস দাস এবং বিশাল শর্মা**

(লেখক ডঃ গোরচাঁদ ঘোষের 6 অক্টোবর 2018 এ ফেসবুক পাবলিক পোস্টিং এবং 21 অক্টোবর 2018 এ পুনরায় পোস্ট করা হয়েছে, আজাদ হিন্দ সরকারের 75তম বার্ষিকীর জন্য)

## ডঃ গোরাচাঁদ ঘোষ

ডঃ গোরাচাঁদ ঘোষ বার্তা সংস্থা ইউটিউবে ২০০৮ সালের ইউটিউবে "চুরি, ' ক্রপড' এবং ই-বুক NP-8, NP-11 এবং NP-48 ফটো" বার্তাটি প্রেরণ করেছেন, 2001 সালে নতুন দিল্লিতে অনুজ ধরের সাথে মিশন নেতাজির স্রষ্টা যিনি অপরাধী বিশাল শর্মা ছিলেন। এই এন জি ও তার নীতি অনুসরণ না করে 2001 সাল থেকে আমাদের মুক্তিযোদ্ধা নেতাজির নামে ব্যবসা করছে। তারা কোনও প্রমাণ ছাড়াই নেতাজির সর্বশ্রেষ্ঠ ধার্মিক আত্মাকে তাদের বাবা হত্যাকারী গুম্নামি হিসাবে গড়ে তোলার জন্য চুরি, মিথ্যাচার এবং কপিরাইট লঙ্ঘনে লিপ্ত রয়েছে। বিদেশের যে কোনও দেশে তাদের জেলে থাকা উচিত ছিল।

"নেতাজির সর্বশ্রেষ্ঠ ধার্মিক আত্মা" রক্ষার জন্য সকল ভারতীয়কে জাগ্রত হওয়া উচিত। নেতাজি এবং "আই এন এ" আমাদের স্বাধীনতা দিয়েছে; সত্য এবং ঘটনা এখন প্রকাশিত হয়েছে। আমাদের স্বাধীনতার জন্য গান্ধী ও নেহেরুর ন্যূনতম অবদান ছিল। ভারতীয় স্বাধীনতার ইতিহাস পুনর্বিবেচনা করা উচিত এবং ষড়যন্ত্র তত্ত্বের ভিত্তিতে নয় স্বচ্ছ তথ্যের উপর ভিত্তি করে আবার লেখা উচিত। জয় হিন্দ, বন্দে মাতরম।

ডঃ গোরাচাঁদ ঘোষ বার্তা সংস্থা ইউ টিউবে ২০০৯ সালের ইউ টিউবে "চুরি, ' ক্রপড' এবং ই-বুক NP-34, এবং NP-37 ফটো" বার্তাটি প্রেরণ করেছেন, 2001 সালে নতুন দিল্লিতে অনুজ ধরের সাথে মিশন নেতাজির স্রষ্টা যিনি অপরাধী বিশাল শর্মা ছিলেন। অপরাধী অনুজ ধর, বিশাল শর্মা এবং অন্যদের বিরুদ্ধে ভারতীয়দের সচেতনতার জন্য পাবলিক পোস্টিং। মিশন নেতাজির এই অপরাধীরা এই ইউ টিউবটি ২০০৯ সালে বৈজ্ঞানিক প্রমাণের একক প্রমাণ ছাড়াই নেতাজিকে গুম্নামী বাবা হিসাবে দেখানোর জন্য তৈরি করেছিলেন। এই এন জি ও "মিশন নেতাজি" নেতাজির আত্মাকে রক্ষার জন্য তাৎক্ষণিকভাবে ভারত সরকার এবং ভারতীয় পুলিশদের নিষিদ্ধ করা উচিত।

২০০৯ সালে, এই ইউ টিউবটি দিল্লি বিশ্ববিদ্যালয়ের স্নাতক দ্বারা তৈরি করা হয়েছে এবং মিশন নেতাজি, বিশাল শর্মা নিযুক্ত হয়েছে। 19 সেপ্টেম্বর 2017-তে "নেতাজির অজানা তথ্য: জাপান এবং দক্ষিণ-পূর্ব এশিয়ার" হিসাবে প্রকাশিত আমার ই-বুকের ফটোগুলি তার পুরানো ছবিগুলির পরিবর্তে তিনি এই ইউ টিউব সম্পাদনা করেছেন।

তিনি আমার এস এম এস-র জবাব দিতে মাথা ঘামান নি। আপনি কি ভাবতে পারেন, আমার যদি প্রযুক্তিগত জ্ঞান না থাকত তবে তারা আমাকে বোকা বানাত? এখন ইউ টিউব কর্তৃপক্ষ 6 অক্টোবর 2018-এ এই অপরাধীর তৈরি ইউ টিউব মুছে ফেলেছে। সমস্ত কপিরাইট লঙ্ঘনকারীদের এখনই সাবধান হওয়া উচিত। আপনার ফেসবুক অ্যাকাউন্ট এখন অবরুদ্ধ করা হবে। জয় হিন্দ।

সমস্ত নেতাজীপ্রেমী এবং অনুগামীদের উড়োজাহাজ দুর্ঘটনার কারণে ১৯৪৫ সালের ১৮ আগস্ট নেতাজির মৃত্যুর সত্যতা এবং সত্যগুলি জানা উচিত।

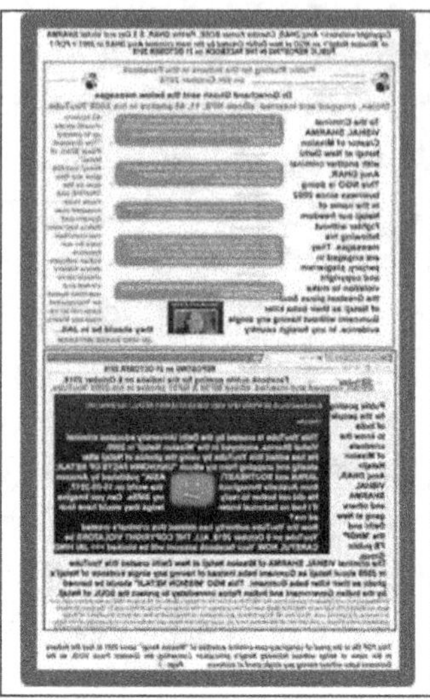

১৯৯৫ সালে, নেতাজির পি এস আমাকে বলেছিলেন যে নেতাজির দু'জন শত্রু ছিল/আছে: 1) ভারতের কংগ্রেস পার্টি এবং 2) কলকাতায় বোস-ব্রাদার্স। এটা এখন প্রমাণিত হয়।

গতকাল, নেতাজির নাতি মিঃ সূর্য কুমার বোস ই-বুকে প্রকাশিত নেতাজির ছবি সম্পর্কে আমাকে বোকা বানানোর চেষ্টা করেছিলেন। আমি তাকে কেবল আমার ই-বুকের সমস্ত NP ফটোগুলি আইন অনুযায়ী আমার কপিরাইটযুক্ত ফটো এবং এগুলি কলকাতার বোস-ব্রাদার্সের পৈত্রিক সম্পত্তি নয় বলেছিলাম। আমি তাকে এই অপরাধী সম্পর্কে জিজ্ঞাসা করেছি, তবে তারা দুজনেই ফেসবুকের বন্ধু হলেও তিনি এড়িয়ে গেছেন। জয় হিন্দ, বন্দে মাতরম।

## আজাদ হিন্দ সরকারের 75 তম বার্ষিকী - এক

(লেখক ডঃ গোরচাঁদ ঘোষের 28 সেপ্টেম্বর 2018 এ ফেসবুক পাবলিক পোস্টিং এবং 21 অক্টোবর 2018 এ পুনরায় পোস্ট করা হয়েছে)

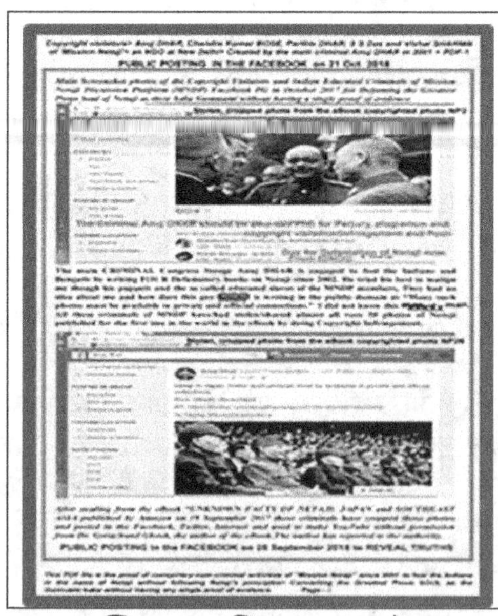

একক প্রমাণ না রেখেই নেতাজির সর্বশ্রেষ্ঠ ধার্মিক আত্মাকে তাদের বাবা গুম্নামী হিসাবে বদনাম করার জন্য মিশন নেতাজি আলোচনা প্ল্যাটফর্ম "এম এন ডি পি", ফেসবুক "পাবলিক গ্রুপ" কপিরাইট লঙ্ঘনকারী এবং ভারতীয় শিক্ষিত অপরাধীদের মুখ্য পর্দার ছবি। মিঃ অনুজ ধর, অপরাধীকে মিথ্যাচার, চুরি ও কপিরাইট লঙ্ঘন/লঙ্ঘনের জন্য পি এইচ ডি ডিগ্রি দেওয়া উচিত এবং এখন আই জি এন ইউ থেকে নেতাজির মানহানির জন্য পোস্ট ডক করা উচিত।

এই প্রধান অপরাধী অনুজ ধর, নেতাজির এক কংগ্রেস স্টোজি জার্নালিস্ট-কাম-গবেষক, ২০০২ সাল থেকে নেতাজির উপর চারটি মানহানির বই লিখে ভারতীয় ও বাঙালিকে বোকা বানাতে ব্যস্ত। তিনি তাঁর পুতুল এবং এম এন ডি পি সদস্যদের তথাকথিত শিক্ষিত দাসদের মাধ্যমে আমাকে হতাশ করার সর্বাত্মক চেষ্টা করেছিলেন। তাদের সম্পর্কে আমার কোনও ধারণা ছিল না এবং সাহস হচ্ছে এই লোকটি পাবলিক ডোমেইনে লিখছে "এই জাতীয় অনেকগুলি ছবি অবশ্যই ব্যক্তিগত এবং অফিসিয়াল সংযোগে উপলব্ধ থাকতে হবে।" আমি এই মানুষটিকে আমার জীবনে চিনি না। এম এন ডি পি-র এই সমস্ত অপরাধীই কপিরাইট লঙ্ঘন করে বিশ্বের প্রথমবারের মতো জাপানে নেতাজির প্রায় বিরল 50 টি ছবি চুরি/ভাগ করে নিয়েছে, যা বিশ্বের প্রথমবারের মতো ই-বুকে প্রকাশিত হয়েছে। মিঃ ধর ই-বুক থেকে NP-2 এবং NP-26 ফটো চুরি করেছিলেন এবং "ক্রপিং" এর পরে, ৭ অক্টোবর 2017 তে সামাজিক যোগাযোগ মাধ্যম ফেসবুকে পোস্ট করেছেন।

এই অপরাধীরা ই-বুক থেকে ছবিগুলি চুরি করেছে, "নেতাজির অজানা তথ্য: জাপান এবং দক্ষিণ-পূর্ব এশিয়ার", ১৯ সেপ্টেম্বর ২০১৭ সালে মার্কিন যুক্তরাষ্ট্রের অ্যামাজন দ্বারা প্রকাশিত এবং "ক্রপিং" এর পরে সামাজিক মিডিয়া ফেসবুক, টুইটার, ও গুগলে পোস্ট করে ইউ.টিউবস তৈরি করেছে। তারা ই-বুকের লেখক ডঃ গোরাচাঁদ ঘোষের কাছ থেকে লিখিত অনুমতি নেওয়ার মাথা ঘামান নি। লেখক কপিরাইট আইন অনুসারে ভারতীয় কর্তৃপক্ষকে রিপোর্ট করেছেন।

## আজাদ হিন্দ সরকারের 75 তম বার্ষিকী - দুই

(লেখক ডঃ গোরচাঁদ ঘোষের 28 সেপ্টেম্বর 2018 এ ফেসবুক পাবলিক পোস্টিং এবং 21 অক্টোবর 2018 এ পুনরায় পোস্ট করা হয়েছে)

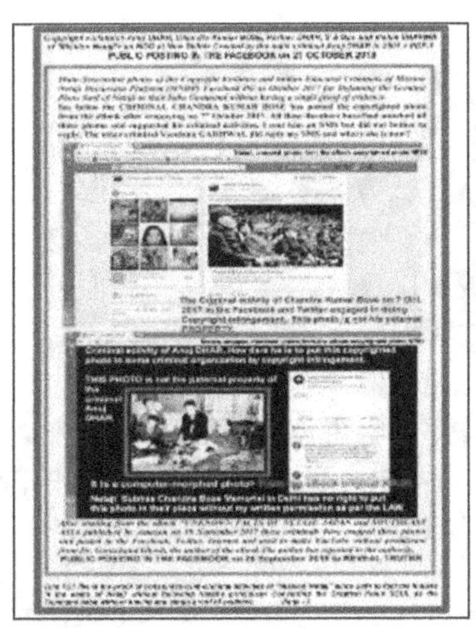

একক প্রমাণ না রেখেই নেতাজির সর্বশ্রেষ্ঠ ধার্মিক আত্মাকে তাদের বাবা গুম্নামী হিসাবে বদনাম করার জন্য মিশন নেতাজি আলোচনা প্ল্যাটফর্ম "এম এন ডি পি", ফেসবুক "পাবলিক গ্রুপ" কপিরাইট লঙ্ঘনকারী এবং ভারতীয় শিক্ষিত অপরাধীদের মুখ্য পর্দার ছবি।

অপরাধী চন্দ্র কুমার বোস ই-বুকের ছবি NP-26 চুরি করেছে এবং "ক্রপিং" করার পরে এটি ৭ অক্টোবর 2017 এ ফেসবুকে পোস্ট করেছে। সমস্ত বোস-ব্রাদার্স এই সমস্ত ফটো দেখেছেন এবং তার অপরাধমূলক ক্রিয়াকলাপকে সমর্থন করেছেন। আমি তাকে একটি এস এম এস পাঠিয়েছি কিন্তু তিনি কোনও

185

উত্তর দেওয়ার জন্য মাথা ঘামান না। তবে অন্য অপরাধী বন্দনা গাঁড়ওয়াল আমার এস এম এসের জবাব দিয়েছিল, কিন্তু এখন সে কোথায়? ফেসবুক এবং টুইটারে ৭ অক্টোবর চন্দ্র কুমার বোসের অপরাধমূলক কার্যকলাপ কপিরাইট লঙ্ঘন করতে ব্যস্ত। এই ছবিটি তার পৈত্রিক সম্পত্তি নয়।

অনুজ ধরের অপরাধমূলক ক্রিয়াকলাপ: কপিরাইট লঙ্ঘন করে এই কপিরাইটযুক্ত ছবিটি কোনও ফৌজদারি সংস্থায় রাখার পক্ষে তিনি কতটা সাহস করেছেন। এই ছবিটি অনুজ ধরের পৈত্রিক ছবি নয়। এটি মূল ই-বুক ফটো NP-21-এর একটি কম্পিউটার মোর্ফড ফটো। দিল্লির নেতাজি সুভাষ চন্দ্র বসু স্মৃতিসৌধের লেখক ডঃ গোরাচাঁদ ঘোষের লিখিত অনুমতি ব্যতীত এই ছবিটি তাদের জায়গায় রাখার কোনও অধিকার নেই।

## 21 অক্টোবর 2018 এ ফেসবুকে সর্বজনীন পোস্টিং

কপিরাইট লঙ্ঘনকারীরা হলেন চন্দ্র কুমার বোস, সিদ্ধার্থ সতভাই, বিশাল শর্মা এবং অভিজিৎ চ্যাটার্জি। উপরোক্ত ভারতীয় অপরাধীরা জাপানে নেতাজির কপিরাইটযুক্ত ই-বুক ছবিগুলি চুরি করেছে। "ক্রপিং" করার পরে অভিজিৎ চ্যাটার্জি ফেসবুক, পাবলিক গ্রুপে পোস্ট করেছেন; পশ্চিমবঙ্গে বিজেপির ভিপি চন্দ্র কুমার বোসের নির্দেশনায় ইউ টিউবও তৈরি করেছিলেন। এই ছবিগুলি সোশ্যাল মিডিয়া থেকে 15 জুলাই 2018-এ পুনরুদ্ধার করা হয়েছে।

বাম কলামে: চন্দ্র কুমার বোসের ফটো, ক্রপড ই-বুকের ফটো NP-2, NP-26 এবং NP-34। পরবর্তী কলামে ক্রপযুক্ত ই-বুক ফটোগুলি হ'ল NP-37, NP-34 এবং NP-41। পরবর্তী কলামে ক্রপযুক্ত ই-বুকের ফটোগুলি হ'ল NP-34, NP-31 এবং ই-বুকের প্রচ্ছদ পৃষ্ঠা। চরম ডান কলামে ক্রপযুক্ত ই-বুকের ছবিগুলি হল NP-48, NP-20 এবং অভিজিৎ চ্যাটার্জির ছবি। আসল কপিরাইটযুক্ত ই-বুক ফটোগুলি সারা বিশ্বে 19 সেপ্টেম্বর 2017-এ অ্যামাজন দ্বারা প্রকাশিত হয়।

ডঃ গোরাচাঁদ ঘোষ

## আজাদ হিন্দ সরকারের 75 তম বার্ষিকী - তিন

(লেখক ডঃ গোরচাঁদ ঘোষের 28 সেপ্টেম্বর 2018 এ ফেসবুক পাবলিক পোস্টিং এবং 21 অক্টোবর 2018 এ পুনরায় পোস্ট করা হয়েছে)

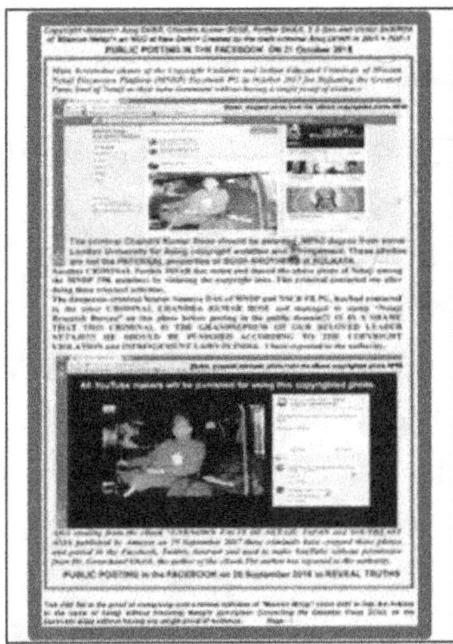

প্রমাণের একক প্রমাণ না রেখেই নেতাজির সর্বশ্রেষ্ঠ ধার্মিক আত্মাকে তাদের বাবা গুম্নামী হিসাবে বদনাম করার জন্য মিশন নেতাজি আলোচনা প্ল্যাটফর্ম "এম এন ডি পি" ফেসবুক পাবলিক গ্রুপের কপিরাইট লঙ্ঘনকারী এবং ভারতীয় শিক্ষিত অপরাধীদের মূল স্ক্রিনশট ফটো।

অপরাধী চন্দ্র কুমার বোসকে কপিরাইট লঙ্ঘন করার জন্য লন্ডনের কয়েকটি বিশ্ববিদ্যালয় থেকে এম ফিল ডিগ্রি দেওয়া উচিত। এই ফটোগুলি কোলকাতার বোস-ব্রাদার্সের পৈত্রিক সম্পত্তি নয়।

অপর অপরাধী পার্থিব ধর কপিরাইট আইন লঙ্ঘন করে এম এন ডি পি 19 হাজার সদস্যের মধ্যে নেতাজির উপরের ছবি NP-44 কে চুরি করে ভাগ করেছেন। ফৌজদারি অপরাধী কাজ করার পরে আমার সাথে যোগাযোগ করেছিল।

এম এন ডি পি-র বিপজ্জনক অপরাধী সৌরভ সৌম্য দাস এবং ফেসবুক পাবলিক গ্রুপ এন এস সি বি অন্যান্য অপরাধী চন্দ্র কুমার বোসের সাথে যোগাযোগ করেছে এবং পাবলিক ডোমেইনে পোস্ট দেওয়ার আগে এই ফটোতে "নেতাজি রিসার্চ ব্যুরো" স্ট্যাম্পস পরিচালিত হয়েছে! লজ্জার বিষয় এই অপরাধী আমাদের প্রিয় নেতা নেতাজির নাতি! ভারতে কপিরাইট লঙ্ঘন এবং লঙ্ঘন আইন অনুযায়ী তাকে শাস্তি দেওয়া উচিত। আমি কর্তৃপক্ষকে জানিয়েছি।

### নেতাজি গবেষণা ব্যুরো, কলকাতায় ইমেল যোগাযোগ

টু: *nrbkolkata@********

মঙ্গল, 26 জুন 2018 রাত 8:36এ

নেতাজি গবেষণা ব্যুরো

কলকাতা

মহাশয়,

যেমনটি আমি জানি, আপনি নেতাজির আমার কপিরাইটযুক্ত ছবি পোস্ট করেছেন (1943 সালে উল্লিখিত, একটি গাড়ি হিরোহিতের সাথে দেখা করতে চলেছে) ১৯-০৯-২০১৭ তারিখে বিশ্বের প্রথমবারের মতো কিন্ডেল-অ্যামাজন দ্বারা

প্রকাশিত ই-বুকটিতে প্রকাশিত হয়েছিল। আমি সর্বদা সোশ্যাল মিডিয়া এবং এমনকি আপনার ওয়েবসাইটে নেতাজির ছবিতে আমার ই-বুক প্রকাশের আগে যাচাই করেছিলাম। আমি যদি আপনার বিরুদ্ধে মামলা করতে চাই বা কর্তৃপক্ষের কাছে রিপোর্ট করি তবে আপনাকে মূল ছবিটি দেখাতে হবে।

আমার কাছে ছাড়া এই ছবিটি কারও কাছে নেই। অনুজ ধর এটি চুরি করে অপরাধী চন্দ্র কুমার বোসকে দিয়েছিলেন।

অতএব, আমি আপনাকে অনুরোধ করছি 2 জুলাই 2018 এর মধ্যে আপনার ওয়েবসাইট থেকে এই ছবিটি মুছুন।

এর পরে আমি ভারতে কপিরাইট লঙ্ঘন আইনের violation-এর উপযুক্ত কর্তৃপক্ষকে অবহিত করব।

ধন্যবাদ
তোমার বিশ্বস্ত
ডঃ গোরচাঁদ ঘোষ

------------------------------------------------------

টু: nrbkolkata@*****

শনি, 3 নভেম্বর 2018 সন্ধ্যা 3:33এ

পরিচালক

নেতাজি গবেষণা ব্যুরো, কলকাতা

মহাশয়,

আমি যেমন লক্ষ্য করেছি যে আপনি এখনও জাপানে আমার নেতাজির কপিরাইটযুক্ত ছবিটি আপনার সাইট থেকে মুছে ফেলেন নি। তবে চন্দ্র কুমার বোস চুরি হওয়া ই-বুক থেকে আমার কপিরাইটযুক্ত ছবি প্রকাশ করার এবং এন আর বি-তে প্রকাশ করার কোনও অধিকার আপনার নেই।

আমি নেতাজির পি এসের পরামর্শ অনুসরণ করছি এবং এই সমস্ত ছবি তাঁর কাছ থেকে পাওয়া গেছে। তিনি আমাকে বললেন বোস-ব্রাদার্স হলেন নেতাজির দ্বিতীয় শত্রু !!! আমার সমস্ত প্রমাণ আছে এবং সারা বিশ্ব জুড়ে ই-বুকে প্রকাশিত আপনার সাইটের ফটো এবং আমার কপিরাইটযুক্ত NP-48 এর সাথে সংযুক্ত রয়েছে।

আমি ইতিমধ্যে পুলিশে খবর দিয়েছি। আমার উকিল ভারতে কপিরাইট লঙ্ঘন আইনের বিরুদ্ধে যথাযথ ব্যবস্থা নেওয়ার আগে আপনাকে আরও বিলম্ব না করে এটিকে মুছে ফেলার জন্য আমি অনুরোধ করছি।

ধন্যবাদ, তোমার বিশ্বস্ত
ডঃ গোরচাঁদ ঘোষ

সংযুক্ত: যেমন বলা হয়েছে

ডঃ গোরাচাঁদ ঘোষ

টু: nrbkolkata@*****

রবি, 17 ফেব্রুয়ারী 2019 সন্ধ্যা 9:27 এ

থেকে: ডঃ গোরাচাঁদ ঘোষ

ইমেল: *****@*****

প্রতি:

পরিচালক, নেতাজি গবেষণা ব্যুরো, কলকাতা

মহাশয়,

যেমনটি আমি লক্ষ্য করেছি যে আপনি এখনও জাপানে নেতাজির আমার কপিরাইটযুক্ত ছবিটি NP-48 মুছে ফেলেন নি আপনার ওয়েবসাইট থেকে বিশ্বের প্রথমবারের মতো 19 সেপ্টেম্বর 2017 এ অ্যামাজন দ্বারা ই-বুকটিতে প্রকাশিত। এন আর বি-র এই জাতীয় কপিরাইট লঙ্ঘনের জন্য আমি প্রধানমন্ত্রী এবং ভারতের অন্যান্য উপযুক্ত কর্তৃপক্ষকে রিপোর্ট করতে যাচ্ছি। নেতাজির ব্যক্তিগত সচিব আমাকে বলেছিল আপনাকে 1977 সাল থেকে কপিরাইট লঙ্ঘন এবং অপরাধমূলক ক্রিয়াকলাপের মূল্য দিতে হবে।

এছাড়াও আমি লক্ষ্য করেছি যে অন্য কোনও অপরাধী রানা চক্রবর্তী কী ভাবে আপনার স্ট্যাম্পযুক্ত ছবির সাথে এই ফটো সংগ্রহ (সংযুক্ত) রাখতে পারেন? এছাড়াও অনেক কপিরাইট লঙ্ঘনকারীরা আপনার সমর্থনের সাহায্যে এই ছবিটি ব্যবহার করছেন এবং নেতাজিকে খুন করার জন্য আপনি প্রধান অপরাধী, হত্যাকারী গুম্‌নামী বাবা বা নেতাজি রাশিয়ার কারাগারে ভূত ছিলেন, যেহেতু স্টালিন নেতাজিকে হত্যা করেছিলেন। আপনার তাৎক্ষণিক পদক্ষেপটি অবিলম্বে আপনার ওয়েবসাইট থেকে আমার কপিরাইটযুক্ত ফটো NP-48 মুছে ফেলার জন্য অনুরোধ করা হয়েছে। এছাড়াও আমি আপনাকে উচ্চ আদালতে মামলা করার পরিকল্পনা করছি যেখানে আপনাকে এই NP-48 এর আসল ছবিটি দেখাতে হবে।

শ্রদ্ধা

আন্তরিকভাবে

ডঃ গোরচাঁদ ঘোষ

**ডঃ গোরাচাঁদ ঘোষ দ্বারা 2021 সালের 23 জানুয়ারী (নেতাজির 125 তম জন্মদিন) ফেসবুক এবং টুইটারে "সুগত বোস সম্পর্কে পাবলিক পোস্টিং"**

Sugata Bose has curated an exhibition in Kolkata to mark the 75th anniversary of the formation of the Azad Hind Government. Netaji Bhavan in Kolkata is hoisting an exhibition of more than 60 black and white photographs to mark the 75th anniversary of Netaji Subhas Chandra Bose announcing the Azad Hind Government.

Prof Bose said that the photographs in the exhibition were painstakingly collected by his father from Japan, Singapore, Malaysia, and Burma [now Myanmar} over 59 years. The photograph where Netaji announces the Provisional Government of Free India at Singapore's Cathay Theatre on October 21, 1943, is among the iconic pictures at the exhibition.

[Dr Ghosh has protested about this news in English in the Facebook as translated in Bengali below]

জয় হিন্দ, বন্দে মাতরম, ফেসবুক "পাবলিক পোস্টিং" ৪ মার্চ 2019

প্রধানমন্ত্রী, মোদী-জি 21 অক্টোবর 2018 এ নতুন দিল্লির "লালকেল্লা"তে আমাদের পতাকা উত্তোলন করে নেতাজির স্বপ্ন পূরণ করেছেন।

একই দিনে কলকাতায়, ব্রিটিশ শিক্ষিত-কপিরাইট লঙ্ঘনকারী, হার্ভার্ড বিশ্ববিদ্যালয়ের প্রফেসর সুগত বোস, একজন অপরাধী-সহ-রাজনৈতিক নেতা (টি এম সি) ভারতীয়দের, বিশেষত বাঙালির কাছে কিছু চুরি, "ক্রপড" এবং সম্পাদিত জাপানে নেতাজির ছবি দেখিয়ে বোকা বানানোর কাজে নিযুক্ত ছিলেন। এই ছবিগুলি ১৯ সেপ্টেম্বর ২০১৭-এ বিশ্বে প্রথমবারের মতো অ্যামাজন দ্বারা ই-বুকে প্রকাশিত হয়েছিল।

নেহেরুর মাধ্যমে গবেষণার নামে জনসাধারণের অর্থ লুট করার জন্য ১৯৫৭ সালে তাঁর বাবা নির্মিত নেতাজি গবেষণা ব্যুরোতে তিনি এই ছবিগুলি দেখিয়েছিলেন। এই ফটোগুলির বেশিরভাগই তাঁর পৈত্রিক সংগৃহীত ফটো নয়। এগুলি ডঃ গোরাচাঁদ ঘোষের ই-বুকে প্রকাশিত কপিরাইটযুক্ত ছবি। কংগ্রেস এবং কলকাতার বোস-ব্রাদার্স জনগণের অর্থ লুটের জন্য ১৯৪৫ সালের ১৮ আগস্ট তার আসল মৃত্যু জানার পরে "নেতাজির গায়েবি রহস্য" ভিত্তিতে নেতাজির আত্মাকে অপমান করতে জড়িত। সুগত বোস এবং এস এস সিংয়ের বিরুদ্ধে কপিরাইট লঙ্ঘনের জন্য ই-এফ. আই আর জারি করার জন্য আমি 4 মার্চ, 2019 পুলিশ কমিশনার, কলকাতাকে জানিয়েছি।

"সমস্ত ভারতীয়দের এই অপরাধী সুগত বোসকে জানা উচিত"

ডঃ গোরাচাঁদ ঘোষর 2021 সালের 23 জানুয়ারী (নেতাজির 125 তম জন্মদিন) ফেসবুক এবং টুইটারে "প্রণব মুখোপাধ্যায় সম্পর্কে পাবলিক পোস্টিং"

বিশ্বজুড়ে নেতাজি সম্পর্কে সচেতনতার জন্য ফেসবুকে 3 মার্চ 2019 তে "পাবলিক পোস্টিং" জয় হিন্দ। পাশের ছবিটি ২৩ নভেম্বর ২০১৯-তে অ্যামাজন পেপারব্যাক বইয়ে প্রকাশিত হয়েছে কারণ

"নেতাজির আত্মাকে প্রণব মুখার্জি গুমনামি বাবা হিসাবে অপমান করেছেন" মুদ্রিত পৃষ্ঠা-১৪২।

মাসাইয়োশি কাকিতসুবো ছিলেন টোকিও এবং কেমব্রিজ বিশ্ববিদ্যালয়ের স্নাতক। ১৯৩৬-৩৭ সময়কালে তিনি কলকাতায় কনসুলেট জেনারেলের একজন উপ-উপদেষ্টা ছিলেন। তিনি ১৯৪৩ সালের ১১ মে থেকে একজন লিয়াজোন অফিসার-কাম-দোভাষী ছিলেন এবং ১৯৪৪ সালের নভেম্বর থেকে ১৮ আগস্ট ১৯৪৫ (নেতাজির মৃত্যু) পর্যন্ত নেতাজির ব্যক্তিগত সচিব ছিলেন।

১৯৯৫ সালে তিনি পদার্থবিদ-লেখক-গবেষক ড: গোরচাঁদ ঘোষকে "নেতাজির দু'শত্রু ছিল/আছে" সম্পর্কে বলেছিলেন। মূল শত্রু ভারতের কংগ্রেস পার্টি এবং কলকাতায় বোস-ব্রাদার্স ছিল/আছে। এটা সত্য এবং ঘটানা। কংগ্রেস দল কীভাবে প্রমাণ ছাড়াই কংগ্রেসের 'লাঠি' অনুজ ধরের মাধ্যমে নেতাজিকে গুমনামি বাবা বলে মানহানি/দাবি করতে ব্যস্ত ছিল? এই দুটি ফটো গুগল অনুসন্ধান ইঞ্জিন দ্বারা সোশ্যাল মিডিয়া থেকে পুনরুদ্ধার করা হয়েছে। মাননীয় অতীতের রাষ্ট্রপতি প্রণব বাবুকে অবশ্যই এই পোস্টিংগুলির সত্যতা এবং সত্য বলতে হবে। "তিনি সম্প্রতি মারা গেছেন।"

আমি জানি গুমনামি বাবার কোনও ছবি নেই/ছিল না। এটি একটি কম্পিউটার মোর্ফড ফটো ছিল যা নয়াদিল্লিতে মিশন নেতাজির অনুজ ধরের আদেশে তৈরি হয়েছিল। "প্রণব মুখার্জি কি গুমনামি বাবার সাথে দেখা করেছেন?" ফৈজাবাদের শ্রী রবীন্দ্র শুক্লা অবাক করে দিয়েছিলেন যে ১৯৭০ এর দশকের শেষের দিকে (বা ১৯৮০ এর দশকের গোড়ার দিকে) প্রণব মুখোপাধ্যায় ভগবানজির (গুমনামি বাবার) সাথে দেখা করতে অযোধ্যা সফর করেছিলেন। শুক্লা-জী চন্দ্রচূড় ঘোষ এবং অনুজ ধরকে তাঁর অভিজ্ঞতার কথা জানিয়েছেন। চন্দ্রচূড় ঘোষ তার ইউটিউবে (১ সেপ্টেম্বর,২০২০) দাবি করেছেন।

লিঙ্ক >> **https://www.youtube.com/watch?v=QsyKpxUF9aw**

## 10 নভেম্বর 2018, কপিরাইটের মালিক ডঃ গোরাচাঁদ ঘোষের ফেসবুক পাবলিক পোস্ট ভারতীয় জনগণের জ্ঞানের জন্য

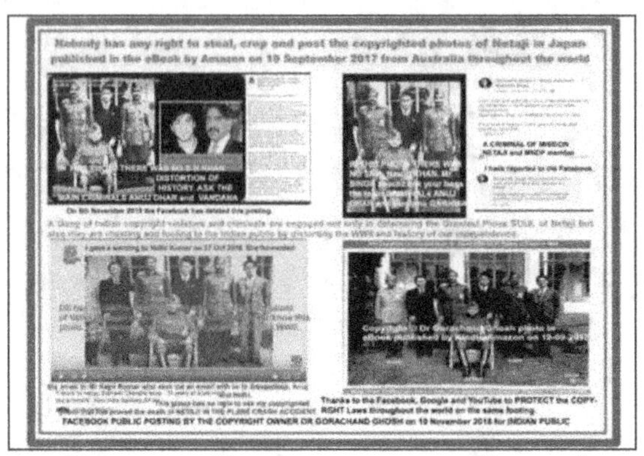

বিশ্বজুড়ে অস্ট্রেলিয়া থেকে 19 সেপ্টেম্বর 2017-তে আমেরিকার আমাজন কর্তৃক ই-বুক-এ প্রকাশিত জাপানে নেতাজির কোনও কপিরাইটযুক্ত ছবি চুরি, ক্রপ ও পোস্ট করার কোনও অধিকার নেই।

ভারতীয় কপিরাইট লঙ্ঘনকারী এবং অপরাধীদের একটি দল কেবল নেতাজীর সর্বশ্রেষ্ঠ ধর্মপ্রাণ ব্যক্তিকেই অপমান করতে ব্যস্ত, তারা আমাদের দ্বিতীয় বিশ্বযুদ্ধের স্বাধীনতার ইতিহাস বিকৃত করে ভারতীয় জনগণকে প্রতারণা ও বোকা বানাচ্ছে।

বাম কলাম: শাহ নওয়াজ খান (শাহরুখ খানের সম্পর্ক) নেতাজির পিছনে দাঁড়িয়ে থাকায় শীর্ষস্থানীয় ছবিটি একটি বিকৃত ছবি করার চেষ্টা করেছিল। তাদের উচিত প্রধান অপরাধী অনুজ ধর এবং বন্দনা গড়ওয়ালকে জিজ্ঞাসা করা। তবে আমি বলেছিলাম, এই ফটোতে কোনও এস এন খান নেই। 4 নভেম্বর 2018-এ, ফেসবুক কর্তৃপক্ষ আমার প্রতিবেদনের রক্ষার জন্য ফেসবুক, গুগল এবং ইউটিউব কর্তৃপক্ষকে ধন্যবাদ। পরে এই পোস্টিংটি মুছে ফেলেছে।

বাম কলাম: নীচের ছবিটি দিল্লি দুর দর্শন "ডি.ডি" দ্বারা চুরি করা এবং ক্রপযুক্ত ছবি এবং কোহিমার লড়াইয়ের কথা উল্লেখ করে দ্বিতীয় বিশ্বযুদ্ধের ইতিহাসকে বিকৃত করেছে। আমি 27 অক্টোবর 2018-এ "ডি ডি"র নিধি কুমারকে ই-মেলের মাধ্যমে একটি সতর্কতা দিয়েছিলাম। তিনি ই-মেলটিকে অপরাধী কপিল কুমারের কাছে পাঠিয়েছিলেন, যিনি দ্বিতীয় বিশ্বযুদ্ধের ইতিহাস বিকৃত করতে এবং অনুজ ধরের মাধ্যমে নেতাজিকে গুম্নামী বাবা হিসাবে গড়ে তোলার জন্য নিযুক্ত আছেন। তারপরে মিঃ কপিল কুমার আমাকে একটি ই-মেল পাঠিয়েছিলেন, সি সি গঙ্গাদীপ, অনুজ এবং নিধিকে। এই গোষ্ঠীর আমার কপিরাইটযুক্ত ছবি ব্যবহার করার অধিকার নেই যা বিমান দুর্ঘটনায় নেতাজির মৃত্যু প্রমাণ করেছে।

ডান কলাম: উপরের ছবিটি অভিসেক সিংহের একটি চুরি করা এবং ক্রপযুক্ত ই-বুক ছবি। তিনি মিশন নেতাজি এবং এম এন ডি পি, ফেসবুক পাবলিক গ্রপের সদস্য নিযুক্ত আছেন। তিনি আরও দাবি করেছিলেন যে সেখানে শাহ নওয়াজ খান ছিলেন। কেন তিনি অন্য প্রধান অপরাধী অনুজ ধর এবং বন্দনা গড়ওয়ালকে জিজ্ঞাসা করলেন না। আমি ফেসবুক কর্তৃপক্ষকে জানিয়েছি। ডান কলাম: নীচের ছবিটি হ'ল 19 সেপ্টেম্বর 2017 এ অ্যামাজন দ্বারা ই-বুকটিতে প্রকাশিত মূল NP-29 ফটো।

*একই পদক্ষেপে বিশ্বজুড়ে একই কপিরাইট আইন*

# ডঃ গোরাচাঁদ ঘোষ

## 10 ই জুলাই 2019 ইন্ডিয়ান ন্যাশনাল আর্মি ফেসবুক পাবলিক গ্রুপে পোস্টিং

### (গোরচাঁদ ঘোষের 11 জুলাই 2019 এ ফেসবুকের সর্বজনীন পোস্টিং)

অধ্যাপক কপিল কুমার মন্তব্য করেছেন:

মন্তব্য প্রথম: ঘোষ গোরাচাঁদ, আপনার ই-বুক নকল এবং আপনি এক জালিয়াত।

মন্তব্য দ্বিতীয়: ঘোষ গোরাচাঁদ, না তাইহোকু বিমান দুর্ঘটনা এবং নেতাজি কখনও মারা যায়নি।

### ডঃ গোরচাঁদ ঘোষের উপরের মন্তব্যের জবাব:

প্রথম মন্তব্যের জবাব: জনাব কপিল কুমার, জালিয়াতি হিসাবে আমাকে বদনাম করার কোনও অধিকার পৃথিবীর কারও নেই। আপনি ভারতের বুলশিট ঐতিহাসিক, মীরাট বিশ্ববিদ্যালয় থেকে স্নাতক। আপনি কংগ্রেসের একজন সমর্থক ছিলেন এবং পূর্ববর্তী উপাচার্য প্রফেসর এইচ পি দীক্ষিতের মাধ্যমে এই পদটি পেয়েছিলেন। এখন আপনি বিজেপির জাহাজে যোগ দিয়েছেন এবং নয়া দিল্লির লাল কেল্লায় নেতাজি যাদুঘরের বিশেষজ্ঞ হিসাবে নেতাজি এবং আই এন এ-তে সমস্ত ধরণের হেরফের, মনগড়া এবং বিকৃতি করছেন। এত সাহস করলে কি করে? ই-বুকে প্রকাশিত নেতাজির আমার কপিরাইটযুক্ত ছবি সম্পর্কিত আমাকে ইমেল পাঠানোর অপরাধী। আপনি ষড়যন্ত্র ও কারচুপির মাধ্যমে ভারতে এবং মিত্রশক্তির কিছু সাংবাদিকের কাছ থেকে কিছু বানোয়াট ও বিকৃত সংবাদ প্রতিবেদন ব্যবহার করে দ্বিতীয় বিশ্বযুদ্ধের ইতিহাস বিকৃত করতে নিযুক্ত হয়েছেন। আপনি এবং "ইগনু (IGNOU)" থেকে আপনার ছাত্ররা নেতাজির কপিরাইট লঙ্ঘন, চুরি, 'অন্যান্য' কপিরাইটেড সম্পত্তির 'ক্রপিং' করতে ব্যস্ত। আপনি বহু বছর ধরে বিশ্বযুদ্ধের ইতিহাস এবং নেতাজির মৃত্যু বিকৃত করে চলেছেন।

On 10 th July 2019 in the Indian National Army Facebook Public Group

Comment 1st> Ghosh Gorachand! Your eBook is useless and you are a FRAUD.

Comment 2nd> Ghosh Gorachand! No Taihoku plane crash and Netaji never died.

Reply on 1st comment> Nobody in the world has any right to defame me as a FRAUD, Mr Kapil Kumar!!! You are a bullshit historian from India, passed from the Meerut University. You were a CONGRESS stooge and got this position through the previous VC Prof H P Dikshit. Now you have joined the ship of BJP and doing all sorts of manipulation, fabrication and distortions on Netaji and INA as an in-charge of Netaji Museum at the Red Fort in New Delhi. How dare are you, the criminal to send me an email regarding my copyrighted photos on Netaji published in this eBook?

YOU ARE/WERE ENGAGED IN DISTORTING THE HISTORY OF WWII by conspiracy and manipulation using some fabricated/distorted news reports in India and from some Allied power's journalists. YOU and YOUR students from the IGNOU are/were engaged to do copyright violation, stealing/cropping some other intellectual properties on Netaji and used to distort the history of WWII and on Netaji's death.

In my eBook and hardcover book there are the proof of Netaji's death. Our PM and Ajit Doval read the eBook and praised me. As a Physicist, I never say any lie in my life and based on evidence I am a single author of the Reference book in Physics published by the Academic Press of USA in 1997 from the Electrotechnical Laboratory, Japanese Govt. My Japanese Prof is a saint/pious man in my life. When I was writing that handbook, my Professor came to my desk and showed me the album containing all the rare photos of Netaji in Japan with his father Masayoshi Kakitsubo.

THE TRUTH ALWAYS PREVAILS >> MR KUMAR PhD FROM THE MEERUT UNI. CAN YOU TELL ME THE WHEREABOUTS OF OUR REAL HISTORIAN DR K K GHOSH who wrote the BOOK >> THE INDIAN NATIONAL ARMY: SECOND FRONT OF THE INDIAN INDEPENDENCE MOVEMENT published in 1969 from Meerut? He also did PhD under the true Indian Historian Prof Ramesh Chandra Mazumdar. I read this book but he is nowhere now after writing this book. May be he was killed by the Congress Party, just like Shyama Prasad Mukherjee!!!

REPLY on 2nd comment >> Prof Kumar has been leading a gang of his students from the Delhi University and IGNOU. They are/were engaged to defame Netaji as Gumnami baba without having a single proof of evidence since 2001. As a proof, I have attached two photos about copyright violation by Vishal Sharma and Anuj DHAR since 2017.

INTERESTINGLY, after one hour I can not find that Facebook public group and my postings at all.

GOD KNOWS and PLEASE SAVE THE PIOUS SOUL OF NETAJI in INDIA> JAI HIND.

FACEBOOK PUBLIC POSTING on 11 JULY 2019

আমার ই-বুক এবং হার্ডকভার বইয়ে নেতাজির মৃত্যুর প্রমাণ রয়েছে। আমাদের প্রধানমন্ত্রী এবং অজিত ডোভাল ই-বুকটি পড়ে আমার প্রশংসা করেছেন। একজন পদার্থবিজ্ঞানী হিসাবে আমি কখনই আমার জীবনে কোন মিথ্যা বলি না এবং আমার প্রমাণের ভিত্তিতে আমি পদার্থবিজ্ঞানের রেফারেন্স বইয়ের একক লেখক, ১৯৯৭ সালে মার্কিন যুক্তরাষ্ট্রের একাডেমিক প্রেস, ইলেক্ট্রোটেকনিক্যাল ল্যাবরেটরি (জাপানিজ সরকার) থেকে প্রকাশিত।

আমার জাপানি অধ্যাপক আমার জীবনে একজন সাধু ও ধার্মিক ব্যক্তি। আমি যখন সেই হ্যান্ডবুক টি লিখছিলাম, তখন আমার জাপানী অধ্যাপক আমার ডেস্কে এসেছিলেন এবং আমাকে তাঁর বাবা মাসাইয়োশি কাকিতসুবুর সাথে জাপানে নেতাজির সমস্ত বিরল ছবি সম্বলিত একটি অ্যালবাম দেখিয়েছিলেন।

সত্য সর্বদা বিরাজ করে>>মিঃ কুমার, মীরাট বিশ্ববিদ্যালয় থেকে পি এইচ ডি, আপনি কি আমাদের সত্য ইতিহাসবিদ ডঃ কে কে ঘোষের সন্ধানের কথা বলতে পারেন, যিনি ১৯৬৯ সালে মীরাট থেকে প্রকাশিত "ভারতীয় জাতীয় সেনাবাহিনী: ভারতের স্বাধীনতা আন্দোলনের দ্বিতীয় সম্মুখ" বইটি [37] লিখেছিলেন? তিনি সত্যিকারের ভারতীয় ইতিহাসবিদ অধ্যাপক রমেশ চন্দ্র মজুমদারের অধীনে পি এইচ ডি করেছিলেন। আমি এই বইটি পড়েছি কিন্তু এই বইটি লেখার পরে তিনি এখন আর নেই। আমি কী ভাবতে পারি, কংগ্রেস পার্টি তাকে হত্যা করেছিল ঠিক শ্যামা প্রসাদ মুখোপাধ্যায়ের মতোই!!!

দ্বিতীয় মন্তব্যের জবাব: অধ্যাপক কুমার দিল্লি বিশ্ববিদ্যালয় এবং ইগনু (IGNOU) থেকে তাঁর ছাত্রদের একটি দলকে নেতৃত্ব দিচ্ছেন। তারা ২০০১ সালের পর থেকে বৈজ্ঞানিক প্রমাণের একক প্রমাণ না পেয়ে নেতাজিকে গুম্নামি বাবা হিসাবে বদনাম করতে ব্যস্ত। প্রমাণ হিসাবে, আমি ২০১৭ সাল থেকে অনুজ ধর এবং বিশাল শর্মার কপিরাইট লঙ্ঘন সম্পর্কে দুটি ছবি সংযুক্ত করেছি।

মজার বিষয় হল, এক ঘন্টা পরে আমি সেই ফেসবুক পাবলিক গ্রুপ এবং আমার পোস্টিং মোটেও খুঁজে পাচ্ছি না।

ঈশ্বর জানেন এবং দয়া করে ভারতে নেতাজির পবিত্রতম আত্মাকে বাঁচান। জয় হিন্দ।

## নেতাজির আত্মাকে রক্ষার জন্য ভারতীয় কতৃপক্ষকে গুরুত্বপূর্ণ চিঠি: মূল চিঠিটি ছিল ইংরেজিতে

গোপনতম

থেকে:
ডঃ গোরচাঁদ ঘোষ (ওসিআই)
*** অ্যাবিংডন স্ট্রিট
উললুঙ্গাব্বা, ব্রিসবেন
কিউএলডি -4102, অস্ট্রেলিয়া
ইমেল: *****
তারিখ: 28 আগস্ট 2018
প্রতি:
শ্রী রাম নাথ কোবিন্দ
ভারতের রাষ্ট্রপতি
রাষ্ট্রপতি ভবন, নয়াদিল্লি, ভারত
ইমেল: *****

ডঃ গোরাচাঁদ ঘোষ

শ্রী নরেন্দ্র মোদী
ভারতের প্রধানমন্ত্রী
পি এম ও, নয়াদিল্লি, ভারত
ইমেল: *****
        এবং
শ্রী অজিত কে দোভাল
জাতীয় সুরক্ষা উপদেষ্টা
ভারত সরকার (পি এম ও-র মাধ্যমে)
নিউ দিল্লি, ভারত

*"নতুন দিল্লিতে মিশন নেতাজির অনুজ ধরকে একটি এফ আই আর এবং তাৎক্ষণিক অ-জামিনযোগ্য পরোয়ানা জারির অনুরোধ। ২০০২ সাল থেকে কোনও প্রমাণ ছাড়াই নেতাজির নামে তিনি নেতাজির সর্বাধিক ধার্মিক আত্মাকে হত্যাকারী গুম্নামি বাবা বলে বদনাম করে ব্যবসা করছেন। গণতন্ত্রের কোনও কংগ্রেস সমর্থক নেতাজিকে বদনাম করার অধিকার নেই, এখন আর এস এস-র সদস্য অনুজ ধর"*

**মাননীয় রাষ্ট্রপতি কোবিন্দ-জি, প্রধানমন্ত্রী মোদী-জি এবং শ্রদ্ধেয় দোভাল-জি,**

যথাযোগ্য সম্মানের সাথে, আমি আপনাদের জানাতে চাই যে আমি 66 বৎসর বয়সী একজন সত্যনিষ্ঠ এবং কঠোর পরিশ্রমী ব্যক্তি। 1992 সালে অস্ট্রেলিয়ায় পাড়ি জমানোর আগে আমি এলাহাবাদ ও জব্বলপুরে থাকতাম। আমি আমার কেরিয়ারে পদার্থবিজ্ঞানের কয়েকটি বই প্রকাশ করেছি। এছাড়াও, নেতাজি সুভাষ চন্দ্র বসুর ভারতের স্বাধীনতা ও জন্মশতবার্ষিকী উদযাপনের প্রাক্কালে আমি "দুর্নীতি! দুর্নীতি!! দুর্নীতি!!!" শীর্ষক একটি ভারতের দুর্নীতি নিবন্ধ লিখেছিলাম। 1997 সালে যখন আমি জাপানে ছিলাম তখন। এই নিবন্ধটি তৎকালীন প্রধানমন্ত্রী এবং ভারতের রাষ্ট্রপতিকে পোস্ট করা হয়েছিল। রাষ্ট্রপতি তার সদয় অনুভূতির জন্য আমার প্রশংসা করেছিলেন এবং তিনি আমাকে ১৭ মার্চ, ১৯৯৮ শুভেচ্ছা জানিয়েছিলেন।

সম্প্রতি, আমি "অজানা নেতাজির ঘটনাগুলি: জাপান এবং দক্ষিণ-পূর্ব এশিয়া" শিরোনামে একটি ই-বুক প্রকাশ করেছি, ১৯/০৯/২০১৭ অস্ট্রেলিয়া থেকে বিশ্বজুড়ে কিন্ডেল-অ্যামাজন দ্বারা, নেতাজির ব্যক্তিগত সচিব, প্রয়াত মাসাইয়োশি কাকিৎসুবোর (একজন জাপানী) পরামর্শ ও নির্দেশনা মেনে, যিনি দ্বিতীয় বিশ্বযুদ্ধের পরে বহু দেশে যথা অস্ট্রেলিয়া, সুইজারল্যান্ড-এ রাষ্ট্রদূত ছিলেন, এবং নিউ ইয়র্কে জাতিসংঘে বিদেশ মন্ত্রকের অধীনে জাপান সরকারের উপমন্ত্রী হিসাবে অবসর নিয়েছিলেন। একই হার্ডকভার বইটি ভারত থেকে ডিসেম্বর 2017 এ প্রকাশিত হয়েছিল। হার্ডকভার বইয়ের ফটো এখানে সংযুক্তি হিসাবে দেখানো হয়েছে। ১৯৯৫ সালে, যখন আমি তাঁর সাথে প্রথমবার দেখা হয়েছিল, তিনি বলেছিলেন যে ১৯৪৫ সালের ১৮ আগস্ট বিমানের দুর্ঘটনায় নেতাজি মারা গিয়েছিলেন। তিনি এবং তাঁর পুত্র ডঃ হিরোইয়োশি ইয়াজিমা আমাকে বলেছিলেন যে যখন ভারতের কেন্দ্রে কোনও কংগ্রেস সরকার থাকবে না তখন নেতাজির উপর একটি বই লিখতে হবে। ডঃ ইয়াজিমা আমার জাপানী অধ্যাপক ছিলেন এবং আমি ১৯৯৩ সালের এপ্রিল থেকে মে ১৯৯৯ পর্যন্ত জাপান সরকারের "এস টি এ এবং নেডো (NEDO) ফেলো" হিসাবে তাঁর অধীনে কাজ করেছিলাম।

আমি কখনই শুনিনি যে 'নেতাজি গুমনামি বাবা ছিলেন' ৮ই অক্টোবর ২০১৭ অবধি, যখন অনুজ ধর আমার কপিরাইটযুক্ত নেতাজির দুটি ছবি ই-বুক থেকে চুরি করে আমার জ্ঞান ও অনুমতি ছাড়াই পাবলিক ডোমেইনে (ফেসবুক/টুইটার) পোস্ট করেছিলেন। আমি এই ঘটনাটি 10 অক্টোবর 2017 সালে পি এম ও-কে জানিয়েছিলাম। এখন, মিশন নেতাজি নামে একটি অপরাধী সংস্থা ভারতে কপিরাইট আইন লঙ্ঘনে লিপ্ত রয়েছে।

অধিকন্তু, এই 'এন জি ও' সংগঠন, 'মিশন নেতাজি', ধরের দ্বারা নির্মিত, আমাদের প্রকৃত মুক্তিযোদ্ধা নেতাজির সর্বশ্রেষ্ঠ ধর্মপ্রাণ আত্মাকে নেতাজির ছবি ষড়যন্ত্র করে এবং ক্রপ করে, দু'দিকের গালে দাড়ি রেখে, 'গুমনামি বাবা' হিসাবে বদনাম করে চলেছে এবং ভারতীয়দের বোকা বানানোর জন্য নেতাজির ফটো ফটোশপ ব্যবহার করে এবং কোনও প্রমাণ ছাড়াই 'নেতাজিকে গুম্নামী বাবা বলে' চারটি বই লিখে, যেহেতু গুম্নামী বাবার কোনও ফটো ছিল না। এছাড়াও ধর অনেক ইউ টিউব তৈরি করেছেন, একটি সিনেমা, একটি মুভি প্রক্রিয়াধীন (বাংলা ভাষায়)। তিনি ভারতজুড়ে বক্তৃতা দিচ্ছেন কেবল নেতাজিকে হত্যাকারী গুমনামি বাবা বলে অপমান করার জন্য। তিনি সাংবাদিকতায় মাস্টার্স করেছেন এবং আমি যেমন গত বছরের অক্টোবর থেকে গবেষণা করেছি, একজন গবেষক-কাম-সাংবাদিক হিসাবে তাকে ফটোশপ ব্যবহার করে "মিথ্যাচার, চৌর্যবৃত্তি, কপিরাইট লঙ্ঘন এবং খবরের হেরফের" শীর্ষক পি এইচ ডি দেওয়া উচিত। এছাড়াও, জনগণের অর্থ লুট করার জন্য মিশন নেতাজির (এনজিও) পরিচালক হিসাবে "নেতাজির স্ত্রী ও কন্যার প্রতি গুম্নামী বাবা হিসাবে নেতাজির অপমান' ও অপমানের বিষয়ে পোস্ট-ডক প্রদান করা উচিত।"

এই অপরাধীদের প্রতিবাদ করার সাহস কারও ছিল না। আমি তাদের এবং এই সংগঠনটি অক্টোবর 2017 সালে আমার ই-বুক প্রকাশের ঠিক পরে জানতে পেরেছি।

মজার বিষয় হল তিনি এই সপ্তাহে আই আই টি কেজিপিতে একটি বক্তৃতা দিয়েছিলেন এবং আমি এই ভিডিওটি দেখে অবাক হয়েছি। কিছু আই বি ও নিউজ পেপারের রিপোর্টের মিথ্যাচার, চৌর্যবৃত্তি এবং কারসাজি করে নেতাজিকে অপমান করার জন্য তিনি সব 'বুলশিট' ধারণা ব্যবহার করেছিলেন। "তিনি শিক্ষাবিদ ও শিক্ষার্থীদের বোকা বানিয়েছিলেন! আমি বুঝতে পারছি না।" প্রাকৃতিক আইন, রীতিনীতি এবং সমাজে শান্তি বজায় রাখার জন্য প্রথমে তাকে আদালতে প্রমাণ করতে হবে যে নেতাজি ছিলেন গুম্নামী বাবা। আমাদের মুক্তিযোদ্ধা নেতাজির সর্বশ্রেষ্ঠ ব্যক্তিত্বকে অপমান করার জন্য যে কোনও উন্নত দেশে তাঁর অনেক বছর আগে কারাগারে থাকার কথা ছিল। যেহেতু তিনি কংগ্রেসের 'কট্টর সমর্থক' এবং নেহেরুর জেনেটিক ছিলেন (যেমনটি তিনি উইকিপিডিয়াতে আগে দাবি করেছিলেন, এখন তিনি এটিকে সরিয়ে দিয়েছেন) ইউ পি এ সরকারের

আমলে তাঁর কোনও সমস্যা ছিল না। এখন তিনি নিজের ব্যবসা চালিয়ে যেতে আর এস এস ব্যান্ডে যোগ দিয়েছেন। এছাড়াও আমার বন্ধুরা আমাকে জানিয়েছে যে তিনি বাঙালি নন, 'মোনা পাঞ্জাবি'। কেবল নেতাজি এবং আই এন এ-র কারণে, ভারত স্বাধীনতা পেয়েছিল, সত্য ও ঘটনাগুলি এখন প্রকাশ করেছে।

এখন, আমি আপনাকে অনুরোধ করছি, অনুজ ধরের বিরুদ্ধে তাৎক্ষণিকভাবে উপযুক্ত ব্যবস্থা গ্রহণের জন্য যাতে 1) কোনও প্রমাণ ছাড়াই নেতাজিকে গুম্নামী বাবা হিসাবে বদনাম করার জন্য কোনও জামিন না দিয়ে তাকে গ্রেপ্তার করে কারাগারে রাখা উচিত; 2) নেতাজিকে মোটেই গুম্নামী বাবা হিসাবে বদনাম করার জন্য তাকে কোন একাডেমিক বা পাবলিক জায়গায় কোনও বক্তৃতা দেওয়ার অনুমতি দেওয়া উচিত নয়; 3) একই বিষয়ে তৈরি সমস্ত ইউ টিউব এবং ভিডিওগুলি অবিলম্বে পাবলিক ডোমেন থেকে মুছে ফেলা উচিত; 4) একই বিষয়ে নির্মিত সিনেমাটি সিনেমা হলে বা পাবলিক প্লেসে প্রচার করতে নিষেধাজ্ঞা আরোপ করা উচিত এবং দয়া করে অন্য কোনও ভাষায় একই বিষয়ে কোনও নতুন সিনেমা তৈরি বন্ধ করার আদেশ দিন। গণতন্ত্র মানে এই নয় যে সে জা কিছু করতে পারে।

এই শতাব্দীতে আমাদের ভারত মাতাকে একটি উন্নত দেশের দিকে চালিত করার জন্য আপনার সদয় পরামর্শকেও প্রশংসা করা হচ্ছে।

আন্তরিকতার সাথে
আপনার বিশ্বস্ত
এসডি-/গোরাচাঁদ ঘোষ

"সংযুক্ত কাগজপত্র"

1. ডিসেম্বর 2017 এ প্রকাশিত নেতাজির উপর হার্ডকভার বইয়ের প্রচ্ছদ পৃষ্ঠা।
2. 28 আগস্ট 2018-এ ডঃ গোরাচাঁদ ঘোষের বিধিবদ্ধ ঘোষণা।
3. 2016 সালের ডি-ক্লাসিফাইড ফাইল থেকে নেতাজি, তাঁর স্ত্রী ও কন্যার সাথে সম্পর্কিত দুটি ছবি।
4. কলকাতায় নেতাজি মারা যাওয়ায় 18 ই আগস্ট 2018 এ নেতাজিকে গুম্নামী বাবা বলে মানহানি (ফেসবুকে ২ টি প্রকাশ্য পোস্ট)।
5. ডি-ক্লাসিফাইড ফাইলগুলির জন্য ওয়েব ঠিকানা:
http://www.netajipapers.gov.in/node/388?view=results
6. ই-বুকের জন্য ওয়েব ঠিকানা: https://www.amazon.in/FACTS-NETAJI-JAPANSOUTHEAST-ASIA-ebook/dp/B075R69M6N

## শ্রীজিৎ মুখার্জি তাঁর "গুম্নম" চলচ্চিত্রের মাধ্যমে নেতাজিকে গুম্নামি বাবা হিসাবে বদনাম না করার জন্য ফেসবুক 'ম্যাসেঞ্জার' মাধ্যমে যোগাযোগ

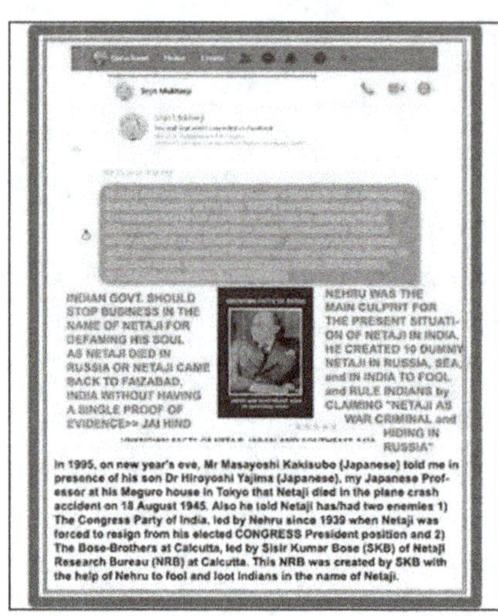



**Message on 23.2.2019, 9:18PM:** হাই শ্রীজিৎ, আমি শুনেছি আপনি নেতাজির উপর গুম্নামি বাবা নিয়ে একটি চলচ্চিত্র নির্মাণ করতে যাচ্ছেন। তবে এই বিষয়ে সাবধানতা অবলম্বন করুন। নেতাজি কখনও গুঃ-বাবা ছিলেন না। অপরাধী অনুজ ধর এবং "এম এন" প্রমাণের একক প্রমাণ ছাড়াই নেতাজিকে অপমান করার জন্য ব্যস্ত। আমাজন দ্বারা আমার ই-বুকে প্রকাশিত আমার সংযুক্ত নিবন্ধটি পড়ুন>ধর এবং তার কয়েকজন গ্যাং সদস্যের বিরুদ্ধেও পুলিশ মামলা প্রক্রিয়াধীন রয়েছে। ধন্যবাদ ডঃ গোরচাঁদ ঘোষ

**https://www.amazon.com/FACTS-NETAJI-JAPAN-SOUTHEAST-ASIA-ebook/dp/B075R69M6N.**

**Message on 28.2.2019, 8:08AM:** প্রিয় শ্রীজিৎ, এছাড়াও আপনি ভারতে প্রকাশিত হার্ডকভার বইয়ের প্রচ্ছদ পৃষ্ঠাটি পড়তে পারেন। এই সমস্ত উপকরণ আইন অনুযায়ী জাতীয় গ্রন্থাগার, কলকাতা সহ রাষ্ট্রপতি এবং পি এম ও-তে রয়েছে।

তবে শ্রীজিৎ বাবু আজ পর্যন্ত আমাকে জবাব দেননি।

উপরের দুটি পোস্টিং আমার দ্বারা শ্রীজিৎকে আমার বার্তাটি ব্যবহার করে ফেসবুকে সর্বজনীন হিসাবে পোস্ট করা হয়েছে। এই ফেসবুক পাবলিক পোস্টে আমি শ্রীজিতকে আমার বার্তা পৌঁছে দিয়েছিলাম,

উপরের ছবি এবং পোস্টে শ্রীজিতকে আমার প্রতিবেদন: রাশিয়ায় মারা যাওয়া বা নেতাজী ফৈজাবাদে ফিরে আসার কারণে নিজের আত্মাকে মান হানি করার জন্য ভারতীয় সরকারের নেতাজির নামে ব্যবসা বন্ধ করা উচিত। প্রমাণের একক প্রমাণ না পেয়ে এই লোকেরা ব্যবসা করছে। ভারতে নেতাজির বর্তমান পরিস্থিতির প্রধান অপরাধী ছিলেন নেহরু। তিনি রাশিয়া, দক্ষিণ-পূর্ব এশিয়া এবং ভারতে কমপক্ষে দশটি ডামি নেতাজি তৈরি করেছিলেন ভারতকে বোকা বানাতে এবং শাসন করার জন্য এই দাবি করে, "নেতাজি রাশিয়ায় লুকিয়ে থাকা যুদ্ধাপরাধী ছিলেন।"

১৯৯৫ সালে, নববর্ষের প্রাক্কালে মিঃ মাসাইয়োশি কাকিতসুবু (জাপানি) আমাকে তার পুত্র ডাঃ হিরোইয়োশি ইয়াজিমা (জাপানি), আমার জাপানী অধ্যাপক এর উপস্থিতিতে আমাকে টোকিওর তাঁর মেগুরো বাড়িতে বলেছিলেন যে ১৯৪৫সালের ১৮ আগস্ট বিমানবন্দরের দুর্ঘটনায় নেতাজি মারা গিয়েছিলেন।

এছাড়াও তিনি আমাকে নেতাজির সম্পর্কে বলেছিলেন যে তাঁর দু'শত্রু রয়েছে/ছিল: ১) নেহেরুর নেতৃত্বে ভারতের কংগ্রেস পার্টি 1939 সাল থেকে যখন নেতাজি তাঁর কংগ্রেস নির্বাচিত রাষ্ট্রপতির পদ থেকে পদত্যাগ করতে বাধ্য হন এবং ২) কলকাতায় বোস-ব্রাদার্স, শিশির কুমার বোস এর নেতৃত্বে, "নেতাজির নিখোঁজ রহস্য" নিয়ে গবেষণার নামে ভারতীয়দের বোকা ও লুট করার জন্য নেহেরুর মাধ্যমে এন আর বি তৈরি করেছিলেন।"

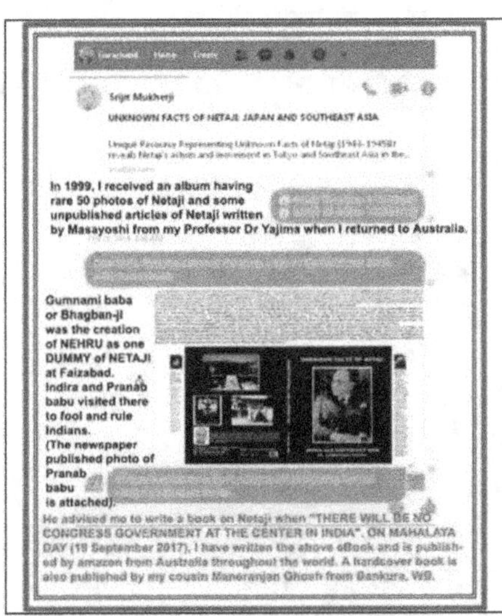

বাম পাশের ছবি এবং পোস্টে শ্রীজিৎকে আমার প্রতিবেদন: "১৯৯৯ সালে, আমি অস্ট্রেলিয়ায় ফিরে আসার সময় আমার অধ্যাপক ডঃ ইয়াজিমার কাছ থেকে নেতাজির ৫০ টি বিরল ছবি এবং মাসাইয়োশি কাকিতসবো রচিত কিছু অপ্রকাশিত নিবন্ধ সম্বলিত একটি অ্যালবাম পেয়েছি।"

গুম্‌নামী বাবা বা ভগবান-জি ফেজাবাদে নেহেরু দ্বারা নির্মিত একটি ডামি নেতাজি ছিলেন। ইন্দিরা এবং প্রণব বাবু সেখানে ভারতীয়দের শাসন ও বোকা বানানোর জন্য গিয়েছিলেন। ভারতের কেন্দ্রে কোনও কংগ্রেস সরকার থাকবে না তখন মিঃ কাকিতসুবো আমাকে নেতাজির উপর একটি বই লেখার পরামর্শ দিয়েছিলেন। মহালয়ার দিন (19 সেপ্টেম্বর 2017), আমি ই-বুকটি লিখেছি এবং অ্যামাজন অস্ট্রেলিয়া থেকে বিশ্বজুড়ে প্রকাশ করি। আমার 'কাজিন' মনোরঞ্জন ঘোষ পশ্চিমবঙ্গের বাঁকুড়া থেকে একটি হার্ডকভার বইও প্রকাশ করেছে।

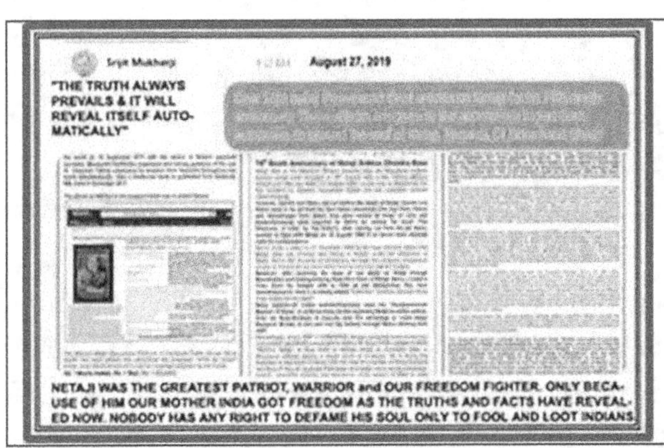

Message on 27.8.2019, 9:12AM: প্রিয় শ্রীজিৎ বাবু, ৭৪ তম মৃত্যুবার্ষিকীর জন্য দয়া করে নেতাজির উপর তিনটি নিবন্ধ পড়ুন। এই নিবন্ধগুলি উপযুক্ত ভারতীয় কর্তৃপক্ষ ও সরকারকে নেতাজির আত্মাকে রক্ষা করার জন্য দেওয়া হয়েছে। শুভেচ্ছা, গোরাচাঁদ ঘোষ।

উপরের পোস্টিং আমার দ্বারা শ্রীজিৎকে আমার বার্তাটি ব্যবহার করে ফেসবুকে সর্বজনীন হিসাবে পোস্ট করা হয়েছে। এই পোস্টে আমি লিখেছিলাম, "সত্য সর্বদা বিরাজ করে এবং এটি স্বয়ংক্রিয়ভাবে প্রকাশ পাবে।"

নেতাজি ছিলেন সর্বশ্রেষ্ঠ দেশপ্রেমিক, যোদ্ধা এবং আমাদের মুক্তিযোদ্ধা। কেবল তার কারণেই আমাদের ভারত মাতা স্বাধীনতা পেয়েছিল, সত্য ঘটনা এখন প্রকাশ পেয়েছে। কেবল ভারতীয়দের বোকা বানানো ও লুটপাট করার জন্য নেতাজির আত্মাকে অপমান করার কারও কোনও অধিকার নেই।

## শ্রীজিৎ ও চন্দ্র কুমার বোস গুম্নম ছবিটি সম্পর্কে সোশ্যাল মিডিয়া যোগাযোগ এবং রিপোর্ট

"নেতাজির মৃত্যু ১৯৪৫ সালের ১৮ আগস্ট নামমন সামরিক হাসপাতালে (জাপানি) তাইহোকুতে 21:00 টায়"

কপিরাইট ডঃ গোরাচাঁদ ঘোষ 2019

(ফেসবুক এবং টুইটারে পাবলিক পোস্ট করা হয়েছে 10 সেপ্টেম্বর 2019 তে নেতাজির উপর তথ্য প্রকাশ করতে)

প্রমাণের একক প্রমাণ না থাকলে কারও এখন নেতাজিকে বদনাম করার কোনও অধিকার নেই। ২০১৯ সালের ফেব্রুয়ারি থেকে নেতাজি মারা যাওয়ার বিষয়ে গবেষণামূলক নিবন্ধগুলির সাথে আমি শ্রীজিৎ মুখার্জিকে এস এম এস পাঠিয়েছিলাম তাকে অনুরোধ করে নেতাজির উপর কোনও ছবি গুম্নাম না বানানোর জন্য। সে আমাকে জবাব দিতে মাথা ঘামায় না।

স্ব-ঘোষিত নেতাজী গবেষক, অনুজ ধর 2001-এর পর থেকে মিথ্যা অভিযোগ, চৌর্যবৃত্তি এবং দ্বিতীয় বিশ্বযুদ্ধের ইতিহাসকে বিকৃত করে প্রমাণের একক প্রমাণ না পেয়েই নেতাজিকে তাঁর নানা গুণানুযায়ী দিশানে বদনাম করতে নিযুক্ত রয়েছেন। তিনি কপিরাইট লঙ্ঘনকারী এবং শিক্ষিত অপরাধী। তিনি দিল্লি থেকে নেতাজির নামে তাঁর ব্যবসায়ের জন্য এই বিষয়ে 4-5 টি বই প্রকাশ করেছেন, সেখান থেকে স্বঘোষিত ভারতরত্ন পুরষ্কারকারী নেহেরু বিকৃত আই এন এ ইতিহাসের অনুরূপ একটি বই প্রকাশের ব্যবস্থা করেছিলেন। এটি এস এন খান লিখেছিলেন এবং 1946 সালের অক্টোবরে তাঁর দ্বারা প্রেরণ করা হয়েছিল। প্রকাশের আগে, পাণ্ডুলিপিটি বোস-ব্রাদার্সকে সন্তুষ্ট করার জন্য দেখানো হয়েছিল।

নেতাজি কখনই তার আই এন এ ব্রিগেডের নাম "গান্ধী, নেহেরু, এবং আজাদ" দেয়নি। তিনি পুরুষদের জন্য তাঁর ব্রিগেডের নাম দিয়েছিলেন "গেরিলা রেজিমেন্ট বিভাগ 1, 2, 3 এবং মহিলাদের জন্য "ঝাঁসি রানী রেজিমেন্ট।" অন্যদিকে, তিনি ১৯৪৪-৪৫ সালে রেঙ্গুনের তাঁর যুদ্ধক্ষেত্র থেকে ভারতের জনগণের কাছে বেতার সম্প্রচার করেছিলেন এবং জনগণকে গান্ধী ও নেহরুকে হত্যা ও দাহ করার আহ্বান জানিয়েছিলেন যেহেতু তারা দু'জনই মিথ্যা ও অপমানিত নেতা ছিল।

DEATH of NETAJI on 18 AUG 1945 at 21:00 Hrs in the Mammon Military Hospital (Japanese) TAIHOKU

**Dr Gorachand Ghosh © 2019**

*Nobody has any right to defame Netaji anymore without having a single proof of evidence. I sent SMS with research articles on death of Netaji to Srijit Mukherjee since Feb 2019 not to make any movie on Netaji as Gummami. He did not bother to reply me.*

The self-proclaimed Netaji researcher, Anuj Dhar is engaged to defame Netaji as his baba Gummami without having a single proof of evidence since 2001 by doing perjury, plagiarism and distortion of the WWII history. He is a copyright violator and an educated criminal. He has published 4-5 books on this subject for his business in the name of Netaji from New Delhi from where Nehru, self-proclaimed Bharat Ratna Awardee arranged to publish a similar book of distorted INA history written by SN Khan, forwarded by him in October 1946. Before publication of this book it was shown to the Bose-Brothers for appeasing them.

Netaji never-ever gave his brigades name as "Gandhi, Nehru, Patel and Azad". Netaji gave his brigades name for man as "Guerilla Regiment: Division 1, 2, 3,..." and for woman "Jhansi Rani Regiment". On the other hand, he did radio broadcast to the people of India from the warfare of Rangoon and Imphal in 1944-45 urging them to kill and burn Gandhi and Nehru since both were "False and Discredited Leaders".

Netaji went to Russia only once in his life time on the way of Greatescape to Berlin in 1941. Nehru the main conspirator of defaming Netaji as war criminal did canvass of Netaji in Russia since 1946 through his sister VL Pandit (1947-49) and Dr Radhakrishnan (1949-52) as Indian ambassadors. How they saw alive Netaji in Russia after his death? Nehru created all sorts of conspiracy for defaming our greatest patriot Netaji.

In my eBook and hardcover book "UNKNOWN FACTS OF NETAJI: JAPAN and SOUTHEAST ASIA" Published by Amazon on 19 Sept 2017 throughout the world and by Manoranjan Ghosh in December 2017 from Bankura, WB, there are proof of Netaji's death having eyewitness evidence, affidavit of HR Khan and after death ceremonial photo of Tsunamasa Shidei at the Yasukuni Shrine, Japan. Tsunamasa and Netaji were in the same military bomber plane where Tsunamasa died instantly. One Japanese news paper cutting showing death of Netaji and Tsunamasa on 22 Aug 1945 is also published in the books. This is the proof of air crash accident.

(Facebook and Twitter public posting to reveal FACTS of Netaji on 10 Sept 2019)

১৯৪১ সালে বার্লিনে যাওয়ার পথে নেতাজি তাঁর জীবনে একবার রাশিয়ায় গিয়েছিলেন। যুদ্ধাপরাধী হিসাবে নেতাজিকে বদনাম করার প্রধান ষড়যন্ত্রকারী নেহেরু ১৯৪৬ সাল থেকে ভারতীয় রাষ্ট্রদূত তাঁর বোন বিজয় লক্ষ্মী পণ্ডিত (১৯৪৭-৪৯) এবং ডঃ এস রাধাকৃষ্ণনের (১৯৪৯-৫২) মাধ্যমে নেতৃত্ব দিয়েছিলেন। তাইহোকুতে মৃত্যুর পরে তারা কীভাবে রাশিয়ায় জীবিত নেতাজিকে দেখেছিল? নেহেরু আমাদের সর্বশ্রেষ্ঠ দেশপ্রেমিক নেতাজিকে অপমান করার জন্য সব ধরণের ষড়যন্ত্র তৈরি করেছিলেন।

আমার ই-বুক এবং হার্ডকভার বইয়ে, "নেতাজির অজানা তথ্য: জাপান এবং দক্ষিণ-পূর্ব এশিয়ার" সারা বিশ্ব জুড়ে 19 সেপ্টেম্বর 2017 এ অ্যামাজন এবং বাঁকুড়া, পশ্চিমবঙ্গ থেকে ডিসেম্বর 2017 সালে মনোরঞ্জন ঘোষের দ্বারা প্রকাশিত। নেতাজির মৃত্যুর সাক্ষী প্রমাণ, এইচ আর খানের হলফনামা এবং জাপানের ইয়াসুকুনি মন্দিরে ৎসুনামাসা শিদেইর মৃত্যুর পরে ছবি ও প্রমাণ রয়েছে। শিদেই এবং নেতাজি একই সামরিক বোমারু বিমানে ছিলেন, যেখানে শিদেই তাৎক্ষণিকভাবে মারা যান। ১৯৪৫ সালের ২২ আগস্ট নেতাজির ও শিদেইর মৃত্যুর ঘটনার একটি জাপানি সংবাদপত্র আমার বইগুলিতে প্রকাশিত হয়। এটি বিমান দুর্ঘটনার প্রমাণ।

ইউটিউব "নেতাজি কোনও গুম্মনামী বাবা নন" 'নেতাজি বোস না বাবা'> বাংলা ছবি "গুম্মনাম" বিতর্কে জড়িয়েছে| কুইন্ট

আমার মন্তব্য (14 সেপ্টেম্বর 2019) এই ইউ টিউবে এই ছবিটির বিতর্কিত শীর্ষস্থানীয় মন্তব্য ছিল। নেতাজি আর সর্বকালের সেরা দেশপ্রেমিক, যোদ্ধা এবং মুক্তিযোদ্ধার আত্মাকে অপমান করে অর্থোপার্জনের ব্যক্তিগত সম্পত্তি ছিল না। আশা করি মোদী-জি নেতাজির আত্মাকে রক্ষা করবেন।

জাপান এবং দক্ষিণ-পূর্ব এশিয়ার দ্বিতীয় বিশ্বযুদ্ধের সময়কালে নেতাজির পি এস মাসাইয়োশি কাকিতসুবো (জাপানি) এর পরামর্শ অনুসারে আমি একটি ই-বুক লিখেছি, "নেতাজির অজানা তথ্য: জাপান এবং দক্ষিণ-পূর্ব এশিয়া", ১৯৪৫ সালের ১৮ আগস্ট নেতাজির মৃত্যু এবং আত্মাকে বদনাম করতে ব্যস্ত নেতাজির অপরাধী/শত্রু ও তাদের সন্ধানের জন্য অ্যামাজন 19 সেপ্টেম্বর 2017, মহালয়া

দিবস এ প্রকাশ করেছে। জাপানের নেতাজির এই ই-বুকের 50 টি বিরল ছবি, কাকিতসুবোর ক্যামেরায় তোলা এবং তাঁর অপ্রকাশিত নিবন্ধগুলি অস্ট্রেলিয়া থেকে বিশ্বজুড়ে প্রকাশিত হয়। ১৯৯৫ সালে নেতাজির পি এস আমাকে বলেছিলেন যে নেতাজির দুটি শত্রু ছিল, ১) নেহেরুর নেতৃত্বে কংগ্রেস পার্টি এবং ২) শিশির কুমার বোসের নেতৃত্বে কলকাতায় বোস-ব্রাদার্স।

মজার বিষয় হচ্ছে, আমার ই-বুক প্রকাশের পরে আমি লক্ষ্য করেছি যে নয়াদিল্লিতে "মিশন নেতাজি" এর অনুজ ধরের নেতৃত্বে ভারতীয় অপরাধীরা ই-বুকের বেশিরভাগ ফটো চুরি করে 'ক্রপ' করেছিলেন। নেহরুর এই জেনেটিক অক্টোবরে 2017 সালে "এম এন ডি পি" পাবলিক গ্রুপে কিছু ফটো পোস্ট করেছিলেন এবং 17 হাজার সদস্য আমাকে বদনাম করার চেষ্টা করেছিলেন। এমন কি চন্দ্র কুমার বোস, ডাঃ শিশির কে বোসের পুত্র সুগতা বোস অপরাধী হিসাবে কপিরাইট লঙ্ঘন করেছিলেন। তারা ইউ

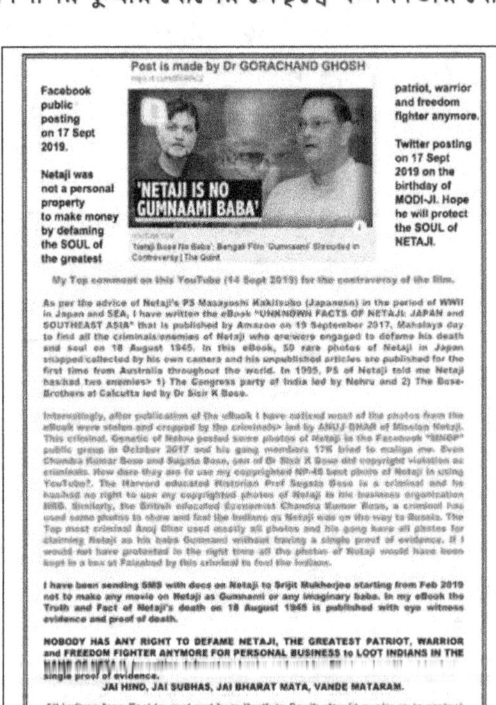



My Top comment on this YouTube (14 Sept 2019) for the controversy of the film.

As per the advice of Netaji's PS Masayoshi Kakitsubo (Japanese) in the period of WWII in Japan and SEA, I have written the eBook "UNKNOWN FACTS OF NETAJI, JAPAN and SOUTHEAST ASIA" that is published by Amazon on 19 September 2017, Mahalaya day to find all the criminals/enemies of Netaji who are/were engaged to defame his death and soul on 18 August 1945. In this eBook, 50 rare photos of Netaji in Japan snapped/collected by his own camera and his unpublished articles are published for the first time from Australia throughout the world. In 1995, PS of Netaji told me Netaji has/had two enemies> 1) The Congress party of India led by Nehru and 2) The Bose-Brothers at Calcutta led by Dr Sisir K Bose.

Interestingly, after publication of the eBook I have noticed most of the photos from the eBook were stolen and cropped by the criminals> led by ANUJ DHAR of Mission Netaji. This criminal, fanatic of Nehru posted some photos of Netaji in the Facebook "MNDP" public group in October 2017 and his gang members 17K tried to malign me. Even Chandra Kumar Bose and Sugata Bose, son of Dr Sisir K Bose did copyright violation as criminals. How dare they are to use my copyrighted NP-45 best photo of Netaji in using YouTube?. The Harvard educated Historian Prof Sugata Bose is a criminal and he has/had no right to use any copyrighted photos of Netaji in his business organization NRB. Similarly, the British educated businessman Chandra Kumar Bose, a criminal has used same photos to show and fool the Indians as Netaji was on the way to Russia. The Top most criminal Anuj Dhar used mostly all photos and his gang have all photos for claiming Netaji as his baba Gumnaami without having a single proof of evidence. If I would not have protested in the right time all the photos of Netaji would have been kept in a box at Faizabad by this criminal to fool the Indians.

I have been sending SMS with docs on Netaji to Srijit Mukherjee starting from Feb 2019 not to make any movie on Netaji as Gumnaami or any imaginary baba. In my eBook the Truth and Fact of Netaji's death on 18 August 1945 is published with eye witness evidence and proof of death.

NOBODY HAS ANY RIGHT TO DEFAME NETAJI, THE GREATEST PATRIOT, WARRIOR and FREEDOM FIGHTER ANYMORE FOR PERSONAL BUSINESS to LOOT INDIANS IN THE NAME OF NETAJI, single proof of evidence.

JAI HIND, JAI SUBHAS, JAI BHARAT MATA, VANDE MATARAM.

All Indians from East to west and from North to South should awake up to protect the SOUL of Netaji now. He was not in Russia or came back to India as Gu-baba.

টিউবে আমার সেরা কপিরাইটযুক্ত NP-44 ফটো ব্যবহার করার সাহস হয় কী করে? ব্রিটিশ শিক্ষিত ঐতিহাসিক এবং হার্ভার্ড বিশ্ববিদ্যালয়ের অধ্যাপক সুগতা বোস একজন অপরাধী এবং তার ব্যবসায়িক সংস্থা "নেতাজি রিসার্চ ব্যুরো" তে নেতাজির আমার কপিরাইটযুক্ত ছবিগুলি ব্যবহার করার অধিকার ছিল না। ব্রিটিশ শিক্ষিত চন্দ্র কুমার বোস, একজন অপরাধী ভারতীয়কে বোকা বানাতে এবং দেখিয়েছিলেন যে নেতাজি রাশিয়ায় যাওয়ার পথে ছিলেন। শীর্ষতম অপরাধী অনুজ ধর বেশিরভাগ ফটোই ব্যবহার করেছিলেন এবং তার গ্যাংয়ের সদস্যরা বৈজ্ঞানিক প্রমাণের একক প্রমাণ না রেখেই নেতাজিকে তাদের বাবা গুম্নামী দাবি করার জন্য এই ছবিগুলি ভাগ করেছেন। আমি যদি সঠিক সময়ে প্রতিবাদ না করতাম, ভারতীয়দের বোকা বানানোর জন্য সেই সমস্ত ফটো ফৈজাবাদে গুম্নামীর একটি বাক্সে রেখে দেওয়া হত।

নেতাজিকে গুম্নামী বাবা বা কোনও কাল্পনিক বাবা হিসাবে কোনও ছবি/চলচ্চিত্র তৈরি না করার জন্য আমি ফেব্রুয়ারী 2019 থেকে শ্রীজিৎ মুখার্জিকে নেতাজির নথির সাথে এস এম এস পাঠিয়েছি। আমার ই-বুক-এ, 1945 সালের 18 আগস্ট নেতাজির মৃত্যুর সত্যতা এবং ঘটনা প্রমাণ হিসাবে প্রত্যক্ষদর্শীর প্রমাণ সহ প্রকাশিত হয়েছিল। বৈজ্ঞানিক প্রমাণের একক প্রমাণ ছাড়াই কিছু মানহানিকর বই লিখে এবং কিছু ফিল্ম/সিনেমা বানিয়ে নেতাজির নামে ভারতীয়দের লুট করা ব্যক্তিগত ব্যবসায়ের জন্য নেতাজিকে, সর্বশ্রেষ্ঠ দেশপ্রেমিক, মুক্তিযোদ্ধা এবং যোদ্ধার অপমান করার কোনও অধিকার নেই।

উত্তর থেকে দক্ষিণ এবং পূর্ব থেকে পশ্চিমে, সমস্ত ভারতীয় দয়া করে আমাদের স্বাধীনতা দানকারী নেতাজীর আত্মাকে রক্ষা করতে এখনই জাগ্রত হউন। তিনি রাশিয়ায় ছিলেন না বা ফৈজাবাদে ফিরে আসেননি। তাইহোকুর নানমন সামরিক হাসপাতালে তিনি মারা যান।

জয় হিন্দ, জয় সুভাষ, জয় ভারত মাতা, বন্দে মাতরম।

## নেতাজীকে অপমান করার জন্য অনুজ ধরের অপরাধমূলক কার্যক্রম

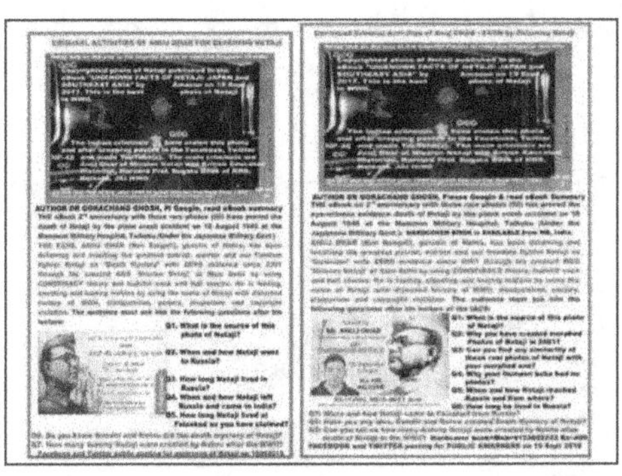

উভয় ফটোর শীর্ষ অংশ: -

১৯৪৫ সালের ১ লা জানুয়ারী নেতাজি সম্রাট হিরোহিতোর সাথে দেখা করতে টোকিওর ইম্পেরিয়াল প্রাসাদে যাচ্ছিলেন।

১৯ সেপ্টেম্বর, ২০১৭ এ আমেরিকার অ্যামাজন দ্বারা "নেতাজির অজানা তথ্য: জাপান এবং দক্ষিণ-পূর্ব এশিয়ার", ই-বুকে নেতাজির কপিরাইটযুক্ত ছবিটি প্রকাশিত। এটি দ্বিতীয় বিশ্বযুদ্ধের নেতাজির সেরা ছবি। ভারতীয় অপরাধীরা এই ছবিটি চুরি করেছে, 'ক্রপিং' করার পরে ফেসবুক টুইটারে পোস্ট করেছে এবং ইউ টিউব তৈরি করেছে। মূল অপরাধীরা হলেন, নয়াদিল্লির মিশন নেতাজির অনুজ ধর এবং ব্রিটিশ শিক্ষিত এন আর বি, কলকাতার এবং হার্ভার্ড বিশ্ববিদ্যালয়ের অধ্যাপক সুগতা বোস। জয় হিন্দ।

18 সেপ্টেম্বর 2019-তে নেতাজি সম্পর্কে জনসচেতনতার জন্য ফেসবুক এবং টুইটার সর্বজনীন পোস্টিং।

(বাম ছবি সম্পর্কিত) অপরাধী অনুজ ধরের মানহানিকর বক্তৃতার পরে আমি শ্রোতাদের নিম্নলিখিত প্রশ্নগুলি জিজ্ঞাসা করার জন্য অনুরোধ করেছিলাম।

প্রশ্ন ১: নেতাজির এই ছবির উৎস কী? প্রশ্ন 2: নেতাজি কখন এবং কিভাবে রাশিয়ায় গিয়েছিলেন? প্রশ্ন ৩: নেতাজি কতদিন রাশিয়ায় ছিলেন? প্রশ্ন ৪: কখন এবং কিভাবে নেতাজি রাশিয়া ছেড়ে ভারতে আসেন? প্রশ্ন ৫: আপনর দাবি মতো নেতাজি ফৈজাবাদে কতদিন বেঁচে ছিলেন? প্রশ্ন ৬: নেতাজির মৃত্যুর রহস্য গান্ধী ও নেহেরুই করেছিলেন জানেন কী? প্রশ্ন ৭: দ্বিতীয় বিশ্বযুদ্ধের পর নেহেরু কতজন ডামি নেতাজি তৈরি করেছিলেন?

19 ই সেপ্টেম্বর 2019 তারিখে নেতাজি সম্পর্কে জনসচেতনতার জন্য ফেসবুক এবং টুইটারে সর্বজনীন পোস্টিং।

(ডানদিকের ছবি সম্পর্কিত) অপরাধী অনুজ ধরের মানহানিকর বক্তৃতার পরে আমি শ্রোতাদের নিম্নলিখিত প্রশ্নগুলি জিজ্ঞাসা করার জন্য অনুরোধ করেছিলাম।

প্রশ্ন ১: নেতাজির এই ছবির উৎস কী? প্রশ্ন ২: কেন আপনি 2001 সালে নেতাজির একটি কম্পিউটার মর্ফড ছবি তৈরি করেছেন? প্রশ্ন ৩: সম্প্রতি ড: ঘোষের ই-বুকে পাওয়া নেতাজির আসল ছবির সঙ্গে এই মোরফড ফটোর কোনো মিল খুঁজে পেতে পারেন? প্রশ্ন ৪: আপনার গুমনামি বাবার কোন ছবি নেই কেন? প্রশ্ন ৫: নেতাজি কখন, কিভাবে রাশিয়ায় এবং কোথা থেকে পৌঁছেছিলেন? প্রশ্ন ৬: তিনি কতদিন রাশিয়ায় ছিলেন? প্রশ্ন ৭: নেতাজি কখন এবং কিভাবে রাশিয়া থেকে ফৈজাবাদে আসেন? প্রশ্ন ৮: নেতাজির মৃত্যু যে গান্ধী ও নেহেরু গোপন করেছিলেন তার কি কোনো আপনার ধারণা আছে? প্রশ্ন ৯: আপনি কি আমাদের বলতে পারেন দ্বিতীয় বিশ্বযুদ্ধে নেতাজির মৃত্যুর পর নেহেরু কতজন ডামি নেতাজি তৈরি করেছিলেন?

<u>নয়াদিল্লিতে মিশন নেতাজির অনুজ ধর এবং চন্দ্রচুড  ঘোষের অপরাধমূলক কার্যকলাপ</u>

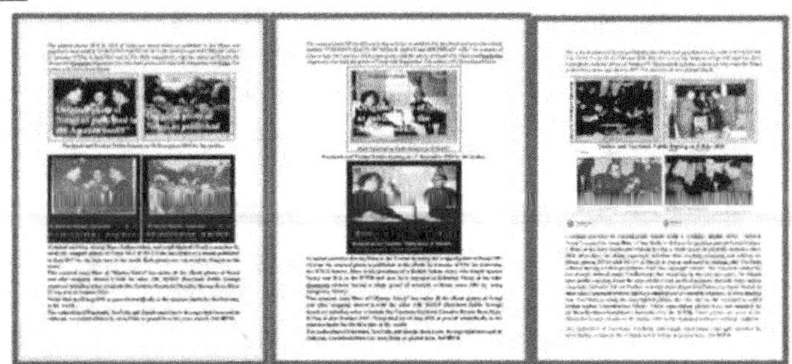

কুখ্যাত ভারতীয় অপরাধী ধরের অপরাধমূলক কার্যকলাপ সম্পর্কে ভারতীয় জনসাধারণের জন্য 17 এবং 18 ডিসেম্বর 2020 তারিখে তার বিরুদ্ধে ফেসবুক এবং টুইটারএ  পাবলিক পোস্টিং: ফৈজাবাদে তার বাবা গুমনামিকে  নেতাজি বানিয়ে মানহানি করতে নিযুক্ত আছেন!!! ক্রিমিনাল ধর NP-5, NP-8 এবং NP-16 এর ছবি চুরি করেছিল এবং ক্রপ করার পর এখানে দেখানো হয়েছে। জয় হিন্দ।

<u>নয়াদিল্লিতে 'মিশন নেতাজির' চন্দ্রচুড ঘোষের অপরাধমূলক কর্মকাণ্ড</u>
৪ জুলাই 2020 তারিখে ফেসবুক এবং টুইটারে পোস্ট করা হয়েছিল যাতে ভারতীয় জনসচেতনতার জন্য নেতাজিকে তাঁর বাবা গুমনামি বলে মানহানি করা হয়।

অপরাধী ঘোষ NP-21 এবং NP-34 ই-বুক ফটোগুলি চুরি করেছিল এবং ক্রপ করার পরে আসল ছবি সহ এখানে দেখানো হয়েছে

ফেজাবাদে নেতাজিকে তার বাবা গুমনামি বলে বদনাম করার জন্য ABP-এর কুনাল বোসের অপরাধমূলক কার্যকলাপ

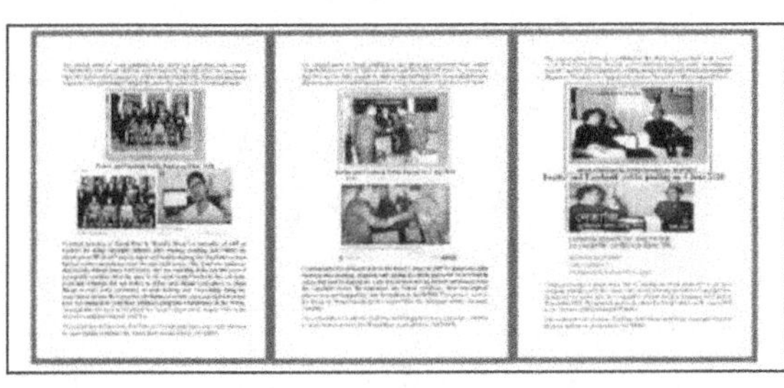

আনন্দ বাজার পত্রিকার অপরাধী কুনাল বোস ই-বুকের ছবি NP-16, NP-31 এবং NP-34 চুরি করেছিল এবং "Kunal'sDiary" তে ক্রপ করার পরে দেখিয়েছিলেন। ভারতীয় জনসচেতনতার জন্য লেখক ফেসবুক এবং টুইটারে 4 জুন, 2 জুলাই এবং 5 জুলাই 2020 এ পোস্ট করেছেন।

কপিরাইট লঙ্ঘন এবং WWII ইতিহাসের বিকৃতির জন্য ভারতীয় লেখক চন্দ্রচূড় ঘোষের অপরাধমূলক কার্যকলাপ

অপরাধী চন্দ্রচূড় ঘোষ নেতাজির প্রায় সমস্ত ই-বুক ছবি চুরি করে কপিরাইট আইন লঙ্ঘন করে তার ইউ.টিউবে ব্যবহার করেছে। আপনি ভারতীয় জনসচেতনতার জন্য লেখকের দুটি ফেসবুক এবং টুইটার পাবলিক পোস্টিং (18 মে এবং 22 জুন 2020) দেখতে পারেন। এখানে ক্রিমিনাল এর ছবি নেতাজির ফটোর সাথে আছে। তিনি নেতাজির ভাবাবেগ নিয়ে ভারতীয়দের বোকা বানানো ও লুটপাট করতে ব্যস্ত। তিনি কি দ্বিতীয় বিশ্বযুদ্ধে নেতাজির সাথে অংশ নিয়েছিলেন যেমন ফটোতে দেখানো হয়েছে?

ভারতে zeenews, BBCnewsBangla এবং BBCnewsHindi চ্যানেলের অপরাধমূলক কার্যকলাপ

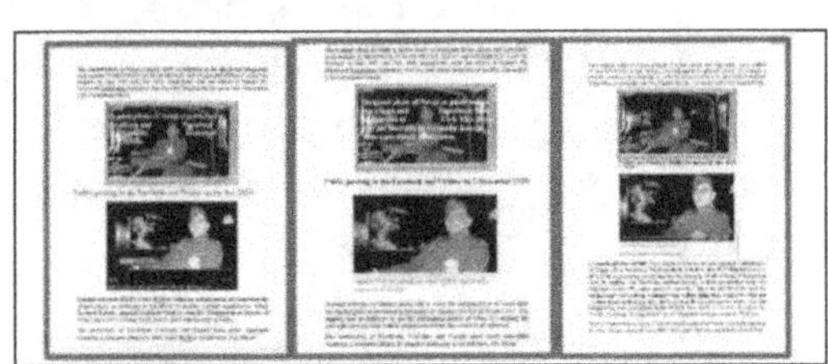

zeenews.india.com ই-বুকের NP-48 ছবি চুরি করেছিল এবং সংবাদ প্রতিবেদনে ব্যবহার করেছিল এবং লেখক 2 ডিসেম্বর 2020-এ পাবলিক ডোমেইন Facebook এবং Twitter-এ সচেতনতার জন্য ভারতীয় জনসাধারণের কাছে

দেখিয়েছিলেন। ভারতীয় জনসাধারণকে দেখানোর জন্য বিবিসি নিউজ বাংলা চ্যানেল এর খবর 1 ডিসেম্বর 2020-এ ফেসবুক এবং টুইটারে রিপোর্ট করেছেন একই ধরনের কার্যক্রম। এছাড়াও, বিবিসি নিউজ হিন্দি চ্যানেল দ্বারা অনুরূপ কার্যক্রম পরিচালিত হয়েছিল এবং লেখক 29 জুন 2020 তারিখে ভারতীয় জনসচেতনতার জন্য ফেসবুক এবং টুইটারে রিপোর্ট করেছেন।

লেখক 18 আগস্ট 1945 সালে একটি বিমান দুর্ঘটনায় নেতাজির মৃত্যু প্রমাণ করতে ব্যবহৃত ই-বুক চিত্রগুলির কপিরাইট লঙ্ঘনের জন্য বেশ কয়েকটি ব্যক্তি এবং সংস্থার বিরুদ্ধে ভারতীয় পুলিশকে রিপোর্ট করেছিলেন।

ভারতীয় কোম্পানি মানি কন্ট্রোল এবং ডেইলিওর নেতাজিকে গুমনামী বাবা বলে অপমান করার অপরাধমূলক কর্মকাণ্ড

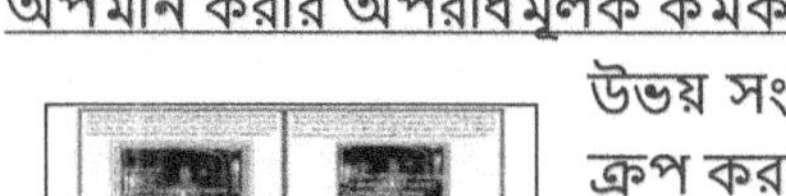

উভয় সংস্থাই ই-বুক ফটো NP-48 চুরি করেছে এবং ক্রপ করার পরে এটি তাদের নিজস্ব উদ্দেশ্যে ব্যবহার করেছে দ্বিতীয় বিশ্বযুদ্ধের ইতিহাসকে বিকৃত করতে এবং নেতাজিকে গুমনামী বাবা হিসাবে তৈরি করতে। কিন্তু এই ছবি ই-বুকে নেতাজির মৃত্যু প্রমাণের জন্য ব্যবহার করা হয়েছে এবং এটি বিশ্বে প্রথমবারের মতো প্রকাশিত হয়েছিল। আসল ছবিটি আমার কাছে একটা অ্যালবামে রাখা আছে।

## নেতাজির মৃত্যুতে পশ্চিমবঙ্গের মুখ্যমন্ত্রী মমতা ব্যানার্জি

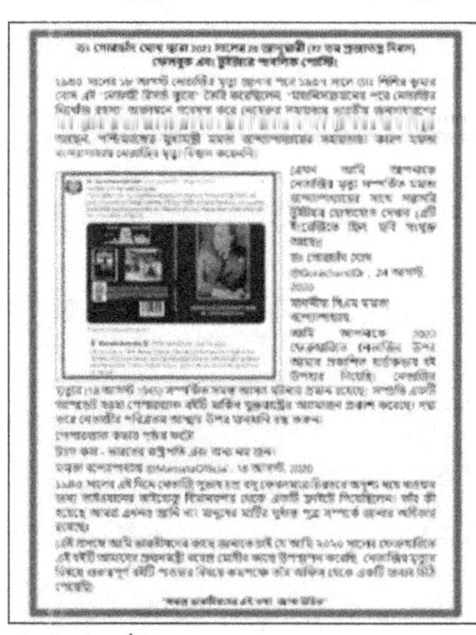

পশ্চিমবঙ্গের মুখ্যমন্ত্রী মমতা বন্দ্যোপাধ্যায়ও নেতাজির মৃত্যু নিয়ে তার কংগ্রেস দলের নেতা কৃষ্ণ বোস এবং প্রাক্তন তৃণমূল সাংসদ সুগত বোসের মাধ্যমে নেতাজির মানহানি করতে ব্যস্ত।

72তম প্রজাতন্ত্র দিবসে অর্থাৎ 26 জানুয়ারী 2021, লেখক পশ্চিমবঙ্গের মুখ্যমন্ত্রী মমতা বন্দ্যোপাধ্যায়ের সাথে বাংলায় তাঁর চিঠিপত্র সম্পর্কে ফেসবুক এবং টুইটারে পাবলিক ডোমেনে বাংলায় পোস্ট করেছেন।

ডাঃ গোরাচাঁদ ঘোষ @গোরাচাঁদ

ড. 24 আগস্ট 2020:

মাননীয়া সি ম মমতা বন্দোপাধ্যায়,

আমি আপনাকে 2020 সালের ফেব্রুয়ারিতে নেতাজির উপর আমার প্রকাশিত হার্ডকভার বই উপহার দিয়েছিলাম। নেতাজির মৃত্যু (18 আগস্ট, 1945) সম্পর্কিত সমস্ত বাস্তব ঘটনার প্রমাণ রয়েছে। সম্প্রতি মার্কিন যুক্তরাষ্ট্রের অ্যামাজন দ্বারা একটি আপডেট পেপারব্যাক বই প্রকাশিত হয়েছে। দয়া করে নেতাজির মৃত্যুতে তাঁর পবিত্র আত্মার অবমাননা করা বন্ধ করুন। পেপারব্যাক বইয়ের কভার পেজের ছবি, ট্যাগ: ভারতের রাষ্ট্রপতি এবং নয়জন ব্যক্তি।

মমতা বন্দোপাধ্যায় @MamataOfficial 18 আগস্ট 2020:

1945 সালের এই দিনে নেতাজি সুভাষ চন্দ্র বোস তাইওয়ানের তাইহোকু বিমানবন্দর থেকে যাত্রা করেন। আমরা এখনও জানি না তার কী হয়েছিল। পৃথিবীর মহান পুত্র সম্পর্কে জানার অধিকার মানুষের আছে।

(এই প্রসঙ্গে, আমি ভারতীয়দের জানাতে চাই যে একই হার্ডকভার বইটি আমি আমাদের প্রধানমন্ত্রী নরেন্দ্র মোদিকে 2020 সালের ফেব্রুয়ারি মাসে দান করেছিলাম। অন্তত পক্ষে লেখক নেতাজির মৃত্যু সম্পর্কিত গুরুত্বপূর্ণ বইটি মোদির পাওয়ার বিষয়ে পি এম ও অফিস থেকে একটি উত্তরপত্র পেয়েছেন)

## নয়াদিল্লিতে এন জি ও মিশন নেতাজি একটি অপরাধমূলক সংগঠন

কপিরাইট © ড. গোরাচাঁদ ঘোষ 2022

@AmazonBooks লেখক এবং কপিরাইট মালিক

(ফেসবুক এবং টুইটার পাবলিক পোস্টিং 30 মে 2022)

*সংক্ষিপ্তসার: নেতাজি সুভাষ চন্দ্র বোসের 125তম জন্মবার্ষিকীর প্রাক্কালে, @AmazonBooks (ই-বুক 19 সেপ্টেম্বর 2017, পেপারব্যাক বই 23 নভেম্বর 2019 এবং হিন্দি ই-বুক 11 মার্চ 2021) ভারতীয় জনসাধারণের একটি টাকা খরচ না করে নেতাজির মৃত্যু রহস্যের সমাধান করেছে প্রথমবার জাপান/অস্ট্রেলিয়া থেকে সমগ্র বিশ্বে দ্বিতীয় বিশ্বযুদ্ধে নেতাজির 49টি বিরল, আশ্চর্যজনক ছবি রয়েছে 1945 সালের 18 আগস্ট তাইহোকুতে জাপানের সামরিক হাসপাতালে বিমান দুর্ঘটনায় নেতাজি মারা যান। তাইহোকু 25 অক্টোবর 1945 সাল পর্যন্ত জাপানি সামরিক সরকারের অধীনে ছিল এবং তাইওয়ানের কাছে হস্তান্তর করার আগে সরকার অনেক গুরুত্বপূর্ণ নথি ধ্বংস করে। মিশন নেতাজি, নেতাজির অনুভূতিতে ভারতীয়দের বোকা বানানো এবং লুট করার জন্য এবং তার জীবিকা নির্বাহের জন্য শীর্ষস্থানীয় ভারতীয় শিক্ষিত কপিরাইট লঙ্ঘনকারী-কাম-অপরাধী অনুজ ধর দ্বারা একটি অপরাধমূলক সংগঠন তৈরি করা হয়েছে। তিনি তার ষড়যন্ত্রমূলক বই, বক্তৃতা এবং ইউ.টিউব ভিডিওগুলির মাধ্যমে নেতাজিকে গুমনামি বাবা হিসাবে অপমানিত করতে নিযুক্ত রয়েছেন। এখানে আমি নেতাজির প্রকাশিত ছবি অ্যামাজন ই-বুকে তার কপিরাইট লঙ্ঘন এবং অপরাধমূলক কার্যকলাপ দেখাব।*

**প্রথম শীর্ষ ভারতীয় শিক্ষিত কপিরাইট লঙ্ঘনকারী-কাম-অপরাধী হলেন নতুন দিল্লিতে মিশন নেতাজির (@MissionNetaji) অনুজ ধর (@anujdhar)।** তিনি 2001 সালে নেতাজির নামে এই এন.জি.ও তৈরি করেছিলেন। তিনি দাবি করেছেন যে 1945 সালের 18 আগস্ট তাইহোকু সামরিক বিমানবন্দর দুর্ঘটনায় নেতাজি মারা যাননি, নেতাজি রাশিয়া থেকে ভারতে ফিরে এসেছিলেন। তিনি ফৈজাবাদে গুমনামি বাবা হিসাবে নেতাজির উপর পাঁচটি মানহানিকর ও মন-বিভ্রান্তিকর বই লিখেছিলেন যার একটিও বৈজ্ঞানিক প্রমাণ নেই। এই গুমনামি বাবা ছিলেন নেহেরুর তৈরি একজন ডামি নেতাজি যা ইন্দিরা খান গান্ধী এবং প্রণব মুখার্জি রক্ষণাবেক্ষণ করেছিলেন। ধর তার এন.জি.ও তৈরি করার আগে কংগ্রেসের কট্টর সাংবাদিক ছিলেন। তার দাদু দ্বিতীয় বিশ্বযুদ্ধে ব্রিটিশ ভারতীয় সেনা হিসেবে নেতাজি এবং আই.এন.এ-এর বিরুদ্ধে লড়াই করেছিলেন।

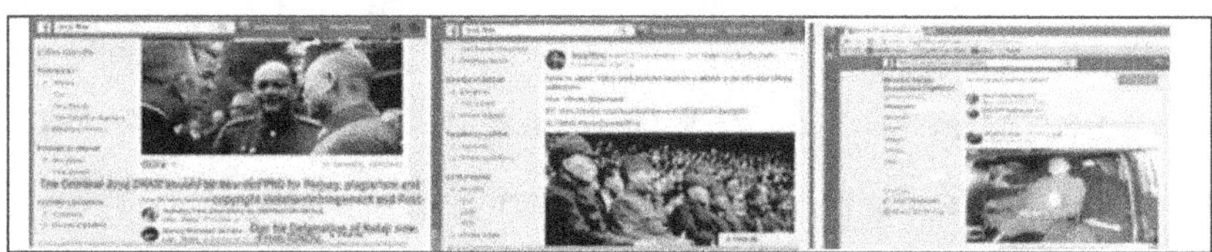

কেন তিনি 19 সেপ্টেম্বর 2017-এ বিশ্বে প্রথমবার প্রকাশিত নেতাজির অ্যামাজন ই-বুক ফটোগুলি চুরি, ক্রপ এবং ব্যবহার করেছেন? এই অপরাধী ফটোশপ ব্যবহার করে নেতাজির ছবি কপিরাইট লঙ্ঘন এবং ম্যানিপুলেশনের পি এইচ ডি দেওয়া উচিত। সামাজিক যোগাযোগ ফেসবুকের মাধ্যমে 2017 সালের 4 অক্টোবর থেকে আমি এই অপরাধীকে চিনি। আমি আপনাদের অ্যামাজন দ্বারা ই-বুকে প্রকাশিত নেতাজির ফটোগুলির উপর তার কিছু কপিরাইট লঙ্ঘন অপরাধমূলক কার্যকলাপ দেখাব। উপরের ছবিগুলি NP-2, NP-26 এবং NP-48, 7 অক্টোবর 2017 তারিখে তিনি ফেসবুকে পোস্ট করেছিলেন।

বাম ফটোটি শীর্ষস্থানীয় ভারতীয় শিক্ষিত অপরাধী অনুজ ধর দ্বারা তৈরি করা হয়েছিল ফটোশপ ব্যবহার করে ভারতীয়দের বোকা বানানো ও লুট করার জন্য তার YouTube ভিডিও যা 21 অক্টোবর 2021 এ অপসারণ হয়েছিল, এবং তিনি YouTube টিমের দ্বারা একটি স্ট্রাইক পেয়েছিলেন।

ভারতের কপিরাইট আইন অনুযায়ী, আমি এই কিছু ভারতীয় শিক্ষিত কপিরাইট লঙ্ঘনকারী-কাম-অপরাধীদের বিরুদ্ধে যথাযথ ব্যবস্থা নিয়েছি, কিন্তু এটা ভারত!!! সর্বত্রই রয়েছে গভীর দুর্নীতি। তথাকথিত স্বাধীনতার দিন থেকেই নেহেরু দ্বারা দুর্নীতির বীজ রোপিত হয়েছিল। যে কারণে ভারত এখনও তৃতীয় বিশ্বের দেশ।

ফৈজাবাদে আমাদের সর্বশ্রেষ্ঠ দেশপ্রেমিক নেতাজি সুভাষ চন্দ্র বোসকে গুমনামি বাবা ওরফে খুনি কাপ্তান বাবা কে ডি উপাধ্যায় হিসাবে অপমান করতে নিযুক্ত এই অপরাধী সংগঠনটিকে বাতিল করার জন্য সমস্ত ভারতীয়দের অনুরোধ করা হচ্ছে।

দ্বিতীয় শীর্ষস্থানীয় ভারতীয় শিক্ষিত কপিরাইট লঙ্ঘনকারী-কাম-অপরাধী হলেন **চন্দ্রচূড় ঘোষ** @chandrachurg মূলত বর্ধমান থেকে এখন হায়দ্রাবাদে বসবাস করছেন। @AmazonEbook নেতাজির ছবি চুরি, ক্রপ ও সম্পাদনা করার এবং তার YouTube ভিডিওতে ব্যবহার করার সাহস এই অপরাধীর কতটা? এছাড়াও, এই অপরাধী ই-বুক থেকে সমস্ত ছবি ডাউনলোড করেছে এবং কপিরাইট আইন লঙ্ঘন করে 9 অক্টোবর 2021-এ সোশ্যাল মিডিয়া ফেসবুকে পোস্ট করেছে। ফেসবুক লিগ্যাল টিম ফেসবুক সাইট থেকে নেতাজির সমস্ত ছবি মুছে ফেলেছে এবং তিনি ফেসবুক থেকে সতর্কবার্তা পেয়েছেন। এখন আমি আপনাদের দেখাচ্ছি, তার ইউ টিউব ভিডিও থেকে তার ব্যবহৃত নেতাজির ছবিগুলো উদ্ধার করা হয়েছে। তার ইউ টিউব চ্যানেলটি 24 নভেম্বর 2021-এ বন্ধ হওয়ার কথা ছিল, কিন্তু তিনি সাময়িক ত্রাণ সহ প্রায় 100% মিথ্যা জবাবী বিজ্ঞপ্তি নিয়েছিলেন। আমি এই ভারতীয় শিক্ষিত নেতাজির মানহানিকর, দ্বিতীয় শীর্ষস্থানীয় কপিরাইট লঙ্ঘনকারীকে দেখতে চাই।

উপরের প্রথম সারিতে NP-31 এবং NP-34; দ্বিতীয় সারিতে NP-15 এবং NP-40; ফটো চুরি ও ক্রপ করে ভিডিও বানিয়েছিলো।

উপরের প্রথম সারিতে NP-41 এবং Japanese NHK video; এবং দ্বিতীয় সারিতে NP-34, NP-21 এবং NP-28 ফটো চুরি ও ক্রপ করে চারটি ভিডিও বানিয়েছিলো। ইউ টিউব কর্তৃপক্ষের কাছে আমার রিপোর্ট করার পর তার তিনটি ইউ টিউব ভিডিও সরিয়ে ফেলা হয়েছে এবং প্রমাণ দেখানো হয়েছে। আইন অনুযায়ী তার চ্যানেল বন্ধ করার কথা। কিন্তু আমি মনে করি তিনি ভারতীয় ইউ টিউব টিমের সাথে যোগাযোগ করেছেন এবং অবৈধ উপায়ে ঘুষ দিয়ে তার চ্যানেল পুনরুদ্ধার করেছেন। আমি ইউটিউব-এর ঊর্ধ্বতন কর্তৃপক্ষের সাথে যোগাযোগ করেছি এবং আমাকে কপিরাইট লঙ্ঘনের প্রমাণ সহ এই অপরাধীর বিরুদ্ধে একটি ভিডিও তৈরি করার অনুমতি দেওয়া হয়েছে। আমি 12 জানুয়ারী 2022-এ ইংরেজিতে একটি ভিডিও তৈরি করেছি।

এই অপরাধী ঘোম মিথ্যাচার, চুরি, ষড়যন্ত্র তত্ত্ব, কপিরাইট লঙ্ঘন, দ্বিতীয় বিশ্বযুদ্ধের ইতিহাসের বিকৃতি এবং নেতাজি সুভাষ চন্দ্র বোসের মানহানির উপর ভিত্তি করে অনুজ ধরকে নিয়ে "কোনানড্রাম" বই লিখেছেন। নেতাজি আমাদের স্বাধীনতা দিয়েছিলেন গান্ধীর অহিংসা দ্বারা নয়। নেতাজি যুদ্ধাপরাধী ছিলেন না যেমনটি নেহেরু তাঁর ব্রিটিশ বস ক্লেমেন্ট অ্যাটলিকে 27 ডিসেম্বর 1945 সালে দাবি করেছিলেন। সমস্ত ভারতীয়দের জানা উচিত যে গান্ধী এবং নেহেরু উভয়ই দ্বিতীয় বিশ্বযুদ্ধে ব্রিটিশ রাজকে সমর্থন করার জন্য প্রকৃত পরোক্ষ যুদ্ধাপরাধী ছিলেন এবং যুদ্ধের পরে ভারত ভাগের সময় 2 মিলিয়ন মানুষকে হত্যা এবং কমপক্ষে 10-12 মিলিয়ন লোককে বাস্তুচ্যুত করার জন্য দায়ী ছিলেন।

তৃতীয় শীর্ষস্থানীয় ভারতীয় শিক্ষিত কপিরাইট লঙ্ঘনকারী-কাম-অপরাধী হলেন নতুন দিল্লিতে মিশন নেতাজির **বিশাল শর্মা** @iVishalMN। তিনি নয়াদিল্লির একজন কুখ্যাত ভারতীয়। তার ইউ টিউব চ্যানেল 2019 সালে বন্ধ করে দেওয়া হয়েছিল। কিন্তু এই অপরাধী 'NetajiSubhasVideos' (আইনিভাবে সম্ভব নয়) নামে আরেকটি ইউ টিউব চ্যানেল তৈরি করেছে।

সে এমনই একজন বিপজ্জনক অপরাধী যে 2017 সালের সেপ্টেম্বরে প্রকাশিত অ্যামাজন বইয়ের ছবি ব্যবহার করে 2009 এবং 2012 সালে তার তৈরি ইউ টিউব ভিডিওগুলি দেখিয়েছিল। প্রযুক্তিগত জ্ঞান থাকার কারণে, আমি YouTube কর্তৃপক্ষকে রিপোর্ট করেছি এবং তার বর্তমান YouTube চ্যানেলটি 12 নভেম্বর 2021 তারিখে বন্ধ হয়ে গেছে।

এখন, আমি নেতাজির কিছু গুরুত্বপূর্ণ পুনরুদ্ধার করা ফটো দেখাচ্ছি যা এই অপরাধী তার YouTube ভিডিওতে ব্যবহার করেছে।

উপরের দ্বিতীয় সারিতে NP-48, NP-8 এবং NP-37 ফটো ব্যবহার করেছে।

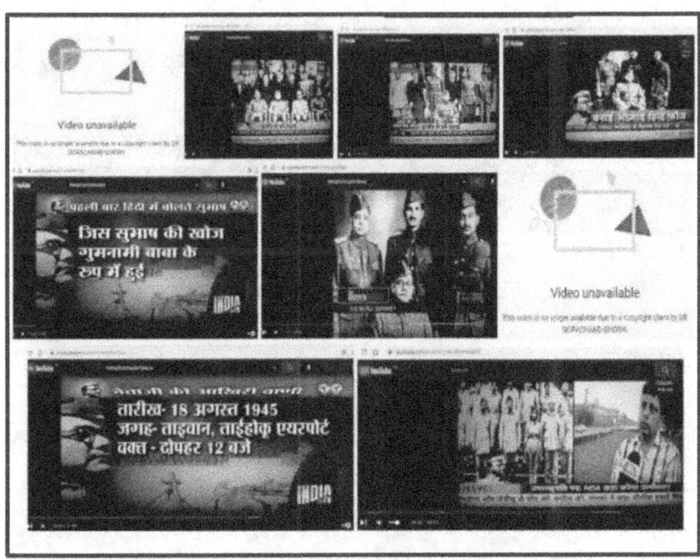

প্রথম সারিতে NP-31, NP-29 এবং NP-28; দ্বিতীয় সারিতে NP-14 এবং NP-28, এবং তৃতীয় সারিতে NP-14, NP-16 এবং অপরাধী অনুজ ধর ফটো চুরি ও ক্রপ করে চারটি ভিডিও বানিয়েছিলো। ইউটিউব কর্তৃপক্ষের কাছে আমার রিপোর্ট করার পর তার তিনটি ইউটিউব ভিডিও সরিয়ে ফেলা হয়েছে এবং প্রমাণ দেখানো হয়েছে।

সমস্ত ভারতীয়দের অনুরোধ করা হচ্ছে মিশন নেতাজির এই অপরাধীদের ঘৃণা করার জন্য যারা আমাদের সর্বশ্রেষ্ঠ দেশপ্রেমিক এবং স্বাধীনতা সংগ্রামী নেতাজি সুভাষ চন্দ্র বসুকে ফৈজাবাদের খুনি কাপ্তান বাবা কে ডি উপাধ্যায় ওরফে গুমনামি বাবা হিসাবে অপমান করতে নিযুক্ত আছেন বৈজ্ঞানিক প্রমাণের একক প্রমাণ ছাড়াই। উপরে কপিরাইটযুক্ত @AmazonBooks নেতাজির ছবি বিশ্বে প্রথমবারের মতো নেতাজির মৃত্যু রহস্যের সমাধান করেছে।

চতুর্থ শীর্ষ ভারতীয় শিক্ষিত কপিরাইট লঙ্ঘনকারী-সহ-অপরাধী হলেন YouTube চ্যানেল 'Kunal's Diary' র **কুনাল বোস** @iaambose! তিনি কলকাতার বাসিন্দা। তিনি অনুজ ধরের সাথে ফৈজাবাদে নেতাজি সুভাষ চন্দ্র বসুকে গুমনামি বাবা হিসাবে অপমান করতে নিযুক্ত হয়েছেন। 18 আগস্ট 1945 সালে তাইহোকুতে নেতাজির মৃত্যুর পর তাইহোকু থেকে রাশিয়া, রাশিয়া থেকে ফৈজাবাদের পথে এবং ভারতে নেতাজির ছবি ব্যবহার করা উচিত ছিল; জাপানে এবং দক্ষিণ-পূর্ব এশিয়ায় দ্বিতীয় বিশ্বযুদ্ধে ভারতীয়দের বোকা বানিয়ে লুটপাট করার পরিবর্তে। গুমনামি বাবা ছিলেন নেহরু দ্বারা তৈরি একজন ডামি নেতাজি যা ইন্দিরা খান গান্ধী এবং প্রণব মুখার্জি দ্বারা রক্ষণাবেক্ষণ করাহয়েছিল। যেমন Scroll.in দাবি করেছে গুমনামি বাবা ফৈজাবাদের খুনি কাপ্তান কে ডি উপাধ্যায়।

আপনি দেখতে পাচ্ছেন কীভাবে অপরাধী কুনাল বোস অ্যামাজন ই-বুক প্রকাশিত ফটোগুলি চুরি করেছিল এবং তার ইউটিউব ভিডিওগুলিতে ব্যবহার করেছিল।

উপরের প্রথম সারিতে NP-31 এবং NP-34; দ্বিতীয় সারিতে NP-48, NP-8 এবং NP-48 ও কুনাল বোস চুরি ও ক্রপ করে ভিডিও বানিয়েছিলো।

নেতাজির এই আশ্চর্যজনক আসল ছবিগুলি 19 সেপ্টেম্বর 2017 এ বিশ্বে প্রথমবারের মতো অ্যামাজন বইয়ে প্রকাশিত হয়েছিল। ইয়াসুকুনি মন্দিরে

**ডঃ গোরাচাঁদ ঘোষ**

ৎসুনামাসা শিদেইয়ের মৃত্যু অনুষ্ঠানের গুরুত্বপূর্ণ ছবিও ফটোগ্রাফিক প্রমাণ হিসাবে প্রকাশিত হয়েছিল। তাই, ৎসুনামাসা শিদেই মাঞ্চুরিয়ায় ছিলেন না, যেমনটি অনেক ভারতীয় তথাকথিত ঐতিহাসিক এবং ভারতীয় নেতাজি গবেষকরা দাবি করেছেন।

উপরের প্রথম সারিতে NP-31, NP-31 এবং NP-31, এবং দ্বিতীয় সারিতে NP-34 এবং NP-48 ফটো কুনাল বোস চুরি ও ক্রপ করে ভিডিও বানিয়েছিলো। ইউটিউব কর্তৃপক্ষের কাছে আমার রিপোর্ট করার পর তার তিনটি ইউটিউব ভিডিও সরিয়ে ফেলা হয়েছে এবং প্রমাণ দেখানো হয়েছে। তার ইউটিউব চ্যানেল 'Kunal's Diary' আমার রিপোর্টিং এবং কর্তৃপক্ষের দ্বারা তিনটি স্ট্রাইক করার পরে বন্ধ হয়েছে।

ভারতীয়দের অনুরোধ করা হচ্ছে এই নিবন্ধটি ছাপিয়ে সমস্ত ভারতীয় স্কুল, কলেজ এবং বিশ্ববিদ্যালয়ের ছাত্রদের কাছে দেওয়ার জন্য নেতাজির পবিত্র আত্মাকে রক্ষা করা এবং তাকে ফেজাবাদে গুমনামি বাবা বলে অপমান না করা। জয় হিন্দ।

## পোস্ট কার্ড - বিগ নিউজ - 23 জানুয়ারী 2022-এ তৈরি

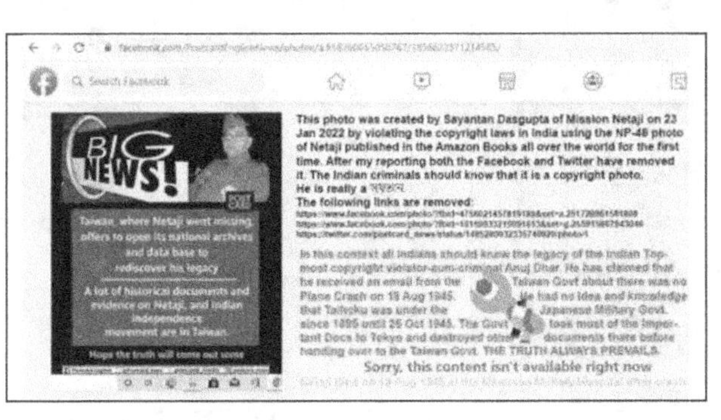

তাইওয়ান, যেখানে নেতাজি নিখোঁজ হয়েছিলেন, তার উত্তরাধিকার পুনরায় আবিষ্কার করার জন্য তার জাতীয় সংরক্ষণাগার এবং ডেটা বেস খোলার প্রস্তাব দেয়।

নেতাজি এবং ভারতের স্বাধীনতা আন্দোলনের অনেক ঐতিহাসিক দলিল ও প্রমাণ তাইওয়ানে রয়েছে। আশা করি কিছুটা হলেও সত্য বেরিয়ে আসবে।

মিশন নেতাজির সায়ন্তন দাশগুপ্ত এই ছবিটি তৈরি করেছেন ভারতে কপিরাইট আইন লঙ্ঘন করে প্রথমবারের মতো সারা বিশ্বে অ্যামাজন বইতে প্রকাশিত নেতাজির NP-48 ছবি ব্যবহার করে। আমার রিপোর্ট করার পর ফেসবুক ও টুইটার কর্তৃপক্ষ তা সরিয়ে দিয়েছে। ভারতীয় অপরাধীদের জানা উচিত এটি একটি কপিরাইট ছবি। সে আসলেই একজন শয়তান।

দুটি ফেসবুক এবং একটি টুইটার লিঙ্ক সরানো হয়েছে।

এই প্রসঙ্গে সমস্ত ভারতীয়দের জানা উচিত ভারতীয় শীর্ষস্থানীয় কপিরাইট লঙ্ঘনকারী-সহ-অপরাধী অনুজ ধর-এর কীর্তিকলাপ। তিনি দাবি করেছেন যে তাইওয়ান সরকারের কাছ থেকে তিনি একটি ইমেল পেয়েছিলেন যে 18 আগস্ট 1945 তারিখে কোন বিমান দুর্ঘটনা ঘটেনি। তার কোন ধারণা এবং জ্ঞান ছিল না যে তাইহোকু 1895 সাল থেকে 25 অক্টোবর 1945 পর্যন্ত জাপানের সামরিক সরকারের অধীনে ছিল। বেশিরভাগ গুরুত্বপূর্ণ নথি টোকিওতে রাখা আছে এবং তাইওয়ান সরকারের কাছে হস্তান্তর করার আগে অন্যগুলি নষ্ট করা হয়েছে। সত্য সর্বদা বিরাজ করে।

দুঃখিত এই বিষয়বস্তু এখন উপলব্ধ নয়!!!

1945 সালের 18 আগস্ট নানমন সামরিক হাসপাতালে দুর্ঘটনার পর নেতাজি মারা যান।

## মহা বিতর্ক

নেতাজি সুভাষ কি মুসলমানদের সন্তুষ্ট করতে আগ্রহী ছিলেন?

জয়পুর সংলাপ

কপিরাইট লঙ্ঘনকারী-কাম-অপরাধী অনুজ ধর এবং চন্দ্রচূড় ঘোষ অ্যামাজন ইবুক ফটো NP-48 চুরি ও ক্রপ করে এখানে ব্যবহার করেছে।

(ই-বুক কপিরাইট মালিক ও লেখক ডঃ গোরাচাঁদ ঘোষ দ্বারা ফেসবুক এবং টুইটারে পাবলিক পোস্টিং 25 ফেব্রুয়ারি 2022)

অনুজ ধর ও চন্দ্রচূড় ঘোষের অপরাধমূলক কর্মকাণ্ড:

বিশ্বজুড়ে সমস্ত ভারতীয়দের জানা উচিত কপিরাইট লঙ্ঘনকারী-কাম-

অপরাধী নতুন দিল্লিতে মিশন নেতাজির অনুজ ধর ও চন্দ্রচূড় ঘোষকে। উভয় অপরাধীই 2001 সাল থেকে নেতাজির নামে ভারতীয়দের বোকা বানানো এবং লুটপাট করার জন্য অর্থের দালাল। তারা প্রথমবারের মতো ভারত সহ সারা বিশ্বে 19 সেপ্টেম্বর 2017-এ প্রকাশিত WWII-তে নেতাজির অ্যামাজন ই-বুক ফটো চুরি ও ক্রপ করেছে। তারা নেতাজিকে গুমনামি বাবা বলে অপমান করতে এবং দ্বিতীয় বিশ্বযুদ্ধের ইতিহাসকে বিকৃত করতে ব্যস্ত। 18 অগাস্ট 1945 তারিখে তার মৃত্যুর পরে তাদের রাশিয়া এবং ভারত থেকে নেতাজির ছবি ব্যবহার করা উচিত। এখানে আপনি এই অপরাধীদের ইউটিউব ভিডিও শিরোনাম তৈরিতে নেতাজির বিরল ছবি NP-48র সাথে দেখতে পাবেন। জয় হিন্দ।

**সকল ভারতীয়দের নিম্নলিখিত বিষয় সম্পর্কে জানা উচিত: 18 আগস্ট 1945 তারিখে নেতাজির মৃত্যুর পর থেকে তার মানহানির উপসংহার**

1. মোহনদাস করমচাঁদ গান্ধী নেতাজির মানহানির জন্য দায়ী ছিলেন কারণ তিনি বলেছিলেন নেতাজি দ্বিতীয় বিশ্বযুদ্ধে বিমান দুর্ঘটনায় মারা যায়নি এবং কোথাও লুকিয়ে আছে।

2. সবচেয়ে বড় পরোক্ষ যুদ্ধাপরাধী জওহরলাল নেহেরু 27 ডিসেম্বর 1945 সালে তার বস ক্লিমেন্ট অ্যাটলির কাছে দাবি করেছিলেন, "নেতাজি একজন যুদ্ধাপরাধী স্টালিনের তত্ত্বাবধানে রাশিয়ায় লুকিয়ে আছে।" উপরন্তু, তিনি "লাল কেল্লার একটি অনানুষ্ঠানিক বিচারে দাবি করেছিলেন যে নেতাজির ব্যক্তিগত সচিব মাসাইয়োশি কাকিৎসুবোও (জাপানি) একজন যুদ্ধাপরাধী ছিলেন।"

3. ইন্দিরা খান গান্ধীও একজন অপরাধী ছিলেন তার পিতা নেহেরুর পরামর্শ অনুযায়ী তিনি মাসাইয়োশি কাকিতসুবোকে একজন যুদ্ধাপরাধী ভেবেছিলেন। তিনি 1976 সালে 23 জানুয়ারী 1977-এ কলকাতায় "নেতাজি রিসার্চ ব্যুরো"-তে তাঁর বক্তৃতা দেওয়ার জন্য তাকে ভিসা দেননি।

4. প্রয়াত প্রণব মুখার্জি, কংগ্রেস দলের রাজনৈতিক নেতা, ভারতের প্রাক্তন রাষ্ট্রপতি ও "চাণক্য", "নেতাজিকে গুম্নামি বাবা বলে অপমান করার জন্য একজন শীর্ষ অপরাধী ছিলেন।" তিনি জাপানের টোকিওর রেনকোজি মন্দির থেকে নেতাজির চিতাভস্ম ভারতে ফিরিয়ে আনতে না দেওয়ার জন্য দায়ী।

5. মনোজ কুমার মুখার্জি, মূলত আসানসোলের বাসিন্দা, একজন ভারতীয় আইনজ্ঞ ছিলেন। তিনি বোম্বে হাইকোর্ট এবং এলাহাবাদ হাইকোর্টের প্রধান বিচারপতি এবং ভারতের সুপ্রিম কোর্টের প্রাক্তন বিচারপতি হিসেবে দায়িত্ব পালন করেন। তিনি মুখার্জি কমিশনের প্রধান ছিলেন। কিন্তু নেতাজির মৃত্যু রহস্য উদঘাটনে তিনি তার দায়িত্ব নিষ্ঠার সাথে পালন করেননি। শুধুমাত্র অবসর গ্রহণের পর, তিনি ছয় বছর ধরে আমাদের জনসাধারণের টাকায় বিদেশ ভ্রমণ উপভোগ করেছেন।

কংগ্রেসের রাজনৈতিক নেতাদের সঙ্গেও তাঁর খুব ঘনিষ্ঠ যোগাযোগ ছিল, সম্ভবত প্রণব মুখোপাধ্যায় তাঁর আত্মীয় ছিলেন।

আমার জানাতে, তিনি টোকিওর রেনকোজি মন্দিরে রাখা নেতাজির আত্মাকে অবমাননা করার জন্যও দোষী ছিলেন। এমনকি বৈজ্ঞানিক প্রমাণের একক প্রমাণের অভাবে তিনি নেতাজিকে "ফৈজাবাদের গুমনামি বাবা" বানাতে গুরুত্বপূর্ণ ভূমিকা পালন করেছিলেন।

বিজ্ঞান ও প্রযুক্তির আধুনিক ব্যবহারিক জ্ঞান ছাড়াই মুখার্জি ছিলেন 'মুর্খজী', যথাযথ যাচাই-বাছাই ছাড়া তিনি কী করে বলতে পারেন যে কোনো বিমান দুর্ঘটনা ঘটেনি? কেন মনোজ মুখোপাধ্যায় নেতাজির মৃত্যু নিয়ে তার রিপোর্ট চূড়ান্ত করেননি "কবে, কোথায়, কীভাবে নেতাজি মারা যান?"

মার্কিন ইতিহাসবিদ অধ্যাপক গর্ডন মনোজ মুখোপাধ্যায়কে বোবা বলে দাবি করেছেন।

6.  শ্রীজিৎ মুখোপাধ্যায়, একজন অর্থনীতিবিদ এবং চলচ্চিত্র পরিচালক, আমাদের সর্বশ্রেষ্ঠ স্বাধীনতা সংগ্রামী এবং বীরের সমস্ত মৌলিক নীতি লঙ্ঘন করে তার চলচ্চিত্র "গুমনাম"-এ নেতাজিকে গুম্মানমি বাবা বলে অপমান করার জন্য একজন অপরাধী। প্রকৃত পরোক্ষ যুদ্ধাপরাধী গান্ধী ও নেহেরু আমাদের স্বাধীনতা দেয়নি, নেতাজি এবং আই.এন.এ দিয়েছে, কারণ এখন সত্য ঘটনা সামনে এসেছে।

7.  সুব্রত মুখোপাধ্যায়, একজন কংগ্রেস পার্টির নেতা এবং একজন টি.এম.সি নেতাও নেতাজিকে 23 জানুয়ারী 1977-এ কাকিতসুবো-এর বক্তৃতায় যোগদান করার কারণে কোনও উপযুক্ত পদক্ষেপ না নিয়ে নেতাজিকে হেয় করার জন্যও দায়ী ছিলেন।

৪.  নেতাজিকে "তোজো কো কুত্তা" বলে অপমান করার জন্য জ্যোতি বসু সহ কমিউনিস্ট পার্টির সদস্য ও নেতারা দায়ী ছিলেন।

9.  নেতাজি গবেষক-প্রাক্তন সাংবাদিক অনুজ ধর নয়াদিল্লির একজন ভারতীয় প্রকাশকের কাছ থেকে ফৈজাবাদে গুমনামি বাবা হিসেবে নেতাজিকে তুলে ধরে পাঁচ বা ছয়টি মানহানিকর বই লিখেছেন। আমি নিশ্চিত যে নেতাজির মানহানি করার জন্য ভারতের কংগ্রেস পার্টির সাথে তার সংযোগ রয়েছে/ছিল, তিনি নেহরুর জেনেটিক, একজন মনা পাঞ্জাবি এবং তার দাদু ব্রিটিশ ভারতীয় সেনাবাহিনীতে ছিলেন, যিনি দ্বিতীয় বিশ্বযুদ্ধে নেতাজি এবং আই.এন.এর বিরুদ্ধে লড়াই করেছিলেন।

10. চন্দ্রচূড় ঘোষ, স্বৈরাচার ও কপিরাইট লঙ্ঘনকারী অপরাধী, নেতাজিকে নিয়ে দ্বিতীয় বিশ্বযুদ্ধের ইতিহাসের বিকৃতি করতে গবেষক হিসাবে দাবি করেন। ফৈজাবাদে মহান দেশপ্রেমিক নেতাজিকে গুমনামি বাবা বলে অপমান করার মতো তার কোনো নৈতিক চরিত্র নেই।

11. ডঃ পূরবী রায়, ডঃ জি ডি বক্সী, ডঃ সুব্রহ্মণ্যম স্বামী, ডঃ জয়ন্ত চৌধুরী, মিঃ কেশব ভট্টাচার্য, প্রফেসর কপিল কুমার, ডা: মধুসদন পাল এমন কয়েকজন নেতাজী গবেষক যারা কোন প্রমাণ ছাড়াই নেতাজীকে নিয়ে অনেক মানহানিমূলক বই লিখেছেন। এনারা ষড়যন্ত্র তত্ত্ব এবং বলা ও শোনার (Hear-say) উপর ভিত্তি করে ভারতীয়দের বোকা বানাতে নিজের মনোমতো বই লিখেছেন।

12. ডঃ সুগত বোস, একজন ইতিহাসবিদ, হার্ভার্ড বিশ্ববিদ্যালয়ের অধ্যাপক, প্রাক্তন টি.এম.সি নেতা এবং কলকাতায় নেতাজি রিসার্চ ব্যুরোর পরিচালক, 1957 সাল থেকে তার পিতা শিশির কুমার বোসের মাধ্যমে "নেতাজির অন্তর্ধানের রহস্য অনুসন্ধান" নামে NGO করে ব্যবসা করছেন। এই ব্যুরো নেতাজির দ্বিতীয় শত্রু এবং সুগত বোস এখন একজন কপিরাইট লঙ্ঘনকারী-কাম-অপরাধী।

13. পশ্চিমবঙ্গের মুখ্যমন্ত্রী মমতা বন্দ্যোপাধ্যায়ও ভারতের কংগ্রেস দলের মতো নেতাজিকে হেয় করতে ব্যস্ত, কারণ তিনি মূলত কংগ্রেস দল থেকে নুতন দল তৃণমূল কংগ্রেস গড়েছেন।

14. আরও অনেক ব্যক্তি আছেন যারা নেতাজিকে অপমান করতে নিযুক্ত আছেন এবং আমি আমার বইতে তাদের নাম প্রকাশ করতে চাই না। কিন্তু সাক্ষ্য-প্রমাণসহ কলকাতা, নয়াদিল্লি, মুম্বাই, হায়দরাবাদ, রাজস্থান ও পুনের পুলিশ কমিশনারদের কাছে নাম দেওয়া হয়েছে।

সমস্ত ভারতীয়কে আমার ইউটিউব চ্যানেল "GORACHAND GHOSH" সাবস্ক্রাইব করার জন্য অনুরোধ করা হচ্ছে প্রধানত দ্বিতীয় বিশ্বযুদ্ধে নেতাজির ইতিহাস জানতে।

এই ইউটিউবটি ভারতীয় শীর্ষস্থানীয় কপিরাইট লঙ্ঘনকারী-সহ-অপরাধী অনুজ ধরের বিরুদ্ধে তৈরি করেছি যিনি 2001 সাল থেকে নেতাজিকে নেতাজির অনুভূতি ব্যবহার করে ভারতীয়দের বোকা ও লুট করতে নেতাজিকে গুমনামি বাবা হিসাবে অপমান করতে নিযুক্ত রয়েছেন। এই ইউটিউবটি 19 ডিসেম্বর 2021-এ তৈরি করা হয়েছে।

ইউটিউবের লিংক হল: <u>https://www.youtube.com/watch?v=p3pLp7TJUw4</u>

Copyright Violation by Anuj Dhar of Mission Netaji at New Delhi

18/19 সেপ্টেম্বর 2017-এ প্রকাশিত অ্যামাজন ইবুক থেকে NP-31 এবং NP-15 ছবিগুলি চুরি ও ক্রপিং করার পর ব্যবহার করে জয়শ্রী প্রকাশনের লেখক দীপঙ্কর ঘোষ এবং মালিক বিজয় কে নাগের কপিরাইট লঙ্ঘন এবং অপরাধমূলক কার্যকলাপ। অপরাধী অনুজ ধরের কাছ থেকে হয়তো তারা দুটি ছবিই পেয়েছে।

নেতাজির জন্য ভারত স্বাধীন

# সপ্তম অধ্যায়

## নেহেরুর বংশ এবং দ্বিতীয় বিশ্বযুদ্ধের সময় গান্ধী

### 1942 এর আগের জীবন

1988 সালে, আমি আমার এক সহকর্মী যার বাবা এলাহাবাদ হাইকোর্টের আইনজীবী ছিলেন, তার কাছ থেকে শুনেছিলাম, নেহেরু এলাহাবাদের নৈনি সেতুর কাছে 'মীর গঞ্জ' এ একটি প্রস কোয়ার্টারে জন্মগ্রহণ করেছিলেন। তাকে মতিলাল নেহেরু দত্তক নিয়েছিলেন এবং তিনি একজন মুসলিম বালক। এটি সম্প্রতি প্রাপ্ত একটি প্রতিবেদনের সাথে যাচাই [34] করা হয়েছে। কোনও স্কুলে তাকে প্রাথমিক শিক্ষা দেওয়া হয়নি। তিনি ছোটবেলা থেকেই বাড়িতে ব্রিটিশ সংস্কৃতি এবং শিক্ষার উপযুক্ত রীতিনীতি শিখেছিলেন; যেহেতু মতিলালও একজন মুসলিম ব্যক্তি ছিলেন তবে ব্রিটিশরা সেই সময়কালে মুসলমানদের ঘৃণা করার কারণে তিনি স্থানীয়ভাবে 'হিন্দু' হিসাবে দেখিয়েছিলেন/আচরণ করেছিলেন। আই.সি.এস (ICS) অফিসার হওয়ার জন্য তাঁর বাবা তাকে ইংল্যান্ডে প্রেরণ করেছিলেন। সুতরাং, 1907 সালে তিনি কেমব্রিজ বিশ্ববিদ্যালয়ে ভর্তি হন। কিন্তু তিনি গণিত ও বিজ্ঞানে ফেল করেছিলেন। শুধুমাত্র তিনি ননএক্যাডেমিক কার্যকলাপে ব্যস্ত ছিলেন [39] যেমন সাদা মেয়েদের সাথে ক্লাবিং, মাতালামি করা এবং মিশে যাওয়ার মতো ঘটনা যেমন আমরা এখনও দেখছি ভারতীয় ধনী বাবা-মা থেকে উন্নত দেশগুলিতে আসা কয়েকটি ছেলের ক্ষেত্রে। যদিও দাবি হিসাবে তিনি আইনে স্নাতক ডিগ্রি পাস করেছেন তবে কে তা যাচাই করবে, যেহেতু তিনি এমন কোন একাডেমিক বা অন্য কোন পেশায় ছিলেন না যার জন্য আইন প্রশংসাপত্রের প্রয়োজন হয়।

অন্যদিকে, আফ্রিকা থেকে ফিরে গান্ধীর নেতৃত্বে অন্যান্য ভারতীয়দের দ্বারা নির্মিত স্বাধীনতা আন্দোলনে যোগ দিয়ে তিনি এই সুযোগটি গ্রহণ করেছিলেন। যদিও তিনি সেখানে আফ্রিকার স্বাধীনতার জন্য লড়াই করছিলেন না তবে সেখানে ব্রিটিশ শাসনকে সমর্থন করেছিলেন। মঞ্চে গান্ধীর আগমন ভারতের স্বাধীনতা আন্দোলনকে উদ্বুদ্ধ করেছিল। 1900 এর দশকের গোড়ার দিকে, ভারতীয় নেতারা 1920 এর দশকে ব্রিটিশদের উৎখাত করার দিকে তাকিয়ে ছিলেন। তবে তিনি ব্রিটিশ শাসনকে সমর্থন করেছিলেন আরও তরুণ ছেলেদের ব্রিটিশ সেনা হিসাবে এক লক্ষ থেকে আড়াই লক্ষ সংখ্যক নিয়োগের মাধ্যমে এবং দ্বিতীয় বিশ্বযুদ্ধে ব্রিটিশদের পক্ষে সমর্থন করেছিলেন। পরবর্তী পৃষ্ঠার ছবি দেখে যে কোনও বুদ্ধিজীবী অনুমান করতে পারেন, ব্রিটিশ রাজ/শাসকের সাথে তাঁর মানসিকতা কেমন ছিল। তিনি মোটেও ভারতের আসল মুক্তিযোদ্ধা ছিলেন না। তিনি নেতাজি দ্বারা বপন করা আই.এন.এর ফল খাওয়ার মধ্যে এবং গণতন্ত্রকে লঙ্ঘন করে আমাদের বৃহত্তর ভারত মাতাকে বিভক্ত করেছিলেন। গান্ধীও নেহরুর মতোই ইংল্যান্ড থেকে তাঁর আইন ডিগ্রি করেছিলেন। কমিউনিস্ট নেতা, জ্যোতি বসুও একজন ধনী ব্যক্তির ছেলে ইংল্যান্ডে আইন অধ্যয়ন করতে গিয়ে নেহেরুর সাথে বন্ধুত্ব করার জন্য

219

সেখানে গিয়েছিলেন ও ভারতীয় ছাত্র এবং কিছু সাদা মেয়েদের সাথে অনেক পার্টি করেছিলেন। দুজনেই সেখানে প্রায়শই দেখা করতেন এবং ভারতে রাজনীতি কীভাবে করবেন তা পরিকল্পনা করেছিলেন। ভাগ্যক্রমে, বসু একজন মুক্তিযোদ্ধা হিসাবে দাবি করেননি এবং তিনি নেতাজিকে মোটেও পছন্দ করেন নি। তবে কমিউনিস্ট পার্টি (সিপিআই/সিপিএম) দাবি করেছে যে নেতাজি 'তোজোর কুকুর' বা "তোজো কো কুত্তা"।

যেমনটি আমরা শুনেছি 1936 সালে নেহেরু তাঁর স্ত্রী কমলার চিকিৎসার জন্য সুইজারল্যান্ডে গিয়েছিলেন এবং তার প্রথম সুইস ব্যাঙ্ক অ্যাকাউন্ট খোলা হয়েছিল। তারপরে তিনি বার্লিনে গিয়ে নেতাজির সাথে দেখা করলেন, যখন তাকে ব্রিটিশরা নির্বাসন দিয়েছিল। কয়েক বছর পরে, ইন্দিরার নামটি যৌথ অ্যাকাউন্টধারক হিসাবে অন্তর্ভুক্ত হয়েছিল যখন সে সুইজারল্যান্ডের লুসান স্কুলে পড়াশোনা করেছিল, কিন্তু তিনি তার পড়াশুনায় ব্যর্থ হন। একই ব্যাংক অ্যাকাউন্টটি উত্তরাধিকার সূত্রে রাজীব এবং এখন সনিয়া/রাহুলের অধীনে। তাদের 'লাইসেন্স রাজ' কমিশন প্রক্রিয়া, কেলেঙ্কারি, এবং 'আজাদ হিন্দ ব্যাংক' লুটপাটের একটি অংশের মাধ্যমে আমাদের মাদার ইন্ডিয়া লুট করে তাদের কয়েক হাজার মিলিয়ন ডলার ছিল/আছে। নেহেরু দ্বারা 'ব্রিটিশ রাজ' মুছে ফেলার মাধ্যমে 'লাইসেন্স রাজ' প্রবর্তন করা হয়েছিল যা সবাই জানেন। ওয়ার্ল্ড ওয়াইড ওয়েবে আধুনিক প্রতিবেদনে বলা হয়েছে যে তিনি বাবরের বংশধর ছিলেন। ব্রিটিশদের পরে নেহেরু ভারতকে লুট করেছিলেন।

গান্ধী ও নেহরু গণতন্ত্রকে মোটেই অনুসরণ করেন নি। কংগ্রেস দলের গণতান্ত্রিকভাবে নির্বাচিত রাষ্ট্রপতি সভাষ চন্দ্র বোস কীভাবে 1939 সালে পদত্যাগ করতে বাধ্য হন? তারপরে তিনি আমাদের মাদার ইন্ডিয়া ছেড়ে যেতে বাধ্য হন, অন্যথায় কংগ্রেস এবং ব্রিটিশ রাজ তাকে হত্যা করার পরিকল্পনা ছিল। ব্রিটিশ ভারতের স্বাধীনতার জন্য গান্ধী ও নেহরুকে বিপ্লবীদের বিরুদ্ধে 'হিউম্যান ফায়ার ওয়াল' হিসাবে ব্যবহার করেছিল।

ডঃ গোরাচাঁদ ঘোষ

ইন্দিরা গান্ধী 1917 সালের 19 নভেম্বর এলাহাবাদে (বর্তমানে প্রয়াগরাজ) জন্মগ্রহণ করেছিলেন। তার বাবার মতোই তাকেও বাড়িতে পড়তে হয়েছিল এবং কোনও স্কুলে ভর্তি করা হয়নি। তবে তার উইকিপিডিয়ায় সমাজকে বহনকারী স্বচ্ছ তথ্যের আধুনিক দিনে বিশ্বকে বোকা বানানোর জন্য অনেক বিভ্রান্তিকর গল্প রয়েছে।

ইন্দিরা প্রিয়দর্শিনী নেহেরু বংশে অনৈতিকতা স্থাপন করেছিলেন। বুদ্ধিজীবী ইন্দিরাকে অক্সফোর্ড বিশ্ববিদ্যালয়ে ভর্তি করা হয়েছিল কিন্তু অ-কর্মক্ষমতার জন্য সেখান থেকে তাড়িয়ে দেওয়া হয়েছিল। এরপরে তাকে শান্তিনিকেতনে বিশ্বভারতী বিশ্ববিদ্যালয়ে ভর্তি করা হয়েছিল, কিন্তু গুরুদেব রবীন্দ্রনাথ ঠাকুর তার খারাপ আচরণের জন্য তাকে তাড়িয়ে দিয়েছিলেন [40]। শান্তিনিকেতন থেকে বিতাড়িত হওয়ার পরে বাবা রাজনীতিতে ব্যস্ত থাকায় এবং মা সুইজারল্যান্ডে যক্ষ্মায় মারা যাচ্ছিলেন বলে ইন্দিরা একাকী হয়ে পড়েছিলেন। তার একাকীত্বের সাথে খেলতে, নবাব খান নামের মুদির ছেলে ফিরোজ খান, যিনি এলাহাবাদে মতিলাল নেহেরুর বাড়িতে মদ ইত্যাদি সরবরাহ করেছিলেন, তার নিকটবর্তী হতে পেরেছিলেন। তৎকালীন মহারাষ্ট্রের রাজ্যপাল, ড: শ্রীপ্রকাশ নেহরুকে সতর্ক করেছিলেন, ইন্দিরার ফিরোজ খানের সাথে অবৈধ সম্পর্ক নিয়ে।

ফিরোজ খান তখন ইংল্যান্ডে ছিলেন এবং তিনি ইন্দিরার প্রতি যথেষ্ট সহানুভূতিশীল ছিলেন। শীঘ্রই তিনি তার ধর্ম পরিবর্তন করেছিলেন, একজন মুসলিম মহিলা হয়েছিলেন এবং লন্ডনের একটি মসজিদে ফিরোজ খানকে বিয়ে করেছিলেন। ইন্দিরা প্রিয়দর্শিনী নেহেরু তার নাম পরিবর্তন করে মাইমুনা বেগম রাখেন। তাঁর মা কমলা নেহেরু সেই বিয়ের সম্পূর্ণ বিরোধী ছিলেন। নেহেরু ইন্দিরার মুসলমান হিসাবে ধর্মান্তরিত হওয়ার কারণে খুশি নন যা তার ভবিষ্যত নেহেরুর স্বপ্ন প্রধানমন্ত্রী হওয়ার সম্ভাবনা বিপর্যস্ত করবে [39]। আমরা আমাদের ছাত্র জীবনে এই গল্পটি স্কুলে পড়েছিলাম কারণ তাঁর নাম ছিল ফিরোজ খান। যাই হোক, এই নেহেরুর বংশ আজও সমগ্র বিশ্বকে বোকা বানিয়ে চলেছে স্বচ্ছ 'আন্তর্জাতিক তথ্য বহনকারী সোসাইটির' আধুনিক দিবসগুলি 'অভিসারিকাস' হিসাবে লেখক 1990 [41-43] এই নামটির দাবি করেছিলেন, যা প্রাচীন যুগে শ্রী কৃষ্ণ-র সময় পাওয়া যেত।

ফিরোজ খান এখন ওয়েবসাইটে ফিরোজ জাহাঙ্গীর ঘান্দি হিসাবে প্রদর্শিত হয়েছে [44] এবং তিনি দুটি পত্রিকার লখনউয়ের 'দ্য ন্যাশনাল হেরাল্ড অ্যান্ড দ্য নবজীবন', সম্পাদক-কাম-প্রকাশক এবং মালিক ছিলেন; তাঁর শ্বশুর, শাশুড়ী এবং তাঁর স্ত্রীর মতো কোনও বাস্তব শিক্ষাগত যোগ্যতা ছিল না; তবে তারা ভারতীয়দের বোকা বানাতে অনেক শিক্ষাগত যোগ্যতার দাবি করেছিল। কে তা যাচাই করবে?

ঠিক তেমনি পশ্চিমবঙ্গে আজও অনেক বোগাস চিকিৎসক রয়েছেন। কিন্তু তারা আমাদের ভারত মাকে ধোকা দিতে খুব চালাক ও বুদ্ধিমান ছিল। ইন্ডিয়ানদের বোকা বানানোর জন্য নেহেরু এবং গান্ধী এলাহাবাদের এক আদালতে একটি 'হলফনামা' দিয়ে খান/ঘান্দির থেকে ছেলের নাম গান্ধী রাখার ষড়যন্ত্র করেছিলেন। শুনেছি জ্যোতি বসু হলফনামায় স্বাক্ষর করেছিলেন। এরপরে ১৯৪২ সালের ১৬ মার্চ আনন্দ ভবনে একটি বিবাহ অনুষ্ঠানের আয়োজন করা হয়েছিল (এর আগে বিচারপতি সৈয়দ মেহমুদের নামে 'মেহমুদ/ইশরাত মঞ্জিল' নামকরণ

করা হয়েছিল) হিন্দুদের আবারও ভারতীয়দের ঠকানো ও বোকা বানানোর জন্য এবং প্রতিবেদনটি প্রকাশ করা হয়েছিল তাদের মালিকানাধীন দুটি সংবাদপত্রের জন্য দুর্দান্ত খবর।

একটি মসজিদে লন্ডনে বিয়ে      হিন্দু রীতিতে এলাহাবাদে বিবাহ

## গান্ধী এবং নেহরুর সহায়তায় ভারতীয় সেনা নিয়োগ ড্রাইভ

www.nationalarchives.gov.uk/education/resources/the-road-towww.nationalarchives.gov-partition/indian-army-recruitment-1939-1944/

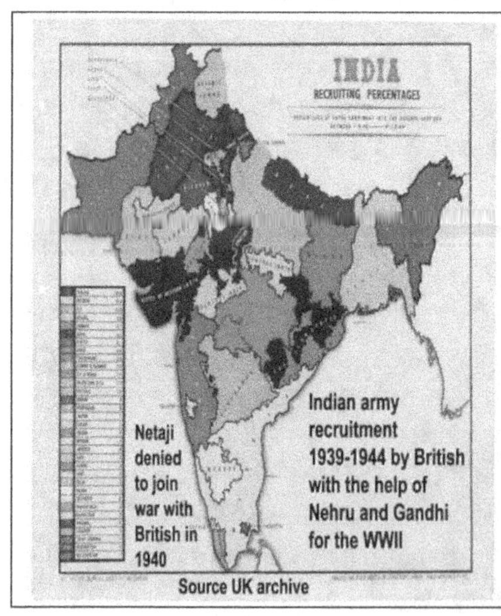


ব্রিটিশ ভারতের বিভিন্ন অঞ্চল এবং রাজ্য থেকে ভারতীয় সেনাবাহিনীতে নিয়োগের শতাংশ দেখানো মানচিত্র। সর্বোচ্চ শতাংশ আসে পাঞ্জাব (25.5%) এবং মাদ্রাজ (18.4%) থেকে। বেশিরভাগ প্রদেশে নিয়োগ এক শতাংশেরও কম। এই ওয়েবসাইট থেকে 'The Road to Partition 1939-1947'; 'দুটি নতুন দেশের সহিংস সৃষ্টি' জানতে অনুগ্রহ করে উপরের লিঙ্কে জাতীয় আর্কাইভগুলি পড়ুন; সেই সময়ের গান্ধী এবং নেহেরুকে বোঝার জন্য; দ্বিতীয় বিশ্বযুদ্ধে ব্রিটিশ ভারতীয় সেনাবাহিনী "গান্ধী, নেহেরু এবং আজাদ" ব্রিগেড হিসাবে এটির নামকরণ করা হয়েছিল সিঙ্গাপুর এবং আন্দামান ও নিকোবর দ্বীপপুঞ্জে জাপানি বাহিনীর বিরুদ্ধে যুদ্ধের জন্য।

ডঃ গোরাচাঁদ ঘোষ

## 1942-1947 সাল থেকে নেহরুর জীবন

1942 থেকে 1945 সাল পর্যন্ত দ্বিতীয় বিশ্বযুদ্ধের সময়কালে নেহরুর প্রেমের জীবন।

ব্রিটিশ ভারতীয় বাহিনীর কমান্ডার লর্ড লুই মাউন্টব্যাটেন, নেতাজি সুভাষ চন্দ্র বসুর নেতৃত্বে আই এন এ এবং জাপানি বাহিনীর বিরুদ্ধে দক্ষিণ-পূর্ব এশিয়ার, বার্মা, মণিপুর এবং আসাম জুড়ে যুদ্ধ করছিলেন।

অন্যদিকে, ইন্দিরার বিয়ের পর, নেহরু লেডি এডউইনা মাউন্টব্যাটেনের সাথে প্রেম এবং বন্ধনে ব্যস্ত ছিলেন কারণ তিনিও দিল্লিতে একা থাকতেন। কিছু ভাল ছবি ও ঘটনা দাবি করতে পারে এবং আমরা মানুষ হিসাবে সেই রোমান্টিক অবস্থা অনুভব করতে পারি। যেহেতু লর্ড লুই মাউন্টব্যাটেনের প্রেম জীবন ধ্বংস হয়ে গিয়েছিল এবং সে কারণেই তিনি যুদ্ধের সময় ভারতকে ভাগ করার পরিকল্পনা করেছিলেন।

যুদ্ধের পর, নেহরুর নেতৃত্বে ব্রিটিশ রাজ এবং কংগ্রেস পার্টি নেতাজি ও তার ব্যক্তিগত সচিবকে যুদ্ধাপরাধী বানানোর কাজে নিয়োজিত হয়। যদিও নেতাজি বিমান দুর্ঘটনায় মারা যান এবং নেহরু ও লর্ড লুই মাউন্টব্যাটেন উভয়েই এই সত্যটি জানতেন, কিন্তু তারা আমাদের ভারত মাতা এবং ব্রিটিশ পার্লামেন্টকে দেশভাগের জন্য বিভ্রান্ত করেছিলেন, এটি নেতাজির পরিকল্পনা ছিল না।

যেহেতু আমি এই বইয়ে উল্লেখিত অনেক দলিলও পড়েছি। গান্ধী কেন নেহেরুকে ভারতের প্রথম প্রধানমন্ত্রী হিসেবে নির্বাচিত না করে মনোনীত করেছিল? গান্ধী একজন দুর্নীতিবাজ, প্রতিহিংসাপরায়ণ এবং পরোক্ষ মানুষ হত্যাকারী ছিলেন।

ছবিতে, নেহেরু এবং জিন্নাহ 1946 সালে সিমলায় এই দুই ভাইয়ের দ্বারা ভারতকে ভাগ করে শাসন করার পরিকল্পনা করছেন যখন তারা জানতেন নেতাজিকে হত্যা করা হয়েছে। দুজন সুদর্শন মুসলিম পুরুষ লন্ডনে পড়াশোনা করেছেন। গান্ধী যদি জিন্নাহকে প্রধানমন্ত্রী হিসেবে বেছে নিতে পারতেন, তাহলে সম্ভাবনা ছিল, ভারতমাতা বিভক্ত হতো না এবং 1946 সাল থেকে ভারতে কোনো দাঙ্গা লাগতো না ।

**ভারতে দাঙ্গা** 1946

ডাইরেক্ট অ্যাকশন ডে (16 আগস্ট 1946), যা গ্রেট ক্যালকাটা মার্ডারস নামেও পরিচিত, এটি ছিল ব্রিটিশ ভারতের বাংলা প্রদেশের ক্যালকাটা শহরে (বর্তমানে কলকাতা নামে পরিচিত) হিন্দু ও মুসলমানদের মধ্যে ব্যাপক দাঙ্গা ও হত্যার সময়। এই দিনটি লং নাইফের সপ্তাহ নামেও পরিচিত।

কলকাতা দাঙ্গা. মুসলিম লীগ কাউন্সিল কর্তৃক ব্রিটিশ এবং কংগ্রেস উভয়ের কাছেই মুসলিম অনুভূতির শক্তি দেখানোর জন্য 'সরাসরি পদক্ষেপ' ঘোষণা করা হয়েছিল কারণ মুসলমানরা আশঙ্কা করেছিল যে যদি ব্রিটিশরা কেবল প্রত্যাহার করে তবে মুসলমানরা নিশ্চিতভাবে একজনের হাতে থাকবে। অপ্রতিরোধ্য সংখ্যাগরিষ্ঠ, ক্ষতিগ্রস্ত হবে, ফলাফল হল যে 17 সেপ্টেম্বর

1946 [45] ব্রিটিশ ভারত সর্বাধিক সংখ্যক সাম্প্রদায়িক দাঙ্গা প্রত্যক্ষ করে এবং কমপক্ষে 7 হাজার থেকে 10 হাজার মুসলমান ও হিন্দু নিহত হয়।

এই সময়ে, ভারতীয় স্বাধীনতা আন্দোলন একটি সিদ্ধান্তমূলক পর্যায়ে পৌঁছেছিল যখন ব্রিটিশ প্রধানমন্ত্রী ক্লিমেন্ট অ্যাটলি ব্রিটিশ রাজ থেকে ভারতীয় নেতৃত্বের কাছে রাজের ক্ষমতা হস্তান্তরের পরিকল্পনা নিয়ে আলোচনা ও চূড়ান্ত করার জন্য তিন সদস্যের একটি মন্ত্রিপরিষদ মিশন ভারতে পাঠান। কিছু ছবি দেখানো হয়েছে এই হত্যাকাণ্ডের পর, সেপ্টেম্বর-অক্টোবর 1946 সালে, আরেকটি গণহত্যা হয়েছিল।

নোয়াখালীতে ৫ হাজারের বেশি হিন্দুকে হত্যা করা হয়। মুসলিম সম্প্রদায় [46] হিন্দু সম্প্রদায়ের উপর আক্রমণ ও অর্থ লুট করে এবং জোরপূর্বক হিন্দুদের মুসলমানে পরিণত করে। কিছু ত্রাণ শিবিরে 50 হাজার থেকে 75 হাজারেরও বেশি লোক আশ্রয় নিয়েছে। কিছু ছবি এখানে দেখানো হয়েছে। বিহারে [47] 24 অক্টোবর থেকে 11 নভেম্বর 1946 সাল পর্যন্ত সাম্প্রদায়িক দাঙ্গা সংঘটিত হয়েছিল, যেখানে হিন্দু পরিবারগুলি মুসলিম পরিবারগুলিকে টার্গেট করেছিল।

সেই বছরের শুরুতে দ্য গ্রেট ক্যালকাটা কিলিং এবং সেইসাথে নোয়াখালী দাঙ্গার মাধ্যমে দাঙ্গার সূত্রপাত হয়। গান্ধী ঘোষণা করেছিলেন যে দাঙ্গা বন্ধ না হলে তিনি আমরণ অনশনে যাবেন। দাঙ্গাগুলি ছিল সাম্প্রদায়িক সহিংসতার একটি ধারাবাহিকের অংশ যা ভারত ভাগের দিকে পরিচালিত করেছিল। কিছু ছবি পাশে দেখানো হয়েছে.

ভারত বিভাজন ছিল 1947 সালে ব্রিটিশ ভারতের বিভাজন, যেখানে দুটি স্বাধীন অধিরাজ্য ভারত ও পাকিস্তানের সৃষ্টি হয়। ভারতের ডোমিনিয়ন আজ ভারত প্রজাতন্ত্র, এবং পশ্চিম পাকিস্তানের অধিরাজ্য আজ ইসলামিক প্রজাতন্ত্র পাকিস্তান এবং পূর্ব পাকিস্তানের অধিরাজ্য আজ গণপ্রজাতন্ত্রী বাংলাদেশ।

দেশভাগের ফলে বাংলা ও পাঞ্জাব দুই প্রদেশে বিভক্ত হয়। ১৯৪৭ সালের ১৪-১৫ আগস্ট মধ্যরাতে পাকিস্তান ও ভারত দুটি স্বশাসিত দেশ আইনত অস্তিত্ব লাভ করে।

ধর্মীয় ভিত্তিতে 10 থেকে 12 মিলিয়ন মানুষের মধ্যে বিভাজন [48], নবগঠিত আধিপত্যে একটি বিশাল উদ্বাস্তু সংকট তৈরি করে; দেশভাগের সাথে বা তার আগে প্রাণহানির অনুমানে ব্যাপক হারে সহিংসতা ঘটেছে।

## নোয়াখালী, বিহার ও কলকাতা দাঙ্গা

0.2 মিলিয়ন থেকে 2.0 মিলিয়ন মানুষ (হিন্দু শিখ এবং মুসলিম) নিহত এবং আহত হয়েছিল। কিছু ছবি এখানে দেখানো হয়. গান্ধী নোয়াখালী মার্চ, 1947 সালে হিন্দুদের সতর্ক করেছিলেন; নোয়াখালী ছাড়ো নতুবা মরো।

## নোয়াখালীতে গান্ধী ও জিন্নাহ:

গোটা ব্রিটিশ ভারতে মুসলিম, শিখ ও হিন্দু ধর্মের এত মানুষের গণহত্যা ও গণহত্যার জন্য গান্ধী দায়ী ছিলেন। সেই সত্যের কারণে, নোবেল কমিটি তাকে মরণোত্তর নোবেল শান্তি পুরস্কারে ভূষিত করেনি, যেমনটি আমরা সবাই জানি।

ডঃ গোরাচাঁদ ঘোষ

# ভারতের প্রথম প্রধানমন্ত্রী হিসেবে নেহরুকে বেছে নেওয়া

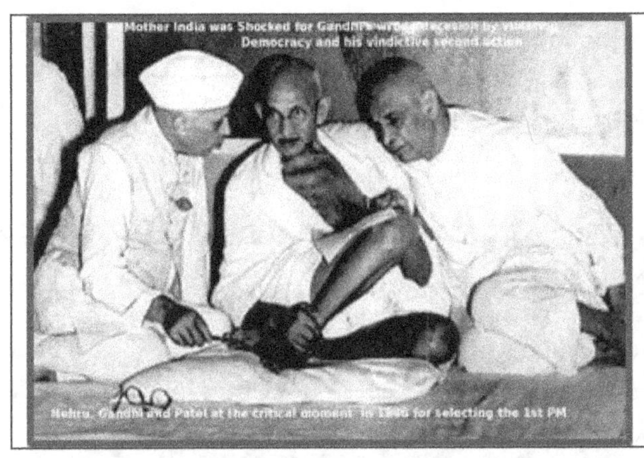


প্যাটেলের পরিবর্তে গান্ধী কেন নেহরুকে ভারতের প্রথম প্রধানমন্ত্রী হিসেবে বেছে নিয়েছিলেন? কংগ্রেস সভাপতি পদের জন্য মনোনয়নের শেষ তারিখ, এবং এইভাবে ভারতের প্রথম প্রধানমন্ত্রী, 29 এপ্রিল, 1946 ছিল। এব 15টি রাজ্য/আঞ্চলিক কংগ্রেস কমিটি দ্বারা মনোনয়ন দেওয়ার কথা ছিল। কংগ্রেস সভাপতি হিসাবে নেহরুর জন্য গান্ধীর বিখ্যাত পছন্দ সত্ত্বেও, নেহরু নামে একটি কংগ্রেস কমিটিও নেই। বিপরীতে, 15টি কংগ্রেস কমিটির মধ্যে 12টি সর্দার বল্লভভাই প্যাটেলকে মনোনীত করেছিল। বাকি তিনটি কংগ্রেস কমিটি কোনো সংস্থার নাম মনোনীত করেনি। স্পষ্টতই, বিপুল সংখ্যাগরিষ্ঠতা ছিল সর্দার প্যাটেলের পক্ষে।

মহাত্মা গান্ধীর জন্যও এটা একটা চ্যালেঞ্জ ছিল। কংগ্রেস ওয়ার্কিং কমিটির (সি ডব্লিউ সি) সদস্যদের কাছ থেকে সম্পূর্ণরূপে জেনে থাকা সত্ত্বেও তিনি আচার্য জেবি ক্রিপলানিকে নেহরুর পক্ষে কিছু প্রস্তাবক বলেছেন যে শুধুমাত্র প্রদেশ কংগ্রেস কমিটি সভাপতি মনোনীত করার জন্য অনুমোদিত। গান্ধীর ইচ্ছার পরিপ্রেক্ষিতে, ক্রিপলানি CWC-এর কিছু সদস্যকে পার্টির সভাপতির জন্য নেহরুর নাম প্রস্তাব করতে রাজি করান।

গান্ধী যে এই প্রথার অনৈতিকতা সম্পর্কে সচেতন ছিলেন না তা নয়। তিনি সম্পূর্ণরূপে উপলব্ধি করেছিলেন যে তিনি যা আনতে চেয়েছিলেন তা ভুল এবং সম্পূর্ণ অন্যায়। আসলে তিনি নেহরুকে বাস্তবতা বোঝানোর চেষ্টা করেছিলেন। তিনি নেহরুকে বলেছিলেন যে কোনও পিসিসি তার নাম মনোনীত করেনি এবং কেবলমাত্র কয়েকজন সিডব্লিউসি সদস্য তাকে মনোনীত করেছেন। একজন আত্মবিশ্বিত নেহরু নিরুৎসাহিত হয়েছিলেন এবং স্পষ্ট করে দিয়েছিলেন যে তিনি কারও কাছে দ্বিতীয় বাঁশি বাজাবেন না। নেহরুর একগুঁয়ে চরিত্র দেখে একজন হতাশ গান্ধী সর্দার প্যাটেলকে তার নাম প্রত্যাহার করতে বলেন। সর্দার প্যাটেল গান্ধীর প্রতি অত্যন্ত শ্রদ্ধাশীল ছিলেন এবং কোনো সময় নষ্ট না করেই প্রার্থিতা প্রত্যাহার করে নেন। এবং এটি ভারতের প্রথম প্রধানমন্ত্রী হিসেবে পন্ডিত জওহরলাল নেহরুর রাজ্যাভিষেকের পথ প্রশস্ত করে।

কিন্তু গান্ধী কেন সর্দার বল্লভভাই প্যাটেলের সমর্থন উপেক্ষা করলেন? কেন তিনি নেহেরুর প্রতি এত মগ্ন ছিলেন?

যখন ডঃ রাজেন্দ্র প্রসাদ সর্দার প্যাটেলের মনোনয়ন প্রত্যাহার করার কথা শুনেছিলেন, তখন তিনি হতাশ হয়েছিলেন এবং মন্তব্য করেছিলেন যে গান্ধী আবার 'চটকদার, পরিশীলিত এবং স্ব-শৈলীর গডম্যান নেহেরুর পক্ষে তার বিশ্বস্ত লেফটেন্যান্টকে বলি দিয়েছেন'।

## কেন নেহেরু কাশ্মীর নিয়ে প্রতারণা করেছিলেন এবং এটি তালিকায় ছিল না?

http://www.nationalarchives.gov.uk/education/resources/the-road-to-partition/map-possible-partition/

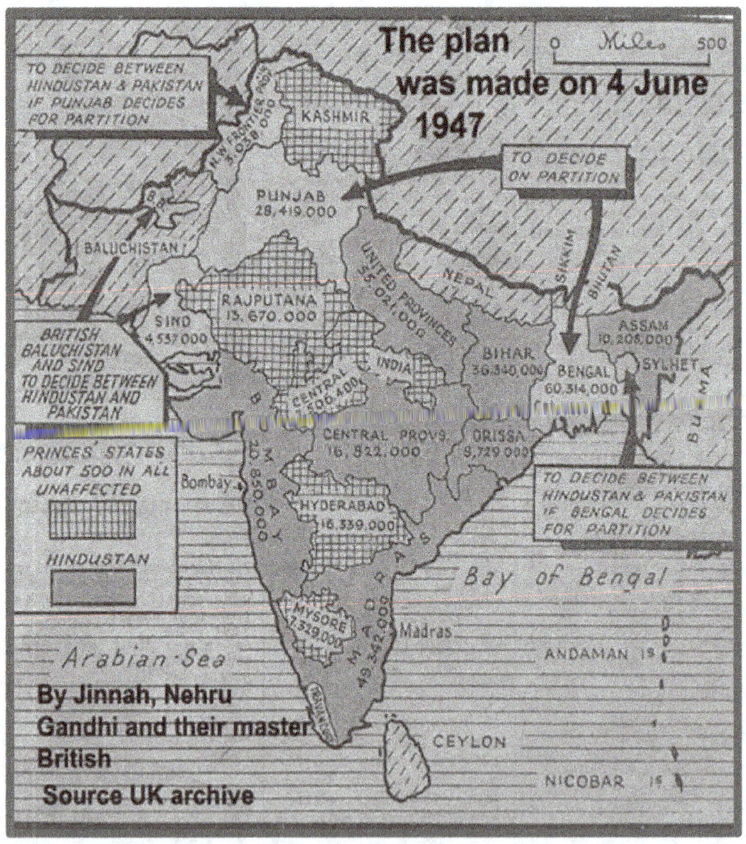


আপনি দেখতে পাচ্ছেন 4 জুন 1947 তারিখে গান্ধী, নেহেরু, জিন্নাহ এবং তাদের পরামর্শদাতা ব্রিটিশরা, বাংলা ও পাঞ্জাব প্রদেশকে ভাগ করার পরিকল্পনা করেছিলেন।

ডঃ গোরাচাঁদ ঘোষ

# 1948 সালের 30 জানুয়ারী সন্ধ্যায় তথাকথিত স্বাধীনতার পরে নাথুরাম বিনায়ক গডসে কেন গান্ধীকে হত্যা করেছিলেন?

http://indiansaga.com/whoswho/godse_letter.html

নাথুরাম গডসের চূড়ান্ত বক্তব্য (অসম্পাদিত):-

এই নিবন্ধটির ইংরেজি সংস্করণ 2 ফেব্রুয়ারি, 2019-এ লেখক সামাজিক মিডিয়া ফেসবুকে সর্বজনীনভাবে পোস্ট করেছিলেন। নাথুরাম গডসে 1939 সালে গান্ধীকে হত্যা না করার জন্য অনুতপ্ত হন যখন নেতাজি তার কংগ্রেস সভাপতি পদ থেকে পদত্যাগ করতে বাধ্য হন।

"13 জানুয়ারী, 1948-এ, আমি জানতে পারি যে গান্ধীজি আমরণ অনশনে যাওয়ার সিদ্ধান্ত নিয়েছিলেন। কারণটি দেওয়া হয়েছিল যে তিনি হিন্দু-মুসলিম ঐক্যের আশ্বাস চেয়েছিলেন... কিন্তু আমি এবং আরও অনেকে সহজেই দেখতে পাচ্ছিলাম যে আসল উদ্দেশ্য... [হল] অধিরাজ্য সরকারকে পাকিস্তানকে 55 কোটি টাকা দিতে বাধ্য করা। যা সরকার জোর দিয়ে প্রত্যাখ্যান করেছে... কিন্তু জনগণের সরকারের এই সিদ্ধান্ত গান্ধীজীর অনশনের সুরে উল্টে যায়। এটা আমার মনে স্পষ্ট ছিল যে পাকিস্তানের প্রতি গান্ধীজির ঝোঁকের সাথে তুলনা করলে জনমতের শক্তি সামান্য কিছু নয়।

....1946 বা তার কাছাকাছি সময়ে নোয়াখালীতে সুরহাওয়ার্দীর সরকারী পৃষ্ঠপোষকতায় হিন্দুদের উপর সংঘটিত মুসলিম নৃশংসতা আমাদের রক্তকে টগবগ করে তুলেছিল। আমাদের লজ্জা ও ক্ষোভের সীমা ছিল না যখন আমরা দেখলাম যে গান্ধীজি সেই সুরহাওয়ার্দীকে রক্ষা করতে এগিয়ে এসেছিলেন এবং তাঁকে 'শহীদ সাহেব' – একজন শহীদ – এমনকি তাঁর প্রার্থনা সভায়ও...

....কংগ্রেসে গান্ধীজির প্রভাব প্রথমে বৃদ্ধি পায় এবং পরে সর্বোচ্চ হয়। জনজাগরণের জন্য তার কর্মকাণ্ড তাদের তীব্রতায় অসাধারণ ছিল এবং সত্য ও অহিংসার স্লোগান দ্বারা শক্তিশালী হয়েছিল যা তিনি বাহ্যিকভাবে দেশের সামনে প্যারেড করেছিলেন... আমি কখনই ভাবতে পারিনি যে আগ্রাসীর বিরুদ্ধে সশস্ত্র প্রতিরোধ অন্যায়...

... রাম একটি উত্তাল লড়াইয়ে রাবনকে হত্যা করেছিলেন... কৃষ্ণ তার দুষ্টতার অবসান ঘটাতে কংসকে হত্যা করেছিলেন... শিবাজী, রানা প্রতাপ এবং গুরু গোবিন্দকে 'বিপথগামী দেশপ্রেমিক' বলে নিন্দা করতে গিয়ে, গান্ধীজি কেবল তার আত্ম-অহংকার প্রকাশ করেছেন... গান্ধীজি, বিপরীতভাবে, একজন সহিংস শান্তিবাদী ছিলেন যিনি সত্য ও অহিংসার নামে দেশে অকথ্য বিপর্যয় ডেকে আনলেন, যখন রানা প্রতাপ, শিবাজী এবং গুরু চিরকাল দেশবাসীর হৃদয়ে স্থান করে থাকবেন...

....1919 সাল নাগাদ, গান্ধীজি মুসলমানদের তার উপর আস্থা রাখার জন্য তার প্রচেষ্টায় মরিয়া হয়ে ওঠেন এবং একটি অযৌক্তিক প্রতিশ্রুতি থেকে অন্য একটি

প্রতিশ্রুতিতে চলে যান... তিনি এই দেশে খিলাফত আন্দোলনকে সমর্থন করেছিলেন এবং এতে জাতীয় কংগ্রেসের পূর্ণ সমর্থন তালিকাভুক্ত করতে সক্ষম হন। সেই নীতিতে ... খুব শীঘ্রই মোল্লা বিদ্রোহ দেখিয়ে দিল যে মুসলমানদের জাতীয় ঐক্যের সামান্যতম ধারণাও ছিল না...সেখানে হিন্দুদের একটি বিশাল হত্যাকাণ্ডের পর... ব্রিটিশ সরকার, বিদ্রোহের দ্বারা সম্পূর্ণরূপে নির্বিকার, কয়েক মাসের মধ্যে এটিকে দমন করে এবং গান্ধীজির কাছে তার হিন্দু-মুসলিম ঐক্যের আনন্দ ছেড়ে দেয়... ব্রিটিশ সাম্রাজ্যবাদ আরও শক্তিশালী হয়ে ওঠে, মুসলমানরা আরও ধর্মান্ধ হয়ে ওঠে, এবং পরিণতি হিন্দুদের উপর পরিদর্শন করা হয়েছিল...

32 বছরের পুঞ্জীভূত উস্কানি, তার শেষ মুসলিমপন্থী অনশনে, শেষ পর্যন্ত আমাকে এই সিদ্ধান্তে উপনীত করেছিল যে গান্ধীজির অস্তিত্ব অবিলম্বে শেষ করা উচিত... তিনি একটি বিষয়গত মানসিকতা গড়ে তুলেছিলেন যার অধীনে তিনি একাই চূড়ান্ত বিচারক ছিলেন। কি সঠিক বা ভুল... হয় কংগ্রেসকে তার ইচ্ছাকে তার কাছে সমর্পণ করতে হয়েছিল এবং তার সমস্ত খামখেয়ালী, বাতিকতার কাছে দ্বিতীয় বাঁশি বাজাতে হয়েছিল... অথবা তাকে ছাড়াই চলতে হয়েছিল... তিনি ছিলেন আইন অমান্য আন্দোলনের নেতৃত্বদানকারী প্রধান মস্তিষ্ক... আন্দোলন সফল বা ব্যর্থ হতে পারে; এটি অকথ্য বিপর্যয় এবং রাজনৈতিক বিপর্যয় আনতে পারে, তবে এটি মহাত্মার অভ্রান্ততায় কোন পার্থক্য করতে পারে না... এই শিশুসুলভ অযৌক্তিকতা এবং বাধা, জীবনের সবচেয়ে কঠোর তপস্যা, অবিরাম কাজ এবং উচ্চ চরিত্রের সাথে মিলিত, গান্ধীজিকে শক্তিশালী এবং অপ্রতিরোধ্য করে তুলেছিল... একটি অবস্থানে এই ধরনের সম্পূর্ণ দায়িত্বহীনতার জন্য, গান্ধীজি একের পর এক ভুলের জন্য দোষী ছিলেন...

....মহাত্মা এমনকি বোম্বে প্রেসিডেন্সি থেকে সিন্ধুর বিচ্ছিন্নতাকে সমর্থন করেছিলেন এবং সিন্ধুর হিন্দুদেরকে সাম্প্রদায়িক নেকড়েদের হাতে নিক্ষেপ করেছিলেন। করাচি, শুক্কুর, শিকারপুর এবং অন্যান্য স্থানে অসংখ্য দাঙ্গা সংঘটিত হয়েছিল যেখানে শুধুমাত্র হিন্দুরাই ক্ষতিগ্রস্থ হয়েছিল...

....আগস্ট 1946 সাল থেকে, মুসলিম লীগের ব্যক্তিগত সেনাবাহিনী হিন্দুদের উপর গণহত্যা শুরু করে... দাক্ষিণাত্যে মৃদু প্রতিক্রিয়ার সাথে বাংলা থেকে করাচী পর্যন্ত হিন্দু রক্ত প্রবাহিত হতে থাকে... সেপ্টেম্বরে গঠিত অন্তর্বর্তী সরকার তার মুসলিম লীগের সদস্যদের দ্বারা নাশকতা করে। কিন্তু তারা যে সরকারের অংশ ছিল তার প্রতি যতই তারা অবিশ্বস্ত এবং বিশ্বাসঘাতক হয়ে উঠল, ততই তাদের জন্য গান্ধীর মুগ্ধতা ছিল...

....কংগ্রেস, যারা তার জাতীয়তাবাদ এবং সমাজতন্ত্রের গর্ব করেছিল, গোপনে পাকিস্তানকে মেনে নেয় এবং জিন্নাহর কাছে আত্মসমর্পণ করে। ভারত বিধ্বস্ত হয়েছিল এবং ভারতীয় ভূখণ্ডের এক-তৃতীয়াংশ আমাদের কাছে বিদেশী ভূমিতে

পরিণত হয়েছিল... 30 বছরের অবিসংবাদিত একনায়কত্বের পরে গান্ধীজি এটাই অর্জন করেছিলেন, এবং এটিকেই কংগ্রেস পার্টি 'স্বাধীনতা' বলে...

....হিন্দু উদ্বাস্তুদের দখলে থাকা দিল্লির মসজিদ সম্পর্কিত আমৃত্যু উপবাস ভঙ্গের জন্য গান্ধীজি কর্তৃক আরোপিত শর্তগুলির মধ্যে একটি। কিন্তু যখন পাকিস্তানে হিন্দুরা সহিংস আক্রমণের শিকার হয় তখন তিনি পাকিস্তান সরকারের প্রতিবাদ ও নিন্দা করার জন্য একটি শব্দও উচ্চারণ করেন নি...

গান্ধীকে জাতির পিতা বলা হচ্ছে। কিন্তু যদি তাই হয়, তবে তিনি তার পৈতৃক দায়িত্বে ব্যর্থ হয়েছেন কারণ তিনি দেশভাগে সম্মতি দিয়ে জাতির প্রতি অত্যন্ত বিশ্বাসঘাতকতা করেছেন... এদেশের জনগণ পাকিস্তানের বিরোধিতায় আগ্রহী এবং প্রবল ছিল। কিন্তু গান্ধীজি জনগণের সাথে মিথ্যা খেলেছেন...

....আমি সম্পূর্ণরূপে ধ্বংস হয়ে যাব, এবং জনগণের কাছ থেকে একমাত্র আমি যা আশা করতে পারি তা ঘৃণা ছাড়া আর কিছুই হবে না... যদি আমি গান্ধীজিকে হত্যা করি। তবে একই সাথে, আমি অনুভব করেছি যে গান্ধীজির অনুপস্থিতিতে ভারতীয় রাজনীতি অবশ্যই বাস্তব প্রমাণিত হবে, প্রতিশোধ নিতে সক্ষম হবে এবং সশস্ত্র বাহিনীর সাথে শক্তিশালী হবে। নিঃসন্দেহে আমার নিজের ভবিষ্যৎ সম্পূর্ণভাবে ধ্বংস হয়ে যাবে, কিন্তু জাতি পাকিস্তানের আক্রমণ থেকে রক্ষা পাবে...

....আমি বলি যে আমার গুলি সেই ব্যক্তির উপর চালানো হয়েছিল যার নীতি এবং কর্ম লক্ষ লক্ষ হিন্দুদের জন্য তাক, ধ্বংস এবং সর্বনাশ ডেকে এনেছিল... এমন কোনও আইনী ব্যবস্থা ছিল না যার দ্বারা এই ধরনের অপরাধীকে আইনের আওতায় আনা যায়, এবং এই কারণে আমি এই মারাত্মক গুলি ছুঁড়েছি...

....আমি চাই না আমার প্রতি কোন করুণা দেখানো হোক... আমি প্রকাশ্য দিবালোকে গান্ধীজীকে গুলি করেছিলাম। আমি পালানোর কোনো চেষ্টা করিনি; আসলে আমি পালানোর কোন চিন্তা কখনোই মনে করিনি। আমি নিজেকে গুলি করার চেষ্টা করিনি... কারণ, খোলা আদালতে আমার চিন্তাভাবনা প্রকাশ করার প্রবল ইচ্ছা ছিল। আমার কর্মের নৈতিক দিক সম্পর্কে আমার আত্মবিশ্বাস এমনকি সবদিক থেকে এর বিরুদ্ধে সমালোচনার কারণেও নড়েনি। আমার কোনো সন্দেহ নেই, ইতিহাসের সৎ লেখকেরা আমার কাজকে মূল্যায়ন করবেন এবং ভবিষ্যতে কোনো একদিন তার প্রকৃত মূল্য খুঁজে পাবেন।"

নাথুরাম গডসে

## === নেতাজির জন্য ভারত স্বাধীন ===

## স্বাধীনতার পর থেকে নেহরুর বংশ

1954 সালের অক্টোবরে নেহেরু তার মেয়ে ইন্দিরার সাথে চীন সফর করেন। 1950-এর দশকে, নেহেরু 'হিন্দি চিন্নি ভাই ভাই' (ভারত ও চীন ভাই) বাক্যাংশটি তৈরি করেছিলেন। 1962 সালে, দুটি দেশ যুদ্ধে লিপ্ত ছিল - একটি দ্বন্দ্ব যা ভারত হেরেছিল, এবং যা দুই বছর পরে নেহরুর মৃত্যুকে ত্বরান্বিত করেছিল বলে পরিচিত। এছাড়াও, তিনি জাতিসংঘের নিরাপত্তা পরিষদে চীনকে সদস্যপদ দেওয়ার প্রস্তাব দেন।

1954 সালের অক্টোবরে জওহরলাল নেহেরু বেইজিং সফর করেন এবং চীনা জনতার সাথে দেখা করেন। তারপরে তিনি গণপ্রজাতন্ত্রী চীনের চেয়ারম্যান মাও সেতুং (1893-1976) এর সাথে ছিলেন যা উপরের ছবিতে দেখানো হয়েছে। তিনি এর আগে 1949 সালে সেখানে গিয়েছিলেন।

নেহেরু 1949 সালে কন্যা ইন্দিরার সাথে জাপান সফর করেন এবং সম্রাট হিরোহিতোর সাথে দেখা করেন, আসল নাম মিচিনোমিয়া হিরোহিতো, মরণোত্তর নাম শোওয়া (জন্ম 29 এপ্রিল, 1901, টোকিও -- মৃত্যু 7 জানুয়ারী, 1989, টোকিও)। তিনি 1926 সাল থেকে 1989 সালের মৃত্যু পর্যন্ত জাপানের সম্রাট ছিলেন, জাপানের ইতিহাসে দীর্ঘতম রাজত্বকারী রাজা। জওহরলাল নেহেরুকে 1949 সালে টোকিওর উয়েনো চিড়িয়াখানায় একটি হাতি উপহার দেওয়ার জন্য স্মরণ করা হয়। ইন্দিরার নাম হাতি, দ্বিতীয় বিশ্বযুদ্ধের ভয়াবহতা থেকে পুনরুদ্ধার করা জাপানি শিশুদের জন্য অনেক আনন্দ এনেছিল।

1953 সালে নেহেরু তার মেয়ে ইন্দিরার সাথে সুইজারল্যান্ড সফর করেন এবং উপরের ছবিতে দেখানো চার্লি চ্যাপলিনের সাথে দেখা করেন। তারা এই সুন্দর দেশে অনেকবার গিয়েছিল এবং আমরা এর পিছনে কারণ অনুমান করতে পারি। 1953 সালে কাশ্মীরে বিষ প্রয়োগে ড: এস পি মুখার্জি, একজন ক্যাবিনেট মন্ত্রীকে হত্যা করা হয়েছিল। পূর্ববর্তী প্রধানমন্ত্রী বাজপেয়ী 2004 সালে দাবি করেছিলেন, "নেহরুর ষড়যন্ত্র শ্যামা প্রসাদের মৃত্যুর কারণ হয়েছিল।"

নেহেরু চারবার মার্কিন যুক্তরাষ্ট্রে গিয়েছিলেন; 1949, 1956, 1960 এবং 1961। ভারতকে মার্কিন অর্থনৈতিক সাহায্য সফলভাবে

প্রতি বছর 822 মিলিয়ন ডলারে উন্নীত করা হয়েছিল। কোথায় গেল সেই টাকা? সেই সময়কালে এটি একটি বিশাল অর্থ ছিল (1 USD = 1.25 টাকা/- 1961 সালে)।

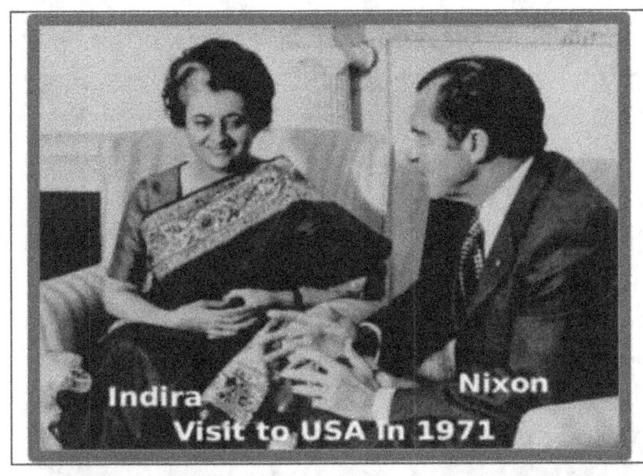


প্রধানমন্ত্রী ইন্দিরা গান্ধী এবং মার্কিন প্রেসিডেন্ট রিচার্ড নিক্সন 1971 সালের 9 নভেম্বর যুক্তরাষ্ট্রের ওয়াশিংটন ডিসির হোয়াইট হাউসে একসঙ্গে কথা বলছিলেন।

রাজীব খান গান্ধীও তিনবার মার্কিন যুক্তরাষ্ট্রে গিয়েছিলেন; 1985 (দুইবার), এবং 19-20 অক্টোবর, 1987। তিনি এবং তার স্ত্রী সোনিয়া খান গান্ধী মার্কিন প্রেসিডেন্ট রোনাল্ড রেগান এবং ন্যান্সি রেগানের সাথে 12 জুন, 1985 তারিখে হোয়াইট হাউসে ভারতীয় প্রধানমন্ত্রীর সম্মানে রেগান আয়োজিত একটি নৈশভোজে ছিলেন। ছবিতে দেখানো হয়েছ।

## কংগ্রেসের সঙ্গে জ্যোতি বসুর যোগসূত্র

রাজনীতিতে জ্যোতি বসুর প্রথম ট্র্যাক ছিল ইংল্যান্ডে অধ্যয়নরত ভারতীয় ছাত্রদের সংগঠিত করার জন্য তার প্রচেষ্টা। বেশিরভাগই তারা ভারতীয় স্বাধীনতার জন্য জড়ো হয়েছিল যেমন তার ওয়েবসাইটে লেখা আছে [49]। আমরা মনে করি এটা ভুল এবং ভারতীয়দের কাছে বিভ্রান্তিকর ছিল। অন্তত আমরা ভাগ্যবান যে তিনি দাবি করেননি, তিনিও একজন স্বাধীনতা সংগ্রামী ছিলেন ইংল্যান্ডের অন্য দুই আইন স্নাতক গান্ধী এবং নেহরুর (আইনজীবী-কাম-মিথ্যাবাদী) মতো। 1938 সালে নেহেরু লন্ডনে গেলে বসু তাঁর সঙ্গে দেখা করেন। তারপর কীভাবে তিনি একজন মুক্তিযোদ্ধা ছিলেন, সর্বদা বিদেশ ভ্রমণ করতেন এবং লন্ডনে তার বস ব্রিটিশদের দাসত্ব করতেন। বসু তার অধ্যয়নের সময়কালে (1935-1939) গ্রেট ব্রিটেনের কমিউনিস্ট পার্টির নেতার দাসত্বও করেছিলেন।

1962-63 সালে, স্বামী বিবেকানন্দের জন্মশতবর্ষের [50] বহুলপ্রচলিত, সমাজকর্মী, এবং রাষ্ট্রীয় স্বয়ংসেবক সংঘের নেতা একনাথ রানাডে কন্যাকুমারীতে পাথরের উপর একটি স্মৃতিসৌধ নির্মাণ করে জন্মশতবর্ষ উদযাপনের পরিকল্পনা করেছিলেন যেখানে স্বামীজি ধ্যান করেছিলেন এবং তাঁর "1892 সালে এক ভারতের স্বপ্ন।" কন্যাকুমারীর আজকের সুপরিচিত বিবেকানন্দ রক মেমোরিয়ালের সূচনা ছিল এই পরিকল্পনা।

রানাডে কলকাতায় গিয়ে বসুর সাথে দেখা করেন এবং তাকে তার পরিকল্পিত প্রকল্পে সাহায্য করার জন্য অনুরোধ করেন। এই সময়ে, বসু রানাডেকে কথিতভাবে বলেছিলেন- "কেউ আপনাকে আমার বাসভবনে বিভ্রান্ত করেছে। বিবেকানন্দের স্মৃতিসৌধ কোনো মূল্যেই আমার কাছাকাছি আসতে পারেনা। আরেকটি প্রবন্ধ অনুসরণ করে, জ্যোতি বসু তাকে বলেছিলেন, "বিবেকানন্দের জন্য আমার কাছে আসার সাহস কিভাবে হল, আমি একজন কমিউনিস্ট।" বসু নেতাজিকে কোনো সম্মান ও শ্রদ্ধা জানান নি।

এখন রানাডে এবং বসুর মধ্যে সঠিক কথোপকথন খুঁজে বের করা কঠিন, তবে এটি একটি পরিচিত সত্য যে জ্যোতি বসু বিবেকানন্দ রক মেমোরিয়াল ভবনের প্রতি খুব বেশি সমর্থন করেন নি। তিনি চা-চা-জির নেতৃত্বে কংগ্রেসের পুতুল (আন্ডারগ্রাউন্ড) ছিলেন। মনমোহন সিং এবং সোনিয়া গান্ধীর সাথে যখন তিনি

সাক্ষাত করেছিলেন তখন উপরের দুটি ছবি এই সত্যটিকে নির্দেশ করে। তারাও ইংল্যান্ডের ফসল। মহিলাটি একজন বার ওয়েট্রেস ছিলেন এবং আমরা দেখেছি অনেক ইতালীয় মহিলা সেই সময়কালে এখানে এসেছিলেন এবং এমনকি তারা মোটেও সঠিক ইংরেজি বলতে পারেন না। রামকৃষ্ণ ও স্বামী বিবেকানন্দের পবিত্র আত্মার প্রতি তাঁর ঘৃণার খবর যখন আমরা জানতে পেরেছি তখন এটা বাঙালির অপমান ছিল। তিনি মার্কস, লেনিন, মাও এবং অন্যান্যদের শ্রদ্ধা জানিয়েছেন। তারা এখন কোথায় গেল?

একজন কমিউনিস্ট নেতা হিসাবে, তিনি পশ্চিমবঙ্গের মুকুট রাজ্যকে শিল্পমুক্ত করেছিলেন যেখানে প্রধান শিল্পের সমস্ত কঙ্কাল ট্রেন লাইনের উভয় পাশে পড়ে আছে, এমনকি শিল্প বেল্ট দুর্গাপুর এবং আসানসোল বেশিরভাগই প্রভাবিত হয়েছিল। অন্যদিকে, তিনি তার মধ্যম মস্তিষ্কের পুত্রকে পশ্চিমবঙ্গের অন্যতম ধনী ব্যক্তি হিসাবে পরিণত করেছিলেন। তিনি 1980 সালে দুর্গাপুরে একটি বিস্কুট কারখানা খোলেন, 1988 সালে তার অস্তিত্ব বন্ধ হয়ে যায়, এখনও হাইকোর্টে মামলা চলছে। সে কমরেড বাবার পুঁজিপতি ছিল। কিভাবে তিনি এত টাকা উপার্জন করেছেন? এছাড়াও, দলীয় গুন্ডারা সকল প্রকার দুর্নীতি ও পেশিশক্তি দিয়ে খালি শিল্প এলাকায় সুউচ্চ ভবন নির্মাণে নিয়োজিত রয়েছে।

## বোস, গান্ধী নয়, ভারতে ব্রিটিশ শাসনের অবসান: আম্বেদকর

কংগ্রেস থেকে বহিষ্কৃত, বোস 'নেতাজি' ভারত ত্যাগ করেন এবং ভারতীয় জাতীয় সেনাবাহিনীর (আই.এন.এ) প্রধান হন। ভারতে অনেকে এখনও আইএনএ-কে উপহাস করে, পেশাদার সু-প্রশিক্ষিত, অনেক বড় ব্রিটিশ ভারতীয় সেনাবাহিনীর সাথে এটির বিপরীতে, বোস এত অল্প সময়ের মধ্যে এটিকে সংগঠিত করার প্রতিকূলতাকে উপেক্ষা করে [50]।

আই.এন.এ যুদ্ধক্ষেত্রে ব্রিটিশ ভারতীয় সেনাবাহিনীর সাথে লড়াই করার জন্য প্রস্তুত হওয়ার সাথে সাথে, মহাত্মা 1942 সালে ভারত ছাড়ো আন্দোলন শুরু করেছিলেন, যা 1939 সালে বোসের দাবির মতো ছিল। আন্দোলনটি সঠিকভাবে শুরু হয়েছিল। কিন্তু দুর্ভাগ্যবশত, এটি তিন সপ্তাহের মধ্যে চূর্ণবিচূর্ণ হয়ে যায় এবং কয়েক মাসের মধ্যেই সব শেষ হয়ে যায়। ভারতের জন্য গান্ধী যে বিস্ময় প্রকাশ করেছিলেন তা সত্য। কিন্তু ভারত ছাড়ো আন্দোলন যে স্বাধীনতার দিকে পরিচালিত করেছিল তা ভাবা হয়েছিল অনেক দূর পর্যন্ত প্রসারিত হবে। তাই, কি সত্যিই ঘটেছিলো? সবচেয়ে যৌক্তিক ব্যাখ্যা দিয়েছেন বাবাসাহেব ভীমরাও রামজি আম্বেদকর।

1955 সালের ফেব্রুয়ারিতে বিবিসি-এর ফ্রান্সিস ওয়াটসনের সাথে একটি নো-হোল্ড-বার্ধ সাক্ষাৎকারে, 1947 সালে ব্রিটিশদের ভারত ছেড়ে যাওয়ার কারণ ব্যাখ্যা করেছিলেন বাবাসাহেব।

আমি জানি না মিঃ অ্যাটলি কিভাবে হঠাৎ করে ভারতকে স্বাধীনতা দিতে রাজি হয়েছিলেন, আম্বেদকর অবাক হয়েছিলেন, ১৯৪৭ সালে ব্রিটিশ প্রধানমন্ত্রীর ক্ষমতা হস্তান্তরে সম্মত হওয়ার সিদ্ধান্তের কথা স্মরণ করেছিলেন। "এটি একটি গোপনীয়তা যা তিনি তার আত্মজীবনীতে প্রকাশ করবেন। কেউ আশা করেনি যে সে এমন করবে," তিনি যোগ করেছেন।

অক্টোবর 1956 সালে, আম্বেদকর মারা যাওয়ার দুই মাস আগে, ক্লিমেন্ট অ্যাটলি একটি গোপনীয় ব্যক্তিগত আলোচনায় প্রকাশ করেছিলেন যেটি খুব গোপন ছিল। এই গোপনীয়তা পাবলিক ডোমেইনে প্রবেশ করতে দুই দশক সময় লাগবে।

স্যার অ্যাটলির বক্তব্যে বাবাসাহেব বিস্মিত হতেন না, কারণ তিনি এটি আগে থেকেই দেখেছিলেন। তিনি 1955 সালে বিবিসিকে বলেছিলেন যে তার "নিজস্ব বিশ্লেষণ" থেকে তিনি এই সিদ্ধান্তে পৌঁছেছিলেন যে "দুটি জিনিস লেবার পার্টিকে এই সিদ্ধান্ত নিতে পরিচালিত করেছিল" [ভারতকে স্বাধীন করার জন্য]। আম্বেদকর অব্যাহত: "সুভাষ চন্দ্র বোস যে জাতীয় সেনাবাহিনী গড়ে তুলেছিলেন। ব্রিটিশরা এই দৃঢ় বিশ্বাসে দেশ শাসন করে আসছিল যে দেশে যাই ঘটুক বা রাজনীতিবিদরা যাই করুক না কেন, তারা কখনই সৈন্যদের আনুগত্য পরিবর্তন করতে পারবে না। এটি একটি প্রপার ছিল যার উপর তারা প্রশাসনকে বহন করছিল। এবং যে সম্পূর্ণভাবে টুকরো টুকরো ছিল, তারা দেখেছে যে সৈন্যদের একটি দল গঠনের জন্য প্রলুব্ধ করা যেতে পারে - ব্রিটিশদের উড়িয়ে দেওয়ার জন্য একটি ব্যাটালিয়ন।"

স্যার নরম্যান স্মিথ, ডিরেক্টর, এবং ইন্টেলিজেন্স ব্যুরো, 1945 সালের নভেম্বরের একটি গোপন রিপোর্টে উল্লেখ করেছেন: "ভারতীয় জাতীয় সেনাবাহিনীর ক্ষেত্রে পরিস্থিতি এমন একটি যা অস্থিরতার পরোয়ানা করে। খুব কমই এমন একটি বিষয় ঘটেছে যা ভারতীয় জনসাধারণের আগ্রহকে আকর্ষণ করেছে এবং, যা অনুভূতি যা দিয়া"--- ভারতীয় সেনাবাহিনীর নিরাপত্তার জন্য হুমকি এমন একটি যা উপেক্ষা করা বুদ্ধিমানের কাজ হবে না।" লেফটেন্যান্ট জেনারেল এস কে সিনহা, জম্মু ও কাশ্মীরের প্রাক্তন গভর্নর, এবং আসামের, 1946 সালে নয়াদিল্লিতে সামরিক অপারেশনস অধিদপ্তরে পোস্ট করা মাত্র তিনজন ভারতীয় অফিসারের একজন, 1976 সালে এই পর্যবেক্ষণটি করেছিলেন। "আই এন এ-র জন্য যথেষ্ট সহানুভূতি ছিল সশস্ত্র বাহিনী, এটা সত্য যে 1946 সালে ব্রিটিশদের মধ্যে আরেকটি 1857 সালের ভয় শুরু হয়েছিল।"

এই বিতর্কের সাথে একমত ছিলেন বেশ কয়েকজন ব্রিটিশ এমপি যারা 1946 সালের ফেব্রুয়ারিতে ব্রিটিশ প্রধানমন্ত্রী ক্লিমেন্ট অ্যাটলির সাথে দেখা করেছিলেন। "এই সাধারণ আকাঙ্ক্ষা পূরণের দুটি বিকল্প উপায় রয়েছে (ক) আমাদের বের হওয়ার ব্যবস্থা করা উচিত, (খ) আমাদের অপেক্ষা করা উচিত। বিতাড়িত. (খ) সম্পর্কে, ভারতীয় সেনাবাহিনীর আনুগত্য প্রশ্নবিদ্ধ; আই এন এ জাতীয় বীরে পরিণত হয়েছে।"

এমনকি তার 'পরাজয়ের' মধ্যেও, নেতাজি ভারতে ব্রিটিশ শাসনের উপর ব্যাপক আঘাত করেছিলেন। এবং তারপরে যখন ভারতের তাকে সবচেয়ে বেশি প্রয়োজন ছিল, তখন তিনি 'নিখোঁজ হয়ে গেলেন।' আমরা সুভাষ বোসের কাছে ঋণী হয়েছি যে তার কী হয়েছে এখন আমরা এতটা জানি যা আগের প্রজন্মরা করেনি।

## নেহরুর আফগানিস্তান সফর সম্পর্কে

বাবরের সমাধিতে নেহরু: তিনি কাবুল পরিদর্শন করেন এবং পুরানো ইন্দো-আফাগান অ্যাসোসিয়েশনের ধ্বংসাবশেষ, অজ্ঞতা, দারিদ্র্য এবং রোগ নির্মূলে আফগানদের প্রচেষ্টার একটি আভাস দেখেন। ইন্দিরার সাথে তিনি কাবুলের যাদুঘর পরিদর্শন করেন [39] এবং গ্রীক-বৌদ্ধ শিল্পকর্মের প্রতিনিধিত্বকারী হাতির দাঁত ও পাথরের কিছু চমৎকার নমুনা দেখেন।

তিনি মুঘল রাজবংশের প্রতিষ্ঠাতা বাবরের সমাধিও পরিদর্শন করেন। বাবর কাবুলের পার্ক এবং অন্যান্য সুযোগ-সুবিধা পছন্দ করতেন এবং মুঘল সাম্রাজ্যর অধীনে থাকার কারণে সেখানে তাকে সমাধিস্থ করা হয়েছিল।

## নটবর সিং দ্বারা ইন্দিরা এবং রাজীব সম্পর্কে

আগস্ট 2014 সালে, নটবর সিং এর আত্মজীবনী [51], 'এক জীবন যথেষ্ট নয়' প্রকাশিত হয়েছিল। বইটি তার রাজনৈতিক কর্মজীবনের নো-হোল্ড-বার্ড অ্যাকাউন্ট, যা দিল্লির রাজনৈতিক চেনাশোনাগুলির বিভিন্ন পরিস্থিতিতে একটি অভ্যন্তরীণ দৃষ্টিভঙ্গি প্রদান করে। বইটি ইন্দিরা গান্ধী, রাজীব গান্ধীর, নরসিমহা রাও এবং মনমোহন সিংয়ের শাসনামলের অনেক সংবেদনশীল ঘটনাকে প্রকাশ করে। এটি বছরের পর বছর ধরে ভারতীয় জাতীয় কংগ্রেসের সভাপতি সোনিয়া গান্ধীর সাথে নটবর সিংয়ের ঘনিষ্ঠ কিন্তু জটিল রাজনৈতিক সম্পর্কের পরিবর্তিত রূপ বর্ণনা করে। বইটিতে নটবর সিং এর বিতর্কিত ভলকারের প্রতিবেদনের বিবরণ এবং তার পদত্যাগের পটভূমিতে ঘটে যাওয়া বিভিন্ন রাজনৈতিক গতিবিধি উপস্থাপন করা হয়েছে। প্রকাশের কয়েকদিন আগে সোনিয়া গান্ধী এবং প্রিয়াঙ্কা গান্ধীর নটবর সিং-এর সফর পুনর্মিলনের সময় ছিল কিনা এবং বইয়ের প্রকাশগুলি থেকে নিজেদের মধ্যে গভীর বিব্রত এড়ানোর জন্য প্রচুর জল্পনা-কল্পনা ছিল।

সোনিয়া খান গান্ধী বইটির বিষয়বস্তু বাতিল করে প্রতিক্রিয়া জানিয়েছেন। তিনি সত্য প্রকাশের জন্য তার আত্মজীবনী লেখার অভিপ্রায়ও ব্যক্ত করেছিলেন। সমস্ত ভারতীয় সেই পরিস্থিতির জন্য অপেক্ষা করছে যখন এই 21 শতকে একজন বার ওয়েট্রেস লেখিকা হবেন।

এরপর কংগ্রেস দল থেকে পদত্যাগ করেন নটবর সিং। রাজস্থানের তৎকালীন মুখ্যমন্ত্রী বসুন্ধরা রাজের উপস্থিতিতে জয়পুরে অনুষ্ঠিত নটবর সিংয়ের নিজস্ব

জাট সম্প্রদায়ের ভারতীয় জনতা পার্টি-স্পন্সরড সমাবেশে তিনি পদত্যাগের ঘোষণা করেন। এই উপলক্ষ্যে, নটবর সিং শুধুমাত্র তার নির্দোষতাই দাবি করেন নি বরং সোনিয়া গান্ধীকে রক্ষা বা সমর্থন করতে ব্যর্থ হওয়ার জন্য তার উপর তিক্ত আক্রমণও শুরু করেছিলেন।

<u>নটবর সিং-এর মতামত:</u>

বইটি এডউইনা মাউন্টব্যাটেন এবং জওহরলাল নেহরুর সম্পর্কের বিষয়েও কথা বলে। বইটিতে উল্লেখ করা হয়েছে যে নেহরু 1954 সালের অক্টোবরে চীন সফর থেকে ফিরে এসে কলকাতায় থেমে গিয়েছিলেন এবং চীনের অভিজ্ঞতা নিয়ে তিনি যে প্রথম চিঠিটি লিখেছিলেন তা ছিল এডউইনা মাউন্টব্যাটেনকে। ভারতের প্রধানমন্ত্রী হিসাবে, এটি তিনি যে গোপনীয়তার শপথ নিয়েছিলেন তার বিরুদ্ধে ছিল।

ইন্দিরা গান্ধী তার আফগানিস্তান সফরের সময় বাবরের প্রতি শ্রদ্ধা নিবেদন করছেন। বইটি উদ্ধৃত করেছে যে তিনি মাথা কিছুটা নিচু করে বাবরের কবরের দিকে দাঁড়িয়েছিলেন এবং উদ্ধৃতি দিয়ে বলেছিলেন যে 'ইতিহাসের সাথে আমার যোগ ছিল।'

নেহরু এবং বসু করদাতার অর্থ ব্যবহার করে প্রতিটি গ্রীষ্মের ছুটি কাটাতে তাদের পরিবারের সাথে লন্ডনে যান। এই ইংল্যান্ডের শিক্ষিত আইনজীবী, পুতুল, ব্রিটিশ দাসদের বিরুদ্ধে কেউ বলার সাহস পায়নি।

ইংল্যান্ডের শিক্ষিত আইনজীবী মিঃ নেহরু এবং মিঃ গান্ধী দুই বছরের মধ্যে (1946 - 1947) সমগ্র ব্রিটিশ ভারতে, প্রধানত বাংলা এবং পাঞ্জাব এদেশে হিন্দু মুসলমান এবং শিখদের মধ্যে দাঙ্গা ও গণহত্যা সৃষ্টি করে 2.4 মিলিয়ন মানুষের গণহত্যা ও আহতের জন্য দায়ী ছিলেন। উভয়েই ছিল ব্রিটিশ রাজের পুতুল ও দাস। ধর্মের ভিত্তিতে ভারত মাতাকে বিভক্ত করা এবং গণহত্যার এই ধরনের বিপর্যয় ঘটানোর স্বপ্ন নেতাজির ছিল না। নেহরু ও গান্ধী উভয়েই মোটেই স্বাধীনতা সংগ্রামী ছিলেন না; ভারতের স্বাধীনতার ইতিহাস থেকে তাদের নাম মুছে ফেলা উচিত ও ইতিহাসকে পুনর্বিবেচনা করা উচিত এবং এখন যে স্বচ্ছ তথ্য পাওয়া যাচ্ছে তার সাথে পুনর্লিখন করা উচিত। একবিংশ শতাব্দীতে, সত্যকে চাপা দেওয়া অত্যন্ত কঠিন ও আমাদের ভারত মাতা এখন একটি বোকা দেশ নয় এবং একবিংশ শতাব্দীতে জনগণকে কোনও দলের দাস হওয়া উচিত নয়।

## অধ্যাপক অনিল কুমার বিশ্বাস যুদ্ধের পর ভারত ভাগের ঘটনা অবলম্বনে একটি উপন্যাস

(প্রফেসর বিশ্বাসকে স্মরণ করার জন্য 7 জুন 2019 তারিখে ইংরেজীতে ফেসবুক পাবলিক (পোস্টিং)

অধ্যাপক অনিল কুমার বিশ্বাস যুদ্ধের পর ভারত ভাগের ঘটনা অবলম্বনে একটি উপন্যাস লিখেছেন। তিনি দাবি করেছিলেন যে নেতাজি সুভাষ চন্দ্র বোস ভারতের স্বাধীনতা দিয়েছিলেন 'গান্ধীর অহিংসা' দ্বারা নয়।

ভিতর থেকে ভারত। হোয়াইট জুডিথ দ্বারা, 1998 সালে নিউজউইকের সাথে কপিরাইট বুলেটিন

ভারতীয়দের, বিশেষ করে বাঙালিদের উচিত ভারতীয় স্বাধীনতা সংগ্রামী গান্ধীকে অহিংসার মাধ্যমে জানা!! কংগ্রেসের দাবি করা বাজে কথা)

ব্রিটিশ রাজের অধীনে বাংলা ছিল বাণিজ্য ও সরকারের কেন্দ্র এবং শিল্প, সংস্কৃতি ও বিদ্রোহের একটি শক্তিশালা। এটি কবি, পণ্ডিত, বিপ্লবী নেতা তৈরি করেছিল -- এবং রাণীর মুকুটের সেবায় ভারতকে পরিচালনা করার জন্য শিক্ষিত অনেক কেরানি।

এই সম্প্রদায়ের বাইরে থেকে, 50 বছরের দূরত্বে এবং ব্রিসবেনে অবসরের প্রশান্তি থেকে, দ্বিতীয় বিশ্বযুদ্ধ, স্বাধীনতা এবং দেশভাগের পটভূমিতে একটি মহাকাব্য ঐতিহাসিক রোম্যান্স সেট আসে। আনু এবং রানী: একটি ফুলের দুটি পাপড়ি (মিনার্ভা প্রেস) অনিল কে বিশ্বাসের লেখা, যিনি নিজে বর্ণনা করেছেন এমন ঘটনার মধ্য দিয়ে বেঁচে ছিলেন।

অনু ভারতীয় ঔপনিবেশিক চাকরিতে একজন বাঙালি কেরানির উদার হৃদয়ের কিন্তু অজাগতিক ছেলে। রানী হল কলকাতার একজন ধনী শিল্পপতির প্রফুল্ল কন্যা, তারা রাজের গ্রীষ্মকালীন রাজধানী সিমলায় কৈশোরের প্রথম দিকে দেখা করে। সত্যিকারের প্রেমের পাথুরে পথ তাদের নিয়ে যায় প্রাক-যুদ্ধের দিনের স্বাচ্ছন্দ্য থেকে দিল্লি ও কলকাতার বিচ্ছিন্নতার অশান্ত যুদ্ধে।

ঐতিহাসিক রোম্যান্স আমার প্রিয় বিষয় নয়, কিন্তু এই বইটি আমাকে জয় করেছে। দুটি প্রধান চরিত্র, তাদের সাথে, তাদের যৌবনের উদ্যম, তাদের মানুষের ভাগ্যের জন্য উৎসাহী উদ্বেগ এবং তাদের একে অপরকে বারবার ভুল বোঝানো, সম্পূর্ণরূপে বিশ্বাসযোগ্য। এবং 694-পৃষ্ঠার গল্পটি লেখকের প্রেমময়, পার্বত্য দেশ, গ্রামীণ জীবন, ভাইস-রেগাল ফাংশন, জামাকাপড়, খাবার সম্পর্কে গভীরভাবে বিশদ বিবরণ দিয়ে সজ্জিত। হিন্দু উৎসব ও রীতিনীতি এবং বুদ্ধিবৃত্তিক স্বার্থে তার অসামান্য সারির চরিত্র। এটিতে বুদ্ধিমান সামাজিক সচেতনতা, ভণ্ডামির মূল্যে হাস্যরস এবং দেশের দরিদ্র, তার অস্পৃশ্য এবং তার নারীদের প্রতি সমবেদনা দ্বারা অবহিত হলিউডের সমস্ত রঙ রয়েছে।

239

বিস্ময়কর বিষয় হতে পারে রাজৈনতিক নেপথ্যের উপস্থাপনা। এটি গান্ধীর ডিকি অ্যাটেনবরো দৃষ্টিভঙ্গি নয়। বেশিরভাগ বাঙালি এবং অনেক ভারতীয়ের মতো, বিশ্বাসের কংগ্রেস পার্টির নেতাদের প্রতি অবজ্ঞা ছাড়া আর কিছুই নেই যারা দেশভাগে সম্মত হয়েছিল। তাঁর চরিত্রগুলি গান্ধীর শান্তিবাদকে প্রত্যাখ্যান করে এবং বাংলার স্বাধীনতার বিতর্কিত নায়ক সুভাষ বোসকে প্রশংসা করে। বোসকে সরাসরি পদক্ষেপ নেওয়ার জন্য কংগ্রেসের নেতৃত্ব থেকে পদচ্যুত করা হয়েছিল, যুদ্ধের সময় "আমার শত্রুর শত্রু আমার বন্ধু" এই ভিত্তিতে জার্মান এবং জাপানি সহায়তা নিয়েছিল, বার্মায় একটি মুক্তিবাহিনী গঠন করেছিল ও যুদ্ধের শেষের দিকে তাকে হত্যা করা হয়েছিল এবং তখন থেকেই ব্রিটিশ প্রচারে নিন্দিত হয়েছে। বোসকে সমর্থন করা সত্ত্বেও, বিশ্বাস এই নস্টালজিক দৃষ্টিভঙ্গিও প্রকাশ করেন, বিশেষ করে প্রাক্তন বেসামরিক কর্মচারীদের মধ্যে সাধারণ যে ভারত কংগ্রেসের চেয়ে ব্রিটিশদের অধীনে ভাল ছিল।

অস্ট্রেলিয়ান প্রকাশকদের দ্বারা প্রত্যাখ্যান করার পরে এই বইটির ব্যয়ের জন্য বিশ্বাসকে অবদান রাখতে হয়েছিল। সম্ভবত এটা হিসাবে ভাল. একজন মূলধারার প্রকাশক হয়ত তার অলঙ্কৃত, মূর্খতাপূর্ণ ভারতীয় ইংরেজির ক্যাডেনসগুলি সম্পাদনা করতে প্রলুব্ধ হয়েছিলেন, এবং আমরা এই ধরনের অনুচ্ছেদগুলি হারিয়ে ফেলতাম: "বিকৃত চাঁদ… ধীরে ধীরে স্থির আকাশে হামাগুড়ি দিয়েছে এবং বনকে উজ্জ্বল করেছে।"

লেখকের কাছে একজন বিক্রম শেঠের পশ্চিমীকৃত পলিশের অভাব রয়েছে। কিন্তু তিনি অর্ধশতাব্দীর অন্তঃসত্ত্বা আবেগের সাথে হৃদয় থেকে লিখেছেন, এবং শেঠের সেরা বিক্রি হওয়া একটি উপযুক্ত ছেলের চরিত্রগুলি আমার মন থেকে ম্লান হয়ে গেছে অনু রানী এবং তাদের বন্ধুদের কষ্ট এবং আশাগুলি এমন হবে না যা সহজে ভুলে।

*(প্রকৃত স্বাধীনতার ইতিহাস তরুণ প্রজন্মের কাছে হস্তান্তর করার জন্য ডঃ গোরাচাঁদ ঘোষ দ্বারা সংগৃহীত)*

**ইউটিউব: দ্বিতীয় বিশ্বযুদ্ধে নেতাজি সুভাষ চন্দ্র বসুর প্রধান কর্মকাণ্ডের উপর স্মরণ | 125তম জন্মবার্ষিকীতে | 23শে জানুয়ারী 2022।**

Remembrance on Main Activities of Netaji Subhas Chandra Bose in WWII | On 125th Birth Anniversary

যদিও এটি ইংরেজিতে, কিন্তু দ্বিতীয় বিশ্বযুদ্ধে নেতাজির সত্য ও তথ্য জানতে দিয়া করে দেখুন | https://www.youtube.com/watch?v=8h4KJw2kSNE

# অষ্টম অধ্যায়

## আজ়াদ হিন্দ ব্যাঙ্ক এবং মাদার ইন্ডিয়ার লুট

**(নেতাজির সম্পদ চুরি হয়েছিল, এবং কংগ্রেস তার ধারণা বাস্তবায়ন করেনি) আই এন এ-র ধন লুট**

গোপন প্রতিবেদন, চিঠিপত্র এবং টেলিগ্রামের মাধ্যমে উন্মত্ত প্রচেষ্টা বছরের পর বছর ধরে নির্মিত, এটি সন্দেহভাজন পদের লোভ এবং সুবিধাবাদের একটি গল্প নিয়ে কাজ করে যা ভারতীয় স্বাধীনতা সংগ্রামীদের পরাস্ত করেছিল কারণ তারা আজ়াদ হিন্দের ধসে পড়া অস্থায়ী সরকারের কোষাগার (PGAH) লুট করেছিল।

এই সন্দেহভাজন লুটটি 1945 সালে একটি বিমানদুর্ঘটনায় বোসের মৃত্যুর পরপরই ঘটেছিল। কিন্তু চমকপ্রদ মোড় আজকে কয়েকশ কোটি টাকার মূল্যের ভারতীয় ন্যাশনাল আর্মি (আই এন এ) ধন নিখোঁজ সম্পর্কে নয়। তা হল, তখনকার সরকার বিষয়টি জানলেও কিছুই করেনি।

একজন ব্যক্তি যিনি এটি জানতেন তিনি হলেন এস এ আয়ার, প্রাক্তন সাংবাদিক থেকে আজ়াদ হিন্দ সরকারের প্রচারমন্ত্রী হয়েছিলেন। আয়ার শেষ কয়েকদিন নেতাজির সঙ্গে ছিলেন। 22 আগস্ট 1945 সালে, তিনি সাইগন থেকে টোকিওতে উড়ে যান এবং জাপানি সেনাবাহিনীর কাছ থেকে দুটি বক্স গ্রহণের জন্য টোকিওতে আই আই এল-এর প্রাক্তন সভাপতি এম রামা মূর্তি-এর সাথে যোগ দেন। ধনটা রেখেছিলো মূর্তি।

22 আগস্ট 1946-এ, লে. কর্নেল জন ফিগেস, একজন সামরিক কাউন্টার ইন্টেলিজেন্স অফিসার, যিনি সুপ্রীম অ্যালাইড কমান্ডার, দক্ষিণ-পূর্ব এশিয়ার সদর দফতরে নিযুক্ত ছিলেন, তাঁর উচ্চতর লর্ড লুই মাউন্টব্যাটেনের কাছে একটি প্রতিবেদন জমা দেন। ফিগেস উপসংহারে পৌঁছেছিলেন যে নেতাজি প্রকৃতপক্ষে ফর্মোসায় (বর্তমানে তাইওয়ান) বিমান দুর্ঘটনায় মারা গিয়েছিলেন।

1947 সালের 4 ডিসেম্বর, টোকিওতে ভারতীয় যোগাযোগ মিশনের প্রথম প্রধান স্যার বেনেগাল রামা রাউ একটি চমকপ্রদ অভিযোগ করেন। এম ই এ কে লেখা একটি চিঠিতে, রাউ অভিযোগ করেছেন যে রামা মূর্তি আই আই এল তহবিল আত্মসাৎ করেছেন এবং নেতাজির বহন করা মূল্যবান জিনিসগুলি অপব্যবহার করেছেন। টোকিওতে ইন্ডিয়ান অ্যাসোসিয়েশনের সভাপতি মিশন থেকে যে আনুষ্ঠানিক উত্তর পেয়েছিলেন তা হল যে ভারত সরকার আই এন এ তহবিলে আগ্রহী হতে পারেনা।

1951 সালের অক্টোবরে, ভারতীয় দূতাবাস রামা মূর্তি এর বাসভবন থেকে আই এন এ কোষাগারের অবশিষ্টাংশ সংগ্রহ করে। অ্যাম্বাসেডর চেত্তুর তখনও আয়ার- রামা মূর্তি গল্পকে অবিশ্বাস করেছিলেন। চেত্তুর বিশ্বাস করতেন যে আয়ার টোকিওতে এসেছেন "লুট ভাগ করতে এবং তার ও শ্রী রামা মূর্তির বিবেককে বাঁচানোর জন্য সরকারের কাছে অল্প পরিমাণ সোনা/টাকা হস্তান্তর করে এই আশায় যে এটি করার মাধ্যমে, তিনি পথ জুড়ে রেড হেরিং আঁকতেও সফল হবেন।" রেড হেরিং একটি প্রাসঙ্গিক বা গুরুত্বপূর্ণ প্রশ্নকে বিভ্রান্ত করে।

22 জুন, 1951 তারিখে নয়াদিল্লিতে তার একটি চূড়ান্ত যোগাযোগে, চেতুর "নেতাজি সংগ্রহের" নিখোঁজ হওয়ার তদন্ত করার প্রস্তাব দেন। আই এন এ কোষাগারে ফাউল খেলার প্রথম ব্যাপক সতর্কতা মাত্র কয়েক মাস পরে অনুসরণ করা হয়েছিল। নেহেরু তার মন্ত্রিসভায় কিছু আই এন এ ব্যক্তিকে নিয়োগ করেছিলেন এবং তার সুইস ব্যাঙ্ক অ্যাকাউন্টে কিছু অর্থ পাঠানোর আদেশ দিয়েছিলেন, এটি এখন যাচাই করা কঠিন। কিন্তু উইকি লিকস তা করতে পারে যদি তারা সত্য আবিষ্কার করতে চায়। আমি কিছু জাপানিদের কাছ থেকে এই সত্য সম্পর্কে শুনেছি যে আয়ার এবং রামা মূর্তি নেহরুর সাথে তাদের মধ্যে এই ধন ভাগ করে নেওয়ার জন্য দায়ী ছিলেন। গুপ্তধন ভাগাভাগি করার পর নেহরু আয়ারকে তার মন্ত্রিসভায় একটি বিশেষ ভালো অবস্থান দিয়েছিলেন।

## 1948 সালে নেহরুর জিপ কেলেঙ্কারির মামলা

একইভাবে, তিনি যুক্তরাজ্য থেকে 'লাইসেন্স রাজ' বাস্তবায়নের মাধ্যমে জিপ আমদানি করে [52] দুর্নীতির প্রথম বীজ রোপন করেন এবং ভারতে প্রথমবারের মতো কমিশন সরাসরি তার সুইস ব্যাংক অ্যাকাউন্টে জমা হয়। লাইসেন্স রাজ ছিল কোনো কঠিন পরিশ্রম না করে শুধুমাত্র মধ্যস্বত্বভোগী হয়ে অর্থ উপার্জনের একটি পদ্ধতি। বিক্রি, আমদানি, অন্যান্য দেশে এবং প্রাপ্তির মাধ্যমে, এই 'রাজ'-এর অধীনে অনুদানও ছিল তার কিছু অংশ সুইজারল্যান্ডে রাখা তার ভোট ব্যাংক অ্যাকাউন্টে স্থানান্তর করার জন্য। কেলেঙ্কারি নীচে বিবৃত করা হয়।

1948 সালে জিপ কেলেঙ্কারি স্বাধীন ভারতে প্রথম বড় দুর্নীতির মামলা। ভি কে কৃষ্ণ মেনন ব্রিটেনে তৎকালীন ভারতীয় হাইকমিশনার 200টি আর্মি জিপ কেনার জন্য একটি বিদেশী সংস্থার সাথে 40 লাখ রুপি মূল্যের একটি চুক্তিতে স্বাক্ষর করার জন্য প্রোটোকল অনুমোদন দিয়ে এবং বাইপাস করেছিলেন। যখন বেশিরভাগ টাকা আগে পরিশোধ করা হয়েছিল, মাত্র 155টি জিপ আমদানি করেছিল, তৎকালীন প্রধানমন্ত্রী নেহেরু সরকারকে সেগুলি গ্রহণ করতে বাধ্য করেছিলেন। গোবিন্দ বল্লভ পন্থ তৎকালীন স্বরাষ্ট্রমন্ত্রী এবং ভারতীয় জাতীয় কংগ্রেসের তৎকালীন সরকার 30 সেপ্টেম্বর 1955 তারিখে ঘোষণা করেছিলেন যে জিপ কেলেঙ্কারি মামলাটি অনন্তসায়ানাম আয়ঙ্গার নেতৃত্বাধীন তদন্ত কমিটির পরামর্শ উপেক্ষা করে বিচার বিভাগীয় তদন্তের জন্য বন্ধ করা হয়েছিল। তিনি ঘোষণা করেছিলেন যে "যতদূর সরকার উদ্বিগ্ন ছিল, বিষয়টি বন্ধ করার সিদ্ধান্ত নিয়েছে। বিরোধীরা সন্তুষ্ট না হলে, তারা এটিকে নির্বাচনী ইস্যুতে পরিণত করতে পারে।" 3 ফেব্রুয়ারি 1956-এর পরপরই কৃষ্ণ মেননকে মন্ত্রিসভার অনুমোদন ছাড়াই নেহরু মন্ত্রিসভায় অন্তর্ভুক্ত করেন। পরে কৃষ্ণ মেনন প্রধানমন্ত্রী জওহরলাল নেহরুর বিশ্বস্ত সহযোগী এবং প্রতিরক্ষা মন্ত্রী হন। মহাত্মা গান্ধীর ব্যক্তিগত সচিব মিঃ ইউ ভি কল্যাণম, একটি সংবাদপত্রের সাক্ষাৎকারে বলেছেন, "এখানে উল্লেখ করা প্রাসঙ্গিক যে নেহেরু প্রতিরক্ষা মন্ত্রী থাকাকালীন কুখ্যাত 'জিপ কেলেঙ্কারি'তে জড়িত কৃষ্ণ মেননের মতো দুর্নীতিবাজ সহকর্মী তৈরি করেছিলেন।

ডঃ গোরাচাঁদ ঘোষ

## নেহেরুর বংশ কর্তৃক মাদার ইন্ডিয়ার অন্যান্য লুট

আমাদের অবশ্যই উইকি ফাঁসের [53] প্রতিষ্ঠাতা জুলিয়ান অ্যাসাঞ্জের প্রশংসা করতে হবে, একজন অস্ট্রেলিয়ান এই সমস্ত মন্দের বিরুদ্ধে তার সাহসী প্রচেষ্টার জন্য যারা তাদের দেশকে প্রতারণা করেছে এবং এই শতাব্দীর শুরুতে তাদের নাম প্রকাশ করে তাদের দুর্নীতি/অসৎ উপার্জনের উপায় দেখিয়েছেন। বিশ্ব থেকে দুর্নীতি দূর করার জন্য একটি আন্তর্জাতিক অলাভজনক সংস্থা হিসাবে অর্থ উপার্জনের কোনও উদ্দেশ্য ছাড়াই আমি তার সাহসিকতার জন্য বিশ্বকে তার ছবি দেখাচ্ছি।

উপরোক্ত ব্যাঙ্কে লুটপাট ও জমা করার জন্য এই রাজবংশ কী ভাবে তাদের নাম পরিবর্তন/আপডেট করেছে তা এখন যে কেউ দেখতে পাচ্ছেন। হয়তো তারা ইতিমধ্যেই প্রধান অংশগুলি অন্য দেশের অন্যান্য ব্যাংকে স্থানান্তর করেছে। স্ক্যামের নিম্নলিখিত কয়েকটি পৃষ্ঠা WWW থেকে পুনরুদ্ধার করা হয়েছে। যে কেউ যে কোন স্ক্যাম অনুসন্ধান এবং স্থিতি খুঁজে পেতে পারেন, কংগ্রেস ভারত জুড়ে সমস্ত ধরণের দুর্নীতির জননী এবং প্রথম বীজটি স্বাধীনতার পরে নেহেরু দ্বারা রোপিত হয়েছিল। ভারতের ব্রিটিশ শিক্ষিত অর্থনীতিবিদ-কাম-প্রধানমন্ত্রী ড: মনমোহন সিং-এর আমলে সব জায়গায় কেলেঙ্কারি ছিল। আমরা জানি, বেশিরভাগ ব্রিটিশ শিক্ষিত ভারতীয়রা স্নোবি, দুর্নীতিগ্রস্ত এবং তাদের কোনো মর্যাদা ও নৈতিকতা নেই।

## নেহেরু নেতাজির ধন লুট করেছে

ডেইলি মেইল ইন্ডিয়া অস্ট্রেলিয়ার খবর: 2 সেপ্টেম্বর 2017 এ সংগৃহীত।

নেতাজির গুপ্তধনের রহস্য: গোপন সরকারি কাগজপত্র প্রকাশ করে নেহেরুকে বোসের 100 কেজি স্বর্ণ ও গহনা নিখোঁজ যুদ্ধের বাক্সের কথা বলা হয়েছিল, কিন্তু প্রাক্তন প্রধানমন্ত্রী তদন্তের নির্দেশ দিতে ব্যর্থ হন।

15 মে 2015 তারিখে সন্দীপ উন্নিথান দ্বারা প্রকাশিত।

সাউথ ব্লকের ভল্টে তালাবদ্ধ এবং অর্ধ শতাব্দীরও বেশি সময় ধরে সরকারী গোপনীয়তা আইন দ্বারা সুরক্ষিত, ভারতের কেলেঙ্কারিগুলির একটির প্রকাশ। নেতাজি সুভাষের নগদ টাকা, স্বর্ণ এবং গহনা সম্পর্কে গুরুতর সন্দেহের উদ্রেককারী শত শত হলুদ নথি।

# উইকিলিকস গ্লোবাল ইন্টেলিজেন্স ফাইলস

ভারত/জার্মানি/সুইজারল্যান্ড/জিভি- (উইকি-এর অ্যাসাঞ্জের সাথে সাক্ষাৎকার) - কালো টাকা আসে মূলত ভারত থেকে: অ্যাসাঞ্জ

কংগ্রেস নেতাজির মেয়েকে বছরে ৬০০০ টাকা দেয়।

>নেহেরু 1945 সালে নেতাজির 'মৃত্যু' সম্পর্কে বোসের পরিবারকে জানান, কিন্তু নিশ্চিত প্রমাণ দিতে ব্যর্থ হন শনিবার প্রকাশ করা 100টি ফাইলের মধ্যে একটি প্রকাশ করে।

> তবে গান্ধী বিশ্বাস করেন নি নেতাজি তাইহোকু দুর্ঘটনায় মারা গেছেন।

বোসকে যুদ্ধাপরাধী আখ্যা দিয়ে নেহরুর 'চিঠি'।

ডেইলি মেইল ইন্ডিয়া নিউজ:

উইকিলিকস নথিগুলি প্রকাশ করে ইন্দিরার আমেরিকান 'গুপ্তচর' এবং গান্ধী পরিবারের 'কঠোর' ভারতীয় সংবিধান পুনর্গঠনের প্রচেষ্টা।

উইকিলিকস, কংগ্রেস ও গান্ধী পরিবারের দুর্নীতি ও বিশ্বাসঘাতকতার মর্মান্তিক ছবি!

এই গত সপ্তাহটি ভারতীয় রাজনীতির জন্য উইকিলিকস তথ্যের ভান্ডার হয়েছে। এবং মজার বিষয় হল, এটি ভারতীয় রাজনীতির প্রথম পরিবার - গান্ধী -কে একটি ভূপে ফেলে দেয়। রাজীব গান্ধী, স্বৈরশাসক সঞ্জয় গান্ধী, একজন দুর্নীতিগ্রস্ত পরিবার, এবং অপ্রত্যাশিত ইন্দিরা গান্ধী। সাধারণভাবে কংগ্রেস বিশ্বাসঘাতকতা ও লুটেরাদের বন্দী হয়ে উঠেছে।

বিবিসি নিউজ: উইকিলিকস রাজীব গান্ধী সুইডেনের সাব-স্ক্যানিয়ার জন্য 'একজন মধ্যম পুরুষ'!

প্রাক্তন ভারতীয় প্রধানমন্ত্রী রাজীব গান্ধী 1970-এর দশকে যখন দিল্লিতে ফাইটার এয়ারক্রাফ্ট বিক্রি করার চেষ্টা করছিল তখন সুইডিশ কোম্পানি সাব-স্ক্যানিয়ার জন্য 'একজন মধ্যম ব্যক্তি' ছিলেন, উইকিলিকস দ্বারা প্রকাশিত তারের অভিযোগ।

ডঃ গোরাচাঁদ ঘোষ

# কিছু ভারতীয়ের সুইস ব্যাঙ্ক অ্যাকাউন্ট

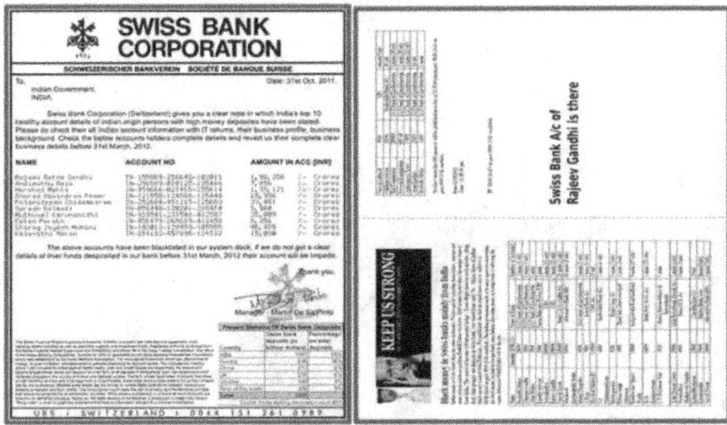

সুইস ব্যাঙ্ক কর্পোরেশন (সুইজারল্যান্ড) ভারতীয় বংশোদ্ভূত ব্যক্তিদের উচ্চ সম্পদ আমানত সহ ভারতের শীর্ষ দশটি ব্যবহৃত অ্যাকাউন্ট স্টেটমেন্ট সম্পর্কে একটি স্পষ্ট নোট দেয়। আই টি রিটার্ন, তার ব্যবসার প্রোফাইল, ব্যবসার পটভূমি সহ তার সমস্ত ভারতীয় অ্যাকাউন্টের তথ্য চেক করুন। অ্যাকাউন্ট হোল্ডারদের সম্পূর্ণ বিবরণ নীচে দেওয়া হয়েছে এবং তাদের সম্পূর্ণ পরিষ্কার ব্যবসার বিবরণ 31 মার্চ 2012 এর আগে আমাদের কাছে ফেরত দেওয়া হয়েছে।

| নাম | একাউন্ট নাম্বার | পরিমাণ (ভারতীয় টাকা) | |
| --- | --- | --- | --- |
| **রাজীব রত্ন গান্ধী** | IN-155869-256648-102011 | 1,98,356/- | কোটি |
| আন্দিমুথু রাজা | IN-256589-010125-125488 | 7,856/- | কোটি |
| হর্ষদ মেহতা | IN-959666-021465-255614 | 1,25,121/- | কোটি |
| শরদ গোবিন্দরাও পাওয়ার | IN-121558-124588-125488 | 28,956/- | কোটি |
| পালানিপ্পান চিদনবরম | IN-252684-451215-125683 | 33,451/- | কোটি |
| **সুরেশ কলমাডি** | IN-856448-126201-235454 | 5,560/- | কোটি |
| মুথুভেল করুণানিধি | IN-916541-231546-412507 | 35,009/- | কোটি |
| কেতন পারেখ | IN-856479-265699-412450 | 8,256/- | কোটি |
| চেরাগ জয়েশ মোহিনী | IN-102012-128458-10555 | 96,455/- | কোটি |
| কোলানিথি মারান | IN-254122-457895-124512 | 15,090/- | কোটি |

উপরের অ্যাকাউন্টগুলিকে আমাদের সিস্টেম ডক-এ কালো তালিকাভুক্ত করা হয়েছে যদি আমরা 31 মার্চ 2012 এর আগে আমাদের ব্যাঙ্কে জমা করা তাদের তহবিলের স্পষ্ট বিবরণ না পাই, তাহলে তাদের অ্যাকাউন্ট ব্লক হয়ে যাবে।

ধন্যবাদ;

ম্যানেজার মার্টিন ডি সাপিন্টো
(সরকারি স্ট্যাম্প এবং স্বাক্ষর)

## আজাদ হিন্দ ব্যাঙ্কের ডাকাতির সাথে সম্পর্কিত YouTube

The link of the YouTube:

**https://www.youtube.com/watch?v=CxN-jkvzEUU&t=22s**

Netaji Subhas Chandra Bose | After Death (18 Aug 1945) | The Loot of INA Treasure | Episode-3: Jul 11, 2020

এই YouTube 18 আগস্ট 1945-এ নেতাজির বিমান দুর্ঘটনায় মারা যাওয়ার পরে INA-এর কোষাগার লুট করার বর্ণনা দিয়েছে। এস এ আয়ার, এম রামমূর্তি এবং নেহেরু লুট ভাগ করে নেন। এটাই ছিল তথাকথিত প্রথম ভারতীয় প্রধানমন্ত্রী নেহরুর প্রথম কেলেঙ্কারি। তিনি মোটেও মুক্তিযোদ্ধা ছিলেন না। ব্রিটিশদের দাস, পুতুল এবং অনানুষ্ঠানিক "জামাতা" ব্রিটিশ রাজের পর "ব্রিটিশ রাজের নিরাপত্তা আইন" ব্যবহার করে আমাদের ভারত মাতাকে ছিনতাই করার সব ধরনের ষড়যন্ত্র করে। এই শতাব্দীতে, নেতাজি এবং আই এন এ-এর বিরুদ্ধে যুদ্ধে ব্রিটিশদের সমর্থন করার জন্য তাকে দ্বিতীয় বিশ্বযুদ্ধে একজন প্রকৃত পরোক্ষ যুদ্ধাপরাধী হিসাবে বিবেচনা করা উচিত। নেতাজি এবং আই এন এ আমাদের স্বাধীনতা দিয়েছিল। জয় হিন্দ।

## হডকে থেকে প্রথম জিপ কেলেঙ্কারির মামলায় দুর্নীতি সম্পর্কে YouTube

The YouTube link is:

**https://www.youtube.com/watch?v=zyLObWM4598&t=4s**

Netaji Subhas Chandra Bose | After Death (18 Aug 1945) | Jeep Scandal by Nehru in 1948 | Episode-4  Jul 17, 2020

ভারতে দুর্নীতির প্রথম বীজ 1948 সালে নেহেরু দ্বারা রোপণ করা হয়েছিল, স্বাধীনতার ঠিক পরে, দ্বিতীয় বিশ্বযুদ্ধে ব্রিটেনের ব্যবহার করা জিপগুলি ভারতের হাই কমিশনার কৃষ্ণ মেননের মাধ্যমে আমদানি করা হয়েছিল।

# নবম অধ্যায়

## দ্বিতীয় বিশ্বযুদ্ধের কিছু গুরুত্বপূর্ণ ব্যক্তি (ভারতীয় এবং জাপানি)

### রাধাবিনোদ পাল (RADHABINOD PAL)

রাধাবিনোদ পাল (1886 -1967) কলকাতা বিশ্ববিদ্যালয়ের প্রেসিডেন্সি কলেজে গণিত এবং সাংবিধানিক আইন অধ্যয়ন করেন, জাপানিরা দ্বিতীয় বিশ্বযুদ্ধে আমেরিকান এবং ব্রিটিশদের দ্বারা অত্যাচারের বিরুদ্ধে তার অনন্য এবং বিজ্ঞ রায়ের জন্য স্মরণ করে। 1967 সালে তার মৃত্যুর পর জাপান সরকার ইয়াসুকুনি এবং কিয়োটো তীর্থস্থানে তার স্মৃতিস্তম্ভ নির্মাণ করেছে। আমরা বাঙালীরা দুজন বসু ও পালকে পেয়ে খুব গর্বিত। তিনি 'ব্রিটিশ রাজ'-এর বিরুদ্ধে অত্যন্ত বাহাদুর ও সাহসী ব্যক্তি ছিলেন। লেখক টোকিওর ইয়াসুকুনি মন্দিরে ডঃ পালের প্রতি শ্রদ্ধা নিবেদন করেছেন।

তিনি দ্বিতীয় বিশ্বযুদ্ধের সময় জাপানি যুদ্ধাপরাধের "টোকিও ট্রায়ালস" ফার ইস্টের জন্য আন্তর্জাতিক সামরিক ট্রাইব্যুনালের এশিয়ান বিচারকদের একজন ছিলেন। তিনি উপসংহারে বলেছিলেন [54] "আমি স্বীকার করব যে অভিযুক্তদের প্রত্যেককে অভিযুক্ত প্রতিটি অভিযোগে দোষী সাব্যস্ত করা উচিত নয় এবং সেই সমস্ত অভিযোগ থেকে খালাস দেওয়া উচিত।"

তিনি যুক্তি দিয়েছিলেন যে মার্কিন যুক্তরাষ্ট্র স্পষ্টভাবে জাপানের সাথে যুদ্ধের প্ররোচনা দিয়েছে এবং জাপানের কাছ থেকে প্রত্যাশিত পদক্ষেপ পেয়েছে। বিচারক পাল বিচারকে "প্রতিশোধের তৃষ্ণা মেটানোর জন্য আইনি প্রক্রিয়ার সাঙ্গ্য কর্মসংস্থান" হিসাবে উল্লেখ করেছেন।

*দ্বিতীয় বিশ্বযুদ্ধের টোকিও ট্রায়ালে তার সাহসী সিদ্ধান্তের জন্য নেহেরু রাধাবিনোদ পালকে কোনো সম্মান দেননি।*

# কিছু জাপানীজ নাগরিক যারা ভারতের স্বাধীনতার জন্য নেতাজিকে সাহায্য করেছিলেন

সম্রাট হিরোহিতোর অধীনে নিম্নোক্ত জাপানি সামরিক কর্মীরা নেতাজি সুভাষ চন্দ্র বোসকে ভারতের স্বাধীনতা সংগ্রামে সাহায্য করেছিলেন যেমন ওয়েবসাইটে উল্লেখ করা হয়েছে।

হিদেকি তোজো **Hideki Tōjō** (英機 東條)-(ডিসেম্বর 30, 1884-23 ডিসেম্বর, 1948) - ইম্পেরিয়াল রুল অ্যাসিসট্যান্স অ্যাসোসিয়েশনের নেতা এবং দ্বিতীয় বিশ্বযুদ্ধের সময় জাপানের 27তম প্রধানমন্ত্রী, 17 অক্টোবর, 1941 থেকে 24 জুলাই, 1944 ইম্পেরিয়াল জাপানি সেনাবাহিনীর একজন জেনারেল (আই জে এ) ছিলেন। প্রধানমন্ত্রী হিসাবে, তিনি পার্ল হারবার আক্রমণের নির্দেশ দেওয়ার জন্য দায়ী ছিলেন, যা জাপান এবং মার্কিন যুক্তরাষ্ট্রের মধ্যে যুদ্ধ শুরু করেছিল, যদিও অফিসে প্রবেশের আগে 1941 সালের এপ্রিলে এর পরিকল্পনা শুরু হয়েছিল। যুদ্ধ শেষ হওয়ার পর, তোজোকে গ্রেপ্তার করা হয়, জাপানি যুদ্ধাপরাধের জন্য সুদূর প্রাচ্যের আন্তর্জাতিক সামরিক ট্রাইব্যুনাল দ্বারা মৃত্যুদণ্ড দেওয়া হয় এবং 23 ডিসেম্বর, 1948-এ ফাঁসি দেওয়া হয়।

কুনিয়াকি কোইসো **Kuniaki Koiso** (小磯 國昭)-(22 মার্চ, 1880-3 নভেম্বর, 1950) - ইম্পেরিয়াল জাপানি সেনাবাহিনীর একজন জাপানি জেনারেল, কোরিয়ার গভর্নর-জেনারেল এবং 22 জুলাই, 1944 থেকে 7 এপ্রিল, 1945 জাপানের 24তম প্রধানমন্ত্রী ছিলেন। তিনি যুদ্ধাপরাধে দোষী সাব্যস্ত হয়ে যাবজ্জীবন কারাদণ্ডে দণ্ডিত হন।

মামোরু সিগেমিত্সু **Mamoru Shigemitsu** (重光 葵)- দ্বিতীয় বিশ্বযুদ্ধের সময় জাপানের পররাষ্ট্রমন্ত্রী ছিলেন। তিন দূরপ্রাচ্যের জন্য আন্তর্জাতিক সামরিক ট্রাইব্যুনালে দোষী সাব্যস্ত হন এবং 7 বছরের কারাদণ্ডে দণ্ডিত হন।

হাজিমে সুগিইয়ামা **Hajime Sugiyama** (元 杉山) – দ্বিতীয় বিশ্বযুদ্ধের সময় আই জে এ-তে সেনাপ্রধান এবং যুদ্ধ মন্ত্রী ছিলেন। জাপানের আত্মসমর্পণের দশ দিন পর, সুগিইয়ামা তার অফিসে ডেস্কে বসে থাকা অবস্থায় তার রিভলবার দিয়ে চারবার গুলি করে আত্মহত্যা করেন। বাড়িতে তার স্ত্রীও আত্মহত্যা করেন।

ইয়োশিজিরো উমেজু **Yoshijiro Umezu** (美治郎 梅津)_ দ্বিতীয় বিশ্বযুদ্ধে ইম্পেরিয়াল জাপানিজ সেনাবাহিনীর একজন জেনারেল ছিলেন। 1944 সালের জুলাই মাসে তিনি ইম্পেরিয়াল জাপানিজ আর্মির চিফ অফ দ্য জেনারেল স্টাফ হন। তিনি যুদ্ধাপরাধে দোষী সাব্যস্ত হয়ে যাবজ্জীবন কারাদণ্ডে দণ্ডিত হন।

ইওনাই মিতসুমাসা **Yonai Mitsumasa (米內 光政 )** _ একজন রাষ্ট্রনায়ক, ইম্পেরিয়াল জাপানিজ নৌবাহিনীর একজন অ্যাডমিরাল ছিলেন। তিনি 16 জানুয়ারী থেকে 22 জুলাই, 1940 পর্যন্ত জাপানের 26তম প্রধানমন্ত্রী ছিলেন। যুদ্ধের পর, ইওনাই তার সমগ্র জীবন জাপানকে ধ্বংস করতে সাহায্য করে। তিনি 1948 সালে মারা যান।

কোশিরো ওইকাওয়া **Koshiro Oikawa** (古志郎 及川) - দ্বিতীয় বিশ্বযুদ্ধের সময় ইম্পেরিয়াল জাপানিজ নৌবাহিনীর একজন দূত এবং নৌবাহিনীর মন্ত্রী ছিলেন।

জেঙ্গো ইয়োশিদা **Zengo Yoshida** (善吾 吉田)-দ্বিতীয় বিশ্বযুদ্ধে ইম্পেরিয়াল জাপানিজ নৌবাহিনীর একজন দূত ছিলেন।

ৎসুনামাসা শিদেই **Tsunamasa Shidei** (綱正 四手井) (27 জানুয়ারী 1895-18 আগস্ট 1945)-দ্বিতীয় বিশ্বযুদ্ধে ইম্পেরিয়াল জাপানিজ সেনাবাহিনীর একজন লেফটেন্যান্ট জেনারেল ছিলেন। 1934-1935 সাল পর্যন্ত, তিনি ইম্পেরিয়াল জাপানিজ আর্মির জেনারেল স্টাফের সাথে বিভিন্ন স্টাফ অ্যাসাইনমেন্ট করেন, যেমন 1935-1939 সাল পর্যন্ত জাপানের সম্রাটকে নিয়ে এইড-ডি-ক্যাম্প করেছিলেন। 18 আগস্ট, 1945 সালে তাইপেই সংশান বিমানবন্দরে সুভাষ চন্দ্র বোসের সাথে একটি বিমান দুর্ঘটনায় তিনি মারা যান।

অ্যারিসুই সেইজো **Arisue Seizo**-দ্বিতীয় বিশ্ব যুদ্ধে ইম্পেরিয়াল জেনারেল হেডকোয়ার্টারে এক লেফটেন্যান্ট জেনারেল এবং গোয়েন্দা বিভাগের প্রধান ছিলেন।

কেনরিও সাতো **Kenryo Sato**-দ্বিতীয় বিশ্বযুদ্ধে সামরিক বিষয়ক প্রধান, যুদ্ধাপরাধের জন্য IMTFE দ্বারা গ্রেপ্তার ও বিচার করা হয়েছিল এবং যাবজ্জীবন কারাদণ্ডে দণ্ডিত হয়েছিল।

সাবুরো ইসোদা **Saburo Isoda**-আজাদ হিন্দ সরকারের সাথে জাপানি সম্পর্কের জন্য দায়ী ছিলেন, প্রাথমিকভাবে কর্নেল বিন ইয়ামামোতোর নেতৃত্বে, হিকারি কিকানের স্থলাভিষিক্ত। তিনি লেফটেন্যান্ট জেনারেল এবং হিকারি কিকানের প্রধান ছিলেন, 17 আগস্ট 1945 সালে একটি জাপানি বোমারু বিমানে এইচ ই হাচিয়ার সাথে ব্যাংকক থেকে সাইগনের উদ্দেশ্যে উড়েছিলেন।

মাসাকাজু কাওয়াবে **Masakazu Kawabe** (正三 河辺)-ইম্পেরিয়াল জাপানিজ আর্মির একজন জেনারেল ছিলেন। তিনি দ্বিতীয় চীন-জাপানি যুদ্ধের সময় ইম্পেরিয়াল জাপানিজ সেনাবাহিনীতে ও দ্বিতীয় বিশ্বযুদ্ধের সময় বার্মা অভিযানে এবং দ্বিতীয় বিশ্বযুদ্ধের শেষের দিকে জাপানি স্বদেশ রক্ষার যুদ্ধে গুরুত্বপূর্ণ কমান্ডের দায়িত্ব পালন করেন। তিনি জেনারেল তোরাশিরো কাওয়াবের বড় ভাইও ছিলেন।

ইওয়াইচি ফুজিওয়ারা **Iwaichi Fujiwara** (岩市 藤原)–দ্বিতীয় বিশ্বযুদ্ধে ইম্পেরিয়াল জাপানিজ আর্মির একজন অফিসার এবং পরবর্তীতে যুদ্ধোত্তর জাপান গ্রাউন্ড সেলফ-ডিফেন্স ফোর্সের একজন লেফটেন্যান্ট জেনারেল ছিলেন। পরবর্তী জীবনে, ফুজিওয়ারা বই লিখেছিলেন "এফ কিকান: দ্য জাপানিজ আর্মির ইন্টেলিজেন্স টাক্সস ইন সাউথইস্ট এশিয়ার দ্বিতীয় বিশ্বযুদ্ধের সময় (1983)," যেখানে তিনি নিজেকে "দক্ষিণ-পূর্ব এশিয়ার লরেন্স অফ আরাবিয়া" হিসাবে বর্ণনা করেছিলেন। 1969 সালে, ইওয়াইচি ফুজিওয়ারা দ্বিতীয় বিশ্বযুদ্ধে আই এন এ-তে ডঃ কে কে ঘোষের বইটিতে একটি গুরুত্বপূর্ণ বার্তা লিখেছেন।

জুইচি তেরাউচি **Juichi Terauchi**-দ্বিতীয় বিশ্বযুদ্ধের সময় সিঙ্গাপুরে সদর দফতর দক্ষিণ-পূর্ব এশিয়ার ইম্পেরিয়াল জাপানিজ আর্মির একজন ফিল্ড মার্শাল ছিলেন। তিনি নতুন যুদ্ধমন্ত্রীর দায়িত্ব পালন করেন।

হিসাইচি তেরাউচি **Hisaichi Terauchi** (寿一寺内 )-(৪ আগস্ট 1879-12 জুন 1946) - ইম্পেরিয়াল জাপানি সেনাবাহিনীর একজন জেনসুই (বা মার্শাল) ছিলেন এবং দ্বিতীয় বিশ্বযুদ্ধের সময় দক্ষিণী অভিযাত্রী আর্মি গ্রুপের কমান্ডার ছিলেন। তাকে দক্ষিণ-পূর্ব এশিয়ার (সিঙ্গাপুর এবং ইন্দোনেশিয়া) দখলের নেতৃত্ব দেওয়ার নির্দেশ দেওয়া হয়েছিল। দক্ষিণ-পূর্ব এশিয়া বিজয়ের নেতৃত্ব দেওয়ার পর, তেরাউচি সিঙ্গাপুরে তার সদর দপ্তর স্থাপন করেন। 1943 সালের 6 জুন জেনসুই (মার্শাল) পদে উন্নীত হয়ে তিনি 1944 সালের মে মাসে ফিলিপাইনে চলে যান। এই এলাকা হুমকির মুখে পড়লে তিনি ফরাসি ইন্দোচীনের সাইগনে ফিরে যান। জাপানের হাতে বার্মা হারানোর কথা শুনে, 10 মে 1945 সালে তার হার্ট স্ট্রোক হয়।

হেইতারো কিমুরা **Heitarō Kimura** (兵太郎 木村)-(২৮ সেপ্টেম্বর ১৮৮৮-২৩ ডিসেম্বর ১৯৪৮)-ইম্পেরিয়াল জাপানিজ সেনাবাহিনীর একজন জেনারেল ছিলেন। তাকে যুদ্ধাপরাধের দায়ে দোষী সাব্যস্ত করে ফাঁসিতে ঝুলিয়ে মৃত্যুদণ্ড দেওয়া হয়। কিমুরা 1941 সালে যুদ্ধের ভাইস মিনিস্টার হিসেবে যুদ্ধ মন্ত্রনালয়ে ফিরে আসেন, দ্বিতীয় চীন-জাপানি যুদ্ধের পাশাপাশি প্রশান্ত মহাসাগরীয় যুদ্ধের প্রচারণার কৌশল পরিকল্পনায় যুদ্ধমন্ত্রী হিদেকি তোজোকে সহায়তা করেন। 1943 থেকে 1944 সাল পর্যন্ত, তিনি সুপ্রিম ওয়ার কাউন্সিলের সদস্য ছিলেন, যেখানে তিনি কৌশল এবং নীতির উপর একটি বড় প্রভাব প্রয়োগ করতে থাকেন।

কাজুও আওকি **Kazuo Aoki** (一男 青木)-জাপান সাম্রাজ্যের একজন আমলা, রাজনীতিবিদ, অর্থমন্ত্রী ও ক্যাবিনেট মন্ত্রী ছিলেন এবং বৃহত্তর পূর্ব এশিয়ার মন্ত্রী হিসাবে দায়িত্ব পালন করেছিলেন (নভেম্বর 1942-জুলাই 1944)। 1916 সালে টোকিও ইম্পেরিয়াল ইউনিভার্সিটির আইন স্কুল থেকে স্নাতক ছিলেন। যুদ্ধ জাপানের আত্মসমর্পণের পর তাকে গ্রেফতার করা হয় কিন্তু বিচার না করে 1948 সালে তাকে মুক্তি দেওয়া হয়। তিনি যুদ্ধের পরে জাপানি উন্নয়নের অনেক দিকগুলির সাথে যুক্ত ছিলেন এবং 1982 সালে মারা যান।

## ভারতীয় বংশোদ্ভূত বিশিষ্ট সামরিক কর্মী ব্রিটিশ ভারতীয় সেনাবাহিনী থেকে আই.এন.এ-তে যোগদান

হাবিবুর রহমান খান **Habibur Rahaman Khan**–আই এন এ-তে কর্নেল ছিলেন। তিনি জাপান এবং অন্যান্য সমস্ত দক্ষিণ-পূর্ব এশিয়ার দেশগুলিতে সফর (ন্যস্ত) করার জন্য নেতাজির দেহরক্ষী ছিলেন। 16 আগস্ট 1945 তারিখে, তিনি নেতাজির সাথে অন্যান্য সরকারী ও সেনা কর্মকর্তাদের সাথে একটি জাপানি বোমারু বিমানে সিঙ্গাপুর থেকে ব্যাংকক ভ্রমণ করেছিলেন। ব্যাংককে পৌঁছে এবং সেই রাতে অবস্থান করার পর, তারা পরের দিন দুটি জাপানি বোমারু বিমানে সাইগনের উদ্দেশ্যে উড়ে যান। একটি বিমানে ভারতীয় দলের যাত্রীরা ছিলেন কর্নেল হাবিবুর আর খান, কর্নেল গুলজারা সিং,

শ্রী দেবনাথ দাস, মেজর এ. হাসান এবং লেফটেন্যান্ট কর্নেল প্রীতম সিং। তিনি দুর্ঘটনা, নেতাজির জামাকাপড় পোড়ানো এবং জাপানের সামরিক হাসপাতালে নেতাজির চূড়ান্ত মৃত্যুর প্রধান সাক্ষী ছিলেন। এছাড়াও, নেতাজি আমাদের ভারত মাতার জন্য তাঁর পক্ষ থেকে ভবিষ্যতের পদক্ষেপের জন্য তাঁকে বলেছিলেন। নাম করা সামরিক কর্মীর ভারতীয় সেনাবাহিনী থেকে আই এন এ-তে যোগদান করেছিলেন।

মোহাম্মদ জামান কিয়ানি **Mohammad Zaman Kiani**-ছিলেন ব্রিটিশ ভারতীয় সেনাবাহিনীর একজন অফিসার যিনি ভারতীয় জাতীয় সেনাবাহিনীতে যোগ দিয়েছিলেন এবং এর চিফ অফ জেনারেল স্টাফ নিযুক্ত হন। তার যৌবনে একজন প্রখর হকি খেলোয়াড় ছিলেন, কিয়ানি 1931 সালে দেরাদুনের ইন্ডিয়ান মিলিটারি একাডেমিতে ব্রিটিশ ভারতীয় সেনাবাহিনীতে যোগ দেন, কলকাতায় অলিম্পিক হকি ট্রায়ালের জন্য একটি প্রবেশিকা পরীক্ষায় বসেছিলেন।

সুভাষ চন্দ্র বসুর অধীনে আজাদ হিন্দ ঘোষণার পর, কিয়ানিকে প্রথম ডিভিশনের কমান্ডার নিযুক্ত করা হয় এবং পরবর্তীতে চিফ অফ জেনারেল স্টাফ হিসেবে নিযুক্ত হন যা আগে লে. কর্নেল জে কে ভোঁসলের অধীনে ছিল। রেঙ্গুনের পতনের সময়, কিয়ানি ভারতীয় ন্যাশনাল আর্মি এবং আজাদ হিন্দ সরকারের কর্মীদের নেতৃত্ব দিয়েছিলেন, যারা সুভাষ চন্দ্র বোসের সাথে ব্যাংককের মাটিতে যাত্রা করেছিলেন। কিয়ানি 25 আগস্ট 1945 সালে সিঙ্গাপুরে ব্রিটিশ 5ম ডিভিশনের কাছে তার বাকি সৈন্যদের সাথে আই এন এ-র কমান্ডার হিসেবে আত্মসমর্পণ করেন। তাকে ভারতে প্রত্যাবর্তন করা হয় এবং 1946 সাল পর্যন্ত কারাগারে রাখা হয় এবং সেনাবাহিনী থেকে বরখাস্ত করা হয়।

এ সি চ্যাটার্জী **A C Chatterjee**–আজাদ হিন্দ ফৌজের একজন অর্থমন্ত্রী (1943) ছিলেন এবং 1945 সালে পররাষ্ট্রমন্ত্রী হিসেবে নিযুক্ত হন। ব্রিটিশ গোয়েন্দা কর্মকর্তারা স্বাধীনতা সংগ্রামী সুভাষ চন্দ্র বোসের ইন্ডিয়ান ন্যাশনাল আর্মির (আই এন এ) সদস্যদের উপর কড়া নজর রাখছিলেন যারা উপমহাদেশের উপর সাম্রাজ্যের কয়েক দশকের পুরোনো দখল শিথিল হওয়ার কারণে জেল থেকে মুক্তি পেয়েছিলেন। কিন্তু ব্রিটিশরা এমন একজন ব্যক্তিকে নিয়ে উদ্বিগ্ন ছিল যার মুক্তি তাদের মনে হয়েছিল আই এন এ-র পুনরুজ্জীবন ঘটাতে পারে এবং বাংলায় অশান্তি ছড়াতে পারে, বোসের উপর প্রকাশ করা ফাইলগুলি প্রকাশ করা হয়েছে। পশ্চিমবঙ্গ সরকার যে নথিগুলি প্রকাশ করেছে তার মধ্যে রয়েছে 1946 সালে সেনাবাহিনীর পূর্বাঞ্চলীয় কমান্ডের প্রধানের কাছ থেকে দিল্লির একজন শীর্ষ গোয়েন্দা প্রধানের কাছে একটি চিঠি, যাতে লেফটেন্যান্ট কর্নেল এ সি চ্যাটার্জিকে সামরিক বন্দিদশায় রাখা হয়েছে তা নিশ্চিত করার জন্য অনুরোধ করা হয়েছিল।

"এই সদর দপ্তর লে. কর্নেল এ সি চ্যাটার্জির নিকট ভবিষ্যতে বাংলায় সম্ভাব্য প্রত্যাবর্তন নিয়ে উদ্বিগ্ন। এই প্রদেশে এই অফিসারের যথেষ্ট প্রভাব ছিল, এবং যুদ্ধের আগে বাংলার জনস্বাস্থ্যের পরিচালক হিসাবে তার অফিসিয়াল পদমর্যাদা ছাড়াও, স্বাধীন দেশগুলির গভর্নর মনোনীত সুভাষ বোস কর্তৃক নিযুক্ত রাজনৈতিক বিবাদের নেতাদের সাথে তার ব্যক্তিগত যোগাযোগ ছাড়াও, একজন সামরিক অফিসার 5 ফেব্রুয়ারি 1946 লিখেছিলেন।"

অজানিত নেতাজি সুভাষ চন্দ্র বোস

প্রেম কুমার সেহগাল **Prem Kumar Sehgal**-1941 সালে জাপানিদের পার্ল হারবার আক্রমণের পরে মালয়েতে ভারতীয় সেনাবাহিনীর একটি পদাতিক ব্যাটালিয়নের একজন ক্যাপ্টেন ছিলেন। তিনি উপদ্বীপের সাথে দীর্ঘ লড়াই করেছিলেন, অন্য সকলের সাথে সিঙ্গাপুরে আত্মসমর্পণ করেছিলেন এবং কিছু ব্যবধানের পরে আই এন এ-তে যোগ দেন। ব্রিটিশ সেনাবাহিনী ত্যাগ করা; বার্মায় চলে যাওয়ার পর তিনি নেতাজির 'মিলিটারি সেক্রেটারি' হিসেবে দায়িত্ব পালন করেন।

লক্ষ্মী স্বামীনাথন **Lakshmi Swaminathan**-জাপান আক্রমণের সময় মালয়ে চিকিৎসক ছিলেন। তিনি বোসের প্রধান লেফটেন্যান্ট, একমাত্র মহিলা হিসেবেও যোগদান করেছিলেন। তিনি 'দ্য ঝাঁসি রানি রেজিমেন্ট' গঠন করেন এবং বার্মায় নিয়ে যান। প্রেমের বেশ কয়েক মাস পর তাকে বন্দী করা হয়। তিনি একটি মহান কর্তৃত্ব এবং আন্দোলনের সাথে জনসাধারণের সাথে কথা বলেছেন। তিনি 1947 সালের মার্চ মাসে লাহোরে প্রেম কে সেহগালের সাথে বিবাহ বন্ধনে আবদ্ধ হন।

কৃষ্ণ বাহাদুর মুখিয়া **Krishna Bahadur Mukhiya**-নেতাজি সুভাষ চন্দ্র বসুর চালক ছিলেন, 1943 সালে বার্মার জঙ্গলে তাঁর যুদ্ধের দিনগুলিতে। ব্রিটিশদের পক্ষে অনেক ফ্রন্টে লড়াই করার পর, তিনি 15 ফেব্রুয়ারি, 1942 সালে জাপানিদের কাছে আত্মসমর্পণকারী সৈন্যদের মধ্যে ছিলেন। মালায় যুদ্ধের বন্দী হিসাবে, তিনি 1943 সালে নেতাজির আই এন এ-তে যোগ দেন। মুখিয়া নেতাজির ব্যক্তিগত দেহরক্ষী ছিলেন এবং তিনি গোয়েন্দা তথ্য সংগ্রহ করতেন, চিরুনি এলাকা পরিদর্শন করতেন এবং সামনের সারিতে লড়াই করতেন। পরে তিনি বার্মায় আহত হন, 1944 সালের 31 জানুয়ারি ব্রিটিশদের হাতে বন্দী হন এবং চট্টগ্রামের একটি কারাগারে নিয়ে যাওয়া হয়। তাকে 6 মাস বার্মার একটি কারাগারে রাখা হয়েছিল, একটি সামরিক ট্রাইব্যুনালের মুখোমুখি হয়েছিল এবং ব্রিটিশদের অধীনে গুর্খা রেজিমেন্ট থেকে বরখাস্ত করা হয়েছিল।

এ এম সহায় **A M Sahay** (1898-1991)-ইন্ডিয়ান ইন্ডিপেনডেন্স লিগ (IIL) এর সদস্য ছিলেন এবং তারপর ভারতীয় জাতীয় সেনাবাহিনী (INA) তে যোগদান করেন। তিনি আজাদ হিন্দ সরকারের সচিব ছিলেন। দ্বিতীয় বিশ্বযুদ্ধের ভারতীয় জাতীয় সেনাবাহিনীর বিচারের পর, নেহেরু তাকে 1952 সালে পোর্ট অফ স্পেনে ভারতের একজন কমিশনার হিসেবে নিযুক্ত করেন। এছাড়াও, নেহেরু তাকে অনেক লাভজনক চাকরি দেন যেমন থাইল্যান্ডে ভারতীয় রাষ্ট্রদূত (1957-1960)। তিনি ছিলেন নেহেরুর দাস এবং চরিত্রহীন মানুষ। তিনি নেতাজির মৃত্যুর বিমান দুর্ঘটনাকে তার বস নেহরু যেভাবে বলেছিলেন তা 'শো' হিসেবে চিহ্নিত করেছিলেন।

শাহ নওয়াজ খান **Shah Nawaz Khan** (1914-1983)-দ্বিতীয় বিশ্বযুদ্ধের সময় ভারতীয় জাতীয় সেনাবাহিনীর (INA) একজন অফিসার ছিলেন। তাকে রাষ্ট্রদ্রোহের দায়ে দোষী সাব্যস্ত করা হয় এবং ব্রিটিশ ভারতীয় সেনাবাহিনী কর্তৃক একটি পাবলিক আদালতে মৃত্যুদণ্ড দেওয়া হয়। ভারতে অস্থিরতা ও প্রতিবাদের কারণে, ভারতীয় সেনাবাহিনীর সর্বাধিনায়ক তার মৃত্যুদণ্ড কমিয়ে দিয়েছিলেন (নেহরুর পরামর্শে হতে পারে)।

তারপর তিনি কংগ্রেস পার্টিতে যোগ দেন এবং 1952 থেকে 1977 সালে মিরাট থেকে সাংসদ নির্বাচিত হন। নেহরুর অধীনে এই সময়ে তিনি অনেক মন্ত্রী পদে অধিষ্ঠিত ছিলেন। এছাড়াও, 1956 সালে নেহেরু খানকে প্রধান করে সুভাষ চন্দ্র বোসের মৃত্যুর পরিস্থিতি তদন্ত করার জন্য একটি কমিটি গঠন করেন। কমিটি চার মাসের মধ্যে এই সিদ্ধান্তে উপনীত হয় যে 1945 সালের 18 আগস্ট তাইহোকুতে বিমান দুর্ঘটনায় বোস মারা গিয়েছিলেন এবং তার চিতাভস্ম টোকিওর রেনকোজি মন্দিরে রাখা হয়েছিল; ভারতে ফিরিয়ে আন্তে হবে। তিনি সারা জীবন নেহরুর দাস ছিলেন।

মোহন সিং **Mohan Singh** (1909-1989)-একজন ব্রিটিশ ভারতীয় সামরিক অফিসার ছিলেন এবং দ্বিতীয় বিশ্বযুদ্ধের সময় ভারতীয় জাতীয় সেনাবাহিনীতে (INA) যোগদান করেছিলেন। নেহেরু তাকে যুদ্ধাপরাধীর বিরুদ্ধে রক্ষা করেছিলেন। তিনি একজন সাংসদ ছিলেন এবং ভারতের স্বাধীনতার জন্য আজাদ হিন্দ ফৌজের সদস্যদের 'স্বাধীনতা যোদ্ধা' হিসেবে স্বীকৃতি দেওয়ার চেষ্টা করেছিলেন, কিন্তু গান্ধী ও নেহেরু সেদিকে তার আন্দোলন বন্ধ করে দেন।

## মাদার ইন্ডিয়ার উন্নতির জন্য কিছু পরামর্শ

ইংল্যান্ডের শিক্ষিত আইনজীবী মিঃ নেহেরু এবং মিঃ গান্ধী 1930, 1946 থেকে শুরু করে 1947 সালের প্রধান দাঙ্গা দেশভাগের সময় সমগ্র ভারতে গণহত্যার জন্য দায়ী ছিলেন। প্রায় 2.4 মিলিয়ন মানুষ (মুসলিম, হিন্দু এবং শিখ) শুধুমাত্র 'ব্রিটিশ রাজ'-এর দাসত্বের কারণে গণহত্যার দ্বারা নিহত বা আহত হয়েছিল এবং তারা ছিল ব্রিটিশদের পুতুল।

ঈশ্বর মহান যে সেই রাজবংশ এখন চলে গেছে। বর্তমানে সমস্ত ভারতীয়কে, জাতি-ধর্ম নির্বিশেষে জেগে উঠতে হবে এবং একটি স্বচ্ছ ও দুর্নীতিমুক্ত সমাজ/দেশের জন্য আমাদের ভারত মাতার উন্নয়নের জন্য যে কোনও ধরণের দুর্নীতির বিরুদ্ধে লড়াই করতে হবে, এটাই ছিল নেতাজি সুভাষ চন্দ্র বোসের স্বপ্ন। তিনি ভারতের স্বাধীনতার পরপরই কংগ্রেস পার্টিকে স্ক্র্যাপ করতে চেয়েছিলেন।

নেতাজি আমাদের মাদার ইন্ডিয়ার স্বাধীনতার জন্য সেরা আই এন এ বীজ তৈরি এবং রোপণ করেছিলেন, কিন্তু গান্ধী এবং নেহেরু যুদ্ধক্ষেত্রে কোনও লড়াই না করেই 'ব্রিটিশ রাজ'-এর দাসত্ব করে ফলাফলটি ভোগ করেছিলেন। ভারতের স্বাধীনতার ইতিহাস থেকে এখনই তাদের নাম মুছে ফেলা উচিত। ঘটনা ও সত্যের ভিত্তিতে ইতিহাস পুনর্লিখন করা উচিত।

# নেতাজির জন্য ভারত স্বাধীন

## এই বিষয়ে কিছু পদক্ষেপ নেওয়ার জন্য বর্তমান এবং ভবিষ্যত ভারত সরকারের কাছে কিছু পরামর্শ

সরকারী স্কুলে 10 বছর (6-16 বছর বয়সী) পর্যন্ত সকলের জন্য বাধ্যতামূলক বিনামূল্যে শিক্ষা সমগ্র ভারতে আবশ্যক। সব উন্নত দেশেই সেই ব্যবস্থা আছে। 1864 সালের মেইজি যুগে জাপান বাধ্যতামূলক শিক্ষা চালু করেছিল। কেন্দ্রীয় ও রাজ্য সরকার উভয়েরই সেই অনুযায়ী কাজ করা উচিত। স্কুল স্তরে, সকল শিক্ষার্থীকে অবশ্যই কমপক্ষে দুটি ভাষা (ইংরেজি এবং রাষ্ট্রীয় ভাষা) অধ্যয়ন করতে হবে; ভারত একটি বহুভাষিক দেশ, এবং তার কোনো জাতীয় ভাষার প্রয়োজন হবে না যেমনটা নেতাজি চেয়েছিলেন।

সমাজের বর্তমান প্রয়োজনে সংবিধানকে অবশ্যই আপডেট/সংশোধন করতে হবে; যেমন নেতাজি বলেছেন আমাদের ব্রিটিশদের অনুসরণ করা উচিত নয়; ব্রিটিশরা আমাদের শিখিয়েছে এমন কিছু আমাদের অশিক্ষা দূর করা উচিত এবং আরও কিছু শেখা উচিত যা ব্রিটিশরা শেখায় নি।

পাবলিক সিস্টেম বা পরিষেবাগুলির জন্য কাজ করা সমস্ত ব্যক্তি, যেমন পঞ্চায়েত প্রধান থেকে বিধায়ক বা এম পি পর্যন্ত তাদের শিক্ষাজীবনে 50% নম্বর সহ যেকোনো শাখায় ন্যূনতম শিক্ষাগত যোগ্যতা থাকতে হবে। একজন আই এ এস, আই পি এস বা রাজ্য সরকারের আধিকারিক কীভাবে একজন নিরক্ষর মুখ্যমন্ত্রী বা কোনও মন্ত্রীর অধীনে কাজ করতে পারেন যার কোনও শিক্ষাগত যোগ্যতা নেই? এটি একটি অসম্মানজনক সংবিধান এবং অবিলম্বে সংশোধন ও আপডেট করা উচিত।

কোটা ব্যবস্থা অপসারণ করুন, জীবনের প্রতিটি ক্ষেত্রে খারাপ। এই নিম্নমানের কোটার ব্যক্তিদের কাছ থেকে আমরা কীভাবে ভালো কাজ ও উন্নয়ন আশা করতে পারি?

ধর্ম ও বর্ণের ভিত্তিতে কোনো সুযোগ-সুবিধা থাকা উচিত নয়। বিশ্বের সব উন্নত দেশের মতো যে কোনো চাকরির জন্য যোগ্যতাই মাপকাঠি হওয়া উচিত।

সমস্ত মানুষের একই আইন এবং মৌলিক অধিকার থাকা উচিত। এক আইন, এক জাতি, এক কর, সমস্ত আই আই টি, মেডিসিন ইত্যাদির জন্য এক প্রবেশিকা পরীক্ষা।

উচ্চ শিক্ষার জন্য 10 বছরের পর জাতি/ধর্ম নির্বিশেষে পরিবারের আর্থিক অবস্থার ভিত্তিতে অভাবী ব্যক্তিদের আর্থিক ও শিক্ষাগত সুবিধা দেওয়া উচিত।

ব্যক্তি/পরিবারের আর্থিক অবস্থার উপর নির্ভর করে, সরকারকে একটি মৌলিক আশ্রয় এবং ন্যূনতম জীবনযাত্রার খরচ প্রদান করা উচিত। এতে স্বয়ংক্রিয়ভাবে সুবিধাবঞ্চিত ও নিম্নবর্ণের মানুষ উন্নয়নের জন্য অন্তর্ভুক্ত হবে।

বাধ্যতামূলক ভোটিং ব্যবস্থা অস্ট্রেলিয়ার মতোই প্রয়োগ করতে হবে, যাতে একটি গণতান্ত্রিক দেশে প্রত্যেকের অধিকার সংবিধানে অন্তর্ভুক্ত করা হয়।

ভোটিং প্ল্যাটফর্ম অনলাইন কম্পিউটার মাধ্যমে ভোট প্রদান করা যেতে পারে, যেখানে ভোটিং কম্পিউটার সার্ভারগুলি যেকোনো সুরক্ষিত জায়গায় স্থাপন করা যেতে পারে। ভোটাররা 2 থেকে 3 দিনের মধ্যে তাদের অনন্য মোবাইল ফোন নম্বর এবং তাদের আধার কার্ডের সংমিশ্রণ ব্যবহার করে তাদের পছন্দের ভোট দিতে পারেন, তাড়াহুড়া করার দরকার নেই। রাজ্য/কেন্দ্রীয় সরকারের নির্বাচনের সময় এত নিরাপত্তা কর্মী এবং অর্থ ব্যয়ের প্রয়োজন নেই। চা-চা-জি এবং বাসু-বাবুদের দ্বারা সংগঠিত সমস্ত পেশীশক্তি এবং গুন্ডা রাজনীতি বিলুপ্ত করা হবে যাহা এখনো অব্যাহত রয়েছে।

আধার কার্ড নম্বরটি তার জীবনের প্রতিটি ক্ষেত্রে 10 সালের পরীক্ষা থেকে ব্যবহার করা উচিত এবং মৃত্যুর পরে তার পরিবারের দ্বারা সমর্পণ করা উচিত।

সামগ্রিক পচা ভারতীয় বিচার ব্যবস্থা ('ব্রিটিশ রাজ' দ্বারা সৃষ্ট) সরকারকে এখনই পুনর্নবীকরণ করতে হবে। একটি সাম্প্রতিক প্রবন্ধে, মরিস কেলেটের বলেছেন, "ব্রিটিশ জাস্টিস সিস্টেমটি মূলে পচা, পুলিশ স্বেচ্ছায় দুর্নীতিবাজ বিচারক, দুর্নীতিবাজ আইনজীবী এবং ব্যারিস্টারদের প্রচুর সুরক্ষা দিয়ে থাকে। এটি বর্তমান যুক্তরাজ্যের বিচার ব্যবস্থার প্রকৃত অবস্থা। যখন মানুষ দুর্নীতিবাজ বিচারক ও পুলিশ সদস্যদের বিরুদ্ধে দাঁড়ায় না, তখন সেটাই সবচেয়ে বিপজ্জনক অংশ।" বেশিরভাগই, ব্রিটিশ শিক্ষিত আইনজীবী, বিচারক এবং উকিলরা ভারতের শীর্ষস্থানীয় দুর্নীতিগ্রস্ত ব্যক্তি। তারা মিথ্যাবাদী এবং দ্রুত কোনো বিচার না করে জনগণের কাছ থেকে বেশি টাকা আদায়ের জন্য মামলা চালিয়ে যাচ্ছে। আমাদের ভারত মাতার উন্নতির জন্য বিচারক এবং আইনজীবীদের তাদের মর্যাদা, ইন্টিগ্রিটি এবং সততা অনুসরণ করা উচিত।

ভারত সরকারের উচিত অবৈধ উপার্জনের মাধ্যমে যে কারোর (যে কোনো উচ্চ-স্তরের ব্যক্তি নির্বিশেষে) রাখা সমস্ত সম্পত্তি এবং ব্যাঙ্ক অ্যাকাউন্ট বাজেয়াপ্ত করা এবং তা আমাদের ভারত মাতার উন্নয়নে ব্যবহার করা উচিত।

## আমাদের মাদার ইন্ডিয়াকে উন্নীত করার জন্য নেতাজির বার্তা

"নীচের বার্তাটি সম্পূর্ণরূপে একটি অনুপ্রেরণামূলক সৃজনশীল অংশ যে নেতাজি আজ বেঁচে থাকলে কী প্রকাশ করতেন, শুধুমাত্র আমার (লেখকের) মতামতের ভিত্তিতে" আমি 9 জুলাই 1943 সালে সিঙ্গাপুরে কমরেডদের একটি ভাষণ দিয়েছিলাম! "সৈন্যরা! তোমাদের যুদ্ধ-কান্না হোক- দিল্লিতে! দিল্লিতে!" এবং 4 ফেব্রুয়ারী 1945 রেঙ্গুনে আই. এন. এ-কে বলেছিলাম "আমাকে রক্ত দাও এবং আমি তোমাদের স্বাধীনতা দেবার প্রতিশ্রুতি দিই।"

এটা ঈশ্বরের দান করা পরিস্থিতি। 1983 সালে আমি টোকিও ইউনিভার্সিটির একজন রাষ্ট্রবিজ্ঞানের অধ্যাপক ড: ঘোষকে আমার সম্পর্কে বলার জন্য ব্যবহার করি যখন তিনি সেখানে গবেষণা করছিলেন। তিনি আমাকে বুঝতে অক্ষম ছিলেন যেহেতু জাপানিরা আমাকে 'চন্দ্র বসু' বলে ডাকত এবং তিনি একজন ইতিহাসবিদ

বা রাজনীতিবিদ ছিলেননা। তিনি একজন মহান 'দেশপ্রেমিক' ছিলেন এবং তাঁর টোকিও বিশ্ববিদ্যালয়ের অধ্যাপক ইওইচি ফুজির পরামর্শে 1986 সালে আমাদের মাদার ইন্ডিয়ার উন্নয়ন/আধুনিকীকরণের জন্য ভারতে ফিরে যান। আমি তাকে এলাহাবাদে পাঠিয়েছিলাম নেহরু পরিবার সম্পর্কে জানতে তার কাজের বদলির জন্য। আমি তাকে ভারতের একাডেমিক, শিল্প এবং সরকারি অফিসে দুর্নীতির সব ধরণের অভিজ্ঞতা দিয়েছিলাম। আমার জাপানি ব্যক্তিগত সচিব, যিনি 11 মে 1943 থেকে 15 আগস্ট 1945 পর্যন্ত আমার সাথে ছিলেন 2 জানুয়ারী 1997 তারিখে মারা যান। 1997 সালে ড: ঘোষ মার্কিন যুক্তরাষ্ট্রে প্রকাশের জন্য নিজের পদার্থবিদ্যার বই লেখার কাজে ব্যস্ত ছিলেন। যদিও তিনি 1992 সাল থেকে বিদেশে বসবাস করছেন, কিন্তু তিনি ইন্টারনেটের মাধ্যমে প্রতিদিন ভারতীয় সংবাদপত্র পড়তে অভ্যস্ত ছিলেন। আমি তাকে অনুপ্রাণিত করে লিখিয়েছিলাম "দুর্নীতি! দুর্নীতি!! দুর্নীতি!!! ভারতের স্বাধীনতার সুবর্ণ জয়ন্তী উদযাপনের প্রাক্কালে এবং আমার জন্মশতবার্ষিকীতে ইলেক্ট্রোটেকনিক্যাল ল্যাবরেটরি, ৎসুকুবা, জাপান থেকে 30 আগস্ট 1997-এ ভারতের দুর্নীতি এবং আমি তাকে প্রধানমন্ত্রী (2) এবং ভারতের রাষ্ট্রপতির কাছে পোস্ট করতে বলেছিলাম। সে সেটা করেছিল। আমার সেক্রেটারি মারা যাওয়ার পর, আমি তার ছেলেকে অনুপ্রাণিত করেছিলাম যে তার বস ছিল, আমার সেক্রেটারি কর্তৃক সংগৃহীত সমস্ত উপকরণ তাকে দিতে। তিনি 1999 সালে দুটি সেটে সবকিছু দিয়েছিলেন। এছাড়াও, আমি তাকে তার বসের মাধ্যমে উপযুক্ত সময়ে আমার সম্পর্কে একটি বই প্রকাশের নির্দেশনা দিয়েছিলাম। সংসার জীবন নিয়েই ব্যস্ত ছিলেন।

সম্প্রতি, আমি তাকে বইটি লেখার জন্য আমার দ্বারা সাজানো অন্যান্য প্রয়োজনীয় কাগজপত্র সহ নির্দেশনা দিয়েছি। শারীরিকভাবে কোথাও না গিয়ে কীভাবে প্রয়োজনীয় সব উপকরণ পাচ্ছেন তিনি বিস্মিত। ড: ঘোষ একজন 'পদার্থবিজ্ঞানী' ছিলেন ও ভারতের কোনো রাজনৈতিক দল বা কোনো দাতব্য সংস্থার সঙ্গে যুক্ত ছিলেন না এবং সেই জন্যই আমি তাকে 1984 সাল থেকে বেছে নিয়েছি।

আমি যেমন গবেষণা ও বিশ্লেষণ করেছি, ভারতের বর্তমান পরিস্থিতি সম্পর্কে আমার অভিজ্ঞতা, কংগ্রেস (CONGRESS) [দুর্নীতিগ্রস্ত (Corrupted) সামগ্রিক (Overall) নেহেরু (Nehru) গান্ধী. খান. ইন্দিরা (GandhiKhanIndira) রাজীব. খান. গান্ধীর (RajivKhanGandhi's) ক্ষমতাপ্রাপ্ত (Empowered) সোনিয়া. আন্তোনিও. মাইনো. খান. গান্ধীর (SoniaAntonioMainoKhanGandhi's) সুইস. ভোট. ব্যাঙ্ক (SwissVoteBank)] আমাদের ভারতমাতাকে উন্নত দেশ হিসেবে গড়ে তুলতে না পারার জন্য দায়ী। 'ব্রিটিশ রাজ' প্রতিস্থাপিত হয়েছিল নেহেরুর সদ্য নির্মিত 'লাইসেন্স রাজ' দ্বারা। একইভাবে, সিপিআই/এম [দুর্নীতিগ্রস্ত (Corrupted) পার্টি (Party) ভারতের (India)/ মানবজাতি (Mankind)], কংগ্রেসের ভাই এক সময়ের মুকুট রাজ্য 'বাংলা'কে শিল্পমুক্ত করার জন্য দায়ী। ধর্মের ভিত্তিতে বাংলা, পাঞ্জাব, ভারত ভাগ করা আমার স্বপ্ন ছিল না। জার্মানি, জাপান এবং দক্ষিণ-পূর্ব এশিয়ায় আমার স্বাধীনতা সংগ্রামে সর্বদা আমার মুসলিম সঙ্গী ছিল। আমরা সবাই মানুষ; আমাদের রক্ত একই।

আপনাদের অনুপ্রাণিত করছি: আমার সহ-ভারতীয়রা-ভাই ও বোনেরা, পুরুষ এবং মহিলা, জাতি এবং ধর্ম নির্বিশেষে উত্তর থেকে দক্ষিণ এবং পশ্চিম থেকে পূর্ব পর্যন্ত-এখন থেকে দুর্নীতির মূলোৎপাটন করা আপনার কর্তব্য। এই দশকে কংগ্রেস এবং সিপিআই/এম দলগুলিকে 'বঙ্গোপসাগর', 'ভারত মহাসাগর' এবং 'আরব সাগরে' নিক্ষেপ করে আপনার জীবনের প্রতিটি ক্ষেত্রে এবং এই শতাব্দীতে বিশ্বের একটি গৌরবময় এবং সবচেয়ে উন্নত দেশ হিসাবে আমাদের 'মাদার ইন্ডিয়া' পুনরুদ্ধার শুরু করা। তার আগের মতো গৌরব ফিরে পাওয়া উচিত যখন 'নালন্দা বিশ্ববিদ্যালয়' ছিল এবং মহাসাগরের নীচে ভারত ও শ্রীলঙ্কার মধ্যে সেতু নির্মাণের জন্য তার ইঞ্জিনিয়ার ছিল।

এছাড়াও, লেনিন, মার্কস, সাদ্দাম হোসেন এবং অন্যান্যদের মূর্তি ভেঙে ফেলার মতোই, শহরগুলিকে পরিষ্কার করার জন্য ভারতীয়দের উচিত গান্ধী, নেহেরু, বসু, রাজীব, ইন্দিরা এবং আমার সহ সমস্ত রাজনৈতিক নেতা, মন্ত্রীদের সমস্ত মূর্তি রাস্তা এবং সর্বজনীন স্থান থেকে ভেঙে ফেলা। আপনি চাইলে অন্যান্য উন্নত দেশের মতো পার্কের ভেতরে এবং জাদুঘরে মূর্তিগুলো রাখতে পারেন। জনসাধারণের উচিত সমস্ত প্রতিষ্ঠানের নাম পরিবর্তন করে স্থানের নামে বা আমাদের প্রাচীন ভারতীয় ইতিহাস অনুসরণ করে, অন্যান্য উন্নত দেশের মতো জাপানিদের কাছে; পূর্ব দিকে তাকাও পশ্চিমের দিকে নয়।

আমিই ছিলাম প্রকৃত মুক্তিযোদ্ধা, এবং এখনই ইতিহাস পুনর্বিবেচনা করা উচিত। জাপান সহ বেশিরভাগ উন্নত দেশে, সমস্ত পাবলিক অফিসে দেওয়ালে প্রধানমন্ত্রী বা এমনকি সম্রাটের কোনও ছবি টাঙানো নেই। সুন্দর দেখতে, দেওয়ালের রক্ষণাবেক্ষণের খরচ কমাতে সমস্ত পাবলিক অফিস থেকে ফটো সরিয়ে ফেলা ভাল। আমাদের ব্যবহারিক এবং বাস্তববাদী হতে হবে। ইন্টারনেটের মাধ্যমে যে কেউ চাইলে দেয়ালে টাঙানো ডিসপ্লে থেকে যেকোনো মুক্তিযোদ্ধার সুন্দর ছবি দেখতে পারে। সকল সরকারি অফিসে আধুনিক প্রযুক্তি ব্যবহার করতে হবে। পাবলিক প্লেসের দেয়ালে ছবি লাগানোর ধারণা অপ্রচলিত এবং দলের এক ধরনের দাসত্ব। ব্রিটিশরা তা করেছে এবং এখন তারা গৌরব নষ্ট করেছে। আমি অনেকবার বলেছি আমাদের ব্রিটিশদের অনুসরণ করা উচিত নয়। তিন ব্যক্তি গান্ধী, নেহেরু এবং বসু, আইনজীবী-কাম-মিথ্যাবাদী, ইংল্যান্ড থেকে স্নাতক, আমাদের ভারত মাতার বর্তমান অবস্থার জন্য দায়ী। বেশিরভাগ ভারতীয় যারা ইংল্যান্ডে উচ্চশিক্ষা করেছেন তারা অন্যদের তুলনায় উচ্চতর এবং স্নোবি বোধ করেন কিন্তু আমি জানি তাদের বেশিরভাগই দুর্নীতিগ্রস্ত এবং তারা তাদের ব্রিটিশ অধ্যাপক/গাইডের দাস।

এখন, আপনার, ভারতীয়দের উচিত জাপানের রাজধানী টোকিওতে রেনকোজি মন্দির থেকে আমার চিতাভস্ম ভারতে ফিরিয়ে আনা; নিঃস্বার্থ স্বাধীনতা আন্দোলনে এবং আমাদের ভারত মাতার জন্য লড়াইয়ে আমার অবদানকে স্মরণ করার জন্য সারা ভারতে সঠিক জায়গায় রাখা উচিত। এছাড়াও, দয়া করে এর একটি অংশ বেনারসে সম্প্রতি নির্মিত নেতাজি মন্দিরে রাখুন।

**ঈশ্বর আমাদের ভারত মাতাকে এই শতাব্দীতে বিশ্বের সেরা উন্নত দেশগুলির একটি হওয়ার আশীর্বাদ করুন। জয় হিন্দ, বন্দে মাতরম।**

## ইন্দিরা খান গান্ধী 1976/77 সালে মাসাইযয়োশি কাকিতসুবোর ভিসা প্রত্যাখ্যান

http://www.netajipapers.gov.in/pdfjs/web/viewer.html?filename=content/ministry-external-affairs-meac1211376-jp&part=1

কংগ্রেস সরকার কর্তৃক সর্বশ্রেষ্ঠ স্বাধীনতা সংগ্রামী নেতাজিকে হেয় করাহয়। আমরা তার বিদেহী আত্মার শান্তি কামনা করছি। ঈশ্বর আমাদের ভারত মাতার মঙ্গল করুন। একটি উদাহরণ অক্সফোর্ড শিক্ষাপ্রাপ্ত (?) প্রধানমন্ত্রী শ্রীমতি ইন্দিরা খান গান্ধীর দ্বারা ভারতীয় গণতন্ত্রের অন্ধকারতম বছর (1975-77)।

1976 সালে, টোকিওর একজন বিশিষ্ট কূটনীতিক এবং কেমব্রিজ ও টোকিও বিশ্ববিদ্যালয়ের স্নাতক মাসাইয়োশি কাকিতসুবোকে নেতাজির 40তম জন্মবার্ষিকীতে নেতাজি রিসার্চ ব্যুরোতে বক্তৃতা দেওয়ার জন্য প্রধানমন্ত্রী ইন্দিরা খান গান্ধী ভিসা প্রত্যাখ্যান করেছিলেন। ম্যাট্রিক পাস ইন্দিরা ড: শিশির বোসের অনেক অনুরোধ উপেক্ষা করেছিলেন। এছাড়াও খান এবং কিয়ানি, পাকিস্তানের প্রাক্তন আই এন এ কর্নেলদের ইন্দিরা মন্ত্রক ভিসা প্রত্যাখ্যান করেছিল।

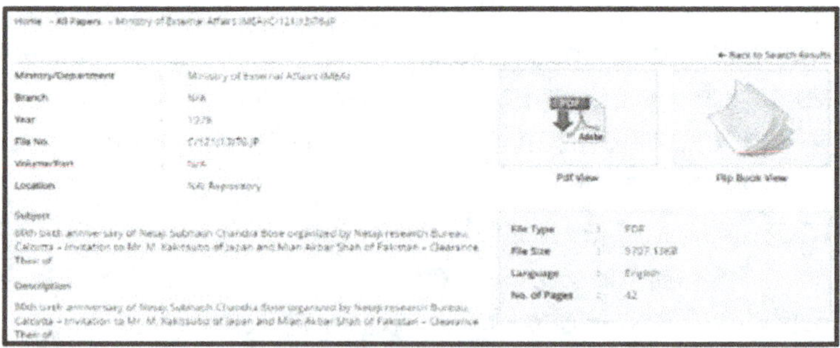

সমস্ত ভারতীয়দের অবশ্যই এই পিডিএফ ফাইলটি পড়তে হবে যে কীভাবে নেহেরু রাজবংশ আমাদের ভারত মাতার সাথে বিশ্বাসঘাতকতা করেছিল। দ্বিতীয় বিশ্বযুদ্ধে ব্রিটিশকে সমর্থন করার জন্য গান্ধী এবং নেহেরু উভয়কেই প্রকৃত পরোক্ষ যুদ্ধাপরাধী হিসাবে গণ্য করা উচিত।

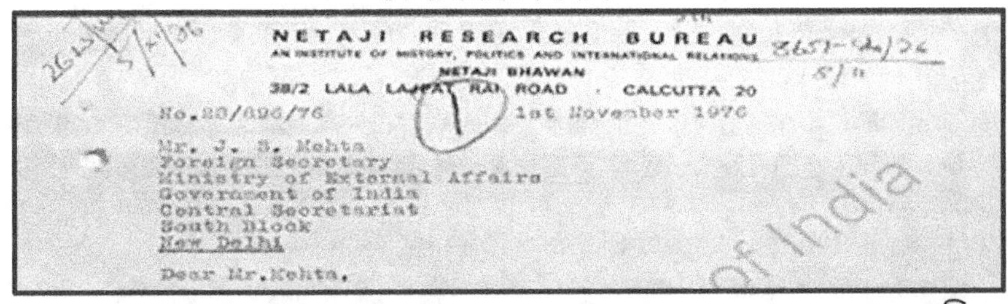

NETAJI RESEARCH BUREAU
AN INSTITUTE OF HISTORY, POLITICS AND INTERNATIONAL RELATIONS
NETAJI BHAWAN
38/2 LALA LAJPAT RAI ROAD · CALCUTTA 20

No.28/826/76                         1st November 1976

Mr. J. S. Mehta
Foreign Secretary
Ministry of External Affairs
Government of India
Central Secretariat
South Block
New Delhi

Dear Mr.Mehta,

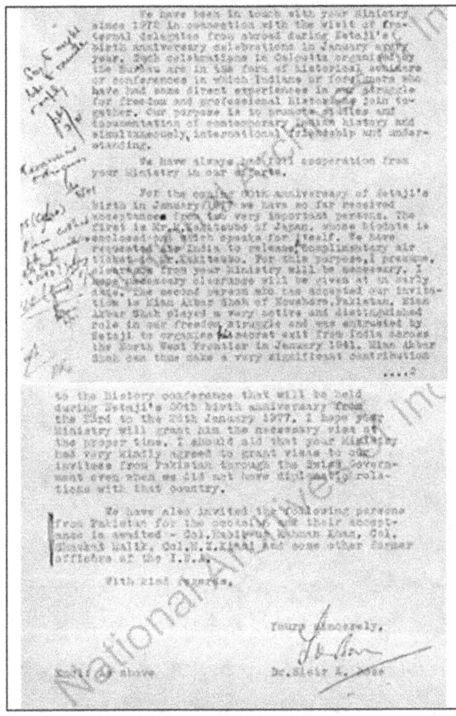

We have been in touch with your Ministry since 1972 in connection with the visit of fraternal delegates from abroad during Netaji's birth anniversary celebrations in January every year. Such celebrations in Calcutta organised by the Bureau are in the form of historical seminars or conferences in which Indians or foreigners who have had some direct experiences in our struggle for freedom and professional historians join together. Our purpose is to promote studies and documentation of contemporary Indian history and simultaneously, international friendship and understanding.

We have always had full cooperation from your Ministry in our efforts.

For the coming 80th anniversary of Netaji's birth in January 1977 we have so far received acceptance from two very important persons. The first is Mr.M.Kakitsubo of Japan, whose biodata is enclosed and which speaks for itself. We have requested Air India to release complimentary air ticket to Mr.Kakitsubo. For this purpose, I presume, clearance from your Ministry will be necessary. I hope necessary clearance will be given at an early date. The second person who has accepted our invitation is Mian Akbar Shah of Nowshera, Pakistan. Mian Akbar Shah played a very active and distinguished role in our freedom struggle and was entrusted by Netaji to organise his secret exit from India across the North West Frontier in January 1941. Mian Akbar Shah can thus make a very significant contribution

                                                    .....2

to the history conference that will be held during Netaji's 80th birth anniversary from the 23rd to the 26th January 1977. I hope your Ministry will grant him the necessary visa at the proper time. I should add that your Ministry had very kindly agreed to grant visas to our invitees from Pakistan through the Swiss Government even when we did not have diplomatic relations with that country.

We have also invited the following persons from Pakistan for the occasion and their acceptance is awaited - Col.Habibur Rahman Khan, Col. Shaukat Malik, Col.N.Z.Kiani and some other former officers of the I.N.A.

With kind regards,

                                          Yours sincerely,

Encl: as above                            Dr.Sisir K. Bose

পরের বছর জানুয়ারিতে নেতাজির জন্মবার্ষিকী উদযাপনের সময় বিদেশ থেকে বহিরাগত প্রতিনিধিদের সফরের বিষয়ে আমরা 1972 সাল থেকে আপনার মন্ত্রকের সাথে যোগাযোগ করছি। ব্যুরো দ্বারা আয়োজিত কলকাতায় এই জাতীয় উদযাপনগুলি ঐতিহাসিক সেমিনার এবং সম্মেলনের আকারে হয় যেখানে ভারতীয় বা বিদেশিরা যারা আমাদের স্বাধীনতা সংগ্রামে কিছু প্রথম অভিজ্ঞতা অর্জন করেছেন এবং পেশাদার ইতিহাসবিদরা একত্রিত হন।

আপনার প্রচেষ্টায় আমরা সবসময় আপনার মন্ত্রণালয় থেকে পূর্ণ সহযোগিতা নিয়েছি।

1977 সালের জানুয়ারিতে নেতাজির 40তম জন্মবার্ষিকীর জন্য আমরা এখনও পর্যন্ত দুজন অত্যন্ত গুরুত্বপূর্ণ ব্যক্তির কাছ থেকে অনুমোদন পেয়েছি। প্রথমজন হলেন জাপানের মিঃ এম কাকিৎসুবো যার জীবনবৃত্তান্ত সংযুক্ত এবং যিনি নিজের পক্ষে কথা বলেন। আমরা এয়ার ইন্ডিয়াকে অনুরোধ করেছি মিঃ কাকিতসুবোকে বিনামূল্যে বিমান টিকিট দেওয়ার জন্য। এই উদ্দেশ্যে, আমি মনে করি আপনার মন্ত্রণালয়ের অনুমোদন প্রয়োজন হবে। শীঘ্রই প্রয়োজনীয় অনুমোদন দেওয়া হবে বলে আমি আশাবাদী। দ্বিতীয় ব্যক্তি যিনি আমাদের আমন্ত্রণ গ্রহণ করেছেন তিনি হলেন পাকিস্তানের নওশেরার মিয়া আকবর শাহ। এম এ শাহ আমাদের স্বাধীনতা সংগ্রামে একটি অত্যন্ত গুরুত্বপূর্ণ পদক্ষেপ ও প্রতিনিধিত্বমূলক ভূমিকা পালন করেছিলেন এবং 1941 সালের জানুয়ারিতে উত্তর পশ্চিম সীমান্তে ভারত থেকে তার গোপন প্রস্থান সংগঠিত করার জন্য নেতাজি তাকে দায়িত্ব দিয়েছিলেন।

শ্রী শাহ এইভাবে 23 থেকে 26 জানুয়ারী 1977 তারিখে নেতাজির 40তম জন্মবার্ষিকীতে আয়োজিত ইতিহাস সম্মেলনে খুব গুরুত্বপূর্ণ অবদান রাখতে পারেন। আমি আশা করি আপনার মন্ত্রণালয় যথাসময়ে তাদের প্রয়োজনীয় ভিসা প্রদান করবে। আমার যোগ করা উচিত যে আপনার মন্ত্রণালয় অত্যন্ত সদয়ভাবে সুইস সরকারের মাধ্যমে পাকিস্তান থেকে আমাদের আমন্ত্রিতদের ভিসা দিতে সম্মত হয়েছিল, যদিও সেই দেশের সাথে আমাদের কূটনৈতিক সম্পর্ক ছিল না।

আমরা এই অনুষ্ঠানের জন্য পাকিস্তান থেকে নিম্নলিখিত ব্যক্তিদেরও আমন্ত্রণ জানিয়েছি এবং তাদের অনুমোদনের জন্য অপেক্ষা করছি - কর্নেল হাবিবুর রহমান খান, কর্নেল শওকত মালিক, কর্নেল এম জেড কিয়ানি এবং আই এন এ-এর আরও কিছু প্রাক্তন অফিসার।

আপনার শুভেচ্ছা, স্বাক্ষর<br>ডাঃ শিশির কে বোস

সংযুক্ত: উপরে যাহা বলা হয়েছে

## বায়োডাটা

## মিঃ এম কাকিতসুবো

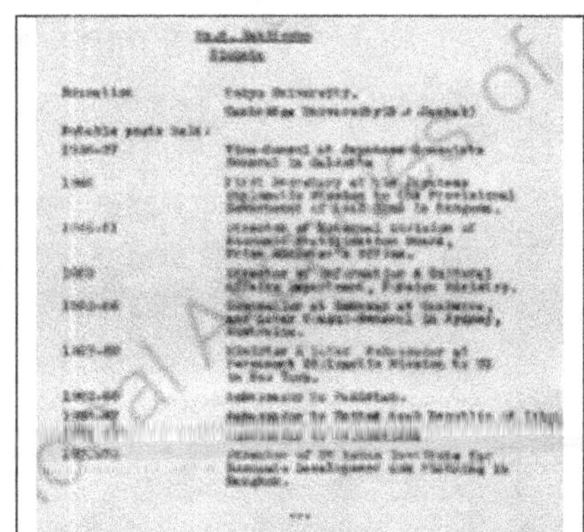

শিক্ষা: টোকিও বিশ্ববিদ্যালয় ও ক্যামব্রিজ বিশ্ববিদ্যালয় (বি এ Cantab.)

উল্লেখযোগ্য পোস্ট

1936-37: কলকাতায় জাপানি কনস্যুলেটের ভাইস-কনসাল

** 45 ব্যাংককে আজাদ হিন্দ অস্থায়ী সরকারের জাপানি কূটনৈতিক মিশনে প্রথম সচিব।

1948-51 বোর্ড অফ ইকোনমিক স্ট্যাবিলাইজেশনের পরিচালক, প্রধানমন্ত্রীর কার্যালয়ের বহিরাগত বিভাগ।

| | |
|---|---|
| 1952 | তথ্য ও সংস্কৃতি বিষয়ক বিভাগের পরিচালক, পররাষ্ট্র মন্ত্রণালয়। |
| 1953-56 | ক্যানবেরায় দূতাবাসের কাউন্সেলর এবং পরে অস্ট্রেলিয়ার সিডনিতে কনসাল জেনারেল। |
| 1957-62 | মন্ত্রী এবং পরে এন ওয়াই-তে জাতিসংঘের স্থায়ী কূটনৈতিক মিশনের রাষ্ট্রদূত। |
| 1962-65 | পাকিস্তানে রাষ্ট্রদূত। |
| 1965-67 | সংযুক্ত আরব প্রজাতন্ত্রে লিবিয়ার রাষ্ট্রদূত। |
| 1967-69 | সুইজারল্যান্ডে রাষ্ট্রদূত। |
| 1969-72 | ব্যাংককে জাতিসংঘের এশিয়ান ইনস্টিটিউট ফর ইকোনমিক ডেভেলপমেন্ট অ্যান্ড প্ল্যানিংয়ের পরিচালক। |

**অবিলম্বে**

মিস এন এন হারালু (গোপন)

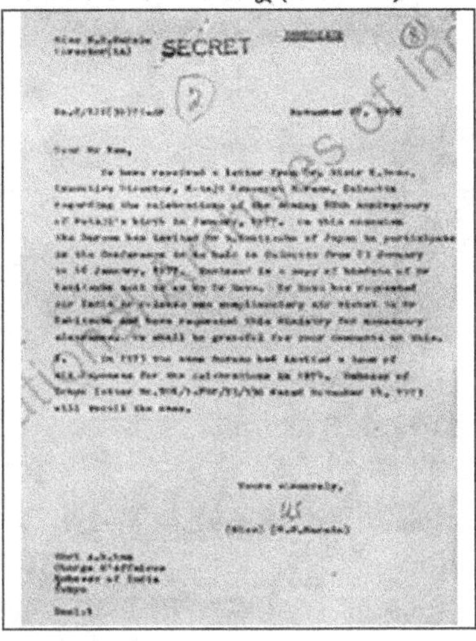

পরিচালক (কালিতে লেখা 2)

No-C/121(39)73-JP 27 নভেম্বর, 1976

প্রিয় শ্রী রাম,

আমরা 1977 সালের জানুয়ারিতে নেতাজির জন্মদিনের ৪০ তম বার্ষিকীর সম্মেলনের বিষয়ে কলকাতার নির্বাহী পরিচালক ডাঃ শিসির কে বোসের কাছ থেকে একটি চিঠি পেয়েছি। এই উপলক্ষ্যে বোস জাপানের মিঃ এম কাকিতসুবোকে অংশগ্রহণের জন্য আমন্ত্রণ জানিয়েছেন। 1977 সালের 23 জানুয়ারি থেকে 26 জানুয়ারি কলকাতায় সম্মেলন অনুষ্ঠিত হবে। ডাঃ বোস আমাদের কাছে পাঠানো মিঃ কাকিতসুবোর জীবনবৃত্তান্তের একটি অনুলিপি সংযুক্ত করা হয়েছে।

শুভেচ্ছা,
স্বাক্ষর
(মিস অ্যান হারালু)

মিঃ এ এন রাম, ভারতীয় দূতাবাস, টোকিও

এনক্লোসড

**সবচেয়ে তাৎক্ষণিক**

থেকে: নয়াদিল্লি

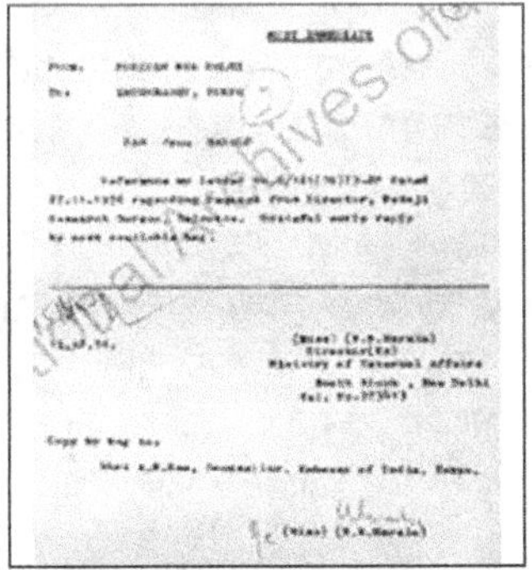

প্রতি: ইনডএমবাসি, টোকিও

রাম থেকে হারালু

আমার চিঠি নং C/121(39)73-JP তারিখ 27.11.76 ডিরেক্টর, নেতাজি রিসার্চ ব্যুরো, কলকাতা থেকে অনুরোধের বিষয়ে, পরবর্তী উপলব্ধ ব্যাগের মাধ্যমে তাড়াতাড়ি উত্তর।

13.12.76

মিস এন এন হারালু

পরিচালক (EA), টেলিফোন নং 373413

পররাষ্ট্র মন্ত্রণালয়, সাউদার্ন ব্লক, নিউ দিল্লি

ব্যাগ থেকে কপি

মিঃ এ এন রাম, কাউন্সেলর, ভারতীয় দূতাবাস, টোকিও

স্বাক্ষর (মিস এন এন হারালু)

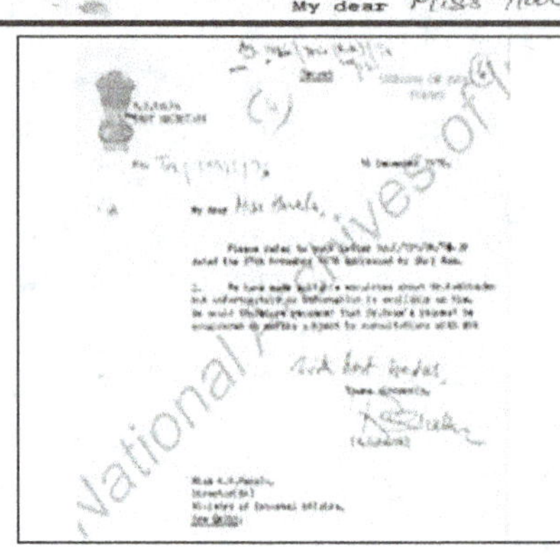

দয়া করে আপনার চিঠি নং C/121/30/73/JP তারিখ 27 নভেম্বর 1976 শ্রী রামকে সম্বোধন করুন।

2. আমরা মিঃ কাকিতসুবো সম্পর্কে যথাযথ অনুসন্ধান করেছি কিন্তু দুর্ভাগ্যবশত তার সম্পর্কে কোন তথ্য পাওয়া যায় নি। তাই আমরা সুপারিশ করব যে ডাঃ বোসের অনুরোধ যোগ্যতার ভিত্তিতে বিবেচনা করা হবে।

শুভ কামনা

আপনার বিশ্বস্ত, স্বাক্ষর

(আর এস কালাহা)

মিস এন এন হারালু

পরিচালক (EA), টেলিফোন নং 373413

পররাষ্ট্র মন্ত্রণালয়, সাউথ ব্লক, নিউ দিল্লি

**গোপন**

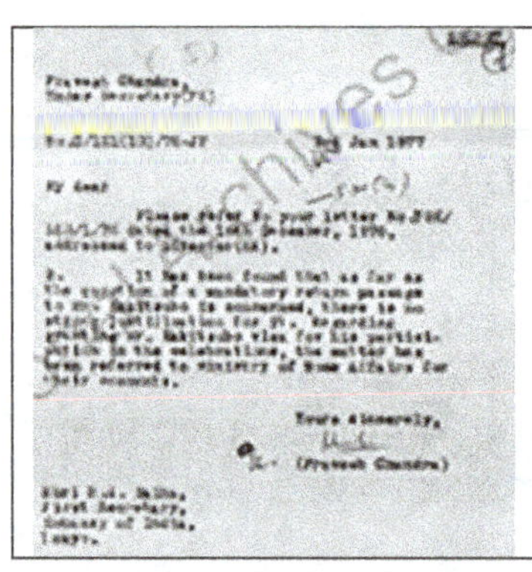

প্রবেশ চন্দ্র

আন্ডার সেক্রেটারি (এফ ই)

নং C/121(13)/76-JP 13 জানুয়ারী 1977

আমার প্রিয়,

1.দয়া করে আপনার TOK/103/1/76 তারিখের 16 ডিসেম্বর 1976 তারিখের চিঠিটি পরিচালক (EA) এর কাছে পাঠান।

2. এটি জানা গেছে যে যতদূর মিঃ কাকিতসুবোর জন্য বাধ্যতামূলক রিটার্ন পাস সম্পর্কিত, এর জন্য কোন দৃঢ় যুক্তি নেই। সম্মেলনে যোগদানের জন্য মিঃ কাকিতসুবোকে ভিসা প্রদান সংক্রান্ত বিষয়টি তাদের মন্তব্যের জন্য স্বরাষ্ট্র মন্ত্রণালয়ের কাছে পাঠানো হয়েছে।

শুভেচ্ছা; স্বাক্ষর

(প্রবেশ চন্দ্র)

শ্রী আর এস কালহা

প্রথম সচিব, ভারতীয় দূতাবাস, টোকিও

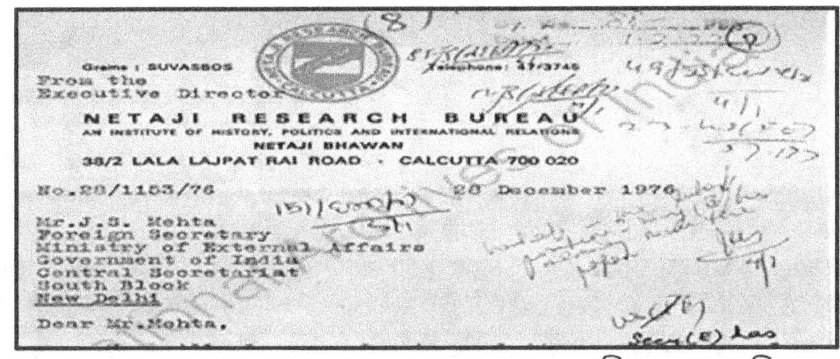

আপনি জাপানের মিঃ এম. কাকিতসুবো সম্পর্কে আমার চিঠি নং 28/896/76 তারিখ 1 নভেম্বর এবং নং 29/1101/76 তারিখ 8 ডিসেম্বর, 1976 উল্লেখ করবেন।

23 জানুয়ারী 1977-এ নেতাজির জন্মদিনে আমরা MR Kakitsubo-কে আমন্ত্রণ জানিয়েছি, নেতাজি ওরেশন 1977 এ ভাষণ দেওয়ার জন্য। মিঃ কাকিৎসুবোর জীবনবৃত্তান্ত সংযুক্ত করা হয়েছে। আমরা এয়ার ইন্ডিয়াকে আন্তর্জাতিক বন্ধুত্ব এবং বোঝাপড়ার চিহ্ন হিসাবে মিঃ কাকিতসুবোকে একটি প্রশংসাসূচক রিটার্ন এয়ার টিকিট দেওয়ার জন্য অনুরোধ করেছি। এয়ার ইন্ডিয়ার তরফ থেকে আমি পরামর্শ দিচ্ছি যে টোকিওতে ভারতীয় দূতাবাস থেকে প্রয়োজনীয় ছাড়পত্র পেতে বিলম্বের কারণে এই বিষয়টি নতুন দিল্লিতে বিদেশ মন্ত্রকের মাধ্যমে পরিচালিত হয়েছে।

আমি আশা করি এই বিষয়টি আপনার অবিলম্বে দৃষ্টি আকর্ষণ করবে। আমি এই চিঠিতে পাকিস্তানের মিয়া আকবর শাহ সম্পর্কে আপনাকে যা লিখেছি তার পুনরাবৃত্তি করছি না, যিনি নেতাজির জন্ম অনুষ্ঠানে যোগদানের জন্য আমাদের আমন্ত্রণ গ্রহণ করেছেন এবং যিনি প্রয়োজনীয় ভিসার জন্য ভারত সরকারের কাছ থেকে আবেদন করবেন।

শুভ কামনা

আন্তরিকভাবে

স্বাক্ষর

ডাঃ শিশির কে বোস

সংযুক্তি:

**বিদেশ** ND28990N 10 JAN 1977

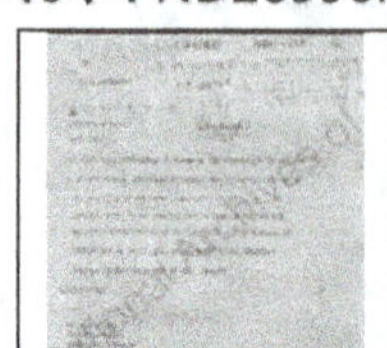

CTLX - 4 টোকিও 71 7 1630

নিউ দিল্লি

পরিচালক (EA)

নেতাজির 40তম বার্ষিকী 1977 নেতাজি জয়ন্তীর আন্তর্জাতিক উদযাপনে অংশগ্রহণ করতে সক্ষম করার জন্য মিঃ কাকিতসুবো-এর জন্য একটি টিকিট প্রকাশের অনুমতির জন্য এয়ার ইন্ডিয়ার কাছে যোগাযোগ করা হয়েছে। আমরা আপনাকে আগেই লিখেছিলাম এবং অনুমান করেছিলাম যে অন্য সমস্ত কর্তৃপক্ষের কাছে কোনো কিছু নেই। মিস্টার Kakitsubo জন্য টিকিট রিলিজ আপত্তি 12th জানুয়ারির মধ্যে ছাড়পত্র দেওয়ার প্রস্তাব না হলে।

ইনডেমব্যাসি।

## টেলেক্স

থেকে: **বিদেশে নয়াদিল্লি**

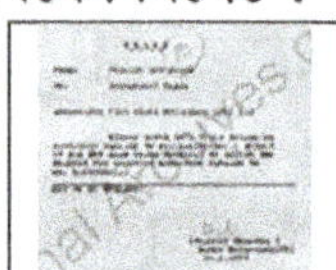

প্রতি: ইনডেমবাসি টোকিও

যুগ্ম সচিব (এফই) রাষ্ট্রদূত

অনুগ্রহ করে মিঃ কাকিতসুবোর জন্য বাধ্যতামূলক প্যাসেজ আপনার টেলেক্স পড়ুন। দুঃখিত মিঃ কাকিতসুবোকে বাধ্যতামূলক প্যাসেজ দেওয়ার অনুরোধটি গ্রহণ করা সম্ভব হয়নি।

টেলিগ্রাফ করা যাবে না।

(প্রবেশ চন্দ্র) আন্ডার সেক্রেটারি (এফই) 10.1.1977

**টেলিগ্রাম:** 6.1.1977

পররাষ্ট্র মন্ত্রণালয়

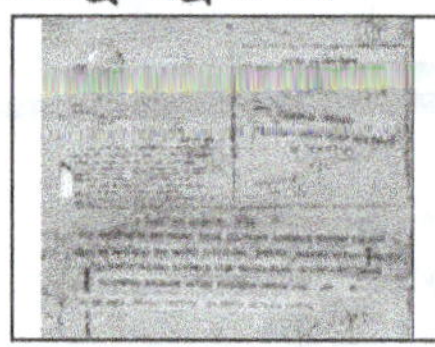

সাউথ ব্লক নয়াদিল্লি

X1330 391 কলকাতা 641

রেফ 28 ডিসেম্বর আমার চিঠি দেখুন, নেতাজির জন্মদিনে টোকিও দূতাবাস থেকে মিস্টার কাকিতসুবোর কলকাতায় এয়ার ইন্ডিয়ার মাধ্যমে তাড়াতাড়ি ছাড়পত্র জারির জন্য অনুরোধ। ভ্রমণ পরিকল্পনা আটকে আছে। ধন্যবাদ

শিশির বোস, নেতাজি রিসার্চ ব্যুরো পরিচালক। ৯২ ৩৯১ ৩৬

**টেলিগ্রাম:** 10.1.1977

থেকে: **বিদেশী নয়াদিল্লি**

প্রতি: ডঃ শিশির কে বোস, নির্বাহী পরিচালক, নেতাজি রিসার্চ ব্যুরো, নেতাজি ভবন, কলকাতা

মিস্টার কাকিতসুবোর জন্য বাধ্যতামূলক উত্তরণ সম্পর্কে 6 জানুয়ারী আপনার টেলিগ্রাম দেখুন। অনুরোধ গ্রহণ করা সম্ভব নয়।

টেলিগ্রাফ করা যাবে না। (এন এন ঝা), যুগ্ম সচিব (এন এন্ড ই এ)

## প্রবেশ চন্দ্র

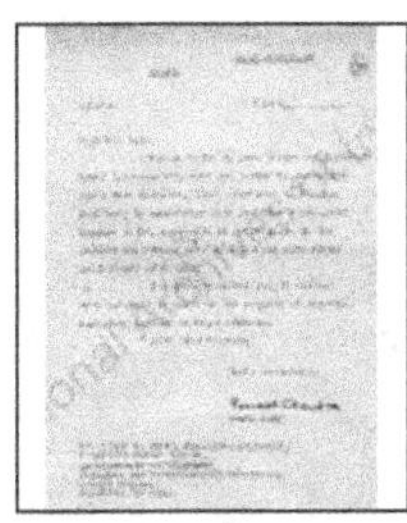

আন্ডার সেক্রেটারি (এফই)

নং C121 (13) 76-জেপি নতুন দিল্লি, 10 জানুয়ারী 1977

প্রিয় ডঃ. বোস,

অনুগ্রহ করে আপনার চিঠি নম্বর 281/896/76 তারিখের 1 নভেম্বর 1976 এবং 28/1153/76 তারিখের 28 ডিসেম্বর 1976 তারিখে পররাষ্ট্র সচিবকে সম্বোধন করুন মিঃ কাকিতসুবোকে ইতিহাসের সম্মেলনে যোগদানের জন্য ম্যান্ডেট পাস করার বিষয়ে, নেতাজির ৮০তম জন্মবার্ষিকী উদযাপন করতে। আমি আপনাকে জানাতে দুঃখিত, বাধ্যতামূলক উত্তরণের জন্য মিঃ কাকিতসুবোর অনুরোধে সম্মত হওয়া সম্ভব নয়।

ধন্যবাদান্তে, আন্তরিকভাবে আপনার

(স্বাক্ষর)

(প্রবেশ চন্দ্র)

শিশির কে বোস, নির্বাহী পরিচালক

নেতাজি রিসার্চ ব্যুরো, নেতাজি ভবন, কলকাতা-70020

### তার

শ্রী হারালু, ডিরেক্টর

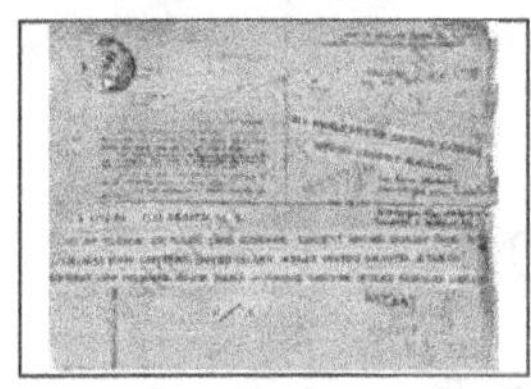

পূর্ব এশিয়া বিদেশ মন্ত্রনালয় নয়াদিল্লি

13 জানুয়ারী 1977

X 1715 PH 1161 কলকাতা 12 42

আমার 6 তম টেলিগ্রাম টোকিও থেকে এয়ার ইন্ডিয়া দূতাবাসের মাধ্যমে মিস্টার কাকিতসুবোর জন্য দয়া করে যত তাড়াতাড়ি সম্ভব ছাড়পত্র জারি করুন, নেতাজির জন্ম দিনে অনুষ্ঠান আয়োজনের জন্য।

ধন্যবাদ

শিশির বোস, ডিরেক্টর, নেতাজি রিসার্চ ব্যুরো।

### সং Apis-91L ভারত সরকার

তারিখ 15.1.77

প্রধানমন্ত্রীর সচিবালয়

নয়াদিল্লি-১১

স্মারকলিপি

যোগাযোগ মন্ত্রক, পররাষ্ট্র বিষয়ক, নয়াদিল্লি যথাযথ ব্যবস্থা গ্রহণের জন্য ১৩.১.৭৭ তারিখে স্থাপন করা হয়েছে৷

যোগাযোগ স্বীকার করা হয় নি.

প্রধানমন্ত্রীর একান্ত সচিবের স্বাক্ষর

PMS-18      380/8107/77 17/1

## টেলিগ্রাম
শ্রীমতি গান্ধী, প্রধানমন্ত্রী

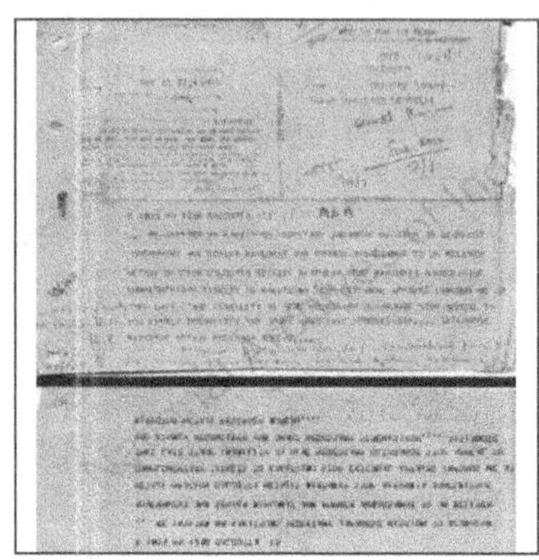

নয়াদিল্লি 13.1.77

X 1905 PM 1256 কলকাতা 13 66 MEA

আমরা নেতাজির জন্মদিনে আজাদ হিন্দ সরকারের মিশন সেক্রেটারি ও সিনিয়র কূটনীতিক এবং জাতিসংঘের প্রাক্তন রাষ্ট্রদূত মিঃ কাকিতসুবোকে নেতাজি ওরেশন কলকাতায় আমন্ত্রণ জানিয়েছিলাম। এয়ার ইন্ডিয়া কাকিতসুবোকে কমপ্লিমেন্টারি টিকিট দিতে সম্মত হয়েছে। পররাষ্ট্র মন্ত্রক আমাকে জানিয়েছিল যে কোনও ছাড়পত্র দিতে অক্ষমতার কথা।

আমি আপনাকে দয়া করে পুনর্বিবেচনা করার এবং কিছু অনুমতি দেওয়ার জন্য অনুরোধ করছি।

শিশির বোস, পরিচালক, নেতাজি রিসার্চ ব্যুরো

## টেলিগ্রাম
শ্রী চৌহান

পররাষ্ট্র মন্ত্রনালয়

17/1/77

X 1905 PM 1256 CALCUTTA 13

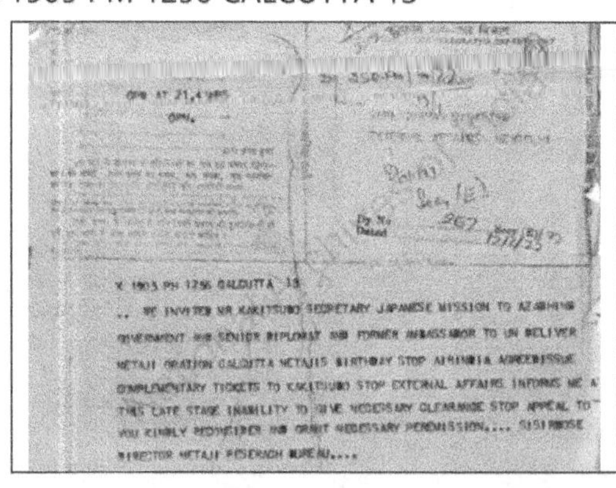

আমরা আজ্ঞাদ হিন্দ সরকারের জাপানি মিশন সেক্রেটারি কাকিতসুবো ও সিনিয়র কূটনীতিক এবং জাতিসংঘের প্রাক্তন রাষ্ট্রদূতকে নেতাজির বাণী কলকাতা নেতাজির জন্মদিনে আমন্ত্রণ জানিয়েছি। এয়ার ইন্ডিয়া কাকিতসুবোকে

কম্পলিমেন্টারি টিকিট দিতে সম্মত হয়েছে। বিদেশ আমাকে এই শেষ পর্যায়ে প্রয়োজনীয় ছাড়পত্র দিতে অক্ষমতা জানায়। আপনার কাছে আবেদন দয়া করে পুনর্বিবেচনা করুন এবং প্রয়োজনীয় অনুমতি দিন।

শিশির বোস, ডিরেক্টর, নেতাজি রিসার্চ ব্যুরো।

## ভারতীয় ডাক ও টেলিগ্রাফ বিভাগ

X064 PH84 CALCUTTA 16

17/1/77

এম এ ভেলোদি

পররাষ্ট্র সচিব

সাউথ ব্লক নয়াদিল্লি

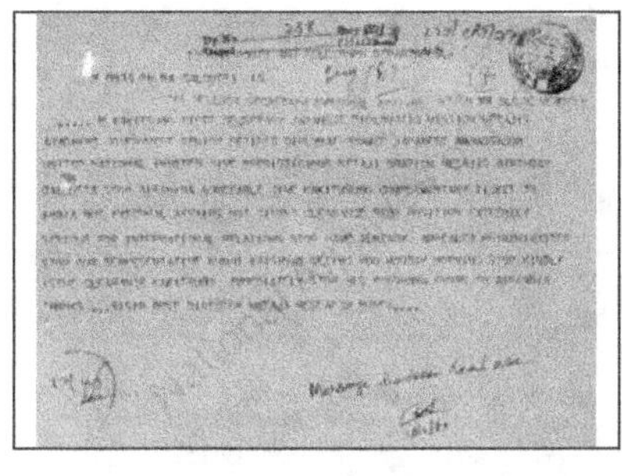

মিস্টার কাকিতসুবো, প্রথম সচিব, জাপানি কূটনৈতিক মিশন নেতাজির আজাদ হিন্দ সরকার, সিনিয়র অবসরপ্রাপ্ত কূটনীতিক, প্রাক্তন জাপানি রাষ্ট্রদূত ইউনাইটেড ন্যাশনাল আমন্ত্রিত মর্যাদাপূর্ণ নেতাজি বক্তৃতা নেতাজির জন্মদিনে কলকাতায়। এয়ার ইন্ডিয়া ভারতে কাকিতসুবোকে প্রশংসাসূচক টিকিট দিতে রাজি কিন্তু বিদেশী দপ্তর ছাড়পত্র দিচ্ছে না। অবস্থান আন্তর্জাতিক সম্পর্কের জন্য অত্যন্ত গুরুতর। ইতিমধ্যে প্রধানমন্ত্রীর কাছে আপিল করেছি। সোমবার সকালে আপনার সাথে আমাদের প্রতিনিধি কুনহি কৃষ্ণান-এর দেখা হবে। অনুগ্রহ করে অবিলম্বে কাকিতসুবোর ছাড়পত্র জারি করুন। তার ইয়োকোহামা এয়ার ইন্ডিয়ার কাছে পরিচিত। ধন্যবাদ, শিশির বোস, ডিরেক্টর, নেতাজি রিসার্চ ব্যুরো।

## টেলেক্স ইমিডিয়েট ইনডেমব্যাসি

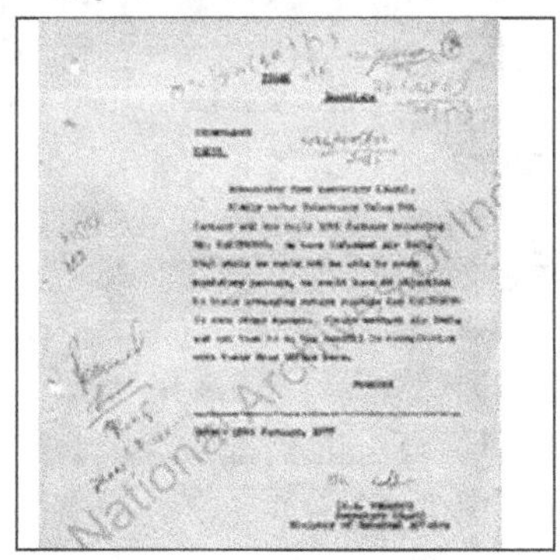

টোকিও

18-24/1/77

### সচিব (পূর্ব) থেকে রাষ্ট্রদূত

অনুগ্রহ করে INDEMBASSY টেলেক্স 7 জানুয়ারী এবং আমাদের উত্তর 10 জানুয়ারী মিঃ কাকিতসুবো সম্পর্কে উল্লেখ করুন। আমরা AIR INDIA কে জানিয়েছি যে আমরা বাধ্যতামূলক প্যাসেজ মঞ্জুর করতে সক্ষম হব না, তবে কাকিতসুবোর জন্য তাদের রিটার্ন প্যাসেজ অন্য কোনো উপায়ে সাজাতে আমাদের কোনো আপত্তি থাকবে না। অনুগ্রহ করে এয়ার ইন্ডিয়ার সাথে যোগাযোগ করুন এবং তাদের হেড অফিসের সাথে পরামর্শ করে প্রয়োজনীয় কাজ করতে বলুন।

বিদেশী

তারিখ 18 জানুয়ারী 1977

এম এ ভেলোদি; সচিব (পূর্ব), পররাষ্ট্র মন্ত্রণালয়

## সবচেয়ে তাৎক্ষণিক

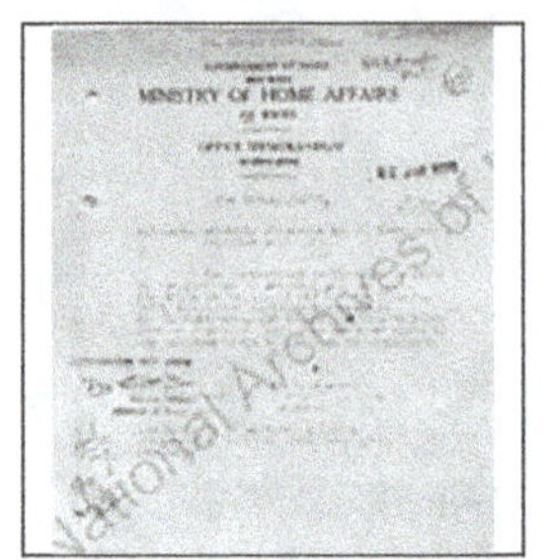

নং: 25012/17/77-FVIII

ভারত সরকার

স্বরাষ্ট্র মন্ত্রণালয়

অফিস স্মারকলিপি

নতুন দিল্লি-110001

22-24 জানুয়ারী 1977

বিষয়: সিকিউরিটি ক্লিয়ারেন্স মিস্টার কাকিতসুবো, জাপানি নাগরিক

নিম্নস্বাক্ষরকারীকে পররাষ্ট্র মন্ত্রণালয়ের J.O.No-এ উল্লেখ করার নির্দেশ দেওয়া হয়েছে। C/121/13/78 - J.P. তারিখ 4 ঠা জানুয়ারী 1977, Sorvardia, মিঃ কে. কাকিতসুবোর মামলা এবং বলা যে মিঃ কাকিতসুবোর ভারতে প্রস্তাবিত সফরে নিরাপত্তা কোণ থেকে এই মন্ত্রণালয়ের কোন আপত্তি নেই।

(ডি এন শর্মা) ভারত সরকারের আন্ডার সেক্রেটারি

## চৌহানের কাছে গুরুত্বপূর্ণ চিঠি

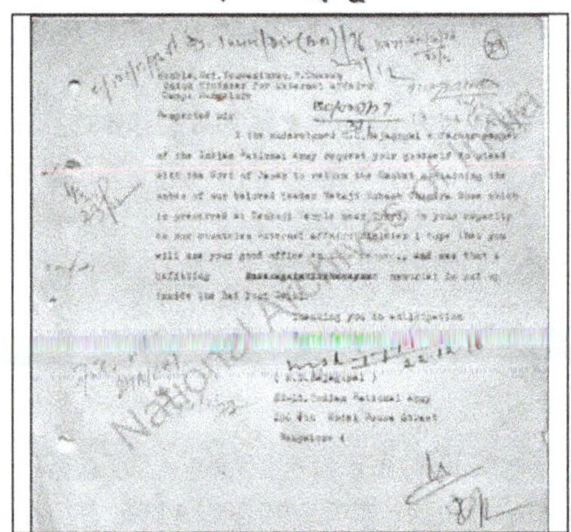

মাননীয় শ্রী যশার্থ রাও বি চৌহান

কেন্দ্রীয় পররাষ্ট্রমন্ত্রী

ক্যাম্প: ব্যাঙ্গালোর

তারিখ 22.12.1976

সম্মানিত স্যার,

আমি নিম্নস্বাক্ষরিত এম এস রাজাগোপাল এবং ইন্ডিয়ান ন্যাশনাল আর্মির (আই.এন.এ) সদস্যকে জাপান সরকারের সাথে দেখা করার জন্য অনুরোধ করছি এবং জাপান সরকারকে তাদের প্রিয় নেতা নেতাজি সুভাষ চন্দ্র বসুর চিতাভস্ম ফেরত দেওয়ার জন্য অনুরোধ করছি যা টোকিওর কাছে রেনকোজি মন্দিরে সুরক্ষিত আছে। আমাদের কেন্দ্রীয় বিদেশ মন্ত্রী হিসাবে আপনার ক্ষমতায়, আমি আশা করি আপনি এই বিষয়ে আপনার ভাল অফিস ব্যবহার করবেন এবং দেখবেন যে দিল্লির লাল কেল্লার ভিতরে একটি দুর্দান্ত স্মৃতিস্তম্ভ স্থাপন করা হয়।

আপনার উত্তরের অপেক্ষা রইলাম।

আপনার বিশ্বস্ত

স্বাক্ষর

(এম এস রাজাগোপাল)

সাবেক লেফটেন্যান্ট

206 4র্থ মডেল হাউস স্ট্রিট, ব্যাঙ্গালোর – 4

ডঃ গোরাচাঁদ ঘোষ

# রেনকোজি মন্দিরে রাখা নেতাজির চিতাভস্ম সম্পর্কিত কিছু চিঠি ভারতের ন্যাশনাল আর্কাইভস থেকে পুনরুদ্ধার এবং বাংলায় অনুবাদ

ভারতের ন্যাশনাল আর্কাইভস থেকে নেতাজি সম্পর্কিত কাগজপত্র পাওয়া যাবে সেই লিঙ্কটি হলো >> **http://www.netajipapers.gov.in/**

নেতাজির চিতাভস্ম (22 ফলাফল):

রাজনৈতিক দৃশ্যপট ছিল রেনকোজি মন্দির, টোকিও, জাপান থেকে নেতাজির চিতাভস্ম ফিরিয়ে আনার ব্যর্থতা। এটি এখনও চলছে যতক্ষণ পর্যন্ত না মোদীজি নেতাজির চিতাভস্ম ফিরিয়ে আনতে এবং নেতাজি ও আই এন এ সদস্যদের স্বপ্ন পূরণের উদ্যোগ না নেন।

ন্যাশনাল আর্কাইভসে "নেতাজির মৃত্যু" সংক্রান্ত ১৮টি ফাইল রয়েছে।

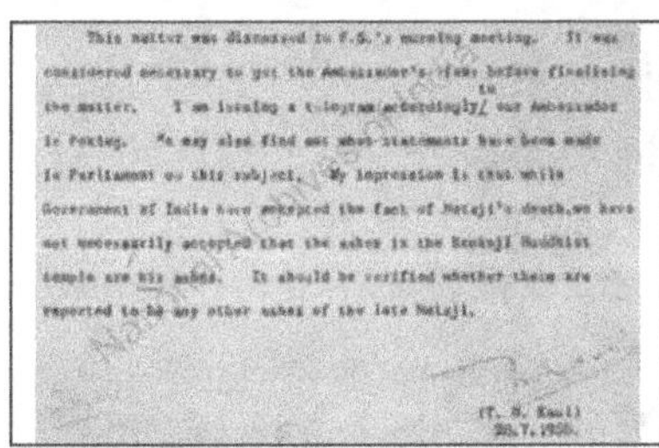

ফাইল নং 25/4 / NGO ভলিউম II

বিষয়: রেনকোজি মন্দির থেকে শ্রী সুভাষ চন্দ্র বসুর চিতাভস্মের স্ব-সংগ্রহ।

বর্ণনা: শ্রী জওহরলাল নেহরু এবং পশ্চিমবঙ্গের মুখ্যমন্ত্রী ডাঃ বি সি রায়ের মধ্যে চিঠিপত্র, টোকিও থেকে নেতাজির ভস্ম ফিরিয়ে আনার বিষয়ে।

স্ব-দাবিকৃত ভারতরত্ন পুরস্কারপ্রাপ্ত নেহরু সম্পর্কে জানার জন্য অত্যন্ত গুরুত্বপূর্ণ ফাইল।

প্রাসঙ্গিক পৃষ্ঠাগুলি হল: পৃষ্ঠা 3: বিষয়টি এফএস-এর মইরাং সভায় আলোচনা করা হয়েছিল। বিষয়টি চূড়ান্ত করার আগে রাষ্ট্রদূতের মতামত নেওয়া জরুরি বলে মনে করা হয়েছিল। আমি পিকিংয়ে আমাদের রাষ্ট্রদূতকে একটি টেলিগ্রাম ইস্যু করছি। এ বিষয়ে সংসদে কী কী বিবৃতি দেওয়া হয়েছে তাও আমরা জানতে পারি। আমার ধারণা ভারত সরকার নেতাজির মৃত্যুর সত্যতা স্বীকার করেছে, কিন্তু রেনকোজি বৌদ্ধ মন্দিরের ছাই তার ছাই বলে আমরা স্বীকার করিনি। প্রয়াত নেতাজির অন্য কোনো ভস্ম আছে কিনা তা যাচাই করা উচিত।

স্বাক্ষর

(টি এন কাউল), 28/7/1955

## পৃষ্ঠা 4: প্রধানমন্ত্রীর সচিবালয়

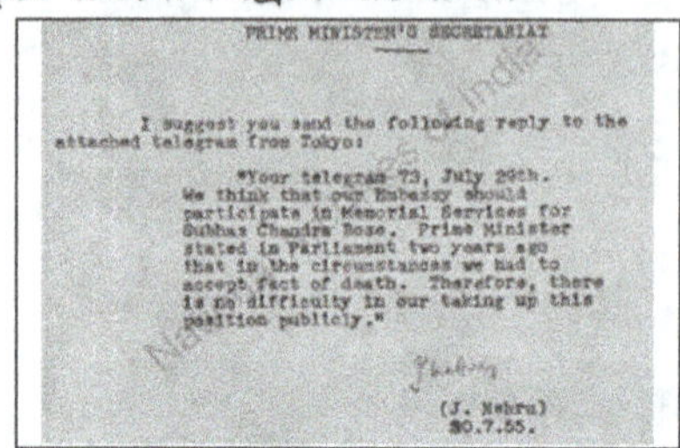

আমি সুপারিশ করছি যে আপনি টোকিও থেকে সংযুক্ত টেলিগ্রামে নিম্নলিখিত প্রশ্নের একটি উত্তর পাঠান। "আপনার টেলিগ্রাম 73, 29 জুলাই। আমরা মনে করি যে আমাদের দূতাবাসের সুভাষ চন্দ্র বসুর স্মৃতিচারণে উপস্থিত হওয়া উচিত। প্রধানমন্ত্রী দুই বছর আগে সংসদে বলেছিলেন যে পরিস্থিতিতে আমাদের মৃত্যুর সত্যটি মেনে নিতে হবে। প্রকাশ্যে এই অবস্থান নিতে অসুবিধা।

স্বাক্ষর; (জে নেহেরু), 30/7/1955

লোকসভা

পৃষ্ঠা-220 সংক্ষিপ্ত বিজ্ঞপ্তি প্রশ্ন নং 13 এবং 14

29 সেপ্টেম্বর 1955 এর উত্তর দেওয়া হবে:

নেতাজি সুভাষ চন্দ্র বসু

প্রশ্ন: ১৩ নং শ্রী কামাথ, শ্রী কিদওয়াই, শ্রী এস এন দাস। প্রধানমন্ত্রী কি খুশি হবেন:

(ক) 18 সেপ্টেম্বর 1955 সালে টোকিওতে নেতাজি সুভাষ চন্দ্র বসুর জন্য একটি স্মারক অনুষ্ঠানের আয়োজন করা হয়েছিল তা সত্য কিনা;

(খ) টোকিওতে ভারতীয় রাষ্ট্রদূত এবং ভারতীয় সম্প্রদায়ের অন্যান্য সদস্যদের অনুষ্ঠানে যোগ দেওয়ার জন্য আমন্ত্রণ জানানো হয়েছিল কিনা

(গ) সবাই বা তাদের কেউ অংশ নিয়েছে কিনা; এবং

(ঘ) যদি না হয়, তার কারণ কি?

### নেতাজির চিতাভস্ম

নং 14 ডঃ রাম সুভাষ সিং | প্রধানমন্ত্রী কি খুশি হবেন:

(ক) জাপানের টোকিওর রেনকোজি মন্দিরে রাখা নেতাজি সুভাষ চন্দ্র বসুর চিতাভস্মের সত্যতা নিয়ে যে সাম্প্রতিক বিতর্কের সৃষ্টি হয়েছে সে সম্পর্কে সরকার সচেতন কিনা।

(খ) যদি তাই হয়, তাহলে এই বিষয়ে বাস্তব তথ্য এবং

(গ) সেই চিতাভস্ম ভারতে আনার জন্য সরকার কি জাপান সরকার এবং রেনকোজি মন্দিরের ব্যবস্থাপনার সাথে যোগাযোগ করেছে?

উত্তর: শ্রী জওহরলাল নেহেরু

13 নং: টোকিওতে 18 আগস্ট 1945-এ প্রয়াত নেতাজি সুভাষ চন্দ্র বসুর স্মৃতিচারণ

এবং 14 এর রেনকোজি মন্দিরে অনুষ্ঠিত হয়েছিল। ভারতীয় দূতাবাসের সেবায় আমন্ত্রণ জানানো হয় এবং দূতাবাসের বেশ কয়েকজন সদস্য অংশ নেন। রাষ্ট্রদূত নিজে তখন টোকিওতে ছিলেন না, তবে দূতাবাসের প্রথম সচিব, যিনি তার প্রতিনিধিত্ব করেছিলেন, তার পক্ষে ছাই সম্বলিত পুষ্পস্তবক অর্পণ করেছিলেন।

তার এক মাস পরে, 1955 সালের 14 সেপ্টেম্বর, ভারতীয় দূতাবাস একই মন্দিরে স্থানান্তরিত হয়।

আমি অন্য একটি স্মরণসভার আমন্ত্রণ পেয়েছি। তিনি অনুভব করেছিলেন যে প্রথম স্মরণসভার পরপরই অনুষ্ঠানের পুনরাবৃত্তি অনুষ্ঠানের গুরুত্ব থেকে বিভ্রান্ত হবে। দূতাবাসের এই দৃষ্টিভঙ্গি রেনকোজি মন্দিরের কর্তৃপক্ষের কাছে অবহিত করা হয়েছিল এবং তাদের বলা হয়েছিল যে 14 আগস্ট এটি করার পরে ভারতীয় দূতাবাসের থেকে অন্য কোনও স্মারক অনুষ্ঠানে যোগ দেওয়ার আশা করা যায় না যা সঠিক তারিখ ছিল।

সেই ভস্ম ভারতে আনার জন্য সরকার জাপান সরকার বা রেনকোজি মন্দিরের ব্যবস্থাপনার সাথে যোগাযোগ করেনি। সরকার মনে করেছে, এই বিষয়ে নেতাজি সুভাষ চন্দ্র বসুর পরিবারের অনুমোদন ছাড়া কোনো পদক্ষেপ নেওয়া উচিত নয়।

আমি বলেছি যে নেতাজি সুভাষ চন্দ্র বসুর মৃত্যুর প্রশ্নটি, আমার মনে হয়, সন্দেহাতীত। এ নিয়ে কোনো তদন্ত হতে পারে না। তবে সঠিক সার্কুলারটির জন্য যদি তদন্ত করা হয়, তাহলে কিছু অতিরিক্ত তথ্য আমাদের নজরে আসতে পারে। এবং আমি যেমন বলেছি, এই বিষয়ে জাপান সরকারের একটি উদ্যোগ থাকা উচিত। যদি এটি স্বাভাবিকভাবে আসে, আমরা আনন্দের সাথে তাদের সাহায্য করব যা আমরা করতে পারি।

লোকসভা

পৃষ্ঠা -210 নং 431 তারকাচিহ্নিত প্রশ্ন

3রা ডিসেম্বর 1955-এ উত্তর দেওয়া হবে: নেতাজি সুভাষ চন্দ্র

প্রশ্ন নং 431 মিঃ জিয়াভানি, রঘুরামাইয়া, কামাথ, সর্দার হুকুম সিং, হেদা:

নেতাজি সুভাষ চন্দ্র বসুর মৃত্যুর পরিস্থিতি খতিয়ে দেখার জন্য সরকার একটি কমিটি গঠনের প্রশ্নটি বিবেচনা করছে কিনা তা সত্য কিনা প্রধানমন্ত্রী জানাতে খুশি হবেন?

উত্তর: শ্রী জওহরলাল নেহেরু

সরকার শ্রী সুভাষ চন্দ্র বসুর মৃত্যু সংক্রান্ত পরিস্থিতি খতিয়ে দেখতে কিছু লোককে জাপানে পাঠানোর সিদ্ধান্ত নিয়েছে। জাপান সরকারের সাথে পরামর্শ করাহয়েছে এবং তারা আমাদের তদন্তে পূর্ণ সহযোগিতার প্রতিশ্রুতি দিয়েছে।

পররাষ্ট্র মন্ত্রণালয়

(পূর্ব এশিয়া বিভাগ), ফাইল নং: C/125/1/90-JP

বিষয়: লোকসভাতে উপরাষ্ট্রপতি প্রশ্ন তুলেছে। 7.5.90 এর জন্য 16565 নম্বর। টোকিওর রেনকোজি মন্দির থেকে নেতাজির ভস্ম আনার বিষয়ে।

সবচেয়ে তাৎক্ষণিক, সংসদ প্রশ্ন

MEA (পূর্ব 271শিয়ার বিভাগ) 579 / DS (EA) / 90

টোকিওর রেনকোজি মন্দির থেকে নেতাজির ছাই আনার জন্য উপরে প্রশ্ন নং 1065/10/90/990-এর জন্য লোকসভার অস্থায়ী প্রশ্নের রেফারেন্স – তথ্যর জন্য। JS(EA) অনুগ্রহ করে ইস্যু করার আগে অনুমোদনের জন্য খসড়া উত্তর দেখতে পারে।

স্বাক্ষর

(মিসেস প্রিমরোজ আর শর্মা)

উপসচিব (EA) 3/5/90

C/125/1/90-জেপি

পররাষ্ট্র মন্ত্রণালয় (পূর্ব এশিয়া বিভাগ)

লোকসভা অস্থায়ী তারকা চিহ্নিত প্রশ্ন নং সংখ্যা: 16565

10/5/90 তারিখে উত্তর দিতে হবে

সঞ্চালনা করেন সনৎ কুমার মন্ডল

  বিষয়: সুভাষ চন্দ্র বসুর ছাই

সংসদ বিভাগ এই বিভাগকে জানিয়েছে যে উপরে উল্লিখিত একটি প্রশ্ন 10/5/90-এর জন্য অতারাঙ্কিত প্রশ্ন হিসাবে গৃহীত হয়েছে।

JS (EA) অনুগ্রহ করে উত্তরের খসড়াটি দেখুন। এর জন্য তথ্যের একটি খসড়া ইতিমধ্যেই অনুমোদনের জন্য JS(EA)-এর কাছে জমা দেওয়া হয়েছে।

স্বাক্ষর<br>(মিসেস প্রিমরোজ আর শর্মা)

উপসচিব (ইএ) 4/5/90

স্টেটসম্যান 11/4/90

জাপান থেকে আনা হবে নেতাজির ভস্ম।

একজন স্টাফ রিপোর্টার দ্বারা

  টোকিওর রেনকোজি মন্দিরে রাখা "নেতাজি" সুভাষ চন্দ্র বসুর ভস্ম ভারতে আনা হবে। মঙ্গলবার নয়াদিল্লিতে সর্বভারতীয় নেতাজি মেমোরিয়াল কমিটির জারি করা একটি প্রেস বিজ্ঞপ্তিতে বলা হয়েছে যে এটি সম্প্রতি অনুষ্ঠিত বৈঠকে এই সিদ্ধান্ত নিয়েছে।

  কীভাবে এটি করা যায় সে বিষয়ে স্মৃতিসৌধ কমিটি সরকারের সঙ্গে ঘনিষ্ঠ যোগাযোগ করছে।

  কমিটি বলেছে যে এই বিষয়ে থাইল্যান্ড এবং সিঙ্গাপুর সহ দক্ষিণ-পূর্ব এশিয়ার দেশগুলিতে "নেতাজি" ভারতীয় জাতীয় সেনাবাহিনীর প্রাক্তন কর্মীদের সাথে কথা বলার জন্য একটি দল পাঠানো হচ্ছে। বিবৃতিতে বলা হয়েছে, ঐতিহাসিকভাবে গুরুত্বপূর্ণ "নেতাজির স্মৃতিসৌধ" প্রতিষ্ঠার বিষয়ে তাদের পরামর্শ চাওয়া হবে।

সবচেয়ে তাৎক্ষণিক

লোকসভা সচিবালয়

(প্রশ্ন শাখা, 18/4/90): বিষয়: রেনকোজি মন্দির, টোকিও থেকে নেতাজির ছাই আনার বিষয়ে 7.5.90-এর জন্য প্রশ্ন নং 16565।

সংস্কৃতি মন্ত্রককে উপরোক্ত প্রশ্ন (কপি জুড়ে দেওয়া) সম্পর্কিত তথ্যগুলি স্পষ্টভাবে বর্ণনা করার জন্য অনুরোধ করা হচ্ছে কারণ এই প্রশ্নের গ্রহণযোগ্যতা এবং বিষয়টির সাথে জড়িত সরকারের দায়িত্বও সিদ্ধান্ত নেওয়ার জন্য অনুরোধ করা যেতে পারে।

এই তথ্য উপস্থাপন করার সময়, এই নোটটি মন্ত্রীকে দেখানো হয়েছে কিনা তা বলা যেতে পারে। এই প্রভাবের কোন ইঙ্গিতের অনুপস্থিতিতে, এটি স্বাক্ষরকারী অফিসারের অনুমোদনে জারি করা হয়েছে বলে গণ্য হবে। এটি প্রত্যয়িত হতে পারে যে নিরাপত্তা, জনস্বার্থ বা জাতীয় নিরাপত্তার জন্য একটি পিটিশন শুধুমাত্র পর্যায়ে নেওয়া যেতে পারে।

যদি প্রশ্নটি অনুশীলন অনুসারে একটি মন্ত্রকের সাথে বহুলাংশে সম্পর্কিত হয়, তবে তাদের মতে মন্ত্রক তার স্থানান্তরের সাথে সম্পর্কিত এবং লোকসভা সচিবালয়কে তার সম্মতি দেওয়ার জন্য অবহিত করা যেতে পারে। কোন অবস্থাতেই প্রশ্নটি লোকসভার সচিবের কাছে ফেরত পাঠানো উচিত নয়, প্রশ্নটি সেই মন্ত্রকের নামেই থাকবে যেখানে এটিকে সম্বোধন করা হয়েছে এবং সময়ের সাথে সাথে প্রবেশ করা হলে, এর বিরুদ্ধেও ভর্তি করা হবে। মন্ত্রণালয় মূলত সম্বোধন করে।

20/4/1990 এর মধ্যে উত্তর চাওয়া হয়েছে।

সদস্যদের কাছে তথ্য জানানোর বিষয়ে মন্ত্রণালয়ের কোনো আপত্তি আছে কি না তা বলাও গুরুত্বপূর্ণ।

প্রশ্নের সিনিয়র পরীক্ষক<br>(শ্রী ডি সেন গুপ্ত)

উপ – সচিব

লোকসভা, নয়াদিল্লি

থেকে: শ্রী সনৎ কুমার মন্ডল

সংসদীয় তথ্য অফিস 12/4/90

প্রতি: সাধারণ সম্পাদক

স্যার,

ব্যবসায়িক পদ্ধতি ও পরিচালনার নিয়মের বিধি 34 এর অধীনে, আমি 7/5/90 তারিখে উত্তরের জন্য নিম্নলিখিত মানক প্রশ্নের নোটিশ দিচ্ছি।

দয়া করে মনে রাখবেন যে এই প্রশ্নটি 11/4/90 তারিখে দ্য স্টেটসম্যান, নিউ দিল্লিতে প্রদর্শিত একটি সংবাদ আইটেমের চুরি। এটা জাতীয় গুরুত্বের বিষয়।

স্বাক্ষর<br>(সদস্য, উপ নং 291)

পছন্দের ক্রম - 1

• মন্ত্রী বা প্রধানমন্ত্রীকে রাজ্যে রাখা হবে কি না।

(ক) টোকিওর (জাপান) রেনকোজি মন্দিরে রাখা "নেতাজির" ছাই ভারতে ফিরিয়ে আনা হবে কিনা।

(খ) সর্বভারতীয় নেতাজি মেমোরিয়াল এটি কীভাবে করা যেতে পারে সে সম্পর্কে সরকারের সাথে যোগাযোগ করছে কি না;

(গ) যদি তাই হয়, তাহলে এই দীর্ঘ প্রতীক্ষিত পদক্ষেপটি শুরু করতে এবং প্রক্রিয়াটি আর কোনো বিলম্ব না করেই প্রক্রিয়া শুরু করতে সময় নিয়ে সরকারের মতামত কী?

273

অজ্ঞানিত নেতাজি সুভাষ চন্দ্র বোস

## সবচেয়ে তাৎক্ষণিক

**সংসদ প্রশ্ন**: সংখ্যা হ/ 11017/1/90-PU

ভারত সরকার

মানব সম্পদ উন্নয়ন মন্ত্রণালয়

সংস্কৃতি বিভাগ, সংসদ

নয়াদিল্লি - 20 এপ্রিল 1990

অফিস স্মারকলিপি, বিষয়: রেনকোজি মন্দির, টোকিও থেকে সুভাষ চন্দ্র বসুর ছাই আনার বিষয়ে 7.5.90-এর জন্য লোকসভা তারকাচিহ্নিত প্রশ্ন নং 16565 স্থানান্তর

নিম্নস্বাক্ষরকারীকে তথ্যের জন্য আসল ফাইল নম্বর 16565 পাঠানোর নির্দেশ দেওয়া হয়েছে: টোকিওর রেনকোজি মন্দির থেকে নেতাজির ছাই আনার পদক্ষেপ, কারণ প্রশ্নটির বিষয় বিদেশ মন্ত্রকের সাথে সম্পর্কিত। অতএব, অনুরোধ করা হচ্ছে যে উপরের প্রশ্নটি স্থানান্তরের অনুমতি দেওয়া যেতে পারে এবং এই মন্ত্রণালয়ের (সংস্কৃতি বিভাগ) অবহিতকরণের অধীনে সচিব, লোকসভার কাছে সরাসরি প্রশ্ন স্থানান্তর অনুমোদন করা যেতে পারে।

স্বাক্ষর, (ডি সেন গুপ্ত)

ভারত সরকারের উপসচিব

টেলিফোন নং ৩৮৯০৯৮, পররাষ্ট্র মন্ত্রণালয়ের

(শ্রী আরসি ভাটিয়া, আন্ডার সেক্রেটারি, পার্লিয়া)

রুম নং 67-এইচ (আই), সাউথ ব্লক, নিউ দিল্লি

এর অনুলিপি: লোকসভা সচিবালয় (প্রশ্ন শাখা)

রুম নং 322, সংসদ ভবন অ্যানেক্সি, নতুন দিল্লি

**তারকাবিহীন প্রশ্ন নং** 8119

10 মে 1990 এ উত্তর দেওয়া হয়েছে

সুভাষ চন্দ্র বসুর সম্পর্কে উত্তর

8119. শ্রী সনৎ কুমার মন্ডল

পররাষ্ট্রমন্ত্রী, পররাষ্ট্রমন্ত্রী কি রাজ্যকে খুশি করবেন?

(ক) টোকিওর (জাপান) রেনকোজি মন্দিরে রাখা "নেতাজি" সুভাষ চন্দ্র বসুর ছাই ভারতে আনার প্রস্তাব করা হয়েছে কি না।

(খ) অল ইন্ডিয়া নেতাজি মেমোরিয়াল কমিটি এই বিষয়ে সরকারের সাথে যোগাযোগ করছে কি না; এবং

(গ) যদি তাই হয়, এই বিষয়ে সরকারের প্রতিক্রিয়া এবং দীর্ঘ প্রতীক্ষিত এই পদক্ষেপটি শুরু ও প্রক্রিয়া করতে কত সময় নেওয়া হয়েছে?

**উত্তর:** পররাষ্ট্র মন্ত্রণালয়, পররাষ্ট্রমন্ত্রী (আই কে গুজরাল)

(ক) সরকার কর্তৃক এ বিষয়ে বেশ কিছু প্রস্তাব গৃহীত হয়েছে।

(খ) হ্যাঁ, স্যার।

(গ) যেহেতু এই ধরনের পদক্ষেপের বিরোধিতাকারী সংস্থা এবং ব্যক্তি রয়েছে, তাই সরকার মনে করে যে এই বিষয়ে সংশ্লিষ্ট সকলের ঐক্যমত হওয়া উচিত।

# দশম অধ্যায়
## ভারতে নেতাজির বর্তমান অবস্থা

আমাদের প্রধানমন্ত্রী শ্রী নরেন্দ্র মোদী-জিকে জন্মদিনে প্রকাশের পর ই-বুক উপহার দেওয়া হয়েছিল, বইটি হলো "নেতাজি: জাপান এবং দক্ষিণ পূর্ব এশিয়ার অজানা তথ্য" অ্যামাজন দ্বারা "মহালয়া দিবসে" অর্থাৎ 19 সেপ্টেম্বর 2017 সারা বিশ্ব জুড়ে প্রকাশিত। এছাড়াও আমাদের প্রকৃত স্বাধীনতা সংগ্রামী নেতাজি এবং আই. এন. এ সম্পর্কে জানার জন্য সেপ্টেম্বর 2017 সালে শ্রী অজিত ডোভালকেও উপহার দেওয়া হয়েছিল।

আমার ই-বুক প্রকাশের পর পরই, আমি 4 অক্টোবর 2017-এ সামাজিক যোগাযোগ Facebook-এর মাধ্যমে নয়াদিল্লিতে "মিশন নেতাজি"-এর অনুজ ধরের নেতৃত্বে কপিরাইট লঙ্ঘনকারী এবং অপরাধীদের একটি গ্যাং সম্পর্কে জানতে পারি। ভারতে প্রকাশিত অনুজ ধরের লেখা এই স্ব-স্টাইলড নেতাজি গবেষকের বইগুলির মাধ্যমে, আমি জীবনে প্রথমবার ফৈজাবাদে গুম্নামি বাবা হিসাবে নেতাজির কুখ্যাতি সম্পর্কে জানতে পেরে অবাক হয়েছিলাম। এই অপরাধী 2001 সাল থেকে নেতাজিকে হেয় করার জন্য জড়িত এবং তার দল আমাকে ঘুষ দেওয়ার চেষ্টা করেছিল।

অবিলম্বে, আমি প্রধানমন্ত্রীকে একটি ই-মেলে চিঠি লিখেছি এবং ভারতে কপিরাইট আইন লঙ্ঘন করে "মিশন নেতাজি" নয়াদিল্লির গ্যাং দ্বারা ই-বুক থেকে চুরি করা ই-বুক ফটোগুলি এবং সোশ্যাল মিডিয়ায় ব্যবহার করা সম্পর্কে অনুলিপিটি শ্রী অজিত ডোভালকে পাঠানো হয়েছিল।

প্রায় এক বছর অর্থাৎ অক্টোবর 2017 থেকে অক্টোবর 2018 পর্যন্ত, আমি ফেসবুক, গুগল এবং ইউটিউব কর্মকর্তাদের ব্যবস্থাপনার মাধ্যমে এই অপরাধী চক্রের বিরুদ্ধে সব ধরনের আইনি কার্যক্রম করেছি। এছাড়াও, আমি ভারতের কপিরাইট আইন অনুযায়ী, কলকাতা এবং নয়াদিল্লির পুলিশ কমিশনারদের কাছে সহায়ক নথির সাথে রিপোর্ট করেছি, তারা আমার কাছে চেয়েছিল।

যাই হোক, অপরাধী চক্রকে থামানোর জন্য মাথা ঘামাই নি বরং নেতাজির মানহানি করার জন্য আমার কপিরাইটযুক্ত ই-বুকের ছবিগুলি ব্যবহার করে আমি অধ্যায় ষষ্ঠে দেখিয়েছি।

**21 অক্টোবর 2018-এ লাল কেল্লায় আজাদ হিন্দ সরকারের 75তম বার্ষিকী:**

আমি একটি গবেষণা মূলক নিবন্ধ লিখেছি, "জাপানে অরিজিনাল নেতাজির ফটোর সাথে পাবলিক ডোমেনে উপলব্ধ দুই নেতাজি ফটোর সমালোচনামূলক বিশ্লেষণ"। এটি 19 অক্টোবর (বিজয়া-দশমী) ভারতের রাষ্ট্রপতি এবং প্রধানমন্ত্রীকে নতুন দিল্লির লাল কেল্লায় নেতাজির অস্থায়ী আজাদ হিন্দ সরকারের 75তম বার্ষিকী (21 অক্টোবর 2018) এর জন্য ইমেলের মাধ্যমে পাঠানো হয়েছিল।

এছাড়াও এটি 21 অক্টোবর 2018-এ প্রকাশের জন্য 7 অক্টোবর 2018 তারিখে দ্য হিন্দুস্তান টাইমস, দ্য টাইমস অফ ইন্ডিয়া এবং দ্য টেলিগ্রাফের সম্পাদকদের কাছে জমা দেওয়া হয়েছিল (কিন্তু ভারতীয় সংবাদপত্রগুলি প্রকাশিত করেনি)। 21 অক্টোবর 2018 তারিখে ফেসবুকে পাবলিক পোস্টিং করা হয়েছিল।

আজাদ হিন্দ সরকারের 75তম বার্ষিকীতে লাল কেল্লায় তেরঙ্গা পতাকা উত্তোলন করলেন প্রধানমন্ত্রী মোদী। বুধবার, মোদি জি আজাদ হিন্দ সরকারের 75তম বার্ষিকী উপলক্ষে লাল কেল্লায় তেরঙ্গা পতাকা উত্তোলনের পরিকল্পনা ঘোষণা করেছিলেন, বলেছিলেন যে তাঁর সরকার অনেক মহান ব্যক্তিত্বের অবদানকে উদযাপন করবে যারা কংগ্রেস দ্বারা "অবহেলিত" হয়েছিল। (ইন্ডিয়া টুডে 21 অক্টোবর 2018)।

স্বাধীনতা সংগ্রামী নেতাজি সুভাষ চন্দ্র বসুর গঠিত আজাদ হিন্দ সরকারের 75তম বার্ষিকী উদযাপনের জন্য প্রধানমন্ত্রী নরেন্দ্র মোদি রবিবার সকালে নয়াদিল্লির লাল কেল্লায় জাতীয় পতাকা উত্তোলন করেন।

হাইলাইট:

- আজাদ হিন্দ সরকার 1943 সালে নেতাজি সুভাষ চন্দ্র বসু দ্বারা গঠিত হয়েছিল
- আজাদ হিন্দ ফৌজের সৈন্যদের লাল কেল্লার ভিতরে ব্রিটিশরা পরীক্ষা করেছিল
- মোদি সম্প্রতি বলেছেন যে

তাঁর সরকার কংগ্রেসের দ্বারা অবহেলিত ব্যক্তিত্বদের সম্মান করবে।

স্বাধীনতা আন্দোলনের জন্য নেতাজি আজাদ হিন্দ সরকার গঠন করেছিলেন। লাল কেল্লায় জাতীয় পতাকা উত্তোলনের সিদ্ধান্ত নেওয়া হয়েছে বলে জানা গেছে কারণ এটি একই জায়গা যেখানে ভারতীয় জাতীয় সেনাবাহিনীর (আজাদ হিন্দ ফৌজ) সৈন্যরা ব্রিটিশদের দ্বারা বিচারের মুখোমুখি হয়েছিল। অনুষ্ঠানে বক্তৃতা করতে গিয়ে, প্রধানমন্ত্রী কংগ্রেসকে আক্রমণ করেন এবং অভিযোগ করেন যে নেতাজি সুভাষ চন্দ্র বসু, বি আর আম্বেদকর এবং সর্দার প্যাটেলের মতো নেতাদের অবদান "একটি পরিবারের উপস্থিতি বাড়াতে" মূলধারার ভারতীয় বক্তৃতায় "অসম্মানিত" হয়েছে।

নেতাজি এমন একটি ভারতের প্রতিশ্রুতি দিয়েছিলেন যেখানে সবাই সমান অধিকার এবং সমান সুযোগ পাবে। তিনি একটি সমৃদ্ধ জাতির প্রতিশ্রুতি দিয়েছিলেন যেটি তার ঐতিহ্য, সব ক্ষেত্রে উন্নয়নের জন্য গর্বিত। তিনি প্রতিশ্রুতি দিয়েছিলেন 'ভোগ কর এবং শাসন কর'। এতদিন পরেও সেই স্বপ্নগুলো অপূর্ণই থেকে যায়।

প্রধানমন্ত্রী মোদি বলেছিলেন যে কেমব্রিজে তার দিনগুলি স্মরণ করে, বোস, যিনি আজাদ হিন্দ ফৌজ প্রতিষ্ঠা করেছিলেন, লিখেছেন যে: "ভারতীয়দের শেখানো হয় যে ইউরোপ গ্রেট ব্রিটেনের বড় ছবি এবং আমাদের ইউরোপ থেকে দেখার অভ্যাস, ইংরেজ দৃষ্টিকোণ।" মোদি বলেছেন: "এটা আমাদের দুর্ভাগ্য যে স্বাধীনতার পরেও যারা ভারত এবং আমাদের ব্যবস্থার ভিত্তি স্থাপন করেছিল, তারা ভারতকে ইংরেজী চশমা দিয়ে দেখেছিল।

আমাদের ঐতিহ্য, সংস্কৃতি, শিক্ষা ব্যবস্থা, আমাদের পাঠ্যক্রম সবই এর দ্বারা ক্ষতিগ্রস্ত হয়েছে।"

"আজ আমি নিশ্চিতভাবে বলতে পারি যে আমাদের দেশ যদি সুভাষ বোস এবং সর্দার প্যাটেলের মতে পরিচালিত হত, যদি এটিকে বিদেশী দৃষ্টিকোণ থেকে না দেখা যেত, তবে দেশের পরিস্থিতি খুব আলাদা হত। শুধুমাত্র একটি পরিবারের উপস্থিতি বাড়ানোর জন্য, ভারতের পুত্র - প্যাটেল, আম্বেদকর এবং বসু -কে আমাদের জাতীয় আলোচনা থেকে মুছে ফেলা হয়েছে।"

তিনি বলেন, তার সরকার এটি পরিবর্তন করতে প্রতিশ্রুতিবদ্ধ। "দেশের সামগ্রিক উন্নয়ন ছিল বোসের দৃষ্টিভঙ্গির একটি গুরুত্বপূর্ণ দিক এবং এনডিএ সরকার সেই দিকে অগ্রসর হচ্ছে, ঠিক যেমন বোস করেছিলেন," তিনি বলেছিলেন।

এদিকে, রাজনৈতিক দৃষ্টিভঙ্গির পরিপ্রেক্ষিতে, এটি বি আর আম্বেদকর এবং সর্দার বল্লভভাই প্যাটেলের জন্য একই কাজ করার পরে নেতাজির উত্তরাধিকার দাবি করার জন্য বিজেপির প্রচেষ্টা হিসাবে দেখা হচ্ছে।

বুধবার ভিডিও-কনফারেন্সের মাধ্যমে বিজেপি কর্মীদের সাথে আলাপচারিতায়, মোদী অনুষ্ঠানে যোগ দেওয়ার তার পরিকল্পনা ঘোষণা করেছিলেন।

ঐতিহ্যগতভাবে, প্রধানমন্ত্রী 15 আগস্ট স্বাধীনতা দিবসে ঐতিহাসিক লাল কেল্লায় জাতীয় তেরঙ্গা উত্তোলন করেন।

সংবাদ সংস্থা পিটিআই-এর এক প্রতিবেদনে বলা হয়েছে, মোদি তার ভাষণে বলেছেন যে দল নির্বিশেষে যে সমস্ত ব্যক্তি দেশের সেবা করেছেন বিজেপি তাদের সম্মান করে। তিনি বলেছেন যে তাঁর সরকার বহু মহান ব্যক্তিত্বের অবদানকে উদযাপন করে যারা কংগ্রেসের কয়েক দশকের শাসনামলে "অবহেলায়" ছিল।

"কংগ্রেস ভীম রাও আম্বেদকর, বোস এবং সর্দার বল্লভভাই প্যাটেলের মতকে উপেক্ষা করেছিল, কিন্তু বিজেপি জাতি গঠনে অবদান রাখা প্রত্যেককে মনে রাখতে বিশ্বাস করে," তিনি বলেছিলেন।

প্রধানমন্ত্রী আজাদ হিন্দ ফৌজকে নিবেদিত একটি জাদুঘরের ভিত্তিপ্রস্তরও স্থাপন করবেন।

21শে অক্টোবর, 1943-এ, বোস দেশের প্রথম স্বাধীন সরকার গঠনের ঘোষণা দেন, যাকে বলা হয় আজাদ হিন্দ সরকার।

21 অক্টোবর 2018-এর আমার নিবন্ধে, আমি উপসংহারে বলেছি, "নয়া দিল্লির লাল কেল্লায়, সিঙ্গাপুরের ক্যাথে বিল্ডিং-এ 21 অক্টোবর 1943-এ তাঁর দ্বারা তৈরি অস্থায়ী আজাদ হিন্দ সরকারের 75তম বার্ষিকীতে নেতাজির স্বপ্ন সত্যি হয়েছিল। নরেন্দ্র মোদি, শ্রী শ্রী রামকৃষ্ণ পরমহংস দেবের অনুসারী। জয় মা দুর্গা, আপনি গত বছর "মহালয়া দিবসে" অস্ট্রেলিয়া থেকে বিশ্বজুড়ে নেতাজির ষড়যন্ত্রকারী-সহ- অপরাধীদের খুঁজে বের করার জন্য আপনার যাত্রা শুরু করেছেন। আজকের এই শুভ দিনে আপনি আমাকে ভারতের প্রধান অপরাধীদের একটি তালিকা দিয়েছেন। সারা বিশ্ব এখন নেতাজির এসব অপবাদ দেখছে।"

## পোর্ট ব্লেয়ারে পতাকা উত্তোলন বার্ষিকীতে সুভাষ চন্দ্র বসুর স্মরণ: প্রধানমন্ত্রী মোদী

"এই বিশেষ দিনের 75তম বার্ষিকী উপলক্ষে, আমি পোর্ট ব্লেয়ার গিয়েছিলাম এবং তেরঙ্গা উত্তোলনের সম্মান পেয়েছিলাম," প্রধানমন্ত্রী মোদী বলেছিলেন, (এন ডি টিভি 30 ডিসেম্বর 2018)।

পোর্ট ব্লেয়ারে তেরঙ্গা উত্তোলনের 75তম বার্ষিকীতে নেতাজি সুভাষ চন্দ্র বসুকে স্মরণ করলেন প্রধানমন্ত্রী নরেন্দ্র মোদি। "30 ডিসেম্বর 1943" প্রতিটি ভারতীয়র স্মৃতিতে একটি দিন, যখন সাহসী নেতাজি সুভাষ বসু পোর্ট ব্লেয়ারে তেরঙ্গা উড়িয়েছিলেন। এই বিশেষ দিনের 75তম বার্ষিকী উপলক্ষে, আমি পোর্ট ব্লেয়ারে গিয়েছিলাম।

18 অগাস্ট, 1945-এ তাইপেইতে একটি বিমান দুর্ঘটনায় সুভাষ চন্দ্র বসুর মৃত্যুর পরে বিতর্ক চলছিল, 2017 সালে কেন্দ্রীয় সরকার একটি RTI তে নিশ্চিত করেছে যে তিনি এই ঘটনায় মারা গেছেন।

## প্রধানমন্ত্রী নরেন্দ্র মোদীর আন্দামান ও নিকোবর দ্বীপপুঞ্জের নাম পরিবর্তন, নেতাজি সুভাষ চন্দ্র বসুকে শ্রদ্ধা: (টাইমস নিউজ ডট কম 30 ডিসেম্বর 2018)

তেরঙ্গা উড়ানোর পরে, প্রধানমন্ত্রী নরেন্দ্র মোদি বলেছিলেন যে ঐতিহাসিক সেলুলার জেল যেখানে হাজার হাজার ভারতীয় স্বাধীনতা সংগ্রামীদের নিপীড়নের মুখোমুখি হয়েছিল তাদের জন্য একটি উপাসনালয়।

রবিবার পোর্ট ব্লেয়ারের শহীদ স্তম্ভে পুষ্পস্তবক অর্পণের পর, প্রধানমন্ত্রী নরেন্দ্র মোদী সেলুলার জেল পরিদর্শন করেন এবং 30 ডিসেম্বর 1943-এ INA দ্বারা আয়োজিত তেরঙ্গার স্মরণে সাউথ পয়েন্টে হাই মাস্ট পতাকা উত্তোলন করেন। "ঐতিহাসিক দিনটির পর থেকে ৭৫ বছর পেরিয়ে গেছে এবং সেই ঘটনার স্মৃতিতে আমরা আমাদের নাগরিকদের স্মরণে এই অনুষ্ঠানটি চিহ্নিত করার জন্য একটি 150 ফুট লম্বা পতাকা উত্তোলন করছি," প্রধানমন্ত্রী মোদি সমাবেশে ভাষণ দেওয়ার সময় বলেছিলেন।

প্রধানমন্ত্রী মেরিনা পার্কে নেতাজির মূর্তির কাছে পুষ্পস্তবক অর্পণ করেন এবং তিনটি দ্বীপের নাম পরিবর্তন করেন- রস দ্বীপ, নীল দ্বীপ এবং হ্যাভলক দ্বীপের, শহীদ, স্বরাজ এবং নেতাজি সুভাষ চন্দ্র বসু দ্বীপ হিসাবে, স্বাধীনতা সংগ্রামী বসুর 75তম বার্ষিকী উপলক্ষে। পোর্ট ব্লেয়ারে জাতীয় পতাকা উত্তোলন করা হয়েছে বলে জানিয়েছে সংবাদ সংস্থা এ এন আই। প্রধানমন্ত্রী 29 ডিসেম্বর পোর্ট ব্লেয়ারে পৌঁছেছিলেন। তিনি নিকোবরে সুনামি স্মৃতিসৌধ পরিদর্শন করেন, যেখানে তিনি হারিয়ে যাওয়া আত্মার স্মৃতিসৌধে মোমবাতি জ্বালিয়ে স্মৃতিসৌধে পুষ্পস্তবক অর্পণ করেন।

তিনি নেতাজি বোসের ভারতের মাটিতে তেরঙ্গা উত্তোলনের 75তম বার্ষিকী উপলক্ষে একটি স্মারক ডাকটিকিট, মুদ্রা এবং প্রথম দিনের কভারও প্রকাশ করেছিলেন। এছাড়াও, দ্বীপগুলির জন্য উদ্ভাবন এবং স্টার্ট-আপ নীতি প্রকাশ করা হয়েছিল যা একটি 7 মেগাওয়াট সৌরবিদ্যুৎ কেন্দ্র এবং সৌর গ্রাম উদ্বোধনের মাধ্যমে অনুসরণ করা হয়েছিল।

## নেতাজির 75তম মৃত্যুবার্ষিকীতে PIB-এর টুইট সঠিক পদ্ধতি নয়: চন্দ্র বসু

"#পি আই বি মহান স্বাধীনতা সংগ্রামী #নেতাজি #সুভাষ চন্দ্র বসুকে তাঁর মৃত্যুবার্ষিকীতে স্মরণ করে। নেতাজি সুভাষ চন্দ্র বসু," প্রেস ইনফরমেশন ব্যুরো রবিবার টুইট করেছিল।

নেতাজি সুভাষ চন্দ্র বসুর মৃত্যু সংক্রান্ত যেকোনো ঘোষণা শুধুমাত্র প্রধানমন্ত্রী নরেন্দ্র মোদির করা উচিত, চন্দ্র কুমার বসু বলেছেন, এন ডি টিভি 19 আগস্ট 2019।

কলকাতা: চন্দ্র কুমার বসু, বিজেপি নেতা এবং নেতাজি সুভাষ চন্দ্র বসুর এক নাতি, সোমবার 18 আগস্ট মুক্তিযোদ্ধার মৃত্যুবার্ষিকী হিসাবে পি আই বি-র টুইটটি পালন করেছেন এবং বলেছেন যে তার অন্তর্ধানের রহস্য এখনও সমাধান করা হয়নি।

"জাতি #নেতাজি মিস্টিরির একটি সমাপ্তি চায়, বিশেষ করে স্বার্থান্বেষী ব্যক্তিদের দ্বারা ছড়ানো মিথ্যা তত্ত্বগুলি বন্ধ করতে। @PIBIndia-এর একটি টুইট সঠিক পদ্ধতি নয়। এই ধরনের ঘোষণাকে আনুষ্ঠানিকভাবে মাননীয় পিএম @narendramodi জি দ্বারা করা উচিত। ডকুমেন্টারি প্রমাণের ভিত্তিতে," তিনি টুইট করেছেন।

"এটা প্রধানমন্ত্রীর হাত দিয়ে হতে হবে, অমিত শাহ, রাজনাথ সিং বা অন্য কারও দ্বারা নয়।

"মোদী সরকার নেতাজিকে অনেক সম্মান দেখিয়েছে এবং আমি মনে করি যে যদি তার অন্তর্ধান বা মৃত্যুর রহস্যের সমাধান করা হয়, তবে এটি সম্মানের সাথে ঘোষণা করা উচিত এবং পি আই বি যেভাবে করেছে তা নয়।" রেনকোজিতে আমরা সত্য জানার জন্য অপেক্ষা করছি" তিনি বলেছিলেন।

চন্দ্র কে বোস সম্পর্কে লেখক মন্তব্য করেছেন, "চন্দ্র বসু একজন ব্রিটিশ শিক্ষিত কপিরাইট লঙ্ঘনকারী ও অপরাধী এবং তিনি নেতাজির অন্তর্ধান রহস্যের জন্য আরেকটি "এস আই টি" চেয়েছিলেন। আশা করি আপনি মানহানির জন্য ষষ্ঠ অধ্যায়ে নেতাজি সম্পর্কে পড়েছেন। নেতাজিকে গুমনামী বাবা হিসেবে দাবি করার জন্য তার অনুজ ধরের সঙ্গে সম্পর্ক ছিল।"

## স-সম্মানে টোকিওর রেনকোজি মন্দির থেকে নেতাজির চিতাভস্ম ভারতে আনা হউক (ড: গোরাচাঁদ ঘোষ)

(লেখক জাপানের টোকিওর রেনকোজি মন্দির থেকে নেতাজির চিতাভস্ম ফেরত নিয়ে বাংলায় একটি নিবন্ধ লিখেছেন এবং 4 নভেম্বর 2018-এ প্রকাশের জন্য আনন্দবাজার পত্রিকা ও বর্তমানে পাঠিয়েছিলেন। যেহেতু ওই দুটি পত্রিকাই নিবন্ধটি প্রকাশ করেনি, সে কারণেই লেখক 15 জানুয়ারি 2019 তারিখে Facebook এ একটি সর্বজনীন পোস্ট হিসাবে পাবলিশ করেছে। এই নিবন্ধটি এখন আমার এই বইতে উপস্থাপন করা হয়েছে)

## অজানিত নেতাজি সুভাষ চন্দ্র বোস

এই প্রথম ভারতের প্রধানমন্ত্রী নরেন্দ্র মোদি, নেতাজি সুভাষ চন্দ্র বসুর 75তম অস্থায়ী আজাদ হিন্দ সরকারকে সমর্থন করেছেন এবং দিল্লির প্রস্তাবিত লাল কেল্লায় তেরঙা পতাকা উত্তোলনের মাধ্যমে ভারতের স্বাধীনতার জন্য নেতাজি ও আই এন এ-কে উপস্থাপন করেছেন। পরবর্তী মোদীর কাজ হল একটি ভালো দিন দেখে নেতাজির চিতাভস্ম স-সম্মানে জাপান থেকে ভারতে আনা (আমার মনে হয় 23 জানুয়ারী, 2019 সর্বকালের সেরা দিন)। ভারতের স্বাধীনতার পর, মাসাইয়োশি কাকিতসুবো (11 মে 1943 থেকে 18 আগস্ট 1945), নেতাজির ব্যক্তিগত সচিব ও দোভাষী এবং কর্নেল হাবিবুর রহমান খান ভারতবাসীকে নেতাজির চিতাভস্ম রেনকোজি মন্দিরে থেকে ভারতে নিয়ে যাওয়ার আহ্বান জানান।

24/8/1945 তারিখে হাবিবুর রহমান খান একটি বিবৃতি দিয়েছিলেন, "আমি সেনা কর্মকর্তাদের টোকিওতে চিতাভস্ম অপসারণের ব্যবস্থা করার জন্য অনুরোধ করেছি, যেখানে সেগুলিকে নিরাপদ স্থানে রাখা যেতে পারে এবং পরে সেগুলি সরিয়ে নেওয়া হবে।" 23/1/1977 তারিখে এম কাকিতসুবো, নেতাজি রিসার্চ ব্যুরো, কলকাতায় জমা দেওয়া তার নিবন্ধে লিখেছিলেন, "এটি জানানো হয় যে নেতাজি গুরুতর অগ্নিদগ্ধ হন এবং 1945 সালের 18 আগস্ট মারা যান, ১৯৬২ থেকে ১৯৬৫ সাল পর্যন্ত যখন আমি পাকিস্তানে জাপানের রাষ্ট্রদূত ছিলাম, তখন কর্নেল হাবিবুর রহমান খান ও জেনারেল কিয়ানির সঙ্গে দেখা করার সুযোগ হয়েছিল। তিনি আরও বলেন, আমি আশা করি নেতাজিকে ইতিহাসের মহান ভারতীয় দেশপ্রেমিকদের মধ্যে তার যথাযোগ্য স্থান দেওয়া হবে।" কর্নেল হাবিবুরকে নিম্নলিখিত বাক্যগুলি *নেতাজি বলেছিলেন: "এই দুর্ঘটনা এড়াতে পারব বলে মনে হয় না। আপনি যখন ফিরে যাবেন, আপনি আপনার দেশবাসীকে বলবেন যে আমি আমার দেশের স্বাধীনতার জন্য শেষ যুদ্ধ করেছি। আর পৃথিবীর কোনো শক্তি আমাদের দেশকে এখন কোনো দাসত্বে আটকে রাখতে পারবে না। তাদের সংগ্রাম চালিয়ে যেতে হবে। ভারত স্বাধীন হবে অনেক আগেই।"*

যখন দ্বিতীয় বিশ্বযুদ্ধ শুরু হয়, ব্রিটিশদের সাথে যুদ্ধ অসহযোগিতার জেনা ব্রিটিশ ও কংগ্রেস নেতাজির মৃত্যুর পরিকল্পনা করেছিল। তাই ভারতের স্বাধীনতার জন্য, নেতাজি আফগানিস্তান এবং সোভিয়েত রাশিয়ায় ছন্দময় গ্রেট এস্কেপ করে 15 জানুয়ারী, 1941 সালে কলকাতার এলগিন রোডে তার বাড়ি থেকে পালিয়ে যান। নেতাজি হিটলারের মতানৈক্য এবং সামরিক সহায়তার অভাবের কারণে 11 মে, 1943 সালে টোকিওতে আসেন, তার নবজাতক কন্যা এবং স্ত্রীকে জার্মানিতে রেখে। বিশ্বজুড়ে অশান্ত পরিবেশ। জাপান সরকার ভারতের স্বাধীনতার জন্য নেতাজিকে সব কিছু দেওয়ার প্রতিশ্রুতি দিয়েছিল। জাপান সরকার ভারত থেকে ধর্মের ঋণ শোধ করতে চেয়েছিল। কারণ জাপানে বৌদ্ধ ধর্ম ভারত থেকে গ্রহণ করা হয়েছিল। জাপান সরকার টোকিও এবং কেমব্রিজ বিশ্ববিদ্যালয়ের স্নাতক মাসাইয়োশি কাকিৎসুবো (মাকা) -কে নেতাজির দোভাষী হিসাবে নিয়োগ করেছিল এবং নেতাজির মৃত্যুর আগ পর্যন্ত তিনি নেতাজির ব্যক্তিগত সচিব ছিলেন। মাকা 1936 থেকে 1937 সাল পর্যন্ত কলকাতায় জাপানি কনস্যুলেট জেনারেলে ভাইস কনসাল হিসেবে দায়িত্ব পালন করেন এবং অনেক কংগ্রেস নেতাকে ব্যক্তিগতভাবে চিনতেন।

ডঃ গোরাচাঁদ ঘোষ

মাকা দ্বিতীয় বিশ্বযুদ্ধের পর অস্ট্রেলিয়া, সুইজারল্যান্ড, পাকিস্তান এবং অন্যান্য ইউরোপীয় দেশে জাপানের রাষ্ট্রদূত এবং হাইকমিশনার হিসেবে দায়িত্ব পালন করেন। পরে তিনি জাপানের উপমন্ত্রী (জাতিসংঘ, নিউইয়র্ক) হিসেবে অবসর গ্রহণ করেন।

1995 সালের মার্চ মাসে এক সন্ধ্যায়, আমি এবং তার ছেলে ড: হিরোইয়োশি ইয়াজিমা মাকার টোকিওর বাড়িতে দেখা করেছিলাম। অনুষ্ঠানে বক্তৃতা করতে গিয়ে মাকা বলেছিলেন যে ভারতে নেতাজির দুটি শত্রু রয়েছে: 1) ভারতের কংগ্রেস পার্টি এবং 2) কলকাতার বোস-ব্রাদার্স। ড: ইয়াজিমার অধীনে আমি একজন পদার্থবিদ হিসাবে এপ্রিল 1993 থেকে মে 1999 পর্যন্ত জাপান সরকারের STA এবং NEDO ফেলো হাই-টেক (ফেমটোসেকেন্ড প্রযুক্তি) নিয়ে গবেষণা করেছি। সেই সময়ে, আমি ড: ইয়াজিমার সাথে রেনকোজি মন্দিরে বহুবার গিয়েছি এবং নেতাজির আত্মার প্রতি শ্রদ্ধা নিবেদন করেছি। 1999 সালে জাপান থেকে অস্ট্রেলিয়ায় ফেরার সময়, ড: ইয়াজিমা আমাকে একটি ফটো অ্যালবাম এবং তার পিতার নেতাজি সম্পর্কে কিছু অপ্রকাশিত নিবন্ধ দিয়েছিলেন এবং বলেছিলেন যে ভারতে যখন কংগ্রেসের সরকার থাকবে না, তখন একটি নেতাজিকে নিয়ে বই লিখতে হবে।

অস্ট্রেলিয়ায় ফিরে, আমি পরিবার এবং কাজের প্রতি আচ্ছন্ন হয়ে পড়েছিলাম। নেতাজি সম্পর্কে অ্যালবাম এবং নিবন্ধগুলি বুকশেল্ফে স্থান পেয়েছে। যদিও ডাঃ ইয়াজিমার সাথে ই-মেল বা ফোনে যোগাযোগ ছিল/আছে।

গত বছর আমরা নেতাজিকে নিয়ে একটি বই লিখেছিলাম। ই-বুক "অজানা তথ্য নেতাজি: জাপান এবং দক্ষিণ-পূর্ব এশিয়া" অ্যামাজন পাবলিশার্স দ্বারা 19 সেপ্টেম্বর বিশ্বজুড়ে মহালয়া দিবসে অস্ট্রেলিয়া থেকে প্রকাশিত হয়েছিল। এছাড়া হার্ডকভার বইটিও ভারত থেকে ডিসেম্বরে প্রকাশিত হয়। দুটি বই মাকাকে উৎসর্গ করা হয়েছে এবং ডঃ ইয়াজিমা ফরোয়ার্ড করেছেন। এই দুটি বই নেতাজির উপর গবেষণামূলক বই, যেখানে নেতাজি, আই এন এ এবং নেতাজি 18 আগস্ট, 1945 তারিখে তাইহোকুতে একটি সামরিক বিমান দুর্ঘটনায় মারা গিয়েছিলেন, নেতাজি এবং বিশ্বযুদ্ধের 50টি দুর্লভ সাদা কালো ফটোগ্রাফ সহ বিশ্বের সঠিক তথ্য রয়েছে। 18 সেপ্টেম্বর, 1945 সাল থেকে রেনকোজি মন্দিরে নেতাজির চিতাভস্ম রাখা আছে। ভারতের প্রায় সব প্রধানমন্ত্রীই রেনকোজি মন্দিরে গিয়ে নেতাজির আত্মার প্রতি শ্রদ্ধা নিবেদন করেছেন। প্রায় প্রতি বছর, টোকিওতে ভারতীয় হাইকমিশনার রেনকোজি মন্দিরে নেতাজির মৃত্যুবার্ষিকীর উদযাপনে যোগ দেন। নেতাজির মৃত্যু মেনে নিতে পারেননি গান্ধী ও নেহেরু। নেহেরু 27 ডিসেম্বর, 1945 সালে তৎকালীন ব্রিটিশ প্রধানমন্ত্রী ক্লেমেন্ট অ্যাটলিকে একটি চিঠি লিখেছিলেন যে নেতাজি মারা যাননি এবং স্ট্যালিনের কাছে রাশিয়ায় লুকিয়ে আছে। আপনার যুদ্ধাপরাধী নেতাজির বিচার করুন।

## অজানিত নেতাজি সুভাষ চন্দ্র বোস

কর্নেল হাবিবুর রহমান খান এবং জেনারেল মোহাম্মদ জামান কিয়ানি 1946 সালে লাল কেল্লার বিচারের পর আগস্টের প্রথম দুই সপ্তাহে কলকাতার শরৎবাবুর উডবার্ন পার্কের বাড়িতে ছিলেন ও নেতাজির মৃত্যুর খবর দিয়েছিলেন, প্রমাণ হিসাবে নেতাজির হাত ঘড়ি শরৎবাবুর হাতে তুলে দিয়েছিলেন। ঘড়ি দেখে শরৎবাবু চমকে উঠেছিলেন। লর্ড মাউন্টব্যাটেন, ব্রিটিশ আই বি লেফটেন্যান্ট কর্নেল জন ফিগিসের সাহায্যে, 22 আগস্ট 1947-এ জানতে পারেন যে নেতাজি সত্য মারা গেছেন। লর্ড মাউন্টব্যাটেনের কাছ থেকে নেতাজির মৃত্যুর খবর জেনে নেহেরু সমস্ত ভারতীয়দের কাছ থেকে রাজনৈতিক স্বার্থে এই খবর গোপন রাখেন।

1947 সালের অক্টোবরের মধ্যে, নেতাজির আজাদ হিন্দ ব্যাঙ্কের সোনা (নেতাজির নিজের ওজনের চেয়েও বেশি) এবং কয়েক কোটি টাকা তিনটি ভাগে ভাগ করেছিলেন - নেহেরু, রামমূর্তি (একজন জাপানি বাসিন্দা) এবং আয়ার।

নেহেরু প্রাপ্ত টাকা কিছু পরিমাণ এ আই সি সি অ্যাকাউন্টে জমা দেন। তারপর নেহেরু এবং ডাঃ বিধান চন্দ্র রায় সেই টাকা দিয়ে ১৯৫৪ সালের ২৩ মে নেতাজির কন্যা অনিতার নামে ২ লক্ষ টাকার ট্রাস্ট ডিড করেন। প্রয়াত শ্রী সুভাষ চন্দ্র বসু অন্তত চারবার ওই ট্রাস্ট ডিডে লেখা হয়েছে। এই সমস্ত তথ্য ভারতীয়দের কাছ থেকে গোপন রেখে, নেহেরু তার অবস্থান বজায় রাখেন এবং বোস-ভাইদের সহায়তায় রাজনীতি করেন।

1950 সালে শরৎবাবুর মৃত্যুর পর, নেতাজির ভাইপৌ নেহরুর দলে যোগ দেন এবং 1957 সালে নেতাজির অন্তর্ধানের রহস্য নিয়ে এন জি ও "নেতাজি রিসার্চ ব্যুরো" প্রতিষ্ঠা করেন। বোস বাবুরা নেতাজির নামে জনগণের টাকায় সুখে আছে। মজার বিষয় হল, 23 জানুয়ারী, 1977-এ, মাকা নেতাজির মৃত্যুর সমস্ত বিবরণ সহ নেতাজি রিসার্চ ব্যুরোতে একটি গবেষণাপত্র জমা দেন, যার শিরোনাম ছিল "নেতাজি অপরেশন 1977: নেতাজি অ্যাজ আই নো হিম।" কিন্তু আজ অবধি, বোসবাবুরা সেই তথ্য গোপন রেখেছেন এবং গত 40 বছর ধরে নেতাজির নাম ব্যবহার করে জনগণের টাকা হাতিয়ে নিচ্ছেন।

নেতাজির মৃত্যুর তদন্ত নিয়ে, নেহরুর 1956 সালে শাহ নওয়াজ খান কমিটি এবং ইন্দিরা খান গান্ধীর বিচারপতি জি.ডি. খোসলা কমিশন গঠিত হয়েছিল 1974 সালে। উভয় কমিশনই ১৯৪৫ সালের ১৮ আগস্ট বিমান দুর্ঘটনায় নেতাজির মৃত্যু প্রমাণ করে। মজার ব্যাপার হল নেতাজির নামে ব্যবসায়ীদের বোকা বানানো হচ্ছে এবং বোকা বানানোই চলবে।

আমার ই-বুক প্রকাশের পর (19 সেপ্টেম্বর, 2017 এ অ্যামাজন দ্বারা) আমি নেতাজি সম্পর্কে আরও আকর্ষণীয় তথ্য জানতে পেরেছি। 4 অক্টোবর, 2017-এ, অনুজ ধর, চন্দ্র কুমার বোস, বন্দনা গারওয়াল, পার্থিব ধর এবং "মিশন নেতাজি"-র অন্যরা আমার ই-বুক থেকে ফটোগুলি চুরি করে, সেগুলি ক্রপ করে এবং ফেসবুক, টুইটার ও ইন্টারনেটে পোস্ট করে। আমি পরে জানতে পেরেছি ইউটিউব ও বানিয়েছে। গবেষণা করে জানতে পারলাম নেহরুর বংশধর অনুজ ধর 2001 সালে দিল্লিতে নেতাজির নামে ব্যবসা শুরু করেছিলেন। কোনো প্রমাণ ছাড়াই এই অপরাধী চক্র নেতাজিকে গুমনামি বাবা বলে ১৭ বছর ধরে মানুষকে বোকা বানাচ্ছে। এই 'মিশন নেতাজি' বিশেষ করে তরুণ বাঙালিদের মাথা চর্বণ করছে। অনুজ ধর কপিরাইট লঙ্ঘন, চৌর্যবৃত্তি, ম্যানিপুলেশন এবং ষড়যন্ত্র তত্ত্বের মাধ্যমে কোনও বাস্তব প্রমাণ ছাড়াই নেতাজিকে গুমনামি বাবার উপর চারটি বই লিখেছেন এবং সমস্ত ভারতীয়কে বোকা বানিয়েছেন।

অপরাধী নেতাজির সাথে নিজের একটি ছবি সোশ্যাল মিডিয়ায় পোস্ট করেছিলেন। পৃথিবীর কোনো উন্নত দেশে এটা অসম্ভব। মুখার্জি কমিশন মুর্খজী কমিশন ছাড়া আর কিছুই নয়। নেতাজির মৃত্যুর 56 বছর পরেও কোনো প্রত্যক্ষ দর্শী বেঁচে নেই। উপরন্তু, সে সময় যুদ্ধের এক ভয়ানক পরিবেশ ছিল এবং তাইহোকু (বর্তমানে তাইওয়ান) তখন জাপানের সামরিক সরকারের অধীনে ছিল।

নেতাজির ভাইপো, নাতি, রীলেটিভস, বোস ব্রাদার্সের একটি অংশ এবং কলকাতার জয়শ্রী প্রকাশনের প্রধান বিজয় নাগ এর জন্য দায়ী। এখন তিনি বিজেপিতে যোগ দিয়েছেন জনগণের অর্থের জন্য আরও কিছু দিন ব্যবসা করতে, পাবলিক মিডিয়ায় জনসমর্থন পেতে এবং নেতাজিকে গুমনামি বাবা হিসাবে মিথ্যা তথ্য সরবরাহ করতে।

নেতাজির নামে কলঙ্ক ও বাণিজ্য বন্ধ করার জন্য আমি মাকা এবং ইয়াজিমার পরামর্শ অনুসারে বর্তমান প্রধানমন্ত্রী ও ভারতের রাষ্ট্রপতির কাছে প্রমাণ এবং তথ্য সহ অনুপ্রাণিত করেছি। আমি বইটির কভার ফটো দিলাম যেখানে রেনকোজির মন্দির এবং নেতাজির ভস্মের ছবি জনসাধারণের জন্য দেওয়া হয়েছিল।

## ভারতে 'চিতাভস্ম' ফেরত চান নেতাজির কন্যা

বিজেপি সরকার ছাইগুলি ভারতে ফিরিয়ে আনতে আগ্রহী না হওয়ায়, তাদের ফেরত দেওয়ার জন্য প্রচার চালানোর জন্য এটি জনগণের উপর ছেড়ে দেওয়া হয়েছে (ন্যাশনাল হেরাল্ড, 16 আগস্ট 2020)।

18 আগস্ট 1945 সালে, সুভাষ বোস, ভারতীয় জাতীয় কংগ্রেসের দুবার নির্বাচিত সভাপতি, তাইপেই একটি বিমান দুর্ঘটনায় মারা যান। কিন্তু 75 বছর পরেও, তার মৃতদেহ - টোকিওর রেনকোজি মন্দিরে পড়ে আছে - চূড়ান্ত নিষ্পত্তির জন্য ভারতে আনা হয়নি। দুর্ঘটনায় অনেক জাপানীজ মৃতদেহ জাপানের রাজধানীতে দাহ করা হয় এবং কোনো যোগ্যতা ছাড়াই এসব তথ্য নিশ্চিত করা হয়।

নরেন্দ্র মোদি বোস সম্পর্কিত সমস্ত ভারতীয় সরকারী ফাইল ডিক্লাসিফায়েড করেছিলেন, যা তদন্তকে প্রমাণ করেছিল। 31 জুলাই 2017-এ, ভারতের তথ্য অধিকার আইনের অধীনে একটি জনসাধারণের প্রশ্নের উত্তরে, ভারতের স্বরাষ্ট্র মন্ত্রণালয় পুনরুক্তি করে, 'শাহ নওয়াজ কমিটি, বিচারপতি জিডি খোসলা কমিশন এবং তদন্তের বিচারপতি মুখার্জি কমিশনের রিপোর্ট বিবেচনা করার পর, সরকার ক্ষমতায় এসেছে। উপসংহারে নেতাজি 1945 সালে বিমান দুর্ঘটনায় মারা গিয়েছিলেন।'

## বিশ্বের প্রথম 'নেতাজি মন্দির কাশীতে পৌঁছেছে' দেশপ্রেমিকদের জন্য প্রস্তুত': (হিন্দুস্তান টাইমস 23 জানুয়ারী 2020)

'স্বাধীনতা-যোদ্ধা, নেতাজি সুভাষ চন্দ্র বসুর উদ্দেশ্যে নিবেদিত বিশ্বের প্রথম মন্দির, দেশপ্রেমিক তৈরির লক্ষ্যে' বৃহস্পতিবার বারাণসীতে ভারতীয় জাতীয় সেনা (আই এন এ) নেতার 123 তম জন্মবার্ষিকীতে তৈরি হয়েছিল।

প্রফেসর রাজীব শ্রীবাস্তব, যিনি মন্দিরটি তৈরি করেছিলেন, তিনি বলেছিলেন, "এটি বিশ্বের একমাত্র নেতাজি সুভাষ চন্দ্র বসুর মন্দির। এটিতে 11 ফুট উঁচু সোনার ধাতুপট্টাবৃত ছাউনির নীচে নেতাজির একটি ছয় ফুট উঁচু কালো গ্রানাইট মূর্তি রয়েছে। প্রতিদিন ভারত মাতার আরতি হবে। এই মন্দিরটি দেশের প্রতিটি মানুষের জন্য অনুপ্রেরণার উৎস হবে যারা নেতাজির স্বপ্ন ভারতকে দেখাতে একসঙ্গে কাজ করবে।

শ্রীবাস্তব, যিনি বেনারস হিন্দু বিশ্ববিদ্যালয়ে (বি এইচ ইউ) ইতিহাস পড়ান, তিনি এন জি ও বিশাল ভারত সেন্স-রানও চালান, যেটি লামাহির সুভাষ ভবনের প্রাঙ্গনে অবস্থিত খোলা-বাতাস মন্দিরের দেখাশোনা করবে, জন্মস্থান হিসাবেও বিখ্যাত। হিন্দি সাহিত্যিক মুন্সি প্রেমচাঁদ।

শ্রীবাস্তব বলেন, রণধীর কুমার এবং এক তরুণী খুশি রমনকে মন্দিরের প্রথম পুরোহিত হিসেবে নিযুক্ত করাহয়েছিল।

জ্যেষ্ঠ রাষ্ট্রীয় স্বয়ংসেবক সংঘ (আর এস এস) নেতা ইন্দ্রেশ কুমার, যিনি মন্দিরের উদ্বোধন করেছিলেন, বলেছেন, "নেতাজির অনুগামীরা সারা বিশ্বে উপস্থিত রয়েছে। তিনি তাঁর সমগ্র জীবন ভারত মাতার সেবায় উৎসর্গ করেছিলেন। মন্দিরটি দেশবাসীর জন্য অনুপ্রেরণার উৎস হয়ে থাকবে। মন্দিরের শহর হিসাবে পরিচিত কাশীতে তাদের ভ্রমণের সময় লোকেরা এখন নেতাজির স্থানও দেখতে পারে।"

ডঃ গোরাচাঁদ ঘোষ

## আন্দামান ও নিকোবর দ্বীপপুঞ্জে নেতাজির পতাকা উত্তোলন

শুধুমাত্র 75তম বার্ষিকীতে আমাদের মোদী-জি দ্বারা স্বীকৃত হয়েছিল। দ্বিতীয় বিশ্বযুদ্ধে নেতাজি সম্পর্কে সত্য ও তথ্য জানতে অনুগ্রহ করে আমার ইউটিউব চ্যানেল "গোরাচাঁদ ঘোষ" দেখুন। জয় হিন্দ। ফেসবুক পাবলিক পোস্টিং 30 ডিসেম্বর 2020)।

নেতাজি এবং আই এন এ আমাদের স্বাধীনতা দিয়েছিলেন এবং আমাদের স্বাধীনতার ইতিহাস স্বচ্ছ সত্য ও তথ্যের ভিত্তিতে পুনঃপ্রকাশিত এবং পুনর্লিখন করা উচিত। আমাদের স্বাধীনতার বিকৃত ইতিহাস রক্ষণশীল কংগ্রেস ইতিহাসবিদদের দ্বারা লিখিত হয়েছিল, নেহরু দ্বারা পরিচালিত, প্রকৃত পরোক্ষ যুদ্ধাপরাধী, যিনি নেতাজিকে তার ব্রিটিশ বস ক্লিমেন্ট অ্যাটলির কাছে 27 ডিসেম্বর 1945 সালে যুদ্ধাপরাধী হিসাবে দাবি করেছিলেন।

## ঐতিহাসিক গান্ধী মূর্তিটি প্রস্তাবিত সংসদ ভবন থেকে সরানো হয়েছে

দ্বিতীয় বিশ্বযুদ্ধের সময়, নেতাজি এই মিথ্যা এবং কুখ্যাত নেতা, গান্ধীকে হত্যা ও পুড়িয়ে ফেলার জন্য ভারতীয়দের অনুরোধ করেছিলেন, যিনি ব্রিটিশ রাজতন্ত্রের আজীবন সমর্থক ছিলেন। এখন ভারত থেকে তার সমস্ত মূর্তি নোংরা নদীতে ফেলে দেওয়া উচিত কারণ আমি ভারত মাতার ভক্তদের নেতাজির বিশ্বাসী হতে বলছি।

নেতাজি এবং আই এন এ আমাদের স্বাধীনতা দিয়েছে, এই যুদ্ধাপরাধীদের দ্বারা নয় কারণ এখন সত্য এবং ঘটনা সামনে এসেছে। (FB pp 18 জানুয়ারী 2021)।

## "প্রিয় জাতীয় বীর": ভারত 125তম জন্মবার্ষিকীতে নেতাজিকে স্মরণ:

সুভাষ চন্দ্র বসু জয়ন্তী: প্রধানমন্ত্রী মোদি আজ কলকাতায় একটি ইভেন্টে 'নেতাজির চিঠি' প্রকাশ করবেন। (এন ডি টিভি 23 জানুয়ারী 2021)।

রাষ্ট্রপতি রাম নাথ কোবিন্দ এবং প্রধানমন্ত্রী নরেন্দ্র মোদী আজ দেশের "প্রিয় জাতীয় বীর" নেতাজি সুভাষ চন্দ্র বসুকে তাঁর 125 তম জন্মবার্ষিকীতে শ্রদ্ধা নিবেদন করেছেন। "নেতাজির দেশপ্রেম এবং আত্মত্যাগ সর্বদা আমাদের অনুপ্রাণিত করবে," রাষ্ট্রপতি একাধিক টুইট বার্তায় বলেছেন এবং তাঁর "দেশপ্রেম এবং আত্মত্যাগ আমাদের অনুপ্রাণিত করবে" এই কামনা করেছেন।

নেতাজি সুভাষ চন্দ্র বসুর প্রতি শ্রদ্ধা জানিয়ে জাতি তার 125তম জন্মবার্ষিকী উদযাপন করেছে। তাঁর অসীম সাহসিকতা ও বীরত্বের প্রতি শ্রদ্ধা জানাতে এই দিনটিকে "পরাক্রম দিবস" হিসেবে পালন করা হয়। নেতাজি তার অগণিত অনুগামীদের মধ্যে জাতীয়তাবাদের বোধ জাগিয়েছিলেন, রাষ্ট্রপতি কোবিন্দ টুইট -এ যোগ করেছেন, "আমরা স্বাধীনতার চেতনাকে শক্তিশালী করতে প্রতিশ্রুতিবদ্ধ যে তার দ্বারা এত দৃঢ়ভাবে সমর্থন করা হয়েছে।"

এদিকে, প্রধানমন্ত্রী নরেন্দ্র মোদি নেতাজিকে "ভারত মাতার সত্যিকারের পুত্র" হিসাবে উল্লেখ করেছেন এবং বলেছেন যে দেশ তার স্বাধীনতার জন্য তাঁর আত্মত্যাগ এবং উৎসর্গকে সর্বদা মনে রাখবে।

প্রধানমন্ত্রী সুভাষ চন্দ্র বসুকে শ্রদ্ধা, মহান স্বাধীনতা সংগ্রামী এবং ভারত মাতার সত্যিকারের পুত্র, তাঁর জন্মবার্ষিকীতে, প্রধানমন্ত্রী, যিনি পশ্চিমবঙ্গে বোসের জন্মবার্ষিকী উদযাপনের জন্য কলকাতায় "পরাক্রম দিবস" অনুষ্ঠানে ভাষণ দেবেন, হিন্দিতে একটি টুইটে বলেছেন।

"নেতাজির বীরত্ব, সংকল্প এবং ত্যাগ প্রদর্শন করেছিলেন," সহ-রাষ্ট্রপতি ভেঙ্কাইয়া নাইডু স্বাধীনতা সংগ্রামীকে শ্রদ্ধা জানিয়ে টুইট করেছেন এবং বলেছেন যে ভারতের স্বাধীনতা সংগ্রামে মহান অবদানের জন্য জাতি সর্বদা নেতাজির কাছে কৃতজ্ঞ থাকবে।

স্বরাষ্ট্রমন্ত্রী অমিত শাহ বলেছেন যে দেশের যুবকরা নেতাজির ক্যারিশম্যাটিক নেতৃত্বে একত্রিত হয়েছে, যা ভারতের স্বাধীনতা সংগ্রামকে নতুন শক্তি দিয়েছে।

"নেতাজি সুভাষ চন্দ্র বসুর সাহস ও বীরত্ব ভারতীয় স্বাধীনতা সংগ্রামকে নতুন শক্তি দিয়েছে। প্রতিকূলতার মধ্যেও তিনি তার ক্যারিশম্যাটিক নেতৃত্ব দিয়ে দেশের তরুণদের সংগঠিত করেছিলেন। হিন্দিতে একটি টুইটে মিস্টার শাহ বলেছেন, "স্বাধীনতা আন্দোলনের এমন একজন মহান বীরের 125তম জন্মবার্ষিকীতে, আমি আমার আন্তরিক শ্রদ্ধা নিবেদন করছি।

আসাম ও মেঘালয়ে দুদিনের সফরে থাকা স্বরাষ্ট্রমন্ত্রীও গুয়াহাটিতে সুভাষ চন্দ্র বসুর প্রতিকৃতির সামনে শ্রদ্ধা নিবেদন করেছেন।

তাকে শ্রদ্ধা জানাতে, বিমান পরিবহন মন্ত্রী হরদীপ সিং পুরি বলেছিলেন যে তিনি জাপানের রেনকোজি মন্দির দেখার জন্য বেসরকারীকরণ করেছিলেন, যেখানে বিপ্লবীর ছাই সমাধিস্থ করা হয়েছিল।

## ডঃ গোরাচাঁদ ঘোষ

"নেতাজির চিন্তা ও আদর্শ আমাদের আত্মবিশ্বাসের দিকে নিয়ে যায়। মহারাষ্ট্রের মুখ্যমন্ত্রী উদ্ধব ঠাকরে মুম্বাইয়ের শহরতলির বান্দ্রায় তার ব্যক্তিগত বাসভবন "মাতোশ্রী" এ ভারতীয় জাতীয় সেনাবাহিনীর প্রতিষ্ঠাতাকে পুষ্পস্তবক অর্পণ করেছেন।

এদিকে, আজ কলকাতায় একটি অনুষ্ঠানে প্রধানমন্ত্রী মোদী একটি বই 'লেটারস অফ নেতাজি' প্রকাশ করবেন। ইভেন্টের চূড়ান্ত গানটি হবে 'সব সুখ চেইন', আই এন এ-এর সঙ্গীত, যা উষা উথুপ, পাপন এবং সৌম্যজিৎ দ্বারা পরিবেশিত হবে, যেখানে অন্নভেশ, সোমলতা এবং অন্যান্যদের মতো গায়িকারা অভিনয় করেছেন।

## কলকাতার ভিক্টোরিয়া মেমোরিয়ালে নেতাজির 125তম জন্মদিনের অনুষ্ঠান: মোদিজি

ভিক্টোরিয়া মেমোরিয়াল হলে, মোদী 125 তম নেতাজির জন্মদিন উদযাপনকে "পরাক্রম দিবস" হিসাবে উদ্বোধন করেছিলেন।

"প্রিয় পশ্চিমবঙ্গের বোন ও ভাইয়েরা, #পরাক্রম দিবসের শুভ দিনে আপনাদের মধ্যে থাকতে পেরে আমি সম্মানিত। কলকাতায় অনুষ্ঠান চলাকালীন, আমরা সাহসী নেতাজি, সুভাষ চন্দ্র বসুকে শ্রদ্ধা জানাব," মোদি বাংলা এবং ইংরেজি উভয় ভাষায় টুইট করেছেন।

বোসের 125তম জন্মবার্ষিকী উপলক্ষে বছরব্যাপী অনুষ্ঠানের পরিকল্পনা করার জন্য প্রধানমন্ত্রী মোদীর দ্বারা একটি 45-সদস্যের উচ্চ-স্তরের কমিটি গঠিত হয়েছে।

এই উপলক্ষে, লেখক মন্তব্য করেছেন - মোদী-জি গান্ধী এবং নেহরুর সমস্ত প্রতিষ্ঠানের নাম পরিবর্তন করা উচিত কারণ এনারা প্রকৃত পরোক্ষ যুদ্ধাপরাধী ছিলেন কারণ নেহরু তার বস ক্লেমেন্ট অ্যাটলিকে 27 ডিসেম্বর 1945 সালে নেতাজিকে ওয়ার ক্রিমিনাল বলে দাবি করেছিলেন। নেতাজি এবং আই.এন.এ আমাদের স্বাধীনতা দিয়েছিল গান্ধীর অহিংসার মাধ্যমে নয়। ইংরেজী এবং বাংলা উভয় ভাষায় নেতাজি এবং দ্বিতীয় বিশ্বযুদ্ধ সম্পর্কে বিস্তারিত জানতে অনুগ্রহ করে আমার YouTube চ্যানেলটি দেখুন। জয় হিন্দ, জয় নেতাজি। (FB পাবলিক পোস্টিং 23 জানুয়ারী 2021)।

এখন ভারতের ইতিহাসে, প্রথমবারের মতো নেতাজির দ্বারা আমাদের স্বাধীনতার ইতিহাসকে স্বীকৃতি দিয়েছে মোদী সরকার। নেতাজি 15/16 জানুয়ারী 1941 তারিখে গুমোহ রেলওয়ে স্টেশন (ভারত) থেকে আফগানিস্তান যাওয়ার জন্য কালকো মেল

287

ব্যবহার করেছিলেন এবং রাশিয়া হয়ে বার্লিন তারপর একটি সাবমেরিন দ্বারা জাপানা পৌঁছান। তাকে ভারত ত্যাগ করতে বাধ্য করা হয়েছিল অন্যথায় তাকে কংগ্রেস পার্টি এবং ব্রিটিশ রাজ দ্বারা মৃত্যুদন্ড কার্যকর করা হয়েছিল (FB পাবলিক পোস্টিং 20 জানুয়ারী 2021)। এখন নেতাজির 125তম জন্মদিন থেকে কালকা মেলের নাম পরিবর্তন করে "নেতাজি এক্সপ্রেস" রাখা হয়েছে।

২৩ জানুয়ারী ২০২২-এ 'পরাক্রম দিবস' উপলক্ষে সুভাষ চন্দ্র বোসের একটি হলোগ্রাম মূর্তি স্থাপন করা হয়েছিল। প্রধানমন্ত্রী নরেন্দ্র মোদী সুভাষ চন্দ্র বোসের হলোগ্রাম মূর্তি উন্মোচন করেছেন। এটি ইন্ডিয়া গেটে নেতাজির একটি হলোগ্রাম মূর্তি। এই মূর্তিটি আনুষ্ঠানিকভাবে ৮ সেপ্টেম্বর ২০২২ এ উৎসর্গ করা হয়েছিল। প্রধানমন্ত্রী নরেন্দ্র মোদী নেতাজি সুভাষ চন্দ্র বোসের মূর্তিটিকে নয়াদিল্লির ভারত গেটে জাতির কাছে উৎসর্গ করেছিলেন। উদ্বোধনী অনুষ্ঠানে প্রধানমন্ত্রী বলেছিলেন, "আজ রাজপথের অস্তিত্ব শেষ হয়েছে এবং এটি একটি কর্তব্য পথে পরিণত হয়েছে।

আজ, যখন নেতাজির মূর্তিটি জর্জ পঞ্চমের মূর্তির চিহ্নটি প্রতিস্থাপন করেছে, এটি প্রথম উদাহরণ নয়, "দাসত্বের মানসিকতার ত্যাগ; এটিই শুরু বা শেষ নয়, মন ও আত্মার লক্ষ্য অর্জন না হওয়া পর্যন্ত ,এটি তার একটি অবিচ্ছিন্ন যাত্রা।"

কালো গ্রানাইটের মূর্তিটি 28 ফুট (8.5 মিটার) উঁচু, 10 ফুট (3.0 মিটার) লম্বা এবং 8 ফুট (2.4 মিটার) প্রশস্ত। এটির ওজন প্রায় 65 টন (65,000 কেজি)। সুভাষ চন্দ্র বোসকে তার সামরিক ইউনিফর্ম পরা ভারতীয় জাতীয় সেনাবাহিনীর কমান্ডার হিসাবে দেখানো হয়েছে; একটি দীর্ঘ বেল্ট জ্যাকেট, জুতা এবং একটি টুপি। তিনি একটি সালাম ভঙ্গিতে দাঁড়িয়ে আছেন। মূর্তিটি মহীশূর ভিত্তিক ভাস্কর অরুণ যোগীরাজ প্রস্তুত করেছিলেন, যার অন্যান্য প্রধান রচনাগুলি কেদারনাথের আদি শঙ্করাচার্যের মূর্তি অন্তর্ভুক্ত করে।

## বিজেপির সাথে বাবার আদর্শ মেলে না: নেতাজির কন্যা অনিতা

ফেসবুকে এই পোস্টিং সম্পর্কে লেখক মন্তব্য করেছেন - অনিতা-দি 1939 সাল থেকে গান্ধী ও নেহরুর সাথে তার বাবার সম্পর্কের আসল ইতিহাস জানতেন না। গান্ধী 27 ডিসেম্বর 1945-এ নেতাজিকে যুদ্ধাপরাধী হিসেবে দাবি করেন তার দাস নেহরুর মাধ্যমে, তার ব্রিটিশ বস ক্লিমেন্ট অ্যাটলিকে। এছাড়াও 18 আগস্ট 1945 সালে নেতাজির মৃত্যুর পর, গান্ধী এবং নেহেরু তাঁর মৃত্যুতে বিশ্বাস করেননি। গান্ধী মেদিনীপুরের কন্তাইতে  বলেছিলেন, নেতাজি কোথাও লুকিয়ে আছে এবং নেহেরু অ্যাটলিকে বলেছিলেন, নেতাজি রাশিয়ায় স্ট্যালিনের সুরক্ষায় আছেন। একই প্রথা আজও চলছে যে নেতাজি মারা যাননি।

আমি গবেষণা করে দেখেছি, দ্বিতীয় বিশ্বযুদ্ধে গান্ধী এবং নেহেরু পরোক্ষ যুদ্ধাপরাধী ছিলেন, যারা ব্রিটিশ রাজকে সমর্থন করেছিলেন জাপানের বিরুদ্ধে লড়াই করতে, আমাদের ভারত মাতাকে ধর্মের ভিত্তিতে ভাগ করেছিলেন। এছাড়াও, বোস-ভাইরা নেতাজির মৃত্যুতে বিশ্বাস না করার জন্য নেহরুকে সমর্থন করেছিলেন এবং 1957 সাল থেকে নেহরুর সহায়তায় নেতাজির নামে ব্যবসা শুরু করেছিলেন।

এই নেতাজি রিসার্চ ব্যুরো নেতাজির বর্তমান অবস্থায় নেতাজির দ্বিতীয় শত্রু; আর কংগ্রেস দলই নেতাজির প্রথম শত্রু। নেতাজি বেঁচে থাকলে এবং যুদ্ধের পর ভারতে ফিরে এলে নেহেরু নেতাজির সঙ্গে তরবারি নিয়ে লড়াই করতে চেয়েছিলেন। বিশ্বে প্রথমবারের মতো আমার অ্যামাজন ফটোগ্রাফিক সাম্প্রতিক বইগুলিতে সবকিছু প্রকাশিত হয়েছে। জয় হিন্দ। (ফেসবুক পাবলিক পোস্টিং 25 জানুয়ারী 2021)।

## 1,063টি আবাসিক স্কুল, হোস্টেলের নাম পরিবর্তন করে "নেতাজি সুভাষ চন্দ্র বসু"

শিক্ষা মন্ত্রক শুক্রবার সংবাদ সংস্থা পিটিআইকে জানিয়েছে, শিক্ষা মন্ত্রক সমগ্র শিক্ষা যোজনার অধীনে অর্থায়ন করা আবাসিক স্কুল এবং হোস্টেলগুলির নাম "নেতাজি সুভাষ চন্দ্র বসু আবাসিক বিদ্যালয়" হিসাবে নামকরণ করার সিদ্ধান্ত নিয়েছে। নেতাজি সুভাষ চন্দ্র বসুর সাথে এই স্কুলগুলির সংযোগ শিশুদের জন্য অনুপ্রেরণা হিসাবে কাজ করবে এবং শিক্ষক, কর্মচারী এবং প্রশাসনকে উচ্চ ভরের শ্রেষ্ঠত্ব অর্জনে অনুপ্রাণিত করবে।

"এখন পর্যন্ত রাজ্য ও কেন্দ্রশাসিত অঞ্চলগুলিতে মোট 1,063টি আবাসিক সুবিধা (383টি আবাসিক স্কুল এবং 640টি হোস্টেল) অনুমোদিত হয়েছে সমগ্র শিক্ষা যোজনার অধীনে অর্থায়নকৃত আবাসিক স্কুল এবং হোস্টেলগুলির নাম পরিবর্তন করে নেতাজি সুভাষ চন্দ্র বসু আবাসিক হিসাবে রাখার সিদ্ধান্ত নেওয়া হয়েছে"

জনসংখ্যার কম ঘনত্ব (অধিকাংশ উপজাতীয় এলাকা) যেখানে স্কুল খোলা সম্ভব নাও হতে পারে আবাসিক স্কুল, হোস্টেলের নাম পরিবর্তন করে "নেতাজি সুভাষ চন্দ্র বসু" এবং শহুরে এলাকার শিশুদের যত্ন এবং সুরক্ষার প্রয়োজন হয় এমন এলাকায় সর্বজনীন তালিকাভুক্তি এবং স্কুলের সুবিধা নিশ্চিত করা। সমগ্র শিক্ষার অধীনে, শিক্ষা মন্ত্রক রাজ্য ও কেন্দ্রশাসিত অঞ্চলগুলিকে পাহাড়ি অঞ্চলে, ছোট এবং অল্প জনবসতিপূর্ণ এলাকায় শিশুদের জন্য আবাসিক স্কুল এবং হোস্টেল খোলা এবং চালানোর জন্য আর্থিক সহায়তা প্রদান করে, নিয়মিত বিদ্যালয়ের ব্যবস্থা ছাড়াও শিশুদের আশ্রয় ও যত্ন প্রদান করে। প্রাপ্তবয়স্কদের সুরক্ষা প্রয়োজন।

উদ্ধারকৃত শিশু শ্রমিক, অভিবাসী শিশু যারা দরিদ্র ভূমিহীন পরিবারের অন্তর্গত, প্রাপ্তবয়স্ক সুরক্ষাবিহীন শিশু, তাদের পরিবার থেকে বিচ্ছিন্ন, অভ্যন্তরীণভাবে বাস্তুচ্যুত ব্যক্তি এবং সামাজিক ও সশস্ত্র সংঘাত এবং প্রাকৃতিক দুর্যোগে ক্ষতিগ্রস্তদের জন্য আবাসিক সুবিধাও প্রদান করা হয়।

এই বিষয়ে, শিক্ষাগতভাবে অনগ্রসর ব্লকগুলি (EBB), বামপন্থী চরমপন্থা (LWE) প্রভাবিত জেলাগুলি, বিশেষ ফোকাস জেলাগুলি (SFDs), এবং NITI Aayog দ্বারা চিহ্নিত উচ্চাকাঙ্ক্ষী জেলাগুলিকে অগ্রাধিকার দেওয়া হয়।

দেখুন: প্রধানমন্ত্রী মোদি নেতাজি সুভাষ চন্দ্র বসুকে ভারতের 'প্রথম প্রধানমন্ত্রী' হিসেবে উল্লেখ করেছেন (4 ফেব্রুয়ারি 2021):
https://www.opindia.com/2021/02/narendra-modi-subhas-chandra-bose-first-prime-minister-india-azad-hind/

রাজ্যসভায় রাষ্ট্রপতি রাম নাথ কোবিন্দের ধন্যবাদ প্রস্তাবের প্রতিক্রিয়ায়, প্রধানমন্ত্রী নরেন্দ্র মোদি স্বাধীনতা সংগ্রামী নেতাজি সুভাষ চন্দ্র বসুকে ভারতের 'প্রথম প্রধানমন্ত্রী' হিসাবে বর্ণনা করেছেন।

জাতীয়তাবাদের ধারণার বিষয়ে বোসকে উদ্ধৃত করে, প্রধানমন্ত্রী মোদী বলেন, "আমাদের গণতন্ত্র কোনো মানদণ্ডে পশ্চিমা প্রতিষ্ঠান নয়। এটি একটি মানবিক সংস্থা। ভারতীয় ইতিহাস গণতান্ত্রিক প্রতিষ্ঠানের উদাহরণে পরিপূর্ণ। আমাদের কাছে প্রাচীন ভারতে 41টি গণতন্ত্রের রেকর্ড রয়েছে। আজ, এমন সময়ে নাগরিকদের জাতীয়তাবাদ সম্পর্কে সচেতন করা গুরুত্বপূর্ণ, যখন ভারত চারদিক থেকে আক্রমণের মুখে রয়েছে।

প্রধানমন্ত্রী মোদি আরও জোর দিয়ে বলেছেন, "ভারতের জাতীয়তাবাদ সংকীর্ণমনা, স্বার্থপর বা আক্রমনাত্মক নয়। এটি সত্যম শিবম সুন্দরম (সত্য, ঈশ্বরভক্তি এবং সৌন্দর্য) এর মূল্যবোধ দ্বারা অনুপ্রাণিত... প্রিয় রাষ্ট্রপতি, এটি আজাদ হিন্দ ফৌজ (ভারতের প্রথম প্রধানমন্ত্রী জাতীয় সেনাবাহিনীর প্রথম সরকার) বলেছিলেন।

উপরের অংশ


আজাদ হিন্দের অস্থায়ী সরকারে (1943-45) নেতাজি সুভাষ চন্দ্র বসুর নেতৃত্বে একটি মন্ত্রিসভা ছিল, রাষ্ট্রপ্রধান, প্রধানমন্ত্রী এবং যুদ্ধ ও পররাষ্ট্র মন্ত্রী ছিলেন।

তাইওয়ানে একটি জাপানি বিমান বিধ্বস্ত হওয়ার পর নেতাজি সুভাষ চন্দ্র বসু 18 আগস্ট 1945 সালে রহস্যজনকভাবে নিখোঁজ হন। থার্ড ডিগ্রি পুড়ে তার মৃত্যু হয়েছে বলে ধারণা করা হচ্ছে। তবে, এটি কখনই নিশ্চিত করা হয়নি।

নেতাজির মৃত্যুর সব ধরনের প্রমাণ আমার অ্যামাজন বইয়ে প্রকাশিত হয়েছে যা ভারতের রাষ্ট্রপতি ও প্রধানমন্ত্রীকে উপহার দেওয়া হয়েছে। এখন আপনাকে অবশ্যই টোকিওর রেনকোজি মন্দির থেকে নেতাজির ভস্ম ভারতে ফিরিয়ে আনতে হবে। ছাই হরিদ্বার ও অন্যান্য স্থানে গঙ্গা নদীতে ফেলতে হবে। ছাইয়ের একটি অংশ বেনারসের কাশীতে নবনির্মিত নেতাজি মন্দিরে রাখতে হবে।

**সম্প্রতি অ্যামাজন দ্বারা নিম্নলিখিত ইংরেজি পৃষ্ঠা দুটি ই-বুক এবং পেপারব্যাক বই-এ প্রকাশিত:**

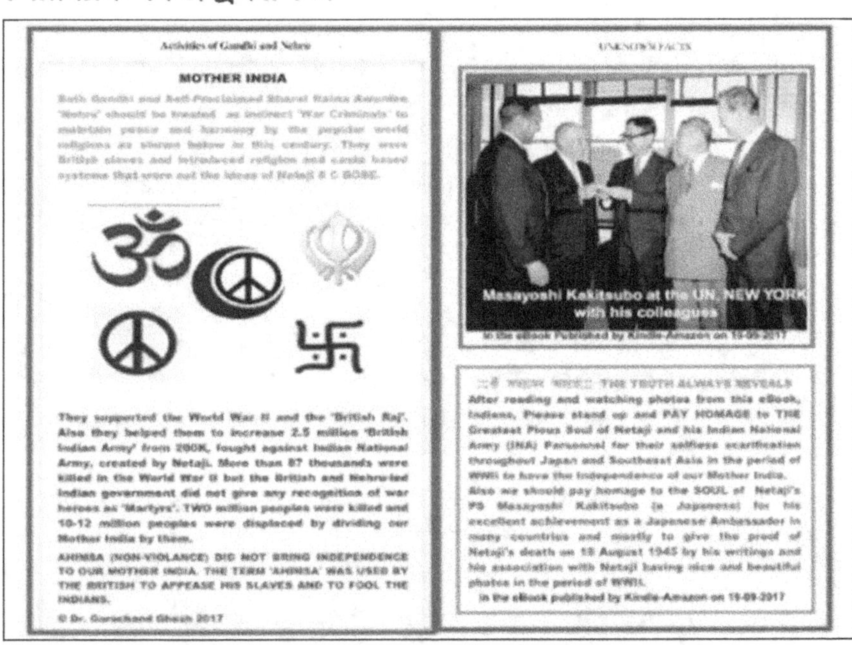

এনারা দ্বিতীয় বিশ্বযুদ্ধ এবং ব্রিটিশ রাজকে সমর্থন করেছিলেন। এছাড়াও, তাহারা নেতাজির তৈরি 'ইন্ডিয়ান ন্যাশনাল আর্মির' বিরুদ্ধে লড়াই করেছিলেন ও ১ লক্ষ্য থেকে ২.৫ লক্ষ্য 'ব্রিটিশ ইন্ডিয়ান আর্মি'-এ উন্নীত করতে সাহায্য করেছিলেন। দ্বিতীয় বিশ্বযুদ্ধে ৮৭ হাজারেরও বেশি নিহত হয়েছিল কিন্তু ব্রিটিশ ও নেহরু নেতৃত্বাধীন ভারত সরকার যুদ্ধের নায়কদের 'শহীদ' হিসেবে স্বীকৃতি দেয়নি। আমাদের ভারত মাতার দেশভাগের সময় তাদের দ্বারা দুই লক্ষ মানুষ নিহত এবং 10-12 লক্ষ্য মানুষ বাস্তুচ্যুত হয়েছিল।

অহিংসা "Non-violence" আমাদের ভারত মাতার স্বাধীনতা আনেনি। "অহিংসা" শব্দটি ব্রিটিশরা তাদের দাসদের সন্তুষ্ট করতে এবং ভারতীয়দের বোকা বানানোর জন্য ব্যবহার করেছিল।

কপিরাইট ড: গোরাচাঁদ ঘোষ 2017

ডানদিকের ছবি: অজানা তথ্য:

মাসাইয়োশি কাকিতসুবো জাতিসংঘ, নিউইয়র্কে তার সহকর্মীদের সাথে ছিলেন। ওমং সত্যমেব জয়তে, সত্যের সর্বদা জয় হয়।

এই বুকটি পড়ার এবং ফটোগুলি দেখার পরে, ভারতীয়রা দয়া করে উঠে দাঁড়ান এবং জাপান ও দক্ষিণ-পূর্ব এশিয়ায় আমাদের ভারত মাতার স্বাধীনতার জন্য নেতাজি এবং ভারতীয় জাতীয় সেনাবাহিনীর (INA) সর্বশ্রেষ্ঠ আত্মার প্রতি শ্রদ্ধা জানান।

এছাড়াও, আমাদের অবশ্যই নেতাজির পি এস মাসাইয়োশি কাকিতসুবো (জাপানি) এর চেতনার প্রতি শ্রদ্ধা জানাতে হবে। অনেক দেশে জাপানি রাষ্ট্রদূত হিসাবে তাঁর অসামান্য কৃতিত্বের জন্য, বেশিরভাগই 18 আগস্ট 1945-এ নেতাজির মৃত্যু এবং নেতাজির সাথে তাঁর সংযোগের প্রমাণ দেওয়ার জন্য WWII সময়কালে সুন্দর ছবিগুলো।

23-11-2019 তারিখে Amazon দ্বারা প্রকাশিত [55] paperback বুক and updated eBook থেকে বাংলাতে পুনঃমুদ্রিত।

# নেতাজির জন্য ভারত স্বাধীন

# ভারতীয় কপিরাইট লঙ্ঘনকারী অনুজ ধর, অর্ণব গোস্বামী, চন্দ্রচূড় ঘোষ এবং ধ্রুভ রাথি দ্বারা কপিরাইট লঙ্ঘন

ইংরেজিতে হলেও এই YouTube টি দেখুন।

Copyright Violation by Arnab Gowsami from Amazon Book photos of Netaji on Gumnami Debate with A Dhar; 24 Feb 2022

https://www.youtube.com/watch?v=7qwDql3ANdc

Facebook and Twitter Public Posting on 1st July 2021 by the author.

অর্ণব গোস্বামীর অপরাধমূলক কার্যকলাপ তার প্রজাতন্ত্র বিশ্ব টিভি চ্যানেলে 22 ফেব্রুয়ারী 2020-এ অন্য প্রধান অপরাধী অনুজ ধর এবং চন্দ্রচূড় ঘোষের সাথে ইউটিউব বিতর্ক করে কোন বৈজ্ঞানিক প্রমাণ ছাড়াই নেতাজিকে গুমনামি বাবা হিসাবে অপমানিত করার জন্য।

অনুগ্রহ করে কপিরাইট লঙ্ঘনকারী চন্দ্রচূড় ঘোষের আরেকটি YouTube ভিডিও দেখুন।

Copyright Violation and Defamation of Netaji by Chandrachur Ghose of Mission Netaji at New Delhi: 12 Jan 2022

https://www.youtube.com/watch?v=03WyNVkrt3o

দ্বিতীয় বিশ্বযুদ্ধের নেতাজির এই গুরুত্বপূর্ণ চিত্রটির কপিরাইট লঙ্ঘন সম্পর্কে একজন তরুণ ইউটিউব প্রস্তুতকারক এবং **অর্থপিশাচ ধ্রুভ রাথির** সচেতন হওয়া উচিত। নেতাজির NP-48, 18/19 সেপ্টেম্বর 2017 এ অ্যামাজন সারা বিশ্বে ইংরেজিতে একটি ই-বুক এবং 11 মার্চ 2021 সালে ভারত থেকে হিন্দিতে প্রকাশিত হয়েছে।

নিম্নলিখিত দুটি ইউটিউব ভিডিওতে আমার অনুমতি ব্যতীত এটি ব্যবহার করার কোনও অধিকার তার নেই। এমনকি আমি এটি ইউটিউব কর্তৃপক্ষকে জানিয়েছি, তবে কোনও কারণ ছাড়াই বিলম্ব করছেন। নেতাজির নাম নিয়ে এবং অন্যায়ভাবে অর্থ উপার্জন করে সমস্ত ভারতবাসীর এই অপরাধীকে জানা উচিত।

The YouTube links are 1)

**https://www.youtube.com/watch?v=xGjZ98_JLR8**

Netaji Subhas Chandra Bose | From Hitler's Germany to Japan | Full Biography | Dhruv Rathee.

2) **https://www.youtube.com/watch?v=hdiH5PIzR00 (21 Jan 2024)**

বেশিরভাগ ভারতীয় দ্বিতীয় বিশ্বযুদ্ধে নেতাজির জাপান সফর সম্পর্কে মোটেও জানতেন না। নেতাজিকে বিশ্বজুড়ে আমার বই প্রকাশিত হওয়ার পরে, অনেক ভারতীয় এখন এটি জানেন। কুনাল বোস, ধ্রুভ রাথি, অনুজ ধর, চন্দ্রচূড় ঘোষ, কপিল কুমার তাদের মধ্যে **কপিরাইট লঙ্ঘনকারী** অপরাধী।

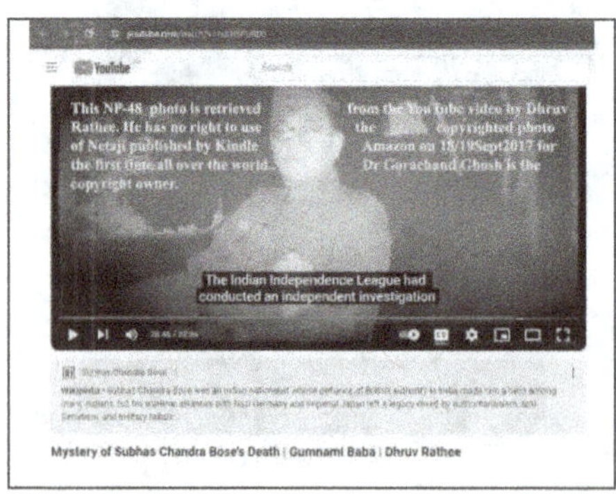

# তথ্যসূত্র (References)

1. https://en.wikipedia.org/wiki/Subhas_Chandra_Bose
2. https://en.wikipedia.org/wiki/Salt_March
3. https://www.youtube.com/watch?v=uk3K9E8iuvk; Iti Subhas (ইতি সুভাষ) | Netaji | Emilie Schenkl | Letters, 23.01.2020; Sumit Konar.
4. https://en.wikipedia.org/wiki/Rash_Behari_Bose and references cited therein.
5. Narayan Sanyal, "Ami Rasbeharike Dekhechhi [আমি রাসবিহারীকে দেখেছি]", Karuna Prakashani, 1973.
6. https://en.wikipedia.org/wiki/Empire_of_Japan
7. Notes, articles written, and photos kept in an album by Masayoshi Kakitsubo, father of Dr. Hiroyoshi Yajima, Tokyo, Japan, received by the author in April 1999.
8. Narayan Sanyal, "Ami Netajike Dekhechhi [আমি নেতাজিকে দেখেছি]", Dey's Publications, 1970 and 1973.
9. https://www.nas.gov.sg/archivesonline/blastfromthepast/ battleforsingapore
10. Dr Ba Maw, "BREAKTHROUGH IN BURMA, Memoirs of a Revolution, 1939-1946," Yale University Press, New Haven, and London, 1968.
11. https://www.nas.gov.sg/archivesonline/online_exhibit/ indian_ national_army/revival.ht
12. https://en.wikipedia.org/wiki/Andaman_and_Nicobar_Islands
13. https://en.wikipedia.org/wiki/Azad_Hind_Bank.
14. https://en.wikipedia.org/wiki/The_Springing_Tiger.
15. https://en.wikipedia.org/wiki/Battle_of_Imphal.
16. www.aungsan.com/welcomeindia.html
17. https://en.wikipedia.org/wiki/Atomic_bombings_of_ Hiroshima_and_Nagasaki.
18. https://en.wikipedia.org/wiki/Mitsubishi_Ki-21.
19. Habibur Rahaman's Oath on 24 August 1945(Chapter 5)
20. https://en.wikipedia.org/wiki/Tsunamasa_Shidei.
21. https://en.wikipedia.org/wiki/Yasukuni_Shrine.
22. Narayan Sanyal, "Netaji Rahasyo Sandhane [নেতাজি রহস্য সন্ধানে]", 1970.
23. https://en.wikipedia.org/wiki/Death_of_Subhas_ Chandra_Bose
24. A. L. Gordon, "Legend and Legacy: Subhas Chandra Bose", *India International Centre Quarterly*, 33 (1): 103–112, 2006.
25. A. L. Gordon, "Brothers against the Raj: a biography of Indian nationalists Sarat and Subhas Chandra Bose", Columbia University Press, 1990.
26. Dr Ba Maw, Speech at the Netaji Research Bureau, 23 January 1965.

27. http://www.nas.gov.sg/archivesonline/online_exhibit/india_national_army/memorial.htm.

28. Purabi Roy, "The Search for Netaji: New Findings", Purple Peacock Books & Arts: ISBN 978- 81-88908-02-8.

29. G. D. Bakshi, "Bose: An Indian Samurai: Netaji and the INA: A Military Assessment", KW Publishers Pvt Ltd, First edition, 2 May 2016.

30. S. Swamy, "Joseph Stalin was instrumental in killing Netaji" The Economic Times, PTI, 29 Sept 2018.

31. A. Dhar, "Back from Dead: Inside the Subhas Bose Mystery", Manas Publications, 30 April 2005.

32. India Today, PTI, New Delhi, 24 July 2019

33. C. Ghose & A. Dhar, "CONUNDRUM", Vitasta Publishing, 29 April 2019.

34. J. L Nehru, "The Discovery of India", The Signet Press, Calcutta, 1946.

35. S N Khan, "My memories of I.N.A & Its NETAJI", Rajkamal Publications, Delhi, October 1946.

36. G. Ghosh, "INDIAN NATIONAL ARMY (INA) OF NETAJI: ON THE EVE OF 55th DEATH ANNIVERSARY OF JAWAHARLAL NEHRU", Facebook Public Posting, 27 May 2020.

37. K K Ghosh, "THE INDIAN NATIONAL ARMY: SECOND FRONT OF THE INDIAN INDEPENDENCE MOVEMENT", MEENAKSHMI PRAKASHAN, Meerut, 1969.

38. R. V. Bhasin, Advocate Supreme Court, "A Tale of Two Lals – Motilal and Jawaharlal," Published in Public Interest with Malice towards None;" 11 October 2005.

39. https://en.wikipedia.org/Jawaharlal_Nehru.

40. https://www.facebook.com/notes/ankit-goel/nehru-family-exposed again/ 2016354537797

41. G. Ghosh, "Fibre Lasers and Amplifiers: Technology Towards the Complete Photonics Age," Telematics and Informatics, October 1990.

42. G. Ghosh, "Handbook of Thermo-optic Coefficients of Optical Materials with Applications," Academic Press of USA,1997.

43. G. Ghosh, M. Endo, and T. Iwasaki, IEEE J. Lightwave Technol. LT-12, 1338 (1994).

44. https://en.wikipedia.org/wiki/Feroze_Gandhi and references cited therein.

45. https://en.wikipedia.org/wiki/Direct_Action_Day#Riots_and massacre and references cited therein

46. https://en.wikipedia.org/wiki/Noakhali_riots and references cited therein.

47.   https://en.wikipedia.org/wiki/1946_Bihar_riot and references cited therein.

48.   https://en.wikipedia.org/wiki/Partition_of_India and references cited therein.

49.   https://en.wikipedia.org/wiki/Jyoti_Basu

50.   The Hindu Newspaper; 19 September 2009 and updated 6 March 2016.

51.   https://en.wikipedia.org/wiki/Natwar_Singh.

52.   https://en.wikipedia.org/wiki/Jeep_Scandal_case.

53.   https://en.wikipedia.org/wiki/Julian_Assange

54.   https://en.wikipedia.org/wiki/Radhabinod_Pal

55.   G. Ghosh, "Unknown Facts of Netaji: Japan and Southeast Asia", in the eBook (updated eBook) and paperback book published by Amazon on 18/19 Sept 2017 (16 June 2021) and on 23 Nov 2019, respectively.

56.   Subhas Chandra Bose Academy in Japan, "Netaji's Ideal and Movement with Japanese", Shimizu Kobo Co. Ltd (Publisher), 18.8.1995 (Published), 18.9.2007 (Republished).


**Statement of Declaration**
**to**
**The YouTube Legal Support Team**
**by**
**Dr Gorachand Ghosh**

I do hereby declare that I am the copyright owner of the eBook entitled "UNKNOWN FACTS OF NETAJI: JAPAN and SOUTHEAST ASIA" published by the Kindle-Amazon on 19 September 2017 from Australia throughout the world simultaneously.

1. I do believe the copyrighted photos of Netaji Subhas Chandra Bose are stolen from the eBook and are cropped by the copyright violators without having any permission, verbally or in writing from me. They are not authorized by me to use those photos in their YouTubes or in any public domains such as facebook, twitter, internet and in their business websites, etc. by violating the copyright laws.

2. My submitted information in the notification to 'The YouTube Legal Suport Team' is accurate and under penalty of perjury to the best of my knowledge and belief. Also, I do hereby authorize 'The YouTube Legal Support Team' on my behalf to have exclusive right that is allegedly infringed.

(Dr Gorachand Ghosh)
19 Abingdon Street
Woolloongabba, Brisbane
QLD-4102, AUSTRALIA
Date: 17 September 2018

# বিষয় সূচক (Subject Index)

*তির্যক শব্দ এবং সংখ্যা ফটো হিসাবে উল্লেখিত*

# নেতাজির জন্য ভারত স্বাধীন